U0145847

國家社科基金重大項目
『漢語等韻學著作集成、數據庫建設及系列專題研究』
（17ZDA302）

二〇二〇年度國家古籍整理出版專項經費資助項目

宋元切韻學文獻叢刊

李軍 李紅 主編

切韻指掌圖校注

李紅 校注

鳳凰出版社

圖書在版編目（CIP）數據

切韻指掌圖校注 / 李紅校注. -- 南京 : 鳳凰出版社, 2023.4
（宋元切韻學文獻叢刊 / 李軍, 李紅主編）
ISBN 978-7-5506-3805-1

Ⅰ. ①切… Ⅱ. ①李… Ⅲ. ①《切韻》—注釋 Ⅳ. ①H113.1

中國版本圖書館CIP數據核字(2022)第218566號

書　　名	切韻指掌圖校注
著　　者	李　紅　校注
責任編輯	孫　州　張　沫
裝幀設計	徐　慧
出版發行	鳳凰出版社(原江蘇古籍出版社) 發行部電話025-83223462
出版社地址	江蘇省南京市中央路165號,郵編:210009
照　　排	南京凱建文化發展有限公司
印　　刷	金壇古籍印刷廠有限公司 江蘇省金壇市晨風路186號,郵編:213200
開　　本	880毫米×1230毫米　1/32
印　　張	23.25
字　　數	569千字
版　　次	2023年4月第1版
印　　次	2023年4月第1次印刷
標準書號	ISBN 978-7-5506-3805-1
定　　價	398.00圓

(本書凡印裝錯誤可向承印廠調换,電話:0519-82338389)

《宋元切韻學文獻叢刊》序

漢語等韻學是中國傳統語言文字學最基礎的分支學科之一，是中國傳統學術和傳統文化中最具理論創新性和系統性的學科之一，亦可以稱爲中國古典漢語音系學。西方以研究、介紹具有區別意義的音位而興起的音系學始於十九世紀七十年代①，而中國以圖表形式，以最小析異對的方式對音系最小區別特徵和語音系統進行分析描寫的古典音系學，即漢語等韻學，在唐宋之際就已經非常成熟②。漢語等韻學可以分爲兩個階段：宋元切韻學、明清等韻學。宋元切韻學，也可以説是『宋代的漢語音系學』③。流傳至今的宋元切韻學文獻有：（一）南宋紹興辛巳年（一一六一）張麟之刊《韻鏡》，（二）南宋紹興辛巳年鄭樵述《通志・七音略》，（三）

---

① 英國共時音系學早期代表人物亨利・斯威特《語音學手册》（一八七七）提出了非區別性的音素與區別性的音素概念，實質上代表了音位學理論的誕生。

② 魯國堯《中國音韻學的切韻圖與西洋音系學（Phonology）的『最小析異對』（minimal pair）》，《古漢語研究》二〇〇七年第四期，第二—一〇頁。

③ 魯國堯《〈盧宗邁切韻法〉述論》，《魯國堯語言學論文集》，江蘇教育出版社，二〇〇三年十月，第三四〇頁。

南宋淳熙丙午年（一一八六）左右盧宗邁《盧宗邁切韻法》，（四）南宋嘉泰癸亥年（一二〇三）刊託名司馬光的《切韻指掌圖》，（五）無名氏《四聲等子》，（六）元惠宗至元丙子年（一三三六）劉鑑《經史正音切韻指南》，（七）等韻理論與象數理論相結合的北宋邵雍《皇極經世觀物篇·聲音唱和圖》（一〇七二年左右），（八）取三十六字母之翻切，以聲起數，以數合卦的南宋淳祐辛丑年（一二四一）祝泌《皇極經世解起數訣》，（九）闡述反切門法的金代□髓《解釋歌義》等。

漢語等韻學的興起與發展，與梵語悉曇學密切相關。『韻圖的辨法歸根結蒂是印度傳過來的，因此產生韻圖的第一步是印度的聲明學，特别是聲韻相配的圖表形式介紹到中國』①。《隋書·經籍志》有《婆羅門書》，即『西域胡書，能以十四字貫一切音，文省而義廣』。日本安然《悉曇藏》記載謝靈運論悉曇之語：『《大涅槃經》中有五十字，以爲一切字本。牽此就彼，反語成字……其十二字譬如此間之言；三十四字譬如此間之音，以就言便爲諸字。』②三十四字爲體文，『體文者，紐也』（章太炎《國故論衡》），紐即聲母；十二字爲摩多，即韻母。悉曇文字這種分析音節的方式，以及拼合音節的方法，必然會啓發中國學者加以借鑑，以之作爲分析漢語音節結構的手段。『唐人就是受到「悉曇」體文的啓發，並參照藏文字母的體系，給漢語創製了

① 潘文國《韻圖考》，華東師範大學出版社，一九九七年九月，第二四頁。
② 趙蔭棠《等韻源流》，商務印書館，二〇一七年十一月，第二〇—二一頁。

字母』①。而韻圖聲韻經緯輾轉相拼的方式，應當也是受悉曇家『字輪』的影響。所謂『字輪』，就是『從此輪轉而生諸字也』②。空海《悉曇字母並釋義》十二字後注云：『此十二字（按：迦、迦、祈、雞、句、句、計、蓋、句、嗃、欠、迦）者，一箇「迦」字之轉也。從此一「迦」字門出生十二字。如是一一字母各出生十二字，一轉有四百八字。』因此趙蔭棠先生認爲：『《韻鏡》與《七音略》之四十三轉，實係由此神襲而成。』③《悉曇章》圖上聲右韻，具備了等韻圖聲韻經緯相交以列字的韻圖排列方式的雛形，對後來漢語切韻圖的出現當具有比較直接的影響。

悉曇學或聲明學促進漢語等韻學産生的具體時間是什麼？真正意義上分析漢語韻書語音結構的韻圖表和系統的理論體系産生於何時？由於文獻不足，暫難定論。羅常培先生（一九三五）認爲，『至於經聲緯韻，分轉列圖，則唐代沙門師仿悉曇體制，以總攝《切韻》音系者也』④，即認爲唐代當已經出現表現《切韻》音系的韻圖。現存最早的切韻學文獻《韻鏡》《七音略》都刊行於南宋，不過現存文獻中記載有唐高宗時關涉韻圖理論的武玄之《韻銓》，日僧安然《悉曇藏》著録了其部目。《韻銓》『明義例』四韻例，反映該書已經具備了比較系統的切韻理

① 唐作藩《音韻學教程》，北京大學出版社，二〇一六年五月，第二七頁。
② 趙蔭棠《等韻源流》，第三一頁。
③ 趙蔭棠《等韻源流》，第三二頁。
④ 羅常培《羅常培語言學論文集》，商務印書館，二〇〇四年十二月，第一四二頁。

論，引述如下：

凡爲韻之例四也：一則四聲有定位，平、上、去、入之例是也。二則正紐以相證，令上下自明，『人』『忍』『仞』『日』之例是也。三則傍通以取韻，使聲不誤，『春』『真』『人』『倫』之例是也。四則雖有其聲而無其字，則闕而不書，『辰』『蠡』『脊』是也。①

按四聲相承的方式列韻，同聲母字上下四聲相承，同五音字旁通，有音無字列空圈，這些都具有切韻圖的顯著特徵。趙蔭棠先生認爲武玄之使用了『正紐』概念，説明三十六字母還未産生，所以『必非什麽講等韻之書，不過滿載韻字如後來之《廣韻》與《集韻》而已』②。潘文國先生則認爲該書應當是『圖表形式的韻書』，因爲『祇有圖表纔有出現空格的可能』③。武氏之書已佚，難以臆斷。不過該書有十五卷之多，當非『圖表形式的韻書』。韻例反映該書除了韻書部分之外，當另有韻圖形式的表格，如宋楊中脩《切韻類例》之『一圖二篇』（見下文）。當時三

① 趙蔭棠《等韻源流》，第四四頁。
② 趙蔭棠《等韻源流》，第四五頁。
③ 潘文國《韻圖考》，第二六頁。

十六字母雖然還没有出現，但並不妨礙時人對聲母的辨析。在三十六字母産生之前，《玉篇》以助紐字作爲聲母的輔助拼讀工具，未嘗不可以作爲聲母的代表字組。因此《韻銓》一書很可能已經出現了韻圖形式的韻表或具備了韻圖的語音分析理論體系。

晚唐守温字母的出現，無疑對切韻學理論的成熟與發展起到了至關重要的推動作用，宋代切韻學的繁榮發展與唐以前悉曇學的影響，以及聲明學與漢語音韻分析理論的有機結合是分不開的。現存最早的韻圖《韻鏡》《七音略》雖刊行於南宋紹興年間，但北宋初年切韻學理論已經非常成熟，切韻圖也應當在一定範圍内流傳。邵雍（一〇一一—一〇七七）《皇極經世觀物篇·聲音唱和圖》以翕、闢區分十天聲，與等韻開、合相對應；以清、濁，開、發、收、閉區分十二地音，與韻圖三十六字母的清濁分類，以及聲母與四等韻的拼合關係基本一致。北宋沈括（一〇三一—一〇九五）《夢溪筆談》也記載了比較詳細的切韻法，引述如下：

今切韻之法，先類其字，各歸其母。脣音、舌音各八，牙音、喉音各四，齒音十，半齒、半舌音二，凡三十六，分爲五音。天下之聲總於是矣。每聲復有四等，謂清、次清、濁、平也，如顛、天、田、年，邦、胮、龐、厖之類是也，皆得之自然，非人爲之。如幫字横調之爲五音，幫、當、剛、臧、央是也；幫，宫之清；當，商之清；剛，角之清；臧，徵之清；央，羽之清。縱調之爲四等，幫、滂、傍、茫是也；幫，宫之清；滂，宫之次清；傍，宫之濁；茫，宫之不清不濁。就本音、本等調之爲四聲，幫、滂、傍、博是也。幫，宮清之平；滂，宮清之上；傍，宮清之去；博，宮清之入。四等之聲，多有聲無字者，如封、峰、逢，止有三字；邕、胸，止有兩字；竦、火、欲、以，皆止有一字。五音亦然，滂、湯、康、蒼，止有四字。四聲則有無聲，亦有無字者，如蕭字、肴字全韻皆無入聲。此皆聲之類也。

所謂切韻者，上字爲切，下字爲韻。切須歸本母，韻須歸本等。切歸本母，謂之『音和』，如『德紅爲東』之類，德與東同一母也。字有重中重、輕中輕，本等聲盡，泛入別等，謂之『類隔』。雖隔等，須以其類，謂脣與脣類，齒與齒類。如武延爲綿、符兵爲平之類是也。韻歸本等，如冬與東字，母皆屬端字，冬乃端字中第一等聲，故都宗切，宗字第一等韻也，以其歸精字，故精徵音第一等聲。東字乃端字中第三等聲，故德紅切，紅字第三等韻也，以其歸匣字，故匣羽音第三等聲。又有互用、借聲，類例頗多，大都自沈約爲《四聲》，音韻愈密。然梵學則有華、竺之異，南渡之後，又雜以吴音，故音韻龐駁，師法多門。①

沈氏所述切韻法，有韻圖的信息，也有關於門法的介紹，說明切韻法已經非常成熟。所論及的韻圖聲母的排列順序始幫終日，喉音『影曉匣喻』相次，與《韻鏡》《七音略》一致。所舉四

① 諸雨辰譯注《夢溪筆談》，中華書局，二〇一六年九月，第三三六—三三七頁。

等相承、五音相調之例，多與韻圖相合。如『四等之聲，多有聲無字者，如封、峰、逢止有三字』，《韻鏡》《七音略》第二圖『鍾』韻平聲非組聲母無明母字，祇列有『封、峰、逢』三字；『邕、胸止有兩字』，《七音略》同圖平聲喉音聲母位祇有『邕、匈』二字；『竦、火、欲、以皆止有一字』，《韻鏡》《七音略》上聲齒音四等祇有『竦』，入聲喉音四等祇有『欲』。（其中『火、以』二字當爲訛誤，或爲『用、旭』二字之訛。因爲該段舉例均爲鍾韻字，不當雜入他韻字。）『蕭字、肴字全韻皆無入聲』，與宋代前期切韻圖入聲祇與陽聲韻相承，不與陰聲韻相承的特點一致①。這説明宋代初年切韻學理論以及韻圖的編撰已經成熟，羅常培先生認爲『等韻圖肇自唐代，非宋人所創』②，有一定的道理。

宋代切韻學文獻應當已經非常發達了，但流傳範圍並不廣泛。《晦庵先生朱文公文集》卷五十《答楊元範》：『字畫音韻，是經中淺事，故先儒得其大者多不留意。』③因此切韻之學不被士人階層所知曉，切韻學著作流通不廣，是有其社會原因的。或有肄此業者，終爲淺學，其學

① 有關《夢溪筆談》所言切韻法，魯國堯《沈括〈夢溪筆談〉所載切韻法繹析》有詳細論述。見《魯國堯語言學論文集》，第三一七—三二五頁。

② 羅常培《羅常培語言學論文集》，第一四〇頁。

③ 《晦庵先生朱文公文集》，《朱子全書（修訂本）》，上海古籍出版社、安徽教育出版社，二〇一〇年九月，第二二八九頁。

不顯，流傳至今者自然不多。不過由於切韻學與佛學關係密切，自漢魏以降，辨析音理，分析韻書語音系統，拼合韻書反切讀音的切韻學，當首先在佛學界發展、成熟起來。鄭樵《七音略》序指出：『七音之韻，起自西域，流入諸夏，梵僧欲以其教傳之天下，故爲此書。雖重百譯之遠，一字不通之處，而音義可傳。華僧從而定之，以三十六爲之母。重輕、清濁，不失其倫，天地萬物之音備於此矣。雖鶴唳風聲，雞鳴狗吠，雷霆驚天，蚊虻過耳，皆可譯也，況於人言乎？所以日月照處，甘傳梵書者，爲有七音之圖，以通百譯之義也。』精通音韻之學，也成爲佛學的基礎，鄭樵所謂『釋氏以參禪爲大悟，通音爲小悟』。鄭樵在説明《七音略》來源時，就明確指出：『臣初得《七音韻鑑》，一唱而三嘆，胡僧有此妙義，而儒者未之聞。』即《七音略》之藍本爲《七音韻鑑》，其基本理論當出自佛教界，但該書是否爲胡僧所作，則存疑。史籍所載，宋代所見切韻文獻中亦多爲釋家所著，如：

《宋史·藝文志》第二〇二卷『小學類』有僧守温《清濁韻鈐》一卷、釋元冲《五音韻鏡》一卷。

《通志·艺文略》『音韻』部分有僧鑑言《切韻指元疏》五卷、僧守温《三十六字母圖》一卷、僧行慶《定清濁韻鈐》一卷、《切韻内外轉鈐》一卷、《内外轉歸字》一卷。

晁公武《郡齋讀書志》『小學類』指出，『論音韻之書，沈約《四聲譜》及西域反切之學是也』。其中記載有《四聲等第圖》一卷，『皇朝僧宗彦撰，切韻之訣也』。

宋代切韻學發展繁榮的主要原因，當與官方對韻書字書編撰的重視有關。官方韻書《廣韻》《集韻》以及字書《大廣益會玉篇》《類篇》，即第二、三代『篇韻』的頒行，爲切韻學理論與韻書語音結構系統的分析相結合，滿足韻書字書反切拼讀的需要提供了前提條件。字學與韻學雖爲淺學，『然不知此等處不理會，卻枉費了無限辭説牽補，而卒不得其本義，亦甚害事也』①。因此切韻學在宋代逐漸爲儒家所接受並推廣開來，也在情理之中。

宋代切韻學理論與韻圖的編撰，當是在唐五代切韻理論與韻圖的基礎上，進一步與宋代韻書相結合而逐步發展完善起來的。受聲明學影響，唐五代初期切韻學當已經産生，音韻分析理論也已經逐步與韻書語音分析相結合，《切韻》系韻圖當已經出現。宋代韻書與字書的繁榮，促使了唐五代韻圖與宋代韻書的結合。宋代切韻圖就是爲分析韻書語音結構系統、拼讀字書反切服務的。魯國堯先生結合文獻記録，將宋元前期切韻圖根據其所分析的對象，分爲《廣韻》系列與《集韻》系列。其中《韻鏡》《七音略》是《廣韻》系韻圖，而已佚的楊中脩《切韻類例》、盧宗邁《盧宗邁切韻法》所述及的韻圖爲《集韻》系列韻圖。

《韻鏡》所據韻圖爲《指微韻鏡》，《七音略》所據韻圖爲《七音韻鑑》，兩書同刊於南宋紹興三十一年（辛巳年，一一六一），張麟之初刊《韻鏡》時當未見《七音略》。紹興辛巳（一一六一）

① 《晦庵先生朱文公文集》，《朱子全書（修訂本）》，第二二八七頁。

張麟之《識語》，對《韻鏡》的來源與特點進行了介紹：

既而得友人授《指微韻鏡》一編，微字避聖祖名上一字。且教以大略曰：『反切之要，莫妙於此。不出四十三轉，而天下無遺音。其製以韻書，自一東以下，各集四聲，列爲定位，實以《廣韻》《玉篇》之字，配以五音清濁之屬，其端又在於横呼。雖未能立談以竟，若按字求音，如鏡映物，隨在現形，久久精熟，自然有得。』於是蚤夜留心，未嘗去手。忽一夕頓悟，喜而曰：『信如是哉！』遂知每翻一字，用切母及助紐歸納，凡三折，總歸一律。即是以推千聲萬音，不離乎是。自是日有資益，深欲與衆共知，而或苦其難，因撰《字母括要圖》，復解數例，以爲沿流求源者之端。庶幾一遇知音，不惟此編得以不泯，余之有望於後來者亦非淺鮮。聊用鋟木，以廣其傳。

張麟之明確指出，《韻鏡》所據韻圖爲《指玄韻鏡》，避趙公明玄朗上一字而改名爲《指微韻鏡》，則《指玄韻鏡》成書年代當在北宋大中祥符五年（一〇一二）之前。韻圖形制與其所刊《韻鏡》相同，横列五音聲母，以清濁相别，四欄分韻列字，四聲相承，欄分四等。張麟之在《指玄韻鏡》的基礎上，撰寫了《字母括要圖》，復解『數例』（即『《韻鑑》序例』）。韻圖形制仍舊，韻圖内容以列《廣韻》《玉篇》字爲主，爲與第二代『篇韻』相輔的韻圖。《韻鏡》也許經歷過再版，四十二年後的嘉泰三年(一二〇三)張麟之《韻鏡序作》指出,自己在年二十得《韻鏡》之學後,『既而又得莆陽夫子鄭公樵進卷,先朝中有《七音序》,略其要語曰「七音之作,起自西域,流入諸夏,梵僧欲以此教傳天下,故爲此書」』。《序作》同時對淳熙年間楊倓所撰《韻譜》横列三十六字母的編撰體例進行了評價,認爲『因之則是,變之非也』。這一方面反映了張氏對《韻譜》的批評,另一方面也透露了《韻鏡》四十三轉有『因之』的特點。對《七音略》,張麟之則認爲『其用也博』,説明了《七音略》與《韻鏡》體例、内容具有很大程度的一致性,因此非常認可。同時也交代了二者來源不同,而同歸一途。有關《七音略》的來源問題,鄭樵亦有明確説明,《七音序》指出:

江左之儒,識四聲而不識七音,則失立韻之源……四聲爲經,七音爲緯,江左之儒知縱有平、上、去、入爲四聲,而不知衡有宫、商、角、徵、羽、半徵、半商爲七音。縱成經,衡成緯,經緯不交,所以失立韻之源。七音之韻,起自西域,流入諸夏。梵僧欲以其教傳之天下,故爲此書,雖重百譯之遠,一字不通之處,而音義可傳。華僧從而定之,以三十六爲之母,重輕、清濁,不失其倫,天地萬物之音備於此矣。雖鶴唳風聲,雞鳴狗吠,雷霆驚天,蚊寅過耳,皆可譯也,況於人言乎?所以日月照處,甘傳梵書者,爲有七音之圖,以通百譯之義也……均,言韻也。古無韻字,猶言一韻聲也……琴者,樂之宗也;韻者,聲之本也。

皆主於七，名之曰韻者，蓋取均聲也。

臣初得《七音韻鑑》，一唱而三嘆，胡僧有此妙義，而儒者未之聞。及乎研究制字，考證諧聲，然後知皇頡、史籀之書已具七音之作，先儒不得其傳耳。今作《諧聲圖》，所以明古人制字通七音之妙。又述内外轉圖，所以明胡僧立韻得經緯之全。釋氏以參禪爲大悟，通音爲小悟，雖七音一呼而聚，四聲不召自來，此其麤淺者耳。至於紐躡杳冥，盤旋寥廓，非心樂洞融天籟，通乎造化者，不能造其閫。

字書主於母，必母權子而行，（按，《六書略》『會意』：『文有子母，母主義，子主聲，一子一母爲諧聲。諧聲者，一體主義，一體主聲，二母合爲會意。會意者，二體俱主義，合而成字也。』）然後能別形中之聲。韻書主於子，必子權母而行，然後能別聲中之形。所以臣更作字書，以母爲主，亦更作韻書，以子爲主。今茲内外轉圖用以別音聲，而非所以主子母也。

鄭樵序認爲『七音之韻，起自西域，流入諸夏』，華僧定三十六字母，爲七音之圖。即認爲切韻學是受西域梵學影響，由華僧結合漢語特點將其完善起來的。唐五代以降，切韻學的成熟與發展可以説是第一次西學東漸對漢語音韻學産生重要影響的結果，是中國傳統學術第一次接受外來文化影響而自我發展完善的結果。以圖表形式經以四聲韻，緯以七音聲母，開合分圖，四等列字，以『「最小析異對」原理……創造出神奇之物——切韻圖』，彰顯了先賢的原創精神①。

《七音略》韻圖原名《七音韻鑑》，鄭樵認爲乃『胡僧妙義』，但並没有指出爲胡僧所作。此書當在釋家流行已久，但『儒者未之聞』而已。不過從韻圖内容來看，此書與《韻鏡》一樣當最終修訂於宋初，都是以三十六字母系統分析《廣韻》音系結構和反切系統的，很可能都是在唐五代時期與第一代『篇韻』相輔的切韻圖的基礎上改編的。除了韻圖之外，原本没有其他類似檢例的内容。鄭樵對《七音韻鑑》韻圖内容也没有做過改動，衹是『作《諧聲圖》，所以明古人制字通七音之妙。又述内外轉圖，所以明胡僧立韻得經緯之全』。所謂『述』，説明了鄭樵衹是對《七音韻鑑》『内外轉圖』進行了刊佈，並未對切韻圖内容進行過改動。

從《韻鏡》與《七音略》切韻圖的比較來看，二者的差異主要表現在《韻鏡》以七音清濁區分三十六字母，《七音略》直接列以三十六字母之名；《韻鏡》以『開』『合』標記韻圖，《七音略》以『重中重』『重中輕』『輕中輕』『輕中重』區分開合。韻圖形制與内容則大體一致。羅常培先生對二者異同進行比較後認爲，『《七音略》所據之《七音韻鑑》與《韻鏡》同出一源』『皆於原型有所損益，實未可强分先後也』。即從韻圖所列各韻的順序來看，《韻鏡》與《七音略》原本當爲表現《切韻》音系的，宋以後，始據《廣韻》進行了補充、修訂，以與《廣韻》音系一致，故有『實以《廣

① 魯國堯《中國音韻學的切韻圖與西洋音系學(Phonology)的『最小析異對』(minimal pair)》，第二頁。

韻》《玉篇》之字」的特點。這也反映了「切韻圖是層纍地造出來的」①。李新魁對《韻鏡》列字與《廣韻》《集韻》《禮部韻略》進行過比較，發現《韻鏡》三千六百九十五字，僅一百七十二字不是使用《廣韻》的反切首字②。可見其與《廣韻》的關係是非常密切的，亦與張麟之《識語》所言「實以《廣韻》《玉篇》之字」是相符的。

《集韻》系列韻圖，據魯國堯先生研究，大致有兩部，一是已佚的楊中脩《切韻類例》，一是盧宗邁《盧宗邁切韻法》所述及的韻圖。楊中脩《切韻類例》已佚，但孫覿《鴻慶居士文集》卷三十『《切韻類例》序』對該書進行了介紹：

昔仁廟詔翰林學士丁公度、李公淑增崇韻學，自許慎而降，凡數十家，總爲《類篇》《集韻》，而以賈魏公、王公洙爲之屬。治平四年司馬温公繼纂其職，書成上之，有詔頒焉。今楊公又即其書科別户分，著爲十條，爲圖四十四，推四聲子母相生之法，正五方言語不合之訛，清濁重輕，形聲開合。梵學興而有華、竺之殊，吴音用而有南北之辯。解名釋象，纖

① 魯國堯《〈盧宗邁切韻法〉述論》，第三五〇頁。

② 李新魁《〈韻鏡〉研究》，《語言研究》一九八七年第二期，第一三三——一三四頁。

悉備具，離爲上下篇，名曰《切韻類例》……具見於一圖二篇之中。①

《盧宗邁切韻法》「跋語」亦云：「世傳切韻四十四圖，用三十六母與《集韻》中字，隨母所屬，次第均佈於圖間。」②説明《盧宗邁切韻法》所述韻圖與楊中脩《切韻類例》一樣，均爲《集韻》系列韻圖，且均爲四十四韻圖，可看作是與第三代「篇韻」相輔而行的韻圖。

《集韻》系列韻圖具有宋元前期切韻學向後期切韻學轉型的特點，從語音系統來看，反映的都是《切韻》系列韻書的語音系統，韻圖爲四十三或四十四。但在五音排列順序方面，前期切韻圖爲始幫終日型，如《韻鏡》《七音略》；後期切韻圖注重韻圖結構的對稱性，多爲始見終日型，即除半舌、半齒音外，牙、喉音均衹有一組聲母，故居兩頭；舌、齒、脣音上下兩組聲母並列，故居中間。後期切韻圖在前期切韻圖基礎上，將牙音與脣音位置交换，如《四聲等子》《經史正音切韻指南》。後期切韻圖《盧宗邁切韻法》所述韻圖聲母的順序已經與後期切韻圖一致，也是始見終日。不過在喉音聲母的排列上，《盧宗邁切韻法》所述韻圖仍爲「影曉匣喻」，而不是後期切

---

① 魯國堯《〈盧宗邁切韻法〉述論》，第三四一頁。

② 同上。

韻圖的『曉匣影喻』①，具有比較典型的過渡性特徵。

宋元後期切韻學的顯著特徵是以攝爲單位大量合併相關韻系，韻圖數量減少，入聲與陰、陽聲韻相承，在一定程度上由反映韻書語音系統開始向反映實際語音轉變。如《切韻指掌圖》《四聲等子》各二十圖，《經史正音切韻指南》二十四圖。

不過，關於《切韻指掌圖》的成書年代問題，學術界還是有爭議的。世傳《切韻指掌圖》爲司馬光所作，則當成書於十一世紀中葉，即北宋時期，但該書刊行時間則在南宋嘉泰癸亥（一二〇三）。陳澧《切韻考外編》據鄒特夫考證，認爲切韻指掌圖實際上就是楊中脩所作。楊中脩《切韻類例》見上文介紹，共四十四圖，與《切韻指掌圖》二十韻圖差别較大。趙蔭棠先生對此專文進行了考證，認爲《切韻指掌圖》當爲託司馬温公之名，其成書年代當在淳熙三年（一一七六）以後與嘉泰三年以前②。

從韻圖編撰體例看，《切韻指掌圖》與《四聲等子》《經史正音切韻指南》相比更具有宋元前期切韻圖的特點，除了按綫性順序横列外，三十六字母的順序與《盧宗邁切韻法》所述韻圖一致，同樣是始見終日，喉音爲『影曉匣喻』。韻母的排列上，《切韻指掌圖》也與前期切韻圖一樣

① 魯國堯《〈盧宗邁切韻法〉述論》，第三五三頁。
② 趙蔭棠《等韻源流》，第一〇九—一一三頁。

是『四聲統韻』，即四欄分列四聲韻，四聲欄各列四等字。而後期切韻圖如《四聲等子》《經史正音切韻指南》則是『韻統四聲』，即四欄分列四等韻，各等欄四聲上下相承。《切韻指掌圖》横列三十六字母的列圖方式，南宋時期亦有其例。張麟之《韻鏡序作》指出：『近得故樞密楊侯倓淳熙間所撰《韻譜》，其自序云「朅來當塗，得歷陽所刊《切韻心鑑》，因以舊書，手加校定，刊之郡齋」。徐而諦之，即所謂《洪韻》，特小有不同。舊體以一紙列二十三字母爲行，以緯行於其上，其下間附一十三字母，盡於三十六，一目無遺。楊變三十六，分二紙，肩行而繩引，至横調則淆亂不協，不知因之則是，變之非也。』《切韻指掌圖》的體例當與楊倓《韻譜》、歷陽《切韻心鑑》有一定的承襲關係。

《四聲等子》的成書年代與著者不詳，趙蔭棠認爲該書成書年代『不能遲到南宋』①，李新魁認爲『當在《廣韻》《集韻》行世之後』②。其理由是《四等等子》序有『按圖以索二百六韻之字』。《經史正音切韻指南》則是與《五音集韻》《四聲篇海》相輔而行的，可看作是與第四代『篇韻』相輔而行的韻圖。該圖刊行於元惠宗至元丙子年（一三三六），受《四聲等子》影響很大，也可以説是在《四聲等子》二十圖基礎上，根據《五音集韻》一百六十韻的框架，將其改編爲二十四韻

---

① 趙蔭棠《等韻源流》，第九一頁。

② 李新魁《漢語等韻學》，中華書局，二〇〇四年五月，第一八〇頁。

圖的。正因爲《經史正音切韻指南》與《四聲等子》體例、内容的相似性，明代等韻學家多將《經史正音切韻指南》稱爲《四聲等子》，如袁子讓《字學元元》。

儘管宋元切韻圖根據其内容的不同，可分爲前期、後期兩個階段，根據與韻書的相輔關係的不同，前期切韻圖可分爲《廣韻》系、《集韻》系，但宋元切韻圖的理論體系都是一致的。首先，宋元切韻圖的編撰宗旨與語音基礎是一致的，都是爲分析《切韻》系韻書語音系統和拼讀韻書、字書反切服務的。其次，韻圖最核心的切韻理論，都是以開合四等作爲分析韻母系統的基本單位，以三十六字母作爲韻圖的聲母系統。最後，韻圖的基本編撰體例、使用方式都是以經調平、上、去、入四聲韻，與反切下字相關聯；緯調宫、商、角、徵、羽、半徵、半商七音，與反切上字相關聯，將『上字爲切，下字爲韻』的韻書、字書反切音，直觀映照在韻圖經緯相交所代表的字音上。韻圖既是韻書的音系結構表，也是拼讀反切的音節表。宋元切韻圖的形制與切韻理論，充分反映了中國古典音系理論的獨特表現方式和在語音分析方法方面所取得的獨特成就。宋元切韻學奠定了漢語音韻學的理論基礎，爲漢語等韻學的發展，尤其是明清等韻學的繁榮提供了理論與實踐方面的原動力。

宋元切韻學理論在宋代初年就已經非常成熟了，切韻學理論也被易學數理學家所借鑑，以推源宇宙萬物之音的起源、産生與發展，其中代表性的著作就是邵雍《皇極經世觀物篇·聲音唱和圖》與祝泌的《皇極經世解起數訣》。《聲音唱和圖》是《皇極經世書》中闡述天聲、地音律吕唱和的圖表。分十天聲，取天干之數，即韻部；十二地聲，取地支之數，即聲母類。天聲以四象日、月、星、辰與平、上、去、入相配，平、上、去、入四聲韻各復以四象日、月、星、辰區分闢、翕，共一百一十二韻。地音以四象水、火、土、石與開、發、收、閉相配，相當於根據與韻母四等拼合關係而區分的聲母類；開、發、收、閉復以四象水、火、土、石之柔、剛區分清、濁，共一百五十二聲母類。《聲音唱和圖》天聲一百一十二韻的區分，地音一百五十二聲母的分類，天聲之翕闢，地音之清濁對立、開發收閉分類，都是受切韻學理論的影響。而其天聲、地音律吕唱和，以天聲各韻輾轉唱地音各聲母，以地音各聲母類輾轉和天聲各韻，與韻圖聲韻經緯相交以表現反切讀音的方式是完全一致的。因此，可以説，《聲音唱和圖》的圖表形制、表現語音的方式，與漢語切韻學理論是一致的。《聲音唱和圖》是宋元前期切韻學理論與象數理論相結合而衍生的另一派切韻學著作。

祝泌《皇極經世解起數訣》則是以宋元前期切韻圖的形式進一步闡述《聲音唱和圖》天聲、地音律吕唱和的韻圖，將邵雍以曆數、律數闡述聲音之微義，以韻圖形式直觀地表現出來。祝泌『聲音韻譜序』指出：

> 惟皇極用音之法，於脣、舌、牙、齒、喉、半，皆分輕與重。聲分平、上、去、入，音分開、發、收、閉，至精至微。蓋聲屬天陽，而音屬地陰，天之大數不過七分，而聲有七均。地之大

數不過八方，而陰數常偶。故音有十六，不可缺一，亦非有餘也。余學《皇極》起物數，皆祖於聲音。二百六十四字之姆，雖得其音，而未及發揚。偶因官守之暇，取德清縣丞方淑《韻心》，當塗刺史楊俊（按，當爲倓）《韻譜》，金虜《總明韻》相參合，較定四十八音，冠以二百六十四姥，以定康節先生聲音之學。若辨《心鑑》，合輕重於一致，紊喉音之先後，誠得其當。添入《韻譜》之所無，分出牙喉之音，添增半音之字，合而成書。

《皇極經世解起數訣》共八十韻圖，横列聲母，縱列平、上、去、入四聲韻，韻分四等，韻圖形制與《韻鏡》《七音略》一致。不過祝泌將聲母一百五十二音據開、發、收、閉進行了分類，開、發、收、閉四類各分清、濁，共八類，八類聲母分别横列相應的韻圖聲母位。卷首以『一百五十二音八卦』表的方式對聲母分類進行了歸納。韻圖聲母綫性排列方式與楊倓《韻譜》相同；聲母按脣、舌、牙、齒、喉、半音的順序排列，韻母爲《廣韻》二百零六韻系統，與宋代前期切韻圖《韻鏡》《七音略》一致。入聲同配陰、陽聲韻，配陰聲韻是受《聲音唱和圖》的影響，配陽聲韻與《韻鏡》《七音略》相同，而入配陰陽同時也是宋元後期切韻圖的顯著特徵；喉音『曉匣影喻』相次，也與後期切韻圖相同。祝泌《起數訣》以宋代切韻學理論闡述邵雍《唱和圖》的聲音之學，將宋元切韻學理論與象數理論相結合，在漢語等韻學史上産生了重要的影響，是『皇極經世』系列著作中最具有代表性的切韻學文獻之一。

宋元切韻韻圖是以三十六字母系統、開合兩呼四等的韻母分析理論，將《切韻》系列韻書的語音系統以表格的方式進行展現，以經緯相交的方式對其反切讀音進行拼切的圖表。不過由於三十六字母與《切韻》系列韻書的聲母系統存在一定的差異，韻圖的聲母系統、四等的格局與韻書語音系統存在一定的矛盾，因此就會産生韻圖的語音結構與韻書反切所反映的語音系統不相容的情況，需要在韻圖編撰過程中以一定的規則進行調整。爲了幫助韻圖使用者正確瞭解韻圖規則，正確使用韻圖以拼讀反切，門法應運而生。另一方面，由於語音的變化，韻書、字書反切與實際語音也存在一定的矛盾，如輕、重脣類隔切，精、照互用切等，這也需要以門法的形式進行調和。調和後一類反切的門法在唐末守温《韻學殘卷》中就有論述，出現了「類隔」「憑切」等切字法的説明，宋初沈括《夢溪筆談》也有同樣的記載。而調和韻圖與韻書反切矛盾的門法，隨着切韻學的成熟與切韻圖的繁榮，在宋元時期開始盛行起來。如《通志・艺文略》「音韻」部分記載，《切韻指元論》三卷，僧鑑言著《切韻指元疏》五卷；晁公武《郡齋讀書志》記載有《切韻指玄論》三卷，「皇朝王宗道撰，論字之五音清濁」，《四聲等第圖》一卷，「皇朝僧宗彦撰，切韻之訣也」。《五音集韻》寒韻「韓」小韻記載：「韓孝彦……注《切韻指玄論》，撰《切韻澄鑑圖》，作《切韻滿庭芳》，述《切韻指迷頌》。」以上著録文獻當多爲切韻門法之類的著作，可惜今均亡佚。《四聲等子》卷首記載有比較豐富的門法内容，元劉鑑《經史正音切韻指南》「玉鑰匙」十三門法與「玄關歌」五音歌訣則記載了比較系統的門法。不過，有關這些門法内容的來源及門法的發展演變過程，現在還存在許多空白。《四聲等子》序指出：『切韻之作，始乎陸氏；關鍵之設，肇自智公。』『其指玄之論，以三十六字母約三百八十四聲，别爲二十圖，畫爲四類。審四聲開闔，以權其輕重；辨七音清濁，以明其虚實。極六律之變，分八轉之異。』指出智公撰寫了《指玄論》。但智公是誰，《指玄論》内容如何，並没有明確交代。

黑水城出土的《解釋歌義》則明確指出《指玄論》的作者『智公』爲『智㟩(邦)』。《解釋歌義》殘抄本，俄羅斯科學院東方研究所聖彼得堡分所藏品，巾箱本，首尾殘佚。首頁題『解釋歌義壹畚』，據聶鴻音、孫伯君(二〇〇六)介紹，原件護封左面題簽『□髓解歌義壹畚』，聶氏認爲作者當爲金代女真人□髓①。該書主要内容有兩部分，一是『訟(頌)』，是王忍公以歌訣形式對智㟩《指玄論》門法的闡釋；二是『義』，即□髓對王忍公歌訣的注疏，實際上也就是對智㟩門法的注疏，也有對《指玄論》及王忍公相關情況的介紹。該書是現存最早最完整的切韻門法專書，爲瞭解宋元切韻學理論，尤其是門法理論的發展過程提供了非常珍貴的資料。

目前所見宋元切韻學文獻是構建漢語等韻學理論或漢語音系學理論最重要的資料，奠定了漢語等韻學發展的理論基礎。因此，對宋元切韻學文獻進行系統整理和校注，對深入歸納總結傳統音系學理論的發展，對深入推進漢語等韻學研究與漢語語音史研究具有重要的價

① 聶鴻音、孫伯君《黑水城出土音韻學文獻研究》，文物出版社，二〇〇六年四月，第一〇八頁。

值。近年來，學術界對宋元切韻學文獻的研究已經非常深入，對這些文獻的校注也取得了一定的成果，尤其以《韻鏡》的校注成果最爲豐富。《韻鏡》自宋淳祐年間流入日本，在國內幾乎失傳，賴清末黎庶昌出使日本，始影印《覆永禄本韻鏡》，收入《古逸叢書》，重新得到學術界的關注。但因其久在異域，難免有誤，故對此書進行整理校勘者甚衆，如馬淵和夫《韻鏡校本和廣韻索引》（一九七七）、龍宇純《韻鏡校注》（一九八二）、李新魁《韻鏡校證》（一九八二），目前整理最全面最深入的是楊軍《韻鏡校箋》（二〇〇七）。而刊行時間相近的《七音略》與《韻鏡》相比，學術界關注度並不高，最早對其進行簡單校注的有羅常培先生《〈通志·七音略〉研究》（景印元至治本《通志·七音略》序）（一九三五），楊軍《七音略校注》（二〇〇三）則是目前學術界對《七音略》校注最全面、最精細的著作。

相比於這兩部宋元早期切韻圖，現存其他宋元切韻學文獻儘管在研究方面已經取得了一定的成就，但對其進行校勘，尤其是對這些文獻内容之間的關聯性進行校釋，還有很大程度的不足。宋元漢語切韻學文獻理論自成體系，著作層次豐富，學術影響力極大。進一步推動宋元切韻學乃至漢語等韻學理論體系的研究，迫切需要編撰一部完整的宋元切韻學文獻整理叢書，爲深入開展漢語等韻學研究提供可資參閲的文獻資料，擴大這些文獻的受衆面，減少研究者的文獻搜集、抄録及繁瑣的整理、對比、檢索環節，推進宋元切韻學研究的廣度和深度，最大限度地展現文獻的使用價值，讓宋元切韻學文獻重新煥發新的活力，從而形成百花齊放的研究局面，促進漢語等韻學這門傳統學科的健康發展。

有鑑於此，本課題組聯合了音韻學界的專家學者，通力合作，編撰了《宋元切韻學文獻叢刊》。中國音韻學研究會原會長、南京大學魯國堯教授自始至終爲本叢刊的策劃、編撰、出版給予了精心的指導與幫助。魯國堯先生早年在日本發現了在學術史上沉埋八百餘載的《集韻》系列切韻學文獻《盧宗邁切韻法》，並著文向學術界公佈了這一宇内孤本，提出了許多富有卓見的切韻學理論觀點，如『切韻圖是層纍地造出來的』、漢語等韻學分爲宋元切韻學與明清等韻學兩個階段、宋元早期切韻學文獻分爲《廣韻》系列與《集韻》系列等。這些觀點都已經得到了學術界的廣泛接受與認可。魯先生以八十四歲高齡，答應對《盧宗邁切韻法》以及《夢溪筆談》卷十五『藝文二』之『切韻之學』條進行更深入細緻的校釋、闡述，將其納入《宋元切韻學文獻叢刊》，以惠澤學林。先生長者之風，高山仰止。楊軍先生在《韻鏡》《七音略》的校注方面取得了豐碩的成果，是國内外的權威專家，其《韻鏡校箋》《七音略校注》在學術界産生了巨大的反響，是音韻學研究者的必備參考書目。爲使《宋元切韻學文獻叢刊》更具有系統性、權威性，楊軍先生在承擔繁重科研任務的情況下，允諾對《韻鏡》《七音略》進行重新校釋，並在叢刊編撰過程中給予了許多建設性與指導性意見，受益良多。子課題負責人首都師範大學李紅教授作爲主編之一，在承擔叢刊的策劃、組稿的過程中，不僅負責了《切韻指掌圖》《皇極經世解起數訣》的校注任務，同時還協助楊軍先生對《七音略校箋》進行了補訂，對《韻鏡校箋》進行了編訂。李紅教授在《切韻指掌圖》研究方面創獲頗多，其《切韻指掌圖研究》（二〇一一）在學術界有一定的影響力，對《切韻指掌圖》《皇極經世解起數訣》的校注也是其多年來的學術積累。中央民族大學婁育博士在《經史正音切韻指南》研究方面成果豐碩，其《〈經史正音切韻指南〉文獻整理與研究》（二〇一三）資料搜集全面，考證翔實、深入，是當前《經史正音切韻指南》研究難得的力作之一，在《經史正音切韻指南》校注方面也有了長期的積累。安徽大學王曦教授搜集了大量《四聲等子》的文獻資料，爲幫助我們順利完成《四聲等子》的校注工作，將這些資料無償提供給了課題組，並協助李紅教授，二人合作完成了《四聲等子》的校注、校對與編寫任務，稟承學術乃公器之心，其情可嘉。孫伯君先生《黑水城出土等韻抄本〈解釋歌義〉研究》（二〇〇四）對《解釋歌義》的門法進行了梳理和研究；聶鴻音、孫伯君兩位先生（二〇〇六）對包括《解釋歌義》在內的黑水城音韻學文獻進行了深入研究。我們在聶、孫二君研究的基礎上，對《解釋歌義》重新進行了校釋，並將其與《四聲等子》所述門法，特别是《經史正音切韻指南》『玉鑰匙』十三門法、『玄關歌訣』進行了比較研究。爲了更全面地瞭解漢語等韻門法的發展演變過程，我們在對《解釋歌義》進行校釋的基礎上，將宋元以來對門法、『玄關歌訣』進行注釋、評議的相關文獻進行了初步搜集，將其中幾家有代表性的注解進行了彙集，並附董同龢《等韻門法通釋》對相關門法内容的疏證，以幫助音韻學研究者和愛好者對漢語等韻門法有比較全面的瞭解。

漢語等韻學一直被稱爲『絶學』，章學誠《文史通義·中鄭》認爲，『七音之學』等『誠所謂專門絶業』。近年來黨和國家領導人一直提倡『要講清楚中華優秀傳統文化的歷史淵源、發展脉絡、基本走向，講清楚中華文化的獨特創造、價值理念、鮮明特色，增强文化自信和價值觀自信』，冷門絶學的研究日益受到重視。我們對具有悠久的研究歷史、獨特的研究理論體系、獨創的語音分析理論與方法，具有鮮明中國特色的漢語切韻學文獻進行搜集整理，主要目的是希望能够進一步推動漢語等韻學研究的開展，重新構建中國古典音系學理論體系，梳理一千多年來中國古典音系學在學術創造方面的影響、在知識傳播方面的價值，及其對中國文化、社會生活所産生的重要推動意義，並爲以上研究提供基礎的文獻資料。

《宋元切韻學文獻叢刊》是國家社科基金重大項目『漢語等韻學著作集成、數據庫建設及系列專題研究』（17ZDA302）的階段性成果，同時獲得了二〇二〇年度國家古籍整理出版專項經費資助項目的資助。叢刊的出版要特别感謝鳳凰出版社總編輯吴葆勤編審的幫助、指導，感謝孫州、張沫、莫培三位責編的辛苦勞動；同時感謝首都師範大學李紅紅、黄麗娜、黄美琪、羅娟、劉洋，南昌大學但鋭、梅那、肖銀鳳、李洋華、余月等同學在參與課題研究過程中付出的努力。

最後，要特别感謝日本國立國會圖書館、國立公文書館、早稻田大學圖書館，美國哈佛大學哈佛燕京圖書館、中國國家圖書館、南京圖書館等國内外藏書機構爲本次《宋元切韻學文獻叢刊》編撰提供的珍稀版本；特别感謝上海古籍出版社對俄藏黑水城門法文獻《解釋歌義》圖版的授權。

爲方便讀者閱讀，本叢書多採用「一圖一注」的編排方式；同時爲滿足讀者閱讀參考完整文獻的需要，各書末多附各切韻文獻影印底本。其中《韻鏡》另附兩種重要版本，《七音略》另附一種重要版本，這三種版本以及《盧宗邁切韻法》，今特地採用全彩影印的方式，以充分體現其版本特點與價值。

是爲序。

李軍

辛丑年十月

目録

凡例

1 本校注所標每字之位置及使用術語，悉與《切韻指掌圖》（以下簡稱「《指掌圖》」）原書相同。如《指掌圖》位置爲平聲四等「斜」母，標位時按原書用字標爲「平四斜」，校注時多用宋人三十六字母所用字。重紐韻亦根據列位情況稱爲「重紐三、四等」。

2 凡版本列字有異、文字錯訛或一字兩見、列位有誤者均出校。或與《韻鏡》《七音略》不同，則參考韻書及相關資料以辨其正訛或明其所據之差異，儘量出校。凡列字非《廣韻》小韻首字者，亦出校。

3 本校注按韻圖從右至左順序出校，每條序號後出校之字，皆爲宋本列字。其他各本如有不同，則分別版本，標識於後。

4 《切韻指掌圖》流傳較廣，但版本無多。本校注以國家圖書館藏宋紹定三年（一二三〇）越州讀書堂刻本（簡稱『宋本』①）爲底本，另有《墨海金壺》本、嚴氏本、《等韻五種》本作爲參校本。其中《等韻五種》本差異較大，故將各本異同出校，以助讀者較好掌握版本之異。本書所用圖版，採自《古逸叢書三編》之十二（中華書局一九八五年據北京圖書館藏宋刻本影印）。謹向國家圖書館、中華書局及影印本編者表示敬意與感謝。

5　凡《切韻指掌圖》空位無列字者，以『○』爲標識。有少量宋本模糊，難辨字迹者，則以『□』爲標識。

6　本校注所據《廣韻》爲余迺永校注本，所據《集韻》爲北京市中國書店版。

7　本校注所據韻圖，《韻鏡》爲永禄本，《七音略》爲元至治本。《四聲等子》《切韻指南》則據《等韻五種》中所收録版本。《皇極世解起數訣》據《四庫全書》本。

8　本校注中，列字於《廣韻》《集韻》中無法查取注音者，則依《康熙字典》所記反切進行注解。《康熙字典》主要依漢語大詞典出版社版本。

---

①　據劉明《宋刊〈切韻指掌圖〉底本考辨》的觀點，此本當爲翻刻嘉泰間婺州刻本，而婺州本又爲翻刻南宋初紹興間刻本，故此本屬於二次翻刻之本。劉明文見《中國典籍與文化》二〇一〇年第二期（總第七十三期），鳳凰出版社。

9 本校注因《切韻指掌圖》爲合韻韻圖，圖中列字可能來源於其他參校韻圖的多個韻圖。校注中每圖第一條，均交待該字在各韻圖中列位的具體位置，其後爲行文簡潔，會有所省略，但若位置轉變，則重新説明。對省略具體位置處，可查前文最近處之位置標識。

10 本校注所據韻書主要以《廣韻》《集韻》爲主，參校韻書有《禮部韻略》兩種，分别稱之爲真福寺本、毛氏《增韻》。

11 本校注所對比《四聲等子》《經史正音切韻指南》（正文簡稱『《切韻指南》』）兩種韻圖亦爲合韻韻圖，主要用於證明列字之正誤。該兩種韻圖同一位置韻字亦隨文列出，並簡要標識其音韻地位。

12 本校注對宋本列字之正誤作判斷，以列字是否爲《廣韻》小韻首字爲判定標準。分『是』『誤』『亦無誤』。『是』表示列字佳；『誤』表示列字有錯訛等；『亦無誤』表示列字依《集韻》或雖非小韻首字，但音韻地位可列於此，雖非最佳列字，但是正確列字。

13 本校注出校，標明『校改』表示原有列字有錯訛，當改爲正確列字；標明『校删』表示原有列字當删去；標明『校補』表示原無列字，當補足。

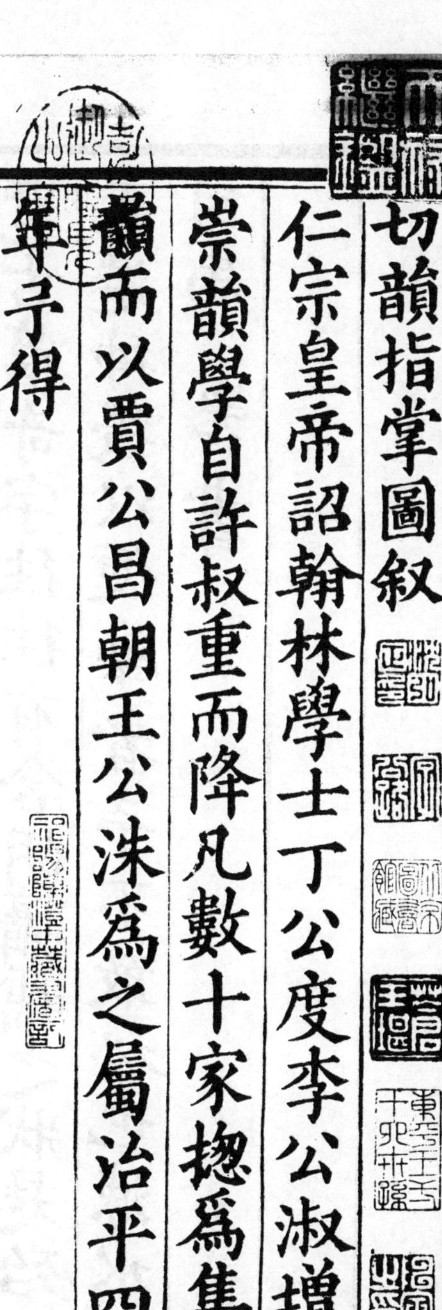

切韻指掌圖叙

仁宗皇帝詔翰林學士丁公度李公淑增崇韻學自許叔重而降凡數十家揔爲集韻而以賈公昌朝王公洙爲之屬治平四年予得旨繼纂其職書成上之有詔頒焉嘗因討究之暇科別清濁爲二十圖以三十六字母列其上推四聲相生之

法縱橫上下旁通曲暢律度精密最爲捷
徑名之曰切韻指掌圖嗚呼韻學之廢久
矣士溺於所習讀書綴文趣了目前以至
覽古篇奇字往往有含胡囁嚅之狀是殆
天造神授以便學者予不敢祕也涑水
司馬　光　書

切韻指掌圖叙

仁宗皇帝詔翰林學士丁公度、李公淑增崇韻學，自許叔重而降，凡數十家，揔爲《集韻》，而以賈公昌朝、王公洙爲之屬。治平四年，予得旨繼纂其職，書成上之，有詔頒焉。嘗因討究之暇，科别清濁，爲二十圖，以三十六字母列其上，推四聲相生之法，縱横上下，旁通曲暢，律度精密，最爲捷徑，名之曰《切韻指掌圖》。嗚呼！韻學之廢久矣，士溺於所習，讀書綴文，趣了目前，以至覽古篇奇字，往往有含胡囁嚅之狀。是殆天造神授，以便學者，予不敢祕也。涑水司馬光書。

【釋】

1 揔爲《集韻》：同「總」。聚合；匯集。

2 囁嚅：竊竊私語貌，欲言又止貌。

3 予不敢祕也：隱藏、保守秘密。

【按】

1 經清人鄒特夫考證，此序當爲抄録修改孫覿所作楊中修《切韻類例序》而成。

2 司馬光曾主持編纂《類篇》，而不是《集韻》，故此序所言。與史實不符。司馬光爲《類篇》繕寫奏進而已，傳爲光修，非其實也。

3 序中行文含混不清，時間上交代不清。開篇談《集韻》的編纂，下文直接承上文，到『治平四年』，這時距《集韻》成書已經有二十八年之久。

4 『韻學久廢』，不合史實。編纂韻書確屬韻學，韻圖的編纂也當爲韻學範圍内，宋代在短短的幾十年内，就有官修韻書兩部，且《禮部韻略》不斷推陳出新，南宋高、孝、光、寧、理、度各朝都有《監本禮部韻略》頒行。

【補】

1 《切韻類例》，作者楊中修，其書已亡，孫覿序文記載：

弘農楊公博極群書，尤精韻學；古篇奇字，一覽如素習。熙寧中，嘗召試中書，進换文階，擢三衛。且顯用矣，會大臣當國，欲用爲臺諫，排斥所不快者，公笑謝不願也。明日，有旨還復東頭供奉官，進閤門祇候，始見疏斥，天下至今稱之。今老矣，强記洽聞，劇談世事，如精練少年，蓋未衰也。聞朝廷用聲律取士，於是出平生所著《切韻》，樂與學者共之。昔仁廟詔翰林學士丁公度、李公淑增崇韻學，自許慎而降凡數十家，總爲《類篇》《集韻》，而以賈魏公、王公洙爲之屬。治平四年，司馬温公繼纂其職，書成上之，有詔頒焉。今楊公又即其書科别户分，著爲十條，爲圖四十四，推四聲子母相生之法，正五方言語不合之訛；清濁重輕，形聲開合。梵學興而有華竺之殊，吴音用而有南北之辨。解名釋象，纖悉備具，離爲上下篇，名曰《切韻類例》。

2 《四庫全書總目·類篇》

寶元二年十一月，翰林院學士丁度等奏，今修《集韻》，添字既多，與顧野王《玉篇》不相參協。欲乞委修韻官將新韻添入，别爲《類篇》，與《集韻》相副施行。時修韻官獨有史館檢討王洙在職，詔洙修纂。久之洙卒。嘉祐二年九月，以翰林學士胡宿代之。三年四月，宿奏乞光禄卿直祕閣掌禹錫、大理寺丞張次立同加校正。六年九月，宿遷樞密副使，又以翰林學士范鎮代之。治平三年二月，范鎮出鎮陳州，又以龍圖閣直學士司馬光代之。時已成書，繕寫未畢。至四年十二月上之。

3 (清)鄒特夫之證

據此，則《集韻》既成之後，爲《切韻圖》者，自楊尚書始耳。仲益生元豐辛酉，卒乾道己丑，作此序當在南渡之初。而今所傳《切韻指掌圖》題司馬温公撰，有嘉定癸亥番易董南一序，在其後五六十年，有温公自序，其語俱與孫序雷同。孫序稱『著爲十條，爲圖四十四』，而今《指掌圖》爲圖二十，疑南宋流傳，改併失真，乃冒温公名以求售，而條例尚存，故邵光祖以爲全背圖旨。不知據例正圖，而反因圖删例矣。圖既合併，遂有應檢而不在圖之字，則又增檢圖之例矣。余謂《集韻》切語俱用音和，據以爲圖，可無類隔門法。惜乎爲切韻之説者，俱以後圖繩前書，宜其轇葛矣。附識於此，以諗知者。同治壬戌三月朔。

今世所存者，《切韻指掌圖》相傳以爲司馬温公作，《四庫提要》已疑之。近者鄒特夫徵君考定爲楊中修所作，有孫覿序，見孫覿《内簡尺牘》，確鑿可據。

4 （清）陳澧《切韻考》外篇證

5 《四庫全書總目·切韻指掌圖》

等韻之説，自後漢與佛經俱來。然《隋書》僅有十四音之説，而不明其例。華嚴四十二字母，亦自爲梵音，不隸以中國之字。《玉篇》後載神珙二圖，《廣韻》後列一圖不著名氏，均粗舉大綱，不及縷舉節目。其有成書傳世者，惟光此書爲最古。孫奕《示兒編》辨『不』字作『逋骨切』，惟據光説。知宋人用爲定韻之祖矣。第光《傳家集》中，下至《投壺新格》之類，無不具載，惟不載此書，故傳本久絶。今惟《永樂大典》尚有完本，謹詳爲校正，俾復見於世。以著等韻之舊譜，其例不過如此。且以見立法之初，實因《集韻》而有是書，非因是書而有《集韻》。凡後來紛紜轇轕，均好異者之所爲焉。

6（明）桑紹良《青郊雜著》

竊意司馬公北人也，多聞見而邃於學者也。何以舛訛如此？或是他人所爲，託名此公，欲取信於後世。後世多聾鼓（瞽），據而守之，訛以傳訛，未有能駁而更正之者，哀哉！

7（清）周贇《山門新語》

按《廣韻》後本有等韻一圖，不著姓字。温公《切韻圖》序稱：仁宗朝，詔學士丁度等增修《集韻》，治平四年，書成上之。嘗因討究之暇，科别清濁，爲二十圖。是此圖始於《廣韻》，非始於《集韻》，奉詔修《集韻》者丁度等，而非温公。《廣韻》爲祖宗朝舊制，其圖既不可删，公特以其清濁無别而更正之。則公所更正者切韻之法，非修等韻，此圖所以名『切韻』也。然圖與例既皆目爲公作，而明邵光祖謂其例斷非公作，例既不足信，則圖亦可疑。

檢例上

先求上切居何母，次求引韻去横搜。且如德紅切東字，須先求德字記在端字母下，次求紅字横過至端字下，即是東字，它皆倣此。

本眼空時上下取，此葉全無前後收。見字

偶然又不識，平上去入可尋求。東董凍督是也。更

有照禪五母下，韻居三等二相侔。第一等或無引

韻即用第三等引韻切第二等字其音相近仄九切㧙之類是也

檢例下

凡切字以上者爲切下者爲韻取同音同母同韻同等四者皆同謂之音和取脣重脣輕舌頭舌上齒頭正齒三音中清濁同者謂之類隔

協聲 德字與緪庚字協聲在第十六圖内
洪字與公弓字協聲在第二圖内

歸母 德字屬舌頭音歸端字母
洪字屬喉音歸匣字母

四聲 平登　平洪
上等　上澒
去鐙　去閧
入德　入縠

一音 德忒特能
翁烘洪○

謂如德洪切東字先調德字求協聲韻於圖中尋德字屬端字母係入聲内第一等眼内字又調洪字求協聲韻於圖中尋洪字即自洪字横截過端字母下平聲第一等眼内即是東字此乃音和切萬不失一其閒有字不在本等眼内者必屬類隔及廣通侷狹之例與匣喻來日字母下字或不識其字當以飜四聲調之一音二音者必有一得也

音和切

丁增切登字

緣用丁字爲切丁字歸端字母是舌頭字用增字爲韻增字亦是舌頭字所以切登字登字歸端字母亦是舌頭字三字俱在舌頭詩云音和遞用聲者此也

類隔切

丁呂切貯字

緣用丁字爲切丁字歸端字母是舌頭字用呂字爲韻呂字亦是舌頭字所以切貯字貯字雖歸知字母緣知字與端字俱是舌頭中純清之字詩云類隔傍求韻者此也

辨五音例

欲知宮舌居中（喉音） 欲知商開口張（齒頭正齒）

欲知角舌縮却（牙音） 欲知徵舌柱齒（舌頭舌上）

欲知羽撮口聚（脣重脣輕）

辨字母清濁歌

横偏第一是全清 第二次清總易明

全濁第三聲自穩 不清不濁四中成

齒中第四全清取（心審） 第五從來類濁聲（禪斜）

唯有來日兩箇母 半商半徵濁清平

辨字母次第例

辨字母者取其聲音之正立以爲本本立則聲音由此而生故曰母以三十六字母演三百八十四聲取子母相生之義是故一氣之出清濁有次輕重有倫合之以五音運之若四時故始牙音春之象也其音角其行木次曰舌音夏之象也其音徵其行火次曰脣音季夏之象也其音宮其行土次曰齒音秋之象也其音商其行金次曰喉音冬之象也其音羽其行水所謂五音之出猶四時之運者此也

辨分韻等第歌

見溪羣疑四等連　端透定泥居兩邊
知徹澄娘中心納　幫滂四等亦俱全
更有非敷三等數　中間照審義幽玄
精清兩頭爲真的　影曉雙飛亦四全
來居四等都收後　日應三上是根源

辨内外轉例

内轉者取脣舌牙喉四音更無第二等字唯齒音方具足外轉者五音四等都具足舊圖以通止遇果宕流深曾八字括内轉六十七韻江蟹

臻山効假咸梗八字括外轉一百三十九韻

辨廣通侷狹例

所謂廣通者第三等字通及第四等字也侷狹者第四等字少第三等字多也

歌曰

支脂眞諄蕭仙祭　清宵八韻廣通義

正齒第二爲其韻　脣牙喉下推尋四余支切移撫昭切漂

歌曰

鍾陽蒸魚登麻尤　之虞齊鹽侷狹收

影喻齒頭四爲韻　却於三上好推求居容切恭居悚切拱

辨獨韻與開合韻例

總二十圖前六圖係獨韻應所切字不出本圖之内其後十四圖係開合韻所切字多互見如眉箭切面字其面字合在第七干字圖内明字母下今乃在第八官字圖内明字母下蓋干與官二韻相爲開合他皆倣此

辨來日二字母切字例

來日二切則是憑韻與內外轉法也唯有日字却與泥娘二字母下字相通蓋日字與舌音是親而相隔也

歌曰

日下三爲韻　音和故莫疑如六切肉如精切寧

二來娘剩取　一四定歸泥仁頭切糯日交切鐃

辨匣喻二字母切字歌

匣闕三四喻中覓　喻虧一二匣中窮

上古釋音多具載　當今篇韻少相逢戶歸切幃于古切戶

雙聲疊韻例

和會二字爲切同歸一母只是會字更無切也故號曰雙聲如章灼良略是矣

商量二字爲切同出一韻只是商字更無切也故號曰疊韻如灼略章良是矣

歌曰

和會徒勞切　商量亦莫尋

驗人端的處　下口便知音

檢例

一、檢例上

先求上切居何母，次求引韻去横搜。且如德紅切東字，須先求德字記在端字母下，次求紅字横過至端字下，即是東字。它皆倣此。

本眼空時上下取，此葉全無前後收。

見字偶然又不識，平上去入可尋求。東董凍督是也。

更有照禪五母下，韻居三等二相侔。第一等或無引韻，即用第三等引韻切第二等字，其音相近，仄九切掫之類是也。

【釋】

1 『先求上切居何母，次求引韻去横搜』對應『協聲』。歌喉訣後，『湏』爲『須』之俗體。

2 『本眼空時上下取，此葉全無前後收』對應『歸母』，前半句應該指端知、精照之互用。而《指掌圖》端知、精照已經平列，所以這一句對《指掌圖》並不適用。後半句，當指辯開合，若不瞭解開合圖的結構，則在開（合）口圖中找不到時，就到下一個合（開）口圖中查找。

3 『見字偶然又不識，平上去入可尋求』對應『四聲』『一音』，説明如果按協聲歸母查到的字不認識，那就看不同聲調的讀音，轉換一下聲調就能得到正確讀音。『一音』下列有『德/翁』『忒/烘』『特/洪』、『龘/〇』四組字，是對平上去入四個聲調的舉例説明。

4 『更有照禪五母下，韻居三等二相侔』是照組字的讀音規則，照組分照二組與照三組，有三等字列於二等，爲假二等，讀的時候其讀音與三等字相同。

【按】

宋本《切韻指掌圖》把協聲、歸母、四聲、一音，列於第五頁。將檢例下雜於第四頁。這是印刷中爲了版面美觀，但導致讀者認爲這一部分應歸入檢例下，並名之曰『切字檢例』。在邵光祖的《檢例》中就按頁碼次序將其納入檢例下。檢例上的作用，即解釋協聲、歸母、四聲、一音。

【補】

邵光祖之《檢例》，前有邵氏之分析，更較宋本《切韻指掌圖》多『切韻捷法詩』，特録於下。

1 『凡篇韻諸書、切字之法，必先正五音，以類其字，各歸其母，然後調聲切之。五音者宫舌居中、商口開張、角舌縮卻、徵舌齒柱、羽口撮聚。脣音舌音各八音，牙音喉音各四音，齒音有十音，半徵半商音有二音。字母三十六字，分之爲五音，凡字之聲總於是矣。』

『每音有四等，全清、次清、全濁、不清不濁，如顛、天、田、年是也。』

『字有平、上、去、入四聲，如幫、榜、謗、博是也。』

『字有四等輕重，如高交驕驍是也。』

『字字有此理，皆得之自然，非人可爲也。熟讀誦後一十句直切字母法，更熟誦記三十六字母切韻法，清濁非一母，皆髣髴相同耳。其有疑似在毫釐之間，加以熟讀記誦，自然通悟。如磁石引針，母喚其子。蓋音和既以通曉，見難字易切，字體易曉，無有不識字者，必無差訛矣。

2 切韻捷法詩

切韻先須辨四聲，五音六律次兼行。難呼語句皆爲濁，易紐言辭盡屬清。脣上必班賓報博，舌頭當的蒂都丁。拍脣坡頗潘鋪拍，齊齒知時始實誠。正齒止征真正折，舌根機結計堅經。撮脣呼虎烏汙塢，開口何峨我可更。張牙加賈牙雅訝，捲舌呻優壹謁嬰。合口含甘醎坎淡，穿牙乍窄澁爭笙。引喉勾口謳嘔候，逆鼻蒿毫好黑亨。字母貫通三十六，要分清濁重和輕。會得這些玄妙法，世間無字不知音。

二、檢例下

凡切字以上者爲切，下者爲韻，取同音、同母、同韻、同等四者皆同，謂之音和；取脣重、脣輕，舌頭、舌上，齒頭、正齒三音中清濁同者，謂之類隔。

謂如德洪切東字，先調德字求協聲韻於圖中，尋德字屬端字母係入聲内第一等眼内字；又調洪字求協聲韻於圖中，尋洪字即自洪字横截過端字母下平聲第一等眼内，即是東字，此乃音和切，萬不失一。其間有字不在本等眼内者必屬類隔及廣通侷狹之例。與匣喻來日字母下字或不識其字，當以翻四聲調之一音，二音者必有一得也。

（一）音和切

丁增切登字

緣用丁字爲切，丁字歸端字母，是舌頭字用增字爲韻，增字亦是舌頭字，所以切登字。登字歸端字母，亦是舌頭字，三字俱在舌頭，詩云『音和遞用聲』者，此也。

（二）類隔切

丁吕切貯字

緣用丁字爲切，丁字歸端字母，是舌頭字用吕字爲韻，吕字亦是舌頭字，所以切貯字。貯字雖歸知字母，緣知字與端字俱是舌頭中純清之字，詩云『類隔傍求韻』者，此也。

【釋】

音和：是指切上字與被切之字聲母同類。如例中『同音、同母、同韻、同等四者皆同，謂之音和』。

類隔：是指切上字與被切之字聲母相隔。指輕重脣音幫非組字，舌頭舌上音端組字或齒頭音精組與正齒音二等字互爲反切上字的現象。如例中『脣重、脣輕，舌頭、舌上，齒頭、正齒三音中清濁同者，謂之類隔』。

【按】

1 『當以翻四聲調之一音，一音者必有一得也』，當爲『當以翻四聲一音調之，一者必有一得也』，其中『一音者』當據上文衍『音』，『調之』與『一音』互倒。『一音』指同屬七音中之一，如同屬宫聲、同屬商聲等。

2 『增字亦是舌頭字』，『增』爲精母，非舌頭音。後面説三字俱在舌頭，更是明顯的錯誤。

3 『吕字亦是舌頭字』，『吕』爲來母，非舌頭音。

4 『緣知字與端字俱是舌頭中純清之字』將知組與端組全部定義爲舌頭音，是檢例作者的一大失誤。

5 『類隔傍求韻』，所謂『傍求』即以同類聲母相代，《指掌圖》幫非、端知、精照均平列，衹能是傍求聲母，並不是傍求韻。

6 檢例下與《四聲等子》的『辨音和切字例』『辨類隔切字例』相同之處甚多。

【補】

1 《四聲等子》『辨音和切字例』

凡切字以上者爲切，下者爲韻，取同音、同母、同韻、同等四者皆同，謂之音和。謂如丁增切登字，丁字爲切，丁字歸端字母，是舌頭字。增字爲韻，增字亦是舌頭字，切而歸母，即是登字，所謂『音和遞用聲』者，此也。

協聲　德字與曾字協聲在本帙第十七圖曾攝内八端下第一等中
　　　洪字與通字協聲在本帙第一圖通攝内一匣字下第一等中

四聲　登平　等上　嶝去　德入
　　　洪平　澒上　哄去　縠入

歸母　德字屬舌頭音歸端字母，洪字屬喉音歸匣字母

一音　德　烘
　　　忒　洪
　　　特　翁

謂如德洪切東字，先調德字求協聲韻所攝於圖中，尋德字屬端字母下係入聲第一等眼内字，又調洪字於協聲韻所攝圖中，尋洪字即自洪字横截過端字母下平聲第一等眼内，即是東字，此乃音和切。其間或有字不在本等眼内者必屬類隔廣通局狹之例。與匣喻來日下字或不識其字，當翻以四聲一音調之，二者必有一得也。

2 《四聲等子》『辨類隔切字例』

凡類隔切字取脣重、脣輕，舌頭、舌上，齒頭、正齒三音中清濁者，謂之類隔。如端知八母下一四歸端，二三歸知。一四爲切，二三爲韻，切二三字；或二三爲切，一四爲韻，切一四字是也。假若丁吕切柱字，丁字歸端字母，是舌頭字在後曾攝内八啓口呼圖内端下第四等。吕字亦舌頭字，柱字雖屬知，緣知與端俱是舌頭純清之音，亦可通用。故以符代蒲，其類奉並如《玉篇》皮字作符羈切之類是也。以無代模，其類微明；以丁代中，其類知端；以敕代他，其類徹透。餘倣此。

(三) 辨五音例

欲知宫舌居中喉音，欲知商開口張齒頭、正齒，

欲知角舌縮卻牙音，欲知徵舌柱齒舌頭、舌上，
欲知羽撮口聚脣重、脣輕。

【釋】

五音：宮、商、角、徵、羽。原是古代音樂中代指音階的用語，古代學者研究語音時，把音樂上的概念逐漸應用到語音分析上，最初把它應用到語音上所代表的概念並不固定，多指聲調。在梵文進入中國後，更進一步地與發音部位聯繫到一起，主要表現聲母。到了中古時期，唐宋人常把五音宮、商、角、徵、羽用來配合聲母的發音部位。

【按】

1 在早期的等韻圖裏，因爲尚無三十六字母，使用五音加清濁來表示聲母，到三十六字母出現，五音的實際作用並不大了，而在等韻中卻沿襲了五音的説法，更發展爲七音，《指掌圖》圖心中未使用五音，衹在檢例裏提出五音的概念。

2 《玉篇》載神珙『五音之圖』與此同。並未與喉牙舌齒脣相配，依『五音圖』之讀法，商應讀口

張開。

3 呂坤《交泰韻》：

《玉篇》以影曉匣喻屬宮，而《韻會》乃屬羽，《玉篇》以幫滂並明非敷奉微屬羽，而《韻會》以屬宮。《集成》又以影曉屬宮，匣喻屬羽，敷奉屬羽，幫滂並明屬宮，非敷屬徵，以此聚訟，誰能決之？

4 宋本《切韻指掌圖》有『五音與字母關係圖』，宋本列於『指掌圖』前，嚴氏本無。用簡單的圖形形式，使五音（宮、商、角、徵、羽）與五聲（喉、齒、牙、舌、脣）及字母配合起來一目瞭然。對於舌音、脣音、齒音更分出舌頭/舌上、脣重/脣輕、齒頭/正齒。

【補】

1 《玉篇》之五音圖

四聲五音九弄反紐圖
宮舌居中
角舌縮却
徵舌拄齒
五音之圖
商口開張
羽撮口聚

（四）辨字母清濁歌

横偏第一是全清，第二次清總易明。
全濁第三聲自穩，不清不濁四中成。
齒中第四全清取心審，第五從來類濁聲禪斜。
唯有來日兩箇母，半商半徵濁清平。

【釋】

1『不清不濁』指不包括『來、日』在内的次濁音。
2『齒中第四全清取』指心母和審母。此二母爲全清聲母。
3『第五從來類濁聲』指邪母和禪母。此二母爲全濁聲母。
4『半商半徵濁清平』指來、日兩個聲母。來、日二母在《七音略》中爲半商半徵。

【按】

這個歌訣是分辨清濁的方法，用簡單的歌訣告訴讀者在韻圖中同一發音部位的聲母是按什麽順序排列的。五音與清濁是韻圖中的常用名稱。『五音』至宋人發展爲『七音』，宋元時代出現的等韻圖大多以七音作爲聲母的分類。

（五）辨字母次第例

辨字母者，取其聲音之正，立以爲本。本立則聲音由此而生，故曰母。以三十六字母演三百八十四聲，取子母相生之義。是故一氣之出，清濁有次，輕重有倫，合之以五音，運之若四時；故始牙音，春之象也，其音角，其行木；次曰舌音，夏之象也，其音徵，其行火；次曰脣音，季夏之象也，其音宫，其行土；次曰齒音，秋之象也，其音商，其行金；次曰喉音，冬之象也，其音羽，其行水。所謂五音之出猶四時之運者，此也。

【釋】

1 把脣齒牙舌喉五音與五聲宫、商、角、徵、羽相配。

2 把脣齒牙舌喉五音與五行土、金、木、火、水相配。

3 把脣齒牙舌喉五音與春、夏、季夏、秋、冬四季五時相配。

【按】

1 把五音與五行、五時配合起來，較爲牽强，這些都是出於對音理的神秘感而妄加附會。本段祇有『以三十六字母演三百八十四聲』表明了字母相生之義，即以母音與輔音相配合相拼。其餘牽强附會之説並無實際意義。近代研究等韻者，多視五音爲虚物，徒亂人耳目。

2 『以三十六字母演三百八十四聲』，此與佛家理論有關。『子母相生』，取字母相生義，當與悉曇字母以母音與輔音相配生字音有關，亦即爲『輾轉相生』。

【補】

1 勞乃宣《等韻一得·外篇》

宋以來言等韻者，多以五音、四音等分配宫商角徵羽，而言人人殊，其實皆牽合也。蓋音律與音韻本判然兩事。

2 明吴繼仕《音聲紀元》

五音者，天地自然之聲也。在天爲五星之精，在地爲五行之氣，在人爲五藏之聲。

（六）辨分韻等第歌

見溪群疑四等連，端透定泥居兩邊。
知徹澄娘中心納，幫滂四等亦俱全。
更有非敷三等數，中間照審義幽玄。
精清兩頭爲真的，影曉雙飛亦四全。
來居四等都收後，日應三上是根源。

【釋】

1 「四等連」即四等俱全：見系（見溪群疑四等連）、幫系（幫滂四等亦俱全）、影曉（影曉雙飛亦四全）、來（來居四等都收後），在韻圖中四個等位均有列字。

2 「居兩邊」即對應韻圖中兩個等位：端系（端透定泥居兩邊）、精系（精清兩頭爲真的）、知系（知徹澄娘中心納）、照系（中間照審義幽玄），是爲端精組字列於一四等，知照組字列於二三等。

3 「更有非敷三等數」「日應三上是根源」對應衹拼合三等的聲母：非系（更有非敷三等數）、日（日應三上是根源）。

4 「中間照審義幽玄」較爲費解。三等位在韻圖中的位置無疑是最複雜的，因韻圖框架所限一部分三等字不得不放入二四等位，逐漸成爲定式。另有支脂祭真仙宵侵鹽韻的重紐字也寄於四等位。所以作者用了「義幽玄」來形容三等韻的複雜性。

【按】

1 群母、喻母（喻母韻圖中列入四等位）祇有三等，《指掌圖》卻把他們列入四等俱全。禪母祇有三等卻同照系一起歸入二三等，邪母祇有三等（韻圖列入四等）卻同精系一起納入一四等。

2 匣母與等第的關係没有提及，匣母無三等。

【補】

江永《音學辨微·等位圖歌》（嚴式誨校刊本）

重脣牙喉四等通，輕脣三等獨來同。舌齒之頭一四等，照穿知徹二三中。一二等無群與喻，一等無邪二無禪。有禪三等有邪四，三雖無匣日音全。

此歌可補《指掌圖》之不足。

（七）辨内外轉例

内轉者，取脣舌牙喉四音，更無第二等字，唯齒音方具足。外轉者，五音四等都具足。舊圖以通止遇果宕流深曾八字括内轉六十七韻，江蟹臻山效假咸梗八字括外轉一百三十九韻。

【釋】

内外轉：具有獨立二等韻者即爲外轉，反之爲内轉。内外轉頗有爭議，權從此定義。羅常培歸納高本漢所考定《切韻》音值及江永内弇外侈之説，析内外轉爲内轉之母音較後而高，後則舌縮，高則口弇，故謂之内。外轉之母音較前而低，前則舌舒，低則口侈，故謂之外。杜其容『内外轉之名，係爲區分二、四等字之屬三等韻或屬二、四等韻而設立，三等居二、四等之内，故二、四等字之屬三等韻者謂之内轉，而屬二、四等韻者相對謂之外轉』。

【按】

1 此例與《四聲等子》之『辨内外轉例』基本相同。今本《等子》辨内外轉所舉的内外八轉次第與内部圖次並不相合，卻與《七音略》四十三轉次第相合。也許《等子》與《指掌圖》均前有所承，都已併轉爲攝，然猶兼存内外之稱，以二等字五音俱足與否爲區分外轉内轉的準則，辨例中稱凡正齒音獨具二等者，其反切下字並與同韻之三等通，所異者惟在反切上字。

2 《指掌圖》併轉爲攝，在圖中體現不出轉的概念。羅常培云：『專據辨例之説，殊難判其内外，然二等具足與否，實係併轉爲攝後之偶然現象，聚韻成攝，乃可知其所指。』

【補】

1 《四聲等子》『辨内外轉例』

内轉者，脣舌牙喉四音，更無第二等字，唯齒音方具足。外轉者，五音四等都具足。今以深曾止宕果遇流通括内轉六十七韻，江山梗假效蟹咸臻括外轉一百三十九韻。

2 明袁子讓《字學元元·十六轉内外》

問君何是内八轉，一在通宫二止從。遇三果四宕居五，六曾流七八深中。外八轉爲江第一，二蟹三臻次第窮。四山五效六歸假，七梗八從咸攝終。

3 李榮《切韻音系》

《四聲等子》列圖次序與所標内外之次序不相應，蓋《四聲等子》之作者别有所據，變其列圖次序而未更原來標目。今案《四聲等子》所標内一至内八，外二至外六，次序與《切韻指掌圖》所謂舊圖相同，舊圖江爲外一，《四聲等子》失標。《四聲等子》梗攝啓（即開）口呼作外八，而合口呼作外二，咸攝亦作外八，兩個外八必有一個當作外七，而何者爲外七，現在亦不能斷定。第十八圖梗攝外二一定是錯的，當從開口作外八或外七。

4 （日）大矢透

舊圖以通止遇果宕流深曾八字括内轉六十七韻，江蟹臻山效假咸梗八字括外轉一百三十九韻。河井仙郎氏所藏岡本保孝手澤本《十六攝考》中提及之古抄本蓋此書。

（八） 辨廣通偈狹例

所謂廣通者，第三等字通及第四等字也；偈狹者，第四等字少，第三等字多也。

歌曰　支脂真諄蕭仙祭，清宵八韻廣通義。
正齒第二爲其韻，脣牙喉下推尋四。余支切移　撫昭切漂

歌曰　鍾陽蒸魚登麻尤，之虞齊鹽偈狹收。
影喻齒頭四爲韻，却於三上好推求。居容切恭　居悚切拱

【釋】

歌訣中的廣通是指反切上字爲喉牙脣聲母字，而反切下字是支脂真諄仙祭清宵這八個韻部的知組、照組、來日聲母的三等字，應到四等位上去搜尋。門法稱之爲『通廣』，是爲『重紐』字所設。重紐有支脂祭真仙宵侵鹽八韻，與《指掌圖》所引八韻不同。偈狹與通廣相對，是指切上字是脣牙喉音字，而下字是東三鍾陽魚蒸尤鹽侵韻中的精組聲母和喻四母字，這些字在韻圖中列於四等位，但切出的字應屬於三等韻字。

【按】

1 此例與《四聲等子》『辨廣通偈狹例』同。

2 《指掌圖》所舉韻目有誤①：『（一）廣通歌即稱八韻，所舉韻目有九，四等之蕭韻不得入此。（二）偈狹歌之韻目較《四聲等子》少東、侵二韻，多之、虞、齊、麻、登五韻，其中登爲一等韻，

① 姚榮松《〈切韻指掌圖〉研究》，臺灣師範大學國文研究所碩士論文，一九七三年，第五六頁。

齊爲四等韻，皆未納入《指掌圖》誤增。

3『正齒第二爲其韻』，表明八個重紐韻的反切下字祇能是正齒二等，實則不然，廣通門居四等的脣牙喉音字，可用三等之來日知照各紐字爲反切下字。

4『影喻齒頭四爲韻，卻於三上好推求』是指反切下字聲母爲精組或影喻母字，但切出來的音也應該在三等裏搜尋。《指掌圖》没有限定爲『脣牙喉』下，較爲籠統。

5至於東、之、虞、麻脣牙喉音居三等，具備偏狹條件，而韻書反切中並無以影喻精系四等字爲切語下字者。鹽與侵除在三等之脣牙喉音外，另有一套影母字，韻圖置於四等，並用喻母字爲反切下字。

【補】

《四聲等子》『辨廣通偪狹例』

廣通者，第三等字通及第四等字；偪狹者，第四等字少，第三等字多也。凡脣牙喉下爲切，韻逢支脂真諄仙祭清宵八韻，及韻逢來日知照正齒第三等，並依通廣門法於第四等本母下求之。如余之切頤字，碑招切標字。

韻逢東鍾陽漁蒸尤鹽侵韻，逢影喻及齒頭精等字爲韻，並依偪狹門法，於本母下三等求之。居容切恭字，居悚切拱字。

（九）辨獨韻與開合韻例

總二十圖，前六圖係獨韻，應所切字不出本圖之内；其後十四圖係開合韻，所切字多互見，如眉箭切面字，其面字合在第七干字圖内明字母下，今乃在第八官字圖内明字母下，蓋干與官二韻相爲開合，他皆倣此。

【釋】

1 『前六圖係獨韻，應所切字不出本圖之内』指在前六圖獨韻中，被切字與其反切下字，同在一圖，所以『不出本圖之内』。而後十四圖，開合相配，脣音字的歸圖就較爲複雜，有可能被切的脣音字與其反切下字不在一圖内。脣音的開合一直是審音者的難點，在《韻鏡》中對脣音的開合就有混淆，在《指掌圖》中這種混淆就更爲明顯，一般來説脣音歸入合口，但也有歸入開口的，甚至有開合並收的例子。對於脣音字的開合，應當在『相爲開合』的韻圖中去尋找它們的位置。

2 眉箭切面字，面字當同箭字在開口圖，但《指掌圖》中列於合口。《韻鏡》則面、箭同列開口圖。

【按】

此例爲《指掌圖》所特有。獨韻與開合韻的名詞，由《切韻指掌圖》首創。後《切韻指南》仿《指掌圖》也引入了獨韻的概念。

（十）辨來日二字母切字例

來日二切則是憑韻與內外轉法也，唯有日字卻與泥、娘二字母下字相通，蓋日字與舌音是親而相隔也。

歌曰　日下三爲韻，音和故莫疑。如六切肉　如精切寧

二來娘處取，一四定歸泥。仁頭切羺　日交切鐃

【釋】

1 憑韻是指以切下字作爲列等的標準。

2 內外轉法在前面已經提過，衹說明了脣舌牙喉音，在這裏補上了來日。

3 『日下三爲韻，音和故莫疑』，是指日母字均爲三等，這屬於音和。

4 『如六切肉』：肉，《廣韻》如六切，入屋，日。肉、六均居三等位。完全爲音和切。但『如精切寧』：寧，《廣韻》奴丁切，爲四等韻。如爲日母字；精，《廣韻》子盈切，爲三等字。《指掌圖》所標『如精切寧』，與《廣韻》的讀音不符。按『唯有日字卻與泥娘二字母下字相通』，衹要反切上字爲日紐，切出的字必然是三等。則『如精切』所切字一定是三等，但『寧』爲四等字。另『如』爲反切上字，被切字當爲日母，但『寧』爲泥母。此歌訣認爲日母與泥娘音近可相通，這類可以歸爲音和。

『仁頭切羺』：羺，《廣韻》奴鉤切，平侯，泥。頭、羺都居一等位，則爲泥母。

『日交切鐃』：鐃，《廣韻》女交切，平肴，娘。交、肴都居二等位，則爲娘母。

【按】

1 雖名爲來日二字母切字例，但主要說明了日母與泥娘二母之音的關係，日與泥娘相通，指的是泥娘二母之字，可以用日母字爲反切上字，所切之字，則憑其下字定等，是二等字，就在娘母位找尋，若爲一四等字，則一定爲泥母。

2 在《指掌圖》内部並没有日泥相混的現象，有泥娘相混，但與本例無關。

3 所舉四例不涉及來母。因爲來母本來是四等俱全的韻，其反切下字爲何等，被切字便是何等，這也可算爲『憑韻』的範圍内，因此將其與日母放在一起。

4 至於辨例中提及内外轉法，與日母無關，其目的可能是爲了把來日二母補充到内外轉法裏，實際上對日母來講並無意義。

【補】

元劉鑑《玉鑰匙》釋來日之關係

謂脣牙舌喉舌來日下爲切，韻逢照一，内轉切三，外轉切二，故曰内外。如古雙切江、矣殊切熊字之類是也。

（十一）辨匣喻二字母切字歌

匣闕三四喻中覓，喻虧一二匣中窮。

上古釋音多具載，當今篇韻少相逢。户歸切幃　于古切户

【釋】

1 「户歸切幃」：幃，《廣韻》雨非切，平微，云。爲喻三。户爲匣母。

2 「于古切户」：户，《廣韻》侯古切，上姥，匣。于，爲喻三。

【按】

1 「匣闕三四喻中覓」：匣母無三等。這是辨例作者的一個失誤，作者似乎並不理解匣母無三等這一語音現象，卻認爲匣母三四等俱無，匣四與喻四對立不得互補。當爲「匣闕三等喻中覓」。

2 「喻虧一二匣中窮」：衹能指喻三，喻四不能求之於匣母。「喻三古歸匣」已成定論。

3 舉例爲户歸切幃，于古切户，分别爲匣一切喻三，喻三切匣一。這種語音現象在上古音中尚有例可循，而在《指掌圖》時代已經少見，所以説「上古釋音多具載，當今篇韻少相逢」。

（十二）雙聲疊韻例

和會二字爲切，同歸一母，只是會字更無切也，故號曰雙聲，如章灼、良略是矣。
商量二字爲切，同出一韻，只是商字更無切也，故號曰疊韻，如灼略、章良是矣。
歌曰　和會徒勞切，商量亦莫尋。
　　　驗人端的處，下口便知音。

【釋】
雙聲與疊韻，似乎是所有韻書韻圖必然提到的。和會爲雙聲，和會切會，爲徒勞切，這不是反切，而是指這樣做出的反切没有意義，是徒勞的；商量爲疊韻，商量切商，也没有意義。反復地舉例衹是讓讀者理解雙聲和疊韻的意思，衹要明白了雙聲和疊韻，找到了「端」和「的」，便能很快地切出字音。

三十六母字圖

引類清濁

音	全清	次清	全濁	不清不濁
牙音	見 經堅 全清	溪 輕牽 次清	羣 勤乾 全濁	疑 銀研 不清不濁
舌頭音	端 丁顛 全清	透 汀天 次清	定 廷田 全濁	泥 寧年 不清不濁
舌上音	知 珍邅 全清	徹 癡脠 次清	澄 陳纏 全濁	娘 紉尼 不清不濁
脣音重	幫 賓邊 全清	滂 繽篇 次清	並 貧便 全濁	明 民綿 不清不濁

非 分番 全清	敷 芬蕃 次清	奉 墳煩 全濁	微 文亡 不清不濁		脣音輕
精 津煎 全清	清 親千 次清	從 秦前 全濁	心 新先 全清	斜 餳涎 半濁半清	齒頭音
照 真饘 全清	穿 嗔蟬 次清	牀 崢潺 全濁	審 身羶 全清	禪 脣蛇 半濁半清	正齒音
影 因煙 全清	曉 馨軒 次清	匣 刑賢 全濁	喻 寅延 不清不濁		是喉音
來 鄰連 不清不濁	日 人然 不清不濁				舌齒音

類隔二十六字圖

三十六母字圖 引類 清濁

【釋】

三十六母字圖是對《切韻指掌圖》聲母的綜合介紹。在三十六母字圖標題下有「引類清濁」四字，告訴讀者在這個圖表裏要説明字母的清濁，該圖列舉了三十六字母，並標誌出每個聲母的清濁，按發音部位分組，分爲「牙音」「舌頭音」「舌上音」「脣音重」「脣音輕」「齒頭音」「正齒音」「喉音」「舌齒音」。每一字母下不但標識出清濁，還舉例説明，使讀者一目瞭然，簡單易懂。

來不清不濁 日不清不濁

舌齒音

類隔二十六字圖

脣重	脣輕	舌頭	舌上	齒頭	正齒
幫	非	端	知	精	照
滂	敷	透	徹	清	穿
並	奉	定	澄	從	牀
明	微	泥	娘	心	審
				斜	禪

應屬二十六字母下字謂之類隔或切在幫字母下而韻不可歸者即於非字母下求之或切在非字母下而韻不可歸者即於幫字母下求之佗皆倣此蓋幫滂並明非敷奉微皆脣音端透定泥知徹澄娘皆舌音精清從心斜照穿牀審禪皆齒音但分清濁輕重爾

類隔二十六字圖

應屬二十六字母下字謂之類隔；或切在幫字母下而韻不可歸者，即於非字母下求之；或切在非字母下而韻不可歸者，即於幫字母下求之，佗皆倣此。蓋幫滂並明非敷奉微皆脣音，端透定泥知徹澄娘皆舌音，精清從心斜照穿牀審禪皆齒音，但分清濁、輕重爾。

【釋】

該圖是爲讀者更好地理解類隔所作。將脣重/脣輕、舌頭/舌上、齒頭/齒上三組聲母對應列舉出來。

【按】

此圖宋本在『三十六母字圖』後，嚴氏本在『三十六母字圖』前，還附有『《廣韻》類隔今更音和』表，宋本無。

【補】

1 清人汪曰楨《四聲切韻表補正》

隔類亦稱類隔齒音。或以正齒切齒頭，齒頭切正齒，亦間有之。蓋古音有舌頭無舌上，有重脣無輕脣，有正齒無齒頭，而齒音多近舌音。反切初起，在漢魏間，古音猶未盡變。故今以爲類隔者，在當日未嘗非音和也。後世古音漸失，又有流變，則端透定泥與知徹澄娘，邦滂並明與非敷奉微，精清從心邪與照穿牀審禪，皆劃然如楚越矣。《音韻辨微》謂古人審慎之意，亦見隔類而相對者，其説非也。

2 《指掌圖》門法與其他韻圖韻書的門法對比一覽表

《守温殘卷》	《指掌圖》	《四聲等子》	《切韻指南》	《玉鑰匙》
類隔	類隔	類隔	類隔	類隔
			交互	交互
			互用	互用

續表

《守温殘卷》	《指掌圖》	《四聲等子》	《切韻指南》	《玉鑰匙》
		振救	振救	振救
		正音憑切	正音憑切	正音憑切
		寄韻憑切	寄韻憑切	寄韻憑切
	憑切	憑切	喻下憑切	喻下憑切
			日寄憑切	日寄憑切
		廣通	廣通	
	廣通偏狹	偏狹	偏狹	
	内外	内外	内外	内外
	開合		開合	開合
		窠切	窠切	窠切
				其他
	雙聲	雙聲		
	疊韻	疊韻		
	憑韻	憑韻		
		寄聲		

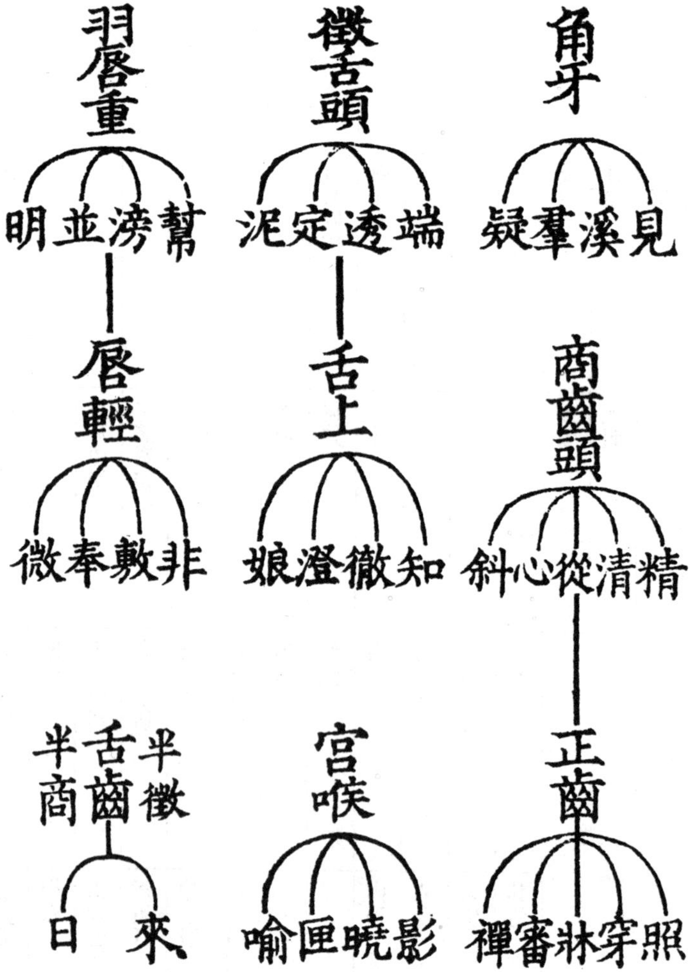

角牙

見溪羣疑

商齒頭

精清從心斜

正齒

照穿牀審禪

徵舌頭

端透定泥

舌上

知徹澄娘

宮喉

影曉匣喻

羽脣重

幫滂並明

脣輕

非敷奉微

半徵 半舌齒 半商

來 日

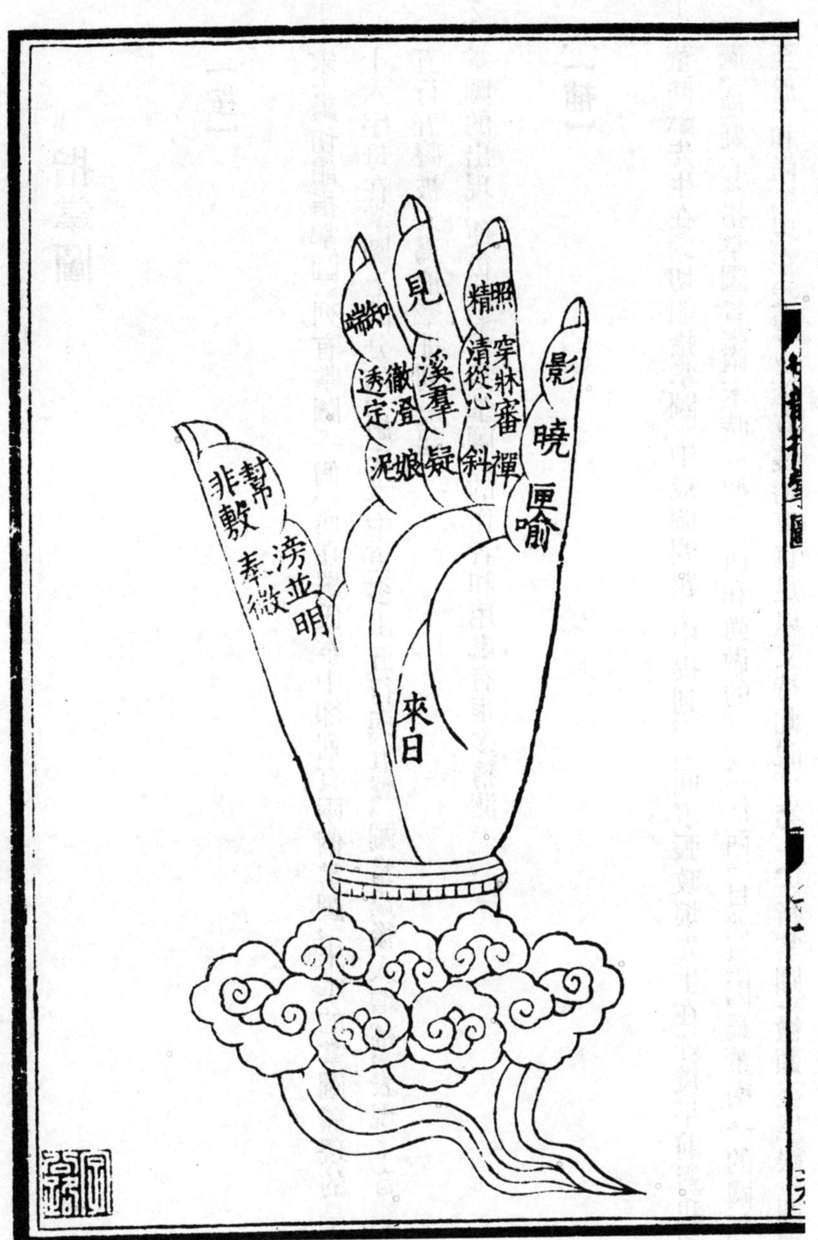
見
精
照
知
端
影
穿
牀
清
從
心
溪
羣
徹
澄
透
定
審
禪
曉
斜
疑
娘
泥
幫
非
敷
匣
喻
滂
並
奉
微
明
來
日

指掌圖

【按】

1　宋本《切韻指掌圖》列有掌圖一個，而在嚴氏本中卻列有兩個掌圖，宋本的掌圖體現的是三十六字母在掌圖上的分佈，嚴氏本中更多出五行與五聲，圖當爲後人增補，表現了音韻與五行五聲被人爲地牽扯到一起。

2　掌圖的出現，使後人對《指掌圖》的作者和用處有很多猜測。

【補】

1　董同龢先生在《〈切韻指掌圖〉中幾個問題》中提到：『同事張政烺先生在好幾年前對我説過，他疑心《指掌圖》是南宋時一個江西和尚做的。説「江西」自然是因爲董南一的關係。至於「和尚」，現在我想也確有幾樁事實足以支持此説。第一，《指掌圖》徹頭至尾跟《四聲等子》脱不了關係，而《等子》最初是附在《龍龕手鑑》後面，在和尚圈子裏流行的。其次，關於門法以及字母等第等等的叙述也是道地的，如守温等人的和尚筆調，普通人學不上來。末了，尤其顯著的是今傳影宋本卷首還有一張圖如下：（略）。佛門色彩真是濃厚之至。」①

2 日本學者平田昌司説：『這掌圖與密教的三昧耶形（附圖四）非常類似，我們不能不推想《切韻指掌圖》和密教發生過關係。不過這掌圖不一定是在密教直接的影響下出現的。據現存資料看來，用掌圖形式表示訣要的，主要是術數家。例如祝泌《皇極經世解起數訣》卷首「二十四音上掌式」（附圖五）列出二十四字母，陳元靚（理宗時人）《事林廣記》壬集卷七《論命括例・十二生肖掌訣》（附圖六）列出十二支，都在手掌上寫出一套術語。可能這些掌圖形式是《皇極經世》末流所習用。……《切韻指掌圖》附有的掌圖，據這幾例推測，應該表示其術數色彩。』②

① 董同龢《〈切韻指掌圖〉中幾個問題》，《歷史語言研究所集刊》第十七本，一九四八年，第一九九頁。

② 〔日〕平田昌司《〈皇極經世聲音唱和圖〉與〈切韻指掌圖〉——試論語言神秘思想對宋代等韻學的影響》，《東方學報》第五十六册，一九八四年三月。

附：《切韻指掌圖》之『指掌』

《切韻指掌圖》是宋元時期最具代表性的韻圖之一。《切韻指掌圖》曾被視爲最古的韻圖，是漢語音韻學研究的重要研究對象，它的影響超過了其他韻圖。這本韻圖的命名隱括了書中的内容，『切韻』實則爲『等韻』，『圖』指明了文獻形式爲圖表類型。『指掌』兩字源於書中所附的『指掌圖』。宋本《切韻指掌圖》列有掌圖一個（附圖一），而在嚴氏本中卻列有兩個掌圖

附圖一　宋本《切韻指掌圖》之掌圖

（附圖二、三），宋本的掌圖體現的是三十六字母在掌圖上的分佈，嚴氏本中更多出一個表現五行與五聲的掌圖，該圖當爲後人增補，更進一步將音韻與五行五聲相附會。

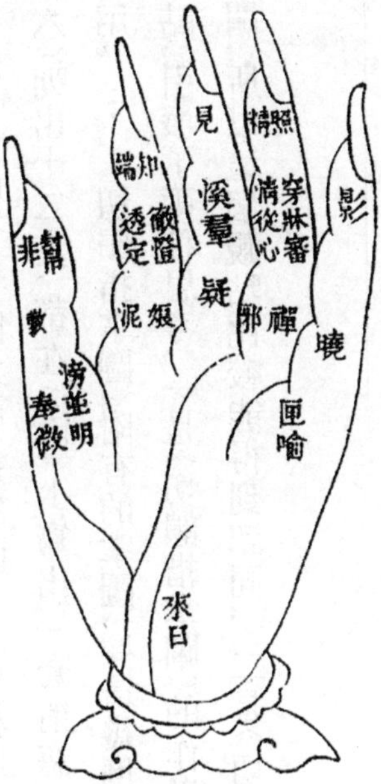

附圖二　嚴氏本之掌圖一

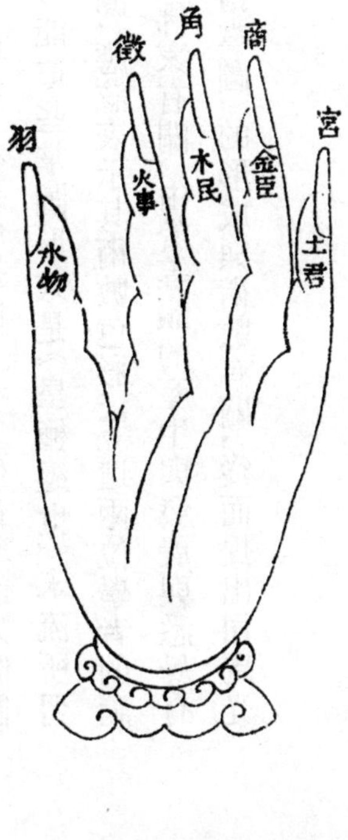

附圖三　嚴氏本之掌圖二

一、《切韻指掌圖》掌圖所引發的猜測

董同龢先生在《〈切韻指掌圖〉中幾個問題》中提到：「同事張政烺先生在好幾年前對我説過，他疑心《指掌圖》是南宋時一個江西和尚做的。説「江西」自然是因爲董南一的關係。至於

「和尚」，現在我想也確有幾樁事實足以支持此説。第一，《指掌圖》徹頭至尾跟《四聲等子》脱不了關係，而《等子》最初是附在《龍龕手鑑》後面，在和尚圈子裏流行的。其次，關於門法以及字母等第等等的叙述也是道地的，如守温等人的和尚筆調，普通人學不上來。末了，尤其顯著的是今傳影宋本卷首還有一張圖如下：（略）。佛門色彩真是濃厚之至。』①日本學者平田昌司説：『這掌圖與密教的三昧耶形（附圖四）非常類似，我們不能不推想《切韻指掌圖》和密教發生過關係。不過這掌圖不一定是在密教直接的影響下出現的。據現存資料看來，用掌圖形式表示訣要的，主要是術數家。例如祝泌《皇極經世解起數訣》卷首「二十四音上掌式」（附圖五）列出二十四字母，陳元靚（理宗時人）《事林廣記》壬集卷七《論命括例・十二生肖掌訣》（附圖六）列出十二支，都在手掌上寫出一套術語。可能這些掌圖形式是《皇極經世》末流所習用。……《切韻指掌圖》附有的掌圖，據這幾例推測，應該表示其術數色彩。』②這兩位學者的論點，引發了兩種思考，一是《切韻指掌圖》的作者與佛家有關，由於等韻的産生與發展與悉曇有關，所以這個觀點比較能得到認同；二是《切韻指掌圖》的形成與術數有關，從而提出司馬光

① 董同龢《〈切韻指掌圖〉中幾個問題》，《歷史語言研究所集刊》第十七本，一九四八年，第一九九頁。

② 〔日〕平田昌司《〈皇極經世聲音唱和圖〉與〈切韻指掌圖〉——試論語言神秘思想對宋代等韻學的影響》，《東方學報》第五十六册，一九八四年三月。

與祝泌交流較深，難免會受到祝氏的影響，似乎從側面證明了《切韻指掌圖》的作者確實是司馬光。（附圖四、五、六取自平田昌司先生論文）

附圖四　五部心觀不空成就如來三昧耶形

附圖五　《皇極經世解起數訣》掌圖

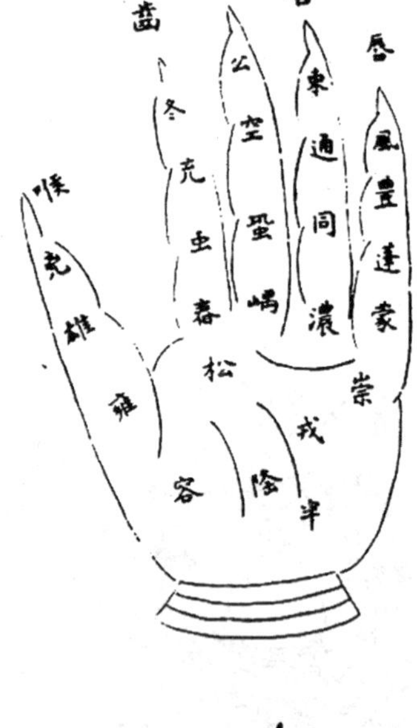

附圖六　《事林廣記》壬集卷七掌圖

二、『指掌』在文獻中的應用情況

《二十五史》中，文獻名稱帶有『指掌』『指玄』的共有二十三個：

《新唐書》志四七，卷五七，《藝文志一》：李瑾《春秋指掌》十五卷，第一四四一頁；

《宋史》志一五五，卷二〇二，《藝文志一》：李南玉《古今大樂指掌》三卷，第五〇五六頁；

李瑾《春秋指掌圖》十五卷，第五〇五七頁；《春秋指掌圖》二卷，第五〇六一頁；司馬光《切韻指掌圖》一卷，第五〇七五頁；

《宋史》志一五六，卷二〇三，《藝文志二》：張根《歷代指掌編》九十卷，第五〇九三頁；

《宋史》志一五七，卷二〇四，《藝文志三》：《指掌圖》二卷，第五一六一頁；

《宋史》志一五九，卷二〇六，《藝文志五》：《三命指掌訣》一卷，第五二四三頁；僧居白《五行指掌訣》三卷，第五二四九頁；

《宋史》志一六〇，卷二〇七，《藝文志六》：《明算指掌》三卷，第五二七六頁；《行軍指掌》二卷，第五二七八頁；

《宋史》志一五五，卷二〇二，《藝文志一》：張傑《春秋指玄》十卷，第五〇六〇頁；

《宋史》志一五八，卷二〇五，《藝文志四》：捷神子《唐元指玄篇》一卷，第五一九三頁；陳摶《九室指玄篇》一卷，第五一九七頁；

《宋史》列傳二一六，卷四五七，《隱逸傳上·陳摶傳》：常自號扶摇子，著《指玄篇》八十一章，言導養及還丹之事。第一三四二一頁；

《明史》志七三，卷九七，《藝文志二》：桂萼《歷代地理指掌》四卷、《明興地指掌圖》一卷，第二四〇五頁；

《明史》志七四，卷九八，《藝文志三》：萬邦孚《日家指掌》二卷，第二四四三頁；熊宗立

《傷寒活人指掌圖論》十卷，第二四四八頁；

《明史》志七四，卷九八，《藝文志三》：田藝蘅《老子指玄》二卷，第二四五二頁；

《清史稿》志一二〇，卷一四五，《藝文志一·經部·小學類》：宋司馬光《切韻指掌圖》二卷，附《檢例》一卷，第四二六二頁；

《清史稿》志一二一，卷一四六，《藝文志二·史部·政書類》：《丁漕指掌》十卷，第四三一〇頁；《重修名法指掌圖》四卷，第四三一二頁。

《文淵閣四庫全書》中衹著録有《切韻指掌圖》，《四庫全書存目叢書補編》《四庫禁燬書叢刊》目録中未著録名稱涉及指掌、指玄的文獻。《續修四庫全書總目》著録名稱帶有指掌的文獻共有九種：

《歷代地理指掌圖》一卷，宋稅安禮撰；

《新刻校定脉訣指掌病式圖説》一卷，題元朱震亨撰；

《周官指掌》五卷，清莊有可撰；

《正音切韻指掌》一卷，清朱彝尊撰；

《歷代黄河指掌圖説》一卷，清朱鋐撰；

《中西兵略指掌》二十四卷首一卷，清陳龍昌輯；

《喉科指掌》六卷，清張宗良撰；
《琴律指掌》（不分卷，一名《琴律揭要》），清婁啓衍撰；
《屈騷指掌》四卷，清胡文英撰；
《二十五史》著録的涉及『指掌』『指玄』的文獻共有二十三個，而有十五個是出於《宋史》，一個雖出於《清史稿》但仍爲宋代書籍。在《續修四庫全書總目》發現的九種，有一種爲宋代文獻，一種爲元代文獻，七種爲清代文獻。在總共三十二種文獻中，宋代文獻占十七種。我們從『指掌』的含義上看，一種是因爲文獻中涉及『指掌圖』『指玄圖』，所以賦予了文獻神秘色彩；另一種則爲『瞭如指掌』意。我們看這十七種宋代文獻中至少有十一個是第一種含義，而其他時代十六種文獻中第一種含義的卻很少。可見，文獻名稱中多用『指掌』『指玄』，且内容與掌圖有關，在宋代較爲常見。

三、『指掌』在宋代盛行的社會文化背景

其實在《指掌圖》之前的等韻圖中，就有掌圖出現，《盧宗邁切韻法》中就記録了一個掌圖（附圖七），雖然與《指掌圖》的掌圖有些差异，但其功用應是一致的。爲了弄清掌圖的作用，我們先來看一下宋代的宗教哲學背景。

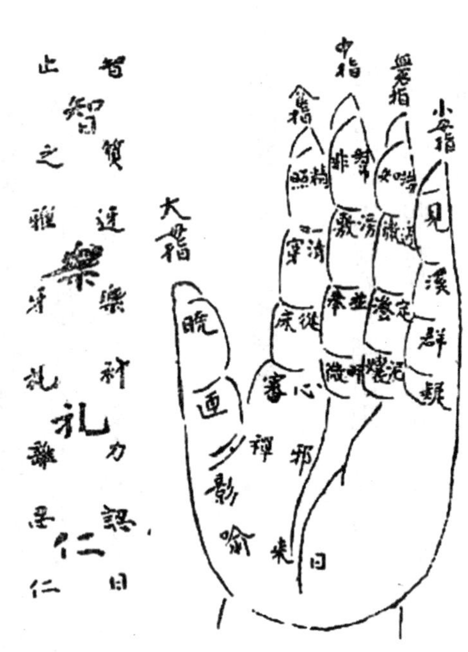

附圖七　《盧宗邁切韻法》之掌圖

先秦開始，孔孟之道就逐漸深入人心，至漢武帝罷黜百家，獨尊儒術，確立了儒學的正宗地位，使其開始了宗教化的進程，就儒學本身而言，它不是一種宗教，但卻非常宗教化。道教則是在對道家學說的不斷神化過程中形成的。漢初黃老之學盛行，至東漢順帝時，在黃老學說基礎上融進傳統鬼神觀念和迷信方術，道教便正式成立。儒、道二教是中國土生土長的產物，在其宗教化的過程中，它們都不約而同地糅進了黄老神仙之術和方術道士的鬼神迷信觀念：漢儒與方士合流，用巫術迷信解釋六經；道教則視長生不老、羽化登仙爲其最高境界。佛教源於异國，傳入中土後爲了自身傳播與發展的需要，它一開始便緊緊依附於道教，爲此還有了老子化胡的説法①。

宋帝王對三教並舉政策的貫徹執行有過之而無不及，僧尼道士參政議政現象也越來越普遍。宋太宗即位之初，刻《禮記·儒行篇》遍賜臣下，望其恪守儒道，治理朝政。但至晚年，則又説「清净致治，黄老之深旨也，夫萬務自有爲以至於無爲。無爲之道，朕當力行之」（《續資治通鑑長編》卷三四）。仁宗亦如是，景祐元年讓南京留守劉隨在府學中供奉佛、老畫像，與孔子合稱三教，令學者並尊之，此時佛寺道觀的數量也由宋初的兩萬多所猛增至三萬九千多所。宋徽宗還重用道士林靈素等人，匯集古今道教事編成道史，依科舉制設立道學，讓道士考試作道官（《中國通史》第五册）。至此，三教合流已成爲一種自覺行爲，其後帝王大都不再刻意排斥某教，而往往據其政治需要重此而不廢彼。宋代以蘇軾兄弟爲代表的蜀學集團中人更是糅合儒釋道於一體。在兩宋時期，「援佛入儒」「以儒融佛」成爲主導思想，正視佛「本」與儒

① 湛芬《中國古代帝王政治與三教合一》，貴州師範大學學報（社會科學版），二〇〇二年第二期，第七二—七六頁。

『本』；認識佛本與儒本的内在聯繫；通過弘揚光大儒本以達到戰勝佛本的目的。可以這樣説，自宋代中期後，儒家崇儒排佛的認識和實踐正是沿着這條戰略路綫前進的。『修其本以勝之』的貫徹過程，就是宋儒認真學習佛教典籍的過程。有的論著指出，北宋慶曆後，儒學群體中掀起了一股『競讀佛學的熱潮』。歐陽修、李覯、曾鞏、王安石、蘇軾、程顥、程頤、張載等人都深受這種思潮影響。同時許多和尚、道士之流卻對贊儒入世表現出極大興趣和羡慕。在這種社會思潮引領下，儒家作品反映出釋家道家特點非常正常。『指掌圖』作爲釋家的産物很自然就引入儒者的作品中。

『指掌圖』來源於佛教密宗。印度密教的思想和實踐傳入中國，始於三國時代。到了唐玄宗時代，有三位印度的密宗大師來到中國，密宗在中土得到了發揚。密宗之所以在中土能得到發揚，一是因爲其修行相對簡易。一般人在開始學佛學道時，總帶有多多少少，或潛在而不自知的功利觀念。佛教修行的艱難和漫長讓很多人望而卻步，於是禪宗提出了『明心見性，頓悟成佛』，這比較富於吸引力，會使一般人生起追求的渴望。而密宗『即身成佛』的號召，則更能吸引人。另一方面，密宗與中國道家的修煉方法，在許多地方非常相似，類似於奇門異術的咒語等修行方法，使習慣於陰陽術數的漢人比較容易接受。密宗提出『三密』的加持功德，就是身、口、意的三重内涵的秘密。身密的『手印』透過人體兩手十個指頭，配上心理想象的意念，契合某一修法，便互相結成各個不同的『手印』（中國的道教，叫作捻訣），便可産生加持修學密法者的效力。密宗的理論認爲雙手的十指，對外則與法界佛性（宇宙本體的功能）相通，對内則與五臟六腑相通。所以修習密法時，結成『手印』，便可與法界中已經成就的請佛菩薩的身密互相感召，增加速成的效果，同時自身也就等同有佛菩薩的神通功能（附圖八）。其實，對於『手印』具有神秘效力的觀念，中國秦漢以後的道家符籙派的方士們，也已有了『捻訣』結『手印』的玩意。所以『手印』這種密宗的門法，很容易在漢人中得到認可。符籙派又稱符水道教，是對首都中以符咒等方術治病驅鬼爲主的各道派的通稱。早期的五斗米道、太平道，以後的靈寶派、上清派，直至正一道都屬於符籙派。該派自漢魏以來一直是道教主流，宋元時順應新潮流對舊的教理教義進行了革新，並産生出神霄、清微、净明等新的符録道派，使符籙方術有了新的發展。元以後，符籙派統一於正一道。該派由古代的巫鬼道發展而來，用符籙祈禳以消灾卻禍、治病除瘟、濟生度死等爲職事，與中國民間生活習俗聯繫較密切。因此可以看到『指掌圖』是宋代三教合一大潮下的産物，書籍中出現『指掌』在宋當爲一種時尚的潮流。

四、《切韻指掌圖》之掌圖

在韻圖編制中出現『指掌圖』比其他文獻更有可能。密宗之所以具有神秘性，最重要的部分，便是神咒『聲密』。密宗所標榜的『口密』，是修習密宗的人口裏所唸誦的密咒，有時又稱爲『真言』，這具有信仰的作用，所根據的是印度上古梵文字母的聲與韻母的組合。因此修習密宗，學習梵文咒語是必經之路。本來漢人對於音聲的研究，除了應用在文字言語的結構分析以外，把有關聲音的神秘部分，歸到迷信中。密宗的『口密』更爲語音神秘論增加了迷信色彩。漢人早就把聲音與五行五音等相附會，而佛教徒也開始把佛教與五行牽扯到一起。北魏沙門曇靖造《提謂波利經》中説：『提謂、波利等問佛：何不爲我説四六戒？佛答：五者天下之大數，在天爲五星，在地爲五嶽，在人爲五臟，在陰陽爲五行，在王爲五帝，在世爲五德，在色爲五色，在法爲五戒。以不殺配東方，東方是木，木主於仁，仁以養生爲義；不盜配北方，北方是水，水主於智，智者不盜爲義；不邪淫配西方，西方是金，金主於義，有義者不邪淫；不飲酒配南方，南方是火，火主於禮，禮防於失也；以不妄語配中央，中央是土，土主於信。』把漢代儒家的陰陽五行説與佛教的思想體系融爲一體，把五戒、五常、五行、五方、五星、五臟等不同的範疇相連接。佛教語言神秘論思想與漢人自古以來的語音神秘性通過陰陽術數這個橋梁很容易就達到融合。

『掌圖』的來源與佛教密宗有關，同時也迎合了陰陽數術的特點。但是卻不能由此而定義《切韻指掌圖》的作者與佛家或與數術家有關。有一點我們必須注意到，《切韻指掌圖》的掌圖是左手手形，宋本中的掌形如此，嚴氏本中後增的掌圖亦是如此。我們查閲佛教諸尊的手印，幾乎都是用雙手或者右手，左手手形單獨出現的幾乎不見。（詳見弘學編著《佛教諸尊手印》第三四頁，巴蜀書社，二〇〇三年。）『蘇悉地手印』共有九十一個，衹有一個『闢邪』類似於左手手印，尚不能確定就是左手（附圖八）。

附圖八　闢邪掌圖①

佛教手印中亦用手掌各位置標識某些概念：

右手：日、觀、慧、智、智、實、獻、外、般若、業念、金剛界。

---

① 弘學編著《佛教諸尊手印》，巴蜀書社，二〇〇三年，第三四頁。

左手：月、止、定、福、理、權、從、内、三昧、慈念、胎藏界。

從這裏我們可以看到密宗手印中以『右』爲尊，而漢人習慣以『左』爲尊。僅僅這一微小的區别，就可以説明，《切韻指掌圖》的作者不可能是僧侣，一個深諳佛法的人在繪製掌圖時不可能故意畫成左手。

那麼《指掌圖》有可能是術數家的工具嗎？這樣的説法也有些牽强。

宋代術數的盛行，具有種類多、參與者廣泛的特點，其影響涉及人們日常生活、政治、社會領域各個方面。宋代文化的高度成熟和超前性，使得一部分文士在科場失敗後，走向方術一類的民間文化中尋找自身的價值，紛紛著書立説，刺激了術數理論水平的提高。邵雍爲北宋著名的大學者、理學家，又精研《易經》，寫成了在易學研究史上很有影響的《皇極經世書》。朱熹對《易》的研究没有達到邵雍那樣的深度，但他通過注解的方式，闡述了對《易》的看法。著名詞人蘇軾在懷疑人生命運的時候，也對《易》産生了濃厚興趣，所著《蘇氏易傳》是一部闡釋《易》理的著作。但是儒者的研究範圍基本限於經學範圍内的《易》理方面。陰陽術數畢竟不是正統之路，從中國文人的心理來説，即使與方術相融合，也會顯示出與衆不同並盡量與經學相聯繫，而不會去弄枝節末技的東西。即使與易學相聯繫，也是把易學平民化，更貼近生活，例如邵雍所創『梅花易術』。在宋代，幾乎所有東西都可用於術數活動，方法也非常簡單普及。雖然聲音被用於占卜是古而有之，但基本是利用自然界的聲音或者用字詞的諧音，用於陰陽術數的聲音占卜根本用不着《切韻指掌圖》這樣專業分析音理的韻圖。我們看『司馬光自序』裏有這樣一句：是殆天造神授，以便學者，予不敢祕也。可見韻圖在當時是非常難於理解的東西，這樣晦澀的東西不符合術數平民化的需求。《切韻指掌圖》的圖表簡捷易懂，並不像祝泌的《起數訣》那樣附會了很多玄虛的術語，除了所附的『掌圖』之外，與陰陽術數能牽扯到一起的實不多見，從任何一個角度上看，其爲術數所作都是不可能的。

五、《切韻指掌圖》附『掌圖』的影響

雖然韻圖與陰陽術數的結合，使韻圖增加了一系列神秘的術語，也讓韻圖的實際功能變得越來越撲朔迷離。但自《切韻指掌圖》流傳以來，『指掌圖』這一形式和一些術語在韻圖的編制中沿襲了下來。後世出現的韻圖很多都使用『指掌』的名稱，或在韻圖内繪製『指掌圖』。我們據現在記載可以看到的後世産生的以「指掌圖」來表現等韻的作品大約有十餘部：《重訂司馬温公等韻圖經》（明）徐孝；《等韻簡明指掌圖》（清）張象津；《等韻法》《聲韻指掌》（清）張序賓；《翻切指掌》（清）作者不詳；《擊掌知音》（清）無名氏；《劉氏切韻指掌》（民國）劉廷遴；《拍掌知音》（清）廖綸璣；《榕音指掌》（清）題袖海齋生；《音韻指掌》（清）撰人未詳；《韻切指歸》（清）吴遐齡；《切法指掌》（清）揆一輝；《正音切韻指掌》（清）朱彝尊等。

綜上所述，「指掌」「指玄」是特定的歷史時期的特殊産物，在宋代文獻中風靡一時，因此不能以「掌圖」爲根據對《切韻指掌圖》的作者及編纂目的進行猜測。同時「指掌」與音韻學文獻，尤其與等韻學文獻有相互融合的可行性，所以這一形式在音韻學文獻中被繼承並得到發展。

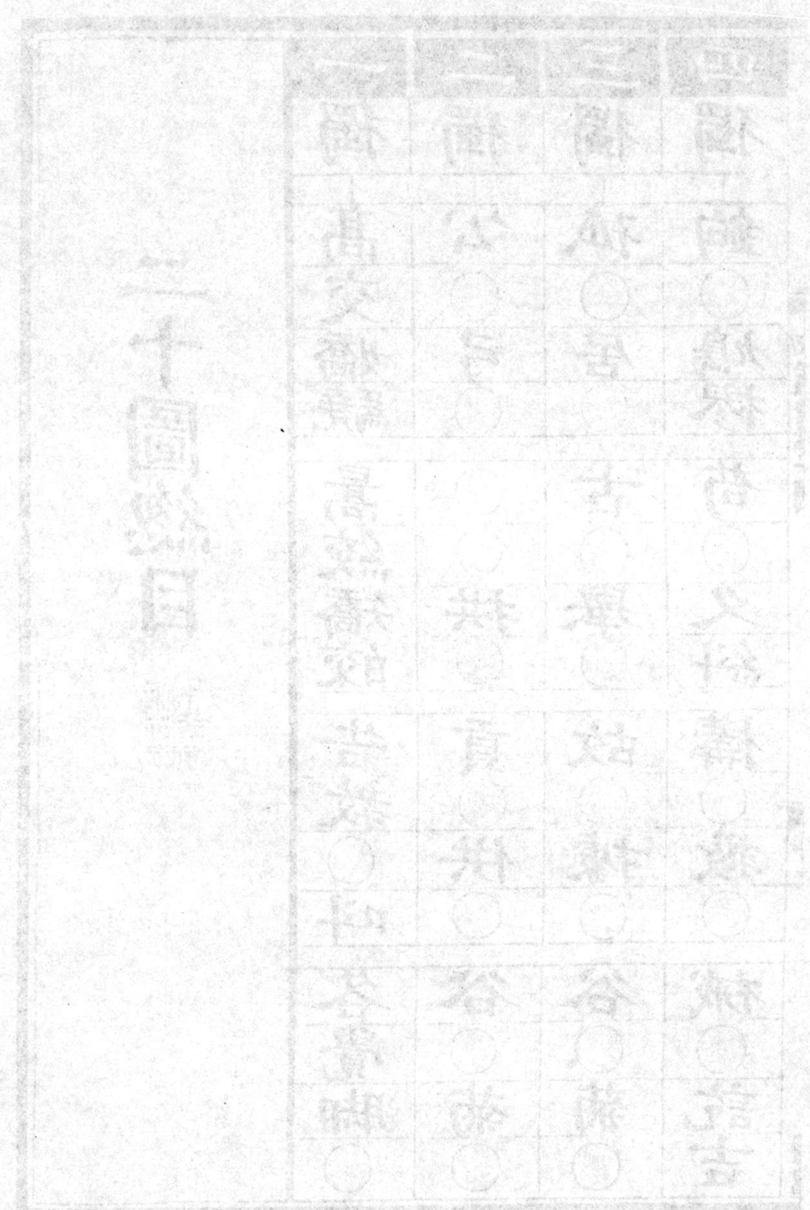

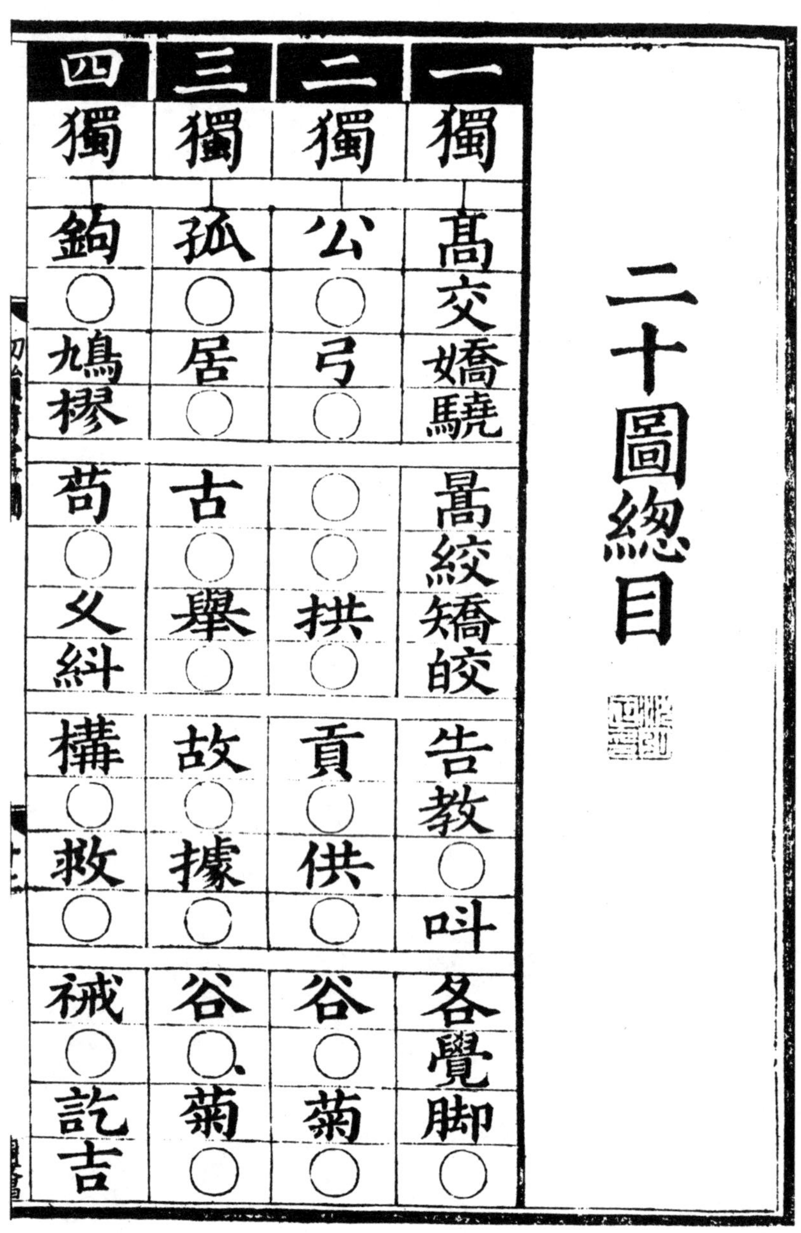

二十圖總目

一	二	三	四
獨	獨	獨	獨
高	公	孤	鉤
交	○	○	○
嬌	弓	居	鳩
驍	○	○	樛
暠	○	古	苟
絞	○	○	○
矯	拱	舉	乆
皎	○	○	糾
告	貢	故	構
教	○	○	○
○	供	據	救
叫	○	○	○
各	谷	谷	裓
覺	○	○、	○
腳	菊	菊	訖
○	○	○	吉

五	六	七	八	九	十
獨	獨	開	合	開	合
甘	○	干	官	根	昆
監	○	姦	關	○	○
○	金	犍	勬	斤	君
兼	○	堅	涓	○	均
敢	○	笴	管	頣	衮
減	○	簡	○	○	○
檢	錦	蹇	卷	謹	○
孂	○	繭	畎	緊	○
紺	○	旰	貫	艮	睔
鑑	○	諫	慣	○	○
劒	禁	建	眷	靳	攈
兼	○	見	絹	呁	○
閤	○	葛	括	裓	骨
夾	○	戛	刮	○	○
劫	急	揭	厥	訖	亥
頰	○	結	玦	吉	橘

十一開	十二合	十三開	十四合	十五合
歌	戈	剛	光	觥
加	瓜	○	江	肱
迦	○	薑	○	○
○	○	○	○	扃
哿	果	⿰齒亢	廣	礦
假	寡	○	講	○
○	○	繈	獷	○
○	○	○	○	冏
箇	過	鋼	桄	○
駕	○	○	絳	○
○	○	彊	誑	○
○	○	○	○	○
葛	括	各	郭	虢
戛	刮	○	覺	國
揭	厥	脚	玃	○
結	玦	○	○	郥

十六	十七	十八	十九	二十
開	開	開	合	合
揯	該	○	傀	○
庚	皆	○	○	乖
驚	○	基	歸	○
經	○	雞	圭	○
○	改	○	○	○
耿	解	○	○	廿
景	○	紀	詭	○
頸	○	○	癸	○
亘	蓋	○	膾	○
更	懈	○	○	怪
敬	○	記	貴	○
勁	○	計	季	○
裓	葛	○	骨	○
格	戞	○	○	劊
殛	○	訖	叐	○
激	○	吉	橘	○

二十圖總目

【釋】

二十圖總目中注明了圖次，獨韻或開合韻，並取各圖首行見母下四等而下之四聲十六字爲標目，表現出各圖四等四聲相配的關係。

【按】

1 《切韻指掌圖》的正圖内没有表現出開合、獨韻，且《指掌圖》的開合次序並不統一，前六韻爲獨韻；從七圖開始爲開合韻，以一開一合相次，至於十五、十六兩圖則先合後開，十七圖以下四圖，二開二合，在體例上根本不統一。在檢例中雖然提到了開合的概念，但並未明確指出各圖的開合性質，於是單列一表指明這個問題是最簡單的方式。

2 列見母下四等四聲字可能是爲了體現「攝」的概念，《指掌圖》没有攝的名目，但存有攝的實質，並且把十六攝併爲十三攝，拋棄攝的名字，以二十圖次第來代替，要表現併攝的現象，就要列出所有圖次的代表字，這樣纔能説明問題。江系併入了十四圖（唐陽合口），蒸登系併入十五、十六圖（耕庚清青系），歌戈併入十一、十二圖（麻），凡系併入五圖（鹽嚴添）。尤其《指掌圖》的入聲兩配，甚至三配，如果想要客觀地體現出併攝的語音現象，衹能四聲四等全部舉出列字。最直觀而最簡單的辦法就是用見系的四聲四等。一是因爲見系本身四等俱全，舉出來的列字會相對多一些，二來見母爲圖面内第一個聲母，這樣的編排容易讓讀者理解。

3 見母雖然四等俱全，然而也有圖中本等見母無字，同等的其他聲母卻有字的情況，總目也以○來標識，這樣就不能充分表現出各圖四等四聲的配合情況，容易給讀者誤導認爲此等無字。

4 二十圖總目與正圖的内容也有出入，總結如下：

二獨：谷/穀。三獨：谷/穀。四獨：鉤/鈎①、糾/糾②、構/搆。九開：斤/巾、頣/頣③十合：○/攟、睔/睔④、亥/亥⑤。十一開：加/嘉。十四合：○/悝、詿/詿⑥。十五合：即/郥⑦。十六開：驚/京、景/警。十八開：○/几。十九合：膾/儈。二十合：○/卦。

注：①②③④⑥⑦當爲俗體之區別；⑤爲避諱去掉一筆，嚴氏本不誤。

5 總目與正文的差異共有19處。這其中以同音字替代7例：二圖、三圖的以谷代穀，四圖以構代遘，十一圖以加代嘉，十六圖以驚代京，以景代警，十九圖以膾代儈。以同等不同韻字替代一例：九圖平聲三等，總目爲『斤』，圖内爲『巾』，『斤』爲欣韻字，『巾』爲真韻字，這也是欣真無别的證據。列字爲形異的共有7例，當爲書寫習慣所致，實爲一字。另有四例總目中無，正文中卻有列字，這四個字的情況就較爲複雜：十圖上聲總目中無字，正圖内爲『攏』；十四圖平聲三等，總目中無字，正圖内爲『𡼒』，這兩個字當爲後人據《集韻》所加①。另兩字，十八圖上聲四等總目無字，正圖列『几』，『几』爲重紐三等字，因三等位已列『紀』字，所以移入四等。姚榮松説：『此當係作圖者已不瞭解舊圖三四等之關係，又爲重紐字所迷，强爲脣牙喉音下四等排字，以求整齊，並保存舊圖之韻字。』②第二十圖去聲三等總目無字，正圖内列『卦』字，此字當爲後人所增，本爲二等字卻列爲三等，列位本有不妥，又與總目不合，當爲後人增添。

附　二十圖概説

韻圖有一個框架，可以稱爲『圖面』，圖内填在適當位置代表音節的字可以稱爲『圖心』。

---

①②　姚榮松《〈切韻指掌圖〉研究》，臺灣師範大學國文研究所碩士論文，一九七三年，第七二頁。

《指掌圖》的圖面在宋元等韻圖中最爲簡捷。總共二十圖以數字『一』到『二十』爲標誌，没有攝名、内外轉、輕重、清濁、開合、五音等術語，不具攝目，與《韻鏡》《七音略》相同；聲母採用宋人三十六字母，分三十六行始見終日，次序爲見溪群疑/端透定泥/知徹澄娘/幫滂並明/非敷奉微/精清從心邪/照穿牀審禪/影曉匣喻/來日。字母橫列，圖尾列韻目。字母完全平鋪，不似其他韻圖列二十三行，其中舌齒音表示兩組聲母，使用者不需要用等第等音理知識去判斷就可以領略。張麟之《韻鏡·序》中説：『近得故樞密楊侯（倓）淳熙（一一七四—一一八九）間所撰《韻譜》，其自序云「揭來當塗，得歷陽所刊《切韻心鑑》，因以舊書，手加校定，刊之郡齋」。徐而諦之，即所謂「洪韻」，特小有不同，舊體以一紙列二十三字母爲行，以緯行於上，其下間附一十三字母，盡於三十六，一目無遺。楊變三十六，分二紙，肩行而繩引。至横調則淆亂不協。不知因之則是，變之非也。』從這段話上可以看出變一紙二十三行爲兩紙三十六行，楊倓的《韻譜》中已經用了這種編排方式，並不是《指掌圖》的首創。但在現存的韻圖中卻是最早用這種編排方式的。圖首第一列標明聲調，以四聲括四等，平、上、去、入四聲之内各有一、二、三、四等，但並不標識出爲幾等，以格子的層次爲次序，圖尾列韻，韻目用字雖經併韻，但所併之韻並列居於一等，即使三等韻有字列入二等或四等，都在韻目中標明。

附　四種版本内容之對比

宋本	墨海本	嚴氏本	《等韻五種》本
切韻指掌圖叙（司馬光）	董南一序	董南一序	切韻指掌圖叙（司馬光）
檢例上	切韻指掌圖叙（司馬光）	切韻指掌圖叙（司馬光）	董南一序
檢例下	七音與三十六字母相配圖	七音與三十六字母相配圖	
協聲　歸母　四聲　一音	五音五行相配指掌圖	五音五行相配指掌圖	
音和切　類隔切	三十六字母與指掌圖	三十六字母與指掌圖	
辨五音例	二十圖	二十圖總目	
辨字母清濁歌	張海鵬跋	二十圖	
辨字母次第例	邵光祖檢例	張海鵬跋	
辨分韻等第歌		邵光祖檢例	
辨内外轉例		嚴氏校記	
辨廣通偈狹例（歌二）			
辨獨韻與開合韻例			
辨來日二字母切字例（歌）			
辨匣喻二字母切字歌			
雙聲疊韻例（歌）			
三十六母字圖引類　清濁			
類隔二十六字圖			
七音與三十六字母相配圖			
三十六字母與指掌圖			

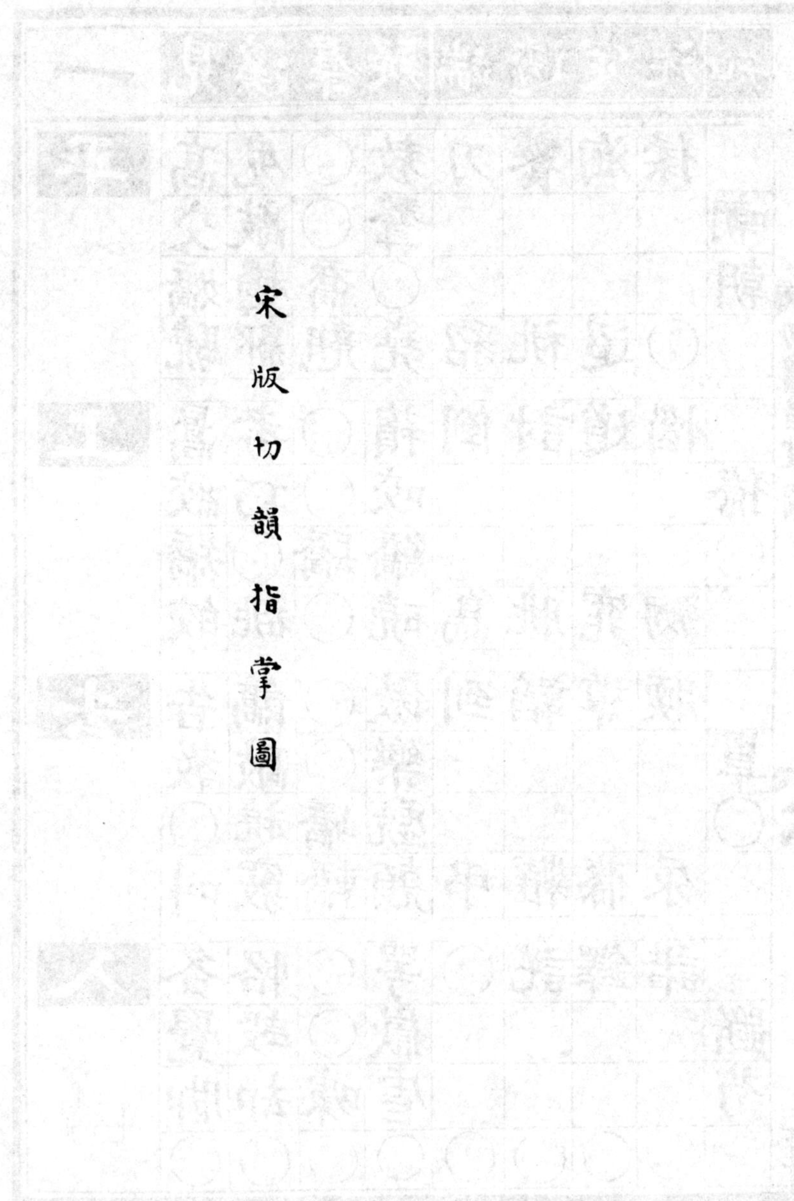

宋版切韻指掌圖

一	見	溪	羣	疑	端	透	定	泥	知
平	高	尻	○	敖	刀	饕	匋	猱	
	交	敲	○	聱					嘲
	嬌	趫	喬	○					朝
	驍	鄡	翹	堯	貂	祧	迢	○	
上	暠	考	○	䫨	倒	討	道	惱	
	絞	巧	○	咬					獠
	矯	○	驕	鱎					○
	皎	𥑮	○	磽	鳥	朓	窕	嬲	
去	告	鎬	○	傲	到	韜	導	腝	
	教	敲	○	樂					罩
	○	趬	嶠	虠					○
	叫	竅	轎	顤	弔	糶	蓧	尿	
入	各	恪	○	咢	○	託	鐸	諾	
	覺	殼	○	嶽					斲
	腳	卻	噱	虐					芍
	○	○	○	○	○	○	○	○	

微	奉	敷	非	明	並	滂	幫	娘	澄	徹
				毛	袍	麃	褒			
				茅	庖	胞	包	鐃	䄻	颮
○	○	○	○	苗	○	○	鑣	○	晁	超
				蜱	瓢	漂	飈			
				蓩	抱	○	寶			
				卯	鮑	○	飽	獿	○	○
○	○	○	○	○	藨	皫	表	○	肇	[illegible]
				眇	摽	縹	褾			
				帽	暴	○	報			
				貌	靤	砲	豹	橈	棹	趠
○	○	○	○	廟	驃	剽	裱	○	召	朓
				妙	○	○	○			
				莫	泊	[illegible]	博			
				邈	雹	璞	剝	搦	濁	逴
○	○	○	○	○	○	○	○	逽	著	皀
				○	○	○	○			

第一圖

	精	清	從	心	斜	照	穿	牀	審
平	糟	操	曹	騷	○				
						䎌	[illegible]	巢	梢
						昭	怊	○	燒
	焦	鍬	樵	蕭	○				
上	早	草	皁	嫂	○				
						爪	煼	[illegible]	数
						沼	麨	肇	少
	勦	悄	○	篠	○				
去	竈	操	漕	喿	○				
						抓	鈔	巢	稍
						照	○	○	少
	醮	陗	噍	嘯	○				
入	作	錯	昨	索	○				
						捉	娖	浞	朔
						灼	綽	○	爍
	爵	鵲	嚼	削	○				

禪	影	曉	匣	喻	來	日	韻
	鏖	蒿	豪	○	勞		豪
○	䫜	虓	肴	○	顟		爻
韶	妖	囂	○	鴞	燎	饒	宵
	么	膮	○	遥	聊		蕭宵
	襖	好	皓	○	老		皓
○	拗	○	澩	○	○		巧
紹	夭	○	○	○	○	擾	小
	窅	曉	皛	鷕	了		篠小
	奥	耗	號	○	嫪		號
○	靿	孝	効	○	○		效
邵	要	○	○	○	尞	饒	笑
		歊	○	燿	[illegible]		嘯笑
	惡	臛	涸	○	落		鐸
○	握	吒	學	○	犖		覺
妁	約	謔	○	○	略	若	藥
	○	○	○	藥	○		藥

第一圖

第一圖

校：

1 平一疑　敖　《廣韻》五勞切，疑豪平開一效，切三、王一、王二、王三同；《集韻》、真福寺本、毛氏《增韻》牛刀切；《韻鏡》外轉第二十五開，列字爲『敖』；《七音略》外轉第二十五重中重，列字爲『菽』；《四聲等子》效攝外五全重無輕韻、《切韻指南》效攝外五獨韻廣門、《起數訣》發音清五十一圖，疑母一等位列字均爲『敖』。『敖』爲《廣韻》豪韻疑母位小韻首字，下收有『菽』字。列字以『敖』爲佳，《指掌圖》是。

2 平一定　淘　嚴氏本、《墨海金壺》本同，《等韻五種》本列『陶』字。《廣韻》未收；《集韻》徒刀切，定豪平開一效；《韻鏡》外轉第二十五開，列字爲『陶』；《七音略》外轉第二十五重中重，列字爲『陶』；《四聲等子》效攝外五全重無輕韻，定一豪列字爲『桃』；《切韻指南》效攝外五獨韻廣門，定豪位列字爲『陶』；《起數訣》定豪位列字爲『匋』。『陶』爲《廣韻》豪韻定母位小韻首字，下收有『桃』『匋』二字，未收『淘』字；《集韻》收有『淘』字，『淘』『陶』同音。

列字以「陶」爲佳，《指掌圖》亦無誤。

3 平一幫 襃 《廣韻》《集韻》博毛切，幫豪平開一效；真福寺本補刀切；《韻鏡》外轉第二十五開，列字爲「褒」；《七音略》外轉第二十五重中重、《切韻指南》幫母位列字爲「襃」；《四聲等子》《起數訣》幫母位列字爲「襃」。「襃」爲《廣韻》豪韻幫母位小韻首字，下收有「褒」字，爲「襃」俗字。列字以「襃」爲佳，《指掌圖》是。

4 平一滂 橐 《廣韻》普袍切，王一、王二同；《集韻》普刀切，滂豪平開一效；《韻鏡》外轉第二十五開原作「橐」；《七音略》列字「橐」；《四聲等子》列字「橐」。「橐」，《廣韻》古勞切，見母豪韻，《七音略》與《四聲等子》有誤。《韻鏡》「橐」字亦爲「橐」字之誤。橐，《康熙字典》：「《唐韻》符霄切，音瓢。《説文》囊，張大貌。又《唐韻》普袍切，音蔍。」字出於《説文》。《類篇》此字作紕招、毗霄、普刀、乃到切，普刀切當在此位。《指掌圖》是。

5 平一影 鏖 《廣韻》《集韻》於刀切，影豪平開一效；《韻鏡》外轉第二十五開、《七音略》外轉第二十五重中重，影一豪列字「爊」；《四聲等子》影一豪列字爲「爊」；《切韻指南》影一豪列字爲「爊」；《起數訣》影豪列字「爊」，當爲抄寫時的形訛。「爊」爲《廣韻》豪韻影母位小韻首字下收有「鏖」。列字以「爊」爲佳，《指掌圖》亦無誤。

6 平二知 嘲 《廣韻》《集韻》陟交切，知肴平開二效；《韻鏡》外轉第二十五開，列字爲「啁」；《七音略》列字爲「凋」，《廣韻》都聊切，端母蕭韻。《韻鏡》因本《集韻》啁字而轉訛；

《四聲等子》《切韻指南》列字爲『嘲』；《起數訣》知肴列字爲『啁』。『嘲』爲《廣韻》肴韻知母位小韻首字，下收有『啁』字。列字以『嘲』爲佳，《指掌圖》是。

7 平二澄　䄻　《廣韻》直交切、《集韻》除交切，澄肴平開二效；《韻鏡》《四聲等子》《切韻指南》澄母二等位列字爲『䄻』；《七音略》外轉二十五重中重，澄位列字爲『祧』，《廣韻》吐彫切，透母蕭韻，該位爲『䄻』字之誤；《起數訣》澄肴列字爲『桃』，《廣韻》徒刀切，定母豪韻，亦爲『䄻』字之誤。『䄻』爲《廣韻》肴韻澄母位小韻首字，《指掌圖》是。

8 平二娘　鐃　《廣韻》女交切，《集韻》尼交切，娘肴平開二效，切二、王三同；真福寺本、毛氏《增韻》尼交切；《韻鏡》《四聲等子》《切韻指南》《起數訣》娘母二等位列字爲『鐃』；《七音略》娘母位列字爲『饒』，《廣韻》如招切，日母宵韻，當爲鐃字之誤。『鐃』爲《廣韻》肴韻娘母位小韻首字，《指掌圖》是。

8 平二照　䁔　《廣韻》側交切、《集韻》莊交切，莊肴平開二效，切三、王一、王二、王三同；真福寺本、毛氏《增韻》莊交切；《韻鏡》《七音略》《切韻指南》《起數訣》莊母二等位列字爲『䁔』；《四聲等子》莊母二等位列字爲『䁔』。『䁔』爲《廣韻》肴韻莊母位小韻首字，《指掌圖》是。

10 平三見　嬌　嚴氏本同，《墨海金壺》本、《等韻五種》本列字爲『驕』。《廣韻》舉喬切、《集韻》居妖切，見宵平開重紐三等效；《韻鏡》《七音略》《切韻指南》《起數訣》見母三等位列字爲

「驕」；《四聲等子》列字爲「嬌」。「驕」爲《廣韻》宵韻見母位小韻首字，下收有「嬌」字。列字以「驕」爲佳，《指掌圖》亦無誤。

11 平三溪　趫　《廣韻》起囂切，溪宵平開重紐三效；《集韻》丘祆切；真福寺本、毛氏《增韻》丘妖切；《韻鏡》溪母三等位列字爲「蹻」，《廣韻》巨嬌切，平宵群母；《七音略》《四聲等子》《切韻指南》《起數訣》溪母三等位列字均爲「趫」。「趫」爲《廣韻》宵韻溪母位小韻首字，《指掌圖》是。

12 平三疑　○　《廣韻》《集韻》宵韻疑母位均無字；《韻鏡》外轉第二十五開，列字爲「堯」，《廣韻》五聊切，平蕭疑母，不當列於三等位；《七音略》《四聲等子》《切韻指南》《起數訣》疑母三等位均空位。《指掌圖》空位是。

13 平三澄　晁　《廣韻》直遥切、《集韻》馳遥切，澄宵平開三效；《韻鏡》《七音略》《四聲等子》澄母三等位列字均爲「晁」；《切韻指南》《起數訣》澄母三等位列字爲「鼂」。「鼂」爲《廣韻》宵韻澄母位小韻首字，下收有「晁」字，注「上同」。列字以「鼂」爲佳，《指掌圖》亦無誤。

14 平三滂　○　《廣韻》宵韻滂母位無字，《集韻》有「奧，撫招切」；《韻鏡》外轉第二十五開，列字爲「藨」，《廣韻》甫嬌切，平宵幫母，不當列於此位；《七音略》外轉二十五重中重，列字爲「奧」，從《集韻》；《四聲等子》列「藨」字，從《韻鏡》；《切韻指南》空位。《指掌圖》從《廣韻》，空位是。

15 平三並 ○ 《廣韻》宵韻並母位無字，《集韻》有『瀌，蒲嬌切』；《韻鏡》《七音略》空位；《四聲等子》《切韻指南》列字爲『瀌』。『瀌』，《廣韻》甫嬌切，幫母宵韻。《指掌圖》從《廣韻》，空位是。

16 平三昌 怊 《廣韻》尺招切、《集韻》蚩招切，昌宵平開三效，切三、王三同；真福寺本、毛氏《增韻》蚩招切；《韻鏡》昌母位列字爲『弨』；《七音略》《四聲等子》《切韻指南》《起數訣》昌母三等位列字均爲『怊』。『怊』爲《廣韻》宵韻昌母位小韻首字，下收有『弨』字。列字以『怊』爲佳，《指掌圖》是。

17 平三曉 囂 《廣韻》許嬌切，曉宵平開重紐三效；王一同，王三許喬反，《廣韻》未收『囂』字形，收有『嚻』字，爲『囂』之異體；《集韻》虚嬌切，有『囂』字形。《韻鏡》《七音略》《四聲等子》《起數訣》列字均爲『囂』；《切韻指南》列字爲『嚻』。『嚻』爲《廣韻》宵韻曉母位小韻首字，《指掌圖》亦無誤。

18 平三來 燎 《廣韻》力昭切、《集韻》離昭切，來宵平開三效；《韻鏡》來母三等位列字爲『燎』；《七音略》來母三等位列字爲『遼』。二字均爲《廣韻》落蕭切，平蕭來母，不當列於此位；《四聲等子》《切韻指南》《起數訣》來母三等位列字爲『燎』。『燎』爲《廣韻》宵韻來母位小韻首字，《指掌圖》是。

19 平四疑 嶢 《廣韻》五聊切、《集韻》倪幺切，疑蕭平開四效；真福寺本、毛氏《增韻》倪幺切；《韻鏡》疑母位列字爲「嶢」；《七音略》《四聲等子》《切韻指南》《起數訣》疑母四等位列字均爲「堯」。「堯」爲《廣韻》蕭韻疑母位小韻首字，下收有「嶢」字。列字以「堯」爲佳，《指掌圖》是。

20 平三泥 ○ 《廣韻》蕭韻無泥母字，《集韻》有「嬈，裹聊切」；《韻鏡》空位；《七音略》《四聲等子》《切韻指南》泥母四等位列字均爲「嬈」，此三圖均從《集韻》。《指掌圖》從《廣韻》，空位亦無誤。

21 平四幫 飈 《廣韻》甫遥切，幫宵平開重紐四效；《集韻》卑遥切；《韻鏡》外轉第二十六合，平四幫母位列字爲「飆」；《七音略》外轉二十六重中重，列字爲「猋」；《四聲等子》幫母四等位列字爲「標」；《切韻指南》幫母四等位列字爲「飆」；《起數訣》幫宵位列字爲「猋」。「飆」爲《廣韻》宵韻幫母位小韻首字，爲重紐四等字，當列於四等。注下有俗作「飈」，爲「飆」字之異體字。下收有「標」「猋」二字，列字以「飆」爲佳，《指掌圖》亦無誤。

22 平四滂 漂 嚴氏本同，《墨海金壺》本列字爲「熛」，《等韻五種》本列字爲「爂」。漂，《廣韻》撫招切，《集韻》紕招切，滂宵平開重紐四效。《韻鏡》外轉第二十六合、《七音略》外轉第二十六重中重、《四聲等子・效攝外五全重無輕韻》、《起數訣》發音清五十一圖，平四滂母位列字均爲「漂」；《切韻指南・效攝外五獨韻廣門》平四滂母位列字爲「爂」。「爂」爲《廣韻》宵韻重紐四等滂母位小韻首字，下收有「漂」字，因爲重紐字，列於四等是。《等韻五種》本列『㚁』,《集韻》卑遥切、彌遥切,均不當列於此位,爲『㚁』字之形訛。《墨海金壺》本列字爲『熛』,《廣韻》甫遥切,平宵幫母,誤。列字以『㚁』爲佳,宋本亦無誤。

23 平四明　蛗　嚴氏本、《墨海金壺》本同,《等韻五種》本列字爲『蜱』。實爲『蛗』字之俗體或訛誤。《廣韻》彌遥切,無此字體,寫作『蜱』,明宵平開重紐四等效;切三、王三爲『蜱』,無遥反;《集韻》彌遥切,有此字形;《韻鏡》外轉第二十六合,列字爲『蛗』;《四聲等子》、《切韻指南》明母平聲四等位,列字均爲『蜱』;《起數訣》發音清五十一圖,列字均爲『蛗』。『蜱』爲《廣韻》宵韻明母位小韻首字,『蛗』爲其異體字,諸本皆是。

24 平四精　焦　《廣韻》即消切,精宵平開三效;《集韻》兹消切。此字爲假四等、真三等。

25 平四清　鍬　《廣韻》未收此字形,而坐『鍫』,七遥切;《集韻》小韻首字亦作『鍫』,下注『亦書作鍬』,千遥切;清宵平開三效。『鍫』『鍬』爲異體字關係。《韻鏡》外轉第二十六合、《七音略》第二十六重中重、《切韻指南》、《起數訣》列字均爲『鍫』;《四聲等子》平四清位列字爲『鍬』。『鍫』爲《廣韻》宵韻清母位小韻首字,《指掌圖》亦無誤。此字爲假四等、真三等。

26 平四從　樵　《廣韻》昨焦切、《集韻》慈焦切,從宵平開三效。此字爲假四等、真三等。

27 平四影　幺　嚴氏本、《墨海金壺》本同,《等韻五種》本列字爲『幺』。《廣韻》於堯切,影蕭平開四效;切三、王三、《廣韻》蕭韻爲『幺』小韻;《集韻》、真福寺本、毛氏《增韻》伊堯切,列字爲『幺』；《七音略》外轉第二十五重中重，列字爲『么』；《四聲等子》列字爲『幺』；《切韻指南》平四影母位列字爲『要』，影母宵韻；《起數訣》閉音清第五十圖，列字爲『腰』，影母宵韻。『幺』爲《廣韻》蕭韻影母位小韻首字，『么』爲其異體字。《等韻五種》本列『幺』字爲佳，宋本亦無誤。

28 上一泥　惱　嚴氏本、《墨海金壺》本同，《等韻五種》本列『腦』字。《廣韻》奴晧切，《集韻》乃老切，泥晧上開一效；《韻鏡》外轉第二十五開、《七音略》外轉第二十五重中重、《起數訣·發音清第五十一圖》，列字均爲『腦』；《四聲等子·效攝外五全重無輕韻》《切韻指南·效攝外五獨韻廣門》上一泥母位，列字均爲『堖』。『堖』爲《廣韻》晧韻泥母位小韻首字，下收有『腦』『惱』二字。列字以『堖』爲佳，《指掌圖》諸本列字亦均無誤。

29 上一滂　○　《廣韻》晧韻滂母位無字；《集韻》有『皫，滂保切』；《韻鏡》外轉第二十五開，列字爲『犥』；《七音略》外轉第二十五重中重，列字爲『臕』，甫嬌切，幫母宵韻，當爲『皫』字之誤；《四聲等子》《切韻指南》《起數訣》上一滂母位列字均爲『皫』，諸家韻圖從《集韻》。《指掌圖》從《廣韻》，空位亦無誤。

30 上一心　嫂　《廣韻》《集韻》蘇老切，心晧上開一效；《韻鏡》外轉第二十五開、《切韻指南·效攝外五獨韻廣門》、《起數訣·發音清第五十一圖》上一心母位列字均爲『嫂』；《七音略》外轉第二十五重中重、《四聲等子·效攝外五全重無輕韻》上一心母位列字均爲

『嫂』。『⿰女叜』爲《廣韻》晧韻心母位小韻首字，下收有『嫂』字，注『上同』，二字爲正俗體關係。列字以『⿰女叜』爲佳，《指掌圖》亦無誤。

31 上一匣　皓　《廣韻》胡老切，匣晧上開一效，切三、王一、王三同，均以『晧』爲韻目；《集韻》、真福寺本、毛氏《增韻》下老切；《韻鏡》外轉第二十五開、《切韻指南・效攝外五獨韻廣門》，列字爲『晧』；《七音略》外轉第二十五重中重、《四聲等子・效攝外五全重無輕韻》、《起數訣・發音清第五十一圖》上一匣母位列字均爲『晧』。《集韻》以『皓』爲韻目字。匣母位收『皓』字形，亦無誤。晧，日出皃。从日告聲。天下惟縶白者最光明，故引申爲凡白之稱，又改其字从白作皓矣。『皓』爲『晧』之引申字。

32 上二疑　咬　嚴氏本、《墨海金壺》本同，《等韻五種》本列字爲『齩』。《廣韻》於交切，影肴平開二效；《集韻》五巧切，疑巧上開二效；《韻鏡》《七音略》《切韻指南》《起數訣》疑母位列字爲『齩』；《四聲等子》上二疑母位，列字爲『咬』。按《廣韻》，『咬』字不當列於此位，按《集韻》可列於此位。『齩』爲《廣韻》巧韻疑母位小韻首字，《等韻五種》本列『齩』字爲佳，宋本等亦無誤。

33 上二知　獠　《廣韻》張絞切、《集韻》竹狡切，知巧上開二效；真福寺本、毛氏《增韻》竹狡切；《韻鏡》《七音略》《四聲等子》《切韻指南》上二知母位列字爲『⿰豸尞』。『⿰豸尞』爲《廣韻》巧韻知母位小韻首字，下收有『獠』字，注『上同』，二字爲異體字關係。列字以『⿰豸尞』爲佳，《指掌圖》亦無誤。

34 上二徹 ◯ 《廣韻》《集韻》巧韻均無徹母字；《韻鏡》《切韻指南》空位。《七音略》外轉第二十五重中重，列字爲「抓」；《廣韻》側絞切，上巧莊母，不當列於此位，誤。《四聲等子》上二徹母位列字爲「𦑣」，《康熙字典》：「《玉篇》丑卯切。毛多也。」按此音切，可列於此位。《指掌圖》從韻書，空位是。

35 上二穿 煼 《廣韻》初爪切，初巧上開三效；切三、王一、王三同；《集韻》、真福寺本、毛氏《增韻》楚絞切；《韻鏡》外轉第二十五開，列字爲「煼」；《七音略》外轉第二十五重中重，列字爲「謅」，《廣韻》楚鳩切，平尤初母，誤；《四聲等子》《起數訣》上二初母位列字爲「炒」；《切韻指南》列字爲「煼」。「煼」爲《廣韻》巧韻初母位小韻首字，下收有「炒」字，《指掌圖》是。

36 上二審 数 此字當爲「数」字誤。数，《廣韻》《集韻》山巧切，生巧上開三效。《韻鏡》《七音略》《切韻指南》列字爲「数」；《四聲等子》上二生母位列字爲「数」。此字訓擊、訓攪，當從支。「数」爲《廣韻》巧韻生母位小韻首字，《指掌圖》列字形訛，當校改爲「数」。

37 上三溪 ◯ 嚴氏本同，《墨海金壺》本列字爲「鱎」，《等韻五種》本列字爲「槗」。《廣韻》小韻溪母無字；《集韻》有「槗，祛矯切」；《韻鏡》空位；《七音略》外轉第二十五重中重，列字爲「𨗦」，爲「橇」俗字，《廣韻》起囂切，平宵溪母，不當列於此位，誤；《四聲等子》《切韻指南》

列字爲『槁』。此二圖從《集韻》。《墨海金壺》本列字『鱎』，見母小韻，誤；《等韻五種》本列『槁』字從《集韻》，無誤；宋本從《廣韻》，空位亦無誤。

38 上三群　蹻　《廣韻》《集韻》巨夭切，群小上開重紐三效；《韻鏡》外轉第二十五開，列字爲『蟜』，當爲『蹻』之異體；《七音略》外轉第二十五重中重，列字爲『蹻』；《四聲等子》上三群母位列字爲『驕』，誤；《切韻指南》上三群母位列字爲『蹻』；《起數訣》上三群母位列字爲『獢』，《集韻》巨夭切。『蹻』爲《廣韻》小韻群母位小韻首字，《指掌圖》是。

39 上三疑　鱎　嚴氏本、《等韻五種》本同，《墨海金壺》本空位。《廣韻》居夭切，見小上開重紐三效，不當列於此位；《集韻》有居夭切、舉夭切、魚小切三音，『魚小切』爲疑母字；《韻鏡》空位；《七音略》外轉第二十五重中重，疑母位列字爲『鱎』；《四聲等子》《切韻指南》空位；《起數訣》上三疑母位列字爲『⿰鼻斗』，《康熙字典》『《字彙補》⿰鼻斗字之譌』，見母幼韻字，當爲『⿰鼻乚』字之誤。《墨海金壺》本依《廣韻》，疑母空位無誤，但將『鱎』列於溪母位，則又從《集韻》。宋本從《集韻》，亦無誤。

40 上三澄　肇　此字當爲『肈』字，《廣韻》治小切、《集韻》直紹切，澄小上開三效；真福寺本、毛氏《增韻》直紹切；《韻鏡》《七音略》《起數訣》澄母小韻列字爲『趙』；《四聲等子》上三澄母位列字爲『兆』；《切韻指南》上三澄母位列字爲『肇』。『肈』爲《廣韻》小韻澄母位小韻首字，《康熙字典》：『《集韻》同肇。』下收有『趙』『兆』二字。列字以『肈』爲佳，《指掌圖》亦無誤。

41 上三滂　皫　嚴氏本、《墨海金壺》本同，《等韻五種》本列字爲「麃」。皫，《廣韻》敷沼切，滂小上開重紐四效，該字在《廣韻》中列於「縹」小韻下，當列於四等位。《廣韻》小韻三等有「麃」字，滂表切，當列於此位。《韻鏡》滂母上聲三等位列字爲「麃」；《七音略》同《韻鏡》列字爲「麃」；《四聲等子》《切韻指南》上三滂母均列「麃」字；此四圖在重紐四等位，均列「皫」之小韻首字「縹」；《起數訣》發音清五十一圖，於三等位列「皫」字，誤，與四等位「縹」字重出。《等韻五種》本列「麃」字是，宋本誤，當校改爲「麃」。

42 上三穿　䵄　《廣韻》尺沼切、《集韻》齒紹切，昌小上開三效；真福寺本、毛氏《增韻》齒紹切；《韻鏡》列字爲「䵄」；《七音略》昌三小韻列字爲「麨」；《四聲等子》《切韻指南》《起數訣》小韻昌母位列字均爲「䵄」。「䵄」爲《廣韻》小韻昌母位小韻首字，下收有「麨」字，注「上同」，爲異體字。列字以「䵄」爲佳，《指掌圖》是。

43 上三牀　肇　嚴氏本、《墨海金壺》本同，《等韻五種》本空位。肇，《廣韻》治小切、《集韻》直紹切，澄小上開三效；該字不當列於船母位，且已列於澄母位。諸家韻圖船母位皆空位，《廣韻》《集韻》均無船母字。將澄母字重出於船母下，是澄牀混淆的證明，但按韻圖規制，此位當校删。《等韻五種》本空位是，宋本當校删。

44 上三影　夭　《廣韻》《集韻》於兆切，影小上開三效，王一、王二同；真福寺本、毛氏《增韻》

於兆切；《韻鏡》影母小韻位列字爲『殀』；《七音略》《四聲等子》《切韻指南》《起數訣》上三影位列字均爲『夭』。『夭』爲《廣韻》小韻影母位小韻首字，下收有『殀』字。列字以『夭』爲佳，《指掌圖》是。

45 上三來　○　嚴氏本、《墨海金壺》本同，《等韻五種》本列字爲『繚』。《廣韻》小韻來母位有『繚，力小切』；《集韻》未收來母字；《韻鏡》《七音略》《四聲等子》《切韻指南》上三來母位均列『繚』字；《起數訣》上三來母位列字爲『燎』。『繚』爲《廣韻》小韻來母位小韻首字，下收有『燎』字。《等韻五種》本列『繚』字是，宋本等當校補『繚』字。

46 上四溪　硄　嚴氏本、《墨海金壺》本同，《等韻五種》本列字爲『磽』。硄，《廣韻》苦皎切、《集韻》輕皎切，溪篠上開四效；《韻鏡》空位；《四聲等子》《起數訣》《切韻指南》上四溪母位列字爲『磽』；《七音略》列字同宋本爲『硄』字。『磽』爲《廣韻》篠韻溪母位小韻首字，下收有『硄』字，注『上同』，二字爲異體字關係。《集韻》『硄』『磽』同字，爲正體俗體之分。《等韻五種》本列『磽』字爲佳，宋本亦無誤。

47 上四疑　磽　《廣韻》苦皎切，溪篠上開四效；另有五教切，疑效去開二效；口交切，溪肴平開二效。均不適於此位。《集韻》倪了切、輕皎切。此處合《集韻》倪了切，疑篠上開四效。《韻鏡》空位；《七音略》《四聲等子》上四疑母位列字爲『磽』；《切韻指南》《起數訣》上四疑母位列字爲『鼿』，當列於三等。《指掌圖》從《集韻》於疑母位列『磽』字，同《七音略》，亦無誤。

48 上四泥　嬲　《廣韻》奴鳥切，泥篠上開四效，《廣韻》字形爲「嬲」，《切韻》《集韻》《禮部韻略》《玉篇》均爲「嬲」，當爲《廣韻》形誤；《集韻》、真福寺本、毛氏《增韻》乃了切。《韻鏡》《七音略》《四聲等子》《切韻指南》上四泥母位列字均爲「嬲」；《起數訣》泥篠位列字爲「裊」。「嬲」爲《廣韻》篠韻泥母位小韻首字，下收有「裊」字，《指掌圖》是。

49 上四幫　褾　切一「方小反」和「方矯反」，注爲「袖端」，當爲「褾」之誤。王一、王二、王三同。《廣韻》有「褾，方小切」，幫小上開重紐四效，此字應爲「褾」之形訛；《集韻》亦有「褾，俾小切」；《韻鏡》外轉第二十六合，列字爲「褾」；《七音略》外轉第二十六重中重，列字爲「褾」；《四聲等子》《切韻指南》《起數訣》上四幫母位列字均爲「褾」。《指掌圖》小韻幫母重紐位列「褾」字，從《廣韻》訛，導致多家韻圖均訛。此處當校改爲「褾」。

50 上四明　𦔮　嚴氏本、《墨海金壺》本、《等韻五種》本列字爲「眇」。「𦔮」實爲「眇」之俗體。眇，《廣韻》亡沼切，《集韻》弭沼切，明小上開重紐四效；真福寺本、毛氏《增韻》弭沼切；《韻鏡》外轉第二十六合，《七音略》外轉第二十六重中重，《起數訣》發音清五十一圖，列字均爲「𦔮」；《四聲等子》《切韻指南》上四明母位，列字爲「眇」。《指掌圖》此位當校改爲「眇」。

51 上四精　勦　《廣韻》《集韻》子小切，精小上開三效；《韻鏡》外轉第二十六合，列字爲「勦」；《七音略》外轉第二十六重中重、《四聲等子》上四精母位列字爲「勦」；《切韻指南》上四精母位列字爲「湫」，精母篠韻；《起數訣》上四精母位列字爲「剿」，精母小韻。「勦」，《康熙字典》：「《唐韻》《集韻》子小切，《正韻》子了切，並焦上聲。絶也。《正韻》从巢从刀，與勦字不同。」「勦」，勞也，又音巢。「勦」爲《廣韻》小韻精母位小韻首字，下收有「勦」字。列字以「勦」爲佳，《指掌圖》亦無誤。此字爲假四等、真三等。

52 上四從 ○ 《廣韻》篠、小兩韻均無從母字；《集韻》有「灑，樵小切」；《韻鏡》外轉第二十六合，列字爲「灑」；《七音略》空位；《四聲等子》《切韻指南》《起數訣》上四從母位列字爲「灑」。《指掌圖》從《廣韻》，同《七音略》，空位是。從《集韻》，當校補「灑」字。爲假四等、真三等。

53 上四心 篠 嚴氏本、《墨海金壺》本、《等韻五種》本列字爲「篠」。篠，《廣韻》吐彫切，爲透紐平聲字，此字當爲「篠」之誤。篠，《廣韻》先鳥切、《集韻》先了切，心篠上開四效；真福寺本、毛氏《增韻》先了切。「篠」之俗體常寫作「篠」。《韻鏡》外轉第二十五開，列字爲「篠」；《七音略》外轉第二十五重中重，列字爲「篠」；《四聲等子》上四心母位列字爲「篠」，當爲「篠」字誤；《切韻指南》上四心母位列字爲「小」，心母小韻；《起數訣》上四心母位列字爲「筱」，篠韻。「篠」爲《廣韻》篠韻心母位小韻首字，下收有「筱」字。《等韻五種》本等列「篠」字是，宋本誤，當校改爲「篠」。

54 上四影 窅 嚴氏本、《墨海金壺》本同，《等韻五種》本列字爲「杳」。窅，《廣韻》烏皎切、《集韻》伊鳥切，影篠上開四效；《韻鏡》《七音略》《切韻指南》影篠位列字爲『杳』。『杳』爲《廣韻》篠韻影母位小韻首字，下收有『窅』字。《等韻五種》本列『杳』字爲佳，宋本亦無誤。

55 上四曉 曉 嚴氏本同，《墨海金壺》本列字爲『䁱』，《等韻五種》本列字爲『鐃』。《廣韻》馨皛切，《集韻》馨鳥切，曉篠上開四效； 真福寺本、毛氏《增韻》馨杳切；《韻鏡》《七音略》《四聲等子》《起數訣》上四曉母位列字爲『曉』；《切韻指南》上四曉母位列字『鐃』。『鐃』爲《廣韻》篠韻曉母位小韻首字，下收有『曉』。《等韻五種》本列『鐃』爲佳，宋本、嚴氏本列『曉』字亦無誤，《墨海金壺》本列『䁱』字爲形訛，當校改爲『曉』。

56 上四喻 鷕 《廣韻》以沼切，以小上開三效；《集韻》伊鳥切； 真福寺本以紹切；《韻鏡》外轉第二十六合、《四聲等子》、《切韻指南》上四喻母位列字均爲『鷕』；《七音略》外轉第二十六重中重、《起數訣》以母小韻位列字爲『溔』。『鷕』爲《廣韻》小韻以母位小韻首字，按韻圖規制，當列於四等，爲假四等、真三等。《指掌圖》是。

57 去一見 告 嚴氏本、《墨海金壺》本同，《等韻五種》本列『誥』字。告，《廣韻》古到切、《集韻》居号切，見号去開一效； 毛氏《增韻》居號切；《韻鏡》《七音略》《切韻指南》《起數訣》去一見母位列字爲『誥』。『誥』爲《廣韻》号韻見母位小韻首字，下收有『告』字。《等韻五種》本列『誥』字爲佳，宋本亦無誤。

58 去一溪 鎬 嚴氏本、《墨海金壺》本同，《等韻五種》本列『鎬』字。 鎬，《廣韻》苦到切、《集韻》口到切，溪号去開一效；毛氏《增韻》口到切；《韻鏡》《七音略》《切韻指南》溪一號位列字爲『𩜁』；《四聲等子》去一溪母位列字爲『靠』；《起數訣》溪號位列字爲『犒』。『𩜁』爲《廣韻》号韻溪母位小韻首字，下收有『犒』『靠』二字。《等韻五種》本列『鎬』字，《廣韻》胡老切、《集韻》下老切，均爲匣母，誤，當校改爲『𩜁』。宋本是。

59 去一透　韜　《廣韻》未收；《集韻》叨号切，透号去開一效；《韻鏡》空位；《七音略》外轉第二十五重中重、《切韻指南》、《起數訣》，列字爲『韜』；《四聲等子》去一透母位列字爲『套』，透母号韻。《韻鏡》從《廣韻》空位是，《指掌圖》及其他韻圖從《集韻》，亦無誤。

60 去一定　導　《廣韻》徒到切，定号去開一效，王一、王三、《唐韻》同；《集韻》大到切；毛氏《增韻》徒到切；《韻鏡》《四聲等子》《切韻指南》《起數訣》去一定母位列字爲『導』；《七音略》定一号位列字爲『道』，《廣韻》徒皓切，上皓定母，《集韻》大到切，去号定母。《七音略》列『道』字，從《集韻》音。『導』爲《廣韻》号韻定母位小韻首字，《指掌圖》是。

61 去一泥　腝　《廣韻》有『腝，那到切』，泥号去開一效；毛氏《增韻》那到切；《韻鏡》泥母号韻列字爲『臑』，當係『腝』之誤。段玉裁依《説文》改《廣韻》之『腝』爲『臑』。《韻鏡》《七音略》《起數訣》泥母號韻列字爲『臑』；《四聲等子》去一泥母位列字爲『腰』，當爲『腝』字形訛；《切韻指南》去一泥母位列字爲『腝』。『腝』爲《廣韻》号韻泥母位小韻首字，《指掌圖》列字形訛，當校改爲『腝』。

62 去一滂 ○ 《廣韻》号韻滂母位無字；《集韻》有『犥，叵到切』；《韻鏡》空位；《七音略》《切韻指南》《起數訣》滂母號韻位列字爲『犥』；《四聲等子》去一滂母位列字爲『㦟』，當爲『犥』字之誤。諸家諸圖皆從《集韻》，《指掌圖》從《廣韻》，空位亦無誤。

63 去一明 帽 嚴氏本、《墨海金壺》本同，《等韻五種》本列字爲『冃』。帽，《廣韻》《集韻》莫報切，明号去開一效；毛氏《增韻》莫報切；《韻鏡》《七音略》《四聲等子》《切韻指南》去一明母，列字均爲『帽』；《起數訣》明號位列字爲『冒』。『冃』爲《廣韻》号韻明母位小韻首字，下收有『帽』『冒』二字。《等韻五種》本列『冃』字爲佳，宋本亦無誤。

64 去一匣 號 《廣韻》胡到切、《集韻》後到切，匣号去開一效；《切韻》《廣韻》《集韻》小韻首字均列『号』，《禮部韻略》小韻首字爲『號』。《説文》：『号，痛聲也。從口在丂上。』裁注：『号，嗁也。凡嗁號字，古作号。……今字則號行而号廢矣。』『号』爲本字，『號』爲後起字。《韻鏡》《七音略》《切韻指南》匣母號韻列字爲『号』；《四聲等子》匣一號位列字爲『號』；《起數訣》匣號位空位。『号』爲《廣韻》号韻匣母位小韻首字，下收有『號』字，注『上同』，爲『号』的異體字。列字以『号』爲佳，《指掌圖》亦無誤。

65 去二娘 橈 《廣韻》奴教切，娘效去開二效；王一、王三同；《集韻》、毛氏《增韻》女教切；《韻鏡》《七音略》娘母效韻列字爲『撓』，《廣韻》奴巧切，上巧娘母，當爲『橈』字之誤；《四聲等子》去二娘母位列字爲『鬧』；《切韻指南》《起數訣》去二娘母位列字爲『橈』。『橈』

爲《廣韻》效韻娘母位小韻首字，《指掌圖》是。

66 去二滂　砲　嚴氏本、《墨海金壺》本同，《等韻五種》本列字爲『奅』。砲，《廣韻》未收，滂母小韻首字爲『奅』，下有五字，無此字；《集韻》、毛氏《增韻》披教切，滂效去開二效；《韻鏡》《七音略》《切韻指南》《起數訣》滂母位列字爲『奅』；《四聲等子》去二滂母位列字爲『砲』。『奅』爲《廣韻》效韻滂母位小韻首字，《等韻五種》本列『奅』字爲佳，宋本等依《集韻》，亦無誤。

67 去二並　靤　《廣韻》字形爲『𩈉』，防教切，《集韻》皮教切，並效去開二效；《韻鏡》《起數訣》並母效韻列字爲『皰』；《七音略》《四聲等子》《切韻指南》去二並母位列字爲『靤』。『面』與『靣』爲正俗體，『靤』與『𩈉』亦爲正俗體。『皰』與『𩈉』通同，玄應《一切經音義》『𩈉』字下注曰：『又作皰，同。蒲孝反。』希麟《續一切經音義》皰字下注曰：『防教反，《切韻》作𩈉，面瘡也。《説文》正作皰，皮起也。今律文作皰，俗字也。』《指掌圖》是。

68 去二明　貌　《廣韻》莫教切，《集韻》眉教切，明效去開二效；毛氏《增韻》眉教切；《韻鏡》明母效韻位列字爲『貇』；《四聲等子》明母效韻位列字爲『貌』；《七音略》《切韻指南》《起數訣》去二明母位列字爲『皃』。『皃』爲《廣韻》效韻明母位小韻首字，下收有『貇』『貌』二字。列字以『皃』爲佳，《指掌圖》亦無誤。

69 去二穿　鈔　《廣韻》初教切，《集韻》楚教切，初效去開二效；毛氏《增韻》楚教切；《韻鏡》

《七音略》《切韻指南》初二效位列字爲「抄」；《四聲等子》《起數訣》去二初母位列字爲「鈔」。「抄」爲《廣韻》效韻初母位小韻首字，下收有「鈔」字。列字以「抄」爲佳，《指掌圖》亦無誤。

70 去二影　靿　《廣韻》、《集韻》、毛氏《增韻》於教切，影效去開二效；《韻鏡》影效位列字爲「靿」；《七音略》《四聲等子》《切韻指南》《起數訣》去二影母位列字均爲「靿」。「靿」爲《廣韻》效韻影母位小韻首字，《韻鏡》列字訛，《指掌圖》是。

71 去三見　○　嚴氏本、《墨海金壺》本同，《等韻五種》本列字爲「驕」。《廣韻》笑韻無見母字，《集韻》有「驕，嬌廟切」。諸家韻圖去三見母位列字均爲「驕」。依《集韻》及諸韻圖，可校補「驕」字。依《廣韻》，《指掌圖》亦無誤。

72 去三溪　趬　《廣韻》《集韻》丘召切，溪笑去開重紐四效。《韻鏡》外轉二十五開，溪母三等位空位；外轉二十六合，溪母四等位列字爲「虠」，爲疑母字，誤。《七音略》外轉第二十五重中重，於三等位列「趬」；外轉二十六重中重，於四等位列「趬」字。《四聲等子》《切韻指南》去三溪母位列字爲「趬」；《起數訣》發音清第五十一圖，於四等位列「趬」字。「趬」爲《廣韻》笑韻溪母重紐四等字，按韻圖規制當列於四等，此處列於三等，誤。當校刪。

73 去三疑　虠　《廣韻》《集韻》牛召切，疑笑去開重紐四效。《韻鏡》外轉二十五開，疑母三等位空位；外轉二十六合，疑母四等位列字爲「趬」，爲溪母字，誤。《七音略》外轉第二十五重中重，三等位空位；外轉二十六重中重，四等位空位。《四聲等子》《切韻指南》去三疑母位列字爲『虓』。《起數訣》發音清第五十一圖，四等位空位；發音濁第五十二圖，三等位列『虓』。『虓』爲《廣韻》笑韻疑母重紐四等字，按韻圖規制當列於四等，此處列於三等，誤。當校删。

74　去三幫　裱　《廣韻》方廟切、《集韻》彼廟切，幫笑去開三效；《韻鏡》空位；《七音略》外轉第二十五重中重，列字爲『俵』；《四聲等子》《切韻指南》《起數訣》去三幫母位列字爲『裱』。『裱』爲《廣韻》笑韻幫母位小韻首字，下收有『俵』字，《指掌圖》是。

75　去三滂　剽　嚴氏本、《墨海金壺》本同，《等韻五種》本三等位空位，『剽』字列於四等。剽，《廣韻》《集韻》匹妙切，滂笑去開重紐四效。《韻鏡》外轉二十五開，滂母三等位空位；外轉二十六合，滂母四等位列字爲『剽』。《七音略》外轉第二十五重中重，三等位列字爲『剽』，誤，當校删；外轉二十六重中重，四等位列字亦爲『剽』。《四聲等子》《切韻指南》去三滂母位空位，四等位列字爲『剽』；《起數訣》發音清第五十一圖，三等位空位，四等位列『勡』。『剽』爲《廣韻》笑韻滂母重紐四等字，按韻圖規制當列於四等，此處列於三等，誤。當校删。

76　去三並　驃　《廣韻》毗召切，並笑去開重紐四效，王一、王二、王三、《唐韻》同；《集韻》毗召切；毛氏《增韻》匹妙切。《韻鏡》外轉二十五開，並母三等位空位；外轉二十六合，並母四等位列字爲『驃』。《七音略》外轉第二十五重中重，三等位列字爲『膘』，誤，當校删；外轉二十六重中重，四等位列字亦爲『驃』。《四聲等子》《切韻指南》去三滂母位空位，四等位列字爲『驃』；《起數訣》發音清第五十一圖，三等位空位，四等位列『驃』。『驃』爲《廣韻》笑韻並母重紐四等字，按韻圖規制當列於四等，此處列於三等，誤。當校删。

77 去三穿 ◯ 《廣韻》笑韻無昌母字，《集韻》有『覞，昌召切』。《韻鏡》空位；《七音略》外轉第二十五重中重，列字爲『覞』；《四聲等子》《切韻指南》《起數訣》去三穿母位列字均爲『覞』。《指掌圖》若依《集韻》當校補『覞』字，依《廣韻》空位是。

78 去三影 要 《等韻五種》本同，嚴氏本、《墨海金壺》本空位。要，《廣韻》於笑切、《集韻》一笑切，影笑去開重紐四效；毛氏《增韻》一笑切。《韻鏡》外轉二十五開，影母三等位空位；外轉二十六合，影母四等位列字爲『要』。《七音略》外轉第二十五重中重，三等位空位；外轉二十六重中重，四等位列字爲『要』。《四聲等子》去三影母位空位，四等位列字爲『交』，當爲『交』字形訛；《切韻指南》去三影母位空位，四等位列字爲『要』；《起數訣》發音清第五十一圖，三等位空位，四等位列『要』。『要』爲《廣韻》笑韻影母重紐四等字，按韻圖規制當列於四等，此處列於三等，誤。當校删。

79 去三曉 ◯ 《廣韻》笑韻無匣母字，《集韻》有『䰫，虚廟切』。《韻鏡》空位；《七音略》外轉第二十五重中重，列字爲『魀』；《四聲等子》去三曉母位列字爲『䰫』；《切韻指南》《起數訣》去三匣母均空位。《七音略》列『魀』字，諸韻書均無此字，或疑爲『魆』字誤，但《康熙字典》

『《篇海》音右。鬼名』，亦不合於此位，當爲『魖』字訛。《指掌圖》若依《集韻》，可校補『魖』字，依《廣韻》空位是。

80 去三來　尞　《廣韻》《集韻》力照切，來笑去開三效，王一、王二、王三、《唐韻》同。毛氏《增韻》力照切。《韻鏡》《起數訣》去三來母位列字爲『療』；《七音略》來三笑位列字爲『尞』，《康熙字典》記『又《唐韻》力照切，音療』；《四聲等子》《切韻指南》去三來母位列字爲『尞』。『尞』爲《廣韻》笑韻來母位小韻首字，《廣韻》注『凡从尞者作尞，同。』『尞』『尞』同，下收有『療』字，列字以『尞』字爲佳，《指掌圖》亦無誤。

81 去四見　呌　《等韻五種》本同，嚴氏本、《墨海金壺》本列字爲『叫』。呌，《廣韻》、《集韻》、毛氏《增韻》古弔切，見嘯去開四效；《韻鏡》外轉第二十五開、《起數訣》閉音清第五十圖，去四見母位列字爲『呌』；《七音略》外轉第二十五重中重、《四聲等子》、《切韻指南》去四見母位列字爲『叫』。『呌』與『叫』爲異體字，諸本皆是。

82 去四群　轎　嚴氏本、《墨海金壺》本同，《等韻五種》本列字爲『翹』。轎，《廣韻》《集韻》渠廟切，群笑去開重紐三效，該字《廣韻》中在『嶠』下，『嶠』列於《指掌圖》三等位，此字爲重紐三等字，不當列於四等。《韻鏡》外轉二十六合，去四群母位列字爲『翹』；《七音略》空位；《四聲等子》《切韻指南》去四群母位列字爲『翹』，群笑重紐四等；《起數訣》去四群母位列字爲『趐』，爲『翹』字誤。『翹』爲《廣韻》笑韻群母重紐四等小韻首字，『轎』爲重紐三等，列於此位誤；《等韻五種》本列「翹」字是，宋本等當校改爲「翹」。

83 去四定　蓧　《廣韻》吐彫切，透蕭平開四效；《集韻》徒弔切，定嘯去開四效。《韻鏡》《七音略》《四聲等子》《切韻指南》去四定母位列字爲「藋」，《廣韻》徒弔切，去嘯定母；《起數訣》去四定母位列字爲「調」。「藋」爲《廣韻》嘯韻定母位小韻首字，下收有「調」字，未收「蓧」，但收其異體字「莜」，草田器。《指掌圖》列「蓧」字亦無誤。

84 去四滂　○　嚴氏本、《墨海金壺》本同，《等韻五種》本列字爲「剽」。「剽」爲重紐四等字，當列於四等；宋本等列於三等誤。《等韻五種》本列「剽」字是，宋本等當校補「剽」。

85 去四精　醮　《廣韻》《集韻》子肖切，精笑去開三效，王三同。爲假四等、真三等。

86 去四清　陗　《廣韻》《集韻》七肖切，清笑去開三效。爲假四等、真三等。

87 去四從　噍　《廣韻》《集韻》才笑切，從笑去開三效，王一、王二、王三、《唐韻》同。爲假四等、真三等。

88 去四影　○　嚴氏本、《墨海金壺》本列字爲「要」，《等韻五種》本列字爲「窔」。「要」爲《廣韻》笑韻影母重紐四等字，按韻圖規制當列於四等，可列於此位。《指掌圖》爲合韻韻圖，此位亦可列嘯韻影母字「窔」。各本皆是宋本空位誤，當補。

89 去四喻　燿　《廣韻》弋照切，喻笑去開三效；《集韻》、毛氏《增韻》弋笑切；《韻鏡》外轉第二十六合，喻四母位列字爲「燿」；《七音略》外轉第二十六重中重，列字爲「耀」；《四聲等子》《切韻指南》《起數訣》去四喻母位列字均爲「燿」。「燿」爲《廣韻》笑韻喻四母位小韻首字，「耀」「燿」爲異體字，《指掌圖》無誤。

90 入一疑　咢　《廣韻》五各切，《集韻》、真福寺本、毛氏《增韻》逆各切，疑鐸入開一宕；《韻鏡》《七音略》疑鐸位列字爲「愕」；《四聲等子》《切韻指南》疑鐸位列字爲「咢」。「咢」爲《廣韻》鐸韻疑母位小韻首字，下收有「愕」。列字以「咢」爲佳，《指掌圖》是。

91 入一端　○　《廣韻》鐸韻端母無字，《集韻》有「沰，當各切」。沰，《集韻》當各切，入鐸端母。《韻鏡》空位；《七音略》内轉三十四重中重，列字爲「沰」；《四聲等子》《切韻指南》端鐸位列字均爲「沰」，此三圖從《集韻》。《指掌圖》從《廣韻》空位，與《韻鏡》同，亦無誤。

92 入一幫　博　《廣韻》補各切、《集韻》伯各切，幫鐸入開一宕；真福寺本、毛氏《增韻》伯各切；《韻鏡》内轉第三十一開，列字爲「博」；《七音略》外轉第二十五重中重，列字爲「愽」；《四聲等子》列字爲「博」；《切韻指南》列字爲「愽」；《起數訣》發音清五十一圖，列字爲「博」。「博」爲《廣韻》鐸韻幫母位小韻首字，「愽」，《康熙字典》：「《正字通》博字之譌。」諸家韻圖皆是。

93 入一曉　臛　《廣韻》呵各切，《集韻》、真福寺本、毛氏《增韻》黑各切，曉鐸入開一宕；《韻鏡》曉鐸位列字爲「臛」，《廣韻》火酷切，入沃曉母，不當列於鐸韻；《七音略》曉鐸位列字爲「臛」；《四聲等子》曉鐸位列字爲「郝」；《切韻指南》曉鐸位列字爲「臛」。「臛」爲《廣韻》鐸韻曉母位小韻首字，下收有『矐』『郝』二字。《韻鏡》列『臛』字當爲『矐』字誤。《指掌圖》是。

94 入二溪　㱿　《廣韻》、真福寺本、毛氏《增韻》苦角切，《集韻》克角切，溪覺入開二江。《韻鏡》外轉第三開合，列字爲『㱿』；《七音略》外轉第三重中重，列字爲『𣪊』，爲『㱿』字形訛；《四聲等子》《起數訣》溪二覺位列字爲『殼』，《康熙字典》『與㱿同』；《切韻指南》溪二覺位列字爲『㱿』。『㱿』爲《廣韻》覺韻溪母位小韻首字，《指掌圖》是。

95 入二疑　嶽　《廣韻》五角切，疑覺入開二江；切三、王一、王二、王三、《唐韻》同；《集韻》、真福寺本、毛氏《增韻》逆角切。《韻鏡》《四聲等子》，列字爲『岳』；《七音略》《切韻指南》《起數訣》入二疑母位列字爲『嶽』。『嶽』爲《廣韻》覺韻疑母位小韻首字，下收有『岳』字，注上同，二字爲異體字。《指掌圖》是。

96 入二影　握　《廣韻》於角切，《集韻》乙角切，影覺入開二江；真福寺本、毛氏《增韻》乙角切；《韻鏡》《七音略》《起數訣》入二影母位列字爲『渥』；《四聲等子》《切韻指南》入二影母位列字爲『握』。『渥』爲《廣韻》覺韻影母位小韻首字，下收有『握』字。列字以『渥』爲佳，《指掌圖》亦無誤。

97 入二曉　吒　《廣韻》許角切，《集韻》黑角切，曉覺入開二江，切三、王一、王二、王三、《唐韻》同；真福寺本、毛氏《增韻》黑角切；《韻鏡》空位；其他諸圖入二曉母位列字均爲『吒』。『吒』爲《廣韻》覺韻曉母位小韻首字，《韻鏡》空位誤，當補；《指掌圖》是。

98 入三溪　却　《廣韻》去約切，《集韻》、真福寺本、毛氏《增韻》乞約切，溪藥入開三宕；《韻鏡》內轉第三十一開，列字爲「郤」；《七音略》內轉三十四重中重，列字爲「却」；《四聲等子》《切韻指南》溪藥位列字爲「卻」；《起數訣》溪藥位列字爲「郤」。《韻鏡》《起數訣》列「郤」字，《廣韻》綺戟切，入陌溪母，不當列於此位，當爲「卻」字誤。「卻」爲《廣韻》藥韻溪母位小韻首字，「却」爲其俗字。列字以「卻」爲佳，《指掌圖》列俗體，亦無誤。

99 入三群　噱　《廣韻》其虐切，《集韻》、真福寺本、毛氏《增韻》極虐切，群藥入開三宕；《韻鏡》內轉第三十一開，列字爲「噱」，當爲「噱」形誤；《七音略》《四聲等子》《切韻指南》《起數訣》群藥位列字均爲「噱」。「噱」爲《廣韻》群母位小韻首字，《指掌圖》是。

100 入三知　芍　《廣韻》張略切，《集韻》陟略切，知藥入開三宕；真福寺本、毛氏《增韻》陟略切。《韻鏡》內轉第三十一開，知藥位列字爲「芶」，當爲「芍」字形訛；《七音略》《四聲等子》《切韻指南》知藥位列字爲「芍」。「芍」爲《廣韻》藥韻知母位小韻首字，列字以「芍」爲佳，《指掌圖》是。

101 入三徹　㲋　《廣韻》丑略切，《集韻》、真福寺本、毛氏《增韻》勅略切，徹藥入開三宕；《韻鏡》《七音略》《四聲等子》《起數訣》徹藥位列字爲「辵」；《切韻指南》宕攝內五開口呼侷門，徹藥位列字爲「㲋」。「㲋」爲《廣韻》藥韻徹母位小韻首字，下收有「辵」字，列字以「㲋」爲佳，《指掌圖》是。

102 入三審　爍　《廣韻》書藥切，《集韻》、真福寺本、毛氏《增韻》式灼切，書藥入開三宕；《韻鏡》《七音略》書藥位列字爲「鑠」；《四聲等子》《切韻指南》《起數訣》書藥位列字爲「爍」。「爍」爲《廣韻》藥韻書母位小韻首字，下收有「鑠」字，列字以「爍」爲佳，《指掌圖》是。

103 入三禪　妁　《廣韻》市若切，禪藥入開三宕；《集韻》、真福寺本、毛氏《增韻》實若切，船藥入開三宕；《韻鏡》内轉第三十一開，在禪母位列「杓」；《七音略》内轉三十四重中重，在禪母位列「妁」；《四聲等子》宕攝内五陽唐重多輕少韻江全重開口呼，禪藥位列字爲「杓」；《切韻指南》宕攝内五開口呼侷門，禪藥位列字爲「妁」；《起數訣》禪藥位列字爲「杓」。「妁」爲《廣韻》藥韻禪母位小韻首字，下收有「杓」字，列字以「妁」爲佳，《指掌圖》是。

104 入三日　若　《廣韻》而灼切，《集韻》、真福寺本、毛氏《增韻》日灼切，日藥入開三宕；《韻鏡》《七音略》《起數訣》日藥位列字爲「弱」；《四聲等子》《切韻指南》日藥位列字爲「若」。「若」爲《廣韻》藥韻日母位小韻首字，下收有「弱」字，列字以「若」爲佳，《指掌圖》是。

105 入四精　爵　《廣韻》即略切，《集韻》、真福寺本、毛氏《增韻》即約切，精藥入開三宕；《韻鏡》《七音略》《切韻指南》精藥位列字爲「爵」；《四聲等子》精藥位列字爲「雀」。「爵」爲《廣韻》藥韻精母位小韻首字，下收有「雀」字，列字以「爵」爲佳，《指掌圖》是。

106 入四清　鵲　《廣韻》七雀切、《集韻》七約切，清藥入開三宕。此字爲假四等、真三等。

107 入四從　嚼　嚴氏本、《墨海金壺》本同，《等韻五種》本列字爲「皭」。嚼，《廣韻》在爵切，《集韻》、真福寺本、毛氏《增韻》疾雀切，從藥入開三宕；《韻鏡》《七音略》《四聲等子》從藥位列字爲「嚼」；《切韻指南》從藥位列字爲「嚼」。「嚼」爲《廣韻》藥韻從母位小韻首字，下收有「嚼」字。《等韻五種》本列「嚼」字爲佳，宋本亦無誤。此字爲假四等、真三等。

108 入四心　削　《廣韻》、《集韻》、真福寺本、毛氏《增韻》息約切，心藥入開三宕。此字爲假四等、真三等。

109 入四喻　藥　《廣韻》以灼切、《集韻》弋灼切，以藥入開三宕；真福寺本、毛氏《增韻》弋約切；《韻鏡》内轉第三十一開，列字爲「藥」；《七音略》空位；《四聲等子》《切韻指南》《起數訣》入四喻母位列字均爲「藥」。「藥」爲《廣韻》藥韻喻四母位小韻首字，《指掌圖》是。

【釋】

一、與《廣韻》之對比

平聲

《指掌圖》列目爲一等豪、二等爻、三等宵、四等宵蕭。分別對應《廣韻》的豪、肴、宵、蕭韻。

一等：《廣韻》豪韻共有 19 個小韻，《指掌圖》全部收録。二等：《廣韻》肴韻共有 19 個小韻，《指掌圖》全部收録。三等：《廣韻》宵韻共有 29 個小韻，其中宵三等 17 個，《指掌圖》全部收録。四等：取《廣韻》宵蕭韻字。《廣韻》宵四等共有 12 個小韻，《指掌圖》取 9 個。《廣韻》宵四等有三個字未取，分別爲溪母『蹻』、心母『宵』、影母『要』字，此三位上列蕭四等字。《廣韻》蕭四等共有 10 個小韻，全部收録。《指掌圖》三四等共收録了《廣韻》中的 26 個小韻，三個未收録的韻字位置均列蕭四等字，宵四等字爲重紐字，在列圖上可見先安排蕭四等字，再安排宵四等重紐字，有空則入，無空則舍。

上聲

《指掌圖》列目爲一等皓、二等巧、三等小、四等篠小。分別對應《廣韻》的皓、巧、小、篠。

一等：《廣韻》皓韻共有 18 個小韻，《指掌圖》全部收録。二等：《廣韻》巧韻共有 14 個小韻，《指掌圖》全部收録。三等：《廣韻》小韻共有 23 個小韻，其中三等 14 個，四等 9 個。《指掌圖》共收録了 15 字。14 個三等小韻字，全部收録。其中『肈』字既入牀母位，又入澄母位，《廣韻》中『肈』字爲澄母字。『鱎』《指掌圖》列於疑母位，《廣韻》居夭切，無疑母音。『瞟』列於滂位，該字在《廣韻》中列於『縹』小韻下，爲重紐四等字。《廣韻》小韻三等有『藨』字，滂表切，當列於此位。余迺永注『藨』同『瞟』，敷沼切，但與本圖四等位『縹』同音，此位『瞟』字疑誤。《指掌圖》來母空位，《廣韻》來母有字『繚』。四等：取《廣韻》篠小韻字，共 19 字。《廣韻》篠韻共有

12個小韻，《指掌圖》收録了11個。《廣韻》小四等共9個小韻，《指掌圖》收録7個。未取的兩個小韻爲心母「小」、影母「闄」，該位列篠韻字。

去聲

《指掌圖》列目爲一等號、二等效、三等笑、四等嘯笑。分別對應《廣韻》的号、效、笑、嘯。

一等：《廣韻》号韻共有17個小韻，《指掌圖》全部收録。二等：《廣韻》效韻共有18個小韻，《指掌圖》取16個。三等：《廣韻》笑韻共22個小韻，其中笑三10個，笑四12個。《指掌圖》在笑三位上列15字，其中《廣韻》中的笑三等字10個，笑四等字5個。「趬」「虓」「剽」「驃」「要」這五個字都是重紐四等字，本爲三等字，但在韻圖中列於四等位。《指掌圖》卻將其恢復到三等的位置。在《指掌圖》中恰好三等位，溪母、疑母、滂母、並母、影母有位置，於是將這五個重紐四等字列入三等。而在四等位，溪母有字「竅」、疑母有字「顤」，其他三個位置空位。《廣韻》嘯四有字亦未列。《指掌圖》中群母去聲四等列「轎」字，該字《廣韻》中在「嶠」下，渠廟切，去聲三等，列於《指掌圖》三等位。「轎」與「嶠」同音卻分列於三四等，可見三四等無別。然而，《廣韻》群母去聲四等有「翹」字，當列此位卻未取，此位誤。《指掌圖》來母列「尞」，《廣韻》未收此字形，寫作「[illegible]」。四等：《廣韻》嘯四等共有11個小韻，《指掌圖》收録9個，均爲小韻首字。《廣韻》影母嘯四有字「窔」，烏叫切，《指掌圖》未收，此處空位，如不列此字，此位當列笑四字「要」，而「要」列於三等，此處空位。《廣韻》笑四等共有12個小韻，《指掌圖》四等位取5個。全部爲小韻首字，衹有「耀」字，《廣韻》寫作「燿」。《廣韻》笑韻共有22個小韻，三等列15個，四等列5個。嘯韻有11個小韻，《指掌圖》收10個。整體觀察，該圖列字，四等先盡力安排蕭篠嘯韻字，然後再列入宵小笑韻字。

入聲

《指掌圖》列目爲一等鐸、二等覺、三等藥、四等藥。分別對應《廣韻》的鐸、覺、藥韻。一等：《廣韻》鐸韻共有26個小韻，開口18個，合口8個。《指掌圖》該圖中收録了18個開口小韻，且全部爲小韻首字。二等：《廣韻》覺韻共有19個小韻，《指掌圖》全部收録。三等：《廣韻》藥韻三等共有18個開口小韻，《指掌圖》取16個。衹有兩個脣音字未取，這是脣音字轉爲合口的一個證據。四等：《廣韻》藥韻四等共有5個開口小韻，《指掌圖》全部收録。

二、與《集韻》之對比

（一）與《集韻》相合處

平三「囂」字，《廣韻》寫作「嚻」，《集韻》有此字形。

平四滂母字「漂」,《廣韻》中爲非小韻首字,《集韻》中爲首字。

上三曉母列字「曉」在《廣韻》中爲非小韻首字,在《集韻》中爲小韻首字。

去二滂母位「砲」,該字《廣韻》未收,《集韻》收録,非小韻首字,首字爲「奅」。

去四定母「蓧」,《廣韻》定母下未收此字,《集韻》中收有此字。

平四未取的四個小韻中,「䤶,千遥切」,《指掌圖》該位取「鍬」字,《廣韻》《集韻》中均未見此字形。

去四群母列「轎」,該字在《集韻》和《廣韻》中均在「嶠」下,群母《集韻》去聲笑韻爲「翹」,卻未採用。

(二)與《集韻》不相合處

平二《廣韻》喻母無字,《集韻》有「猇」小韻,云母,此切不當。《指掌圖》同《廣韻》空位,未取《集韻》小韻。

平四幫母位「飇」,《廣韻》中爲小韻首字,《集韻》未見。

平四《集韻》泥母位「嬈,褭聊切」,《廣韻》無泥母字,《指掌圖》從《廣韻》未收。

上四《集韻》小四等共 12 字,《指掌圖》收録 7 個。其中非小韻首字 2 個,兩字在《廣韻》中爲小韻首字。

去一泥母位『腝』，《廣韻》收有此字，且爲小韻首字，但字形作『腝』；《集韻》未見。

去三滂母位『剽』，《集韻》爲非小韻首字，《廣韻》該字爲小韻首字。

去四《集韻》影母位『交，一叫切』，《指掌圖》空位。

去四見母位『叫』，《集韻》無此字形，同《廣韻》。

入二溪母字列『㱿』，《集韻》無此字形，同《廣韻》。

入三禪母位列『妁』字，《廣韻》『妁，市若切』，爲禪母字；《集韻》『妁，實若切』，爲船母字。此處韻字列位與《廣韻》同，《集韻》中禪母無字。

入三《集韻》幫母位『旳，逋約切』，《廣韻》中幫母無字，《指掌圖》空位，此處與《廣韻》合。

三、與《韻鏡》之對比

本圖所收録之字，以《韻鏡》二十五轉爲主，空位處以二十六轉補入。本圖内與《韻鏡》等列不合的有：虓，《指掌圖》列於疑母三笑，《韻鏡》列於牙次清（溪）四笑；趬，《指掌圖》列於溪母三笑，《韻鏡》列於牙清濁（疑）四笑；剽、驃，《指掌圖》均列於三等，《韻鏡》列於四等。

《指掌圖》與《韻鏡》空位對比，《指掌圖》有列字，《韻鏡》空位8例，《韻鏡》有列字，《指掌圖》空位8例：（○爲無字，下諸圖對比皆同）

上三：（疑）鱎/○；（船）肇/○；去一：（透）韜/○；去三：（溪）趬/○；（疑）虓/○；（幫）裱/○；去四：（群）轎/○；入二：（曉）吒/○；平三：（滂）○/藨；（疑）○/堯；上一：（滂）○/犥；上三：（來）○/繚；去三：（見）○/驕；入三：（幫）○/轉；（滂）○/霮；（並）○/縛。

《指掌圖》與《韻鏡》列字差異共45個：

平一：（定）淘/陶；（幫）褒/襃；平二：（知）嘲/啁；（昌）怊/弨；（見）嬌/驕；（來）燎/僚；（溪）趫/蹻；平四：（幫）飈/飆；（明）蛗/蜱；（清）鍬/鍫；（疑）堯/嶢；上一：（匣）皓/晧；（泥）惱/腦；（心）嫂/㛐；上二：（疑）咬/齩；上三：（滂）皫/麃；（影）夭/殀；（澄）肇/趙；（群）驕/䯪；上四：（幫）褾/褾；（影）窅/杳；（精）勦/剿；（溪）䂏/磽；去一：（見）告/誥；（泥）腝/臑；去二：（初）鈔/抄；（娘）橈/撓；（滂）砲/奅；（並）靤/皰；（影）靿/䩕；去三：（來）寮/療；去四：（定）蓧/藋；（喻）耀/燿；入一：（疑）咢/愕；（曉）膗/臛；入二：（溪）㱿/殼；（影）握/渥；（疑）嶽/岳；入三：（群）噱/噱；（禪）妁/杓；（徹）皀/辵；（知）芍/芍；（日）若/弱；（書）爍/鑠；（溪）却/卻。

另，本圖主要對應《七音略》外轉第二十六重中重、外轉第二十五重中重。

《指掌圖》中效攝爲獨韻韻圖，不分開合。在《韻鏡》中，本圖列字分屬於外轉第二十五開及外轉第二十六合，以外轉第二十五開爲主，空位處補入外轉第二十六合字，《韻鏡》列目字爲「宵」，《指掌圖》均爲「宵」。

	見	溪	羣	疑	端	透	定	泥	知
二									
平	公	空	○	⿰山兒	東	通	同	農	
	○	○	○	○					○
	弓	穹	窮	顒					中
	○	○	○	○	○	○	○	○	
上	○	孔	○	○	董	桶	動	䢉	
	○	○	○	○					○
	拱	恐	⿱巩木	○					家
	○	○	○	○	○	○	○	○	
去	貢	控	○	○	凍	痛	洞	齈	
	○	○	○	○					○
	供	焪	共	○					中
	○	○	○	○	○	○	○	○	
入	豰	哭	○	⿰牜翟	豰	禿	獨	○	
	○	○	○	○					○
	菊	麯	⿰馬匊	玉					竹
	○	○	○	○	○	○	○	○	

第二圖

微	奉	敷	非	明	並	滂	幫	娘	澄	徹
				蒙	蓬	○	○			
				○	○	○	○	○	○	○
○	馮	豐	風	瞢	○	○	○	濃	蟲	忡
				○	○	○	○			
				蠓	菶	○	琫			
				○	○	○	○	○	○	○
○	奉	捧	覂	鸏	○	○	○	○	重	寵
				○	○	○	○			
				幪	○	○	○			
				○	○	○	○	○	○	○
○	鳳	賵	諷	夢	○	○	○	[illegible]	仲	蹱
				○	○	○	○			
				木	瀑	扑	卜			
				○	○	○	○	○	○	○
○	伏	蝮	福	目	僕	○	䪁	肭	逐	畜
				○	○	○	○			

	精	清	從	心	斜	照	穿	牀	審
平	葼	悤	叢	檧	○				
						○	○	崇	○
						終	充	重	舂
	蹤	樅	從	嵩	松				
上	總	○	○	敵	○				
						○	○	○	○
						腫	⿰重隹	○	○
	⿰衤從	⿰忄松	○	悚	○				
去	粽	謥	⿰聚攵	送	○				
						○	○	⿰崇刂	○
						衆	銃	重	○
	縱	遒	從	○	誦				
入	鏃	瘯	族	速	○				
						縬	珿	○	縮
						粥	俶	○	叔
	足	鼀	⿰鼀欠	肅	續				

第二圖

韻	日	來	喻	匣	曉	影	禪
東冬		籠	○	洪	烘	翁	
東		○	○	○	○	○	○
東鍾	戎	隆	○	容	胷	邕	鱅
鍾		○	融	○	○	○	
董		曨	○	澒	嗊	蓊	
		○	○	○	○	○	○
腫	冗	隴	○	○	洶	擁	尰
腫		○	勇	○	○	○	
送		弄	○	閧	烘	瓮	
送		○	○	○	○	○	○
用送	𩌏	贚	○	○	𧼮	雍	○
用送		○	用	○	○	○	
沃屋		禄	○	穀	嗀	屋	
屋		○	○	○	○	○	○
燭屋	肉	六	○	○	蓄	郁	熟
燭屋		○	育	○	○	囿	

第二圖

校：

1 平一疑 㟜 此字當爲『㟜』字誤，㟜，《廣韻》五東切、《集韻》五公切，疑東平合一通；《韻鏡》内轉第一開，列字爲『㟜』；《七音略》内轉第一重中重、《切韻指南》通攝内一侷門，列字爲『㟜』，兩圖同《指掌圖》，當爲『㟜』字之形訛。《四聲等子》通攝内一重少輕多韻，列字爲『嶢』，亦爲形訛，當改爲『㟜』。『㟜』爲《廣韻》東韻疑母位小韻首字，《指掌圖》形訛，當校改爲『㟜』。

2 平一泥 農 《廣韻》《集韻》奴冬切，泥冬平合一通；真福寺本、毛氏《增韻》奴冬切；《韻鏡》内轉第二開合、《四聲等子》通攝内一重少輕多韻，列字爲『農』；《切韻指南》列字爲『齈』，『齈』《廣韻》奴凍切，去送泥母，不當列於平聲位，誤。《指掌圖》爲合韻韻圖，『農』爲《廣韻》冬韻泥母位小韻首字，《指掌圖》是。

3 平一滂 ○ 滂母位《指掌圖》空位，《廣韻》東冬二韻均無滂母字，《集韻》有『烽，樸蒙切』；

《韻鏡》空位；《七音略》内轉第一重中重，列字爲「徭」；《四聲等子》《切韻指南》平一滂母位，列字均爲「徭」，此三家韻圖均從《集韻》。《指掌圖》從《廣韻》，空位亦無誤。

4 平一精　葼　《廣韻》子紅切、《集韻》祖叢切，精東平合一通；《集韻》小韻首字爲「㚇」；真福寺本、毛氏《增韻》字形爲「㚇」；《韻鏡》應永本字形訛，據寬永本改爲「葼」；《七音略》列字爲「㚇」；《四聲等子》列字爲「椶」；《切韻指南》列字爲「葼」。「㚇」「椶」，精東平合一通，同「葼」，《指掌圖》是。

5 平一清　葱　嚴氏本、《墨海金壺》本同，《等韻五種》本列字爲「怱」。「葱」，《廣韻》倉紅切、《集韻》麤叢切，清東平合一通，「葱」非小韻首字，首字爲「怱」；真福寺本倉紅切，列字爲「怱」；毛氏《增韻》倉紅切，列字爲「悤」《正字通·心部》：「悤，隸作怱。」類推可知，「葱」「蔥」二字爲異體字關係；《韻鏡》多本列字爲「怱」，亦有爲「葱」字；《七音略》《四聲等子》《起數訣》列字爲「葱」；《切韻指南》列字爲「怱」。切二、王二、王三東韻中以「忩」爲正體，《廣韻》以「葱」爲正體，《指掌圖》列「葱」亦無誤。

6 平一心　檧　「檧」，《廣韻》蘇公切，《集韻》蘇叢切，心東平合一通，爲小韻首字；切二、王二、王三均以「檧」爲小韻首字。《韻鏡》各本列字有「檧」「檧」「楤」；《七音略》列字爲「檧」，「檧」，《廣韻》倉紅切，清東一平合通；《集韻》蘇叢切，心東一平合通；《四聲等子》《切韻指南》平一心母位列字爲「檧」。《指掌圖》是。

7 平二穿 ○ 《廣韻》《集韻》東冬二韻均無初母字；《韻鏡》空位；《七音略》内轉第一重中重，初母位列字爲『雛』，該字爲『鶵』的異體字，『鶵』，《廣韻》德紅切，端母，誤；《四聲等子》《切韻指南》均空位。《指掌圖》空位是。

8 平二牀 崇 《廣韻》鋤弓切，《集韻》鉏弓切，真福寺本、毛氏《增韻》鋤中切，崇東平合三通；諸家韻圖均在崇母位列『崇』字。該字爲假二等，按韻圖編制原則列於二等位。

9 平三疑 顒 《廣韻》《集韻》魚容切，疑鍾平合三通。《韻鏡》内轉第一開，東韻疑母位列字爲『豣』，『豣』，《玉篇》魚容切，音顒，獸似豕，當爲鍾韻字，誤；内轉第二開，鍾韻疑母位列字爲『顒』。《七音略》内轉第一重中重，空位；内轉第二輕中輕，鍾韻疑母位列字爲『顒』，『顒』爲《廣韻》鍾韻疑母位小韻首字。《指掌圖》列字是。

10 平三徹 忡 《廣韻》《集韻》敕中切，徹東平合三通；《韻鏡》《七音略》《四聲等子》平三徹母位列字均爲『忡』；《切韻指南》列字爲『蹱』，『蹱』，《廣韻》丑凶切，平鍾徹母；《起數訣》列字爲『沖』，《廣韻》直弓切，平東澄母，誤。『忡』爲《廣韻》鍾韻徹母位小韻首字，《指掌圖》是。

11 平三澄 蟲 《廣韻》直弓切、《集韻》持中切，澄東平合三通；《韻鏡》《四聲等子》平三澄母位列字爲『蟲』。《七音略》列字爲『矗』，《廣韻》丑六切，入屋徹母；初六切，入屋初母。該字誤，當爲『蟲』形近訛。《切韻指南》列字爲『重』，與『蟲』音同。『蟲』爲《廣韻》東韻澄母位小韻首字，《指掌圖》是。

12 平三娘　濃　《廣韻》女容切，《集韻》、真福寺本、毛氏《增韻》尼容切，娘鍾平合三通；《韻鏡》内轉第二開合、《七音略》内轉第二輕中輕，列字爲『醲』；《四聲等子》《切韻指南》《起數訣》列字爲『醲』。『醲』爲《廣韻》鍾韻娘母位小韻首字，下收有『濃』字，列字以『醲』爲佳，《指掌圖》亦無誤。

13 平三明　瞢　《廣韻》莫中切，《集韻》、真福寺本謨中切，明東平合三通；《韻鏡》《七音略》平三明母位列字均爲『瞢』；《四聲等子》空位；《切韻指南》《起數訣》平三明母列字爲『𦾔』，《集韻》鳴龍切，明鍾平開三通，此二圖從《集韻》。『瞢』爲《廣韻》東韻明母位小韻首字，《指掌圖》從《廣韻》無誤。

14 平三牀　重　嚴氏本、《墨海金壺》本同，《等韻五種》本空位。重，《廣韻》直容切，《集韻》、真福寺本、毛氏《增韻》傳容切，澄鍾平合三通；此字當列於澄母位，列船母位誤。《廣韻》《集韻》鍾韻與東三等均無船母字；《韻鏡》《七音略》《起數訣》平三船母位均空位。《指掌圖》於船母位列澄母字，誤，此處當校删。

15 平三曉　胸　《廣韻》、《集韻》、真福寺本、毛氏《增韻》許容切，曉鍾平合三通；《韻鏡》内轉第二開合、《七音略》内轉第二輕中輕，列字爲『匈』；《四聲等子》平三曉母位列字爲『胸』；《切韻指南》《起數訣》平三曉母位列字爲『胷』。『胷』爲《廣韻》鍾三曉母位小韻首字，注亦作『匈』『胸』，列字以『胷』爲佳，《指掌圖》亦無誤。

16 平三匣　容　嚴氏本、《墨海金壺》本、《等韻五種》本列字爲『雄』。容，《廣韻》、《集韻》、真福寺本、毛氏《增韻》餘封切，以鍾平合三通；此字爲喻四鍾韻字，喻四位列有『融，以戎切』。《起數訣》平三匣母空位，其他各家韻圖平三匣母位列字均爲『雄』。『雄』爲《廣韻》東三等匣母位小韻首字，此位列『雄』字爲正，《指掌圖》誤。

17 平三喻　○　嚴氏本、《墨海金壺》本同，《等韻五種》本列字爲『容』。《廣韻》《集韻》喻母位有『肜』，《廣韻》以戎切、《集韻》余中切，平東以母。鐘韻喻母有『容』，餘封切，以鍾平合三通。諸字均爲喻四母字，按韻圖規制，當列於四等。《韻鏡》内轉第一開，列字爲『肜』，内轉第二開合，列字爲『容』，《韻鏡》二圖均誤；《七音略》《四聲等子》《切韻指南》平三喻母均空位；《等韻五種》本列『容』字誤，宋本等空位是。

18 平三來　隆　嚴氏本、《墨海金壺》本同，《等韻五種》本列字爲『龍』。隆，《廣韻》力中切、《集韻》良中切，來東平合三通；《韻鏡》《七音略》東三來母位列字爲『隆』；《四聲等子》、《切韻指南》平三來母位列字爲『龍』，力鍾切，平鍾來母。《指掌圖》爲合韻韻圖，東三等及鍾韻字均可列入，諸本皆是。

19 平四滂　○　《指掌圖》空位，《廣韻》無此小韻，《集韻》有『蠭，匹匈切』。諸家韻圖均空位，《指掌圖》依《廣韻》，空位是。

20 平四並　○　《指掌圖》空位，《廣韻》無此小韻，《集韻》有『蓬，蒲恭切』，《起數訣》收音清第三圖列字爲『蓬』，從《集韻》，其餘各韻圖均空位。《指掌圖》依《廣韻》，空位是。

21 平四精　蹤　《廣韻》即容切，《集韻》、真福寺本、毛氏《增韻》將容切，精鍾平合三通；《韻鏡》内轉第二開合；《七音略》内轉第二輕中輕，列字爲『縱』；《四聲等子》空位；《切韻指南》《起數訣》平四精母位列字爲『縱』。『縱』爲《廣韻》鐘韻精母位小韻首字，下收有『蹤』字，列字以『縱』爲佳，《指掌圖》亦無誤。

22 平四心　嵩　《廣韻》、真福寺本、毛氏《增韻》息弓切，《集韻》思融切，心東平合三通；《韻鏡》《七音略》《四聲等子》《起數訣》均於四等位列『嵩』字；《切韻指南》列字爲『蜙』，《廣韻》息恭切，平鍾心母。《指掌圖》標目爲鐘韻，心母位『嵩』爲東三等，鐘三等有字『蜙』未取，可見東鐘無別。《指掌圖》爲合韻韻圖，列『嵩』字亦無誤。

23 平四喻　融　《廣韻》以戎切，《集韻》余中切，真福寺本、毛氏《增韻》以中切，以東平合三通；《韻鏡》内轉第一開，《七音略》内轉第一重中重，列字爲『融』；《四聲等子》空位；《切韻指南》平四喻母位列字爲『容』，以母鐘韻；《起數訣》平四喻母位列字爲『戎』，日母東韻，誤。『融』爲東三等以母位小韻首字，《指掌圖》標目爲鐘韻，喻四列東韻『融』，可見東鐘無別。《指掌圖》爲合韻韻圖，列『融』字是。

24 上一疑　○　《廣韻》董腫均無疑母字；《集韻》有『湡，吾蓊切』，疑董上開一通。《韻鏡》空位；《七音略》内轉第一重中重、《四聲等子》通攝内一重少輕多韻、《切韻指南》通攝内一偏門、《起數訣》開音清第一圖，疑上一列字爲『湡』。各韻圖當從《集韻》。《指掌圖》依《廣韻》，空位亦無誤。

25 上一透　桶　嚴氏本、《墨海金壺》本同，《等韻五種》本列字爲『侗』。《韻鏡》《七音略》列字爲『桶』，《切韻指南》《起數訣》上一透母位列字爲『侗』。『侗』爲《廣韻》小韻首字，下收有『桶』字。《等韻五種》本列『侗』字爲佳，宋本亦無誤。

26 上一泥　貜　《廣韻》奴動切，泥董上合一通；《集韻》乃湩切，泥腫上合一通；《韻鏡》內轉第一開、《七音略》內轉第一重中重，列字爲『貜』；《四聲等子》《切韻指南》《起數訣》上一泥母位列字均爲『貜』。諸家韻圖皆從《廣韻》，《指掌圖》亦從《廣韻》，無誤。

27 上一並　菶　《廣韻》《集韻》蒲蠓切，並董上合一通；《韻鏡》內轉第一開，列字爲『菶』；《七音略》內轉第一重中重，列字爲『桻』，敷鐘三等，不當列於此位；《四聲等子》《切韻指南》上一並母位列字爲『菶』；《起數訣》上一並母位列字爲『䓙』，《集韻》蒲蠓切，並董上合一通。『菶』爲《廣韻》董一並小韻首字，列字以『菶』爲佳，《指掌圖》是。

28 上一從　○　《廣韻》無從一董韻字；《集韻》從董位有『䙕，才緫切』，從董上合一通，䙕，《廣韻》作孔切，精母董韻，不當列於從母。《韻鏡》從董位空位，從《廣韻》；《七音略》內轉第一重中重、《四聲等子》通攝內一重少輕多韻、《切韻指南》通攝內一侷門，均於從母一等位列『䙕』，此三圖從《集韻》。《指掌圖》從《廣韻》《韻鏡》，空位亦無誤。

29 上一心 敵 此字當爲『敵』之誤。《廣韻》作『敵』，先孔切，《集韻》亦先孔切，心董上合一通。《韻鏡》心母一等位列『敵』，從母空位；《七音略》内轉第一重中重、《四聲等子》通攝内一重少輕多韻、《切韻指南》通攝内一侷門，均於從母一等位列『摠』，心母位列『敵』。『敵』爲《廣韻》心一董位小韻首字，《指掌圖》形訛，當校改爲『敵』。

30 上一匣 澒 《廣韻》、真福寺本、毛氏《增韻》胡孔切，《集韻》户孔切，匣董上合一通；《韻鏡》列字爲『懶』，《康熙字典》《廣韻》呼孔切，《集韻》虎孔切，並音嗊」，曉母董韻，不當列於匣母位，亦有版本列字『澒』。其他諸圖上一匣母位，列字均爲『澒』。『澒』爲《廣韻》董一匣母位小韻首字，《指掌圖》是。

31 上一來 曨 《廣韻》、真福寺本、毛氏《增韻》力董切，《集韻》魯孔切，來董上合一通；《韻鏡》内轉第一開，來母一等位列『曨』，爲『曨』字之刊刻而誤；《七音略》内轉第一重中重、《切韻指南》通攝内一侷門，均於来母一等位列『曨』；《四聲等子》通攝内一重少輕多韻，列字爲『籠』。『曨』爲《廣韻》來一董位小韻首字，下收有『籠』字。列字以『曨』爲佳，《指掌圖》亦無誤。

32 上三群 梁 《廣韻》渠隴切，群腫上開三通，《康熙字典》：『《廣韻》巨壠切、《集韻》巨勇切，讀如窮上聲。穫也。』《韻鏡》内轉第二開合，列字爲『拲』，見母腫韻，誤；《七音略》内轉第二輕中輕、《四聲等子》通攝内一重少輕多韻、《切韻指南》通攝内一侷門，列字均爲『梁』。

「⿱巩木」爲《廣韻》腫韻群母位小韻首字，《指掌圖》是。

33 上三明　⿺几鳥　此字當爲「⿺几鳥」之誤。「⿺几鳥」，《廣韻》莫湩切、《集韻》母湩切，明腫上合一通，不當列於三等位。《韻鏡》《七音略》《四聲等子》《切韻指南》上三明母位均空位。《指掌圖》誤，當校删。

34 上三禪　⿺几重　此字當爲「尰」字誤。「尰」，《廣韻》、《集韻》、真福寺本、毛氏《增韻》時冗切，禪腫上合三通；《韻鏡》內轉第二開合、《四聲等子》通攝內一重少輕多韻、《切韻指南》通攝內一偏門，列字均爲「尰」；《七音略》內轉第二輕中輕，列字字形爲「⿺几重」，爲「尰」字形訛；《起數訣》列字爲「瘇」。「尰」爲《廣韻》腫三禪母位小韻首字，列字以「尰」爲佳，《指掌圖》亦無誤。

35 上三曉　洶　《廣韻》許拱切、《集韻》詡拱切，曉腫上合三通；《韻鏡》空位；《七音略》內轉第二輕中輕、《四聲等子》通攝內一重少輕多韻、《切韻指南》通攝內一偏門、《起數訣》開音濁第四圖，列字均爲「洶」。「洶」爲《廣韻》腫三曉母位小韻首字，《韻鏡》空位誤，《指掌圖》是。

36 上三日　冗　《廣韻》而隴切、《集韻》乳勇切，日腫上合三通；《韻鏡》內轉第二開合，列字爲「宂」；《七音略》空位；《四聲等子》通攝內一重少輕多韻、《切韻指南》通攝內一偏門，列字爲「宂」；《起數訣》開音濁第四圖列字爲「冗」。「宂」爲《廣韻》腫三日母位小韻首字，

「宂」「宂」爲異體字，《七音略》空位誤，《指掌圖》是。

37 上四精 縱 《廣韻》子冢切，《集韻》足勇切，精腫上合三通；《韻鏡》內轉第二開合，列字爲「縱」；《七音略》內轉第二輕中輕，列字爲「樅」，在《廣韻》中爲精母鐘韻、清母鐘韻，當爲「縱」形訛；《切韻指南》精母上聲四等位，列字爲「縱」；《四聲等子》空位。「縱」爲《廣韻》腫三精母位小韻首字，按韻圖規制當列於四等，《指掌圖》是。

38 上四清 㣫 《廣韻》且勇切、《集韻》取勇切，清腫上合三通；《廣韻》腫韻無清母字，該字在《廣韻》腫韻「慫」下，應刪除。《韻鏡》列字爲「㣫」，《玉篇》尺隴切，衝上聲；《七音略》列字爲「㕫」；《切韻指南》該位列字爲「慫」，「慫」《玉篇》同「㣫」；《起數訣》列字爲「松」；《廣韻》祥容切，平鐘邪母。《韻鏡》《切韻指南》列字是，《起數訣》誤，《七音略》列字當爲「㣫」形近訛。《指掌圖》是。

39 上四喻 勇 《廣韻》余隴切、《集韻》尹竦切，以腫上合三通；《韻鏡》內轉第二開合，列字爲「甬」；《七音略》內轉第二輕中輕，列字爲「悀」；《切韻指南》通攝內一侷門，喻腫位列字爲「勇」；《四聲等子》空位。「勇」爲《廣韻》腫三以母位小韻首字，下收有「甬」「悀」二字，按韻圖規制，當列爲四等。《指掌圖》是。

40 去一並 ○ 《廣韻》送宋二韻均無並母小韻，《集韻》送韻有「㮬，菩貢切」。《韻鏡》內轉第一開，列字爲「㮬」，「㮬」，《字匯》：「菩貢切，蓬去聲，草木盛貌」。該字諸家韻書均未收録。

《七音略》内轉第一重中重，列字爲『檬』；《四聲等子》去一並母位列字爲『蓬』，從《集韻》；《切韻指南》去一並母位，列字爲『檬』。此三圖從《集韻》，《指掌圖》從《廣韻》，空位亦無誤。

41 去一明　幏　此字當爲『幏』字形訛。『幏』，《廣韻》莫弄切、《集韻》蒙弄切，明送去合一通。《韻鏡》内轉第一開，送韻明母列字爲『夢』，『夢』爲三等字，《韻鏡》誤；内轉第二開合，宋韻明母位列字爲『雺』。《七音略》内轉第一重中重，送韻明母位列字爲『幪』；内轉第二輕中輕，宋韻明母列字爲『霿』。《切韻指南》明母去一位列字爲『幏』、《四聲等子》明母去一位列字爲『幪』，均爲『莫弄切』，明母送韻。『幏』爲《廣韻》送韻明母位小韻首字，《指掌圖》是。

42 去一精　粽　嚴氏本、《墨海金壺》本同，《等韻五種》本列字爲『糉』。《廣韻》、《集韻》、毛氏《增韻》作弄切，精送去合一通，《廣韻》小韻首字爲『糉』，下注『粽』爲『糉』之俗體，《集韻》『糉』『粽』同列小韻首字。《韻鏡》列字爲『糉』；《七音略》列字爲『粽』；《四聲等子》《切韻指南》《起數訣》列字爲『糉』。列字以『糉』爲佳，《指掌圖》亦無誤。

43 去一影　瓮　《廣韻》、《集韻》、毛氏《增韻》烏貢切，影送去合一通；《韻鏡》内轉第一開、《四聲等子》去一影母位列字均爲『甕』；《七音略》内轉第一重中重、《切韻指南》去一影母位列字爲『瓮』；《起數訣》空位，誤。『瓮』爲《廣韻》送韻影母位小韻首字，下收有『甕』字，注上同，二字爲異體字。列字以『瓮』爲佳，《指掌圖》是。

44 去一匣　閧　嚴氏本、《墨海金壺》本同，《等韻五種》本列字爲『哄』。《廣韻》、《集韻》、毛氏

《增韻》胡貢切，匣送去合一通；《韻鏡》列字爲「閧」；《七音略》《四聲等子》《切韻指南》列字爲「哄」；「哄」爲《廣韻》送韻匣母位小韻首字，下收有「閧」字。列字以「哄」爲佳，《指掌圖》亦無誤。

45 去三徹　蹱　《廣韻》《集韻》丑用切，徹用去合三通；《韻鏡》内轉第二開合、《起數訣》開音濁第四圖，列字爲「踵」，《廣韻》之隴切，上腫章母，誤；《七音略》空位，誤；《四聲等子》通攝内一重少輕多韻、《切韻指南》通攝内一偏門，列字均爲「蹱」。「蹱」爲《廣韻》用三徹母位小韻首字，《指掌圖》是。

46 去三娘　㧧　嚴氏本、《墨海金壺》本同，《等韻五種》本空位。㧧，《廣韻》穠用切，娘用去合三通；《韻鏡》列字爲「㧧」；《七音略》列字爲「㭜」，《廣韻》如融切，《集韻》而融切，並音戎，木名，似欀，不合於此位，形近訛；《四聲等子》通攝内一重少輕多韻，列字爲「㧧」；《切韻指南》空位。「㧧」爲《廣韻》用三娘母位小韻首字，《指掌圖》是。

47 去三明　夢　嚴氏本、《墨海金壺》本同，《等韻五種》本列字爲「𤻍」。夢，《廣韻》《集韻》莫鳳切，明送去合三通，當列此位。《韻鏡》内轉第一開，「夢」列於明母一等位，三等位列字爲「幏」，誤。《七音略》内轉第一重中重、《起數訣》收音濁第二圖，明母三等位列字爲「夢」；《四聲等子》空位；《切韻指南》去三明母列字爲「艨」，《廣韻》莫弄切，去送明，爲一等字，誤。「夢」爲《廣韻》送韻明母位小韻首字，《指掌圖》是。

48 去三牀　重　嚴氏本、《墨海金壺》本同，《等韻五種》本空位。重，《廣韻》柱用切，《集韻》、毛氏《增韻》儲用切，澄用去合三通；「重」無船母音，不當列於船母位。《韻鏡》內轉第一開、第二開合船母位均空位，「重」列於內轉第二開合澄母位；《七音略》同《韻鏡》。「重」，《廣韻》直容切又柱用切，澄母平聲鐘韻、澄母去聲用韻。無船母音，卻列於船母位，澄母位分別列有「蟲」「仲」，將「重」列入船位，可見澄船無別。《四聲等子》《切韻指南》船母均空位。《廣韻》《集韻》送用二韻均無船母字，依韻圖規制，此處當校删。

49 去三影　雍　《廣韻》、《集韻》、毛氏《增韻》於用切，影用去合三通；《韻鏡》空位；《七音略》內轉第二輕中輕、《四聲等子》通攝內一重少輕多韻、《切韻指南》通攝內一侷門，列字均爲「雍」。「雍」爲《廣韻》用三影母位小韻首字，《韻鏡》空位誤，《指掌圖》是。

50 去三曉　𧼮　《廣韻》《集韻》香仲切，曉送去合三通；《韻鏡》內轉第一開，列字爲「𧼮」；《七音略》空位，誤；《四聲等子》《切韻指南》《起數訣》去三曉母位列字均爲「𧼮」。「𧼮」爲《廣韻》送韻曉母位小韻首字，《指掌圖》是。

51 去三喻　○　嚴氏本、《等韻五種》本同，《墨海金壺》本列字爲「趙」。「趙」，《廣韻》《集韻》有「千仲切」，清母送韻。《韻鏡》《七音略》喻三母位均空位，「趙」字列於清母四等位；《四聲等子》喻三位空位；《切韻指南》在喻三位列「趙」字，清母四等位空位。《廣韻》《集韻》中「趙」均無喻三母字，送用二韻無喻三母字。《康熙字典》：「又《廣韻》《集韻》並于仲切，融去聲。」此處當爲《康熙字典》誤，當爲「千仲切」，可能據《切韻指南》訛。《墨海金壺》本誤，宋本空位是。

52 去四清 遒 嚴氏本列字爲「趥」，《墨海金壺》本、《等韻五種》本空位。「遒」，《廣韻》自秋切，平尤從母；即由切，平尤精母。嚴氏本校注：「宋本作遒，張本此格無字，而趥在喻紐三等。案《廣韻》《集韻》送用韻無遒字。趥，千仲切。《韻鏡》清紐亦有趥字。宋本誤，今正。張本趥字音子仲切，則是精紐，非喻紐，蓋于仲切之誤。然《集韻》《廣韻》趥無于仲之音，檢圖例亦以趥列喻紐，則其誤久矣。」「趥」，《廣韻》《集韻》千仲切，清送去開三通；《韻鏡》《七音略》送韻清母列字爲「趥」。嚴氏本列「趥」字是，其他諸本當校改爲「趥」。

53 去四斜 誦 嚴氏本、《墨海金壺》本同，《等韻五種》本列字爲「頌」。《廣韻》《集韻》似用切，邪用去合三通；《韻鏡》《切韻指南》《起數訣》去四邪母位列字爲「頌」。「頌」爲《廣韻》用韻邪母位小韻首字，下收有「誦」字。《等韻五種》本列「頌」字爲佳，宋本等亦無誤。

54 入一疑 犤 《廣韻》五沃切、《集韻》吾沃切，疑沃入開一通；《韻鏡》內轉第二開合、《四聲等子》、《切韻指南》入一疑母位列字均爲「犤」；《七音略》空位，誤。「犤」爲《廣韻》沃韻疑母位小韻首字，《七音略》空位誤，《指掌圖》是。

55 入一泥 ○ 《廣韻》沃韻泥母位有「褥，內沃切」；《韻鏡》內轉第二開合、《七音略》內轉第二輕中輕，列字均爲「褥」；《四聲等子》《切韻指南》入一泥母位列字爲「耨」。「褥」爲《廣韻》沃韻泥母位小韻首字，下收有「槈」字。《指掌圖》空位誤，當校補「槈」字。

56 入一並　瀑　嚴氏本、《墨海金壺》本同，《等韻五種》本列字爲「暴」。瀑，《廣韻》蒲木切、《集韻》步木切，並屋入合一通；《韻鏡》《四聲等子》《切韻指南》入一並母位列字爲「暴」；《七音略》列字爲「瀑」；《起數訣》列字爲「僕」。「暴」爲《廣韻》屋韻並母位小韻首字，下收有「瀑」字；《等韻五種》本列「暴」字爲佳，其他諸本亦無誤。

56 入一曉　磬　《廣韻》苦定切，《集韻》詰定切，溪徑四去開梗，不當列於此位。此字當爲「嗀」字形訛。嗀，《廣韻》、《集韻》、毛氏《增韻》呼木切，曉屋入合一通；毛氏《增韻》首字爲「熇」；《韻鏡》內轉第一開，列字爲「熇」；《七音略》曉紐錯列「縠」，胡谷切，入屋匣母，誤；《四聲等子》列字爲「熇」。「嗀」爲《廣韻》屋韻曉母位小韻首字，《指掌圖》列字形訛，當校改爲嗀。

58 入二牀　○　《廣韻》屋燭韻均無崇母字，《集韻》燭韻有「巂，仕足切」。《韻鏡》內轉第二開合，列字爲「嶌」，當爲「巂」字形訛；《七音略》內轉第二輕中輕、《四聲等子》通攝內一重少輕多韻、《切韻指南》通攝內一侷門，列字爲「巂」；《起數訣》開音濁第四圖，列字爲「巃」，當爲「巂」字形訛。若依《集韻》，可校補「巂」字；依《廣韻》，空位亦無誤。

59 入三溪　麯　嚴氏本、《墨海金壺》本同，《等韻五種》本列字爲「麴」。麯，《集韻》、毛氏《增韻》丘六切，溪屋入合三通；《韻鏡》列字爲「麴」；《七音略》列字爲「趜」，《集韻》丘六切，入屋溪母；《四聲等子》《切韻指南》列字爲『曲』，《廣韻》丘玉切，入燭溪母；《起數訣》列字爲『𥷘』，《集韻》居六切，音掬，見母。『麴』爲《廣韻》屋韻溪母位小韻首字，未收麯字，此處列『麯』當從《集韻》。《等韻五種》本列『麴』字爲佳，其他諸本亦無誤。

60 入三群　𩣡　《廣韻》《集韻》渠竹切，群屋入合三通；《韻鏡》列字爲『驧』；《七音略》列字同《指掌圖》；《四聲等子》列字爲『侷』；《切韻指南》列字爲『局』；《起數訣》列字爲『驧』。『驧』爲《廣韻》小韻首字，與『𩣡』爲異體字。列字以『驧』爲佳，《指掌圖》亦無誤。

61 入三疑　玉　嚴氏本、《墨海金壺》本同，《等韻五種》本列字爲『砡』。『砡』爲疑母屋韻，『玉』爲疑母燭韻。《韻鏡》《七音略》均於屋韻疑母位列『砡』字，燭韻疑母位列『玉』字；《四聲等子》《切韻指南》入三疑母位列字爲『玉』。『玉』『砡』均爲《廣韻》小韻首字，《指掌圖》爲合韻韻圖，此二字列此均可。

62 入三徹　畜　《廣韻》丑六切，《集韻》、毛氏《增韻》敕六切，徹屋入合三通；《韻鏡》《七音略》列字爲『蓄』，丑六切，入屋徹母；《四聲等子》《切韻指南》列字爲『棟』，丑玉切，入燭徹母。『蓄』爲《廣韻》屋韻徹母位小韻首字，下收有『畜』字，列字以『蓄』爲佳，《指掌圖》亦無誤。

63 入三幫　轐　嚴氏本、《墨海金壺》本同，《等韻五種》本空位。『轐』，《廣韻》封曲切、《集韻》逋玉切，幫燭入合三通；《韻鏡》內轉第二開合，列字爲『轐』；《七音略》空位；《四聲等子》通攝內一重少輕多韻，入三幫母位列字爲『福』，非母屋韻；《切韻指南》通攝內一偪門，非母濁韻位列『匚』，《集韻》甫玉切，幫母濁韻。『轐』爲《廣韻》燭三非母位小韻首字，該字當列於三等非母，《等韻五種》本空位是，宋本等誤，當校删。

64 入三並　僕　《廣韻》、《集韻》、毛氏《增韻》蒲沃切，並沃入合一通。僕，蒲沃切又步木切，當爲並母沃一等或屋一等，該字在《指掌圖》列於並母三等位，若爲屋韻，則應列於輕脣，而《指掌圖》列於重脣，因《指掌圖》輕重脣分界較爲清晰，此處『僕』當爲沃韻，不當列到三等位，表現了屋沃合流。《指掌圖》誤，當校删。

65 入三牀　○　嚴氏本、《墨海金壺》本同，《等韻五種》本列字爲『贖』。『贖』，《廣韻》神蜀切，入燭船母。《韻鏡》内轉第二開合、《七音略》内轉第二輕中輕，列字爲『贖』；《四聲等子》《切韻指南》入三船母位均列『贖』字。《指掌圖》爲合韻韻圖，此處當列此字，《等韻五種》本列『贖』字爲佳，其他版本當校補『贖』字。

66 入三禪　熟　《廣韻》、毛氏《增韻》殊六切，禪屋入合三通；《集韻》神六切，船母，非小韻首字；該字在《廣韻》中爲『殊六切』，禪母小韻首字，此處與《廣韻》合。《韻鏡》列字爲『塾』，音同『熟』。『熟』爲《廣韻》小韻首字，《指掌圖》是。

67 入三曉　蓄　《廣韻》許竹切，曉屋入合三通；《韻鏡》《起數訣》列字爲『畜』；《七音略》列字爲『蓄』；《四聲等子》《切韻指南》列字爲『旭』。『蓄』爲《廣韻》小韻首字，下收有『畜』字，《指掌圖》是。

68 入三喻 ○ 《墨海金壺》本同，嚴氏本、《等韻五種》本列字爲『囿』。『囿』，《廣韻》《集韻》于六切，云屋入合三通。《指掌圖》宋本、《墨海金壺》本喻三處空位，卻將該字列於影母四等。《四聲等子》空位；《切韻指南》入三喻母位列字爲『囿』。《等韻五種》本、嚴氏本列『囿』字是，宋本、墨本當校補『囿』字。

69 入三日 肉 嚴氏本、《等韻五種》本同，《墨海金壺》本空位。肉，《廣韻》如六切、《集韻》而六切，日屋入合三通；《韻鏡》《七音略》《起數訣》入三日母位列字均爲『肉』；《四聲等子》列字爲『褥』，日母燭韻；《切韻指南》列字爲『辱』，日母燭韻。『肉』爲《廣韻》屋韻日母位小韻首字，《墨海金壺》本空位誤，宋本是。

70 入四精 足 嚴氏本、《墨海金壺》本同，《等韻五種》本列字爲『蹙』。『足』，《廣韻》即玉切、《集韻》縱玉切，精燭入合三通，《韻鏡》列於内轉第二開合，《七音略》列於内轉第二輕中輕；『蹙』，《廣韻》子六切，精屋入合三通，《韻鏡》列於内轉第一開，《七音略》列於内轉第一重中重。《四聲等子》空位；《切韻指南》入四精母位列字爲『足』。『足』爲《廣韻》燭韻精母位小韻首字，『蹙』爲《廣韻》屋韻精母位小韻首字，此位列『足』與『蹙』均可。諸本皆是。

71 入四影 囿 嚴氏本、《墨海金壺》本、《等韻五種》本空位。囿，《廣韻》《集韻》于六切，云屋入合三通；《韻鏡》《七音略》列於三等位。此字當列於喻三位，列於此位不僅三四等相混，且影喻相混。按韻圖規制，此字當移於喻三位，《指掌圖》

誤，當校刪。

【釋】

一、與《廣韻》對比

平聲

《指掌圖》列目爲一等冬東、二等東、三等鍾東、四等鍾。分別對應《廣韻》中的東、冬、鍾韻字。

一等：《指掌圖》列東冬韻字，共 17 字。其中衹有泥母『農』字爲二冬韻字，其餘均爲一東韻字。《廣韻》東一等共 16 個小韻，全部收録。其中非小韻首字 1 個：清母位『葱』，首字爲『怱』。泥母處東一無字，以二冬字補入。

二等：《指掌圖》列東韻字，衹有崇母位『崇』字爲假二等，按韻圖編制原則列於二等位，實爲三等字。

三等：《指掌圖》列東鍾韻字，共 22 字。其中東三等字 14 個。《廣韻》東三等字共 15 個小韻，衹有匣母字『雄』未收録；匣母三等位列『容』字，此字爲喻四鍾韻字，喻四位列有東韻字

「融」。如果喻三、喻四不分，「容」亦當列入喻三位，而不當列入匣母，此處可能是抄寫時串位。《廣韻》鍾三等字共18個小韻，《指掌圖》收録了7個。其中非小韻首字1個：《指掌圖》娘母位列「濃」，首字爲「醲」。明母位「瞢」，許紹早先生認爲是微母字入明母位。按，「瞢，莫中切」，當爲明母。《指掌圖》無誤。

四等：《指掌圖》標目爲鍾韻，共有6字。《廣韻》鍾三等列於韻圖四等位共有6個小韻。《指掌圖》收録4個，另收有兩個東韻字。心母位「嵩」爲東三等，鍾三等有「蜙」字未取，可見東鍾無别。喻母四等列東韻三等「融」，喻四鍾三「容」卻列於匣母三等，殊爲不當。

從該圖可以看出，平聲列圖以列東韻字爲主，東韻無字時再補入冬鍾韻字，二冬衹取一字，可見二冬已完全失去獨立性。而東韻字衹有一字未取。

上聲

《指掌圖》列目爲一等董、三等腫、四等腫。分别對應《廣韻》的董、腫。

一等：《廣韻》董韻共有14個小韻，《指掌圖》全部收録。其中非小韻首字1個：透母位列「桶」字，首字爲「侗」。

三等：《廣韻》腫韻共有22個小韻。其中列於《指掌圖》三等16個，列於四等3個。另有三個小韻，《指掌圖》三等位無字，此位《指掌圖》列「鳩」，當爲「䳮」字，「䳮，莫湩切」，一等冬韻上聲，因明母無字，故將其列入。『湩，都鳩切』，余迺永注爲一等冬韻上聲；『憁，職勇切，又職容切』，余迺永注應改爲『且勇切』。而『湩』『憁』應在處均已有列字，故未列入。

四等：《廣韻》腫韻可列於四等的共有 3 個小韻，《指掌圖》四等位列 4 字。清母位《指掌圖》列『帪』，《廣韻》腫韻無清母字，該字在《廣韻》腫韻『憁』下，余注應删除。

去聲

《指掌圖》列目爲一等送、二等送、三等用送、四等用送。分別對應《廣韻》的送、用。

一等：《廣韻》一等送韻共 15 個小韻。《指掌圖》全部收録。其中非小韻首字 3 個：端母位『涷』、精母位『粽』、匣母位『閧』，首字分別爲『涷』『糉』『哄』；『粽』是『糉』的俗體字。

二等：《廣韻》假二等，爲崇母送三等字，《指掌圖》將其列於二等。

三等：《指掌圖》收録 18 字，其中送三等 10 個，用三等 8 個。《廣韻》送列於三等位共 10 個小韻，全部收録。其中非小韻首字 1 個：明母位《指掌圖》列『夢』，首字爲『㝱』。

《廣韻》用韻共 13 個小韻，《指掌圖》收録 8 個。船母位平聲、去聲列字爲『重』，『重，直容切又柱用切』，澄母平聲鐘韻、澄母去聲用韻。没有船母音，卻列於船母位。澄母位分別列有『蟲』『仲』，將『重』列入船位，可見澄船無別。

四等：《指掌圖》收録 5 字，其中用三等 4 個，送三等 1 個。《廣韻》用可列於四等共 4 個小韻，全部收録。清母位列『遒』字，《廣韻》無此字形，有字趦，子仲切，在送韻。王一、王二及其他本子爲『千仲切』，墨海本『趦』字改入喻三，『子仲切』當係『千仲切』之訛。『遒』字當爲『趦』之誤。

入聲

《指掌圖》列目爲一等沃屋、二等屋、三等燭屋、四等燭屋。分别對應《廣韻》的屋、沃、燭韻。

一等：《指掌圖》共收録18字。其中屋一等17個、沃一等1個。《廣韻》屋一等共17個小韻，《指掌圖》全部收録。非小韻首字1個：並母位『瀑』，首字爲『暴』。

《廣韻》沃一等共15個小韻，《指掌圖》祇收一個疑母字，屋一等疑母位無字，故將此字列入。《指掌圖》泥母處空位，沃一等有『褥，内沃切』，卻未列入。

二等：《廣韻》《指掌圖》均列三字，完全一致。

三等：《指掌圖》共收録22字，其中屋三等18個，燭三等2個。《廣韻》屋三等共有21個小韻，《指掌圖》收録18個，其中非小韻首字2個。群母位列『⿰馬匊』，徹母位列『畜』，首字分别爲『驧』『蓄』。『畜，許竹、許六、丑六、許救、許宥切』，『丑六切』合此位。三個未取小韻：溪母位『麯』，《廣韻》溪母位『麴，驅匊切』，下五字，無此字形；幫、疑母位列燭韻字。

《廣韻》燭三等共17個小韻，《指掌圖》收録2個。未取小韻均有屋韻字占位。另有『僕，蒲沃切又步木切』，該字在《指掌圖》列於並母位，若爲屋韻，則應列於輕脣，而《指掌圖》列於重脣，因《指掌圖》輕重脣分界較爲清晰，此處『僕』當爲沃韻，再次表現了屋沃合流。

四等：《指掌圖》共收録7字，其中三等列於四等的屋4字，燭2字。《廣韻》可列於四等的列字，屋共5個小韻，收録4個，精母位列燭韻字。另有影母位『囿』，『囿，于六切』，當列於喻三位，《指掌圖》不僅三四等相混，且影喻相混。

《廣韻》可列於四等的燭三等共5個小韻，《指掌圖》收録2個。

二、與《集韻》之對比

平四精母位『蹤』，在《集韻》首字爲『從』。『從』，《集韻》『將容切』，爲精母字，《廣韻》『疾容切』，爲從母小韻首字。

入三溪母位《指掌圖》列『麯』，《廣韻》無此字形，《集韻》中爲首字異體。

入三《廣韻》《集韻》重脣位均無字，因此補入燭重脣音。

三、與《韻鏡》對比

本圖收録之字，對應《韻鏡》第一轉和第二轉，列位稍有差異。

平聲三等　《指掌圖》匣母位列「容」，《韻鏡》列於喻母，《韻鏡》列位正確。

去聲一等　《指掌圖》明母位列「幏」，三等明母位列「夢」，《韻鏡》列位正好相反，《指掌圖》列位正確。

去聲三等　《指掌圖》船母位列「重」，《韻鏡》該字列於舌音濁（澄），澄船相混。

入聲三等　《指掌圖》並母位列「僕」，《韻鏡》該字列於一等沃韻。

入聲四等　《指掌圖》影母位列「囿」，《韻鏡》該字列於喻三等，《韻鏡》正確。

《指掌圖》與《韻鏡》空位對比，《指掌圖》無字《韻鏡》有字1例：

去一並：《韻鏡》列「槰」，該字《韻鏡》當校刪。

《指掌圖》有字《韻鏡》無字3例：

上三：（明）[illegible]；（曉）洶；（影）雍。此三位均爲《韻鏡》脱字。

《指掌圖》與《韻鏡》列字差異25個：

平一：（清）葱/怱；（疑）峣/峣；（心）檧/揔；平三：（娘）濃/醲；（曉）胷/匈；平四：（精）

蹤/縱；上一：（匣）澒/嬾；（來）曨/瓏；上三：（日）冗/宂；（群）梁/拲；（禪）尰/尰；上四：（清）㠂/㧐；（以）勇/甬；去一：（明）幏/夢；（精）粽/糉；（影）烘/甕；去三：（明）夢/幏；（徹）蹱/踵；去四：（邪）誦/頌；入一：（並）瀑/暴；（曉）嗀/熇；入三：（並）僕/幞；（禪）熟/塾；（曉）蓄/畜；（徹）畜/蓄。

另，本圖對應《七音略》内轉第一重中重、内轉第二輕中輕。

從對比可知，《指掌圖》第二圖，主要收録中古通攝字，在收字上多依《廣韻》，《廣韻》没有的小韻，《集韻》有也未補入，如平聲一等未取《集韻》小韻爲滂母『𩓥，樸蒙切』，《廣韻》東韻無滂母字，《指掌圖》空位，與《廣韻》合。

與《韻鏡》對比，《指掌圖》列字主要以《韻鏡》内轉第一開爲主，第一圖空位而第二圖有字的，以第二圖列字補入。

三

	見	溪	羣	疑	端	透	定	泥	知
平	孤	枯	○	吾	都	稌	徒	奴	
	○	○	○	○					○
	居	胠	渠	魚					猪
	○	○	○	○	○	○	○	○	
上	古	苦	○	五	覩	土	杜	弩	
	○	○	○	○					○
	舉	去	巨	語					貯
	○	○	○	○	○	○	○	○	
去	顧	袴	○	誤	妬	兎	渡	怒	
	○	○	○	○					○
	據	去	具	御					著
	○	○	○	○	○	○	○	○	
入	穀	哭	○	擢	穀	秃	獨	○	
	○	○	○	○					
	菊	麴	驧	玉					竹
	○	○	○	○	○	○	○	○	

徹	澄	娘	幫	滂	並	明	非	敷	奉	微
			逋	鋪	酺	模				
〇	〇	〇	〇	〇	〇	〇				
攄	除	袽	〇	〇	〇	〇	夫	泭	鳧	無
			〇	〇	〇	〇				
			補	普	簿	姥				
〇	〇	〇	〇	〇	〇	〇				
楮	佇	女	〇	〇	〇	〇	甫	撫	父	武
			〇	〇	〇	〇				
			布	怖	捕	暮				
〇	〇	〇	〇	〇	〇	〇				
絮	住	女	〇	〇	〇	〇	付	赴	附	務
			〇	〇	〇	〇				
			卜	扑	暴	木				
〇	〇	〇	〇	〇	〇	〇				
蓄	逐	肭	〇	〇	〇	目	福	蝮	伏	〇
			〇	〇	〇	〇				

	精	清	從	心	斜	照	穿	牀	審
平	租	麤	徂	蘇	○				
						葅	初	鉏	蔬
						諸	貙	廚	書
	苴	疽	○	胥	徐				
上	祖	麆	粗	○	○				
						阻	楚	齟	所
						煑	處	○	暑
	苴	取	聚	諝	敘				
去	做	醋	祚	訴	○				
						詛	楚	助	疏
						翥	處	筯	恕
	怚	覰	聚	絮	徦				
入	鏃	瘯	族	速	○				
						緎	珿	○	縮
						粥	俶	○	叔
	蹙	鼀	○	肅	續				

韻	日	來	喻	匣	曉	影	禪
模		盧	○	胡	呼	烏	
魚		○	○	○	○	○	○
虞魚	如	臚	于	○	虛	於	蜍
魚		○	昇	○	○	○	
姥		魯	○	戸	虎	鄔	
語麌		○	○	○	○	○	豭
麌語	汝	吕	雨	○	許	庋	豎
麌語		○	與	○	○	○	
暮		路	○	護	謼	汙	
御遇		○	○	○	○	○	○
御遇	茹	慮	○	○	噓	飫	署
遇御		○	喻	○	○	○	
沃屋		祿	○	縠	嗀	屋	
燭屋		○	○	○	○	○	○
燭屋	辱	六	○	○	旭	郁	熟
燭屋		○	○	○	○	囿	

第三圖

校：

1 平一幫　逋　嚴氏本、《等韻五種》本同，《墨海金壺》本空位。逋，《廣韻》博孤切、《集韻》奔模切，幫模平合一遇；《韻鏡》内轉第十二開合，《七音略》内轉第十二輕中輕列字爲「逋」；《四聲等子》《起數訣》《切韻指南》均有列字；逋爲《廣韻》小韻首字，《墨海金壺》本當校補。宋本是。

2 平一滂　鋪　嚴氏本同，《墨海金壺》本空位，《等韻五種》本列字爲「𪏰」。鋪，《廣韻》普胡切，《集韻》、真福寺本、毛氏《增韻》滂模切，滂模平合一遇；《四聲等子》《起數訣》《切韻指南》列字爲「𪏰」，「𪏰」爲《廣韻》小韻首字。《等韻五種》本列《廣韻》小韻首字爲佳，宋本從《韻鏡》《七音略》列「鋪」字，亦無誤。《墨海金壺》本當校補。

3 平一並　酺　《廣韻》、真福寺本、毛氏《增韻》薄胡切，《集韻》蓬逋切，並模平合一遇；《韻鏡》《七音略》《四聲等子》《起數訣》列字均爲「蒲」。「酺」爲《廣韻》小韻首字，《集韻》小韻首字爲「蒲」，《指掌圖》依《廣韻》，爲是。

4 平一心　蘇　《廣韻》素姑切，《集韻》孫租切，心模平合一遇；《韻鏡》列字爲「蘓」。此二字爲異體字，《廣韻》字形爲「蘇」，《指掌圖》爲佳。

5 平二照　菹　《廣韻》側魚切，《集韻》、真福寺本臻魚切，莊魚平開三遇；《韻鏡》《七音略》列字爲「葅」；「菹」爲《廣韻》小韻首字，《説文》曰「酢菜也」，亦作葅。此位列「菹」字形，合於《廣韻》、《指掌圖》是。

6 平二牀　鋤　《廣韻》士魚切，《集韻》牀魚切，崇魚平開三遇；《韻鏡》列字爲「鉏」；《七音略》《四聲等子》列字爲「鋤」；《起數訣》《切韻指南》列字爲「鉏」。「鉏」爲《廣韻》小韻首字，下有「鋤」字，注上同，「鉏」與「鋤」爲異體字。《指掌圖》與《七音略》合，列字以「鉏」爲佳，《指掌圖》亦無誤。

7 平二審　蔬　嚴氏本、《墨海金壺》本同，《等韻五種》本列字爲「疏」。蔬，《廣韻》所葅切、《集韻》山於切，生魚平開三遇；《韻鏡》列字爲「踈」；《七音略》内轉第十一重中重列字爲「蔬」；《四聲等子》《切韻指南》列字爲「梳」，《廣韻》所葅切，平魚生母。《廣韻》小韻首字爲「疏」，下列有「蔬」，爲「蔬」字異體。《等韻五種》本列「疏」字爲佳，宋本與《七音略》合，亦無誤。

8 平三溪　胠　嚴氏本、《墨海金壺》本同，《等韻五種》本列字爲「區」。胠，《廣韻》去魚切、《集韻》丘於切，溪魚平開三遇；《韻鏡》《七音略》《起數訣》列字爲『墟』；《四聲等子》列字爲『區』；《切韻指南》列字爲『虚』。《廣韻》魚韻小韻首字爲『虚』，下列『墟』，注上同。下有『胠』字，注『腋下，又《胠篋》，《莊子》篇名』。虚，《廣韻》又音『許魚切』，宋本將其列於曉母，溪母位列『胠』字，可區分又讀，不誤。『區』爲《廣韻》虞韻小韻首字，《等韻五種》本列『區』字，既是小韻首字，又區分又讀，爲佳；宋本亦無誤。

9 平三非　夫　嚴氏本、《墨海金壺》本同，《等韻五種》本列字爲『跗』。夫，《廣韻》甫無切，《集韻》、真福寺本風無切，非虞平合三遇；《韻鏡》内轉第十二開合、《七音略》内轉第十二輕中輕，列字『膚』；《起數訣》非三虞開音濁第二十二圖列字爲夫；《切韻指南》列字爲『跗』。《廣韻》小韻首字爲『跗』，《等韻五種》本列字爲佳，宋本亦無誤。

10 平三敷　泭　嚴氏本、《墨海金壺》本同，《等韻五種》本列字爲『敷』。《廣韻》、《集韻》、真福寺本、毛氏《增韻》芳無切，敷虞平合三遇；《韻鏡》内轉第十二開合、《七音略》内轉第十二輕中輕、《四聲等子》、《起數訣》、《切韻指南》列字均爲『敷』。《廣韻》小韻首字爲『敷』，《等韻五種》本列字爲佳，宋本亦無誤。

11 平三奉　鳧　嚴氏本、《墨海金壺》本同，《等韻五種》本列字爲『扶』。鳧，《廣韻》防無切，《集韻》、真福寺本、毛氏《增韻》馮無切，奉虞平合三遇；《韻鏡》内轉第十二開合，列字爲『符』；《七音略》内轉第十二輕中輕、《四聲等子》、《起數訣》、《切韻指南》列字爲『扶』。《廣韻》小韻首字爲「扶」，《等韻五種》本列字爲佳，宋本亦無誤。

12 平三穿　貙　《廣韻》敕俱切、《集韻》椿俱切，徹虞平合三遇；《韻鏡》内轉第十二開合、《七音略》内轉第十二輕中輕，均在徹母位列「貙」字；《四聲等子》《起數訣》《切韻指南》列字爲「樞」，《廣韻》昌朱切，平虞昌母。《韻鏡》内轉第十二開合，穿母位列「樞」，此位列「樞」字爲最佳。《指掌圖》將徹母字「貙」列於此位，表現了知章組合流。但依韻圖規制，當校改爲「樞」。

13 平三牀　廚　嚴氏本、《墨海金壺》本同，《等韻五種》本空位。廚，《廣韻》直誅切、《集韻》重株切，澄虞平合三遇；《韻鏡》内轉第十二開合、《七音略》内轉第十二輕中輕均列在澄母位。《廣韻》魚韻牀母位無字，虞韻牀母位亦無字，《指掌圖》將徹母字「貙」列於此位，表現了知章組合流。但依韻圖規制，此位當校删。宋本等誤，當校删。

14 平三曉　虚　《廣韻》朽居切、《集韻》休居切，曉魚平開三遇；《韻鏡》内轉第十一開，列字爲「虗」；《七音略》内轉第十一重中重，列字爲「虛」；《四聲等子》列字爲「訏」，《廣韻》況于切，平虞曉母。「虗」與「虛」爲異體字。「虛」爲《廣韻》魚韻曉母位小韻首字，《指掌圖》是。

15 平四見　◯　嚴氏本、《墨海金壺》本同，《等韻五種》本列字爲「拘」。拘，《廣韻》舉朱切，平虞三見，爲三等字，當列於三等。宋本三等列「居」，「居」爲《廣韻》魚韻小韻首字，「拘」爲虞韻小韻首字，均爲三等。《等韻五種》本此位列「拘」誤，宋本、嚴氏本、《墨海金壺》本空位是。

16 平四溪 ○ 嚴氏本、《墨海金壺》本同，《等韻五種》本列字爲「墟」。墟，《廣韻》去魚切，平魚三溪，當列於三等，三等位已列「胠」，非小韻首字。《等韻五種》本誤，宋本、嚴氏本、《墨海金壺》本空位是。

17 平四群 ○ 嚴氏本、《墨海金壺》本同，《等韻五種》本列字爲「衢」。衢，《廣韻》其俱切，平虞三群，當列於三等位。「渠」，爲魚韻小韻首字，「衢」爲虞韻小韻首字。《等韻五種》本誤，宋本、嚴氏本、《墨海金壺》本空位是。

18 平四疑 ○ 嚴氏本、《墨海金壺》本同，《等韻五種》本列字爲「虞」。虞，《廣韻》遇俱切，平虞三疑，爲《廣韻》虞韻小韻首字，當列於三等位。《等韻五種》本誤，宋本、嚴氏本、《墨海金壺》本空位是。《等韻五種》本在平四位列虞三等字，當係後增入。

19 平四澄 ○ 嚴氏本、《墨海金壺》本空位，《等韻五種》本列字爲「廚」。廚，《廣韻》直誅切、《集韻》重株切，澄虞平合三遇；當列於三等澄母位。宋本三等澄母位列字爲「除」，爲《廣韻》魚韻小韻首字，「廚」爲虞韻小韻首字，宋本將其列於牀母，誤。《等韻五種》本列於四等，亦誤。宋本平四澄空位，是。

20 平四精 苴 嚴氏本、《墨海金壺》本同，《等韻五種》本列字爲「且」。苴，《廣韻》子魚切，《集韻》、真福寺本、毛氏《增韻》子余切，精魚平開三遇；《韻鏡》《七音略》列字爲『苴』；《四聲等子》列字爲『諏』；《切韻指南》列字爲『且』。『且』爲《廣韻》魚韻精母位小韻首字，《等韻五種》本列字爲佳，宋本從《韻鏡》，亦無誤。

21 平四影 ◯ 嚴氏本、《墨海金壺》本同，《等韻五種》本列字爲『紆』。紆，《廣韻》憶俱切，平虞三影，當列於三等位，三等位已列『於』字，爲《廣韻》魚韻小韻首字。『紆』爲《廣韻》虞韻小韻首字。《等韻五種》本誤，宋本、嚴氏本、《墨海金壺》本空位是。

22 平四曉 ◯ 嚴氏本、《墨海金壺》本同，《等韻五種》本列字爲『訏』。『訏』，《廣韻》況于切，平虞三曉，爲《廣韻》虞韻小韻首字。三等位已列『虛』字，爲《廣韻》魚韻小韻首字。《等韻五種》本誤，宋本、嚴氏本、《墨海金壺》本空位是。

23 平四喻 舁 嚴氏本、《墨海金壺》本同，《等韻五種》本列字爲『余』。舁，《廣韻》以諸切，《集韻》、毛氏《增韻》羊諸切，以魚平開三遇；《韻鏡》內轉第十一開無字，在喻三位列『余』字；《七音略》內轉第十一重中重，在四等位列字爲『余』；余爲以母字，當列於喻四位，《韻鏡》誤，《七音略》是。《四聲等子》列字爲『逾』；《起數訣》《切韻指南》列字爲『余』。『逾』爲《廣韻》虞韻喻四位小韻首字，『余』爲魚韻小韻首字。《等韻五種》本列『余』爲佳，宋本列『舁』亦無誤。

24 平四來 ◯ 嚴氏本、《墨海金壺》本同，《等韻五種》本列字爲『慺』。慺，《廣韻》落侯切，平侯一來；力朱切，平虞三來。三等『慺』字，爲《廣韻》虞韻小韻首字，三等位已列有『臚』字，爲《廣韻》魚韻小韻首字。《等韻五種》本誤，宋本、嚴氏本、《墨海金壺》本空位是。

25 上一泥　弩　嚴氏本、《墨海金壺》本同，《等韻五種》本列字爲『怒』。弩，《廣韻》奴古切，《集韻》、真福寺本、毛氏《增韻》暖五切，泥姥上合一遇；《韻鏡》内轉第十二開合，列字爲『努』；《七音略》内轉第十二輕中輕，同《指掌圖》；《四聲等子》列字爲『努』；《切韻指南》列字爲『怒』。『怒』爲《廣韻》姥韻泥母位小韻首字，《等韻五種》本列『怒』字爲佳。『怒』小韻下收有『弩』字，宋本亦無誤。

26 上一影　鄔　嚴氏本、《墨海金壺》本同，《等韻五種》本列字爲『塢』。鄔，《廣韻》安古切、《集韻》於五切，影姥上合一遇；《韻鏡》内轉第十二開合，列字爲『隖』；《七音略》空位；《四聲等子》列字爲『塢』；《起數訣》《切韻指南》列字爲『隖』。『鄔』『隖』爲異體字。『隖』爲《廣韻》姥韻小韻首字，下列『塢』字，注上同，與『鄔』爲異體字，《等韻五種》本無誤，宋本、嚴氏本、《墨海金壺》本列『鄔』爲佳。

27 上二禪　⿰犭聚　《廣韻》鶵禹切、《集韻》撰禹切，崇麌上合三遇；《韻鏡》内轉第十二開合、《七音略》、《四聲等子》、《切韻指南》空位；『⿰犭聚』爲崇母字，當列於牀母二等位，《指掌圖》該位列有『齟』，《廣韻》牀吕切，上語崇。將牀母二等『⿰犭聚』列於禪母二等位，表現崇俟不分，就韻圖而言，《指掌圖》誤，當校删。

28 上三徹 楮 嚴氏本、《等韻五種》本同，《墨海金壺》本列字爲『褚』，《正字通》：『褚字之訛』。楮，《廣韻》《集韻》丑吕切，徹語上開三遇；《韻鏡》内轉第十一開，列字爲『褚』；《七音略》内轉第十一重中重，列字爲『楮』；《四聲等子》列字爲『褚』；《墨海金壺》本從《韻鏡》。《廣韻》小韻首字爲『楮』，宋本、嚴氏本、《等韻五種》本依《廣韻》，是。

29 上三照 煑 《廣韻》章与切、《集韻》掌與切，章語上開三遇；《韻鏡》内轉第十一開，《七音略》内轉第十一重中重，列字爲『鬻』；《四聲等子》列字爲『主』；《起數訣》《切韻指南》列字爲『鬻』。『鬻』爲《廣韻》小韻首字，其下收『煑』，注『上同』。列字以『鬻』爲佳，《指掌圖》亦無誤。

30 上三穿 處 嚴氏本、《墨海金壺》本同，《等韻五種》本列字爲『杵』。處，《廣韻》昌與切、《集韻》敞吕切，昌語上開三遇；《韻鏡》内轉第十一開，《七音略》内轉第十一重中重，列字爲『杵』。《廣韻》小韻首字爲『杵』，《等韻五種》本列『杵』字爲佳，宋本亦無誤。

31 上三牀 ○ 嚴氏本、《墨海金壺》本同，《等韻五種》本列字爲『紓』。《廣韻》牀母三等位有字『紓』，神與切，上語船。《韻鏡》内轉第十一開，列字『紓』，《七音略》同《韻鏡》。《等韻五種》本列『紓』字是，宋本當校補。

32 上三影 庚 嚴氏本、《墨海金壺》本庚，《等韻五種》本列字爲『扵』。『庚』，當爲『庾』字之訛。庾，《廣韻》以主切，《集韻》、真福寺本、毛氏《增韻》勇主切，以麌上合三遇；《韻鏡》内轉第十二開合列於喻四位；《七音略》内轉第十二輕中輕，列字爲「詡」，該字列於《韻鏡》曉母位，「詡」，《廣韻》況羽切，上麌曉，列於曉母位爲是；《四聲等子》列字爲「傴」，與《韻鏡》列位相同；《切韻指南》列字爲「扵」，該字列於《韻鏡》内轉第十一開影母位，爲語韻字，此字應列於喻四位。宋本、嚴氏本、《墨海金壺》本誤，此位應列「傴」或「扵」字，《等韻五種》本列「扵」爲是。

33　上三喻　雨　嚴氏本、《墨海金壺》本同，《等韻五種》本列字爲「羽」。「雨」，《廣韻》《集韻》王矩切，云麌上合三遇；《韻鏡》内轉第十二開合、《七音略》内轉第十二輕中輕、《起數訣》、《切韻指南》列字爲「羽」。「羽」，《廣韻》王矩切，上麌云，爲小韻首字。《等韻五種》本列「羽」爲佳，宋本亦無誤。

34　上四見　○　嚴氏本、《墨海金壺》本同，《等韻五種》本列字爲「矩」。「矩」，《廣韻》俱雨切，上麌三見，爲《廣韻》麌韻小韻首字。三等位已列「舉」字，爲《廣韻》語韻小韻首字。《等韻五種》本誤，宋本、嚴氏本、《墨海金壺》本空位是。

35　上四溪　○　嚴氏本、《墨海金壺》本同，《等韻五種》本列字爲「齲」。「齲」，《廣韻》驅雨切，上麌三溪，爲《廣韻》麌韻小韻首字。三等位已列「去」字，爲《廣韻》語韻小韻首字。《等韻五種》本誤，宋本、嚴氏本、《墨海金壺》本空位是。

36　上四群　○　嚴氏本、《墨海金壺》本同，《等韻五種》本列字爲「窶」。「窶」，《廣韻》其矩切，上麌三群，爲《廣韻》麌韻小韻首字。三等位已列「巨」字，爲《廣韻》語韻小韻首字。《等韻五種》本誤，宋本、嚴氏本、《墨海金壺》本空位是。

37 上四疑 ◯ 嚴氏本、《墨海金壺》本同，《等韻五種》本列字爲「麌」。麌，《廣韻》虞矩切，上麌三疑，爲《廣韻》麌韻小韻首字。三等位已列「語」字，爲《廣韻》語韻小韻首字。《等韻五種》本誤，宋本、嚴氏本、《墨海金壺》本空位是。

38 上四影 ◯ 嚴氏本、《墨海金壺》本同，《等韻五種》本列字爲「傴」。傴，《廣韻》於武切，上麌三影，爲《廣韻》麌韻小韻首字。三等位已列「㡰」字，爲《廣韻》麌韻小韻首字。《等韻五種》本誤，宋本、嚴氏本、《墨海金壺》本空位是。

39 上四曉 ◯ 嚴氏本、《墨海金壺》本同，《等韻五種》本列字爲「詡」。詡，《廣韻》况羽切，上麌三曉，爲《廣韻》麌韻小韻首字。三等位已列「許」字，爲《廣韻》語韻小韻首字。《等韻五種》本誤，宋本、嚴氏本、《墨海金壺》本空位是。

40 上四來 ◯ 嚴氏本、《墨海金壺》本同，《等韻五種》本列字爲「縷」。縷，《廣韻》力主切，上麌三來，爲《廣韻》麌韻小韻首字。三等位已列「呂」字，爲《廣韻》語韻小韻首字。《等韻五種》本誤，宋本、嚴氏本、《墨海金壺》本空位是。

41 去一溪 袴 《廣韻》、《集韻》、毛氏《增韻》苦故切，溪暮去合一遇；《韻鏡》內轉第十二開合，列字爲「袴」；《七音略》內轉第十二輕中輕，列字爲「絝」；《起數訣》列字爲「庫」；《切韻指南》列字爲『綺』。《廣韻》小韻首字爲『綺』，下有『裿』字，注『上同』，爲異體字。《七音略》《切韻指南》列『綺』爲正，《指掌圖》從《韻鏡》，亦無誤。

42 去一端　妬　《廣韻》當故切，《集韻》、毛氏《增韻》都故切，端暮去合一遇；《韻鏡》内轉第十二開合，列字爲『妬』；《七音略》内轉第十二輕中輕，列字爲『妒』；《切韻指南》列字爲『妒』。《廣韻》小韻首字爲『妒』，下有『妬』字，注『上同』，爲異體字。《七音略》列『妒』爲正體，《指掌圖》從《韻鏡》，亦無誤。

43 去一透　兎　嚴氏本、《墨海金壺》本同，《等韻五種》本列字爲『菟』。兎，《廣韻》湯故切，《集韻》、毛氏《增韻》土故切，透暮去合一遇；《韻鏡》内轉第十二開合，列字爲『兎』；《七音略》内轉第十二輕中輕、《切韻指南》列字爲『菟』。《廣韻》小韻首字爲『菟』，《七音略》列『菟』爲正體，《等韻五種》本列『菟』字爲佳，宋本亦無誤。

44 去一泥　怒　嚴氏本、《墨海金壺》本同，《等韻五種》本列字爲『笯』。怒，《廣韻》、毛氏《增韻》奴古切，泥姥上合一遇；《韻鏡》内轉第十二開合、《七音略》内轉第十二輕中輕、《切韻指南》列字爲『笯』。『笯』爲《廣韻》小韻首字，《等韻五種》本列『笯』爲佳。《指掌圖》去一位列『怒』，『怒』爲上聲小韻首字，宋本上聲泥母位未列『怒』字，而用非小韻首字『弩』，上聲位無誤，去一泥位《指掌圖》誤，當改爲『笯』。

45 去一精　做　嚴氏本、《墨海金壺》本同，《等韻五種》本列字爲『作』。作，《廣韻》臧祚切，《集韻》宗祚切，精暮去合一遇；《七音略》内轉第十二輕中輕，列字爲『作』；《四聲等子》《起數訣》《切韻指南》列字爲『作』。《廣韻》精母位小韻首字爲『作』，下無『做』字，《集韻》有作小韻，宗祚切。《集韻》作下注云：『俗作做，非是。』《韻鏡》列字爲『做』，將『做』視爲『作』之俗字。《七音略》列『作』爲正體，《等韻五種》本列『作』字爲佳，宋本亦無誤。

46 去一清　醋　嚴氏本、《墨海金壺》本同，《等韻五種》本列字爲『厝』。醋，《廣韻》、《集韻》、毛氏《增韻》倉故切，清暮去合一遇；毛氏《增韻》小韻首字爲『措』；《韻鏡》内轉第十二開合、《七音略》内轉第十二輕中輕，列字爲『厝』；《四聲等子》《切韻指南》列字爲『厝』；《起數訣》列字爲『措』。《廣韻》小韻首字爲『厝』，《等韻五種》本列『厝』字爲佳，宋本亦不誤。

47 去二穿　楚　《廣韻》瘡據切，《集韻》、毛氏《增韻》創據切，初御去開三遇；《韻鏡》内轉第十一開，列字爲『儊』；《七音略》内轉第十一重中重，列字爲『楚』；《四聲等子》《起數訣》列字爲『儊』；《切韻指南》通攝第五圖列字爲『楚』。『楚』爲《廣韻》小韻首字，《指掌圖》是。

48 去二審　疏　嚴氏本、《墨海金壺》本列字爲『疏』，《等韻五種》本列字爲『疏』。『疏』，《廣韻》御韻小韻首字，《廣韻》無『疏』字形，宋本、《等韻五種》本列『疏』字爲佳。

49 去三溪　去　嚴氏本、《墨海金壺》本同，《等韻五種》本列字爲『㰦』。去，《廣韻》丘倨切，《集韻》、毛氏《增韻》丘據切，溪御去開三遇；《韻鏡》内轉第十一開、《七音略》内轉第十一重中重，列字爲『去』；《切韻指南》列字爲『㰦』。《廣韻》小韻首字爲『㰦』，《等韻五種》本列『㰦』字爲佳，宋本從《韻鏡》《七音略》，亦無誤。

50 去三群　具　嚴氏本、《墨海金壺》本同，《等韻五種》本列字爲『懼』。具，《廣韻》其遇切，《集韻》、毛氏《增韻》衢遇切，群遇去合三遇；《韻鏡》《四聲等子》《起數訣》《七音略》列字均爲『懼』；《切韻指南》列字爲『遽』。『懼』爲《廣韻》小韻首字，《等韻五種》本列『懼』字爲佳，宋本亦無誤。

51 去三澄　住　嚴氏本、《墨海金壺》本同，《等韻五種》本列字爲『箸』。住，《廣韻》持遇切，《集韻》、毛氏《增韻》廚遇切，澄遇去合三遇；《韻鏡》内轉第十二開合、《七音略》内轉第十二輕中輕，列字均爲『住』；《四聲等子》《起數訣》列字爲『住』，《切韻指南》列字爲『箸』。『住』爲《廣韻》遇韻小韻首字，『著』爲《廣韻》御韻小韻首字。《指掌圖》各版本均無誤。

52 去三章　翥　《廣韻》、《集韻》、毛氏《增韻》章恕切，章御去開三遇；《韻鏡》内轉第十一開、《七音略》内轉第十一重中重，列字爲『翥』；《四聲等子》列字爲『注』；《廣韻》小韻首字爲『⿱者飛』，列字以『⿱者飛』爲佳，《指掌圖》亦無誤。

53 去三牀　筯　嚴氏本、《墨海金壺》本同，《等韻五種》本空位。筯，《廣韻》遲倨切，《集韻》、毛氏《增韻》遲據切，澄御去開三遇；《韻鏡》內轉第十一開列字爲箸，在舌音濁三等御韻；《七音略》內轉第十一重中重列字「箸」，在澄母位；《四聲等子》《切韻指南》空位；《起數訣》列字爲「著」。「筯」「箸」爲異體字，該字當列於澄母位，《指掌圖》在澄母位列「住」字。《廣韻》御、遇二韻均無牀母字，雖可證知照合流，但按韻圖規制，宋本誤，當校删；《等韻五種》本空位是。

54 去三喻 ○ 嚴氏本、《墨海金壺》本同，《等韻五種》本列字爲「芋」。芋，《廣韻》王遇切，去遇云母，當列於喻三位。《韻鏡》內轉第十二開合，喻三位列字爲「芋」；《七音略》內轉第十二輕中輕，列字爲「芋」；《廣韻》遇韻喻三母小韻首字爲「芋」，《等韻五種》本列「芋」字爲正，宋本闕，當校補。

55 去三日 茹 嚴氏本、《墨海金壺》本同，《等韻五種》本列字爲「洳」。茹，《廣韻》人恕切，《集韻》、毛氏《增韻》如倨切，日御去開三遇；《韻鏡》內轉第十一開、《七音略》內轉第十一重中重，列字爲「洳」；《四聲等子》列字爲「孺」；《切韻指南》列字爲「洳」。「洳」爲《廣韻》小韻首字，《等韻五種》本列「洳」字爲佳，宋本亦無誤。

56 去四見 ○ 嚴氏本、《墨海金壺》本同，《等韻五種》本列字爲「屨」。屨，《廣韻》九遇切，去遇三見，爲《廣韻》遇韻小韻首字。三等位已列「據」字，爲《廣韻》御韻小韻首字。《等韻五種》本誤，宋本、嚴氏本、《墨海金壺》本空位是。

57 去四溪 ○ 嚴氏本、《墨海金壺》本同，《等韻五種》本列字爲『驅』。驅，《廣韻》區遇切，去遇三溪，爲《廣韻》遇韻小韻首字。三等位已列『去』字，爲《廣韻》御韻字。《等韻五種》本誤，宋本、嚴氏本、《墨海金壺》本空位是。

58 去四群 ○ 嚴氏本、《墨海金壺》本同，《等韻五種》本列字爲『遽』。遽，《廣韻》其據切，去御三群，爲《廣韻》御韻小韻首字。三等位已列『具』字，爲《廣韻》遇韻字。《等韻五種》本誤，宋本、嚴氏本、《墨海金壺》本空位是。

59 去四疑 ○ 嚴氏本、《墨海金壺》本同，《等韻五種》本列字爲『遇』。遇，《廣韻》牛具切，去遇三疑，爲《廣韻》遇韻小韻首字。三等位已列『御』字，爲《廣韻》御韻小韻首字。《等韻五種》本誤，宋本、嚴氏本、《墨海金壺》本空位是。

60 去四清 覷 《集韻》、毛氏《增韻》七慮切，《廣韻》作『覰』，七慮切，清御去開三遇；《韻鏡》内轉第十一開、《七音略》内轉第十一重中重，列字爲『覰』；《四聲等子》列字爲『娶』；楊軍認爲『覰』『覷』二字皆誤，當改爲『覻』字，《康熙字典》：『《集韻》譌作覷，俗作覰，并非。』《集韻》使用『覷』字形，且爲小韻首字，不必改爲『覻』，《指掌圖》是。

61 去四從 聚 嚴氏本、《墨海金壺》本同，《等韻五種》本列字爲『埾』。聚，《廣韻》才句切，《集韻》、毛氏《增韻》從遇切，從遇去合三遇；《韻鏡》内轉第十二開合，列字爲『聚』；《七音略》内轉第十二輕中輕，列字爲『埾』；《四聲等子》《起數訣》《切韻指南》列字爲『埾』。《廣韻》遇韻有堅小韻，才句反，下載聚字。王三字作埾，音同。《集韻》堅、埾並列小韻首，從遇切。《等韻五種》本列「堅」字爲佳，宋本亦無誤。

62 去四心　絮　《廣韻》、《集韻》、毛氏《增韻》息遽切，心御去開三遇，爲《廣韻》小韻首字；另「絮」還有抽據切，爲徹母字，又列於《指掌圖》徹母去聲位，亦爲《廣韻》小韻首字，均無誤。

63 去四斜　屐　《廣韻》徐遇切，《集韻》、毛氏《增韻》祥豫切，邪御去開三遇；《韻鏡》内轉第十一開，列字字形相似，有缺筆，當爲刊刻錯誤；《指掌圖》是。

64 去四影　◯　嚴氏本、《墨海金壺》本同，《等韻五種》本列字爲「嫗」。嫗，《廣韻》衣遇切，去遇三影，爲《廣韻》遇韻小韻首字。三等位已列「飫」字，爲《廣韻》御韻小韻首字。《等韻五種》本列「嫗」字爲誤，宋本空位是。

65 去四曉　◯　嚴氏本、《墨海金壺》本同，《等韻五種》本列字爲「昫」。昫，《廣韻》香句切，去遇三曉，爲《廣韻》遇韻小韻首字。三等位已列「噓」字，爲《廣韻》御韻小韻首字。《等韻五種》本列「昫」字爲誤，宋本空位是。

66 去四喻　喻　嚴氏本、《墨海金壺》本同，《等韻五種》本列字爲「豫」。喻，《廣韻》羊戍切，《集韻》、毛氏《增韻》俞戍切，以遇去合三遇；《韻鏡》内轉第十二開合、《七音略》内轉第十二輕中輕、《起數訣》列字爲「裕」；《切韻指南》列字爲「豫」。「豫」，《廣韻》羊洳切，去御以母，爲《廣韻》御韻小韻首字。《等韻五種》本列「豫」字爲佳，宋本亦無誤。

67 去四來 ○ 嚴氏本、《墨海金壺》本同，《等韻五種》本列字爲「屢」。屢，《廣韻》良遇切，去遇三來，爲《廣韻》遇小韻首字，當列在三等。三等位已列「慮」，爲《廣韻》御韻小韻首字。《等韻五種》本誤，當校删。宋本空位是。

按：三圖入聲與二圖基本相同。入声列目二圖爲屋，三圖爲燭屋。其他列目皆同。

68 入一見 轂 嚴氏本、《墨海金壺》本同，《等韻五種》本列字爲「梏」。轂，《廣韻》、《集韻》、毛氏《增韻》古禄切，見屋入合一通；《韻鏡》内轉第一開、《七音略》内轉第一重中重，列字爲「轂」；《四聲等子》列字爲「梏」；「轂」爲《廣韻》屋韻小韻首字，「梏」爲《廣韻》沃韻小韻首字，此二字均可。各本均無誤。

69 入一溪 哭 嚴氏本、《墨海金壺》本同，《等韻五種》本列字爲「酷」。哭，《廣韻》、《集韻》、毛氏《增韻》空古切，溪屋入合一通；「哭」爲《廣韻》屋韻溪母位小韻首字，「酷」爲沃韻小韻首字，此二字均可，諸本皆無誤。

70 入一疑 㩿 《廣韻》五沃切、《集韻》吾沃切，疑沃入合一通；《韻鏡》内轉第二開合、《四聲等子》、《切韻指南》入一疑母位列字均爲「㩿」；《七音略》空位，脱。「㩿」爲《廣韻》沃一疑母位小韻首字，《七音略》空位誤，《指掌圖》是。

71 入一端 豰 嚴氏本、《墨海金壺》本同，《等韻五種》本列字爲「篤」。豰，《廣韻》丁木切，《集韻》、毛氏《增韻》都木切，端屋入合一通；《四聲等子》列字爲「篤」；「豰」爲《廣韻》屋韻端母位小韻首字；「篤」，《廣韻》冬毒切，入沃端母，爲《廣韻》沃韻端母位首字，此二字均可，諸本皆無誤。

72 入一定　獨　嚴氏本、《墨海金壺》本同，《等韻五種》本列字爲「毒」。獨，《廣韻》、《集韻》、毛氏《增韻》徒谷切，定屋入合一通；《四聲等子》列字爲「毒」；《起數訣》列字爲「牘」；「獨」爲《廣韻》屋韻定母位小韻首字，「毒」爲《廣韻》沃韻小韻首字，此二字均可，諸本皆無誤。

73 入一泥　○　嚴氏本、《墨海金壺》本同，《等韻五種》本列字爲「褥」。褥，《廣韻》内沃切，入沃泥母，注曰「小兒衣也」，且爲小韻首字。《等韻五種》本列「褥」字爲是，宋本及其他各本當校補。

74 入一幫　卜　嚴氏本、《等韻五種》本同，《墨海金壺》本列字爲「襮」。卜，《廣韻》、《集韻》、毛氏《增韻》博木切，幫屋入合一通；《韻鏡》内轉第一開、《七音略》内轉第一重中重，列字爲「卜」；《四聲等子》列字爲「襮」；「卜」爲《廣韻》屋韻幫母位小韻首字，「襮」，《廣韻》博沃切，入沃幫母，爲《廣韻》沃韻小韻首字。各本均無誤。

75 入一並　暴　《廣韻》蒲木切，《集韻》、毛氏《增韻》步木切，並屋入合一通；《韻鏡》内轉第一開，列字爲「暴」；《七音略》内轉第一重中重，列字爲「瀑」；《四聲等子》列字爲「暴」；《起數訣》開音清第二十一圖，列字爲「僕」；《切韻指南》列字爲「僕」。《指掌圖》第二圖該位列字爲「瀑」，「暴」爲《廣韻》屋韻並母位小韻首字，《指掌圖》本圖列「暴」字爲佳。

76 入一影　屋　嚴氏本、《墨海金壺》本同，《等韻五種》本列字爲「沃」。「屋」，《廣韻》、《集韻》、毛氏《增韻》烏谷切，影屋入合一通；「屋」爲《廣韻》屋韻小韻首字，「沃」爲《廣韻》沃韻小韻首字。各本均無誤。

77 入一曉　設　嚴氏本、《墨海金壺》本同，《等韻五種》本列字爲「熇」。設，《廣韻》呼木切，曉屋入合一通；《韻鏡》内轉第一開，列字爲「熇」；《七音略》内轉第二輕中輕，列字爲「熇」；「設」爲《廣韻》屋韻小韻首字，「熇」爲《廣韻》沃韻小韻首字。各本均無誤。

78 入一匣　縠　嚴氏本、《墨海金壺》本同，《等韻五種》本列字爲「鵠」。縠，《廣韻》、《集韻》、毛氏《增韻》胡谷切，匣屋入合一通；「縠」爲《廣韻》屋韻小韻首字，「鵠」爲《廣韻》沃韻小韻首字。各本均無誤。

79 入三見　菊　嚴氏本、《墨海金壺》本同，《等韻五種》本列字爲「菙」。菊，《廣韻》、《集韻》、毛氏《增韻》居六切，見屋入合三通；《切韻指南》列字爲「菙」；「菊」爲《廣韻》屋韻見母位小韻首字，「菙」爲《廣韻》燭韻小韻首字。各本均無誤。

80 入二牀　○　《廣韻》屋燭韻均無崇母字，《集韻》燭韻有「鸀，仕足切」。《韻鏡》内轉第二開合，列字爲「嶌」，當爲「鸀」字形訛；《七音略》内轉第二輕中輕、《四聲等子》通攝内一重少輕多韻、《切韻指南》通攝内一侷門，列字爲「鸀」；《起數訣》開音濁第四圖，列字爲「𪇰」，當爲「鸀」字形訛。若依《集韻》，可校補「鸀」字；依《廣韻》空位亦無誤。

81 入三溪　麴　嚴氏本、《墨海金壺》本同，《等韻五種》本列字爲『曲』。麴，《廣韻》驅匊切，《集韻》丘六切，溪屋入合三通；《四聲等子》《切韻指南》列字爲『曲』；《起數訣》列字爲『⿱竹鞠』。『麴』爲《廣韻》屋韻小韻首字，『曲』爲《廣韻》燭韻小韻首字。各本均無誤。《指掌圖》第二圖列字爲『麯』，亦無誤。

82 入三群　驧　嚴氏本、《墨海金壺》本同，《等韻五種》本列字爲『局』。驧，《廣韻》、《集韻》、毛氏《增韻》渠竹切，群屋入合三通；《四聲等子》《切韻指南》列字爲『局』；『驧』爲《廣韻》屋韻群母位小韻首字，『局』爲《廣韻》燭韻小韻首字。各本均無誤。《指掌圖》第二圖列字爲『⿰馬匊』，『驧』爲《廣韻》小韻首字，下有『⿰馬匊』字。均無誤。

83 入三知　竹　嚴氏本、《墨海金壺》本同，《等韻五種》本列字爲『瘃』。竹，《廣韻》、《集韻》、毛氏《增韻》張六切，知屋入合三通；《四聲等子》《切韻指南》列字爲『瘃』。『竹』爲《廣韻》屋韻知母位小韻首字，『瘃』爲《廣韻》燭韻小韻首字。各本均無誤。

84 入三徹　矗　嚴氏本、《墨海金壺》本同，《等韻五種》本列字爲『楝』。矗，《廣韻》《集韻》勑六切，徹屋入合三通；毛氏《增韻》初六切，小韻首字爲『蓄』；《韻鏡》内轉第一開、《七音略》内轉第一重中重，列字爲『蓄』；《四聲等子》列字爲『楝』；《起數訣》列字爲『蓄』；《切韻指南》列字爲『楝』。『矗』爲《廣韻》屋韻非小韻首字，『楝』爲《廣韻》燭韻小韻首字，《等韻五種》本列『楝』字爲佳。其他版本亦無誤。第二圖列字爲『畜』，《廣韻》小韻首字爲『蓄』，下有

『畜』字。列字以『蓄』爲佳，『畜』『矗』均無誤。

85 入三澄 逐 嚴氏本、《墨海金壺》本同，《等韻五種》本列字爲『躅』。逐，《廣韻》直六切，《集韻》、毛氏《增韻》仲六切，澄屋入合三通；《四聲等子》《切韻指南》列字爲『躅』；『逐』爲《廣韻》屋韻澄母位小韻首字，『躅』爲《廣韻》燭韻小韻首字。各本均無誤。

86 入三幫 ○ 第二圖幫母位列字『轐』，『轐』，《廣韻》封曲切；《集韻》逋玉切，幫燭入合三通；《韻鏡》内轉第一開列『轐』，《七音略》空位，脱。當列於非母位，第三圖無字是。

87 入三並 ○ 嚴氏本、《墨海金壺》本同，《等韻五種》本列字爲『僕』。第二圖列字爲『僕』，『僕』，《廣韻》、《集韻》、毛氏《增韻》蒲沃切，並沃入合一通；『僕，蒲沃切又步木切』，當爲並母沃一等或屋一等，不當列於三等並母位，第三圖無字是。《等韻五種》本誤，當校删。宋本是。

88 入三審 叔 嚴氏本、《墨海金壺》本同，《等韻五種》本列字爲『束』。叔，《廣韻》《集韻》、毛氏《增韻》式竹切，書屋入合三通；《四聲等子》列字爲『束』；『叔』爲《廣韻》屋韻小韻首字，『束』爲《廣韻》燭韻小韻首字。各本均無誤。

89 入三禪 熟 宋本、嚴氏本、《墨海金壺》本同，《等韻五種》本列字爲『蜀』。熟，《廣韻》殊六切，《集韻》、毛氏《增韻》神六切，禪屋入合三通；毛氏《增韻》小韻首字爲『孰』；《韻鏡》内轉第一開，列字爲『塾』；《四聲等子》列字爲『蜀』；《起數訣》列字爲『孰』；『熟』爲《廣韻》

屋韻禪母位小韻首字，『蜀』爲《廣韻》燭韻小韻首字。各本均無誤。

90 入三曉　旭　第二圖列字爲『蓄』，《廣韻》《集韻》許竹切，曉屋入合三通；爲《廣韻》屋韻小韻首字，『旭』爲燭韻小韻首字，該位列此二字均無誤。

91 入三喻　○　嚴氏本、《墨海金壺》本、《等韻五種》本列字爲『囿』。囿，《廣韻》于六切，入屋云母，當列於喻三位。宋本將其列入影母四等，誤。《廣韻》喻三入聲屋韻有字，『囿』爲小韻首字。《等韻五種》本列『囿』字是，其他各本當校補。

92 入三來　六　嚴氏本、《墨海金壺》本同，《等韻五種》本列字爲『録』。六，《廣韻》、《集韻》、毛氏《增韻》力竹切，來屋入合三通；《四聲等子》列字爲『録』；『六』爲《廣韻》屋韻來母位小韻首字，『録』爲《廣韻》燭韻小韻首字。各本均無誤。

93 入三日　辱　第二圖列字爲『肉』。辱，《廣韻》日燭入合三通，爲《廣韻》燭韻小韻首字。『肉』，《廣韻》如六切，日屋入合三通；爲《廣韻》屋韻小韻首字。此二字均無誤。

94 入四精　蹙　嚴氏本同，《墨海金壺》本、《等韻五種》本列字爲『足』。蹙，《廣韻》、《集韻》、毛氏《增韻》子六切，精屋入合三通；《韻鏡》内轉第一開、《七音略》内轉第一重中重列字爲『蹙』；《四聲等子》《切韻指南》列字爲『足』；第二圖列字『足』。蹙，《廣韻》子六切，精屋入合三通；爲《廣韻》屋韻小韻首字。『足』，《廣韻》即玉切，精燭入合三通；爲《廣韻》燭韻小韻首字。此二字均無誤，諸本均無誤。

95 入四心　肅　嚴氏本、《墨海金壺》本同，《等韻五種》本列字爲『粟』。肅，《廣韻》息逐切，《集韻》、毛氏《增韻》息六切，心屋入合三通；《四聲等子》《切韻指南》列字爲『粟』；『肅』爲《廣韻》屋韻小韻首字，『粟』爲《廣韻》燭韻小韻首字。各本均無誤。

96 入四從　◯　《等韻五種》本同，嚴氏本、《墨海金壺》本列字爲『歗』。歗，《廣韻》才六切，《集韻》就六切，從屋入合三通；爲《廣韻》小韻首字，嚴氏本、《墨海金壺》本列『歗』字爲是。第二圖列字爲『歗』，《廣韻》燭韻從母位無字，入四列目爲『屋燭』，則二韻均可列入，宋本、《等韻五種》本，當校補『歗』字。

97 入四影　囿　嚴氏本同，《墨海金壺》本、《等韻五種》本空位。『囿』，《廣韻》、《集韻》、毛氏《增韻》于六切，云屋入合三通；當列於喻三等。《韻鏡》《七音略》均列於喻三位；《墨海金壺》本、《等韻五種》本空位是；宋本、嚴氏本均誤，當校刪。

98 入四喻　◯　嚴氏本、《墨海金壺》本同，《等韻五種》本列字爲『欲』。欲，《廣韻》余蜀切，入燭以母，當列於喻四位。『欲』爲《廣韻》燭韻喻四位小韻首字，《等韻五種》本列『欲』字爲是，宋本當校補。第二圖列字爲『育』，《廣韻》《集韻》余六切，以屋入合三通；當列於喻四位，且爲《廣韻》小韻首字。入四列目爲『屋燭』，則二韻均可列入，宋本誤，當校補『育』或『欲』字。

【釋】

一、與《廣韻》之對比

平聲

《指掌圖》列目爲一等模、二等魚、三等虞魚、四等魚。分別對應《廣韻》的模、魚、虞韻。

一等：《指掌圖》收録19字。《廣韻》模韻共有17個小韻，《指掌圖》全部收録。《指掌圖》中收録端母位「都」、滂母位「鋪」，《廣韻》未收録。

二等：《指掌圖》收録4字，《廣韻》魚二等共有4個小韻，《指掌圖》全部收録。其中非小韻首字2個：崇母位「鋤」、生母位「蔬」，首字分別爲「鉏」「疏」。

三等：《指掌圖》收録22字，其中魚韻字15個、虞韻字7個。《廣韻》魚三等共有15個小韻，《指掌圖》全部收録。非小韻首字1個：溪母位「胠」，首字爲「虚」。「胠」在《廣韻》「虚，去魚切」下，又「許魚切」爲曉母字，《指掌圖》將小韻首字「虚」列於曉母，溪母處列「胠」，當是儘量不列又讀字。

《廣韻》虞三等共有20個小韻，《指掌圖》收録7個。其中非小韻首字3個：非母位「夫」、敷母位「泭」、奉母位「鳬」，首字分別爲「跗」「敷」「扶」。《指掌圖》昌母位列「貙」、船母位列「廚」，分屬徹母和澄母。且昌母處，虞韻有字並不採用，卻以徹母字列入，可見知章組聲母已經趨同。

四等：《廣韻》魚四等共5個小韻，《指掌圖》全部收録。其中非小韻首字2個：精母位「苴」、喻四位「舁」，首字分別爲「且」「餘」。

上聲

《指掌圖》列目爲一等姥、二等語麌、三等麌語、四等麌語。分別對應《廣韻》的姥、語、麌韻。

一等：《廣韻》姥韻共18個小韻，《指掌圖》全部收録。其中非小韻首字2個：泥母位「砮」、影母位「鄔」，首字分別爲「怒」「隖」。

二等：《指掌圖》列語麌韻字，共5字。其中語韻4字，麌1字。《廣韻》語二等共4個小韻，《指掌圖》全部收録。

《廣韻》麌照二共4個小韻，《指掌圖》收録了1個。「貗，鶵禹切」，本爲崇母麌韻字，卻在《指掌圖》中列於俟母位。崇母位列語韻崇母字「齟」。可見崇俟已不分。

三等：《指掌圖》列語麌韻字，共21字，其中語14字，麌7字。《廣韻》語三等共17個小韻，取14個。影母、禪母位列麌韻字，牀母位有字「紓」，未取空位。影母位「庾，以主切」，當屬喻四，喻四位列語韻「與」字。「庾」字列位不當。其中非小韻首字2個：章母位「煑」、昌母位「處」，首字分別爲「鬻」「杵」。

《廣韻》麌三等共17個小韻，取7個，其中非小韻首字1個：喻三位「雨」，首字爲「羽」。

四等：《指掌圖》列語麌韻字，共6字，其中語四等4字，麌四等2字。《廣韻》語四等共6個小韻，《指掌圖》收録4個。精、從母位取麌韻字，蓋因麌韻「聚」「取」兩字較語韻「咀」「䀛」兩字更爲常用。《廣韻》麌精組共4個小韻，《指掌圖》取2個。

去聲

《指掌圖》列目爲一等暮、二等御遇、三等御遇、四等遇御。分別對應《廣韻》的暮、御、遇韻。

一等：《指掌圖》列19字，《廣韻》暮韻共19個小韻，《指掌圖》收録18個。其中非小韻首字5個：溪母位「袴」、端母位「妬」、透母位「兎」、泥母位「怒」、清母位「醋」，首字分別爲「絝」「妒」「菟」「笯」「厝」。另《指掌圖》精母位列「做」，《廣韻》精母位爲「作」，無「做」字形。「怒」字在上聲中爲小韻首字，《指掌圖》未取而取「弩」字，「怒」在去聲中爲非小韻首字，卻取入圖，是否强調該字已無上聲？

二等：《指掌圖》列目爲御遇，收録4字。此4字在《廣韻》中均爲御韻字。《廣韻》御二等共有4個小韻，《指掌圖》全部收録。《廣韻》遇二等有2個小韻，未收。御韻字「詛」「助」較遇韻「菆」「捒」更爲常用。列目爲御遇，而列字卻無遇韻字，説明並不是因韻圖格式所限纔合併韻母於同等，而是某些韻母確實已經混合無别了。

三等：《指掌圖》列目爲御遇，共收21字，其中御15字，遇6字。《廣韻》御三等共16個小韻，《指掌圖》收録15個。未取小韻爲群母位，列遇韻字。其中非小韻首字3個：溪母位「去」、章母位「翥」、日母位「茹」，首字分别爲「㰦」「䎝」「洳」。從列字上看，很多列字使用常用字，不拘泥於小韻首字。牀母位列「筯」，「筯，遲倨切」，爲澄母字，澄母位列遇韻字「住」，御遇兩韻均無牀母字，爲知照三等混亂。《廣韻》遇三等共19個小韻，《指掌圖》取6個，其中非小韻首字1個：群母位「具」，首字爲「懼」。

四等：《指掌圖》列目爲御遇，共收6字，其中御4個，遇2個。《廣韻》御四共有5個小韻，《指掌圖》收録4個。喻四位未取，取遇韻字「喻」。《廣韻》遇四共有5個小韻，取2個，均爲非小韻首字：從母位「聚」、喻四位「喻」，首字分别爲「堅」「裕」。

入聲

入聲列目爲一等沃屋、二等燭屋、三等燭屋、四等燭屋。與第二圖頗相似。

一等：祇有一字與第二圖不同。

二等：第三圖示目爲燭屋，第二圖祇標屋，但列字完全相同。

三、四等：兩圖示目均爲燭屋，但列字上略有不同。

特將本圖與第二圖入聲同異用表格形式表示如下：

等第	聲母	第二圖	第三圖	合計
一等	並	瀑	暴	1
三等	溪	麯	麴	7
	群	⿰馬匊	驧	
	徹	畜	矗	
	幫	轐	○	
	並	僕	○	
	曉	旭	蓄	
	日	肉	辱	

續表

等第	聲母	第二圖	第三圖	合計
四等	精	足	蹙	
	從	歜	○	3
	喻	育	○	

注：

1 首字與非首字之别

「瀑」—「暴」、「駒」—「騚」

2 取韻不同之别

「辱」—「肉」、「旭」—「蓄」、「足」—「蹙」。「辱」「旭」「足」爲燭韻字，「肉」「蓄」「蹙」爲屋韻字。

3 脣音取捨之别

第二圖重脣音幫母、並母位列字，而三圖重脣音没有列字。

4 標目不同

第二圖二等位標目衹有「屋」，而三圖二等標目爲「屋燭」，但列字完全一樣，衹取屋韻字，並無燭韻字。

5 其他

另有第三圖四等較二圖缺失兩字。第三圖三等溪母字，與二圖列字不同，二圖列字《廣韻》未收此字形，三圖列字《廣韻》中收録。

本圖與《集韻》同異處：

去四《指掌圖》邪母處列「屐」，該字在《廣韻》中爲小韻首字，而《集韻》中未見此字。《集韻》邪母位列「姐，祥豫切」，該小韻衹有一字，此處與《廣韻》同。

平一《廣韻》的端母與滂母位無字，《指掌圖》此處與《集韻》同。

二、與《韻鏡》之對比

本圖收録之字，主要對應《韻鏡》的第十一開，輔以第十二開合。

平聲三等　《指掌圖》昌母位列「貙」，《韻鏡》列於徹母位。《指掌圖》船母位列「廚」，《韻鏡》列於澄母位。

上聲二等　《指掌圖》俟母位列「㹨」，《韻鏡》列於崇母位。

上聲三等　《指掌圖》影母位列「庾」，《韻鏡》列於喉音清濁四等位，爲四等入三等。

去聲三等　《指掌圖》船母位列「筯」，《韻鏡》澄母位列「箸」，列字不同，但爲異體字。

入聲與二圖同。

《指掌圖》與《韻鏡》空位對比2個：

平四：（以）昇/○；上三：（船）○/㯟。

《指掌圖》與《韻鏡》列字差異27個：

平一：（心）蘇/蘓；（並）酺/蒲；平二：（崇）鋤/鉏；（生）蔬/踈；（莊）葅/菹；平三：（敷）泭/敷；（非）夫/膚；（奉）鳧/符；（溪）胠/墟；上一：（影）鄔/隖；（泥）弩/努；上三：（昌）處/杵；（徹）楮/褚；（章）煑/鬻；去一：（泥）怒/笯；（清）醋/厝；去二：（初）楚/儊；去三：

(群)具/懼；(日)茹/洳；(章)翥/箸；去四：(清)覰/覷；(以)喻/裕；入一：(並)瀑/暴；(曉)謦/熇；入三：(禪)熟/塾；(徹)旭/畜；(徹)矗/蓄。

另，本圖主要對應《七音略》內轉第十二輕中輕和內轉第十一重中重。

本圖收字仍以《廣韻》小韻列字爲主，《廣韻》有《集韻》未有小韻并未列入。在列圖上，一等字列《韻鏡》內轉第十二開合，二三四等位列字，則以內轉第十一開爲主，適當補入內轉第十二開中列字。《韻鏡》陰聲韻不配入聲，本圖配入中古通攝入聲，與第二圖基本相同。

四

	見	溪	羣	疑	端	透	定	泥	知
平	鉤	彄	○	齵	兜	偷	頭	羺	
	○	○	○	○					○
	鳩	丘	求	牛					輈
	樛	恘	虯	聱	○	○	○	○	
上	苟	口	○	藕	斗	黈	[illegible]	㝅	
	○	○	○	○					○
	久	糗	舅	○					肘
	糾	○	蟉	○	○	○	○	○	
去	遘	寇	○	偶	鬬	透	豆	槈	
	○	○	○	○					○
	救	[illegible]	舊	鼿					晝
	○	[illegible]	[illegible]	○	○	○	○	○	
入	裓	刻	○	○	德	忒	特	螚	
	○	○	○	○					○
	訖	乞	趌	疙					窒
	吉	詰	姞	耴	○	○	○	○	

微	奉	敷	非	明	並	滂	幫	娘	澄	徹
				謀	裒	○	○			
				○	○	○	○	○	○	○
○	浮	颫	不	○	○	○	○	惆	儔	抽
				繆	滮	○	彪			
				母	部	剖	掊			
				○	○	○	○	○	○	○
○	婦	紑	缶	○	○	○	○	狃	紂	丑
				○	○	○	○			
				茂	胳	仆	○			
				○	○	○	○	○	○	○
苺	復	副	富	○	○	○	○	糅	胄	俞
				謬	○	○	○			
				墨	蔔	覆	北			
				○	○	○	○	○	○	○
○	○	○	○	○	○	○	○	暱	秩	抶
				○	○	○	○			

	精	清	從	心	斜	照	穿	牀	審
平	緅	[illegible]	剽	涑	○				
						鄒	篘	愁	搜
						周	犨	○	收
	揫	秋	酋	脩	囚				
上	走	趣	鯫	叟	○				
						掫	[illegible]	穊	溲
						帚	醜	○	手
	酒	○	湫	滫	○				
去	奏	輳	[illegible]	嗽	○				
						皺	簉	驟	瘦
						呪	臭	○	狩
	僦	趥	就	秀	岫				
入	則	城	賊	塞	○				
						櫛	刹	齜	瑟
						質	叱	○	失
	喞	七	疾	悉	○				

韻	日	來	喻	匣	曉	影	禪
侯		樓	○	侯	齁	謳	
尤		○	○	○	○	○	○
尤	柔	留	尤	○	休	憂	讎
尤幽		鏐	由	○	飍	幽	
厚		塿	○	厚	吼	歐	
有		○	○	○	○	○	○
有	蹂	柳	有	○	朽	𩙪	受
黝		○	酉	○	○	黝	
候		陋	○	候	詬	漚	
宥		○	○	○	○	○	○
宥	輮	溜	又	○	齅	○	授
幼宥		○	狖	○	○	幼	
德		勒	○	劾	黑	餩	
櫛		○	○	○	○	○	○
迄質	日	栗	○	○	迄	乙	實
質		○	逸	○	欯	一	

第四圖

校：

1 平一見 鉤 《廣韻》《集韻》、真福寺本、毛氏《增韻》古侯切，見侯平開一流；《韻鏡》内轉第三十七開，列字爲『鉤』；《七音略》内轉四十重中重，列字爲『鈎』；《四聲等子》《切韻指南》見一侯流攝内七獨韻狹門第二十一圖，列字爲『鉤』。『鉤』爲《廣韻》侯韻見母位小韻首字，『鈎』與『鉤』爲異體字關係。列字以『鉤』爲佳，《指掌圖》亦無誤。

2 平一溪 彄 《廣韻》恪侯切，《集韻》墟侯切，真福寺本、毛氏《增韻》驅侯切，溪侯平一開流；《韻鏡》内轉第三十七開、《七音略》内轉四十重中重，列字爲『驅』；《四聲等子》列字爲『摳』。宋本模糊不清，其他各本均爲『彄』。『彄』爲《廣韻》侯韻溪母位小韻首字，宋本可認定作『彄』。

3 平一明 謀 《廣韻》莫浮切，《集韻》迷浮切，明尤平開三流；《韻鏡》列於内轉第三十七開脣音清濁三等尤韻下；《七音略》列於内轉四十重中重明母三等尤韻下；《四聲等子》《切韻指南》列字爲『呣』，《廣韻》亡侯切，平侯，明。《指掌圖》列位錯誤，當校删。

4 平一精　緅　嚴氏本、《墨海金壺》本同，《等韻五種》本列字爲『鯫』。緅，《廣韻》子侯切，精侯平開一流；《集韻》、真福寺本、毛氏《增韻》將侯切，精侯平開一流；《韻鏡》内轉第三十七開、《七音略》内轉四十重中重，列字爲『鯫』；《四聲等子》列字爲『諏』；《切韻指南》列字爲『鯫』。『諏』，《廣韻》有子侯切。『鯫』爲《廣韻》侯韻精母位小韻首字，下有『緅』『諏』二字。《等韻五種》本列『鯫』字爲佳，宋本亦無誤。

5 平一從　⿰聚刂　《廣韻》徂鉤切，《集韻》徂侯切，從侯平開一流；《韻鏡》内轉第三十七開，列字爲『鄹』；《廣韻》小韻首字爲『⿰聚刂』，未收『鄹』字，《集韻》以『⿰聚刂』『鄹』均爲首字，爲異體字。列字以『⿰聚刂』爲佳，《指掌圖》爲是。

6 平一來　樓　《廣韻》落侯切，《集韻》郎侯切，來侯平開一流；真福寺本、毛氏《增韻》收字爲『婁』。《韻鏡》内轉第三十七開，列字爲『樓』；《七音略》内轉四十重中重，列字爲『婁』；《四聲等子》《起數訣》列字爲『婁』。『樓』爲《廣韻》侯韻來母位小韻首字，列字以『樓』爲佳，《指掌圖》從《韻鏡》，是。

7 平二穿　篘　《廣韻》楚鳩切，《集韻》初尤切，初尤平開三流；《韻鏡》内轉第三十七開，列字爲『搊』；《七音略》内轉四十重中重，列字爲『搊』；《四聲等子》《切韻指南》《起數訣》列字爲『搊』。『搊』爲《廣韻》尤韻初母位小韻首字，小韻内收有『篘』字，注『篘酒』。列字以

『搊』爲佳，《指掌圖》亦無誤。

8 平二審　搜　《廣韻》所鳩切，《集韻》踈鳩切，生尤平開三流；《韻鏡》內轉第三十七開、《七音略》內轉四十重中重，列字爲『搜』。『𢯱』爲《廣韻》尤韻生母位小韻首字，『索也，求也，聚也』，小韻內收有『搜』字，注『上同。凡從叜者作叟同』。『𢯱』與『搜』爲異體字，《指掌圖》無誤。

9 平三群　求　嚴氏本、《墨海金壺》本同，《等韻五種》本列字爲『裘』。求，《廣韻》巨鳩切，《集韻》渠尤切，真福寺本、毛氏《增韻》渠由切，群尤平開三流；《韻鏡》內轉第三十七開、《七音略》內轉四十重中重，列字爲『求』；《四聲等子》《切韻指南》均列字爲『求』；《起數訣》列字爲『永』，當爲『求』字之誤。『裘』爲《廣韻》尤韻群母位小韻首字，《等韻五種》本從《廣韻》，宋本等諸本從《韻鏡》，亦無誤。

10 平三娘　惆　《廣韻》丑鳩切，徹尤平開三流，不當列於娘母位；《集韻》尼猷切，娘尤開三流；《韻鏡》《七音略》未收；《四聲等子》流攝內六全重無輕韻第六圖、《切韻指南》流攝內七獨韻狹門第二十一圖、《起數訣》收音濁第七十四圖，均列『惆』。《廣韻》娘母位無小韻，《指掌圖》與《四聲等子》《切韻指南》《起數訣》均從《集韻》。若從《集韻》，列『惆』字無誤；若從《廣韻》，此處當校刪。

11 平三明　○　《廣韻》平三明母位有小韻『謀』莫浮切，明尤平開三流；《韻鏡》內轉第三十七開,《七音略》内轉四十重中重,均於明母三等位列「謀」字;《四聲等子》《切韻指南》均於三等位列「謀」字;《起數訣》開音清第七十三圖,列於一等位。「謀」爲《廣韻》尤韻明母位小韻首字,當列於三等,《指掌圖》將「謀」列於一等,誤,當校補。

12 平三敷 飆 《廣韻》匹尤切,《集韻》披尤切,敷尤平開三流;《韻鏡》未收;《七音略》内轉四十重中重、《四聲等子》流攝内六全重無輕韻第六圖;《切韻指南》流攝内七獨韻狹門第二十一圖,列字均爲「飆」。《起數訣》列字爲「䖺」,《康熙字典》:「《玉篇》音烏。楚人呼虎爲烏菟。俗从虎。」當爲「飆」字之誤。「飆」爲《廣韻》尤韻明母位小韻首字,《指掌圖》從《廣韻》及《七音略》,列「飆」字是。

13 平三影 憂 《廣韻》《集韻》於求切,真福寺本、毛氏《增韻》於丘切,影尤平開三流;《韻鏡》内轉第三十七開、《七音略》内轉四十重中重,列字爲「優」。「憂」爲《廣韻》尤韻影母位小韻首字,列字以「憂」爲佳,《指掌圖》是。

14 平三來 留 《墨海金壺》本同,嚴氏本列字爲「畱」,《等韻五種》本列字爲「劉」。《廣韻》、《集韻》、真福寺本、毛氏《增韻》力求切,來尤平開三流;《韻鏡》内轉第三十七開,列字爲「劉」;《七音略》内轉四十重中重,列字爲「留」;《四聲等子》《切韻指南》列字爲「劉」。「劉」爲《廣韻》尤韻來母位小韻首字,小韻内收有「留」字,「留」「畱」爲異體字。《等韻五種》本列「劉」爲佳,宋本從《七音略》,亦無誤。

15 平四群　虯　《廣韻》、《集韻》、真福寺本、毛氏《增韻》渠幽切，群幽平開四流；《韻鏡》内轉第三十七開，列字爲『蚪』；《七音略》内轉四十重中重，列字爲『虯』；《四聲等子》列字爲『璆』。『虯』爲《廣韻》小韻首字，《韻鏡》列字當爲誤字。『虯』爲《廣韻》幽韻群母位小韻首字，《指掌圖》從《廣韻》《七音略》，是。

16 平四滂　○　《廣韻》尤幽兩韻均無滂母四等位字；《韻鏡》内轉第三十七開，平四脣音次清位列『飄』，《廣韻》匹尤切，《集韻》披尤切，滂尤平開三流，當列於三等，《七音略》列於滂母三等位。《指掌圖》列於三等敷母位，是。

17 平四並　滮　《廣韻》皮彪切，《集韻》、真福寺本、毛氏《增韻》皮虯切，並幽平開三流；《韻鏡》内轉第三十七開，列字爲『滮』；《七音略》内轉四十重中重，列字爲『淲』；《四聲等子》《切韻指南》列字爲『淲』；《起數訣》列字爲『飍』，《廣韻》《集韻》香幽切，曉幽平開四流，不當列於並母位，誤。『淲』爲《廣韻》小韻首字，小韻内未收『滮』字，《集韻》中『淲』『滮』爲首字異體。列字以『淲』爲佳，《指掌圖》從《韻鏡》，亦無誤。

18 平四精　揫　嚴氏本、《墨海金壺》本同，《等韻五種》本列字爲『遒』。揫，《廣韻》、真福寺本、毛氏《增韻》即由切，《集韻》將由切，精尤平開三流；真福寺本、毛氏《增韻》列字爲『啾』；《韻鏡》内轉第三十七開，列字爲『啾』；《七音略》《起數訣》列字爲『䅡』；《四聲等子》《切韻指南》列字爲『遒』。『遒』爲《廣韻》尤韻精母位小韻首字，尤韻三等字，小韻内收『揫』『啾』

字，《指掌圖》該列爲「幽尤」韻字，無誤。《七音略》所列「鎡」爲幽韻字，子由切，精母，亦合於此位。《等韻五種》本列字「遒」爲佳，宋本亦無誤。

19 平四從 酋 《廣韻》自秋切，《集韻》、真福寺本、毛氏《增韻》字秋切，從尤平開三流；《韻鏡》内轉第三十七開，列字爲「遒」。《七音略》内轉四十重中重，列字爲「莤」。「莤」，以周切，誤，當爲「蕕」或「酋」誤；「酋」爲《廣韻》尤韻從母位小韻首字，小韻内收「遒」字。列字以「酋」爲佳，《指掌圖》是。

20 平四心 脩 嚴氏本同，《墨海金壺》本、《等韻五種》本列字爲「修」。脩，《廣韻》息流切，《集韻》、真福寺本、毛氏《增韻》思留切，心尤平開三流；《韻鏡》内轉第三十七開、《七音略》内轉四十重中重，列字均爲「脩」，《四聲等子》列字爲「修」。「脩」爲《廣韻》尤韻心母位小韻首字，宋本列「脩」字是。

21 平四喻 由 嚴氏本、《墨海金壺》本同，《等韻五種》本列字爲「猷」。由，《廣韻》以周切，《集韻》、真福寺本、毛氏《增韻》夷周切，以尤平開三流；《韻鏡》内轉第三十七開、《七音略》内轉四十重中重，均列「由」；《切韻指南》列字爲「猷」。「猷」爲《廣韻》喻四位小韻首字，小韻内收有「由」字。《等韻五種》本列「猷」字爲佳，宋本亦無誤。

22 上一透 黈 《廣韻》天口切，《集韻》、真福寺本、毛氏《增韻》他口切，透厚上開一流；《韻鏡》内轉第三十七開，列字爲「黈」；《七音略》列字爲「妵」；《四聲等子》《切韻指南》列字爲

『𪌭』，《起數訣》列字爲『黈』。『𪌭』爲《廣韻》厚韻透母位小韻首字，下收有『黈』，『冕前曠也』；亦有『妵』，注爲人名。『妵』爲《集韻》小韻首字，《七音略》從《集韻》。《指掌圖》從《廣韻》，是。

23 上一幫　㨐　《廣韻》方垢切，《集韻》、真福寺本、毛氏《增韻》彼口切，幫厚上開一流；真福寺本、毛氏《增韻》有幫紐小韻，未收此字，首字爲『掊』；《韻鏡》内轉第三十七開，列字爲『掊』；《七音略》列字爲『掊』；『㨐』爲《廣韻》厚韻幫母位小韻首字，爲佳。《指掌圖》是。

24 上一心　叟　《廣韻》蘇後切，《集韻》、真福寺本、毛氏《增韻》蘇后切，心厚上開一流；《韻鏡》内轉第三十七開，列字爲『叜』；《七音略》列字爲『藪』；《四聲等子》、《切韻指南》列字爲『叜』；『叜』爲《廣韻》厚韻心母位小韻首字，下列『叟』字，注同上，『叜』小韻下收有『藪』字，《指掌圖》列《廣韻》小韻首字『叜』爲佳。

25 上一影　毆　嚴氏本、《墨海金壺》本列字爲『毆』，《等韻五種》本列字爲『嘔』。毆，《廣韻》烏后切，《集韻》、真福寺本、毛氏《增韻》於口切，影厚上開一流；毛氏《增韻》小韻首字爲『嘔』；《韻鏡》内轉第三十七開、《七音略》内轉四十重中重列字爲『歐』；《四聲等子》《切韻指南》列字爲『毆』；《廣韻》影母位小韻首字爲『歐』，下有『毆』『嘔』字，無『敺』字，『敺』爲《廣韻》溪母虞韻平聲字，不當列於此位。《集韻》於口切，小韻首字爲『歐』，『敺』爲首字異體，可列於此位。該字當爲『歐』字訛誤，《韻鏡》及其他韻圖爲是，宋本，當改爲『歐』。

26 上二審　溲　嚴氏本、《墨海金壺》本同，《等韻五種》本列字爲「涭」。溲，《廣韻》踈有切，《集韻》、真福寺本、毛氏《增韻》所九切，生有上開三流；《韻鏡》内轉第三十七開，列字爲「湊」；《七音略》内轉四十重中重列字爲「涭」；《四聲等子》列字爲「涭」，永禄本《韻鏡》誤，其他版本亦爲「涭」。「涭」爲《廣韻》小韻首字，與「溲」爲異體字。《等韻五種》本列「涭」爲佳，宋本亦無誤。

27 上三見　女　該字形當爲久字之誤。「久」，《廣韻》舉有切，《集韻》、真福寺本、毛氏《增韻》己有切，見有上開三等流；《韻鏡》牙音清三有内轉第三十七開，列字爲「夂」；《七音略》見三有内轉四十重中重，列字爲「乆」；《四聲等子》《起數訣》列字爲「九」；《切韻指南》流攝内七獨韻狹門第二十一圖，列字爲「乆」。《韻鏡》列字當爲日僧轉寫錯誤，「乆」爲「久」字之異體。「久」爲《廣韻》小韻首字，下收有「九」。宋本列字形誤，當爲「久」。

28 上三群　舅　《廣韻》其九切，《集韻》、真福寺本、毛氏《增韻》巨九切，群有上開三流；真福寺本、毛氏《增韻》小韻首字爲「臼」；《韻鏡》内轉第三十七開、《七音略》、《起數訣》列字爲「臼」；《四聲等子》《切韻指南》列字爲「舅」。「舅」爲《廣韻》有韻群母位小韻首字，列字以「舅」爲佳，《指掌圖》是。

29 上三娘　狃　《廣韻》、《集韻》、真福寺本、毛氏《增韻》女久切，娘有上開三流；真福寺本、毛氏《增韻》小韻首字爲「紐」；《韻鏡》内轉第三十七開，列字爲「紐」；《七音略》内轉四十重中重，列字爲『狃』；《四聲等子》《切韻指南》列字爲『狃』；《起數訣》列字爲『紐』。『狃』爲《廣韻》有韻娘母位小韻首字，列字以『狃』爲佳，《指掌圖》是。

30 上三非　缶　該字是『缶』異體字，《廣韻》未收此字形。『缶』，《廣韻》方久切，《集韻》、真福寺本、毛氏《增韻》俯九切，非有上開三流；《韻鏡》《七音略》《四聲等子》《切韻指南》《起數訣》均用『缶』字形。列字以『缶』字形爲佳，《指掌圖》亦無誤。

31 上三敷　紑　嚴氏本、《墨海金壺》本同，《等韻五種》本列字爲『怌』。紑，《廣韻》芳否切，《集韻》、真福寺本、毛氏《增韻》孚不切，敷有上開三流；《韻鏡》内轉第三十七開、《七音略》内轉四十重中重列字爲『紑』；《四聲等子》列字爲『柸』；《切韻指南》列字爲『怌』；《廣韻》滂母位小韻首字爲『怌』，《切韻指南》從《廣韻》，《四聲等子》列字『柸』，該字同『秠』，《廣韻》列於韻尾，芳敷切。《等韻五種》本列『怌』字爲佳，宋本亦無誤。

32 上三牀　〇　《廣韻》《集韻》有韻船母均無字；《韻鏡》列字爲『壽』，《廣韻》殖酉切，禪有上開三流，在『受』小韻下，有韻無船、禪對立；《七音略》牀母位無字。《指掌圖》空位是。

33 上三審　手　嚴氏本、《墨海金壺》本同，《等韻五種》本列字爲『首』。手，《廣韻》書九切，《集韻》、真福寺本、毛氏《增韻》始九切，書有上開三流；真福寺本、毛氏《增韻》小韻首字爲『首』；《韻鏡》内轉第三十七開，列字爲『首』；《七音略》空位；《四聲等子》流攝内六全重無輕韻第六圖，列字爲『手』；《切韻指南》列字爲『首』。『首』爲《廣韻》小韻首字，《等韻五種》本列「首」字爲佳，宋本亦無誤。

34 上四心　潃　嚴氏本同，《墨海金壺》本、《等韻五種》本列字爲「滫」。潃，《廣韻》、《集韻》、真福寺本、毛氏《增韻》息有切，心有上開三流；《韻鏡》《七音略》《四聲等子》《切韻指南》《起數訣》列字均爲「潃」。「潃」爲《廣韻》心母位小韻首字，下無「滫」字。「滫」爲「潃」的異體字，宋本列正體「潃」爲是。

35 去一端　鬭　《廣韻》都豆切，《集韻》、毛氏《增韻》丁候切，端候去開一流；《韻鏡》內轉第三十七開、《七音略》內轉四十重中重均列字爲「鬭」；其他韻圖均列「鬭」字。《廣韻》小韻首字爲「鬥」，下收有「鬭」字，諸韻圖均未取小韻首字。《指掌圖》無誤。

36 去一定　豆　《廣韻》徒候切，《集韻》、毛氏《增韻》大透切，定候去開一流；《韻鏡》內轉第三十七開，列字爲「逗」；《七音略》《四聲等子》《切韻指南》《起數訣》列字爲「豆」。「豆」爲《廣韻》候韻定母位小韻首字，《指掌圖》是。

37 去一溪　冦　《廣韻》苦候切，《集韻》、毛氏《增韻》丘候切，溪候去開一流；《韻鏡》內轉第三十七開，列字爲「寇」；《七音略》《四聲等子》列字爲「冦」；《切韻指南》列字爲「寇」。《廣韻》定母位小韻首字寫作「寇」，「寇」與「冦」爲異體字，《指掌圖》亦無誤。

38 去一泥　耨　《廣韻》奴豆切，《集韻》、毛氏《增韻》乃豆切，泥候去開一流；《韻鏡》《七音略》《四聲等子》均列「耨」；《切韻指南》列字爲「槈」。「槈」爲《廣韻》候韻泥母位小韻首字，下收有『槈』字。列字以『槈』爲佳,《指掌圖》從《韻鏡》,亦無誤。

39 去一從　剩　嚴氏本、《墨海金壺》本、《等韻五種》本均列『⿰聚刂』。剩,《廣韻》、《集韻》、毛氏《增韻》未收;《韻鏡》列字爲『鄹』;《七音略》《四聲等子》《切韻指南》《起數訣》列字爲『⿰聚刂』;《韻鏡》列字亦當爲『⿰聚刂』,爲刊刻錯誤。『⿰聚刂』爲《廣韻》侯韻從母位小韻首字,此處當列『⿰聚刂』,《等韻五種》本等列『⿰聚刂』字是,宋本誤,當從其他版本校改爲『⿰聚刂』。

40 去一心　嗽　嚴氏本、《墨海金壺》本同,《等韻五種》本列字爲『瘶』。嗽,《廣韻》蘇奏切,《集韻》、毛氏《增韻》先奏切,心侯去開一流;毛氏《增韻》小韻首字爲『漱』;《韻鏡》、《七音略》、《切韻指南》列字爲『瘶』;《四聲等子》流攝内六全重無輕韻,列字爲『嗽』;《起數訣》列字爲『漱』。『瘶』爲《廣韻》候韻心母位小韻首字,注爲欬瘶,下有『嗽』字,注同上。『瘶』『嗽』爲異體字。『漱』在『瘶』小韻下。《等韻五種》本列『瘶』字爲佳,宋本亦無誤。

41 去一曉　詬　嚴氏本、《墨海金壺》本同,《等韻五種》本列字爲『蔻』。詬,《廣韻》苦候切,《集韻》、毛氏《增韻》許候切,曉侯去開一等流;毛氏《增韻》小韻首字爲『吼』;《韻鏡》《七音略》列字爲『詬』;《四聲等子》《切韻指南》《起數訣》列字爲『蔻』。『蔻』爲《廣韻》候韻曉母位小韻首字,下有『詬』字。《等韻五種》本列『蔻』字爲佳,宋本亦無誤。

42 去一來　陋　《廣韻》盧候切,《集韻》、毛氏《增韻》郎豆切,來候去開一流;毛氏《增韻》小韻首字爲『漏』;《韻鏡》内轉第三十七開,列字爲『陋』;《七音略》列字爲『漏』。『陋』爲《廣韻》

候韻來母位小韻首字，下收「漏」字。列字以「陋」爲佳，《指掌圖》是。

43 去二審 瘦 《廣韻》所祐切，《集韻》、毛氏《增韻》所救切，生宥去開三流；《韻鏡》《七音略》《四聲等子》《起數訣》列字爲「瘦」；《切韻指南》列字爲「痩」。「痩」爲《廣韻》宥韻生母位小韻首字，注「痩損」，下有「瘦」字，注「同上」。「痩」「瘦」爲異體字，《指掌圖》從《韻鏡》，無誤。

44 去三徹 畣 《墨海金壺》本同，嚴氏本列字爲「兪」，《等韻五種》本列字爲「畜」。畣，《廣韻》、《集韻》、毛氏《增韻》丑救切，徹宥去開三等流；《韻鏡》空位；《七音略》《四聲等子》《切韻指南》《起數訣》列字爲「畜」。《廣韻》徹母位小韻首字爲「畜」，下收「畣」字，「畣」爲「畜」的異體字。《等韻五種》本列「畜」字爲佳，宋本亦無誤。

45 去三微 苺 《韻鏡》内轉第三十七開，列字爲「莓」；《七音略》内轉四十重中重，列字爲「莓」；《四聲等子》列字爲「媢」；《切韻指南》《起數訣》列字爲「莓」。「莓」爲《廣韻》宥韻明母位小韻首字，亡救切，明宥去開三流，下未收「苺」字形。「苺」，《集韻》莫佩切，去隊明母。《指掌圖》誤，當改爲「莓」。

46 去三照 呪 《廣韻》、《集韻》、毛氏《增韻》職救切，章宥去開三流；《韻鏡》内轉第三十七開，列字爲「咒」；《七音略》《四聲等子》《切韻指南》均列「咒」字；《起數訣》列字爲「祝」。「呪」爲《廣韻》宥韻照三位小韻首字，注爲「呪咀」。「呪」與「咒」爲異體字，《指掌圖》是。

47 去三喻 又 嚴氏本、《墨海金壺》本同，《等韻五種》本列字爲「宥」。又，《廣韻》于救切，《集韻》尤救切，毛氏《增韻》爰救切，云宥去開三流；《韻鏡》内轉第三十七開，列字爲「宥」；《七音略》《四聲等子》《切韻指南》《起數訣》列字爲「宥」。「宥」爲《廣韻》喻三位小韻首字，下收有「又」字。《等韻五種》本列「宥」字爲佳，宋本亦無誤。

48 入一滂　覆　《廣韻》《集韻》匹北切，滂德入開一曾；《韻鏡》空位；《七音略》《四聲等子》《切韻指南》列字爲「覆」；《起數訣》列字爲「僾」。「覆」爲《廣韻》德韻滂母位小韻首字，《指掌圖》是。

49 入一並　蔔　《廣韻》蒲北切，《集韻》、真福寺本、毛氏《增韻》鼻墨切，並德入開一曾；真福寺本、毛氏《增韻》小韻首字爲「匐」；《韻鏡》内轉第四十二開，列字爲「菔」；《七音略》《切韻指南》列字爲「菔」；《四聲等子》列字爲「葥」。「菔」爲《廣韻》德韻並母位小韻首字，注「蘆菔」，下有「蔔」字，注「同上」。「菔」與「蔔」爲異體字，列字以「菔」爲佳，《指掌圖》亦無誤。

50 入一影　䬵　《廣韻》無「䬵」字形，有「餩」字。餩，《廣韻》愛黑切，《集韻》乙得切，影德入開一曾；《韻鏡》内轉第四十二開、《七音略》内轉四十二重中重，列字爲「餩」。《集韻》亦無「䬵」字形，當爲「餩」字之誤，《指掌圖》誤，當校正。

51 入一精　則　嚴氏本、《等韻五種》本同，《墨海金壺》本列字爲「側」。則，《廣韻》子德切，《集韻》、真福寺本、毛氏《增韻》即得切，精德入開一曾；《韻鏡》《七音略》《四聲等子》《切韻指南》《起數訣》均列「則」字。「測」，《廣韻》初力切，初職入，不當列於此位，《墨海金壺》本誤。

「則」爲《廣韻》精母位小韻首字，宋本是。

52 入二穿　剗　《宋本廣韻》未收此小韻，其他版本收有。剗，《廣韻》初栗切，《集韻》、真福寺本測乙切，初櫛入開三臻；《韻鏡》空位；《七音略》外轉第十七重中重，列字爲「剗」；《四聲等子》流攝内六全重無輕韻，列字爲「剗」；《切韻指南》空位。《集韻》收有「剗」小韻，《指掌圖》從《集韻》亦無誤。

53 入三疑　疙　《廣韻》魚迄切，《集韻》、真福寺本、毛氏《增韻》魚乙切，疑迄入開三臻；《韻鏡》外轉第十九開，列字爲「耴」；《七音略》外轉第十九重中輕，列字爲「疙」；《四聲等子》列字爲「疙」；《切韻指南》列字爲「耴」；《起數訣》列字爲「仡」。「疙」爲《廣韻》迄韻疑母位小韻首字，下收有「仡」字。「耴」，《廣韻》魚乙切，入質疑母，爲質韻疑母位小韻首字。《指掌圖》爲合韻韻圖，列「疙」字無誤。

54 入三禪　實　《廣韻》神質切，《集韻》、真福寺本、毛氏《增韻》食質切，船質入開三臻；《韻鏡》外轉第十七開，列於齒音濁三等位，爲船母；《七音略》外轉第十七重中重，列於船母；《四聲等子》臻攝外三輕重俱等韻，列於禪母；《切韻指南》蟹攝外二開口呼，列於船母；「實」在《廣韻》中爲船母字，列於禪母位，表現了《指掌圖》船禪不分，從韻圖列字看，當移至船母位。《指掌圖》誤。

55 入三喻　○　《廣韻》質韻喻三等位小韻首字爲「𩗗」，迄韻喻三等位無字，《指掌圖》爲合韻韻圖，本圖入三等標目爲『質迄』，共16字，質11字、迄5字。此處有質韻字，當校補。《指掌圖》誤。

56 入三日　日　《廣韻》、《集韻》、真福寺本、毛氏《增韻》人質切，日質入開三臻；《韻鏡》外轉第十七開，列字爲『月』，當爲刊刻之誤；其他韻圖均列『日』字。《指掌圖》是。

57 入四群　姞　《廣韻》巨乙切，《集韻》、真福寺本極乙切，群質入開重紐三臻；《韻鏡》外轉第十七開，於牙音濁四等質韻列字爲『佶』，『姞』列於三等位；《七音略》外轉第十七，在群母三等位列『姞』，四等位空位；《四聲等子》《切韻指南》列字爲『佶』；《起數訣》空位。『姞』爲三等字，當列於三等位，《指掌圖》三等位已列迄韻字『趌』。此字列於四等，雖可證三、四等相混，但按韻圖規制，當删。《指掌圖》誤。

58 入四疑　耴　《廣韻》陟葉切，《集韻》、真福寺本逆乙切，疑質入開重紐三臻；《韻鏡》外轉第十七開，列於牙音清濁三等位；《七音略》外轉第十七重中重，列於疑三等位；《四聲等子》《切韻指南》列字爲『[illegible]』；《起數訣》收音濁第三十四圖，列於疑四等位。該字在《廣韻》中即爲『耴』字形，當正爲『耴』，當列於三等位。《指掌圖》三等位列迄韻字『疙』，此字列於四等，雖可證三、四等相混，但按韻圖規制，當删。《指掌圖》誤。

59 入四端　○　《韻鏡》外轉第十七開、《七音略》外轉第十七、《四聲等子》臻攝外三輕重俱等韻開口呼，列字爲『蛭』；《切韻指南》臻攝外二開口呼廣門，列字爲『窒』。『窒』陟栗切，知質入三，爲《廣韻》小韻首字，列於《指掌圖》三等位。『蛭』在《廣韻》中一則列於質小韻下，之日切，爲章母三等字；一則于韻末增蛭小韻，丁悉切。唐五代韻書質韻無端紐，《廣韻》所補當删。《指掌圖》空位是。

60 入四定 ○ 《韻鏡》外轉第十七開，列字爲『蛭』；《七音略》空位；《四聲等子》臻攝外三輕重俱等韻開口呼，列字爲『耋』；《切韻指南》蟹攝外二開口呼廣門，列字爲『耋』。『姪』，《廣韻》直一切，入質澄；在『秩』小韻下，『秩』列於本圖澄母三等位。另一音『徒結切』定母，屑韻，亦不合於此位。《指掌圖》空位是。

61 入四泥 ○ 《韻鏡》外轉第十七開，列字『昵』；《七音略》外轉第十七，列字『昵』。《四聲等子》臻攝外三輕重俱等韻開口呼，列字爲『昵』；《切韻指南》蟹攝外二開口呼廣門，列字爲『昵』。『昵』，《廣韻》尼質切，入質娘。《廣韻》娘母位小韻首字爲『暱』，下收『昵』字，注『同上』。二字爲異體字關係。該字列於三等娘母位，諸韻圖均誤，《指掌圖》空位是。

62 入四精 唧 《廣韻》資悉切，《集韻》、真福寺本、毛氏《增韻》子悉切，精質入開三臻；真福寺本、毛氏《增韻》小韻首字爲『堲』；《韻鏡》外轉第十七開、《七音略》外轉第十七重中重、《四聲等子》《切韻指南》《起數訣》列字均爲『堲』。『堲』爲《廣韻》質韻精母位小韻首字，下收有『唧』字。列字以『堲』爲佳，《指掌圖》亦無誤。

【釋】

一、與《廣韻》之對比

平聲

《指掌圖》列目爲一等侯、二等尤、三等尤、四等幽尤。分别對應《廣韻》的侯、尤、幽韻。

一等：《指掌圖》列侯韻字，共17字，其中侯韻字16個，另明母位「謀，莫浮切」，爲尤韻三等字。《廣韻》中侯韻明母一等「呣，亡侯切」未收録。非小韻首字1個：精母位「緅」，首字爲「鯫」。

二等：《指掌圖》列尤韻字，共4字。《廣韻》尤二等共有4個小韻，全部收録。其中非小韻首字2個：初母位「篘」、生母位「搜」，首字分别爲「㩅」「捘」。

三等：《指掌圖》列尤韻字，共20字。《廣韻》尤三等共有20個小韻，《指掌圖》收録19個。明母位「謀」已列入一等。娘母位「惆」，《廣韻》尤韻徹母「抽」小韻下，本圖徹母位已列「抽」字。《廣韻》娘母無字。

四等：《指掌圖》列尤幽韻字，共16字，其中尤韻字7個、幽韻字9個。《廣韻》尤四等共7

個小韻，全部收録，其中非小韻首字2個：精母位「揫」、喻四位「由」，首字分別爲「遒」「猷」。

《廣韻》幽四等共11個小韻，《指掌圖》收録9個。其中非小韻首字1個：並母位「滮」，首字爲「淲」。

上聲

《指掌圖》列目爲一等厚，二等有，三等有，四等黝。分別對應《廣韻》的厚、有、黝韻。

一等：《廣韻》厚一等共19個小韻，《指掌圖》收録19字。其中非小韻首字1個：心母位「叟」，首字爲「叜」。另影母位「毆」，《廣韻》無此字形，當爲「歐」字異體。

二等：《廣韻》照二位共4個小韻，《指掌圖》全部收録。其中非小韻首字1個：生母位「溲」，首字爲「涭」。

三等：《廣韻》有三等共19個小韻，《指掌圖》收録19字。其中非小韻首字2個：敷母位「紑」、書母位「手」，首字分別爲「恒」「首」。另有非母位「缶」，《廣韻》字形爲「缶」，見母位「夂」，當爲《廣韻》「久」字。

四等：《指掌圖》列目爲「黝」共7字。雖標目爲「黝」，但圖中所列卻是「有」「黝」韻字。《廣韻》黝四等共3個小韻，《指掌圖》全部收録。《廣韻》有四等共4個小韻，全部收録。

去聲

《指掌圖》列目爲一等候、二等宥、三等宥、四等宥幼。分别對應該《廣韻》的候、宥、幼韻。

一等：《指掌圖》列 18 字，《廣韻》候韻共有 18 個小韻，《指掌圖》收録 17 個。從母位「剡」，《廣韻》無此字，從母位列「剶，才奏切」。非小韻首字 4 字：端母位「鬭」、泥母位「耨」、心母位「嗽」、曉母位「詬」，首字分别爲「鬥」「槈」「瘶」「蔻」。

二等：《指掌圖》列 4 字，《廣韻》宥照二共有 4 個小韻，全部收録，非小韻首字 1 個：生母位「瘦」，首字爲「痩」。

三等：《指掌圖》列 20 字，《廣韻》宥韻共有 20 個小韻，全部收録。非小韻首字 2 個：徹母位「俞」、喻三母位「又」，首字分别爲「畜」「宥」。另有微母「苺」字，《廣韻》無此字形，有微母字「莓，亡救切」，當爲此字異體。

四等：《指掌圖》列目爲幼宥韻字，共 10 字。《廣韻》幼四等共 4 字，全部收録。宥四等位共 6 字，全部收録。

入聲

《指掌圖》入聲列目爲一等德、二等櫛、三等質迄、四等質。分别對應《廣韻》的德、櫛、質、迄韻。

一等：《指掌圖》列18字，《廣韻》德一等共18個小韻，全部收録。非小韻首字1個：並母位「蔔」，首字爲「菔」。另有影母位「⿰飠亥」，《廣韻》無此字形，《廣韻》列字爲「餩」，當爲此字之形訛。

二等：《指掌圖》列4字，《廣韻》櫛照二共3個小韻，全部收録。《指掌圖》初母位「剢」，《廣韻》無此小韻。

三等：《指掌圖》列質迄韻字，共16字。其中迄5個、質11個。《廣韻》迄韻共5個小韻，《指掌圖》全部收録。《廣韻》質韻共19個小韻，《指掌圖》收録11個。未取的8個小韻中，見組3個、影母1個，爲迄韻字占位。脣音字3個未列入，空位，當是從開合的角度考慮。喻三位「颮，於筆切」未取，空位。《指掌圖》禪母位列「實，神質切」，此字本爲船母字，卻列於禪位，船禪相混。

四等：《指掌圖》列11字，《廣韻》質列四等共13個小韻，收録9個。4個未收録的小韻均爲脣音字。另有群母位「姞」、疑母位「耴」，本是重紐三等字，按韻圖規制當列三等，此處卻列於四等，三等位已有迄韻字占位，《指掌圖》便將其從三等位移到四等位，是三、四等相混的一個證據。

二、與《集韻》之對比

群母『舅』，《廣韻》有此字形，《集韻》寫作『甥』，此處與《廣韻》同。

《集韻》疑母有字『𪗫，牛久切』，《指掌圖》空位。《廣韻》疑母無字，此處與《廣韻》同。

《集韻》溪母位有字『𡟭，苦糺切』，《指掌圖》溪母空位，此處與《廣韻》同。

微母『莓』字，《集韻》無此字形，《廣韻》有微母字『莓，亡救切』，當爲此字異體。

《指掌圖》明母位列『謬』，《廣韻》中爲幼韻四等，而在《集韻》中列入了宥三等。同《廣韻》。

影母位『餩』，《集韻》無此字形，《集韻》列字爲『餕』，當爲此字之訛。同《廣韻》。

《集韻》三個未取小韻全部爲舌音字：『窒，得悉切』、『耊，一地切』、『昵，乃吉切』。這三個字《廣韻》中未見，可見該處更合《廣韻》。

明母位『謀，莫浮切』，與『呣』同音，在侯韻下，《指掌圖》列爲一等與《集韻》同。

『毆』爲『歐』之異體字，《廣韻》未收此字體，《集韻》收録。

從母位『剩』，《廣韻》、《集韻》無此字，從母位列『剿，才奏切』。

三、與《韻鏡》之對比

本圖收録之字，主要對應《韻鏡》的第三十七開。

平聲一等《指掌圖》明母位列「謀」，《韻鏡》列於三等尤韻。

平聲三等《指掌圖》敷母位列「飆」，《韻鏡》列於四等。

平聲四等《指掌圖》溪母位列「恘」，本爲三等字列於四等，此處與《韻鏡》同。

入聲三等《指掌圖》禪母位列「實」，《韻鏡》列於船母。

入聲四等《指掌圖》疑母位列「耴」，《韻鏡》列於三等。

平聲四等雖然標目爲「幽尤」，但與《韻鏡》内轉第三十七開完全相同。上聲四等亦如此。但上四列字爲「黝有」，可《指掌圖》標目時未標注出「有」。去四也與《韻鏡》完全相同，但韻目標識爲「宥幼」。

《指掌圖》與《韻鏡》空位對比，《指掌圖》有字而《韻鏡》無字5例，《指掌圖》無字而《韻鏡》有字6例：

平三：（徹）惆/〇；（敷）飆/〇；去三：（徹）俞/〇；入一：（滂）覆/〇；入二：（初）剶/〇；上三：（船）〇/壽；入三：（喻三）〇/颮；（疑）〇/耴；入四：（端）〇/蛭；（定）

○/姪；（泥）○/昵。

《指掌圖》與《韻鏡》列字差異 27 個：

平一：（精）緅/鯫；（見）鉤/鉤；（從）剩/鄹；平三：（來）留/劉；（影）憂/優；平四：（群）虯/蚴；（精）揫/啾；（從）酋/遒；上一：（透）黈/黈；（溪）毆/歐；（幫）掊/掊；上二：（生）溲/潥；上三：（群）舅/臼；（娘）狃/紐；（書）手/首；去一：（從）剩/鄹；（定）豆/逗；（溪）冦/寇；去三：（群）舊/舊；（明）莓/莓；（雲）又/宥；（章）呪/咒；入一：（影）餕/餕；（並）蔔/菔；入三：（日）日/月；入四：（精）唧/堲；（群）姞/佶。

本圖特殊現象有 4 個：

列字	謀		飆		耴		實	
韻圖	指掌圖	韻鏡	指掌圖	韻鏡	指掌圖	韻鏡	指掌圖	韻鏡
差異	一等	三等	三等	四等	三等	四等	禪	船
原因			三、四混等				船禪不分	

另，本圖主要對應《七音略》內轉四十重中重。

本圖列字以《廣韻》小韻列字爲主，《廣韻》與《集韻》不同處，多合於《廣韻》。本圖平上去基本對應《韻鏡》内轉第三十七開，入聲部分一等來源於曾入德韻，對應《韻鏡》内轉第四十二開；二、三、四等來源於臻入，對應《韻鏡》外轉第十七開。

五	見	溪	羣	疑	端	透	定	泥	知
平	甘	坩	○	𧮪	擔	舑	談	男	
	監	嵌	○	巖					詀
	○	忺	箝	嚴					霑
	兼	謙	鍼	鹻	髻	添	甜	拈	
上	敢	坎	○	顉	膽	菼	噉	腩	
	減	㡋	○	○					○
	檢	預	儉	顩					○
	孂	嗛	○	○	點	忝	簟	淰	
去	紺	闞	○	儑	擔	賧	淡	妠	
	鑑	歉	○	顑					鮎
	劒	欠	芡	驗					○
	兼	傔	○	○	店	㮇	磹	念	
入	閤	榼	○	儑	敆	榻	蹋	納	
	夾	恰	○	脛					劄
	劫	㾀	跲	業					輒
	頰	愜	衱	○	跕	帖	牒	苶	

第五圖

微	奉	敷	非	明	並	滂	幫	娘	澄	徵
				⿰女甘	○	○	○			
				○	⿱艹是	○	○	喃	○	○
○	凡	⿱艹乏	○	○	○	○	砭	黏	灭	覘
				○	○	○	○			
				⿰女岩	○	○	○			
				○	○	○	○	⿱罒冈	湛	⿰亻閻
錽	范	釩	⿰月夌	○	○	○	貶	○	○	諂
				○	○	○	○			
				○	○	○	○			
				○	湴	○	○	諵	賺	○
⿱艹夌	梵	泛	○	○	○	○	窆	○	○	覘
				○	○	○	○			
				○	○	○	○			
				○	○	○	○	囟	渫	盧
○	乏	⿰金去	法	○	○	○	○	聶	⿰月枼	鍤
				○	○	○	○			

	精	清	從	心	斜	照	穿	牀	審
平	鐕	參	慙	三	○				
						○	攙	巉	衫
						占	韂	○	苫
	尖	籤	潛	銛	燅				
上	⿱斬食	黲	歜	糂	○				
						斬	䑎	瀺	⿱斬手
						颭	○	○	陜
	○	憸	漸	○	○				
去	篸	謲	暫	三	○				
						蘸	懺	鑱	釤
						占	襜	○	苫
	僭	壍	⿰耳朁	⿰石韱	○				
入	匝	囃	雜	⿰亻遝	○				
						眨	揷	煠	歃
						讋	謵	○	攝
	浹	妾	捷	爕	○				

禪	影	曉	匣	喩	來	日	韻	
	諳	蚶	酣	○	藍		談	覃
○	㽌	蝛	銜	○	○		咸	銜
棎	淹	杴	○	炎	廉	髥	嚴	凡
	懕	馦	嫌	鹽	鬑		鹽	沾
	埯	喊	頷	○	覽		敢	感
○	黯	㺂	檻	○	臉		豏	檻
剡	奄	險	○	○	斂	冉	琰	范
	黶	○	鼸	琰	稴		琰	忝
	暗	顑	憾	○	濫		勘	闞
儳	黖	㒢	陷	○	○		陷	鑑
贍	猒	㜝	○	豔	殮	染	驗豔	梵
	酓	○	○	○	稴		㮇	豔
	鰪	欱	盍	○	臘		合	盍
○	鴨	呷	狎	○	○		洽	狎
涉	𢾍	脅	○	曄	獵	讘	業葉	乏
	魘	殜	協	葉	甐		葉	帖

第五圖

校：

1 平一泥　男　嚴氏本、《墨海金壺》本同，《等韻五種》本列字爲『南』。男，《廣韻》、《集韻》、真福寺本、毛氏《增韻》那含切，泥覃平開一咸；《韻鏡》外轉三十九開，列字爲『南』；《七音略》外轉三十一重中重，列字爲『南』；《四聲等子》咸攝外八重輕俱等韻，列字爲『男』；《切韻指南》《起數訣》列字爲『南』。『南』爲《廣韻》覃韻泥母位小韻首字，下收有『男』字。《等韻五種》本列『南』爲佳，宋本亦無誤。

2 平一精　鐕　《正字通》注：鐕字之訛。嚴氏本、《墨海金壺》本同，《等韻五種》本列字爲『簪』。鐕，《廣韻》作含切，《集韻》、真福寺本、毛氏《增韻》祖含切，精覃平開一山；《韻鏡》外轉三十九開，列字爲『簪』；《七音略》《四聲等子》《切韻指南》《起數訣》列字爲『簪』。『簪』爲《廣韻》覃韻精母位小韻首字，下收有『鐕』字。《等韻五種》本列『簪』爲佳，宋本形訛，當校改爲『鐕』字。

3 平二娘 喃 《廣韻》女咸切,《集韻》、真福寺本、毛氏《增韻》尼咸切,娘咸平開二咸;《韻鏡》外轉三十九開、《七音略》外轉三十一重中重、《四聲等子》《切韻指南》《起數訣》列字爲『諵』。『諵』爲《廣韻》咸韻娘母位小韻首字,下收『喃』字,列字以『諵』爲佳,《指掌圖》亦無誤。

4 平二澄 ◯ 《廣韻》咸韻無澄母小韻,《集韻》澄母位有小韻『䃍』湛咸切。《韻鏡》、《七音略》、《四聲等子》、《切韻指南》、《起數訣》澄母位均空位,《指掌圖》是。

5 平二曉 蝛 嚴氏本、《墨海金壺》本同,《等韻五種》本列字爲『㰹』。蝛,《廣韻》許咸切,《集韻》虛咸切,曉咸平開二咸;《韻鏡》外轉三十九開,列字爲『㰹』;《七音略》《四聲等子》《切韻指南》列字爲『㰹』。『㰹』爲《廣韻》咸韻曉母位小韻首字,下收『蝛』字。《等韻五種》本列『㰹』字爲佳,宋本亦無誤。

6 平三見 ◯ 《指掌圖》三等列凡嚴鹽三韻字。《集韻》見母位嚴韻有『黚,居嚴切』、鹽韻有字『黚,紀炎切』,《指掌圖》均未收。『黚』,《廣韻》群母鹽韻,《韻鏡》列於群母位;『黚』,《廣韻》群母鹽韻。《廣韻》嚴鹽均無見母字,此處當空位,《指掌圖》是。

7 平三明 ◯ 《指掌圖》三等列凡嚴鹽三韻字。《集韻》凡韻三等明母位有字,『㲶』亡凡切,《指掌圖》空位。該字《韻鏡》列於外轉第四十一合,明母位。《七音略》未收,《四聲等子》咸攝外八重輕俱等韻,列於明母位。《切韻指南》列於咸攝外八狹門,明母位。《廣韻》凡韻明母位無字，此處當據《集韻》及各韻圖補入『琝』。

8 平三照　占　嚴氏本、《墨海金壺》本同，《等韻五種》本列字爲『詹』。占，《廣韻》職廉切，《集韻》、真福寺本、毛氏《增韻》之廉切，章鹽平開三咸；《韻鏡》外轉三十九開、《七音略》《四聲等子》《切韻指南》《起數訣》列字爲『詹』。『詹』爲《廣韻》鹽韻章母位小韻首字，下收有『占』字。《等韻五種》本列『詹』爲佳，宋本亦無誤。

9 平三昌　韂　《廣韻》《集韻》處占切，昌鹽平開三咸；真福寺本、毛氏《增韻》蚩占切，韻首字爲『襜』，真福寺本未收此字；《韻鏡》外轉三十九開，列字爲『襜』；《七音略》外轉三十一重中重，列字爲『韂』；《四聲等子》《起數訣》列字爲『襜』；《切韻指南》列字爲『韂』。『韂』爲《廣韻》鹽韻昌母位小韻首字，下收有『襜』字。列字以『韂』爲佳，《指掌圖》是。

10 平三曉　杴　嚴氏本、《墨海金壺》本同，《等韻五種》本列字爲『𩌐』。杴，《廣韻》虛嚴切，《集韻》、真福寺本、毛氏《增韻》虛嚴切，曉嚴平開三咸；《韻鏡》外轉第四十合、《七音略》《四聲等子》列字爲『𩌐』；《切韻指南》列字爲『𡢃』，『𡢃』《廣韻》丑廉切，《集韻》癡廉切，另有火廉切，《切韻指南》據《集韻》取音；『𩌐』爲《廣韻》嚴韻曉母位小韻首字，下收有『杴』字。《等韻五種》本列『𩌐』爲佳，宋本亦無誤。

11 平三日　髯　《廣韻》汝鹽切，《集韻》如占切，日鹽平開三咸；《韻鏡》外轉三十九開、《七音略》外轉三十一重中重，列字爲『髯』；《四聲等子》列字爲『蚺』；《切韻指南》列字爲『䎃』；

《起數訣》列字爲『䫇』。《廣韻》鹽韻日母位小韻首字爲『䎡』，下收有『髯』，注『同上』，二字爲異體字關係。《指掌圖》取『髯』字更佳。

12 平四泥　拈　嚴氏本、《墨海金壺》本同，《等韻五種》本列字爲『鮎』。拈，《廣韻》、《集韻》、真福寺本、毛氏《增韻》奴兼切，泥添平開四咸；《韻鏡》外轉三十九開、《七音略》《四聲等子》《切韻指南》《起數訣》列字爲『鮎』。『鮎』爲《廣韻》添韻泥母位小韻首字，下收『拈』字。《等韻五種》本列『鮎』字爲佳，宋本亦無誤。

13 平四疑　䶢　《廣韻》語廉切，《集韻》、真福寺本、毛氏《增韻》牛廉切，疑鹽平開重紐三等咸；《韻鏡》外轉三十九開，列於牙音三等位；《七音略》外轉三十一重中重，列於疑三等位；《四聲等子》空位；《切韻指南》咸攝外八獨韻狹門，列於疑三等位；《起數訣》發音濁第七十八圖，列於疑三等位。『䶢』當列於疑三等位，《指掌圖》該位已列嚴字，雖可表現三、四等混，但按韻圖規制，當删。《指掌圖》誤。

14 平四斜　燅　《廣韻》徐鹽切，《集韻》、真福寺本、毛氏《增韻》徐廉切，邪鹽平開三咸；真福寺本、毛氏《增韻》小韻首字爲『爓』，未收此字；《韻鏡》外轉第四十合、《七音略》外轉三十二重中輕，列字爲『燖』；《四聲等子》《切韻指南》列字爲『燅』。『燅』爲《廣韻》鹽韻邪母位小韻首字，下收有『燖』字，二字爲異體字關係。列字以『燅』爲佳，《指掌圖》是。

15 平四匣　嫌　《廣韻》户兼切，《集韻》、真福寺本、毛氏《增韻》賢兼切，匣添平開四咸；《韻鏡》外轉三十九開，列於喉音濁四添位；《七音略》外轉三十一重中重，列於匣三等位；《七音略》列位錯誤，《指掌圖》是。

16 上一見　敢　《廣韻》、《集韻》、真福寺本、毛氏《增韻》古覽切，見敢上開一咸；《韻鏡》外轉第四十合，列字爲『敢』；《七音略》外轉三十二重中輕，見母位空位；《四聲等子》列字爲『敢』；《切韻指南》列字爲『感』。《指掌圖》該列標目爲『敢感』，《廣韻》敢感兩韻均有見母字，《七音略》漏收，《指掌圖》是。

17 上一疑　顉　《廣韻》、《集韻》、真福寺本、毛氏《增韻》五感切，疑感上開一咸；《韻鏡》外轉三十九開，列字爲『頷』；《七音略》《四聲等子》《切韻指南》列字爲『顉』。『顉』爲《廣韻》感韻泥母位小韻首字，『頷』胡感切，《廣韻》匣母位小韻首字，《韻鏡》列字錯誤，《指掌圖》是。

18 上一透　菼　嚴氏本、《墨海金壺》本同，《等韻五種》本列字爲『𦵔』。《廣韻》、《集韻》、真福寺本、毛氏《增韻》吐敢切，透敢上開一咸；《韻鏡》外轉第四十合，列字爲『菼』；《七音略》外轉三十二重中輕，列字爲『𦵔』；《四聲等子》列字爲『襑』；《切韻指南》列字爲『𦵔』。『𦵔』爲《廣韻》敢韻透母小韻首字，下收有『菼』字，注『同上』，『𦵔』『菼』互爲異體字。《等韻五種》本列『𦵔』爲佳，宋本亦無誤。

19 上一精　暫　《廣韻》、《集韻》子敢切，精敢上開一咸；《韻鏡》外轉第四十合，列字爲『暫』；《七音略》外轉三十二重中輕，將『暫』字列於敢一等從母位，精母空位；《四聲等子》《切韻指南》列字爲『昝』。『昝』爲《廣韻》感韻精母小韻首字。『㜊』爲《集韻》感韻精母小韻首字,《七音略》誤,《指掌圖》是。

20 上一影 埯 嚴氏本、《等韻五種》本同,《墨海金壺》本列字爲『揜』。埯,《廣韻》《集韻》烏敢切,影敢上開一咸;《韻鏡》外轉第四十合、《七音略》外轉三十二重中輕,列字爲『埯』;《四聲等子》《切韻指南》列字爲『晻』,『晻』烏感切,影母感韻;《起數訣》列字爲『黤』,《廣韻》未收『黤』字,《集韻》烏感切,影母感韻。『埯』爲《廣韻》敢韻影母位小韻首字,下收有『揜』字。《墨海金壺》本收『揜』字無誤,宋本是。

21 上二見 減 嚴氏本、《墨海金壺》本同,《等韻五種》本列字爲『鹻』。減,《廣韻》、《集韻》、真福寺本、毛氏《增韻》古斬切,見豏上開二咸;《韻鏡》外轉三十九開,列字爲『鹻』;《七音略》列字爲『鰜』;《四聲等子》列字爲『減』;《切韻指南》列字爲『鹻』。『鹻』爲《廣韻》豏韻見母位小韻首字,下收有『減』字。《等韻五種》本列『鹻』字爲佳,宋本亦無誤。

22 上二疑 ○ 嚴氏本、《墨海金壺》本、《等韻五種》本列字爲『顩』。《韻鏡》外轉第四十合,檻韻疑母空位,但外轉第三十九開,豏韻疑母,列『顩』字。顩,《廣韻》丘檻切,溪母檻韻,另有苦減切,溪母豏韻。此二音均不可列於疑母,在溪母位,《指掌圖》已列豏韻小韻首字『床』,《集韻》『顩,五減切』,其他諸本當據《集韻》補入,宋本依《廣韻》爲是。

23 上二知 ○ 《廣韻》檻豏兩韻知母二等位均無韻字,《集韻》有『鮎,竹減切』;《韻鏡》《七音略》知母位均空位；《四聲等子》咸攝外八重輕俱等韻，知母位列「⿰齒占」；《切韻指南》咸攝外八獨韻狹門，亦列「⿰齒占」字，當據《集韻》所補。《指掌圖》從《廣韻》未列，亦無誤。

24 上二穿 ⿰月韱 《廣韻》初減切，《集韻》楚減切，初豏上開三咸；《韻鏡》外轉三十九開，列字爲「⿰月韱」；《七音略》外轉三十一重中重，列字爲「⿰酉韱」；《四聲等子》列字爲「⿰月韱」；《切韻指南》列字爲「醶」。「⿰月韱」爲《廣韻》豏韻初母位小韻首字，下收有「⿰酉韱」字。「醶」，《廣韻》初檻切，初母檻韻，爲檻韻初母位小韻首字。「⿰月韱」「醶」均爲小韻首字，爲佳。《指掌圖》是。

25 上二牀 瀺 《廣韻》《集韻》士減切，崇豏上開三咸；《韻鏡》外轉三十九開，列字爲「瀺」；《七音略》外轉三十一重中重，列字爲「巉」；《四聲等子》《切韻指南》列字爲「瀺」。「巉」，《廣韻》仕檻切，崇母檻韻。「瀺」爲《廣韻》豏韻崇母位小韻首字，「巉」爲《廣韻》檻小韻崇母位小韻首字，均可列於此位。《指掌圖》是。

26 上三疑 顩 《廣韻》、《集韻》、真福寺本、毛氏《增韻》魚檢切，疑琰上開重紐三咸；《韻鏡》外轉三十九開，列字爲「顩」；《七音略》空位，於四等位列「顩」，誤；《四聲等子》列字爲「儼」；《切韻指南》列字爲「顩」；《起數訣》空位。「顩」爲《廣韻》琰韻疑母位小韻首字，「儼」爲儼韻疑母位小韻首字，均可列於此位。《七音略》空位誤，當補。《指掌圖》是。

27 上三明 ○ 嚴氏本同，《墨海金壺》本、《等韻五種》本列字爲「変」。《韻鏡》《七音略》檻豏兩韻明母位均無字。「変」，《廣韻》亡范切，在「錽」小韻下；「錽」列於《指掌圖》上三敷母位，

「変」列於明母位誤。《墨海金壺》本、《等韻五種》本皆誤，當刪。宋本是。

28 上三穿 ○ 嚴氏本、《墨海金壺》本同，《等韻五種》本列字爲「醶」。《韻鏡》《七音略》琰范兩韻穿母位皆無字。「醶」，《廣韻》初檻切，初檻上二開咸，當列於二等位。《等韻五種》本列「醶」誤，宋本是。

29 上三來 歛 嚴氏本、《墨海金壺》本同，《等韻五種》本列字爲「斂」。斂，《廣韻》良冉切，《集韻》、真福寺本、毛氏《增韻》力冉切，來琰上開三咸；《韻鏡》《七音略》《四聲等子》《切韻指南》《起數訣》列字均爲「斂」。「斂」爲《廣韻》琰韻來母位小韻首字，「歛」與「斂」爲異體字關係。《等韻五種》本列「斂」字爲佳，宋本亦無誤。

30 上三日 冉 《廣韻》、《集韻》、真福寺本、毛氏《增韻》而琰切，日琰上開三咸；《韻鏡》外轉三十九開，列字爲「冉」；《七音略》空位；《四聲等子》《切韻指南》列字爲「冉」。「冉」爲《廣韻》琰韻小韻首字，《七音略》漏收，《指掌圖》是。

31 上四溪 嗛 《廣韻》、《集韻》、真福寺本、毛氏《增韻》苦簟切，溪忝上開四咸，真福寺本、毛氏《增韻》小韻首字爲「歉」；《韻鏡》外轉三十九開、《七音略》、《起數訣》列字爲「歉」；《四聲等子》咸攝外八重輕俱等韻第十九圖、《切韻指南》列字爲「脥」。「歉」爲《廣韻》琰韻溪母位小韻首字，「嗛」爲《廣韻》忝韻溪母位小韻首字。《指掌圖》無誤。

32 上四明 ○ 《廣韻》忝韻明母位有「変」，《指掌圖》空位；《集韻》同《廣韻》；《韻鏡》外轉第三十九開，明母位列『⿱爫叉』；《七音略》外轉三十一重中重，明母位列『⿱爫叉』；《四聲等子》《切韻指南》明母位列『⿱爫叉』。此位《指掌圖》漏收，當校補。

33 上四精　○　嚴氏本、《墨海金壺》本同，《等韻五種》本列字爲『壍』。《廣韻》忝韻精母無字，琰韻精母小韻首字爲『⿱漸食』。壍，《廣韻》七豔切，清母豔韻，當爲『⿱漸食』字之誤。宋本精母位當校補『⿱漸食』字。

34 上四心　○　《廣韻》忝琰二韻均無心母字，《集韻》忝韻心母有『濂，變玷切』。琰韻心母有『⿰糸僉，纖琰切』。《韻鏡》忝琰二韻空位；《七音略》外轉三十二重中輕，心母位列『憸』；《四聲等子》《切韻指南》列『⿰糸僉』，兩書皆從《集韻》。《七音略》所列『憸』：《廣韻》虛檢切，曉母琰韻；七漸切，清母琰韻。均不合心母位，《七音略》誤。《指掌圖》依《廣韻》空位，亦無誤。

35 上四斜　○　《廣韻》忝琰二韻均無邪母字；《集韻》琰韻邪母有『餤，習琰切』；《韻鏡》《七音略》忝琰二韻空位；《切韻指南》列字爲『餤』，從《集韻》；《四聲等子》列字爲『緂』，該字在《廣韻》《集韻》中均無邪母音，《四聲等子》誤。《指掌圖》依《廣韻》空位，亦無誤。

36 上四影　黶　《廣韻》、《集韻》、真福寺本、毛氏《增韻》於琰切，影琰上開重鈕四咸，《韻鏡》外轉第四十合，列字爲『黶』；《七音略》列字爲『⿰黑敢』，《集韻》烏敢切，不當列於琰韻；《四聲等子》《切韻指南》列字爲『黶』。『黶』爲《廣韻》琰韻影母小韻首字，《指掌圖》是。

37 上四匣　鼸　《廣韻》胡忝切，《集韻》、真福寺本下忝切，匣忝上開四咸；《韻鏡》外轉三十九開，喉音濁琰三等位；《七音略》外轉三十一重中重，列於四等位；《四聲等子》《切韻指南》均列於四等位。《韻鏡》誤，《指掌圖》是。

38 上四日 ◯ 《廣韻》忝、琰二韻日母位均無字；《韻鏡》外轉第三十九開，在忝韻日母位列『苒』字；《七音略》《四聲等子》《切韻指南》均空位。苒，《廣韻》而琰切，日母琰韻。『苒』在《廣韻》琰韻日母三等『冉』小韻下，《韻鏡》列於四等誤，《指掌圖》是。

39 去一群 ◯ 《廣韻》闞勘二韻均無群母字；《集韻》群母勘韻有『靲，其闇切』；《韻鏡》《七音略》闞勘二韻群母均空位；《四聲等子》咸攝外八重輕俱等韻，列字爲『靲』；《切韻指南》咸攝外八獨韻狹門，列字爲『靲』。兩圖均從《集韻》。《指掌圖》依《廣韻》，亦無誤。

40 去一定 淡 嚴氏本、《墨海金壺》本同，《等韻五種》本列字爲『憺』。淡，《廣韻》、《集韻》、毛氏《增韻》徒濫切，定闞去開一咸；《廣韻》、毛氏《增韻》小韻首字爲『憺』；《韻鏡》外轉第四十合，列字爲『擔』，『擔』爲端母，不當列於此位；《七音略》外轉三十二重中輕，列字爲『憺』；《四聲等子》《切韻指南》《起數訣》列字爲『醰』。『憺』爲《廣韻》闞韻定母位小韻首字，下收有『淡』字。『醰』爲《廣韻》勘韻定母位小韻首字。《等韻五種》本列『憺』字爲佳，宋本亦無誤。

41 去一明 ◯ 《廣韻》闞勘二韻均無明母字；《集韻》勘韻明位有『姏，莫紺切』；《韻鏡》《七音略》闞勘二韻均無明母字；《四聲等子》咸攝外八重輕俱等韻，列字爲『姏』；《切韻指南》

咸攝外八獨韻狹門，列字爲『𪒌』。兩圖均從《集韻》。《指掌圖》依《廣韻》，亦無誤。

42 去一曉　顑　《廣韻》苦感切，溪感開一上咸；另有『玉陷切』，疑母陷韻。顑，《集韻》苦紺切，亦爲溪母字。《韻鏡》外轉三十九開，列字爲『䫡』；《七音略》外轉三十一重中重，列字爲『䫡』；《四聲等子》咸攝外八重輕俱等韻，列字爲『顑』；《切韻指南》咸攝外八獨韻狹門，列字爲『顑』。《指掌圖》曉母位『顑』字當爲『䫡』字之誤。『䫡』，《廣韻》、《集韻》、毛氏《增韻》呼紺切，曉勘去開一咸。『䫡』爲《廣韻》勘韻曉母位小韻首字，當列於此位，《指掌圖》誤，當校改爲『䫡』。

43 去二澄　賺　《廣韻》鑑韻澄母位無字，陷韻澄母位小韻首字爲『賺』，佇陷切。賺，《集韻》、毛氏《增韻》直陷切，澄陷去開二咸；《韻鏡》鑑陷空位；《七音略》外轉三十一重中重，列字爲『賺』；《四聲等子》咸攝外八重輕俱等韻，列字爲『謙』；《切韻指南》咸攝外八獨韻狹門，列字爲『賺』；《集韻》『賺』『賺』爲異體字關係，『賺』列爲小韻首字爲佳，《指掌圖》亦無誤。

44 去二並　埿　嚴氏本、《墨海金壺》本同，《等韻五種》本空位。埿，《廣韻》蒲鑑切，《集韻》薄鑑切，並鑑去開二咸；《韻鏡》外轉第四十合，列字爲『埿』；《七音略》《四聲等子》《切韻指南》《起數訣》列字爲『埿』。『埿』爲《廣韻》鑑韻並母位小韻首字，下收有『埿』，注『同上』，『埿』『埿』爲異體字關係。《等韻五種》本漏收，當補。列字以『埿』爲佳，宋本亦無誤。

45 去二明　○　嚴氏本同，《墨海金壺》本、《等韻五種》本列字爲『埿』。埿，《廣韻》蒲鑑切，鑑韻並母。《韻鏡》外轉第四十合，列於並母位；《七音略》外轉三十二重中輕，列於並母；《四聲等子》《切韻指南》均列於並母。此字不當列於明母位。《墨海金壺》本、《等韻五種》本誤，宋本是。

46 去二禪 儳 嚴氏本、《墨海金壺》本同，《等韻五種》本空位。儳，《廣韻》、《集韻》、毛氏《增韻》仕陷切，崇陷去開三咸；當列於崇母位，不當列於俟母。《韻鏡》《七音略》鑑陷兩韻俟母空位；《四聲等子》咸攝外八重輕俱等韻，俟母位列字『瞻』，『儳』字列於崇母；《切韻指南》空位。『儳』爲《廣韻》陷韻崇母位小韻首字，《指掌圖》崇母位已列檻韻崇母小韻首字『鑱』，俟母位當刪。《等韻五種》本空位是，宋本誤，當校刪。

47 去二來 ○ 《廣韻》鑑陷二韻均無來母字《集韻》來母陷韻有『䰲，力陷切』《韻鏡》《七音略》鑑陷二韻來母均空位《四聲等子》空位；《切韻指南》咸攝外八獨韻狹門，列字爲『鑑陷』。《切韻指南》從《集韻》。《指掌圖》依《廣韻》，亦無誤。

48 去三群 芡 嚴氏本、《墨海金壺》本列字爲『欦』，《等韻五種》本空位。《廣韻》《集韻》驗艷梵三韻均未收芡字。芡，《廣韻》巨險切，上琰，群。去三驗艷梵三韻群母位上，《韻鏡》《七音略》《四聲等子》空位；《切韻指南》咸攝外八獨韻狹門，群母艷韻位列『鐱』，咸攝外八狹門，群母梵韻位列『砛』。《集韻》验韻有群母字『砛，巨欠切』，此小韻内未收『芡』字，但收有『芡』字，爲竹名。欦，《廣韻》丘广切，溪母上聲儼韻，亦不當列於群母位。《指掌圖》諸本皆誤，當校改爲『𥬀』或『𥬻』。

49 去三娘 ◯ 《廣韻》驗韻梵去聲三等，均無娘母字。《集韻》娘母有『黏，女驗切』，去三驗韻群母位，《韻鏡》《七音略》均空位，《四聲等子》咸攝外八重輕俱等韻，娘母梵韻位列字爲『黏』；《切韻指南》咸攝外八獨韻狹門，群母梵韻位列『黏』。此二圖依《集韻》。《指掌圖》依《廣韻》，空位亦無誤。

50 去三敷 泛 《廣韻》、《集韻》、毛氏《增韻》孚梵切，敷梵去合三咸，毛氏《增韻》小韻首字爲『泛』；《韻鏡》外轉四十一合、《七音略》外轉三十二重中輕、《四聲等子》、《切韻指南》列字爲『汎』。『汎』爲《廣韻》梵韻小韻首字，下收有泛字，注『同上』，二字爲異體字關係。列字以『汎』爲佳，《指掌圖》亦無誤。

51 去三穿 襜 嚴氏本、《墨海金壺》本同，《等韻五種》本列字爲『蹌』。襜，《廣韻》、《集韻》、毛氏《增韻》昌豔切，昌豔去三開咸；《韻鏡》外轉三十九開，列字爲『蹡』；《七音略》外轉三十一重中重，列字爲『蹌』；《四聲等子》咸攝外八重輕俱等韻，列字爲『襜』；《切韻指南》咸攝外八獨韻狹門，列字爲『蹌』。『蹌』爲《廣韻》豔韻昌母位小韻首字，下收有『襜』字。列字以『蹌』爲佳，《指掌圖》亦無誤。

52 去三審 苫 《廣韻》、《集韻》、毛氏《增韻》舒贍切，書豔去開三咸；《韻鏡》外轉三十九開，列字爲『閃』；《七音略》《四聲等子》《切韻指南》列字爲『閃』。『閃』爲《廣韻》豔韻小韻首字，下收有『苦』字。列字以『閃』爲佳，《指掌圖》亦無誤。

53 去三影　厭　《廣韻》、《集韻》、毛氏《增韻》於豔切，影豔去開重紐四咸。《韻鏡》外轉四十合，『厭』列於喉音清四等位；外轉三十九開，豔韻三等影母位列字爲『㤿』。《七音略》外轉三十二重中輕，『厭』列於影母豔韻四等位，外轉三十一重中重，豔韻三等影母位列字爲『㤿』；《四聲等子》咸攝外八重輕俱等韻，『厭』列於影母豔韻四等位，三等位上列『掩』；《切韻指南》咸攝外八獨韻狹門，『厭』列於影母豔韻四等位，三等位上列『㤿』。《廣韻》豔韻影母三等位有『㤿，於贍切』。『厭』當列於四等位，《指掌圖》誤，當校改爲『㤿』。

54 去三喻　豔　《廣韻》、《集韻》、毛氏《增韻》以贍切，以豔去開四咸；《韻鏡》外轉三十九開，列於喉音清濁豔韻四等位；《七音略》外轉三十二重中輕，列於以母豔韻四等位；《四聲等子》咸攝外八重輕俱等韻，列於以母豔韻四等位；《切韻指南》咸攝外八獨韻狹門，列於以母豔韻四等位；《起數訣》空位。『豔，以贍切』，喻四母字，此處喻三、喻四混，但按韻圖規制當列於四等。《廣韻》驗豔梵三韻均無喻三母字，此位當校删。

55 去三曉　姭　嚴氏本、《墨海金壺》本同，《等韻五種》本列字爲『脋』。姭，《廣韻》許欠切，《集韻》、毛氏《增韻》虛欠切，曉驗去開三咸。《韻鏡》外轉第四十合，列字爲『⿱𠠲貝』；《七音略》空位；《四聲等子》咸攝外八重輕俱等韻，列字爲『脋』；《切韻指南》咸攝外八獨韻狹門，列字爲『脋』。『脋』爲《廣韻》釅韻曉母位小韻首字，下有『姭』字，《韻鏡》列『⿱𠠲貝』爲形訛。《等韻五種》本列「脅」字爲佳，宋本亦無誤。

56　去四見　兼　《廣韻》、《集韻》古念切，見㮇去開四咸；《韻鏡》外轉三十九開，列字爲「趁」；《七音略》外轉三十一重中重，列字爲「趁」；《四聲等子》咸攝外八重輕俱等韻，列字爲「兼」；《切韻指南》咸攝外八獨韻狹門第二十三圖，列字爲「兼」。「趁」爲《廣韻》㮇韻見母位小韻首字，《廣韻》㮇韻中有「兼，古念切」，不當是單獨小韻，當併入趁。列字以「趁」爲佳，《指掌圖》亦無誤。

57　去四疑　○　嚴氏本同，《墨海金壺》本、《等韻五種》本列字爲「釅」。《韻鏡》外轉第四十合，豔韻疑母位列「驗」；《七音略》《四聲等子》《切韻指南》空位。釅，《廣韻》魚欠切，疑釅去三開咸，當列於三等位。《墨海金壺》本、《等韻五種》本列「釅」字誤，宋本空位亦誤，當校補「驗」字。

58　去四清　壍　嚴氏本、《墨海金壺》本同，《等韻五種》本列字爲「壍」。壍，《廣韻》、《集韻》、毛氏《增韻》七豔切，清豔去開三咸；《韻鏡》外轉第四十合，列字爲「壍」；《七音略》外轉三十二重中輕，列字爲「壍」；《四聲等子》《切韻指南》《起數訣》列字爲「壍」。「壍」爲《廣韻》小韻首字，下收有「壍」字，注「上同」，二字爲異體字關係。《等韻五種》本列「壍」爲佳，宋本亦無誤。

59　去四從　瞎　《廣韻》《集韻》漸念切，從㮇去開四等咸；《韻鏡》外轉三十九開，列字爲「瞎」；《七音略》外轉三十一重中重，列字爲「瞎」；《四聲等子》《切韻指南》列字爲「潛」。

「䁮」爲《廣韻》㮇韻從母位小韻首字，「䁯」當爲「䁮」字異體。《指掌圖》誤，當校訂爲「䁮」。

60 去四喻 ◯ 《廣韻》、《集韻》、毛氏《增韻》喻四位均有「豓」小韻，「豓」，以贍切，以豓去開三咸；《韻鏡》《七音略》《四聲等子》《切韻指南》均列於四等位。《指掌圖》將「豓」列於三等，誤，去四喻母位當補「豓」。

61 入一疑 儑 《廣韻》、《集韻》五盇切，疑盇入開一咸；《韻鏡》外轉第四十合，列字爲「儑」；《七音略》列字爲「𥈞」；《四聲等子》咸攝外八重輕俱等韻，列字爲「㬎」，㬎，《集韻》五合切，疑母合韻；《切韻指南》咸攝外八獨韻狹門，列字爲「儑」；《起數訣》列字爲「碟」，碟，《集韻》五合切，疑母合韻。「儑」爲《廣韻》盇韻疑母位小韻首字，下收有「𥈞」。列字以「儑」爲佳，《指掌圖》是。

62 入一定 蹋 《廣韻》《集韻》徒盇切，定盇入開一咸；《韻鏡》外轉第四十合，列字爲「踏」；《七音略》外轉三十二重中輕，列字爲「蹋」；《四聲等子》《切韻指南》列字爲「沓」。「蹋」爲《廣韻》盇韻定母小韻首字，「踏」爲「蹋」異體字。列字以「蹋」爲佳，《指掌圖》是。

63 入一精 匝 《廣韻》子答切，《集韻》、真福寺本、毛氏《增韻》作答切，精合入開一咸；真福寺本、毛氏《增韻》字形爲異體字「帀」；《韻鏡》外轉三十九開，字形爲「帀」；《七音略》外轉三十一重中重，列字爲「匝」；《四聲等子》咸攝外八重輕俱等韻，列字爲「匝」；《切韻指南》《起數訣》列字爲「帀」。「帀」爲《廣韻》合韻精母位小韻首字，下未收「匝」字形，《指掌圖》從

《集韻》。列字以『帀』爲佳，《指掌圖》亦無誤。

64 入一清　囃　嚴氏本、《墨海金壺》本同，《等韻五種》本列字爲『躂』。囃，《廣韻》《集韻》倉雜切，清盍入開一咸；《韻鏡》外轉第四十合，列字爲『囃』；《七音略》外轉三十二重中輕，列字爲『囃』；《四聲等子》《切韻指南》列字爲『𧾩』。『囃』爲《廣韻》盍韻清母位小韻首字，下未收『躂』字形，《等韻五種》本誤，當爲形訛，宋本是。

65 入一曉　㰻　《廣韻》《集韻》呼盍切，曉盍入開一咸；《韻鏡》外轉第四十合，列字爲『㰻』；《七音略》外轉三十二重中輕，列字爲『顉』；《四聲等子》咸攝外八重輕俱等韻，列字爲『顉』；《切韻指南》咸攝外八獨韻狹門，列字爲『欱』。『欱』爲合韻小韻首字，《七音略》『顉』，《廣韻》古盍切、《集韻》谷盍切，均不能列於曉母位，當爲『㰻』字之誤。『㰻』爲《廣韻》盍韻曉母位小韻首字，《指掌圖》是。

66 入二牀　煠　嚴氏本、《墨海金壺》本同，《等韻五種》本列字爲『達』。煠，《廣韻》士洽切，《集韻》實洽切，崇洽入開二咸；《韻鏡》外轉三十九開，列字爲『達』；《七音略》外轉三十一重中重，洽韻崇母位列字爲『𥳐』；《四聲等子》咸攝外八重輕俱等韻，列字爲『𥳐』，當爲『達』字之誤；《切韻指南》咸攝外八獨韻狹門，列字爲『達』。『達』爲《廣韻》洽韻牀母位小韻首字；下收有『煠』『𥳐』字。《等韻五種》本列『達』字爲佳，宋本亦無誤。

67 入二定　○　《廣韻》狎洽兩韻均無定母字；《集韻》洽韻定母位有『魹，徒洽切』；《韻鏡》外轉第三十九開，舌音濁位列『䍡』；《七音略》空位；《四聲等子》咸攝外八重輕俱等韻，列字爲『䍡』；《切韻指南》咸攝外八獨韻狹門，列字爲『䍡』。《指掌圖》依《廣韻》，亦無誤。

68 入二娘 図 《廣韻》女洽切，《集韻》、真福寺本、毛氏《增韻》昵洽切，娘洽入開二咸；《韻鏡》外轉三十九開，列字爲『図』；《七音略》外轉三十一重中重，列字爲『笝』；《四聲等子》《切韻指南》列字爲『笝』。『図』爲《廣韻》洽韻娘母小韻首字；『笝』，《廣韻》奴盍切，入盍，泥。《指掌圖》入三等列狎洽韻字，『笝』字誤，當列『図』，《指掌圖》是。

69 入二照 眨 《廣韻》《集韻》側洽切，莊洽入開三咸；《韻鏡》外轉三十九開，列字爲『眨』；《七音略》外轉三十一重中重，列字爲『貶』；《四聲等子》咸攝外八重輕俱等韻，列『肞』；《切韻指南》咸攝外八獨韻狹門，列字爲『眨』；《起數訣》列字爲『⿸广乏』。『眨』爲《廣韻》洽韻莊母位小韻首字；『貶』，《廣韻》方斂切，幫母琰韻；『肞』字不可考，此二字當爲『眨』字之誤。《指掌圖》是。

70 入二審 歃 嚴氏本、《墨海金壺》本同，《等韻五種》本列字爲『箑』。歃，《廣韻》山洽切，《集韻》、真福寺本、毛氏《增韻》色洽切，生洽入開三咸；《韻鏡》外轉三十九開，列字爲『霎』；《七音略》外轉三十一重中重，列字爲『歃』；《四聲等子》咸攝外八重輕俱等韻，列字爲『歃』；《切韻指南》咸攝外八獨韻狹門，列字爲『翣』。『霎』爲《廣韻》洽韻生母位小韻首字，下收有『歃』『箑』二字。各版本列字均無誤。

71 入二來　○　《廣韻》狎洽兩韻均無來母字；《集韻》洽韻來母位有『䘝，力洽切』；《韻鏡》《七音略》狎洽兩韻均空位；《四聲等子》咸攝外八重輕俱等韻，列字爲『䘝』；《切韻指南》咸攝外八獨韻狹門，列字爲『䘝』。二圖均依《集韻》。《指掌圖》依《廣韻》，亦無誤。

72 入三溪　𤹘　《廣韻》去涉切，《集韻》去笈切，溪葉入開三咸；《韻鏡》外轉三十九開，列字爲『㾊』；《七音略》外轉三十一重中重，列字爲『㾊』；《四聲等子》《起數訣》列字爲『怯』，《廣韻》去劫切，入業，溪；《切韻指南》咸攝外八獨韻狹門，列字爲『𤹘』。『𤹘』爲《廣韻》葉韻溪母小韻首字；『㾊』，《廣韻》未收，《集韻》注『或同𤹘』。列字以『𤹘』爲佳，《指掌圖》是。

73 入三群　跲　《廣韻》巨業切，《集韻》、真福寺本、毛氏《增韻》極業切，群業入開三咸；《韻鏡》外轉第四十合，列字爲『跲』；《七音略》《四聲等子》空位；《切韻指南》咸攝外八狹門，列字爲『跲』。『跲』爲《廣韻》業韻群母小韻首字，《七音略》《四聲等子》漏收，當補。《指掌圖》是。

74 入三知　輒　嚴氏本、《等韻五種》本同，《墨海金壺》本列字爲『輙』。輒，《廣韻》陟葉切，《集韻》、真福寺本、毛氏《增韻》陟涉切，知葉入開三咸；《韻鏡》外轉三十九開、《七音略》外轉三十一重中重，列字爲『輒』；《四聲等子》《切韻指南》均列『輒』字。『輒』爲《廣韻》葉韻知母位小韻首字，『輙』爲『輒』俗體字，宋本是。

75 入三喻　曄　《廣韻》筠輒切，《集韻》、真福寺本、毛氏《增韻》域輒切，云葉入開三咸；《韻鏡》外轉三十九開，列字爲「曄」；《七音略》外轉三十一重中重，列字爲「曄」；《四聲等子》列字爲「儠」；《切韻指南》咸攝外八獨韻狹門，列字爲「曄」。「曄」爲《廣韻》葉韻喻三位小韻首字，下收有「曄」。《指掌圖》列「曄」字爲佳。

76 入四群　衱　《廣韻》其輒切，《集韻》、真福寺本、毛氏《增韻》極曄切，群葉入開三咸，當列於三等；《韻鏡》《七音略》《四聲等子》《切韻指南》業帖四等群母空位。《指掌圖》列「衱」字誤，當列於三等群母位，但三等已列「蛤」字，此位當校删。

77 入四端　跕　《廣韻》丁愜切，《集韻》、真福寺本、毛氏《增韻》的協切，端帖入開四咸；《韻鏡》外轉三十九開，列字爲「怗」；《七音略》《四聲等子》《切韻指南》《起數訣》列字爲「耴」。「耴」爲《廣韻》帖韻端母位小韻首字，下收有「跕」字。列字以「耴」爲佳，《指掌圖》亦無誤。

78 入四透　帖　《廣韻》他協切，《集韻》、真福寺本、毛氏《增韻》託協切，透帖入開四咸；《韻鏡》外轉三十九開，列字爲「怗」；《七音略》外轉三十一重中重，列字爲「帖」；《四聲等子》《切韻指南》均列「帖」字。「怗」爲《廣韻》小韻首字，下收有「帖」字。列字以「怗」爲佳，《指掌圖》亦無誤。

79 入四定　牒　《廣韻》徒協切，《集韻》、真福寺本、毛氏《增韻》達協切，定帖入開四咸；《韻鏡》外轉三十九開，列字爲「牒」；《七音略》空位；《四聲等子》《切韻指南》列字爲「牒」。「牒」爲《廣韻》怗韻小韻首字，《七音略》空位誤，《指掌圖》是。

80　入四泥　苶　嚴氏本、《墨海金壺》本同，《等韻五種》本列字爲『茶』。苶，《廣韻》奴協切，《集韻》、真福寺本、毛氏《增韻》諾協切，泥帖入開四咸；《韻鏡》外轉三十九開，列字爲『捻』；《七音略》《起數訣》列字爲『捻』；《四聲等子》列字爲『接』；《切韻指南》咸攝外八獨韻狹門，列字爲『苶』。『苶』爲《廣韻》怗韻泥母位小韻首字，《等韻五種》本列『茶』，當爲『苶』字之誤，宋本是。

81　入四曉　弽　《廣韻》《集韻》蘇協切，曉帖入開四咸；《韻鏡》外轉第三十九開，帖韻列字爲『㛍』；《七音略》外轉三十一重中重，列『㛍』；《四聲等子》《切韻指南》均列『弽』。『弽』是《廣韻》怗韻小韻首字，下有『㛍』字。列字以『弽』爲佳，《指掌圖》是。

82　入四匣　協　《廣韻》胡頰切，《集韻》、真福寺本、毛氏《增韻》檄頰切，匣帖入開四咸；《韻鏡》外轉三十九開，列字爲『恊』；《七音略》《四聲等子》《切韻指南》列字均爲『恊』；《起數訣》列字爲『挾』。『協』爲《廣韻》帖韻匣母位小韻首字，下未收『恊』字形，『恊』爲其異體字。列字以『協』爲佳，《指掌圖》是。

83　入四來　𤭢　《廣韻》盧協切，《集韻》力協切，來帖入開四咸；《韻鏡》外轉三十九開，列字爲『瓰』；《七音略》外轉三十一重中重，列字爲『𤭢』；《四聲等子》《切韻指南》列字均爲『𤭢』；《起數訣》列字爲『甄』。『𤭢』爲《廣韻》帖韻來母小韻首字，《韻鏡》當爲刊刻錯誤，《指掌圖》是。

【釋】

一、與《廣韻》之對比

平聲

《指掌圖》列目爲一等覃談、二等銜咸、三等凡鹽嚴、四等沾鹽。

一等：《指掌圖》列覃談韻字，共16字，其中覃5個、談11個。《廣韻》覃一等共15個小韻，《指掌圖》收録5個。其中非小韻首字2個：泥母位「男」、精母位「鑽」，首字分別爲「南」「簪」。

《廣韻》談韻共有12個小韻，《指掌圖》取11個。未取小韻爲「蹔，昨三切」，爲重出小韻，不當列出。從一等列字來看，以談韻爲主，空位處再以「覃」韻字添補。

二等：《指掌圖》列銜咸韻字，共12字，其中銜8個、咸4個。《廣韻》銜韻共8個小韻，《指掌圖》全部收録。《廣韻》咸韻共10個小韻，《指掌圖》收録4個，其中非小韻首字2個：娘母位「喃」、曉母位「蝛」，首字分別爲「諵」「㰹」。二等以列銜韻字爲主，空位處以咸韻字補入。

三等：《指掌圖》三等列凡、嚴、鹽三韻字，共19字，其中凡2個、嚴2個、鹽15個。《廣韻》

凡韻共2個小韻，全部收録。《廣韻》嚴韻共4個小韻，收録2個。其中非小韻首字1個：曉母位「杴」，首字爲「嬐」。未取的2個小韻有鹽韻字占位。《廣韻》鹽三等共16個小韻，《指掌圖》三等位收録15個。非小韻首字1個：章母位「占」，首字爲「詹」。未收録的小韻爲疑母位「𪘲，語廉切」，該字列入四等位，三、四等混。疑母三等位列嚴韻字。

四等：《指掌圖》四等列目爲沾鹽，共18字。分別對應《廣韻》裏的添、鹽韻。收録《廣韻》添9字，鹽四等8個、鹽三等1個。

《廣韻》添韻共有9個小韻，《指掌圖》全部收録，其中非小韻首字1個：泥母位「拈」，首字爲「鮎」。《廣韻》鹽四等共有8個小韻，全部收録。見母位列鹽三等字「𪘲」，添、鹽韻四等均無疑母字，鹽三疑母位又被嚴韻字列入，將三等列入四等，可見三、四等混同。另有從母位列「濳」，《廣韻》無此字形，當爲「潛，昨鹽切」之後起異體。群母位列重紐三等字「鍼」，《切韻考》認爲是後增加字，並在《廣韻》中列於韻末，重紐三等列於四等，爲三、四等混。

上聲

《指掌圖》列目爲一等感敢、二等檻豏、三等範琰、四等忝琰。

一等：《指掌圖》列感、敢韻字，共16字，其中敢10個、感6個。《廣韻》感韻共有15個小韻，《指掌圖》收録6個。《廣韻》敢韻共有13個小韻，《指掌圖》收録10個。未取的3個小韻中從母溪母位有感韻字占位。另有一小韻「澸，賞感切」，感爲一等韻，賞爲審三。不當列入。

二等：《指掌圖》列目爲檻、豏，共13字，其中檻3個、豏10個。《廣韻》檻二等共有7個小韻，《指掌圖》收録3個。《廣韻》豏二等共有14個小韻，《指掌圖》收録10個。其中非小韻首字1個：見母位「減」，首字爲「鹻」，未取小韻均有檻韻字占位。

三等：《指掌圖》列目爲範、琰韻字，共17字，其中琰13個、範4個。《廣韻》范韻共有6個小韻，《指掌圖》取4個，全部爲脣音字。未收的2個小韻均有琰韻字占位。《廣韻》琰三等共有13個小韻，全部收録。

四等：《指掌圖》列忝、琰韻字，共12字，其中琰8個、忝4個。《廣韻》忝韻共有10個小韻，《指掌圖》收録8個。未取的2個小韻清母位有忝韻字占位，明母有字空位。《廣韻》琰四等有6個小韻，《指掌圖》收4個。未取的2個小韻，分别爲精母、溪母位，溪母位列忝韻字，精母位空位。

去聲

《指掌圖》列目爲一等闞勘、二等鑑陷、三等梵驗豔、四等豔㮇。

一等：《指掌圖》列目爲闞勘，共15字，其中勘6個、闞8個。《指掌圖》曉母位列「顑」字，該字在《廣韻》中一爲「玉陷切」在疑母陷韻，一爲「苦感切」在溪母闞韻。2個反切都不合於此位。此字當爲「顑」字之誤，「顑，呼紺切」，爲勘韻字。《廣韻》闞一等共有10個小韻，《指掌圖》取9個，未取小韻爲曉母位。其中非小韻首字1個：定母位「淡」，首字爲「憺」。

《廣韻》勘一等共14個小韻，《指掌圖》取6個。

二等：《指掌圖》列鑑陷韻字，共15字，其中鑑8個、陷7個。《廣韻》鑑二等共有9個小韻，《指掌圖》取7個。其中非小韻首字1個：並母位「湴」，首字爲「埿」。

《廣韻》陷二等共10個小韻，《指掌圖》取8個。《指掌圖》澄母位列「賺」，《廣韻》無此字形，澄母位列「賺」，當爲異體字。崇母位列鑑韻字「鑱，仕陷切」，又在俟母位列「儳，士陷切」，「儳」崇母字，列俟位。

三等：《指掌圖》列目爲梵驗豔，其中驗2字、梵4字、豔列三等位9字、豔列四等位2字，分別對應《廣韻》中的梵釅豔。去聲三等列字較爲複雜。

《廣韻》釅三等共4個小韻，《指掌圖》收録2個，非小韻首字1個：曉母位「㜸」，首字爲「脅」。

《廣韻》梵三等共5個小韻，《指掌圖》取4個，非小韻首字1個：敷母位「泛」，首字爲「汎」。

《廣韻》豔三等共10個小韻，《指掌圖》取9個。其中非小韻首字2個：昌母位「襜」、書母位「苫」，首字分別爲「䠨」「閃」。

另取豔四等位2個。喻三位列「豔，以贍切」，當列於喻四位，喻三、喻四混。且《指掌圖》喻四位空位。影母位列『厭，於黶切』，爲重紐四等字，卻列於三等位。另有溪母位列『芡』，該字在《廣韻》中爲琰韻『巨險切』。

四等：《指掌圖》列目爲黶㮇，共12字，其中黶1個、㮇11個。《廣韻》黶四等共5個小韻，有2個進入三等，1個列入四等，且爲非小韻首字。清母位『塹』，首字爲『壍』。

《廣韻》㮇韻共有12個小韻，《指掌圖》取11個。

入聲

《指掌圖》列目爲一等盍合、二等狎洽、三等乏業葉、四等帖葉。

一等：《指掌圖》列目爲盍合，共15字，盍11個、合4個。《廣韻》盍一等共16個小韻，《指掌圖》收録11個。《廣韻》合韻共17個小韻，《指掌圖》收録4個。其中精母位《指掌圖》列『匝』，《廣韻》無此字形，精母位元爲『帀，子答切』，當爲異體字。

此等列字以盍韻字爲主，合韻所取字較盍韻字更爲常用。

二等：《指掌圖》列目爲狎洽，共14字，狎4個、洽10個。《廣韻》狎二等共6個小韻，《指掌圖》收録4個。《廣韻》洽二等共13個小韻，《指掌圖》收録了10個。其中非小韻首字2個：崇母位『煠』、生母位『歃』，首字分别爲『[illegible]』『霎』。

三等：《指掌圖》列目乏業葉，共20字，其中乏3個、業4個、葉14個。

《廣韻》乏二等共 6 個小韻,《指掌圖》收録 3 個,全部爲脣音字。業、葉兩韻無脣音字。

《廣韻》業三等共有 7 個小韻,《指掌圖》收録 4 個。

《廣韻》葉三等共有 15 個小韻,《指掌圖》收録 13 個。其中喻三位「瞱」字,與《廣韻》更字「曄」字形稍差,當爲抄寫之誤。

四等:《指掌圖》列目爲帖葉,共 16 字,貼 11 個、葉 4 個。另有葉三等字 1 個。

《廣韻》貼四等共 13 個小韻,其中有 1 個重出小韻,實則爲 12 個小韻,《指掌圖》取 11 字。非小韻首字 2 個: 端母位「跕」、透母位「帖」,首字分别爲「聑」「怗」。

《廣韻》葉列四等共有 5 個小韻,《指掌圖》收録 4 個。群母位「衱,其輒切」,三等群母位已列業韻字「跲」,未收此字; 而四等葉貼群母均無字,將此字列入,三、四等混。

二、與《集韻》之對比

並母位爲「蹩」,此字形與《廣韻》同。

《集韻》未取的 4 個小韻有 3 個小韻《指掌圖》空位,分别爲莊母、來母、日母位。《廣韻》無此 3 小韻,此處更合於《廣韻》。

《集韻》影母位列「黭,烏敢切」,《指掌圖》列「黲」,《集韻》無此字。此處合於《廣韻》。

《集韻》疑母、知母、生母有字，《指掌圖》空位，此處合於《廣韻》。

來母字列『殮』，該字在《廣韻》中爲豔韻，且爲小韻首字，但《集韻》中未見此字。《集韻》驗韻來母有字：『斂，力驗切』下有字『殮』，當爲此字形異，此處同《廣韻》。

《指掌圖》從母位列『瞺』，該字《集韻》未收，《廣韻》内爲小韻首字，此處與《廣韻》同。

《指掌圖》疑母位列字爲『儑』，《集韻》未收此字，而此字在《廣韻》中爲小韻首字，此處同《廣韻》。

《指掌圖》精母位列『匝』，《集韻》無此字形，此處同《廣韻》。

《指掌圖》敷母位列『㚾』，《集韻》中無此字，《廣韻》中爲小韻首字。此處與《廣韻》同。

《集韻》『瘱，去涉切』，佐佐木猛將其列於四等，三等位列『抾，去笈切』，該字在《廣韻》當爲三等。

《指掌圖》列目爲梵驗豔，共18字，其中驗2個、梵4個、豔三等9個、豔四等2個。分別對應《集韻》中的梵釅豔。去聲三等列字較爲複雜。標目與《集韻》同，不同於《廣韻》。

三、與《韻鏡》之對比

本圖對應《韻鏡》的第三十九開、第四十合、第四十一合。

平聲四等　《指掌圖》疑母位列『⿰齒兼』，《韻鏡》列於三等。

上聲四等　《指掌圖》匣母位列『鰜』，《韻鏡》列於三等。

去聲二等　《指掌圖》俟母位列『儳』，《韻鏡》列於崇母。

去聲三等　《指掌圖》喻母位列『豔』，該字本應爲喻四母字，當列於四等，《韻鏡》列於四等。

《指掌圖》與《韻鏡》空位對比，《指掌圖》有字而《韻鏡》無字的有10個，《指掌圖》無字而《韻鏡》有字的有4個：

平三：（溪）㦓/○；（群）箝/○；平四：（見）兼/○；（群）鍼/○；去一：（溪）闞/○；去二：（澄）賺/○；（崇）儳/○；去三：（群）芡/○；入四：（群）芡/○；（曉）牒/㛳；平四：（心）○/鬖；上二：（疑）○/頼；上四：（日）○/苒；去四：（疑）○/驗。

《指掌圖》與《韻鏡》列字差異32個：

平一：（泥）男/南；（精）鑽/鐕；平二：（娘）喃/諵；（曉）顑/喊；平三：（昌）韂/襜；（章）占/詹；平四：（泥）拈/鮎；（邪）燅/燖；上一：（疑）鎮/頷；上二：（見）減/鹼；上四：（溪）嗛/歉；去一：（端）擔/擔；（曉）顑/喊；去二：（莊）蘸/涅；去三：（昌）襜/躋；（影）厭/擪；（曉）嬐/脅；（敷）泛/汎；（書）苫/閃；（端）膽/瞻；去四：（見）兼/趝；（清）塹/壍；入一：（定）蹋/踏；（精）匝/帀；入二：（莊）眨/貶；（生）歃/霎；入三：（溪）㾀/㾀；入四：（來）

⿰奠瓦/⿰瓦瓦；（泥）茶/捻；（透）帖/怗；（端）跕/聑；（匣）協/恊。

本圖列字特殊情況2個：

等調聲母圖韻	指掌圖	韻鏡	差異原因
上三匣	○	鼸	《指掌圖》錯列於四等
以三去	豔	○	《指掌圖》喻四字列三等

另，本圖主要對應《七音略》外轉三十二重中輕、外轉三十三輕中輕、外轉三十一重中重。

本圖列圖上，將《韻鏡》中三圖合一，表現了二等韻的合流。外轉第三十九開和外轉第四十合中，覃談、咸銜、鹽添合爲一韻，其中鹽添《指掌圖》爲鹽沾。三等鹽嚴凡合爲一韻，凡韻在《韻鏡》外轉第四十一合，衹有脣音字，《指掌圖》將脣音字一般列入合口圖，此爲獨韻韻圖，故將《韻鏡》開合併於一圖，體現了語音的變化。列字仍以《廣韻》小韻首字爲主，在韻目使用上採用《集韻》韻目字。

六	見	溪	羣	疑	端	透	定	泥	知
平	○	○	○	○	○	○	○	○	
	○	○	○	○					○
	金	欽	琴	吟					砧
	○	○	○	○	○	舚	○	○	
上	○	○	○	○	○	○	○	○	
	○	○	○	○					○
	錦	坅	噤	僸					戡
	○	○	○	○	○	○	○	○	
去	○	○	○	○	○	○	○	○	
	○	○	○	○					○
	禁	○	⿰舌今	吟					揕
	○	○	○	○	○	○	○	○	
入	○	○	○	○	○	○	○	○	
	○	○	○	○					○
	急	泣	及	岌					縶
	○	○	○	○	○	○	○	○	

第六圖

徹	澄	娘	幫	滂	並	明	非	敷	奉	微
			○	○	○	○				
○	○	○	○	○	○	○				
琛	沈	䛘	○	○	○	○	○	○	○	○
			○	○	○	○				
			○	○	○	○				
○	○	○	○	○	○	○				
踸	朕	拰	稟	品	○	○	○	○	○	○
			○	○	○	○				
			○	○	○	○				
○	○	○	○	○	○	○				
闖	鴆	賃	稟	○	○	○	○	○	○	○
			○	○	○	○				
			○	○	○	○				
○	○	○	○	○	○	○				
湁	蟄	孨	鵖	○	鴔	○	○	○	○	○
			○	○	○	○				

	精	清	從	心	斜	照	穿	牀	審
平	○	○	○	○	○				
						簪	嵾	岑	森
						斟	覘	○	深
	祲	侵	鮗	心	尋				
上	○	○	○	○	○				
						○	墋	顩	痒
						枕	瀋	葚	沈
	醦	寑	蕈	罧	○				
去	○	○	○	○	○				
						譖	讖	○	滲
						枕	○	○	深
	浸	沁	○	○	鐔				
入	○	○	○	○	○				
						戢	㞔	霵	澀
						執	斟	○	濕
	㗱	緝	集	𣪠	習				

切韻指掌圖 二十五

第六圖

韻	日	来	喻	匣	曉	影	禪
		○	○	○	○	○	
侵		○	○	○	○	○	○
侵	任	林	○	○	歆	音	諶
侵		○	淫	○	○	愔	
		○	○	○	○	○	
寑		○	○	○	○	○	○
寑	荏	廩	○	○	廞	飲	甚
寑		○	潭	○	○	○	
		○	○	○	○	○	
沁		○	○	○	○	○	○
沁	任	臨	許	○	○	蔭	甚
沁		○	類	○	○	○	
		○	○	○	○	○	
緝		○	○	○	○	○	○
緝	入	立	煜	○	吸	邑	十
緝		○	熠	○	○	揖	

第六圖

校：

1 平一見 ○ 《四聲等子》在見母一等位列「站」字。站，《廣韻》陟陷切，去陷，知。該字《四聲等子》錯列，《指掌圖》無誤。

2 平二照 簪 《廣韻》側吟切，《集韻》緇岑切，真福寺本、毛氏《增韻》緇參切，莊侵平開三深；《韻鏡》内轉第三十八合，列字爲「簪」；《七音略》内轉四十一重中重，列字爲「簪」；《四聲等子》《起數訣》《切韻指南》列字爲「旡」。《廣韻》侵韻莊母位小韻首字爲「旡」，下收有「簪」，注「上同」，二字爲異體字關係。列字以「旡」爲佳，《指掌圖》亦無誤。

3 平二穿 嵾 《廣韻》楚簪切，《集韻》初簪切，初侵平開三深；《韻鏡》内轉第三十八合，列字爲「嵾」；《七音略》内轉四十一重中重，列字爲「參」；《四聲等子》《切韻指南》列字爲「嵾」；《起數訣》列字爲「叅」。「嵾」爲《廣韻》初母位小韻首字，下收「參」字，注「同上」，二字爲異體字關係。列字以「嵾」爲佳，《指掌圖》是。

4 平三知 砧 嚴氏本、《墨海金壺》本同，《等韻五種》本列字爲『碪』。《廣韻》、《集韻》、真福寺本、毛氏《增韻》知林切，知侵平開三深；《韻鏡》《四聲等子》《切韻指南》列字爲『碪』；《七音略》内轉四十一重中重，列字爲『碪』；『碪』爲《廣韻》侵韻知母位小韻首字，下收有『砧』，注『上同』，二字爲異體字關係。《等韻五種》本列『碪』字爲佳，宋本亦無誤。

5 平三娘 䛘 《廣韻》女心切，《集韻》尼心切，娘侵平三開深。《韻鏡》内轉第三十八合，列字爲『䛘』；《七音略》内轉四十一重中重，列字爲『託』；《四聲等子》列字爲『鵀』。《切韻指南》列字爲『䛘』，『䛘』爲《廣韻》侵韻娘母位小韻首字，下未收『託』字；『託』，《集韻》如林切，音壬，念也，音義與䛘同。《玉篇》《廣韻》《類篇》俱有䛘無託。《集韻》分䛘、託爲二，非。《七音略》列『託』字，亦可。列小韻首字『䛘』爲佳，《指掌圖》是。

6 平三牀 ○ 《廣韻》《集韻》侵韻均無船母字；《韻鏡》内轉第三十八合，船母位列『忱』字；《七音略》《四聲等子》《切韻指南》空位。『忱』，《廣韻》氏任切，平侵，禪。《韻鏡》列於船母位誤，《指掌圖》空位是。

7 平三日 任 《廣韻》、《集韻》、真福寺本、毛氏《增韻》如林切，日侵平開三深；《韻鏡》内轉第三十八合，列字爲『任』；《七音略》内轉四十一重中重，列字爲『壬』；《四聲等子》《切韻指南》《起數訣》列字爲『任』。『任』爲《廣韻》侵韻日母位小韻首字，下收有『壬』字。列字以『任』爲佳，《指掌圖》是。

8 平四透　舚　嚴氏本、《等韻五種》本同，《墨海金壺》本空位。《廣韻》透母位無字，《集韻》天心切，透侵平開三深；《韻鏡》内轉第三十八合平聲四等透母位，列字爲『舚』；《七音略》《四聲等子》《切韻指南》空位。《墨海金壺》本依《廣韻》空位，宋本、嚴氏本、《等韻五種》本依《集韻》，列『舚』字。《集韻》在侵韻尾部加此小韻，可能爲後來補入的類隔音切，《韻鏡》列『舚』字，可能爲後人補入。《指掌圖》從《韻鏡》，誤，當校删。

9 平四從　䰼　《廣韻》昨淫切，《集韻》才淫切，從侵平開三深；《韻鏡》内轉第三十八合，列字爲『䰼』；《七音略》内轉四十一重中重，列字爲『灊』；《四聲等子》深攝内七全重無輕韻，列字爲『埐』；《切韻指南》深攝内八獨韻狹門，列字爲『䰼』，『䰼』爲《廣韻》侵韻從母位小韻首字，下收有『埐』『灊』。列字以『䰼』爲佳，《指掌圖》是。

10 上二照　〇　《廣韻》侵韻上聲莊母位無字；《集韻》莊母位有『顩，側踸切』；《韻鏡》内轉第三十八合，列字爲『顩』；《七音略》空位；《四聲等子》深攝内七全重無輕韻，列字爲『顩』；《切韻指南》深攝内八獨韻狹門，列字爲『顩』；《指掌圖》依《廣韻》，空位亦無誤。

11 上三牀　葚　嚴氏本、《等韻五種》本同，《墨海金壺》本空位。《廣韻》、《集韻》、真福寺本、毛氏《增韻》食荏切，船寢上開三深；《韻鏡》内轉第三十八合，列字爲『葚』；《七音略》内轉四十一重中重，列字爲『葚』；《四聲等子》《切韻指南》均列『葚』字。『葚』爲《廣韻》侵韻船母位小韻首字，《墨海金壺》本空位誤，當校補，宋本是。

12 上三影 飲 《廣韻》、《集韻》、真福寺本、毛氏《增韻》於錦切，影寢上開重紐三深；《韻鏡》內轉第三十八合、《七音略》內轉四十一重中重，列字爲『飲』；《四聲等子》深攝內七全重無輕韻，列字爲『歆』；《切韻指南》列字爲『歆』，『歆』爲《廣韻》影母小韻首字。列字以『歆』爲佳，《指掌圖》亦無誤。

13 上四端 ◯ 《廣韻》寢韻端母無字；《集韻》端母位有『呫，當审切』；《韻鏡》《七音略》《四聲等子》《切韻指南》均空位。『呫』，《廣韻》他協切，入帖，透；呫，尝、啜。《玉篇・口部》引《穀梁傳》：『未嘗有呫血之盟也。』《指掌圖》依《廣韻》，是。

14 上四喻 潭 《廣韻》《集韻》以荏切，以寢上開三深；《韻鏡》內轉第三十八合，空位；《七音略》內轉四十一重中重，喻四位列『潭』；《四聲等子》《切韻指南》均在喻四位列『潭』；《起數訣》列字爲『蕈』。『潭』爲《廣韻》喻四位小韻首字，《韻鏡》漏收，《指掌圖》是。

15 去二崇 ◯ 《廣韻》沁韻崇母無字；《集韻》崇母位有『穁，岑譖切』；《韻鏡》《七音略》均空位。《四聲等子》深攝內七全重無輕韻，列字爲『穁』；《切韻指南》深攝內八獨韻狹門，列字爲『穁』。此二圖均從《集韻》。《指掌圖》依《廣韻》，無誤。

16 去三溪 ◯ 《廣韻》沁韻溪母無字；《集韻》溪母位有『搇，丘禁切』；《韻鏡》《七音略》空位；《四聲等子》深攝內七全重無輕韻、《切韻指南》深攝內八獨韻狹門，列字爲『搇』。此二圖均從《集韻》。《指掌圖》依《廣韻》，無誤。

17 去三疑　吟　嚴氏本、《等韻五種》本同，《墨海金壺》本空位。《廣韻》《集韻》宜禁切，疑沁去開重紐三深；《韻鏡》内轉第三十八合、《七音略》内轉四十一重中重、《四聲等子》《切韻指南》均列『吟』字。『吟』爲《廣韻》沁韻疑母位小韻首字，《墨海金壺》本空位誤，當校補。宋本是。

18 去三幫　稟　《廣韻》筆錦切，幫寑上三開深；《集韻》逋鴆切，幫沁去開重紐三深；《韻鏡》内轉第三十八合，去聲空位；《七音略》内轉四十一重中重，列字爲『稟』；《四聲等子》、《切韻指南》、《起數訣》均列於去聲三等位。『稟』在《廣韻》中爲帮母三等上聲字，而在《集韻》中爲『逋鴆切』爲去聲重紐三等字，此字當據《集韻》增。《指掌圖》依《廣韻》，無誤。

19 去三穿　○　《廣韻》沁韻昌母無字；《集韻》昌母位有『瀋，鴟禁切』；《韻鏡》《七音略》空位。《四聲等子》深攝内七全重無輕韻，列字爲『瀋』；《切韻指南》深攝内八獨韻狹門，列字爲『瀋』。此二圖均從《集韻》。《指掌圖》依《廣韻》，無誤。

20 去三曉　○　《廣韻》沁韻曉母無字；《集韻》曉母位有『譀，火禁切』；《韻鏡》《七音略》空位；《四聲等子》深攝内七全重無輕韻，列字爲『譀』；《切韻指南》深攝内八獨韻狹門，列字爲『譀』。此二圖均從《集韻》。《指掌圖》依《廣韻》，無誤。

21 去三喻　許　嚴氏本、《等韻五種》本同，《墨海金壺》本空位。《廣韻》沁韻喻三位有『類』小韻，下未收『許』字；《集韻》于禁切，喻沁去開三深；《韻鏡》内轉第三十八合，列字爲『類』；

《七音略》内轉四十一重中重，列字爲『㶣』；《四聲等子》深攝内七全重無輕韻，列字爲『許』；《切韻指南》深攝内八獨韻狹門，列字爲『㶣』。《指掌圖》列『許』字，當從《集韻》，列字以『㶣』字爲佳，《指掌圖》亦無誤。

22 去三日　任　嚴氏本、《墨海金壺》本同，《等韻五種》本列字爲『妊』。任，《廣韻》、毛氏《增韻》汝鴆切，《集韻》如鴆切，日沁去開三深；《韻鏡》内轉第三十八合，列字爲『紝』，《廣韻》如林切，日母侵韻平聲，又《集韻》如鴆切，日母沁韻去聲。《七音略》《切韻指南》《起數訣》列字爲『妊』；《四聲等子》深攝内七全重無輕韻，列字爲『任』。《廣韻》沁韻日母位小韻首字爲『妊』，下收有『任』字。《等韻五種》本列『妊』字爲佳，宋本亦無誤。

23 去四斜　鐔　《廣韻》沁韻無邪母字；《集韻》尋浸切，邪沁去開三深；《韻鏡》《七音略》空位；《四聲等子》深攝内七全重無輕韻，列字爲『鐔』；《切韻指南》深攝内八獨韻狹門，列字爲『鐔』。二圖當據《集韻》。《起數訣》列字爲『蕈』，《廣韻》慈荏切，從寢上聲，誤。《指掌圖》列『鐔』據《集韻》，無誤。

24 去四喻　㶣　嚴氏本、《墨海金壺》本同，《等韻五種》本列字爲『歆』。《廣韻》《集韻》于禁切，喻沁去開三深；《韻鏡》《七音略》，四等位空位，『㶣』字列於三等；《四聲等子》深攝内七全重無輕韻，列字爲『歆』；《切韻指南》深攝内八獨韻狹門，列字爲『歆』，《集韻》『歆，淫沁切』。此二圖當據《集韻》。『㶣』爲《廣韻》沁韻三等韻，當列於三等，《指掌圖》三等位列許字，今列於四等，誤，當校刪。

25 入二審　澀　《廣韻》色立切，《集韻》、真福寺本、毛氏《增韻》色入切，生緝入開三深；《韻鏡》内轉第三十八合、《七音略》内轉四十一重中重、《四聲等子》深攝内七全重無輕韻，列字爲『澀』；《切韻指南》深攝内八獨韻狹門，列字爲『歰』。『歰』爲《廣韻》緝韻生母位小韻首字，下收有『澀』字，注『上同』，二字爲異體字關係。列字以『歰』爲佳，《指掌圖》亦無誤。

26 入三並　殦　嚴氏本、《墨海金壺》本同，《等韻五種》本列字爲『鴄』。殦，《廣韻》皮及切，《集韻》匐急切，並緝入開三深；《韻鏡》内轉第三十八合，列字爲『鴄』；《七音略》空位，在明母位列有『[illegible]』，當是『鴄』誤列入明母；《起數訣》空位；《四聲等子》深攝内七全重無輕韻，列字爲『鴄』；《切韻指南》深攝内八獨韻狹門，列字爲『鴄』。『鴄』爲《廣韻》緝韻小韻首字，注『鴄鵖亦殦』。殦，《集韻》匐急切，同鴄。《等韻五種》本列『鴄』字爲佳，宋本亦無誤。

27 入三牀　○　《廣韻》《集韻》緝韻均無船母字；《韻鏡》内轉第三十八合，船母位列『褶』字；《七音略》《四聲等子》《切韻指南》空位。『褶』：《廣韻》似入切，入緝，邪；《廣韻》是執切，入緝，禪。二音均不合于船母位。《韻鏡》列於船母位誤，《指掌圖》是。

28 入三審　濕　《廣韻》、《集韻》、真福寺本、毛氏《增韻》失入切，書緝入開三深；《韻鏡》内轉第三十八合、《七音略》内轉四十一重中重，列字爲『濕』；《四聲等子》深攝内七全重無輕韻，列字爲『濕』；《切韻指南》深攝内八獨韻狹門，列字爲『溼』；『溼』爲《廣韻》緝韻小韻首字，下收有『濕』字，注『上同』，二字爲異體字關係。列字以『溼』爲佳，《指掌圖》亦無誤。

【釋】

一、與《廣韻》之對比

平聲

《指掌圖》列目爲一等無字、二等侵、三等侵、四等侵。對應《廣韻》中的侵韻。《廣韻》侵韻共27個小韻，《指掌圖》全部收録。

一等：無字。

二等：《指掌圖》列4字，《廣韻》侵可列二等位共4個小韻，全部收録。非小韻首字1個：莊母位『簪』，首字爲『先』。

三等：《指掌圖》列16字，《廣韻》侵可列三等位共16個小韻，全部收録，非小韻首字1個：知母位『砧』，首字爲『碪』。

四等：《指掌圖》列8字，《廣韻》侵可列四等位共7個小韻，全部收録。《指掌圖》透母位列『𦧺』，《廣韻》没有透母韻。

上聲

《指掌圖》列目爲一等無字、二等寑、三等寑、四等寑。對應《廣韻》中的寑韻。

一等：無字。

二等：《指掌圖》列3字，《廣韻》寑可列二等位共3個小韻，全部收録。

三等：《指掌圖》列19字，《廣韻》寑可列三等位共19個小韻，全部收録。其中非小韻首字1個：影母位「飲」，首字爲「㱃」。

四等：《指掌圖》列5字，《廣韻》寑可列四等位共5個小韻，全部收録。

去聲

《指掌圖》列目爲一等空、二等沁、三等沁、四等沁。對應《廣韻》中的沁韻。

一等：無字。

二等：《指掌圖》列3字，《廣韻》沁可列二等位共3個小韻，全部收録。

三等：《指掌圖》列15字，《廣韻》沁可列三等位共14個小韻，全部收録。《指掌圖》幫母位列「禀」，該字當爲「稟」。喻三位列「許」，《廣韻》喻三位列「䫴，于禁切」，下無此字。「䫴」當列於三等喻位，但《指掌圖》卻將其列於四等，爲三、四等混。

四等：《指掌圖》列4字，《廣韻》沁四等共2個小韻，全部收録。《指掌圖》喻四位列「䫴」爲喻三位字。邪母位列「鐔」，《廣韻》無此字，四等亦無邪母字。

入聲

《指掌圖》列目一等無字，二等緝、三等緝、四等緝。對應《廣韻》中的緝韻。

一等：無字。

二等：《指掌圖》列四字，《廣韻》緝二等共4個小韻，全部收録。非小韻首字1個：生母位「澀」，首字爲「歰」。

三等：《指掌圖》列19字，《廣韻》緝可列三等位共19個小韻，全部收録。非小韻首字2個：並母位「鴔」、書母位「濕」，首字分別爲「鴚」「溼」。

四等：《指掌圖》列7字，《廣韻》緝可列四等位共7個小韻，全部收録。

二、與《集韻》之對比

去三《廣韻》中爲幫母三等字，而在《集韻》中爲「逋鴆切」列於四等，此字當據《集韻》增。

去三喻三位列「許」，《廣韻》中無，《集韻》「于禁切」正合於此位。

去三斜母位列「鐔」，《集韻》收録此字，《廣韻》無。

三、與《韻鏡》之對比

本圖對應《韻鏡》第三十八合。

去聲三等　《指掌圖》幫母位列『稟』，《韻鏡》空位。喻母位《韻鏡》列字爲『類』，《指掌圖》列於四等。

《指掌圖》與《韻鏡》空位對比，《指掌圖》有字而《韻鏡》無字的5個，《指掌圖》無字而《韻鏡》有列字的3個：

上三：（喻四）潭/〇；去三：（幫）稟/〇；去四：（邪）鐔/〇；（喻四）類/〇；平三：（船）〇/忱；上二：（精）〇/𩕄；入三：（船）〇/禂。

《指掌圖》與《韻鏡》列字差異有4個：

平三：（知）砧/碪；上三：（幫）稟/稟；去三：（日）任/絍；入三：（並）鵖/鴚。

本圖主要對應《七音略》内轉四十一重中重。

本圖以《廣韻》爲主，《集韻》有小韻，例如平聲二等有未取小韻崇母位『穇，岑譖切』，仍依《廣韻》不取空位。

七	見	溪	羣	疑	端	透	定	泥	知
平	干	看	○	[illegible]	單	灘	壇	難	
	姦	慳	○	顏					譠
	犍	愆	乾	言					邅
	堅	牽	○	妍	顛	天	田	年	
上	笴	侃	○	○	亶	坦	但	戁	
	簡	齦	○	眼					○
	蹇	綣	件	齴					展
	繭	遣	○	齞	典	腆	殄	撚	
去	旰	看	○	岸	旦	炭	憚	難	
	諫	○	○	鴈					○
	建	○	健	彥					驏
	見	俔	○	硯	殿	瑱	電	晛	
入	葛	渴	○	嶭	怛	闥	達	捺	
	戛	[illegible]	○	齾					哳
	揭	朅	傑	孼					哲
	結	猰	○	齧	[illegible]	鐵	垤	涅	

第七圖

切韻指掌圖

徹	澄	娘	幫	滂	並	明	非	敷	奉	微
			○	○	○	○				
○	⿰犭然	嘫	○	○	○	○				
脡	纏	○	○	○	○	○	○	○	○	○
			○	○	○	○				
			○	○	○	○				
○	○	○	○	○	○	○				
搌	邅	趁	○	○	○	○	○	○	○	○
			○	○	○	○				
			○	○	○	○				
⿸尸彔	綻	○	○	○	○	○				
○	纏	輾	○	○	○	○	○	○	○	○
			○	○	○	○				
			○	○	○	○				
○	○	痆	○	○	○	○				
屮	轍	○	○	○	○	○	○	○	○	○
			○	○	○	○				

	精	清	從	心	斜	照	穿	牀	審
平	○	餐	殘	珊	○				
						○	⿰犭單	潺	山
						⿱衍食	燀	○	羶
	箋	千	前	先	涎				
上	⿱髟贊	○	瓚	散	○				
						醆	剗	棧	產
						⿰目善	闡	○	⿰亻然
	翦	淺	踐	銑	⿰糸羡				
去	贊	粲	㜺	散	○				
						○	鏟	輚	訕
						戰	硟	○	扇
	薦	茜	荐	霰	羨				
入	拶	攃	巀	薩	○				
						札	刹	○	殺
						晢	掣	○	設
	節	切	截	屑	○				

韻	日	來	喻	匣	曉	影	禪
寒		蘭	○	寒	頇	安	
刪山		斕	○	閑	羴	黰	○
元仙	然	連	○	○	軒	焉	禪
僊先		蓮	延	賢	祆	煙	
緩旱		嬾	○	旱	罕	○	
産		○	○	限	○	○	○
阮獮	蹨	輦	○	○	幰	㫈	善
銑獮		○	衍	峴	顯	蝘	
換翰		爛	○	翰	漢	按	
裥諫		○	○	莧	○	晏	○
線願	○	摙	○	○	獻	堰	繕
線霰		練	衍	見	韅	宴	
曷		辢	○	曷	喝	遏	
鎋黠		○	○	黠	瞎	軋	鍘
月薛	熱	列	○	○	歇	謁	舌
薛屑		类	抴	頁	[illegible]	噎	

第七圖

校：

1 平一疑　𡾊　嚴氏本、《墨海金壺》本同，《等韻五種》本列字爲『豻』。𡾊，《廣韻》俄寒切，《集韻》、毛氏《增韻》俄干切，疑寒平開一山；《韻鏡》外轉第二十三開、《七音略》外轉二十三重中重，列字爲『豻』；《四聲等子》《切韻指南》《起數訣》均列字爲『豻』。『豻』爲《廣韻》寒韻疑母位小韻首字，下收有『𡾊』字。《等韻五種》本列『豻』字爲佳，宋本亦無誤。

2 平一知　◯　《廣韻》寒韻知母位無字，《集韻》有『驙，知干切，蟲名』。《韻鏡》《七音略》《四聲等子》《切韻指南》寒韻知母均空位，《指掌圖》從《廣韻》，是。

3 平一精　◯　《廣韻》寒韻精母位無字，《集韻》有『籛，子干切，姓也』。《韻鏡》《七音略》寒韻均無精母字；《四聲等子》山攝外四輕重俱等韻開口呼，精母位列字爲『籛』；《切韻指南》山攝外四開口呼廣門，精母位列字爲『籛』。此二圖從《集韻》。《指掌圖》從《廣韻》，是。

4 平一從　殘　《廣韻》昨干切，《集韻》、真福寺本、毛氏《增韻》財干切，從寒平開一山；《韻鏡》外轉第二十三開，列字爲『殘』；《七音略》外轉二十三重中重，列字爲『戔』；《四聲等子》《切韻指南》列字爲『殘』。『殘』爲《廣韻》寒韻從母位小韻首字，下收有『戔』字，《七音略》亦無誤。列字以『殘』爲佳，《指掌圖》是。

5 平一心　珊　嚴氏本、《墨海金壺》本同，《等韻五種》本列字爲『姗』。珊，《廣韻》蘇干切，《集韻》、真福寺本、毛氏《增韻》相干切，心寒平開一山；《韻鏡》外轉第二十三開、《七音略》外轉二十三重中重、《四聲等子》山攝外四輕重俱等韻開口呼，列字均爲『珊』；《切韻指南》《起數訣》列字爲『跚』。《廣韻》寒韻心母位小韻首字爲『跚』，下收有『珊』字。《等韻五種》本列『跚』字爲佳，宋本亦無誤。

6 平一來　蘭　《廣韻》落干切，《集韻》、真福寺本、毛氏《增韻》郎干切，來寒平開一山；《韻鏡》外轉第二十三開，列字爲『蘭』；《七音略》《四聲等子》《起數訣》列字爲『闌』；《切韻指南》山攝外四開口呼廣門，列字爲『蘭』。『蘭』爲《廣韻》寒韻來母位小韻首字，下收有『闌』字。列字以『蘭』爲佳，《指掌圖》是。

7 平二溪　慳　《廣韻》苦閑切，《集韻》、真福寺本、毛氏《增韻》丘閑切，溪山平開二山；《韻鏡》外轉第二十一開，列字爲『慳』；《七音略》《起數訣》列字爲『掔』；《四聲等子》《切韻指南》列字爲『慳』。『慳』爲《廣韻》山韻溪母位小韻首字，下收有『掔』字。列字以『慳』爲佳，《指掌圖》是。

8 平二知　譠　《廣韻》陟山切，《集韻》託山切，知山平開二山；《韻鏡》外轉第二十一開，列字爲『譠』；《七音略》《切韻指南》列字爲『澶』；《四聲等子》山攝外四輕重俱等韻開口呼，列字爲『譠』。『譠』爲《廣韻》山韻知母位小韻首字，下收有『澶』字，《集韻》『譠，託山切』，爲徹母字，《指掌圖》將其列於知母，合於《廣韻》。《集韻》知母位『澶，知山切』，《七音略》《切韻指南》從《集韻》。《指掌圖》從《廣韻》，是。

9 平二徹　〇　《廣韻》删山二韻均無徹母字，《集韻》徹母『譠，託山切』，《指掌圖》『譠』列於知母位，無徹母音。《韻鏡》《七音略》《四聲等子》《切韻指南》徹母位均空位，《指掌圖》是。

10 平二穿　貚　《廣韻》《集韻》充山切，昌母山韻；《韻鏡》外轉第二十一開，列字爲『貚』；《七音略》外轉二十一重中輕，列字爲『貚』；《四聲等子》《切韻指南》均列『貚』字。『貚』，《廣韻》充山切，雖反切上字『充』爲三等，但仍當爲山韻二等字。各韻圖均列『貚』，《指掌圖》無誤。

11 平二牀　潺　《廣韻》士山切，《集韻》、真福寺本、毛氏《增韻》鉏山切，崇山平開二山，真福寺本、毛氏《增韻》小韻首字爲『虥』；《韻鏡》外轉第二十一開山韻列『虥』字，外轉第二十三開删韻列『潺』；《七音略》同《韻鏡》；《切韻指南》列字爲『虥』；《四聲等子》列字爲『虦』。『虥』爲《廣韻》山韻小韻首字，『潺』爲《廣韻》删韻小韻首字，《指掌圖》爲合韻韻圖，平二韻目爲删山，取兩字均可，《指掌圖》無誤。

12 平三見　犍　《廣韻》紀偃切，《集韻》、真福寺本、毛氏《增韻》居言切，見元平開三山，真福寺本、毛氏《增韻》小韻首字爲「㮆」；《韻鏡》外轉第二十一開，元韻見母位列字爲「犍」，外轉第二十三開，仙韻見母位列字爲「甄」；《七音略》外轉第二十一，元韻見母位列「㨆」，外轉第二十三，空位；《切韻指南》《起數訣》列字爲「㨆」；《四聲等子》山攝外四輕重俱等韻開口呼，列字爲「犍」。「㨆」爲《廣韻》元韻小韻首字，下收有「㮆」字，注「上同」，二字爲異體字關係，下亦收有「犍」字。列字以「㨆」爲佳，《指掌圖》亦無誤。

13 平三章　𩞬　《廣韻》、《集韻》、真福寺本、毛氏《增韻》諸延切，章仙平開三山，真福寺本、毛氏《增韻》小韻首字爲「饘」；《韻鏡》外轉第二十三開，列字爲「饘」；《七音略》《起數訣》列字爲「饘」；《四聲等子》《切韻指南》列字爲「𩞬」。《廣韻》元韻無章母字，「𩞬」爲《廣韻》仙韻章母位小韻首字，下收有「饘」字，注「上同」，二字爲異體字關係。列字以小韻首字「𩞬」爲佳，《指掌圖》是。

14 平三禪　禪　嚴氏本、《墨海金壺》本同，《等韻五種》本列字爲「鋋」。禪，《廣韻》市連切，《集韻》、真福寺本、毛氏《增韻》時連切，禪仙平開三山；真福寺本、毛氏《增韻》小韻首字爲「鋋」；《韻鏡》外轉第二十三開，列字爲「鋋」；《七音略》《切韻指南》列字爲「鋋」；《四聲等子》空位。「鋋」爲《廣韻》山韻小韻首字，下收有「禪」字。《等韻五種》本列「鋋」字爲佳，宋本亦無誤。

15 平三喻　◯　嚴氏本同，《墨海金壺》本、《等韻五種》本列字爲「漹」。《廣韻》仙喻母三等位有『焉，有乾切』，元喻三無字；《韻鏡》外轉第二十三開，喻三位列字爲『焉』；《七音略》外轉二十三重中重，喻三位列『焉』，《四聲等子》山攝外四輕重俱等韻開口呼，列字爲『焉』；《切韻指南》山攝外四開口呼廣門，列字爲『焉』；《集韻》喻三位有『焉，尤虔切』。《等韻五種》本列『焉』字是，其他諸本皆當校補，宋本漏收。

16 平四列目爲先僊，僊对应《廣韻》的仙韻四等字。

17 平四群　○　嚴氏本同，《墨海金壺》本、《等韻五種》本列字爲『⿱⺮腱』。『⿱⺮腱，渠言切』爲《廣韻》元韻群母位小韻首字，《集韻》小韻首字爲『⿱艹腱』，均注爲『筋鳴』。《指掌圖》平聲四等韻目爲先僊，仙韻無可列於四等的群母字，此處當取『⿱⺮腱』字。《等韻五種》本是，宋本誤，當校補『⿱⺮腱』字。

18 平四泥　年　《廣韻》奴顛切，《集韻》寧顛切，真福寺本、毛氏《增韻》寧田切，泥先平開四山；《韻鏡》外轉第二十三開，列字爲『年』；《七音略》《四聲等子》列字爲『年』；《切韻指南》山攝外四開口呼廣門，列字爲『秊』；《廣韻》先韻泥母位小韻首字爲『秊』，下收有『年』字，注『上同』，二字爲異體字關係。列字以『秊』爲佳，《指掌圖》亦無誤。

19 平四精　箋　《廣韻》則前切，《集韻》、真福寺本、毛氏《增韻》將先切，精先平開三山；《韻鏡》外轉第二十三開，列字爲『箋』；《七音略》外轉二十三重中重，列字爲『牋』；《四聲等子》《切韻指南》列字爲『箋』；『箋』爲《廣韻》先韻精母位小韻首字，下收有『牋』字，注『上同」，二字爲異體字關係。《七音略》列『牋』字無誤，《指掌圖》爲佳。

20 平四斜　涎　《廣韻》夕連切，《集韻》、真福寺本、毛氏《增韻》徐連切，邪仙平開三山，真福寺本、毛氏《增韻》小韻首字爲『次』；《韻鏡》外轉第二十一開，列字爲『涎』；《七音略》外轉二十一重中輕，列字爲『涎』；《四聲等子》《切韻指南》列字爲『次』；『次』爲《廣韻》仙韻邪母位小韻首字，下收有『涎』字，注『上同』，二字爲異體字關係。列字以『次』爲佳，《指掌圖》亦無誤。

21 上一泥　戁　嚴氏本、《墨海金壺》本同，《等韻五種》本列字爲『攤』。戁，《廣韻》人善切，日母獮韻，當列於日母三等。另《廣韻》奴板切，泥母潸韻，當列於二等位。《集韻》人善切，日獮上開三山；《韻鏡》《四聲等子》《切韻指南》列字均爲『攤』；《七音略》外轉二十三重中重，列字爲『灘』；『攤』爲《廣韻》緩韻泥母位小韻首字，『灘』在《廣韻》中有『呼旱切』，爲曉母旱韻，不當列於泥母位，《七音略》誤，當校爲『攤』。《等韻五種》本是，宋本誤，當校改爲『攤』。

22 上一疑　○　《廣韻》《集韻》上聲一等均無字；《韻鏡》《四聲等子》《切韻指南》均空位；《七音略》外轉二十三重中重，列字爲『䣶』，該字《廣韻》《集韻》均未收，《康熙字典》：『《正字通》：「郾字之僞。」』《七音略》誤，《指掌圖》是。

23 上一心　散　《廣韻》蘇旱切，《集韻》顙旱切，真福寺本、毛氏《增韻》穌旱切，心旱上開一山；《韻鏡》外轉第二十三開，列字爲『繖』；《七音略》外轉二十三重中重，列字爲『散』；《四聲等子》《切韻指南》列字爲『散』。『散』爲《廣韻》旱韻心母位小韻首字，下收有『繖』字。

列字以『散』爲佳，《指掌圖》是。

24 上一影 ○ 《廣韻》上聲一等旱緩均無影母字；《集韻》緩韻影母位列『侒，阿侃切』；《韻鏡》空位；《七音略》外轉第二十三重中重，列字爲『侒』；《四聲等子》《切韻指南》均列『侒』字。此三圖當從《集韻》。《指掌圖》從《廣韻》，亦無誤。

25 上一曉 罕 《廣韻》呼旱切，《集韻》、真福寺本、毛氏《增韻》許旱切，曉旱上開一山；《韻鏡》外轉第二十三開列字爲『罕』；《七音略》外轉二十三重中重，列字爲『罕』；《四聲等子》《切韻指南》列字爲『罕』。『罕』爲《廣韻》旱韻曉母位小韻首字，注曰『或作罕』，二字爲異體字關係。列字以『罕』字爲佳，《指掌圖》亦無誤。

26 上二影 ○ 《廣韻》産韻影母無字，《集韻》影母位有『軋，膺眼切』。軋，《廣韻》烏黠切，影母入聲黠韻。《韻鏡》外轉第二十一開，産韻影母位空位；《七音略》外轉二十一重中輕，産韻影母位空位。《四聲等子》《切韻指南》影母位均列『軋』字，此二圖從《集韻》。《指掌圖》從《廣韻》，亦無誤。

27 上一來 嬾 《廣韻》落旱切，《集韻》郎旰切，真福寺本、毛氏《增韻》魯旱切，來旱上開一等；《韻鏡》外轉第二十三開，列字爲『嬾』；《七音略》外轉二十三重中重，列字爲『爛』；《四聲等子》《切韻指南》均列『嬾』字。『嬾』爲《廣韻》旱韻來母位小韻首字，『爛』，《廣韻》郎旰切，來母翰韻，不當列於旱韻位，當爲『欗』字之誤，《七音略》誤。《指掌圖》是。

28 上三溪　⿰糸⿱舌心　《廣韻》獮韻溪母無字，《集韻》起輦切，溪獮上開三山；《韻鏡》外轉第二十三開，獮韻溪母位空位；《七音略》外轉二十三重中重，獮韻溪母位列『⿰糸⿱舌心』字；《四聲等子》《切韻指南》均列『⿰糸⿱舌心』字。此三圖均從《集韻》。《韻鏡》從《廣韻》，故空位，《指掌圖》從《集韻》，亦無誤。

29 上三照　⿰目善　嚴氏本、《墨海金壺》本、《等韻五種》本列字爲『⿰耳善』。⿰耳善，《廣韻》、《集韻》、真福寺本、毛氏《增韻》旨善切，章獮上開三山；《韻鏡》外轉第二十三開，列字爲『⿰耳善』；《七音略》外轉二十三重中重，列字爲『⿰目善』；《四聲等子》列字爲『膳』；《切韻指南》列字爲『⿰目善』；《廣韻》《起數訣》列字爲『⿰扌善』。《廣韻》獮韻章母位小韻首字爲『⿰耳善』，下收有『⿰耳善』及『⿰木善』，『⿰目善』『⿰目善』可認定爲『⿰耳善』字書寫差異，『⿰扌善』當爲『⿰木善』書寫差異。宋本外諸本列『⿰耳善』字形爲佳，宋本當校改爲『⿰耳善』。

30 上三牀　○　嚴氏本、《墨海金壺》本同，《等韻五種》本列字爲『棧』。《廣韻》獮韻無船母字。《韻鏡》外轉第二十三開、《七音略》外轉二十三重中重，船母位均空位。《四聲等子》《切韻指南》均空位。『棧』，《廣韻》士免切，上獮，崇。『棧』乃崇母字，按韻圖規制當列於二等。《等韻五種》本列『棧』字爲誤，宋本空位是。

31 上四定　殄　《廣韻》、《集韻》、真福寺本、毛氏《增韻》徒典切，定銑上開四山；《韻鏡》外轉第二十三開，列字爲『殄』；《七音略》外轉二十三重中重，銑韻定母空位；《四聲等子》《切韻指南》列字爲『殄』。『殄』爲《廣韻》銑韻定母位小韻首字，《七音略》漏收當補，《指掌圖》是。

32 上四影　蝘　嚴氏本、《墨海金壺》本同，《等韻五種》本列字爲『偃』。《廣韻》《集韻》於殄切，影銑上開四山；《韻鏡》外轉第二十三開，列字爲『蝘』；《七音略》外轉二十三重中重，列字爲『蝘』；《四聲等子》《切韻指南》列字爲『宴』。『蝘』爲《廣韻》銑韻影母位小韻首字，下有『宴』字；『偃』，《廣韻》於幰切，影母阮韻，當列於三等。《等韻五種》本誤，當校改爲『蝘』，宋本是。

33 上四匣　峴　《廣韻》、《集韻》、真福寺本、毛氏《增韻》胡典切，匣銑上開四山；《韻鏡》外轉第二十三開，列字爲『峴』；《七音略》外轉二十三重中重，列字爲『現』；《四聲等子》《切韻指南》列字均爲『峴』。『現』，《廣韻》胡甸切，匣母去聲霰韻，不當列於上聲銑位，《七音略》誤，當改爲『峴』。『峴』爲《廣韻》銑韻匣母位小韻首字，《指掌圖》是。

34 上四喻　衍　嚴氏本、《墨海金壺》本同，《等韻五種》本列字爲『演』。《廣韻》、《集韻》、真福寺本、毛氏《增韻》以淺切，以獮上開三山；《韻鏡》外轉第二十一開，列字爲『演』；《七音略》外轉二十一重中輕，列字爲『演』；《四聲等子》《切韻指南》《起數訣》列字爲『演』。『演』爲《廣韻》獮韻以母位小韻首字，下收有『衍』字。《等韻五種》本列『演』字爲佳，宋本亦無誤。

35 去一見　旰　《廣韻》古案切，《集韻》居案切，毛氏《增韻》古旦切，見翰去開一山；《韻鏡》外轉第二十三開，列字爲『肝』；《七音略》外轉二十三重中重，列字爲『旰』；《四聲等子》山攝外四輕重俱等韻開口呼，列字爲『旰』；《切韻指南》山攝外四開口呼廣門，列字爲『旰』；《起數訣》列字爲『幹』。『肝』，《廣韻》古寒切，見母平聲寒韻；《韻鏡》列『肝』，當爲『旰』字之誤。『旰』爲《廣韻》翰韻見母位小韻首字，下收有『肝』『幹』字。列字以『旰』爲佳，《指掌圖》是。

36 去一溪 看 嚴氏本、《墨海金壺》本同，《等韻五種》本列字爲『侃』。《廣韻》苦旰切，《集韻》、毛氏《增韻》虛旰切，溪翰去開一山；《韻鏡》外轉第二十三開，列字爲『侃』；《七音略》外轉二十三重中重，列字爲『侃』；《四聲等子》山攝外四輕重俱等韻開口呼，列字爲『看』；《切韻指南》山攝外四開口呼廣門，列字爲『侃』。『侃』爲《廣韻》翰韻溪母位小韻首字，下收有『看』字。《等韻五種》本列『侃』字爲佳，宋本亦無誤。

37 去一泥 難 嚴氏本、《墨海金壺》本同，《等韻五種》本列字爲『攤』。《廣韻》奴案切，《集韻》、毛氏《增韻》乃旦切，泥換去開一山；《韻鏡》外轉第二十三開，列字爲『難』；《七音略》外轉二十三重中重，列字爲『難』；《四聲等子》山攝外四輕重俱等韻開口呼，列字爲『難』；《切韻指南》山攝外四開口呼廣門，列字爲『攤』。『攤』爲《廣韻》翰韻泥母位小韻首字，下收有『難』字。《等韻五種》本列『攤』字爲佳，宋本亦無誤。

38 去一心 散 嚴氏本、《墨海金壺》本同，《等韻五種》本列字爲『繖』。《廣韻》蘇旰切，《集韻》、毛氏《增韻》先旰切，心換去開一山；《韻鏡》外轉第二十三開，列字爲『散』；《七音略》《切韻指南》《起數訣》列字爲『繖』；《四聲等子》山攝外四輕重俱等韻開口呼，列字爲『散』。『繖』爲《廣韻》翰韻心母位小韻首字，下收有『散』字。《等韻五種》本列『繖』字爲佳，宋本從《韻鏡》，亦無誤。

39 去二知 ○ 《廣韻》《集韻》諫襉韻均無知母字，《韻鏡》《四聲等子》《切韻指南》知母二等位均無字；《七音略》外轉二十三重中重，列字爲『娨』。『娨』，《廣韻》下晏切，去諫，匣。不當列於知母位，《七音略》誤。《指掌圖》空位是。

40 去二澄 綻 《廣韻》丈莧切，《集韻》治見切，毛氏《增韻》丈襉切，澄襉去開二山；《韻鏡》外轉第二十一開，列字爲『祖』，當爲『袒』字；《七音略》外轉二十一重中輕，列字爲『祖』，當爲『袒』字；《四聲等子》山攝外四輕重俱等韻開口呼，列字爲『綻』；《切韻指南》山攝外四輕重俱等韻開口呼，列字爲『袒』。『袒』爲《廣韻》襉韻澄母位小韻首字，下收有『綻』字，注『上同』。列字以『袒』爲佳，《指掌圖》亦無誤。

41 去二牀 輚 《廣韻》士諫切，《集韻》仕諫切，崇諫去開三山；《韻鏡》外轉第二十三開，列字爲『輚』；《七音略》外轉二十三重中重，列字爲『棧』；《四聲等子》《切韻指南》列字爲『輚』；《起數訣》列字爲『棧』。『輚』爲《廣韻》諫韻崇母位小韻首字，下收有『棧』字。列字以『輚』爲佳，《指掌圖》是。

42 去三溪 ○ 嚴氏本、《墨海金壺》本、《等韻五種》本列字爲「譴」。《廣韻》線韻無溪母字，願韻溪母有字「譴」，去戰切，溪線去開三山。《指掌圖》爲合韻韻圖，去三等列目爲線願，兩韻字均可列入。《韻鏡》空位。《七音略》外轉二十一重中輕，列字爲「𪍿」；「𪍿」，《廣韻》語堰切，去願，疑。不當列於到溪母位，《七音略》誤。《四聲等子》山攝外四輕重俱等韻開口呼，列字爲「騫」；騫，《廣韻》去乾切，平仙，溪。《集韻》九件切，上獮，見。列於溪母去聲位均不當。《切韻指南》山攝外四開口呼廣門，列字爲「譴」。「譴」爲《廣韻》線韻溪母位小韻首字，《等韻五種》本列「譴」字是，宋本誤，當校補「譴」。

43 去三群 健 《廣韻》、《集韻》、毛氏《增韻》渠健切，群願去開三山，毛氏《增韻》字形爲「健」；《韻鏡》外轉第二十一開，列字爲「健」；《七音略》外轉二十一重中輕，列字爲「健」；《四聲等子》山攝外四輕重俱等韻開口呼，列字爲「健」；《切韻指南》山攝外四開口呼廣門，列字爲「健」；《起數訣》發音濁第四十八圖，列字爲「騫」。《廣韻》願韻群母小韻首字爲「健」，無「健」字形，該字形當爲「健」之俗體。《指掌圖》校爲「健」字爲佳。

44 去三知 驟 《廣韻》、《集韻》、毛氏《增韻》陟扇切，知線去開三山；《韻鏡》空位；《七音略》外轉二十三重中重，列字爲「驟」；《四聲等子》《切韻指南》均列「驟」；《起數訣》列字爲「驙」。「驟」爲《廣韻》線韻知母位小韻首字，《韻鏡》漏收當補，《指掌圖》是。

45 去三澄 纏 《廣韻》持碾切，《集韻》、毛氏《增韻》直碾切，澄線去開三山；《韻鏡》外轉第二十三開，列字爲『邅』；《七音略》《四聲等子》《切韻指南》列字均爲『邅』。『邅』爲《廣韻》線韻澄母位小韻首字，下收有『纏』字。列字以『邅』爲佳，《指掌圖》亦無誤。

46 去三穿　硟　《廣韻》昌戰切，《集韻》、毛氏《增韻》尺戰切，昌線開三山；《韻鏡》外轉第二十三開，列字爲『硟』；《七音略》外轉二十三重中重，列字爲『[illegible]』；《四聲等子》《切韻指南》均列『硟』。『硟』爲《廣韻》線韻昌母位小韻首字，《七音略》列字當爲俗體訛誤，《指掌圖》是。

47 去三曉　獻　《廣韻》、《集韻》、毛氏《增韻》許建切，曉願去開三山；《韻鏡》外轉第二十一開，列字爲『憲』；《七音略》外轉二十一重中輕，列字爲『獻』；《四聲等子》列字爲『憲』；《切韻指南》列字爲『獻』。『獻』爲《廣韻》願韻曉母位小韻首字，下收有『憲』字，《指掌圖》是。

48 去三日　○　《廣韻》願線二韻均無日母字；《集韻》線韻有日母字『軔，如戰切』；《韻鏡》外轉第二十三開，日母位列『綖』；《七音略》外轉二十三重中重，空位；《四聲等子》山攝外四輕重俱等韻開口呼，列字爲『軔』；《切韻指南》山攝外四開口呼廣門，列字爲『軔』。此二圖從《集韻》。『綖』，《廣韻》以然切，平仙，以。《集韻》私箭切，去綫，心。此二音均不當列於去三線日母位，《韻鏡》誤。《指掌圖》從《廣韻》，是。

49 去四泥　晛　《廣韻》奴甸切，《集韻》、毛氏《增韻》乃見切，泥霰去開四山；《韻鏡》外轉第二十三開，列字爲『晛』；《七音略》外轉二十三重中重，列字爲『晛』；《四聲等子》山攝外四輕重俱等韻開口呼，列字爲『晛』。《切韻指南》山攝外四開口呼廣門，列字爲『晛』；『晛』，《廣韻》胡典切，上銑，匣。《廣韻》霰韻泥母位去聲小韻首字爲「晛」，「晛」爲「晛」字形近訛。《指掌圖》誤，當校改爲「晛」。

50 去四清　茜　嚴氏本、《墨海金壺》本同，《等韻五種》本列字爲「蒨」。《廣韻》、《集韻》、毛氏《增韻》倉甸切，清霰去開三山；《韻鏡》外轉第二十三開，列字爲「茜」；《七音略》《四聲等子》《切韻指南》《起數訣》列字爲「蒨」。「蒨」爲《廣韻》霰韻清母位小韻首字，下收有「茜」字。《指掌圖》《等韻五種》本列「蒨」字爲佳，宋本亦無誤。

51 入一精　拶　嚴氏本、《墨海金壺》本同，《等韻五種》本列字爲「鬢」。《廣韻》曷韻無精母字，「拶」在《廣韻》中爲末韻字，姊末切，精末入合一山；《集韻》子末切，精末入合一山；《韻鏡》空位。《七音略》外轉二十三重中重，列字爲「囋」；囋，《廣韻》才割切，入曷，從，不當列於精母位。《四聲等子》山攝外四輕重俱等韻開口呼，列字爲「拶」；《切韻指南》山攝外四開口呼廣門，列字爲「鬢」；《起數訣》列字爲「桚」。「鬢」爲《集韻》曷韻之小韻首字，但反切爲「子末切」，實爲末韻字，在《廣韻》中爲「姊末切」，亦爲末韻字。該字在《集韻》曷韻中當爲重出。「鬢」下收有「拶」字。各本收字均不可取，當依《廣韻》及《韻鏡》空位。此處當校刪。

52 入一心　薩　嚴氏本、《墨海金壺》本同，《等韻五種》本列字爲「躠」。薩，《廣韻》桑割切，《集韻》桑葛切，心曷入開一山；《韻鏡》外轉第二十三開，列字爲「躠」；《七音略》外轉二十三重中重，列字爲『躠』；《四聲等子》山攝外四輕重俱等韻開口呼，列字爲『薩』；《切韻指南》山攝外四輕重俱等韻開口呼，列字爲『躠』；《起數訣》發音清第四十圖，首字爲『躠』。『躠』爲《廣韻》曷韻心母位小韻首字，下收有『薩』字。《等韻五種》本列『躠』字爲佳，宋本亦無誤。

53 入一曉　喝　《廣韻》呼合切，《集韻》、真福寺本、毛氏《增韻》許葛切，曉曷入開一咸；《韻鏡》外轉第二十三開，列字爲『䫘』；《七音略》外轉二十三重中重，列字爲『䫘』；《四聲等子》山攝外四輕重俱等韻開口呼，列字爲『喝』；《切韻指南》列字爲『䫘』。『䫘』爲《廣韻》曷韻曉母位小韻首字，下收有『喝』字。　列字以『䫘』爲佳，《指掌圖》亦無誤。

54 入一來　辢　嚴氏本、《墨海金壺》本同，《等韻五種》本列字爲『剌』。　辢，《廣韻》盧達切，《集韻》郎達切，真福寺本、毛氏《增韻》郎葛切，來曷入開一山；《韻鏡》外轉第二十三開，列字爲『剌』；《七音略》《四聲等子》《切韻指南》《起數訣》列字均爲『剌』。『剌』爲《廣韻》曷韻來母位小韻首字，下收有『辢』字。《等韻五種》本列『剌』字爲佳，宋本亦無誤。

55 入二溪　䅣　《廣韻》枯鎋切，《集韻》丘八切，溪鎋入開二山；《韻鏡》外轉第二十一開，列字爲『楬』；《七音略》外轉二十一重中輕，列字爲『䅣』；《四聲等子》《切韻指南》列字爲『䅣』。『䅣』爲《廣韻》鎋韻溪母位小韻首字，下收有『楬』字。　列字以『䅣』爲佳，《指掌圖》是。

56 入二疑　齾　《廣韻》五鎋切，《集韻》、真福寺本、毛氏《增韻》牛轄切，疑鎋入開二山；《韻鏡》

外轉第二十一開，列字爲『聐』；《七音略》空位；《四聲等子》《切韻指南》列字均爲『聐』。『齾』爲《廣韻》鎋韻疑母位小韻首字，下收有『聐』字。列字以『齾』爲佳，《指掌圖》是。

57 入二透　◯　《指掌圖》入聲二等列爲黠鎋，《廣韻》鎋二等開口透母有字『獺，他鎋切』，黠二等無透母字；《韻鏡》外轉第二十一開，鎋韻透母位列『獺』。《七音略》外轉二十一重中輕，鎋韻透母位空位；外轉二十三重中重，黠韻透母位列『呾』，爲端母曷韻字，不當列於此位。《四聲等子》《切韻指南》均列『獺』字。《指掌圖》此位漏收，當校補『獺』字。

58 入二知　哳　《廣韻》、《集韻》、真福寺本、毛氏《增韻》陟鎋切，知鎋入開二山；《韻鏡》外轉第二十一開，列字爲『哳』；《七音略》空位；《四聲等子》山攝外四輕重俱等韻開口呼，列字爲『哳』；《切韻指南》山攝外四開口呼廣門，列字爲『哳』。『哳』爲《廣韻》鎋韻知母位小韻首字，《七音略》空位誤，《指掌圖》是。

59 入二徹　◯　《廣韻》鎋二等開口徹母有字『獺，他鎋切』，黠二等無徹母字；《韻鏡》外轉第二十一開，鎋韻徹母位列『獺』；《七音略》外轉二十一重中輕，鎋韻徹母位空位。『獺，他鎋切』爲類隔，實爲透母，不當列於徹母位。《指掌圖》空位是。

60 入二牀　◯　《指掌圖》入二列目爲黠鎋，此二韻字均可列入。《廣韻》鎋韻崇母位有字『鍘，查鎋切』，卻列入了俟母位，《廣韻》黠韻無牀母字；《韻鏡》鎋黠位均空位，『鍘』字卻列入了莊母位；《七音略》外轉二十二重中輕，鎋韻牀母位列『鍘』；《四聲等子》《切韻指南》均列

『鏩』。《指掌圖》崇母位字『鏩』卻列於俟母，誤，崇母位當校補『鏩』。

61 入二審 殺 《廣韻》所八切，《集韻》、真福寺本、毛氏《增韻》山戛切，生黠入開二山；《韻鏡》外轉第二十三開，列字爲『殺』；《七音略》外轉二十三重中重，列字爲『𣪠』；《四聲等子》《切韻指南》列字均爲『殺』。『殺』爲《廣韻》黠韻生母位小韻首字，下收有『𣪠』字。列字以『殺』字爲佳，《指掌圖》是。

62 入二禪 鐗 嚴氏本、《墨海金壺》本、《等韻五種》本同。鐗，《廣韻》查鎋切，《集韻》槎轄切，崇鎋入開二山；《韻鏡》空位；《七音略》外轉二十一重中輕，於崇母位列『鐗』字；《四聲等子》《切韻指南》均將『鐗』字列於崇母。『鐗』爲《廣韻》鎋韻崇母位小韻首字，當列於崇母，列於俟母則因崇俟不分，但按韻圖規制，此處當刪。《等韻五種》本空位是，宋本誤，當校刪。

63 入二曉 瞎 《廣韻》、《集韻》、真福寺本、毛氏《增韻》許鎋切，曉鎋入開二山；《韻鏡》外轉第二十一開，列字爲『瞎』；《七音略》空位；《四聲等子》《切韻指南》列字均爲『瞎』。『瞎』爲《廣韻》鎋韻曉母位小韻首字，《七音略》漏收，《指掌圖》是。

64 入二日 ○ 《廣韻》鎋黠兩韻均無日母字；《集韻》鎋韻日母有『⿱髟月，而轄切』；《韻鏡》外轉第二十一開，鎋韻日母位列『⿱髟月』；《七音略》空位；《四聲等子》《切韻指南》均空位。《指掌圖》依《廣韻》，是。

65 入三見 揭 嚴氏本、《墨海金壺》本同，《等韻五種》本列字爲『孑』。《廣韻》、《集韻》、真福寺本、毛氏《增韻》居謁切，見母月韻三等；《韻鏡》外轉第二十三開，列字爲『揭』；《七音略》外轉二十三重中重，列字爲『揭』；《四聲等子》列字爲『訐』。《切韻指南》列字爲『孑』；『孑』，《廣韻》居列切，入薛，見。《指掌圖》標目爲『薛月』，此處列『揭』字無誤，爲非小韻首字。『孑』爲《廣韻》薛韻溪母位小韻首字，下收有『訐』『揭』二字。《等韻五種》本列『孑』字爲佳，宋本亦無誤。

66 入三徹　屮　嚴氏本、《等韻五種》本同，《墨海金壺》本空位。屮，《廣韻》丑列切，《集韻》敕列切，徹薛入開三山；《韻鏡》外轉第二十三開，列字爲『徹』；《七音略》《四聲等子》列字爲『徹』；《切韻指南》山攝外四開口呼廣門，列字爲『屮』。『屮』爲《廣韻》薛韻徹母位小韻首字，下收有『徹』字，列字以『屮』爲佳。《指掌圖》《墨海金壺》本空位誤，當校補，宋本是。

67 入三照　晢　《墨海金壺》本、《等韻五種》本同，嚴氏本列字爲『晢』。《廣韻》《集韻》、真福寺本、毛氏《增韻》旨熱切，章薛入開三山；《韻鏡》外轉第二十三開，列字爲『折』；《七音略》《起數訣》列字爲『浙』；《四聲等子》《切韻指南》列字均爲『晢』。《等韻五種》本列『哲』字，《廣韻》陟列切，入薛，知；　當爲『晢』字之誤。　『晢』爲《廣韻》薛韻章母位小韻首字，下收有『折』『浙』。　列字以『晢』爲佳，《指掌圖》是。

68 入三禪　舌　嚴氏本、《墨海金壺》本空位，《等韻五種》本列字爲『折』。《廣韻》、《集韻》、真福寺本、毛氏《增韻》食列切，船薛入開三山；《韻鏡》外轉第二十三開、《七音略》外轉二十三重中重，禪母位列「折」，「舌」列於船母位；《四聲等子》《切韻指南》「舌」均列於船母位，禪母位均空位；「折」爲《廣韻》薛韻禪母位小韻首字，「舌」爲船母位小韻首字。將「舌」列於禪位，雖可表現船禪無别，但按韻圖規制，此位當改爲「折」字。《等韻五種》本列「折」字是，宋本誤。

69 入三影　謁　《廣韻》、《集韻》、真福寺本、毛氏《增韻》於歇切，影月入開三山；《韻鏡》外轉第二十三開，《七音略》外轉二十三重中重，薛韻列字爲「焆」，月韻處均空位；《四聲等子》山攝外四輕重俱等韻開口呼，列字爲「謁」；《切韻指南》山攝外四開口呼廣門，列字爲「緆」。「焆」爲《廣韻》薛韻小韻首字，「謁」爲《廣韻》月韻小韻首字，二字均可列於此位。《指掌圖》無誤。

70 入三匣　○　《廣韻》薛月兩韻均無匣母字；《集韻》月韻匣母有「紇，恨竭切」；《韻鏡》《七音略》《四聲等子》均空位；《切韻指南》山攝外四開口呼廣門，列字爲「紇」，依《集韻》。《指掌圖》依《廣韻》，亦無誤。

71 入三來　列　《廣韻》良薛切，《集韻》、真福寺本、毛氏《增韻》力蘖切，來薛入開三山；《韻鏡》外轉第二十三開，列字爲「烈」；《七音略》《四聲等子》《切韻指南》均爲「列」字。「列」爲《廣韻》薛韻來母位小韻首字，下收有「烈」字。列字以「列」爲佳，《指掌圖》是。

72 入四溪　猰　《廣韻》苦結切，《集韻》、真福寺本、毛氏《增韻》詰屑切，溪屑入開四山；《韻鏡》外轉第二十三開，列字爲『揳』；《七音略》外轉二十三重中重，列字爲『猰』；《四聲等子》《切韻指南》列字均爲『猰』。『猰』爲《廣韻》屑韻溪母位小韻首字，《韻鏡》列『揳』字，當爲『猰』字之誤。《指掌圖》是。

73 入四端　囯　嚴氏本、《墨海金壺》本同，《等韻五種》本列字爲『窒』。《廣韻》、《集韻》、真福寺本、毛氏《增韻》丁結切，端屑入開四山；《韻鏡》《七音略》《四聲等子》《切韻指南》《起數訣》列字爲『窒』。『窒』爲《廣韻》屑韻端母位小韻首字，下收有『囯』字。《等韻五種》本列『窒』字爲佳，宋本亦無誤。

74 入四定　垤　嚴氏本、《墨海金壺》本同，《等韻五種》本列字爲『咥』。垤，《廣韻》、《集韻》、真福寺本、毛氏《增韻》徒結切，定屑入開四山；《韻鏡》外轉第二十三開，列字爲『姪』；《七音略》外轉二十三重中重，列字爲『姪』；《四聲等子》《切韻指南》列字均爲『姪』；《起數訣》列字爲『迭』。《廣韻》屑韻定母位小韻首字爲『姪』，下收有『垤』『迭』『咥』字。列字以『姪』爲佳，各本列字均不誤。

75 入四牀　〇　嚴氏本、《墨海金壺》本、《等韻五種》本同。舌，各韻書均爲船母字，各韻圖均列於船母三等位。『舌』不當列於入四牀母，宋本是。

76 入四匣　頁　嚴氏本、《墨海金壺》本同，《等韻五種》本列字爲『纈』。『頁』，《廣韻》胡結切，《集韻》奚結切，匣屑入開四山；《韻鏡》《七音略》《切韻指南》《起數訣》列字均爲『纈』；《四聲等子》列字爲『頡』。『纈』爲《廣韻》屑韻匣母位小韻首字，下收有『頁』字。《等韻五種》本列『纈』字爲佳，宋本亦無誤。

77 入四喻　拽　《廣韻》《集韻》羊列切，以薛入開三山；《韻鏡》外轉第二十一開，列字爲『抴』；《七音略》外轉二十一開重中輕，列字爲『抴』；《四聲等子》山攝外四輕重俱等韻開口呼，列字爲『拽』；《切韻指南》山攝外四開口呼廣門，列字爲『抴』。『抴』爲《廣韻》薛韻以母位小韻首字，注『亦作拽』，二字爲異體字關係。列字以『抴』爲佳，《指掌圖》亦無誤。

78 入四來　类　《廣韻》練結切，《集韻》、真福寺本、毛氏《增韻》力結切，來屑入開四山；《韻鏡》外轉第二十三開，列字爲『类』；《七音略》空位；《四聲等子》山攝外四輕重俱等韻開口呼，列字爲『类』；《切韻指南》空位。『类』爲《廣韻》屑韻來母位小韻首字，《七音略》《切韻指南》漏收，當校補。《指掌圖》是。

【釋】

一、與《廣韻》之對比

此圖爲開口圖，不收脣音。

平聲

《指掌圖》列目爲一等寒、二等删山、三等元仙、四等僊先，分別對應《廣韻》中的寒、删、山、仙、先韻。四等僊實則爲《廣韻》仙四等，標目不同。

一等：《指掌圖》列目爲寒，共14字。《廣韻》寒韻共有15個小韻，其中「濡，乃官切」爲桓韻字羼入，實則爲14個小韻，《指掌圖》全部收録。其中非小韻首字2個：疑母位「𡾋」、心母位「珊」，首字分別爲「豻」「跚」。

二等：《指掌圖》列目爲删、山，共13字，其中删2個、山11個。《廣韻》删韻開口二等共4個小韻，《指掌圖》收録2個。《廣韻》山韻開口一等共13個小韻，《指掌圖》收録11個。非小韻首字1個：崇母位「潺」，首字爲「虥」。《指掌圖》初母位列「殫」爲「充山切」，余迺永注：「當爲本韻二等，充乃穿母字。」

三等：《指掌圖》列目爲元、仙，共15字，其中仙12個、元3個。《廣韻》仙韻開口三等共有14個小韻，《指掌圖》收録12個。《廣韻》喻三位有「漹，有乾切」，《指掌圖》空位。《廣韻》元韻開口共6個小韻，《指掌圖》收録3個。其中非小韻首字1個：見母位「犍」，首字爲「揵」。未取的3個小韻，字形均較爲生僻。

四等：《指掌圖》列目爲僊先，共17字，其中先15個、僊2個。僊對應《廣韻》的仙韻四等字。《廣韻》先四等開口共有18個小韻，《指掌圖》收録15個，未取的3個小韻均爲脣音，開口圖中不收脣音。其中非小韻首字1個：泥母位「年」，首字爲「秊」。此字爲「年」異體字，《廣韻》：「年，上同。」。

《廣韻》仙四等開口共11個小韻，《指掌圖》收録2個。其中非小韻首字1個：邪母位「涎」，首字爲「次」。

上聲

《指掌圖》列目爲一等緩旱、二等産、三等阮獮、四等銑獮。《廣韻》開合分韻，緩不當列入開口圖。

一等：《指掌圖》列目爲緩旱，共12字。《廣韻》旱韻開口共有11個小韻，《指掌圖》全部收録。其中非小韻首字1個：曉母位「罕」，首字爲「䍐」。《廣韻》注「䍐」亦爲「罕」字，爲異體字。

二等：《指掌圖》列目爲産，共8字。《廣韻》開口二等共10個小韻，《指掌圖》收録8個。泥母位列「戁」，《廣韻》無此字形，《廣韻》旱韻泥母位列「攤，奴但切」。未取的2個小韻：「㦃，初綰切」，爲重出小韻；明母位有字，開口圖不取。

三等：《指掌圖》列目爲阮、獮，共16字，其中獮韻字14個，阮韻字1個。《廣韻》獮韻開口三等共18個小韻，《指掌圖》取14個。未取的4個小韻爲脣音。

《廣韻》阮韻開口三等共6個小韻，《指掌圖》取1個。

《指掌圖》溪母位列『綣』，《廣韻》未收此字。

四等：《指掌圖》列目爲銑、獮，共16字，其中獮6個、銑10個。《廣韻》銑韻開口四等共14個小韻，《指掌圖》收録10個。不取脣音。《廣韻》獮韻開口四等共10個小韻，《指掌圖》收録6個。其中非小韻首字1個：喻四位『衍』，首字爲『演』。

去聲

《指掌圖》列目爲一等換翰、二等襇諫、三等線願、四等線霰。依《廣韻》，換不當列入開口圖。

一等：《指掌圖》列目爲換翰，共15字，對應《廣韻》中的翰韻字。《廣韻》翰韻開口共有15個小韻，《指掌圖》全部收録。其中非小韻首字3個：溪母位『看』、泥母位『難』、心母位『散』，首字分別爲『侃』『攤』『繖』。

二等：《指掌圖》標目爲襇、諫，共9字，其中諫7個、襇2個。《廣韻》諫開口二等共有8個小韻，《指掌圖》收録7個。《廣韻》襇韻開口二等共有7個小韻，《指掌圖》收録2個。其中非小韻首字1個：澄母位『綻』，首字爲『袒』。

三等：《指掌圖》標目爲線、願，共13字，其中願4個、線9個。《廣韻》願韻開口三等共5個小韻，《指掌圖》收録4個。《指掌圖》群母字列『徤』，《廣韻》無此字形，該位《廣韻》爲『健』。《廣韻》線韻開口三等共有10個小韻，《指掌圖》收録9個。其中非小韻首字1個：澄母位

『纏』，首字爲『邅』。

四等：《指掌圖》列目爲線、霰，共 17 字，其中霰 15 個、線 2 個。《廣韻》霰韻開口四等共 17 個小韻，《指掌圖》收録 15 個，非小韻首字 1 個：清母位『茜』，首字爲『蒨』。《指掌圖》泥母位列『晛』，該字在《廣韻》爲『胡典切』，上聲銑韻字『峴』小韻下，霰韻四等開口泥母位『晛，奴甸切』，當爲此字抄寫之誤。

《廣韻》線韻開口四等共 10 個小韻，《指掌圖》收録 2 個。所取二字均爲霰韻空位。

入聲

《指掌圖》列目爲一等曷、二等鎋黠、三等月薛、四等薛屑。

一等：《指掌圖》列目爲曷，共 15 字。《廣韻》曷韻共有 15 個小韻，《指掌圖》取 14 個。非小韻首字 1 個：來母位『辢』，首字爲『剌』。未取小韻爲脣音。《指掌圖》精母位列『拶』，《廣韻》曷韻無精母字。

二等：《指掌圖》標目爲鎋、黠，共 12 個字，其中黠 6 個、鎋 6 個。《廣韻》黠開口二等共 9 個小韻，《指掌圖》取 6 個。《指掌圖》崇母位空位，按《廣韻》鎋韻崇母字『鐗』當列於此位，卻列入了俟母位；而黠韻字有崇母字，崇母空位，未列黠韻字。

《廣韻》鎋韻開口共 12 個小韻，《指掌圖》取 6 個。《廣韻》鎋二等開口透母有字『獺，他鎋切」，《指掌圖》空位。

三等：《指掌圖》列目爲月薛，共15字，薛12個、月3個。《廣韻》薛韻開口三等共有17個小韻，《指掌圖》收録12個。《廣韻》禪母位「折，常列切」未取，禪母位列船母「舌，食列切」，船禪不分。

《廣韻》月韻開口三等共5個小韻，《指掌圖》取3個。其中非小韻首字1個：見母位「揭」，首字爲「訐」。

四等：《指掌圖》列目爲薛屑，共16字，薛1個、屑15個。《廣韻》屑四等共19個小韻，《指掌圖》收録15個。其中非小韻首字3個：端母位「囸」、定母位「垤」、匣母位「頁」，首字分別爲「窒」「姪」「纈」。

《廣韻》薛韻共7個小韻，《指掌圖》取1個，且字形相異。《廣韻》：「抴，亦作「拽」，拕也，羊列切，又余世切」。

二、與《集韻》之對比

上三溪母位列「綣」，《廣韻》無此字，與《集韻》合。

三、與《韻鏡》之對比

本圖對應《韻鏡》的外轉第二十一開和外轉第二十三開。以第二十三轉爲主，第二十一轉相輔，脣音字均未取。

上聲一等　《指掌圖》泥母位列「𧹞」，《韻鏡》中此位列「攤」。

去聲四等　《指掌圖》喻四位列「洐」，《韻鏡》列於三等。

入聲二等　《指掌圖》俟母位列「鬜」，《韻鏡》列於莊母位。

入聲三等　《指掌圖》禪母位列「舌」，《韻鏡》該字爲船母，《韻鏡》禪母位有「折」未取。

《指掌圖》與《韻鏡》空位對比，《指掌圖》有字而《韻鏡》無字的6個，《指掌圖》無字而《韻鏡》有字的13個：

上三：（溪）繾/〇；去三：（知）驏/〇；入一：（精）拶/〇；入二：（俟）鬜/〇；入三：（影）謁/〇；入四：（以）抴/〇；平二：（幫）〇/𩨷；平三：（喻）〇/漹；平四：（幫）〇/邊；（並）〇/蹁；（明）〇/眠；上三：（脣音）〇/免辨鴘辯；去三：（日）〇/綖；（喻三）〇/羨；入二：（莊）〇/鬜；入三：（船）〇/舌。

《指掌圖》與《韻鏡》列字差異的30個：

平一：（疑）嵒/豻；平二：（崇）潺/戔；平三：（禪）禪/鋋；（章）襌/饘；上一：（心）散/繖；（日）戁/攤；上四：（以）衍/演；去一：（見）旰/肝；（溪）看/侃；去二：（澄）綻/袒；去三：（溪）揵/健；（曉）獻/憲；（澄）纏/邅；去四：（清）茜/蒨；（泥）晛/晛；入一：（來）辣/剌；（心）薩/蔱；（曉）喝/顯；入二：（溪）鶡/褐；（疑）齾/聐；入三：（徹）屮/徹；（來）列/烈；（章）晢/析；（舌）禪/折；入四：（從）截/截；（泥）涅/涅；（匣）頁/纈；（溪）猰/揳；（定）垤/姪；（端）国/窒。

另，本圖主要對應《七音略》外轉二十三重中輕、外轉二十一重中輕。

本圖列字主要取於《廣韻》小韻首字，但在韻目字使用上，三等仍用仙標目，四等合《集韻》用僊標目。同《韻鏡》對比，本圖一等取自《韻鏡》外轉第二十三開一等字；二、三、四等則以外轉第二十三開爲主，空缺處補以外轉第二十一開字。充分體現了合韻現象，且不取脣音字，表現了《指掌圖》脣音入合口的基本原則。

八	見	溪	羣	疑	端	透	定	泥	知
平	官	寬	○	岏	端	湍	團	濡	
	關	⿺走雚	⿰礻雚	頑					○
	勬	弮	權	元					⿰礻雚
	涓	○	○	○	○	○	○	○	
上	管	款	○	○	短	疃	斷	煖	
	○	○	○	齗					○
	卷	綣	圈	阮					轉
	畎	犬	蜎	○	○	○	○	○	
去	貫	鏉	○	玩	鍛	彖	段	偄	
	慣	○	○	薍					○
	眷	券	倦	願					囀
	絹	繾	○	○	○	○	○	○	
入	括	闊	○	枂	掇	侻	奪	○	
	劀	⿰骨力	○	⿰角出					⿱穴發
	厥	闕	掘	月					輟
	玦	闋	○	○	○	○	○	○	

第八圖

微	奉	敷	非	明	並	滂	幫	娘	澄	徹
				瞞	盤	潘	般			
				蠻	○	攀	班	奻	窀	○
樠	煩	翻	藩	○	○	○	○	○	椽	猭
				眠	駢	篇	邊			
				滿	伴	坢	粄			
				[illegible]	○	眅	版	赧	○	○
晚	飯	○	反	免	辯	鶣	辡	○	篆	○
				緬	辮	○	匾			
				縵	叛	判	半			
				慢	瓣	盼	扮	奻	○	○
萬	飯	嬔	販	○	卞	○	變	輾	傳	猭
				面	便	片	徧			
				末	跋	鏺	撥			
				儯	拔	汃	八	豽	○	頒
韈	伐	怖	髮	○	別	○	箣	吶	○	皶
				蔑	蹩	撆	彆			

	精	清	從	心	斜	照	穿	牀	審
平	鑽	攛	欑	酸	○				
						跧	○	狗	欀
						專	穿	遄	栓
	鐫	詮	全	宣	旋				
上	纂	○	○	算	鄹				
						酢	⿰犭戔	撰	○
						轉	喘	篆	○
	臇	○	雋	選	○				
去	穳	竄	攢	筭	○				
							簒	饌	孿
						剸	釧	○	○
	○	縓	○	選	旋				
入	繓	撮	拙	○	○				
						茁	簒	○	刷
						拙	歠	○	說
	蕝	膬	絕	雪	夌				

韻	日	來	喻	匣	曉	影	禪
桓		鑾	○	丸	歡	剜	
先 刪山		𨘻	○	還	○	彎	○
元 僊	堧	攣	員	○	翾	娟	船
僊 先		○	沿	玄	鋗	淵	
緩		卵	○	緩	○	椀	
潸		○	○	僩	○	綰	○
阮 獮	輭	臠	遠	○	烜	婉	腨
獮 銑		○	○	泫	蠉	兖	
換		亂	○	換	喚	惋	
襇 諫		○	○	患	○	綰	○
願 線	㬉	戀	遠	○	楦	怨	捶
線 霰		○	掾	縣	絢	餇	
末		捋	○	活	豁	斡	
鎋 黠		○	○	滑	傄	婠	○
月 薛	爇	劣	越	○	颰	噦	啜
屑 薛		○	悅	穴	血	抉	

第八圖

校：

1 平一端　端　《廣韻》、《集韻》、真福寺本、毛氏《增韻》多官切，端桓平合一山，真福寺本、毛氏《增韻》首字爲「耑」；《韻鏡》外轉第二十四合，列字爲「端」；《七音略》外轉二十四輕中重，列字爲「耑」；《四聲等子》《切韻指南》《起數訣》列字爲「端」。「端」爲《廣韻》桓韻端母位小韻首字，下收有「耑」字。列字以「端」爲佳，《指掌圖》是。

2 平一泥　濡　《廣韻》乃官切，《集韻》奴官切，泥桓平合一山；《韻鏡》外轉第二十四合，空位；《七音略》外轉二十四輕中重、《切韻指南》山攝外四合口呼廣門，列字爲「渜」；《四聲等子》山攝外四輕重俱等韻合口呼，列字爲「濡」。「渜」，《廣韻》乃管切，泥母緩韻上聲；《廣韻》奴亂切，泥母換韻去聲；《七音略》從《集韻》。《集韻》「濡，奴官切」列於桓韻，《廣韻》寒韻末列「濡，乃官切」，當爲合口桓韻字誤入寒韻。「濡」爲《集韻》小韻首字，《指掌圖》列「濡」更佳，《指掌圖》是。

3 平一幫 般 《廣韻》北潘切，《集韻》、真福寺本、毛氏《增韻》逋潘切，幫桓平合一山；真福寺本、毛氏《增韻》小韻首字爲『⿰黹去』；《韻鏡》外轉第二十四合，列字爲『⿰黹去』；《七音略》外轉二十四輕中重，列字爲『⿰黹去』；《四聲等子》《切韻指南》《起數訣》列字均爲『⿰黹去』。『⿰黹去』爲《廣韻》桓韻幫母位小韻首字，下收有『般』字。列字以『⿰黹去』爲佳，《指掌圖》亦無誤。

4 平一並 盤 《廣韻》薄官切，《集韻》、真福寺本、毛氏《增韻》蒲官切，並桓平合一山；真福寺本、毛氏《增韻》小韻首字爲『槃』；《韻鏡》《七音略》列字均爲『盤』；《四聲等子》山攝外四輕重俱等韻合口呼，列字爲『盤』；《切韻指南》《起數訣》列字爲『槃』。『槃』爲《廣韻》桓韻並母小韻首字，下收有『盤』字，注『籀文』，二字爲異體字關係。列字以『槃』爲佳，《指掌圖》亦無誤。

5 平一清 攛 《廣韻》桓韻未收清母字，有去聲音，《廣韻》取亂切，去換，清；《集韻》七丸切，清桓平合一山。《韻鏡》空位；《七音略》外轉二十四輕中重，列字爲『⿰豕夋』；《字彙》七桓切，攛平聲；《四聲等子》山攝外四輕重俱等韻合口呼，列字爲『⿱𦥯夋』，《廣韻》七丸切，清桓平聲；《切韻指南》山攝外四合口呼廣門，列字爲『鋑』，《集韻》七丸切，清桓平聲。『⿱𦥯夋』爲《集韻》小韻首字，下收有『攛』字。《指掌圖》列『攛』從《集韻》。

6 平一從 欑 嚴氏本、《等韻五種》本同，《墨海金壺》本列字爲『攢』。欑，《廣韻》在丸切，《集韻》、真福寺本、毛氏《增韻》徂丸切，從桓平合一山；《韻鏡》外轉第二十四合，列字爲

「攢」；《七音略》外轉二十四輕中重，列字爲「攢」；《四聲等子》山攝外四輕重俱等韻合口呼，列字爲「欑」；《切韻指南》山攝外四合口呼廣門，列字爲「攢」；《起數訣》列字爲「巑」。「欑」爲《廣韻》桓韻從母位小韻首字，「欑」爲其異體字。「攢」，《廣韻》在玩切，從母換韻；《集韻》祖官切，精母桓韻。從《集韻》列「攢」亦無誤。《韻鏡》作「攢」，蓋爲刊刻習慣導致，本身即爲「欑」字。宋本是，《墨海金壺》本列「攢」亦無誤。

7 平一匣　丸　嚴氏本、《墨海金壺》本同，《等韻五種》本列字爲「桓」。《廣韻》、《集韻》、真福寺本胡官切，匣桓平合一山；《韻鏡》《七音略》《四聲等子》《切韻指南》《起數訣》列字爲「桓」。「桓」爲《廣韻》桓韻匣母位小韻首字，下收有「丸」字。《等韻五種》本列「桓」爲佳，宋本亦無誤。

8 平一來　鑾　《廣韻》落官切、《集韻》盧丸切，來桓平合一等山；《韻鏡》外轉第二十四合，列字爲「鑾」；《七音略》外轉二十四輕中重，列字爲「鸞」；《四聲等子》《切韻指南》列字爲「鑾」。「鑾」爲《廣韻》桓韻來母位小韻首字，下收有「鸞」字。列字以「鑾」爲佳，《指掌圖》是。

9 平二溪　⿺走雚　嚴氏本同，《墨海金壺》本、《等韻五種》本空位。《廣韻》山删韻均無溪母字；⿺走雚，《集韻》巨班切，群删平合二山；《韻鏡》《七音略》《四聲等子》《切韻指南》《起數訣》溪母位二等均空位。⿺走雚，《廣韻》巨員切，爲群母仙韻合口三等字。《集韻》巨班切，亦爲群母字。該字不當列於此位，《指掌圖》誤，當校删。

10 平二疑 頑 嚴氏本、《墨海金壺》本同,《等韻五種》本列字爲『瘰』。頑,《廣韻》《集韻》五還切,疑刪平合二山;五鰥切,疑山平合二山。《韻鏡》外轉第二十二合,列字爲『頑』,第二十四合列字爲『瘰』。《七音略》外轉二十二輕中輕,列字爲『頑』,外轉二十四輕中重,列字爲『瘰』。《四聲等子》《切韻指南》山攝外四合口呼廣門,列字爲『頑』。『瘰』爲《廣韻》刪韻疑母位小韻首字,下收有『頑』字。《等韻五種》本列『瘰』字爲佳,宋本亦無誤。

11 平二群 䢨 《廣韻》山韻群母位有『權,跪頑切』,《集韻》渠鰥切,群山平合二山;《韻鏡》外轉第二十二合,列字爲『權』;《七音略》外轉二十二輕中輕,列字爲『權』;《四聲等子》山攝外四輕重俱等韻合口呼,列字爲『權』;《切韻指南》山攝外四合口呼廣門,列字爲『𧾻』,《集韻》巨班切,群刪平合二山。《指掌圖》列字係『權』字之誤,當校改爲『權』。

12 平二並 ◯ 《廣韻》《集韻》山刪二韻並母位均無字;《韻鏡》《切韻指南》空位;《七音略》外轉二十四輕中重,列字爲『肦』,《廣韻》布還切,平刪幫;《四聲等子》山攝外四輕重俱等韻合口呼,列字爲『肦』,《集韻》布還切,平刪幫;《切韻指南》山攝外四合口呼廣門,列字爲『版』,《廣韻》布綰切,上潸幫。各韻圖列字均不合於此位,《指掌圖》空位是。

13 平二牀 狗 嚴氏本、《墨海金壺》本同,《等韻五種》本列字爲『戱』。狗,《廣韻》、《集韻》崇玄切,崇先平合四山;《韻鏡》外轉第二十四合,列字爲『狗』;《七音略》外轉二十四輕中重,列字爲『袧』;《四聲等子》《切韻指南》列字均爲『狗』。先爲四等韻,不當有崇母字,《廣韻》

先韻中崇母位『狗，崇玄切』，列於韻末，當爲後加字。《七音略》列『袀』字，當是『狗』字之誤。《指掌圖》依《廣韻》，是。

14　平二審　㩶　《廣韻》《集韻》數還切，生删平合二山；《韻鏡》空位；《七音略》外轉二十四輕中重，列字爲『攌』；《四聲等子》《切韻指南》山攝外四合口呼廣門，列字爲『栓』，《廣韻》山員切，平仙，生。《指掌圖》爲合韻韻圖，列山删二韻均可，『㩶』爲《廣韻》删韻生母位小韻首字，『栓』爲《廣韻》仙韻生母位小韻首字。《七音略》形訛，《韻鏡》空位誤，《指掌圖》是。

15　平二曉　○　嚴氏本、《墨海金壺》本同，《等韻五種》本列字爲『豩』。《廣韻》山删二韻均無曉母字；《集韻》删韻曉母位有『豩，呼關切』；《韻鏡》《七音略》空位；《四聲等子》《切韻指南》均列『豩』字，此二圖從《集韻》。《等韻五種》本依《集韻》列『豩』字，宋本依《廣韻》，空位亦無誤。

16　平三溪　弮　《廣韻》丘圓切，《集韻》、真福寺本、毛氏《增韻》驅員切，溪仙平合重紐三山；《韻鏡》外轉第二十四合，列字爲『棬』；《七音略》外轉二十四輕中重，列字爲『弮』；《四聲等子》《切韻指南》列字均爲『弮』。『弮』爲《廣韻》仙韻溪母位小韻首字，下收有『棬』。列字以『弮』爲佳，《指掌圖》是。

17　平三知　⿰礻雚　嚴氏本空位，《墨海金壺》本、《等韻五種》本列字爲『⿰礻雚』。《廣韻》仙韻知母位有「⿰礻雚，丁全切」，爲類隔切，知母字。『⿰礻雚』爲『⿺尢雚』字之誤。《集韻》仙韻知母位有字『⿰礻雚，珍全切」，知仙平合三山。《韻鏡》外轉第二十二合，於四等位列「𨘢」字；《七音略》外轉二十二輕中輕，於四等位列「⿰木𨘢」字；《四聲等子》山攝外四輕重俱等韻合口呼，列字爲「𨘢」；《切韻指南》山攝外四合口呼廣門，列字爲「𨘢」。《指掌圖》列字從《廣韻》「𨘢」字訛，「𨘢」爲「⿰木𨘢」訛。此位當校改爲「⿰木𨘢」字，《指掌圖》誤。

18 平三徹　猭　《廣韻》丑緣切，《集韻》椿全切，徹仙平合三山；《韻鏡》空位；《七音略》外轉二十四輕中重，列字爲「饌」，《廣韻》士戀切，去線崇母；《廣韻》雛鯇切，上潸崇母，均不合於平聲位；《四聲等子》《切韻指南》列字爲「猭」。「猭」爲《廣韻》仙韻徹母位小韻首字，《韻鏡》空位誤，《七音略》列字誤，《指掌圖》是。

19 平三澄　椽　《廣韻》直攣切，《集韻》、真福寺本、毛氏《增韻》重緣切，澄仙平合三山；《韻鏡》空位；《七音略》外轉二十四輕中重，列字爲「椽」；《四聲等子》《切韻指南》《起數訣》均列「椽」字。「椽」爲《廣韻》仙韻澄母位小韻首字，《韻鏡》空位誤，《指掌圖》是。

20 平三幫　〇　嚴氏本同，《墨海金壺》本、《等韻五種》本列字爲「鞭」。鞭，《廣韻》卑連切，幫仙平三開山。「鞭」爲《廣韻》仙韻幫母位小韻首字，但其爲開口重紐四等字，《指掌圖》幫母四等位已列先韻幫母字「邊」，《等韻五種》本把應列於四等位的「鞭」字移到三等位。按韻圖規制，「鞭」當列於四等，宋本空位是。

21 平三並　〇　嚴氏本同，《墨海金壺》本、《等韻五種》本列字爲「便」。便，《廣韻》房連切，並仙平三開山。『便』爲《廣韻》仙韻並母位小韻首字，但其爲開口重紐四等字，《指掌圖》並母四等位，已列先韻幫母字『騈』，《等韻五種》本把應列於四等位的『便』字移到三等位。按韻圖規制，『便』當列於四等，宋本空位是。

22 平三明 ○ 嚴氏本同，《墨海金壺》本列字爲『綿』，《等韻五種》本列字爲『緜』。緜，《廣韻》武延切，『爲《廣韻》仙韻明母位小韻首字，但其爲開口重紐四等字，《指掌圖》明母四等位已列先韻幫母字『眠』，《等韻五種》本把應列於四等位的『緜』字移到三等位。按韻圖規制，『緜』當列於四等，宋本空位是。

23 平三非 藩 《廣韻》甫煩切，《集韻》、真福寺本方煩切，非元平合三山；《韻鏡》外轉第二十二合，列字爲『蕃』；《七音略》外轉二十二輕中輕，列字爲『藩』；《四聲等子》山攝外四輕重俱等韻合口呼，列字爲『番』；《切韻指南》山攝外四合口呼廣門，列字爲『蕃』。『蕃』爲《廣韻》元韻非母位小韻首字，下收有『藩』字。列字以『蕃』爲佳，《指掌圖》亦無誤。

24 平三敷 翻 嚴氏本、《墨海金壺》本同，《等韻五種》本列字爲『飜』。翻，《廣韻》、《集韻》、真福寺本、毛氏《增韻》孚袁切，敷元平三合山；《韻鏡》外轉第二十二合，列字爲『翻』；《七音略》外轉二十二輕中輕，列字爲『飜』；《四聲等子》山攝外四輕重俱等韻，列字爲『翻』；《切韻指南》山攝外四合口呼廣門，列字爲『飜』。『飜』爲《廣韻》元韻敷母位小韻首字，下收有『翻』字，注『上同』，二字爲異體字關係。《等韻五種》本列『飜』字爲佳，宋本亦無誤。

25 平三牀　遄　《廣韻》《集韻》船母位均有字，小韻首字爲『船，食川切』。《韻鏡》外轉第二十四合，列字爲『舩』；《七音略》外轉二十四輕中重，列字爲『船』；《四聲等子》《切韻指南》列字均爲『船』。《指掌圖》船母位列禪母字『遄』，將船母字首字『船』列於禪母，船禪相混。但按韻圖規制，《指掌圖》誤，當校改爲『船』字。

26 平三審　栓　《廣韻》山員切，《集韻》所員切，生仙平合三山；《韻鏡》外轉第二十二合，在生母二等位列『栓』字；《七音略》外轉二十二輕中輕，在生母二等位列『栓』字；《四聲等子》《切韻指南》均於生母二等位列『栓』字。《指掌圖》二等位已列生母刪韻字『欆』，將生母仙韻字列於三等。按韻圖規制，照二組字列於二等，《指掌圖》誤，當校刪。

27 平三禪　船　《廣韻》《集韻》食川切，船仙平合三山；真福寺本、毛氏《增韻》食緣切，船仙平合三山；《韻鏡》外轉第二十四合；《七音略》外轉二十四輕中重，均列於船母位；《四聲等子》《切韻指南》亦列於船母位；《廣韻》《集韻》禪母仙韻有小韻『遄，市緣切』，當列於禪母位。《指掌圖》誤，當校改爲『遄』。

28 平三影　娟　《廣韻》於緣切，《集韻》紆權切，影仙平合重紐四山；《韻鏡》外轉第二十二合，於影母四等位列『娟』；《七音略》外轉二十二輕中輕，於影母四等位列『娟』；《四聲等子》山攝外四輕重俱等韻，列字爲『鴛』；《切韻指南》山攝外四合口呼廣門，列字爲『嬽』。『鴛』爲《廣韻》元韻影母三等字，且爲小韻首字。『嬽』爲《廣韻》仙韻影母重紐三等字，且爲小韻首字。《指掌圖》影母三等位列重紐四等字，不合於韻圖規制，當校改爲『鴛』或『嬽』字。

29　平三曉　翾　《廣韻》許緣切，《集韻》隳緣切，真福寺本、毛氏《增韻》馨緣切，曉仙平合三山；《韻鏡》外轉第二十四合，於曉母四等位列『翾』；《七音略》外轉二十四輕中重，於曉母四等位列『翾』；《四聲等子》山攝外四輕重俱等韻，列字爲『暄』；《切韻指南》山攝外四合口呼廣門，列字爲『暄』。『翾，许缘切』爲仙韻重紐四等字，按韻圖規制當列於四等。『暄』爲《廣韻》元韻曉母三等位小韻首字，下收有『喧』字。《指掌圖》曉母三等位，列重紐四等字，不合於韻圖規制，當校改爲『暄』。

30　平四群　○　嚴氏本、《等韻五種》本同，《墨海金壺》本列字爲『𡰝』。《廣韻》《集韻》先韻無群母字，亦無列於韻圖四等的仙韻字。『𡰝』，《廣韻》跪頑切，《集韻》渠鰥切；爲《廣韻》山韻群母字，當列於二等。《墨海金壺》本列『𡰝』字誤，宋本空位是。

31　平四並　駢　嚴氏本、《墨海金壺》本同，《等韻五種》本列字爲『蹁』。駢，《廣韻》部田切，《集韻》、真福寺本、毛氏《增韻》蒲眠切，並先平開四山；真福寺本、毛氏《增韻》小韻首字爲『緶』；《韻鏡》《七音略》列字爲『蹁』；《四聲等子》《切韻指南》列字爲『便』；《起數訣》列字爲『胼』。『蹁』爲《廣韻》先韻並母位小韻首字，下收有『駢』字。《等韻五種》本列『蹁』字爲佳，宋本亦無誤。

32　平四曉　鋗　《廣韻》、《集韻》、真福寺本、毛氏《增韻》火玄切，曉先平合四山；《韻鏡》《四聲等子》列字爲『儇』,《廣韻》許緣切,平仙曉母,爲重紐四等字。《韻鏡》該位列目爲先,列仙韻字誤;《四聲等子》爲合韻韻圖,可列該字。《七音略》外轉二十四輕中重,列字爲『鋗』;《切韻指南》列字爲『鋗』。『鋗』爲《廣韻》先韻曉母位小韻首字,列字以『鋗』爲佳,《指掌圖》是。

33 平四喻 㳂 嚴氏本、《墨海金壺》本同,《等韻五種》本列字爲『沿』。沿,《廣韻》與專切,《集韻》、真福寺本、毛氏《增韻》余專切,以仙平合三山;《韻鏡》外轉第二十二合,列字爲『㳂』;《七音略》外轉二十二輕中輕,列字爲『沿』;《四聲等子》山攝外四輕重俱等韻,列字爲『㳂』;《切韻指南》山攝外四合口呼廣門,列字爲『沿』。『沿』爲《廣韻》仙韻以母位小韻首字,下收有『㳂』字,注『上同』,二字爲異體字關係。《等韻五種》本收『沿』字形爲佳,宋本亦無誤。

34 上一疑 ◯ 《廣韻》緩韻疑母無字,《集韻》有小韻『輐,五管切』,疑緩平一合山;《韻鏡》外轉第二十四合,列字爲『輐』;《七音略》外轉二十四輕中重,列字爲『軏』;《四聲等子》山攝外四輕重俱等韻,列字爲『輐』;《切韻指南》山攝外四合口呼廣門,列字爲『輐』。《七音略》當爲『輐』字之誤,各韻圖均從《集韻》。《指掌圖》從《廣韻》,空位亦無誤。

35 上一泥 暖 嚴氏本、《墨海金壺》本同,《等韻五種》本列字爲『煗』。暖,《廣韻》、《集韻》、真福寺本、毛氏《增韻》乃管切,泥緩上合一山;《韻鏡》外轉第二十四合,列字爲『暖』;《七音略》外轉二十四輕中重，列字爲『餪』；《四聲等子》《切韻指南》列字爲『煗』；《起數訣》列字爲『煖』。『煗』爲《廣韻》緩韻泥母位小韻首字，下收有『暖』字，二字爲異體字關係。《等韻五種》本列『煗』字爲佳，宋本亦無誤。

36　上一清　○　《廣韻》緩韻清母無字，《集韻》有小韻『悤，千短切』，清緩平一合山；《韻鏡》空位；《七音略》外轉二十四輕中重，列字爲『悤』；《四聲等子》《切韻指南》均列『悤』字。各韻圖均從《集韻》。《指掌圖》從《廣韻》，空位亦無誤。

37　上一從　○　《廣韻》《集韻》緩韻從母無字；《韻鏡》外轉第二十四合，列字爲『鄻』；《七音略》外轉二十四輕中重，列字爲『鄹』；《四聲等子》《切韻指南》空位。鄻，《廣韻》則旰切，去翰精母；在丸切，平桓從母；作管切，上緩精母。均不合於從母緩韻位。鄹，《廣韻》辭纂切，《集韻》緒纂切，邪緩上合一山。亦不合於此位。《指掌圖》空位是。

38　上一曉　○　嚴氏本、《墨海金壺》本同，《等韻五種》本列字爲『澱』。《廣韻》緩韻曉母無字，《集韻》有小韻『澱，火管切』，曉緩平一合山；《韻鏡》外轉第二十四合，列字爲『澱』；《七音略》空位；《四聲等子》《切韻指南》均列『澱』字。列『澱』字韻圖均從《集韻》。《指掌圖》從《廣韻》，空位亦無誤。

39　上二疑　齗　《廣韻》五板切，《集韻》雅版切，疑潸上開二山；《韻鏡》外轉第二十三開；《七音略》外轉二十三重中重。均列於開口圖。《四聲等子》《切韻指南》未收。『齗』爲開口字，不當列於合口圖，《指掌圖》誤，當校删。

40 上二娘　赧　《廣韻》奴板切，《集韻》、真福寺本、毛氏《增韻》乃版切，娘潸上開二山；《韻鏡》外轉第二十三開，列字爲『赧』；《七音略》外轉二十三重中重，列字爲『赧』；《四聲等子》《切韻指南》未收。『赧』爲開口字，《韻鏡》《七音略》列於開口圖，《指掌圖》因其反切下字爲脣音，故將其列入合口。《指掌圖》誤，當校删。

41 上二並　○　嚴氏本同，《墨海金壺》本、《等韻五種》本列字爲『阪』。《廣韻》潸韻有並母字『阪，扶版切』，並潸上合二山；《韻鏡》外轉第二十四合，列字爲『阪』；《七音略》外轉二十四輕中重，列字爲『阪』；《四聲等子》山攝外四輕重俱等韻，列字爲『粄』；《切韻指南》空位。『粄』，《廣韻》博管切，上緩幫母。《四聲等子》誤。《等韻五種》本列『阪』字是，宋本誤，當校補『阪』。

42 上二明　魍　嚴氏本、《墨海金壺》本同，《等韻五種》本列字爲『矕』。魍，《廣韻》《集韻》均未收；《韻鏡》《七音略》《四聲等子》《切韻指南》《起數訣》列字爲『矕』。魍，《篇海類編》母版切，矕上聲，與晚同，魍瞖，目視貌。《篇海類編》所記音切可列於此位。『矕』爲《廣韻》潸韻明母位小韻首字，《等韻五種》本列『矕』字爲佳，雖『魍』字亦可列於此位，但依《廣韻》爲佳。宋本當校改爲『矕』。

43 上二照　醡　《廣韻》側板切，《集韻》阻版切，莊潸上開二山；《韻鏡》外轉第二十三開，列字爲『酢』；《七音略》外轉二十四輕中重，列字爲『蟤』；《四聲等子》未收；《切韻指南》山攝外四合口呼廣門，列字爲『蟤』。蟤，《廣韻》莊緣切，平仙莊母，不合於此位。《廣韻》《集韻》均無潸莊母合口字，《指掌圖》誤，當校删。

44 上二穿　殘　《廣韻》初板切，《集韻》楚綰切，初潸上開二山；《韻鏡》外轉第二十三開；《七音略》外轉二十三重中重。均列於開口圖。《四聲等子》《切韻指南》初潸位列字爲『㥲』，初産上二開山；《指掌圖》因其反切下字爲脣音，故將其列入合口。《指掌圖》誤，當校删。

45 上二審　○　《廣韻》《集韻》潸韻生母位均無字；《韻鏡》空位；《七音略》外轉二十四輕中重，列字爲『𢶍』，《集韻》式撰切，書獮上開三山；《四聲等子》山攝外四輕重俱等韻，列字爲『巽』，《集韻》式撰切，書獮上開三山；《切韻指南》空位。《指掌圖》上二等列目爲潸，『𢶍』『巽』二字均爲獮韻，不合於此位。《指掌圖》依《廣韻》，空位是。

46 上二匣　僩　《廣韻》、《集韻》、真福寺本、毛氏《增韻》下赧切，匣潸上開二山；《韻鏡》《七音略》《四聲等子》《切韻指南》列字爲『睆』。『僩』爲潸韻匣母開口位小韻首字，不當列於合口圖。『睆』爲《廣韻》潸韻匣母合口位小韻首字，《指掌圖》誤，當校改爲『睆』。

47 上三溪　綣　嚴氏本、《墨海金壺》本同，《等韻五種》本列字爲『䅌』。綣，《廣韻》去阮切，《集韻》、真福寺本、毛氏《增韻》苦遠切，溪阮上合三山；《韻鏡》外轉第二十二合，列字爲『䅌』；《七音略》《四聲等子》《切韻指南》列字均爲『䅌』。『䅌』爲《廣韻》阮韻溪母位小韻首字，下收有『綣』字。《等韻五種》本列『𥠖』字爲佳，宋本亦無誤。

48 上三知 轉 《廣韻》、《集韻》、真福寺本、毛氏《增韻》陟兖切，知獮上合三山；《韻鏡》、《七音略》列字爲『轉』；《四聲等子》山攝外四輕重俱等韻，列字爲『囀』；《切韻指南》山攝外四合口呼廣門，列字爲『轉』。『囀』，《廣韻》知戀切，去線知母。《四聲等子》誤。『轉』爲《廣韻》獮韻知母位小韻首字，《指掌圖》是。

49 上三徹 ○ 《廣韻》阮獮兩韻徹母位均無字；《集韻》獮合口徹母位有『腞，敕轉切』；《韻鏡》空位；《七音略》外轉二十四輕中重，列字爲『腞』；《四聲等子》山攝外四輕重俱等韻，列字爲『腞』；《切韻指南》山攝外四合口呼廣門，列字爲『腞』。《指掌圖》從《廣韻》，空位亦無誤。

50 上三娘 ○ 《廣韻》阮獮兩韻娘母位均無字。《集韻》獮合口娘母位有『𥌺，女軟切』。《韻鏡》空位，《七音略》外轉二十四輕中重，列字爲『𥌺』；《四聲等子》山攝外四輕重俱等韻，列字爲『𥌺』；《切韻指南》山攝外四合口呼廣門，列字爲『𥌺』。《指掌圖》從《廣韻》，空位亦無誤。

51 上三幫 辡 《廣韻》方免切，《集韻》、真福寺本、毛氏《增韻》邦免切，幫獮上合重紐三山；《韻鏡》外轉第二十三開，列字爲『辡』；《七音略》外轉二十四輕中重，列字爲『辡』。均列於開口位。《四聲等子》、《切韻指南》均未取幫母字。《指掌圖》多將脣音字列於合口，亦無誤。

52 上三敷　〇　《廣韻》阮獮兩韻敷母位均無字；《集韻》阮韻敷母位有『㤱，芳反切』；《韻鏡》《七音略》空位；《四聲等子》山攝外四輕重俱等韻，列字爲『㤱』；《切韻指南》山攝外四合口呼廣門，列字爲『㤱』。二圖均從《集韻》。《指掌圖》從《廣韻》，空位亦無誤。

53 上三照　轉　《廣韻》、《集韻》、真福寺本、毛氏《增韻》陟兗切，知獮上合三山；《韻鏡》外轉第二十四合，該字列於知母位；《七音略》《四聲等子》《切韻指南》《起數訣》章母位列字均爲『剸』。『轉』爲《廣韻》知母位小韻首字，不當列於章母位。『剸』爲《廣韻》章母位小韻首字，當列入。《指掌圖》誤，當校改爲『剸』。

54 上三穿　喘　嚴氏本、《墨海金壺》本同，《等韻五種》本列字爲『舛』。喘，《廣韻》昌兗切，《集韻》、真福寺本、毛氏《增韻》齒善切，昌獮上合三山；《韻鏡》《七音略》《四聲等子》《切韻指南》《起數訣》昌獮位列字爲『舛』。『舛』爲《廣韻》獮韻昌母位小韻首字，下收有『喘』字。《等韻五種》本列『舛』字爲佳，宋本亦無誤。

55 上三牀　篆　《廣韻》《集韻》持兗切，真福寺本、毛氏《增韻》柱兗切，澄獮上合三山；《韻鏡》外轉第二十四合，該字列於澄母位，船母空位；《七音略》外轉二十四合輕中重，該字列於澄母位，船母空位；《四聲等子》《切韻指南》船母位均空位。『篆』爲《廣韻》獮韻澄母位小韻首字，不當列入船母位。《指掌圖》誤，當校删。

56 上三審 ◯ 《廣韻》阮獮兩韻均無書母字；《集韻》獮韻有書母字「䡪，式撰切」；《韻鏡》外轉第二十四合，列字爲「膞」，該字在《廣韻》中有「市兖切」和「旨兖切」，分别爲禪母、章母，不當列於書母位。《七音略》空位，「膞」字列於禪母。《四聲等子》《切韻指南》均同《七音略》，書母空位，「膞」字列於禪母。《韻鏡》誤，《指掌圖》空位是。

57 上三禪 腨 嚴氏本、《墨海金壺》本同，《等韻五種》本列字爲「膞」。腨，《廣韻》市兖切，《集韻》杜兖切，禪獮上合三山；《韻鏡》空位；《七音略》《四聲等子》《切韻指南》列字均爲「膞」。「膞」爲《廣韻》獮韻禪母位小韻首字，下收有「腨」字。《等韻五種》本列「膞」字爲佳，宋本亦無誤。

58 上三曉 烜 嚴氏本同，《墨海金壺》本空位，《等韻五種》本列字爲「晅」。烜，《廣韻》况晚切，《集韻》、真福寺本、毛氏《增韻》火遠切，曉阮上合三山；《韻鏡》外轉第二十二合，列字爲「晅」；《七音略》《四聲等子》《切韻指南》曉阮位列字爲「晅」；《起數訣》曉阮位列字爲「晅」。「晅」爲《廣韻》阮韻曉母位小韻首字，下收有「烜」「晅」二字。《等韻五種》本列「晅」字爲佳，宋本亦無誤。

59 上三日 輭 《廣韻》而兖切，《集韻》、真福寺本、毛氏《增韻》乳兖切，日獮上合三山；《韻鏡》外轉第二十四合，列字爲「腝」；《七音略》外轉二十四輕中重，列字爲「臑」，當爲「輭」之誤；《四聲等子》《切韻指南》該位均列「輭」。「輭」爲《廣韻》獮韻日母位小韻首字，下收有

『腝』字。列字以『輭』爲佳，《指掌圖》是。

60 上四見　畎　《廣韻》姑泫切，《集韻》、真福寺本、毛氏《增韻》古泫切，見銑上合四山；《韻鏡》外轉第二十四合，列字爲『畎』；《七音略》《四聲等子》均列『畎』字；《切韻指南》山攝外四合口呼廣門，列字爲『く』。『く』爲《廣韻》銑韻見母位小韻首字，下收有『畎』字，注『上同』，二字爲異體字關係。列字以『く』爲佳，《指掌圖》亦無誤。

61 上四群　蜎　《廣韻》狂兖切，《集韻》葵兖切，群獮上合重紐四山；《韻鏡》外轉第二十二合，列字爲『⿰女員』，當爲『娟』字之誤。娟，《廣韻》於緣切，平仙影母，不合於此位。《七音略》外轉二十二輕中輕，列字爲『娟』；『娟』爲『娟』的異體字，亦不合於此位。《四聲等子》山攝外四輕重俱等韻，列字爲『⿰飠肙』，《集韻》於泫切，音蜎，義同；《切韻指南》山攝外四合口呼廣門，列字爲『蜎』。『蜎』爲《廣韻》獮韻群母位小韻首字，列字以『蜎』爲佳，《指掌圖》是。

62 上四幫　匾　嚴氏本、《墨海金壺》本同，《等韻五種》本列字爲『編』。匾，《廣韻》方典切，《集韻》、真福寺本、毛氏《增韻》補典切，幫銑上開四山；《韻鏡》外轉第二十三開，列字爲『編』，列於開口；《七音略》空位；《四聲等子》《切韻指南》列字爲『褊』，《廣韻》方緬切，上獮幫母；《起數訣》列字爲『扁』。『編』爲《廣韻》銑韻開口幫母位小韻首字，下收有『匾』『扁』二字。《等韻五種》本列『編』字爲佳，宋本亦無誤。

63 上四並　辮　《廣韻》薄泫切，《集韻》、真福寺本、毛氏《增韻》婢典切，並銑上開四山；《韻鏡》外轉第二十三開，列字爲『辯』；《七音略》外轉二十三重中重，列字爲『辮』；《四聲等子》山攝外四輕重俱等韻，列字爲『楩』；《切韻指南》空位。『辮』爲《廣韻》銑韻並母位小韻首字，『楩』爲獮韻並母位小韻首字，均可列於此位。《指掌圖》脣音列於合口圖，無誤。

64 上四清 ◯ 《廣韻》獮銑兩韻均無清母字；《韻鏡》空位；《七音略》外轉二十二輕中輕，列字爲『選』，《集韻》雛免切，音撰，不當列於此位。《四聲等子》《切韻指南》均空位。《指掌圖》空位是。

65 上四斜 ◯ 《廣韻》獮銑兩韻均無邪母字；《集韻》獮韻邪母有『藑，詳兖切』；《韻鏡》空位；《七音略》外轉二十二輕中輕，列字爲『⿺走夐』，《廣韻》香兖切、《集韻》馨兖切，均不當列於此位。《四聲等子》《切韻指南》均列『藑』字，二圖從《集韻》。《指掌圖》依《廣韻》，空位亦無誤。

66 上四影 兖 嚴氏本同，《墨海金壺》本列字爲『宛』，《等韻五種》本空位。兖，《廣韻》《集韻》、真福寺本、毛氏《增韻》以轉切，以獮上合三山；《韻鏡》外轉第二十二合，列於以母位，影母空位；《七音略》外轉二十一重中輕，列於以母位，影母空位；《四聲等子》山攝外四輕重俱等韻合口呼，『兖』列於以母位，影母位列『蜎』；《切韻指南》山攝外四合口呼廣門，『兖』列於以母位，影母位列『蜎』。『兖』爲喻四母字，當列於以母位，宋本誤。『宛』，《廣韻》於阮切，影阮上三合山，當列於三等位，《墨海金壺》本誤。《等韻五種》本空位是，宋本當校删。

67 上四喻　○　嚴氏本同，《墨海金壺》本、《等韻五種》本列字爲『寃』。寃，《廣韻》、《集韻》、真福寺本、毛氏《增韻》以轉切，以獮上合三山。『寃』爲《廣韻》獮韻喻四母位小韻首字，《韻鏡》《七音略》《四聲等子》《切韻指南》均列於以母位。《墨海金壺》本、《等韻五種》本列『寃』字是，宋本誤，當校補『寃』字。

68 去一溪　鏉　《廣韻》口喚切，《集韻》苦玩切，溪换去合一山；《韻鏡》外轉第二十四合，列字爲『鏉』；《七音略》外轉二十四輕中重，列字爲『鏾』；《四聲等子》山攝外四輕重俱等韻合口呼，列字爲『鏉』；《切韻指南》山攝外四合口呼廣門，列字爲『鏉』。『鏉』爲《廣韻》换韻溪母位小韻首字，《七音略》《四聲等子》列字應屬形近之訛，《指掌圖》是。

69 去一並　叛　《廣韻》《集韻》薄半切，並换去合一山；《韻鏡》《七音略》《起數訣》並换位均列字爲『畔』；《四聲等子》《切韻指南》列字爲『叛』。『叛』爲《廣韻》换韻並母位小韻首字，下收有『畔』字。列字以『叛』爲佳，《指掌圖》是。

70 去一明　縵　《廣韻》、《集韻》、毛氏《增韻》莫半切，明换去合一山；《韻鏡》外轉第二十四合，列字爲『縵』；《七音略》外轉二十四輕中重，列字爲『謾』；《四聲等子》山攝外四輕重俱等韻合口呼，列字爲『幔』；《切韻指南》山攝外四合口呼廣門，列字爲『縵』。『縵』爲《廣韻》换韻明母位小韻首字，下收有『謾』『幔』二字。列字以『縵』爲佳，《指掌圖》是。

71 去二群 ◯ 《廣韻》諫襇兩韻均無群母字；《集韻》諫韻群母有『趯，求患切』；《韻鏡》外轉第二十四合，列字爲『趯』；《七音略》外轉二十四輕中重，列字爲『趯』；《四聲等子》《切韻指南》均列『趯』字。各圖均從《集韻》，《指掌圖》從《廣韻》，亦無誤。

72 去二並 瓣 《廣韻》蒲莧切，《集韻》、毛氏《增韻》皮莧切，並襇去開二山；《韻鏡》外轉第二十一開，列字爲『瓣』；《七音略》外轉二十一重中輕，列字爲『辦』；《四聲等子》山攝外四輕重俱等韻合口呼，列字爲『瓣』；《切韻指南》空位。《韻鏡》《七音略》均列於開口圖，《指掌圖》脣音列於合口，無誤。『瓣』爲《廣韻》襇韻並母位小韻首字，下收有『辦』字。列字以『瓣』爲佳，《指掌圖》是。

73 去二照 ◯ 《廣韻》《集韻》諫襇兩韻均無莊母字；《韻鏡》空位。《七音略》外轉二十四合輕中重，諫韻莊母列字『恮』；外轉二十二輕中輕，襇韻莊母列字『孨』。《四聲等子》山攝外四輕重俱等韻合口呼，列字爲『恮』；《切韻指南》山攝外四合口呼廣門，列字爲『孨』。『恮』，《廣韻》莊緣切，平仙莊母。『孨』，《廣韻》旨兖切，上獮章母。二字均不合於《指掌圖》列位，《指掌圖》空位是。

74 去二崇 饌 《廣韻》士戀切，《集韻》、毛氏《增韻》雛戀切，崇線去合三山；《韻鏡》外轉第二十四合，崇母諫韻位列『饌』；《七音略》外轉二十四輕中重，崇母諫韻位列『饌』；《四聲等子》《切韻指南》均列『饌』字。各家韻圖标目未标『線』韻，卻均列線韻字。此爲韻圖規制所決定，《指掌圖》無誤。

75 去三知　囀　《廣韻》知戀切，《集韻》、毛氏《增韻》株戀切，知線去合三山；《韻鏡》《七音略》列字均爲『囀』；《四聲等子》山攝外四輕重俱等韻合口呼，列字爲『轉』；《切韻指南》山攝外四合口呼廣門，列字爲『囀』。《七音略》在上聲三等知母位列『囀』字，可能爲二字串位。但『轉』本身亦有去聲音，在『囀』字下，《七音略》列於此位，亦無誤。列字以『囀』字爲佳，《指掌圖》是。

76 去三徹　猭　《廣韻》丑戀切，《集韻》寵戀切，徹線去合三山。《韻鏡》外轉第二十四合，列字爲『掾』，《廣韻》以絹切，去線以母；《集韻》重緣切，平仙澄母。《七音略》外轉二十四輕中重，列字爲『⿰弓彖』，《廣韻》以絹切，《集韻》餘絹切；《四聲等子》列字爲『⿰彳彖』，當爲『猭』字之誤；《切韻指南》山攝外四合口呼廣門，列字爲『猭』。『猭』爲《廣韻》線韻徹母位小韻首字，列字以『猭』爲佳，《指掌圖》是。

77 去三娘　輾　《廣韻》、《集韻》、毛氏《增韻》女箭切，娘線去開三山；《韻鏡》外轉第二十三開；《七音略》外轉二十三重中重。均列於開口圖。《四聲等子》《切韻指南》《起數訣》空位。『輾』，爲開口字，並在第七圖中已列出，此處又列於合口，爲開合兼收。從韻圖規制上，『輾』不當列於合口位，《指掌圖》誤，當校删。

78 去三滂　○　嚴氏本、《墨海金壺》本同，《等韻五種》本列字爲『騗』。騗，《集韻》匹羨切，去線滂母開口。《廣韻》未收此字形，《廣韻》收有『鶣』，匹戰切，爲開口。《韻鏡》外轉第二十一開，在滂母四等位列『鶣』；《七音略》外轉二十一重中輕，在滂母四等位列『鶣』。《四聲等子》《切韻指南》列字爲『嬔』，《廣韻》芳万切，去願，敷。該字列於《指掌圖》敷母位。依《廣韻》《集韻》，『鶣』當列於開口，但《指掌圖》脣音均列於合口圖，此處列『鶣』字亦無誤。《等韻五種》本列『騗』字是，宋本當校補『騗』。

79 去三並 下 嚴氏本、《墨海金壺》本、《等韻五種》本列字爲『卞』。卞，《廣韻》、《集韻》、毛氏《增韻》皮變切，滂線去開重紐三山；《韻鏡》外轉第二十四合，列字爲『卞』；《七音略》空位；《四聲等子》《切韻指南》均列字爲『卞』。『卞』爲《廣韻》線韻並母位小韻首字，宋本爲刊刻錯誤，當校改爲『卞』字。

80 去三明 ◯ 嚴氏本同，《墨海金壺》本列字爲『麪』，《等韻五種》本列字爲『麵』。麪，《廣韻》莫甸切，明霰去四開山，與『麵』爲異體字關係。另《廣韻》線韻明母有『面』字，亦爲開口。《指掌圖》脣音列於合口，此處當補入脣音開口字。《等韻五種》本、《墨海金壺》本是，宋本當校補『麪』字。

81 去三敷 嬔 《廣韻》、毛氏《增韻》芳万切，《集韻》孚萬切，敷願去合三山；《韻鏡》外轉第二十二合，列字爲『嬔』；《七音略》外轉二十二輕中輕，列字爲『娩』；《四聲等子》《切韻指南》均列字爲『嬔』；《起數訣》敷願位列字爲『娩』。『嬔』爲《廣韻》願韻敷母位小韻首字，下收有

『娩』字。列字以『嬔』爲佳，《指掌圖》是。

82 去三奉 飯 《廣韻》扶万切，《集韻》、毛氏《增韻》扶萬切，奉願去合三山；《韻鏡》外轉第二十二合，列字爲『飰』；《七音略》外轉二十二輕中輕，列字爲『飯』；《四聲等子》《切韻指南》列字均爲『飯』。『飯』爲《廣韻》願韻奉母位小韻首字，下收有『飰』字，注『上同』，爲異體字關係。列字以『飯』爲佳，《指掌圖》是。

83 去三微 萬 《廣韻》、《集韻》、毛氏《增韻》無販切，微願去合三山；《韻鏡》《四聲等子》《切韻指南》微願位列字爲『万』；《七音略》外轉二十二輕中輕，列字爲『萬』。『万』爲《廣韻》願韻微母小韻首字，下收有『萬』。列字以『万』爲佳，《指掌圖》亦無誤。

84 去三牀 ○ 《廣韻》願線兩韻均無船母字；《集韻》線韻船母有『叀，船釧切』，下收有『⿰扌叀』字；《韻鏡》外轉第二十四合，船母位空位；《七音略》外轉二十四輕中重，船母位列字爲『⿰扌叀』；《四聲等子》《切韻指南》均空位。『⿰扌叀』，《廣韻》時釧切，爲禪母位，《七音略》外其他韻圖均列於禪母。《指掌圖》依《廣韻》，空位是。

85 去三審 ○ 《廣韻》願線兩韻均無書母字；《集韻》線韻書母有『縳，升絹切』；《韻鏡》外轉第二十四合，書母位空位；《七音略》外轉二十四輕中重，書母位列字爲『縳』；《四聲等子》《切韻指南》均列『縳』字。列『縳』字諸韻圖均依《集韻》。《指掌圖》依《廣韻》，空位亦無誤。

86 去三禪 ⿰扌叀 《廣韻》時釧切，《集韻》船釧切，禪線去合三山；《韻鏡》外轉第二十四合，列字

『抴』；《七音略》空位；《四聲等子》《切韻指南》列字爲『抴』，『抴』爲《廣韻》線韻禪母位小韻首字，《七音略》空位誤。《指掌圖》是。

87 去三曉　楦　《廣韻》虚願切，《集韻》、毛氏《增韻》呼願切，曉願去合三山；《韻鏡》外轉第二十二合，列字爲『楦』；《七音略》外轉二十二輕中輕，列字爲『楦』；《四聲等子》山攝外四輕重俱等韻合口呼，列字爲『楥』；《切韻指南》山攝外四合口呼廣門，列字爲『楦』。『楥』爲《廣韻》願韻曉母位小韻首字，下收有『楦』字，注『俗』，『楦』爲『楥』的俗體字。列字以『楥』爲佳，《指掌圖》亦無誤。

88 去三匣　○　《廣韻》《集韻》願線兩韻均無匣母字；《韻鏡》外轉第二十四合，匣母位列字爲『縣』；《七音略》空位；《四聲等子》《切韻指南》均空位。『縣』，《廣韻》黄練切，去霰，匣。不當列於此位，《韻鏡》誤，《指掌圖》空位是。

89 去四溪　繾　嚴氏本、《墨海金壺》本同，《等韻五種》本空位。繾，《廣韻》《集韻》去戰切，溪線去開重紐四山；《韻鏡》《七音略》空位；《四聲等子》山攝外四輕重俱等韻合口呼，列字爲『缺』，該字當爲《四聲等子》入聲衍入；《切韻指南》山攝外四合口呼廣門，列字爲『駽』，『駽』爲曉母霰韻字，不當列於此位。『繾』爲開口字，不當列於合口圖。宋本誤，當校刪。

90 去四清　○　此位可列《廣韻》《集韻》線韻『縓，七絹切』。《韻鏡》《七音略》空位；《四聲等子》《切韻指南》均列『縓』字，縓，《廣韻》七絹切，去線清母。《指掌圖》空位誤，當校補

『線』字。

91　去四從　○　《廣韻》線霰兩韻均無從母字；《集韻》線韻有『泉』，疾眷切』；《韻鏡》空位；《七音略》外轉二十二輕中輕，列字爲『泉』；《四聲等子》《切韻指南》均列『泉』字。此三圖從《集韻》。《指掌圖》從《廣韻》，亦無誤。

92　去四斜　旋　嚴氏本、《墨海金壺》本同，《等韻五種》本列字爲『淀』。旋，《廣韻》《集韻》辝戀切，毛氏《增韻》隨戀切，邪線去合三山；《韻鏡》外轉第二十二合，列字爲『旋』；《七音略》外轉二十二輕中輕，列字爲『旋』；《四聲等子》《切韻指南》《起數訣》邪線位列字爲『淀』。『淀』爲《廣韻》線韻邪母位小韻首字，下收有『旋』字。《等韻五種》本列『淀』字爲佳，宋本亦無誤。

93　去四匣　縣　《廣韻》玄絢切、《集韻》黄練切，匣霰去合四山；《韻鏡》空位；《七音略》外轉二十四輕中重，列字爲『縣』；《四聲等子》《切韻指南》均列『縣』字。『縣』爲《廣韻》霰韻匣母位小韻首字，《韻鏡》空位誤，《指掌圖》是。

94　入一滂　鏺　《廣韻》、《集韻》、真福寺本、毛氏《增韻》普活切，滂末入合一山；《韻鏡》外轉第二十四合，列字爲『潑』；《七音略》外轉二十四輕中重，列字爲『鏺』；《四聲等子》山攝外四輕重俱等韻合口呼，列字爲『潑』；《切韻指南》山攝外四合口呼廣門，列字爲『鏺』。『鏺』爲《廣韻》末韻滂母位小韻首字，下收有『潑』字。列字以『鏺』爲佳，《指掌圖》是。

95 入一清　撮　嚴氏本、《墨海金壺》本同，《等韻五種》本列字爲『撮』。撮，《廣韻》倉括切，《集韻》、真福寺本、毛氏《增韻》麤括切，清末入合一山；《韻鏡》外轉第二十四合，列字爲『撮』；《七音略》外轉二十四輕中重，列字『撮』；《四聲等子》《切韻指南》《起數訣》均列『撮』字。『撮』，《集韻》祖回切，精母灰韻。『撮』爲《廣韻》末韻清母位小韻首字，《等韻五種》本列『撮』爲形近之訛，宋本是。

96 入一從　拙　嚴氏本、《墨海金壺》本、《等韻五種》本列字爲『柮』。柮，《廣韻》藏活切，《集韻》攢活切，從末入合一山；《韻鏡》《七音略》《四聲等子》《切韻指南》《起數訣》從末位列字均爲『柮』。《指掌圖》清母位列『拙』字，《廣韻》，职悦切，章母薛韻字，不合於此位。宋本爲形近之訛，當校改爲『柮』。

97 入一心　◯　《廣韻》末韻無心母字；《集韻》末韻有『䬃，先活切』；《韻鏡》外轉第二十四合，列字爲『䬃』；《七音略》外轉二十四輕中重，列字爲『刷』；《四聲等子》《切韻指南》均列『䬃』字。此三圖從《集韻》。《指掌圖》從《廣韻》，亦無誤。

98 入二疑　𩑶　《廣韻》《集韻》五滑切，疑黠入合二山；《韻鏡》外轉第二十四合，列字爲『𩑶』；《七音略》外轉二十四輕中重，列字爲『聉』；《四聲等子》《切韻指南》疑黠位列字爲『刖』。『𩑶』爲《廣韻》黠韻疑母位小韻首字，下收有『聉』字。列字以『𩑶』爲佳，《指掌圖》是。

99 入二明　傄　嚴氏本、《墨海金壺》本、《等韻五種》本列字爲『傛』。傄，《廣韻》《集韻》均未收此字形。明母位爲『⿰亻密』，《廣韻》、《集韻》莫八切，明黠入開二山；《韻鏡》外轉第二十四合，列字爲『⿰亻密』；《七音略》外轉二十四輕中重，列字爲『⿰亻密』；《四聲等子》山攝外四輕重俱等韻開口呼，列字爲『⿰亻⿱宀缶』；《切韻指南》空位。『⿰亻密』爲《廣韻》黠韻明母位小韻首字，嚴氏本等列『⿰亻密』爲佳，宋本當校改爲『⿰亻密』。

100 入二牀　◯　《廣韻》黠韻無崇母字；《集韻》黠韻有『⿰齒卒，士滑切』；《韻鏡》空位；《七音略》外轉二十四輕中重，列字爲『⿰齒卒』；《四聲等子》《切韻指南》均空位。《指掌圖》從《廣韻》，亦無誤。

101 入二影　婠　《廣韻》《集韻》烏八切，影黠入合二山；《韻鏡》空位；《七音略》外轉二十四輕中重，列字爲『婠』；《四聲等子》《切韻指南》均列『婠』字。『婠』爲《廣韻》黠韻影母位小韻首字，《韻鏡》漏收，《指掌圖》是。

102 入三群　掘　嚴氏本、《墨海金壺》本同，《等韻五種》本空位。掘，《廣韻》《集韻》其月切，群月入合三山；《韻鏡》外轉第二十二合，列字爲『⿰舟厥』；《七音略》外轉二十二輕中輕，列字爲『⿰舟厥』；《四聲等子》山攝外四輕重俱等韻開口呼，列字爲『橜』；《切韻指南》山攝外四合口呼廣門，列字爲『⿰叕豕』。『⿰舟厥』，《篇海》其月切，在《韻鏡》中可能爲『鱖』形近之訛。『⿰舟厥』爲《廣韻》月韻群母位小韻首字，下收有『掘』『橜』二字。《等韻五種》本空位誤，宋本是。

103 入三幫　䇷　《廣韻》《集韻》方別切，幫薛入合三山；《韻鏡》外轉第二十三開，列字爲

『龞』；《七音略》外轉二十三重中重，列字爲『𥳇』。均列於開口圖。《四聲等子》《切韻指南》未列重脣字。『龞』，并列切，當列於四等重紐位。『𥳇』爲《廣韻》薛韻幫母位小韻首字，列字以『𥳇』爲佳，《指掌圖》是。

104 入三明 ○ 嚴氏本、《墨海金壺》本、《等韻五種》本列字爲『滅』。滅，《廣韻》亡列切，明薛入合三山。《韻鏡》外轉第二十一開，四等位列『滅』字；《七音略》外轉二十一重中輕，四等位列『滅』字。《四聲等子》《切韻指南》未列重脣字。『滅』亡列切，當列於四等重紐位。《等韻五種》本誤，宋本空位是。

105 入三禪 啜 《廣韻》《集韻》殊雪切，禪薛入合三山；《韻鏡》空位；《七音略》外轉二十四輕中重，列字爲『啜』；《四聲等子》山攝外四輕重俱等韻合口呼，禪母位空位，將『啜』列於船母；《切韻指南》山攝外四合口呼廣門，列字爲『啜』。『啜』爲《廣韻》薛韻禪母位小韻首字，《四聲等子》列於船母誤，《韻鏡》空位誤，當補。《指掌圖》是。

106 入四幫 㢶 《廣韻》方結切，《集韻》必結切，幫屑入開四山；《韻鏡》外轉第二十三開，列字爲『鷩』；《七音略》外轉二十三重中重，列字爲『㢶』；《四聲等子》山攝外四輕重俱等韻開口呼，列字爲『撆』；《切韻指南》空位。『鷩』爲《廣韻》薛韻幫母位小韻首字，『㢶』爲《廣韻》屑韻幫母位小韻首字，《指掌圖》爲合韻韻圖，二字均可列於此位。《指掌圖》無誤。

107 入四滂 撆 《廣韻》普蔑切，《集韻》匹蔑切，滂屑入開四山；《韻鏡》外轉第二十三開，列字爲『瞥』；《七音略》外轉二十三重中重，列字爲『嫳』；《四聲等子》山攝外四輕重俱等韻合口呼，列字爲『瞥』；《切韻指南》空位。『撆』爲《廣韻》薛韻滂母位小韻首字，『瞥』爲《廣韻》屑韻滂母位小韻首字，《指掌圖》爲合韻韻圖，二字均可列於此位。《指掌圖》無誤。

108 入四影　抉　《廣韻》於決切，影屑合四入山；《廣韻》薛韻影母『妜，於悅切』亦可列於四等位；《韻鏡》外轉第二十四合，列字爲『抉』；《七音略》外轉二十四輕中重，列字爲『抉』；《四聲等子》山攝外四輕重俱等韻合口呼，列字爲『玦』；《切韻指南》山攝外四合口呼廣門，列字爲『抉』。『抉』爲《廣韻》屑韻影母位小韻首字，《指掌圖》是。

109 入四來　○　《廣韻》薛屑兩韻在四等位均無來母字。《韻鏡》外轉第二十四合空位；外轉第二十二合，四等位列『劣』，該字在二十四合三等位重出，當删。《七音略》空位；《四聲等子》《切韻指南》空位。《指掌圖》從《廣韻》，空位是。

【釋】

一、與《廣韻》之對比

此圖爲合口呼，《廣韻》中脣音列開口，本圖收脣音。

平聲

《指掌圖》列目爲一等桓、二等先删山、三等元僊、四等僊先，分别對應《廣韻》的桓、先、删、山、仙、先。

一等：《指掌圖》列目爲桓，共19字。《廣韻》桓韻共17個小韻，《指掌圖》全部收録，其中非小韻首字3個：幫母位「般」、並母位「盤」、匣母位「丸」，首字分别爲「螌」「槃」「桓」。《廣韻》桓韻泥母、清母無字，《指掌圖》在泥母位列「濡，乃官切」，該字在《廣韻》中列於寒韻末，當爲合口桓韻字。另清母位《指掌圖》列字爲「攛」，《廣韻》未收此字。

二等：《指掌圖》列目爲先、删、山，共15字，其中先1個、山3個、删10個。溪母位「⿺走雚」，《廣韻》未收此字。《廣韻》删二等合口共10個小韻，《指掌圖》全部收録，非小韻首字1個：疑母位「⿺辶頑」，首字爲「⿸疒帝」。《廣韻》先合口二等共1個小韻，收録。《廣韻》山合口二等共8個小韻，《指掌圖》收録3個。群母位「⿺辶雚」，當爲《廣韻》「⿺辶雚，跪頑切」訛誤。崇母位列「狗，崇玄切」，在韻末，先爲四等韻，不當有崇母字，此字可能爲後增加字。

三等：《指掌圖》列目爲元、僊，共21字，其中僊15個、元5個。僊爲《廣韻》「仙」。《指掌圖》知母位列「⿺辶雚」，該字已在二等群母處列出，且爲訛字。《廣韻》仙韻有「⿺辶雚，丁全切」，當爲此字之訛。但該字爲四等字，如爲此字訛誤，則爲三、四等混。《廣韻》船母位「船」未列於船母，反列於禪母，爲船禪混。另有書母位《指掌圖》列「栓」，《廣韻》「栓，山員切」，當爲生母字，當列於生母二等位，爲照系二、三等相混。

《廣韻》仙韻合口三等共13個小韻，《指掌圖》取12個。未取小韻爲影母字，該位列仙韻重紐四等字「娟」，另外三等曉母無字，《指掌圖》將仙韻重紐四等字「翾，許緣切」列入，爲重紐三、四等混。

《廣韻》元韻合口三等共8個小韻，《指掌圖》取5個，其中非小韻首字2個：非母位「藩」、敷母位「翻」，首字分别爲「蕃」「飜」。

四等：《指掌圖》列目爲僊先，共14字，其中先7個、仙7個。

《廣韻》先合口四等共4個小韻，另有開口脣音3個，共7個小韻，《指掌圖》全部收録。其中非小韻首字1個：並母位「駢」，首字爲「蹁」。

《廣韻》仙合口四等位共9個小韻，另有開口脣音4個，共13個小韻，有3個小韻列入三等，《指掌圖》收録7個。非小韻首字1個：喻四位「沿」，首字爲「沿」。

上聲

《指掌圖》列目爲一等緩、二等潸、三等阮獮、四等獮銑。

一等：《指掌圖》列目爲緩，共16字。《廣韻》緩一等合口共16個小韻，全部收録。其中非小韻首字1個：泥母位「暖」，首字爲「煗」。

二等：《指掌圖》列目爲潸，共10字。該圖爲合口圖，而在此等上卻是開合兼收。《廣韻》潸韻合口二等共7個小韻，開口二等共7個小韻，《指掌圖》收録9個，其中開口5個、合口4個（其中脣音2個）。《廣韻》潸二生母位、並母位有字，《指掌圖》空位。明母位《指掌圖》列「䰰」，該字《廣韻》中未見。疑母位「齗，五板切」，依韻類當屬合口，列入此圖亦無誤。娘母位「赧，奴板切」、初母位「㹉，初板切」，因其反切下字爲脣音字，故將其列入合口。

三等：《指掌圖》列目爲阮獮，共22字，其中阮8個、獮14個。

《廣韻》獮合口三等共9個小韻，另有脣音字4個，共13個小韻，《指掌圖》收録12個，其中非小韻首字2個：穿母位「喘」、禪母位「腨」，首字分別爲「舛」「膞」。《廣韻》章母位「剸，旨兖切」未取，而列「轉」字，該字在《廣韻》有兩讀，一讀爲「陟兖切」，另一讀爲「知戀切」去聲知母。《指掌圖》列知母于章母位，知照相混。《廣韻》獮合口三等船母本無字，《指掌圖》將澄母「篆」列於此位，亦爲知照混。

《廣韻》阮三合口共9個小韻，《指掌圖》取8個，其中非小韻首字2個：溪母位「綣」、曉母位「烜」，首字分別爲「稀」「暅」。

四等：《指掌圖》列目爲獮銑，共12字，其中獮7個、銑5個。

《廣韻》獮合口四等共6個小韻，另有脣音3個，計9個小韻，《指掌圖》取7個。

《廣韻》銑合口四等共3個小韻，另有脣音3個，計6個小韻，《指掌圖》取5個，其中非小韻首字2個：見母位「畎」、幫母位「匾」，首字分别爲「く」「編」。另影母位列「兖」，該字在《廣韻》中爲「以轉切」，爲喻四母，喻影相混。

去聲

《指掌圖》列目爲一等换、二等襉諫、三等願線、四等線霰。

一等：《指掌圖》列目爲换，共19字。《廣韻》换韻共19個小韻，全部收録。

二等：《指掌圖》列目爲襉諫，共12字，分别對應《廣韻》中的襉、諫、線三韻字，其中襉3個、諫8個、線1個。

《廣韻》襉合口二等共2個小韻，另有脣音4個，《指掌圖》取3個，且均爲脣音字。

《廣韻》諫合口二等共11個小韻，《指掌圖》取8個。標目未標「線」，但諫崇母位有字，《指掌圖》未取，卻列線韻字。另《廣韻》莊母「孨，莊眷切」，《指掌圖》空位。

三等：《指掌圖》列目爲願陷，共22字，其中線13個、願9個。

《廣韻》線三等合口共13個小韻，《指掌圖》取12個。《指掌圖》娘母位「輾」，該字「女箭切」，爲開口字，並在第七圖中列出，爲開合兼收。滂母位「卞」當爲「卞」字之形誤。

《廣韻》願合口三等共11個小韻，《指掌圖》取9個。其中非小韻首字2個：微母位「萬」、曉母位「楦」，首字分别爲「萬」「楥」。另敷母位列「娩」，「娩」字異體。

四等：《指掌圖》列目爲線霰，共13字，線9個，霰4個。

《廣韻》線合口四等共5個小韻，另有脣音4個，計9個小韻。《指掌圖》取8個，非小韻首字1個：邪母位『旋』，首字爲『淀』。另有一開口字溪母『繾』，列入合口。溪母位線霰均無列字。

《廣韻》霰合口四等共有4個小韻，另有脣音1個，計5個小韻，《指掌圖》取4個。

入聲

《指掌圖》列目爲一等末、二等鎋黠、三等月薛、四等屑薛。

一等：《指掌圖》列目爲末，共17字。《廣韻》末韻共17個小韻，《指掌圖》全部收録。其中清母位列『拙』字，該字在《廣韻》中爲『職悦切』，章母薛韻字，不合於此位。《廣韻》『椊，藏活切』清母末韻，當爲此字之誤。

二等：《指掌圖》列目爲鎋黠，共16字，鎋3個、黠13個。

《廣韻》黠合口二等共13個小韻，《指掌圖》全部收録，《指掌圖》明母位『傄』，《廣韻》未收此字，明母位爲『傄，莫八切』，當爲此字之異體。

《廣韻》鎋合口二等共8個小韻，《指掌圖》收録3個，均爲黠空位。

三等：《指掌圖》列目爲月薛，共22字。其中薛13個、月9個。

《廣韻》薛合口三等共12個小韻，另有脣音3個，計13個小韻。《指掌圖》收録13個。

《廣韻》月韻共 11 個小韻，《指掌圖》收録 10 個。其中非小韻首字 1 個：群母「掘」，首字爲「鱖」。

四等：《指掌圖》列目爲屑薛，共 15 字，其中薛 6 個、屑 9 個。

《廣韻》薛合口四等共 8 個小韻，《指掌圖》取 6 個。

《廣韻》屑合口四等共 5 個小韻，另有脣音 4 個，《指掌圖》全部收録。

二、與《集韻》之對比

入三《指掌圖》禪母列「啜」，《集韻》無字。此處與《廣韻》合。

三、與《韻鏡》之對比

本圖對應外轉第二十二合、外轉第二十三開、外轉第二十四合、外轉第二十一開。

平聲一等　《指掌圖》泥母位列「濡」，該字在《廣韻》中爲寒韻字，與《韻鏡》合。

平聲二等　《指掌圖》崇母位列「犳」，《韻鏡》列於删二等，與《韻鏡》同。

平聲二等　《指掌圖》列目爲先、山、删，對應《韻鏡》的山、删。

平聲三等　《指掌圖》禪母位列「船」,《韻鏡》列於船母位,爲船禪相混。知母《指掌圖》列「邅」,《韻鏡》列於端母四等。《指掌圖》書母處列「栓」,《韻鏡》列於二等。《指掌圖》影母位、曉母位列「娟」「翾」,《韻鏡》中列爲四等。

上聲二等　《指掌圖》疑母位「齴」、娘母位「赧」、莊母位「酢」、初母位「㹽」,《韻鏡》中均爲開口。

上聲三等　《指掌圖》章母位列「轉」、船母位列「篆」,此二字在知母、澄母處重出,《韻鏡》章母位列「剸」,船母無字。《指掌圖》日母位列「輭」,該字在《韻鏡》中列於外轉第二十二合四獨。

上聲四等　《指掌圖》影母位列「兖」,該字本應爲喻母字,《韻鏡》列於喻四。

去聲二等　《指掌圖》祟母位列「饌」,當爲線韻字,《廣韻》《集韻》均無諫音,《韻鏡》列於二諫,此處與《韻鏡》合。

《指掌圖》與《韻鏡》空位對比,《指掌圖》有字而《韻鏡》無字的15個,《指掌圖》無字而《韻鏡》有字的7個:

平一:(泥)濡/○;(清)攛/○;平二:(溪)䟃/○;(生)欆/○;平三:(徹)猭/○;(澄)椽/○;平四:(以)沿/○;上一:(邪)鄹/○;上三:(禪)腨/○;去三:(娘)輾/○;去四:(溪)繾/○;(清)縓/○;(匣)縣/○;入二:(影)婠/○;入三:(禪)啜/○;上一:(疑)

○/輐；（從）○/鄰；（曉）○/溵；上三：（書）○/膞；去二：（群）○/䞼；去三：（匣）○/縣；入四：（來）○/劣。

《指掌圖》與《韻鏡》列字差異的27個：

平一：（幫）般/䊢；（匣）丸/桓；平三：（非）藩/蕃；（溪）弮/捲；平四：（並）駢/蹁；（曉）鋗/儇；上二：（明）魍/𧹞；（匣）僩/晥；上三：（昌）喘/舛；（日）輭/腝；（曉）烜/晅；（見）卷/稚；上四：（幫）匾/編；（並）辮/辯；（群）蜎/娟；去一：（並）叛/畔；去三：（奉）飯/餅；（微）萬/万；（徹）猭/掾；去四：（明）面/靣；入一：（從）拙/柮；（滂）鏺/潑；入二：（曉）偺/脩；入三：（幫）笣/鼈；（群）掘/𣀚；入四：（幫）彆/鷩；（滂）撆/瞥。

本圖出現的特殊情況13個：

等調聲母圖韻	指掌圖	韻鏡	差異原因
平三知	邅	○	《指掌圖》四等入三等，未識類隔
平三書	栓	○	《指掌圖》生母二等入書母三等位
平三禪	船	○	《指掌圖》船入禪位
平三喻三	娟	○	《指掌圖》四等入三等

續表

等調聲母圖韻	指掌圖	韻鏡	差異原因
平三曉	翾	○	《指掌圖》四等入三等
上二疑	齗	○	《指掌圖》開口入合口圖
上二娘	赧	○	《指掌圖》開口入合口圖
上二莊	酢	○	《指掌圖》開口入合口圖
上二初	⿰犭戔	○	《指掌圖》開口入合口圖
上三章	轉	○	《指掌圖》知母字入章母位
上三船	篆	○	《指掌圖》澄母字入船母位
上四影	⿱穴允	○	《指掌圖》以母字列影母位

另，本圖對應《七音略》外轉二十三重中重、外轉二十一重中輕。同《韻鏡》取開口圖脣音部分，並有四個開口字羼入合口圖。

本圖爲合口圖，與第七圖開口圖相同，其主要以外轉第二十四合爲主，一等全部來源於外轉第二十四圖，二、三、四等主要來源於第二十四合，空位處由第二十二合補入。兩個開口圖衹取脣音部分，並有四個開口字羼入合口圖。

九	見	溪	羣	疑	端	透	定	泥	知
平	根	○	○	垠	○	吞	○	○	
	○	○	○	○					○
	巾	○	勤	銀					珍
	○	○	○	○	○	○	○	○	
上	頣	墾	○	○	○	○	○	○	
	○	○	○	○					○
	謹	赾	近	听					屒
	緊	螼	○	○	○	○	○	○	
去	艮	○	○	皚	○	○	○	○	
	○	○	○	○					○
	靳	螼	近	垽					鎮
	呁	菣	○	○	○	○	○	○	
入	裓	刻	○	○	德	忒	特	螚	
	○	○	○	○					○
	訖	乞	趌	疙					窒
	吉	詰	姞	耴	○	○	○	○	

第九圖

微	奉	敷	非	明	並	滂	幫	娘	澄	徹
				○	○	○	○			
				○	○	○	○	○	○	○
○	○	○	○	○	○	○	○	紉	陳	獙
				○	○	○	○			
				○	○	○	○			
				○	○	○	○	○	○	○
○	○	○	○	○	○	○	○	○	紖	辴
				○	○	○	○			
				○	○	○	○			
				○	○	○	○	○	○	○
○	○	○	○	○	○	○	○	○	陣	疢
				○	○	○	○			
				○	○	○	○			
				○	○	○	○	○	○	○
○	○	○	○	○	○	○	○	暱	秩	抶
				○	○	○	○			

	精	清	從	心	斜	照	穿	牀	審
平	○	○	○	○	○				
						臻	瀙	榛	莘
						眞	瞋	神	申
	津	親	秦	新	○				
上	○	○	○	○	○				
						𧤏	齓	濜	○
						軫	○	○	矧
	⿰木盡	笉	盡	○	○				
去	○	○	○	○	○				
						○	櫬	○	○
						震	○	○	胂
	晉	親	○	信	贐				
入	則	墄	賊	塞	○				
						櫛	剎	齜	瑟
						質	叱	○	失
	唧	七	疾	悉	○				

第九圖

禪	影	曉	匣	喻	來	日	韻
	恩	○	痕	○	○		痕竜
○	○	○	○	○	○		臻
臣	殷	欣	○	○	鄰	人	眞欣
	因	○	礥	寅	○		眞諄
	○	○	很	○	○		很
○	○	○	○	○	○		準
腎	隱	[illegible]	○	○	嶙	忍	隱軫
	○	○	○	引	○		軫準
	饐	○	恨	○	○		恨
○	○	○	○	○	○		稕
愼	㥯	焮	○	○	吝	刃	焮震稕
	印	○	○	猌	○		震稕
	餩	黒	劾	○	勒		德
○	○	○	○	○	○		櫛
實	乙	迄	○	○	栗	日	迄質
	一	欯	○	逸	○		質

第九圖

校：

1 平二穿　瀙　《廣韻》側詵切，莊臻平開三臻；《集韻》楚莘切，初臻平開三臻。《廣韻》臻韻無初母。《韻鏡》、《七音略》空位；《四聲等子》臻攝外三輕重俱等韻開口呼，初母位列『瀙』；《切韻指南》臻攝外三開口呼通門，初母位列『瀙』。二圖皆從《集韻》。《指掌圖》依《集韻》列字，亦無誤。

2 平二牀　榛　《廣韻》側詵切，《集韻》鉏臻切，莊臻平開三臻。《廣韻》《集韻》臻韻崇母位有『蓁，士臻切』，未取，卻列《廣韻》莊母字。《集韻》中『榛，鉏臻切』，爲崇母音。《韻鏡》外轉第十七開，列字爲『蓁』；《七音略》外轉十七開重中重，列字爲『蓁』；《四聲等子》臻攝外三輕重俱等韻開口呼，崇母位列字爲『榛』；《切韻指南》臻攝外三開口呼通門，崇母位列字爲『蓁』；《起數訣》崇臻位列字爲『蓁』。《指掌圖》雖可依《集韻》列『榛』字，當依《廣韻》校改爲『蓁』字爲佳。

3 平三見　巾　嚴氏本、《等韻五種》本同，《墨海金壺》本列字爲「斤」。巾，《廣韻》、《集韻》、真福寺本、毛氏《增韻》居銀切，見真平開重紐三等臻；《韻鏡》外轉第十七開，列字爲「巾」；《七音略》外轉第十七重中重，列字爲「巾」；《四聲等子》臻攝外三輕重俱等韻開口呼，列字爲「斤」；《切韻指南》臻攝外三開口呼通門，列字爲「巾」。「巾」爲《廣韻》真韻見母位小韻首字，「斤」爲《廣韻》欣韻見母位小韻首字，兩字均可列於此位，《指掌圖》各版本列字均無誤，以「巾」字爲佳。

4 平三禪　臣　嚴氏本、《墨海金壺》本同，《等韻五種》本列字爲「辰」。臣，《廣韻》植鄰切，《集韻》、真福寺本、毛氏《增韻》丞真切，禪真平開三臻；《韻鏡》《七音略》《四聲等子》《切韻指南》禪真位列字爲「辰」；《起數訣》禪真位列字爲「神」。「辰」爲《廣韻》《集韻》小韻首字，下收有「臣」字。列字以「辰」爲佳，《指掌圖》宋本亦無誤。

5 平三喻　〇　《廣韻》《集韻》真欣韻開口均無喻三母字；《韻鏡》外轉第十七開，列字爲「囩」；《七音略》外轉十七開重中重，列字爲「囩」；《四聲等子》《切韻指南》空位。「囩」，《廣韻》爲贇切，云母真韻，雖在真韻，但當列於合口位，《集韻》列入諄韻。《韻鏡》《七音略》依《廣韻》真韻，故列入「囩」字，後期韻圖則不取。《指掌圖》空位是。

6 平三來　鄰　《廣韻》力珍切，《集韻》離珍切，來真平開三臻；《韻鏡》外轉第十七開，列字爲「鄰」；《七音略》外轉第十七重中重，列字爲「鄰」；《四聲等子》臻攝外三輕重俱等韻開口呼，列字爲『鄰』；《切韻指南》臻攝外三開口呼通門，列字爲『粦』。《廣韻》真韻來母位小韻首字爲『粦』，下收有『鄰』字。列字以『粦』爲佳，《指掌圖》亦無誤。

7 平三日　人　嚴氏本、《墨海金壺》本同，《等韻五種》本列字爲『仁』。人，《廣韻》如鄰切，《集韻》而鄰切，日真平開三臻；《韻鏡》外轉第十七開，列字爲『人』；《七音略》外轉第十七重中重，列字爲『人』；《四聲等子》臻攝外三輕重俱等韻開口呼，列字爲『人』；《切韻指南》臻攝外三開口呼通門，列字爲『仁』。『仁』爲《廣韻》真韻日母小韻首字，下收有『人』字。《等韻五種》本列『仁』字爲佳，宋本亦無誤。

8 平四見　○　嚴氏本同，《墨海金壺》本列字爲『巾』，《等韻五種》本列字爲『斤』。斤，《廣韻》舉欣切，見欣平開三臻，當列於三等位；《韻鏡》外轉第十九開，列於見母三等位；《七音略》外轉第十九重中輕，列於見母三等位；《四聲等子》臻攝外三輕重俱等韻開口呼，列於見母三等位。《廣韻》《集韻》均無見母四等字，《墨海金壺》本、《等韻五種》本均誤，宋本空位是。

9 平四群　○　嚴氏本、《墨海金壺》本、《等韻五種》本列字爲『殣』。殣，《廣韻》巨巾切，《集韻》渠巾切，群真平開三臻；《韻鏡》外轉第十七開，『殣』列於群母三等位；《七音略》外轉第十七重中重，群母位列字爲『趁』，直珍切，澄母真韻；《四聲等子》臻攝外三輕重俱等韻開口呼，列字爲『𧼨』；《切韻指南》臻攝外三開口呼通門，列字爲『𧼨』。『𧼨』爲《廣韻》真韻群母重紐四等字，當列於四等位。『殣』爲真韻群母重紐三等字，不當列於四等。嚴氏本、《墨海金壺》本、《等韻五種》本列『殣』字誤，宋本空位是。

10 平四疑 〇 宋本空位；嚴氏本、《墨海金壺》本、《等韻五種》本列字爲『虒』。虒，《廣韻》《集韻》語斤切，疑欣平開三臻。《韻鏡》外轉第十九開，列於疑母三等位；《七音略》外轉第十九重中輕，列於疑母三等位；《四聲等子》《切韻指南》空位。『虒』當列於三等位。《等韻五種》本列於四等誤，宋本空位是。

11 平四從 秦 嚴氏本同，《墨海金壺》本、《等韻五種》本列字爲『巡』。秦，《廣韻》匠鄰切，《集韻》慈鄰切，從真平開三臻；《韻鏡》、《七音略》、《四聲等子》、《切韻指南》、《起數訣》從真位均列『秦』字。巡，《廣韻》詳遵切，平諄邪母，當列於合口圖。《墨海金壺》本、《等韻五種》本誤，宋本是。

12 平四心 新 《廣韻》息鄰切，《集韻》斯人切，心真平開三臻；《韻鏡》外轉第十七開、《七音略》外轉十七開重中重，列字爲『辛』；《四聲等子》臻攝外三輕重俱等韻開口呼，列字爲『新』；《切韻指南》臻攝外三開口呼通門，列字爲『新』。『新』爲《廣韻》真韻心母位小韻首字，下收有『辛』字。列字以『新』爲佳，《指掌圖》是。

13 平四來 〇 《廣韻》《集韻》來母真韻均無字；《韻鏡》《四聲等子》《切韻指南》均空位；《七音略》外轉第十七重中重，列字爲『苓』，《集韻》戾因切，來真平開三臻。『苓』字不當列於此位，《指掌圖》空位是。

14　上一溪　墾　《廣韻》康很切，《集韻》口很切，溪很上開一臻；《韻鏡》外轉第十七開，列字爲『懇』；《七音略》外轉第十七重中重，列字爲『墾』；《四聲等子》《切韻指南》均列『墾』字；《起數訣》列字爲『懇』。『墾』爲《廣韻》很韻溪母位小韻首字，下收有『懇』字。列字以『墾』爲佳，《指掌圖》是。

15　上一群　◯　《廣韻》很韻無群母字；《集韻》有『頎，其懇切』；《韻鏡》外轉第十七開，列字爲『頷』，乃頎字形近訛；《七音略》空位；《四聲等子》臻攝外三輕重俱等韻開口呼，列字爲『頎』；《切韻指南》臻攝外三開口呼通門，列字爲『頎』。各列『頎』字韻圖，均從《集韻》，《指掌圖》從《廣韻》，空位亦無誤。

16　上一影　◯　《廣韻》很韻無影母字；《集韻》有『穏，安很切』；《韻鏡》外轉第十七開，列字爲『穏』；《七音略》空位；《四聲等子》空位；《切韻指南》臻攝外三開口呼通門，列字爲『穏』。各列『穏』字韻圖，均從《集韻》，《指掌圖》從《廣韻》，空位亦無誤。

17　上二照　籐　《廣韻》仄謹切，《集韻》阻引切，莊準上開三臻；《韻鏡》空位；《七音略》外轉第十七重中重，列字爲『籐』；《四聲等子》《切韻指南》《起數訣》均列『籐』字。《韻鏡》漏收，《指掌圖》是。

18　上二牀　濜　《廣韻》《集韻》鉏引切，崇準上開二臻；《韻鏡》外轉第十七開，列字爲『濜』；

《七音略》空位；《四聲等子》《切韻指南》《起數訣》均列『濜』字。《七音略》漏收，《指掌圖》是。

19 上三知 㢄 《廣韻》珍忍切，《集韻》引展切，知準上開三臻；《韻鏡》外轉第十七開，列字爲『㢄』；外轉第十七重中重，列字爲『駗』；《四聲等子》《切韻指南》《起數訣》知準位列字爲『駗』。駗，《廣韻》章忍切，上軫章母。《集韻》有知忍切，爲知母。『㢄』爲《廣韻》軫韻知母位小韻首字，列字以『㢄』爲佳，《指掌圖》是。

20 上三審 矧 嚴氏本、《墨海金壺》本同，《等韻五種》本列字爲『弞』。矧，《廣韻》式忍切，《集韻》矢忍切，書軫上開三臻；《韻鏡》外轉第十七開，列字爲『矧』；《七音略》外轉第十七重中重，列字爲『矧』；《四聲等子》臻攝外三輕重俱等韻開口呼，列字爲『哂』；《切韻指南》臻攝外三開口呼通門，列字爲『弞』。『弞』爲《廣韻》軫韻書母位小韻首字，下收有『矧』字，注同上，爲異體字。《等韻五種》本列『弞』字爲佳，宋本亦無誤。

21 上三喻 ○ 《廣韻》《集韻》軫韻云母有『殞，于敏切』；《韻鏡》外轉第十七開，列字爲『隕』；《七音略》外轉第十七重中重，列字爲『愪』；《四聲等子》《切韻指南》空位。『殞』爲《廣韻》云母位小韻首字，下收有『愪』字，《指掌圖》空位誤，當補『殞』字。

22 上四溪 螼 《廣韻》弃忍切，《集韻》遣忍切，溪準上開重紐三等臻；《韻鏡》空位；《七音略》外轉第十七重中重，列字爲『螼』；《四聲等子》《切韻指南》列字爲『螼』；《起數訣》溪軫位列字爲『瑾』。『螼』爲《廣韻》準韻溪母位小韻首字，《指掌圖》爲合韻韻圖，此位亦可列準韻溪母字，《指掌圖》是。

23 去一溪　○　《廣韻》恨韻溪母無字；《集韻》有字『硍，苦恨切』；《韻鏡》空位；《七音略》外轉第十七重中重，列字爲『硍』；《四聲等子》《切韻指南》列字爲『硍』。此三圖皆從《集韻》。《指掌圖》從《廣韻》，空位亦無誤。

24 去一疑　⿰飠豈　《廣韻》《集韻》五恨切，疑恨去開一臻；《韻鏡》空位；《七音略》外轉第十七重中重，列字爲『⿰飠豈』；《四聲等子》《切韻指南》列字均爲『⿰飠豈』。《韻鏡》空位誤，《指掌圖》是。

25 去二穿　櫬　《廣韻》、《集韻》、毛氏《增韻》初覲切，初震去開三臻；《韻鏡》外轉第十七開，初母震韻；《七音略》外轉第十七重中重，初母櫬位；《四聲等子》空位；《切韻指南》臻攝外三開口呼通門，初母櫬位。《指掌圖》列目爲稕，該字在《廣韻》爲震韻字，《指掌圖》從《韻鏡》。《廣韻》震稕同用，《指掌圖》亦無誤。

26 去二牀　○　《廣韻》稕韻崇母無字；《集韻》有字『酳，士刃切』；《韻鏡》《七音略》空位；《四聲等子》《切韻指南》列字爲『酳』。此二圖皆從《集韻》。《指掌圖》從《廣韻》，空位亦無誤。

27 去二審　○　《廣韻》稕韻生母無字；《集韻》有字『阠，所陣切』；《韻鏡》空位；《七音略》外轉第十七重中重，列字『阠』；《四聲等子》空位；《切韻指南》臻攝外三開口呼通門，列字爲『阠』。此二圖皆從《集韻》。《指掌圖》從《廣韻》，空位亦無誤。

28 去三溪 螼 《廣韻》羌印切，《集韻》丘忍切，溪震去開重紐四等臻；《韻鏡》外轉第十七開，列字爲『菣』；《七音略》空位；《四聲等子》《切韻指南》溪震位列字爲『掀』，《集韻》丘近切。『螼』當列於四等位。《廣韻》溪母震韻重紐三等字爲『菣，去刃切』，《集韻》中有『掀，丘近切』，可列於溪母三等位，《指掌圖》均未取，卻將『螼』字列於三等位，雖可表現三、四混等，但不合韻圖規制。《指掌圖》誤，當校改爲『菣』。

29 去三澄 陣 《廣韻》、《集韻》、毛氏《增韻》直刃切，澄震去開三臻；《韻鏡》外轉第十七開，列字爲『陣』；《七音略》外轉第十七重中重，列字爲『陣』；《四聲等子》列字爲『陣』；《切韻指南》《起數訣》澄震位列字爲『敶』。『敶』爲《廣韻》震韻澄母位小韻首字，下收『陣』字，注上同，二字爲異體字。列字以『敶』字爲佳，《指掌圖》亦無誤。

30 去三來 吝 嚴氏本、《墨海金壺》本同，《等韻五種》本列字爲『遴』。吝，《廣韻》、《集韻》、毛氏《增韻》良刃切，來震去開三臻；《韻鏡》《七音略》《切韻指南》來震位列字爲『遴』；《四聲等子》臻攝外三輕重俱等韻開口呼，列字爲『吝』。『遴』爲《廣韻》震韻來母小韻首字，下收有『吝』。《等韻五種》本列『遴』字爲佳，宋本亦無誤。

31 去四見 呁 《廣韻》九峻切，見母震韻去聲；《韻鏡》外轉第十七開，列字爲『呁』；《七音略》外轉第十八輕中輕，『呁』列於合口圖；《四聲等子》臻攝外三輕重俱等韻合口呼，列於合口圖；《切韻指南》臻攝外三合口呼通門，列於合口圖。『呁』，《廣韻》列於震韻末，爲合口字，當爲後補入字；《集韻》爲稕韻。《韻鏡》依早期韻書，將其列入開口，誤。《指掌圖》從《韻鏡》，亦誤，當删。

32 去四溪　菣　《廣韻》、《集韻》、毛氏《增韻》去刃切，溪稕去開重紐三等臻；《韻鏡》外轉第十七開三等位，列字爲『菣』；《七音略》空位；《四聲等子》、《切韻指南》、《起數訣》均列『菣』字。『菣』當列於溪母三等位。四等位當列『螼』，《指掌圖》誤，當校改爲『菣』。

33 去四群　○　嚴氏本、《墨海金壺》本、《等韻五種》本列字爲『僅』。僅，《廣韻》渠遴切，群震去開三臻，當列於三等位。《韻鏡》外轉第十七開，『僅』列於三等，四等空位；《七音略》外轉第十七重中重，『僅』列於三等，四等空位；《四聲等子》、《切韻指南》空位。《等韻五種》本列『僅』字誤，宋本空位是。

34 去四疑　○　嚴氏本、《墨海金壺》本列字爲『憖』，《等韻五種》本列字爲『愸』。憖，《廣韻》魚覲切，疑震去開三臻，當列於三等位；《韻鏡》外轉第十七開，『憖』列於三等，四等空位；《七音略》外轉第十七重中重，『憖』列於三等，四等空位；《四聲等子》《切韻指南》空位。《等韻五種》本所列『愸』字爲『憖』誤，此三種版本均誤，宋本空位是。

35 去四斜　𦢊　嚴氏本、《墨海金壺》本同，《等韻五種》本列字爲『盡』。『𦢊』字當爲『贐』字形訛。贐，《集韻》、毛氏《增韻》徐刃切，邪稕去開三臻；《韻鏡》外轉第十七開，列字爲『賮』；《七音略》外轉第十七重中重，列字爲『賮』；《四聲等子》臻攝外三輕重俱等韻合口呼，列字爲『燼』；《切韻指南》臻攝外三合口呼通門，列字爲『賮』。『賮』爲《廣韻》震韻邪母小韻首字，下收有『燼』字。『贐』爲《集韻》震韻邪母字，《指掌圖》亦無誤。

36 去四喻　𢔁　嚴氏本同，《墨海金壺》本、《等韻五種》本列字爲『𦙍』。𢔁，《廣韻》羊晉切，《集韻》、毛氏《增韻》羊進切，以震去開三臻；《韻鏡》外轉第十七開，列字爲『酳』；《七音略》外轉第十七重中重，列字爲『酳』；《四聲等子》臻攝外三輕重俱等韻開口呼，列字爲『𦙍』；《切韻指南》臻攝外三開口呼通門，列字爲『胤』。『𦙍』爲《廣韻》震韻以母位小韻首字，『胤』『𢔁』均爲其異體字。《墨海金壺》本、《等韻五種》本從《廣韻》列『𦙍』字形，其他諸本亦無誤。

本圖入聲與第四圖基本相同，第四圖收有重脣音，第九圖未收。因第四圖爲獨韻圖，故收有重脣音；第九圖爲開口圖，《指掌圖》脣音列於合口，故未收。第九圖三等列目爲『迄質』，第四圖列目爲『質』。

37 入三禪　實　嚴氏本、《墨海金壺》本同，《等韻五種》本空位。實，《廣韻》神質切，《集韻》食質切，船質入開三臻；在《韻鏡》和《七音略》中均列於船母；《切韻指南》也列於船母。祇有《指掌圖》與《四聲等子》列於禪母位，可能是緣于文獻的層累性。『實』在《廣韻》中爲船母字，不當列於禪母。《等韻五種》本空位是，宋本誤，當移至船母。

38 入三牀　◯　嚴氏本、《墨海金壺》本同，《等韻五種》本列字爲『實』。《廣韻》《集韻》質韻船母位小韻首字爲『實』；《韻鏡》外轉第十七開，列字爲『實』；《七音略》外轉第十七重中重，列字爲『實』。宋本空位誤，《等韻五種》本列『實』字是。

39 入四疑𦔮　各字書、韻書、韻圖均未收此字形，第四圖中列字爲『耴』。《廣韻》中疑母位『魚乙切』者即爲『耴』字形。據考，切三、王二、王三質韻有『𦔮』小韻，魚乙反。《唐韻》誤作耴，亦魚乙反。《說文》耳部有耴字，大徐陟葉切。唐五代韻書耴字在葉韻輒小韻，陟葉反。因此，『𦔮』字爲疑母字，『耴』誤。但『𦔮』爲三等字，不當列於此位。

【釋】

一、與《廣韻》之對比

平聲

《指掌圖》列目一等䰟痕、二等臻、三等欣真、四等諄真。

一等：《指掌圖》列目爲䰟痕，共5字。標目爲䰟痕，對應《廣韻》中的痕韻。《廣韻》痕韻共5字，全部收録。開口本無䰟韻字，標目䰟痕並列，說明其主元音相同。

二等：《指掌圖》列目爲臻，共4字。《指掌圖》莊母位列「臻」，在《廣韻》中爲小韻首字，《指掌圖》初母、崇母位列「漸」「榛」，此二字在《廣韻》中均在「臻」小韻下。此處與《廣韻》頗爲不合。《廣韻》臻共3個小韻，《指掌圖》取2個。崇母位有字，未列，卻列莊母字。

三等：《指掌圖》列目爲欣真，共16字，分別對應《廣韻》中的殷真，其中欣3字，真13字。《廣韻》真韻開口三等共18個小韻，《指掌圖》取13個。其中非小韻首字3個：禪母位「臣」、來母位「鄰」、日母位「人」，首字分別爲「辰」「粦」「仁」。未取的5個小韻，其中脣音字3個，另群母位、影母位，列欣韻字，相對而言，真韻這兩位韻字較爲生僻，欣韻字較爲常用：殣(真)—勤(欣)、礥(真)—殷(欣)。《廣韻》欣韻共有5個小韻，《指掌圖》取3個。

四等：《指掌圖》列目爲諄真韻字，共7字。對應《廣韻》中的真韻，標目與《廣韻》不合。《廣韻》真韻開口四等共11個小韻，《指掌圖》收録7個，未取小韻全部爲脣音字。

上聲

《指掌圖》列目爲一等很、二等準、三等軫隱、四等準軫。

一等：《指掌圖》列很韻字，共3字。《廣韻》很開口一等共3個小韻，全部收録。

二等：《指掌圖》列準韻字，共3字。標目爲準韻字，實際所列3字，有2個爲隱韻字，1個爲準韻字。《廣韻》準開口二等2個小韻，隱開口二等1個小韻，與《廣韻》同。

三等：《指掌圖》列目爲軫隱，共14字。標目爲軫隱，但實際對應《廣韻》的軫、隱、準三韻。其中軫韻字7個，隱韻字6個，準韻字1個。《廣韻》軫三開口共9個小韻，《指掌圖》取7個，其中非小韻首字1個：書母位「矧」，首字爲「弞」。《廣韻》隱三開口共6個小韻，《指掌圖》全部收録。《廣韻》準三開口共1個小韻，收録。

四等：《指掌圖》列目爲準軫，共6字，其中軫5個，準1個。《廣韻》軫四開口共7個小韻，《指掌圖》取5個。《廣韻》準四開口共2個小韻，《指掌圖》收録1個，曉母位有字「脪，興腎切」，未取空位。

去聲

《指掌圖》列目爲一等恨、二等稕、三等稕焮震、四等稕震。

一等：《指掌圖》列目爲恨，共4字。《廣韻》恨開一共4個小韻，全部收録。

二等：《指掌圖》列目爲稕，共1字。《指掌圖》標目爲稕，而該字在《廣韻》爲震韻字，「櫬，初覲切」。

三等：《指掌圖》列目爲稕焮震，共14字。標目爲稕焮震，實則祇有焮震兩韻字。其中焮5個，震9個。《廣韻》焮開三共5個小韻，《指掌圖》全部收録。《廣韻》震開三共12個小韻，《指掌圖》收録8個，其中非小韻首字2個：澄母位「陳」、來母位「吝」，首字分别爲「陣」「遴」。

另有溪母位「螼，羌印切」，本是震韻四等字，於此圖卻列於三等，爲三、四混等。震三開溪母位有字「菣，去刃切」未取，卻列於四等位。

四等：《指掌圖》列目爲稕震，共8字。邪母位「[月盡]」，《廣韻》無此字，《廣韻》邪母位列「賮，徐刃切」。其餘7字，全部爲震韻字，其中有2字形異：「晋」—「晉」、「𦙶」—「胤」。《廣韻》震開四共有10個小韻，《指掌圖》取7個。另有見母字「呁，九峻切」，當爲合口字，卻列入開口圖。

入聲

該圖入聲與第四圖基本相同，不同處在於第九圖未收重脣音，在四等處有1字形異，當爲書寫誤：「耴」—「耴」。另第九圖三等列目爲「質迄」，而第四圖列目爲「質」。

等第	聲母	第九圖	第四圖	合計
一等	幫	○	比	4
	滂	○	覆	
	並	○	蔔	
	明	○	墨	
四等	疑	耴	耴	1

二、與《集韻》之對比

上一群、心、影母位《集韻》有字,《指掌圖》空位。此處與《廣韻》合。

三、與《韻鏡》之對比

本圖對應《韻鏡》外轉第十七開和外轉第十九開。

上聲二等 《指掌圖》標目爲準,韻字全部在《韻鏡》二隱内。

上聲四等 《指掌圖》溪母位列『螼』,該字在《韻鏡》中列於三等。

上聲四等 《指掌圖》標目爲準軫,韻字全部在《韻鏡》四軫内。

去聲二等 《指掌圖》標目爲稕,《韻鏡》標目爲恨。

去聲三等 《指掌圖》標目稕焮震,在《韻鏡》中爲震焮。

去聲三等 《指掌圖》溪母位列『螼』,該字在《韻鏡》中列於外轉十七開四震。

去聲四等 《指掌圖》溪母位列『菣』,該字在《韻鏡》中列於三等。

《指掌圖》與《韻鏡》空位對比:《指掌圖》有字而《韻鏡》無字的 4 例,《指掌圖》無字而《韻鏡》有字的10例：

平二：（莊）溵／○；上二：（莊）觾／○；去一：（疑）皚／○；入二：（初）剢／○；平三：（喻三）○／囩；上一：（群）○／頜；（影）○／穏；上三：（喻三）○／隕；去四：（曉）○／釁；入三：（喻三）○／颵；（疑）○／耴；入四：（端）○／蛭；（定）○／姪；（泥）○／昵。

《指掌圖》與《韻鏡》列字差異的13個：

平二：（莊）榛／蓁；平三：（禪）臣／辰；平四：（心）新／辛；去三：（來）吝／遴；（溪）螼／菣；去四：（邪）賮／費；（以）胤／酳；入三：（日）日／月；入四：（精）唧／堲；（群）姞／佶；入一：（影）餩／餘；上一：（溪）墾／懇；上三：（知）屒／辰。

另，本圖對應《七音略》外轉第十七重中重和外轉第十九重中輕。

本圖一等列魂痕，所收録的全部爲《廣韻》痕韻字。但在《集韻》中痕開一4個小韻，冤1個小韻，全部收録。從列目上看與《集韻》相合。《集韻》臻開二共4個小韻，全部收録，此處合《集韻》。《指掌圖》去聲四等列目爲稕震，標目爲稕，在《集韻》中全部爲稕韻字。本圖無論從列目還是列字，均與《集韻》關係較密切。韻圖設置上以《韻鏡》外轉第十七開爲主，衹於群母、影母、曉母取外轉第十九開圖内字，其中衹有曉母位十七開空位，群影母由欣韻字代替。

十

	見	溪	羣	疑	端	透	定	泥	知
平	昆	坤	○	僤	敦	暾	屯	黁	
	○	○	○	○					○
	君	囷	羣	○					屯
	均	○	○	○	○	○	○	○	
上	袞	閫	○	○	○	畽	囤	炳	
	○	○	○	○					○
	攟	𧼯	菌	齳					○
	○	緊	○	○	○	○	○	○	
去	睔	困	○	顐	頓	○	鈍	嫩	
	○	○	○	○					○
	攈	○	郡	○					○
	○	○	○	○	○	○	○	○	
入	骨	窟	○	兀	咄	宊	突	訥	
	○	○	○	○					○
	亥	屈	倔	崛					炪
	橘	○	○	○	○	○	○	○	

徹	澄	娘	幫	滂	並	明	非	敷	奉	微
			奔	濆	盆	門				
○	○	○	○	○	○	○				
椿	醇	○	彬	砏	貧	珉	分	芬	汾	文
			賓	繽	頻	民				
			本	栩	獖	潣				
○	○	○	○	○	○	○				
偆	○	○	○	○	○	愍	粉	忿	憤	吻
			○	○	牝	泯				
			奔	噴	坌	悶				
○	○	○	○	○	○	○				
○	○	○	○	○	○	○	糞	忿	分	問
			儐	闠	○	○				
			○	誖	勃	没				
○	○	○	○	○	○	○				
黜	术	○	筆	○	弼	密	弗	拂	佛	物
			必	匹	邲	蜜				

	精	清	從	心	斜	照	穿	牀	審
平	尊	村	存	孫	○				
						○	○	○	○
						諄	春	脣	○
	遵	逡	鷷	荀	旬				
上	剸	忖	鱒	損	○				
						○	○	○	○
						準	蠢	○	賰
	○	○	○	筍	○				
去	捘	寸	鐏	巽	○				
						○	○	○	○
						稕	○	○	舜
	儁	○	○	峻	殉				
入	卒	猝	捽	窣	○				
						⿰叕出	○	⿰齒出	率
						○	出	○	○
	卒	焌	崒	卹	○				

禪	影	曉	匣	喻	來	日	韻
	温	昏	䰟	○	論		䰟
○	○	○	○	○	○		
純	贇	薰	○	筠	淪	犉	諄文 䰟
	𥁕	○	○	匀	○		諄贇 文
	穩	緫	混	○	怨		混
○	○	○	○	○	○		
盾	蘊	○	○	殞	輪	蝡	準㖼 隱
	○	○	○	尹	○		準
	搵	惛	慁	○	論		慁 愠
○	○	○	○	○	○		
順	醖	訓	○	運	○	閏	[illegible] 稕
	○	○	○	○	○		稕
	頞	忽	麧	○	[illegible]		沒
○	○	○	○	○	○		質
術	鬱	[illegible]	○	[illegible]	律	○	迄術 質物
	○	[illegible]	○	聿	○		術 質

第十圖

校：

1 平一滂 濆 《廣韻》普魂切，《集韻》鋪昆切，滂魂平合一臻；真福寺本、毛氏《增韻》鋪昆切，收字爲『歕』；《韻鏡》外轉第十八合，列字爲『歕』；《七音略》外轉第十八輕中輕，列字爲『歕』；《四聲等子》臻攝外三輕重俱等韻合口呼，列字爲『濆』；《切韻指南》臻攝外三合口呼通門，列字爲『濆』；《起數訣》滂魂位列字爲『噴』。『濆』爲《廣韻》魂韻滂母位小韻首字，下收有『歕』字，列字以『濆』爲佳，《指掌圖》是。

2 平一並 盆 嚴氏本、《等韻五種》本同，《墨海金壺》本空位。盆，《廣韻》、真福寺本、毛氏《增韻》蒲奔切，《集韻》步奔切，並魂平合一臻；《韻鏡》外轉第十八合、《七音略》外轉第十八輕中輕，均列『盆』字；《四聲等子》《切韻指南》《起數訣》並魂位均列『盆』字。《墨海金壺》本空位誤，宋本是。

3 平一明 門 嚴氏本、《等韻五種》本同，《墨海金壺》本空位。門，《廣韻》莫奔切，《集韻》、真福寺本、毛氏《增韻》謨奔切，明魂平合一臻；《韻鏡》《七音略》《四聲等子》《切韻指南》《起數訣》明魂位均列「門」字。《墨海金壺》本空位誤，宋本是。

4 平一影　温　《廣韻》、《集韻》、真福寺本、毛氏《增韻》烏昆切，影魂平合一臻；《韻鏡》《七音略》《四聲等子》均列「温」字；《切韻指南》臻攝外三合口呼通門，列字爲「昷」。「昷」爲《廣韻》魂韻影母位小韻首字，下收有「温」字。列字以「温」爲佳，《指掌圖》亦無誤。

5 平一曉　昬　嚴氏本、《墨海金壺》本同，《等韻五種》本列字爲「昏」。昬，《廣韻》、《集韻》、真福寺本、毛氏《增韻》呼昆切，曉魂平合一臻；《韻鏡》列字爲「昏」；《七音略》列字爲「昬」；《四聲等子》列字爲「昬」；《切韻指南》列字爲「昏」。《廣韻》魂韻曉母位小韻首字字形爲「昏」，未收「昬」字形，此二字爲異體字。《等韻五種》本列「昏」字，依從《廣韻》字形爲佳，宋本亦無誤。

6 平一匣　䰟　《等韻五種》本同，嚴氏本、《墨海金壺》本列字爲「魂」。䰟，《廣韻》户昆切，《集韻》、真福寺本、毛氏《增韻》胡昆切，匣魂平合一臻；《韻鏡》《七音略》《四聲等子》均列「䰟」字形；《切韻指南》臻攝外三合口呼通門，列「魂」字形。《廣韻》魂韻匣母位小韻首字字形爲「䰟」，未收「魂」字形，此二字爲異體字。宋本、《等韻五種》本列「䰟」字，依從《廣韻》字形爲佳，其他版本亦無誤。

7 平二照　○　《廣韻》諄韻莊母無字；《集韻》諄韻莊母位有「竣，壯倫切」；《韻鏡》空位；

《七音略》外轉第十八輕中輕，列字爲「竣」；《四聲等子》《切韻指南》均列「竣」字，此三圖皆從《集韻》。《指掌圖》從《廣韻》，空位亦無誤。

8 平二穿 ○ 《廣韻》《集韻》諄韻穿母無字；《韻鏡》空位；《七音略》外轉第十八輕中輕，列字爲「⿰忄盾」；《四聲等子》《切韻指南》均列「⿰忄盾」字，⿰忄盾，《康熙字典》記《集韻》有「測倫切」，爲初母字。《七音略》列字爲「⿰巾盾」字誤，此三圖皆從《集韻》。《指掌圖》從《廣韻》，空位亦無誤。

9 平三疑 ○ 《廣韻》諄文兩韻疑母均無字；《集韻》文三合疑母位有字「輑，虞云切」；《韻鏡》《七音略》空位；《四聲等子》《切韻指南》均列「輑」字，此二圖從《集韻》。《指掌圖》從《廣韻》，空位亦無誤。

10 平三知 屯 《廣韻》陟綸切，《集韻》、真福寺本、毛氏《增韻》株倫切，知諄平合三臻；《韻鏡》《七音略》《四聲等子》知諄位列字爲「迍」；《切韻指南》臻攝外三合口呼通門，列字爲「屯」；《起數訣》開音濁第三十六圖列字爲「屯」。「屯」爲《廣韻》諄韻知母位小韻首字，下收有「迍」字。列字以「屯」爲佳，《指掌圖》是。

11 平三幫 彬 《廣韻》府巾切，《集韻》、真福寺本悲巾切，幫真平開重紐三等臻；《韻鏡》外轉第十七開，列字爲「彬」，列於開口圖；《七音略》外轉第十七重中重，列字爲「份」，列於開口圖；《四聲等子》臻攝外三輕重俱等韻開口呼，列字爲「斌」；《切韻指南》臻攝外三開口呼通門第八圖，列字爲「彬」，均在開口圖内。《指掌圖》脣音多列於合口，故列於本圖無誤。

「彬」爲《廣韻》真韻幫母位小韻首字。下收有「斌」「份」二字，列字以「彬」爲佳，《指掌圖》是。

12 平三滂　砏　《廣韻》普巾切，《集韻》披巾切，滂真平開重紐三等臻；《韻鏡》空位；《七音略》外轉第十七重中重，列字爲「砏」；《四聲等子》臻攝外三輕重俱等韻開口呼、《切韻指南》臻攝外三開口呼、《起數訣》閉音清第三十三圖，均列「砏」。《廣韻》「鄰，普巾反」，下有「砏」字，《集韻》有「砏，披巾切」。《韻鏡》漏收，當補。《指掌圖》是。

13 平三審　○　《廣韻》諄文書母位均無字；《集韻》諄韻書母位有字「媋，式勻切」；《韻鏡》外轉第十八合，列字爲「媋」；《七音略》外轉第十八輕中輕，列字爲「媋」；《四聲等子》《切韻指南》空位。《指掌圖》從《廣韻》，空位亦無誤。

14 平三曉　薰　《廣韻》、《集韻》、真福寺本、毛氏《增韻》許云切，曉文平合重紐三等臻；《韻鏡》《七音略》曉文位列字爲「熏」；《四聲等子》《切韻指南》均列字爲「薰」。「薰」爲《廣韻》文韻曉母位小韻首字，下收有「熏」字。列字以「薰」爲佳，《指掌圖》是。

15 平三來　淪　《廣韻》力迍切，《集韻》龍春切，來諄平合三臻；《韻鏡》《七音略》《四聲等子》《起數訣》來諄位列字爲「倫」；《切韻指南》臻攝外三合口呼通門，列字爲「淪」。「淪」爲《廣韻》諄韻來母位小韻首字，下收有「倫」字。列字以「淪」爲佳，《指掌圖》是。

16 平四見　均　《廣韻》居勻切，《集韻》規倫切，見諄平合重紐四等臻；《韻鏡》外轉第十八合，列字爲『均』；《七音略》《起數訣》見諄位列字爲『鈞』；《四聲等子》《切韻指南》列字爲『均』。『均』爲《廣韻》諄韻見母位小韻首字，下收有『鈞』字。列字以『均』爲佳，《指掌圖》是。

17 平四群 ◯ 《廣韻》諄韻群母位無字；《集韻》諄合四群母位有字『鵍，巨旬切』；《韻鏡》外轉第十八合，列字爲『鵍』；《七音略》《四聲等子》空位；《切韻指南》臻攝外三合口呼通門，列字爲『鵍』。《指掌圖》從《廣韻》，空位亦無誤。

18 平四從 鷷 《廣韻》昨旬切，《集韻》從倫切，從諄平合三臻；《韻鏡》外轉第十八合，列字爲『鷷』；《七音略》外轉第十八合重中輕，列字爲『脣』，爲船母位小韻首字；《四聲等子》、《切韻指南》、《起數訣》列字均爲『鷷』。『鷷』爲《廣韻》諄韻從母位小韻首字，《七音略》將船母字列入從母，誤。《指掌圖》是。

19 平四影 氳 嚴氏本、《墨海金壺》本同，《等韻五種》本列字爲『熅』。氳，《廣韻》《集韻》於云切，影文平合三臻；《韻鏡》外轉第二十合，列字爲『熅』，列於三等，四等空位；《七音略》外轉第二十輕中輕，列字爲『熅』，列於三等，四等空位；《四聲等子》在三等位列『熅』，四等空位；《切韻指南》臻攝外三合口呼通門，四等列字爲『蝹』。『熅』爲《廣韻》文韻影母三等位小韻首字，下收有『氳』字，二字均不當列入四等。《指掌圖》在三等位列『贇』，爲諄韻影母三等字，便將文韻三等影母字列於四等。諸本皆誤，當校刪。

20 上一見 衮 嚴氏本、《墨海金壺》本同，《等韻五種》本列字爲『緄』。衮，《廣韻》、《集韻》、真福寺本、毛氏《增韻》古本切，見混上合一臻；《韻鏡》《七音略》見混位列字爲「䯤」；《四聲等子》《切韻指南》見混位列字均爲「鯀」。「䯤」爲《廣韻》混韻見母位小韻首字，下收有「衮」字。《等韻五種》本列「䯤」字爲佳，宋本亦無誤。

21 上一透 畽 嚴氏本、《等韻五種》本同，《墨海金壺》本空位。畽，《廣韻》他衮切，《集韻》吐衮切，透混上合一臻；《韻鏡》外轉第十八合，列字爲「畽」；《七音略》外轉第十八輕中輕，列字爲「畽」；《四聲等子》《切韻指南》列字均爲「畽」。「畽」爲《廣韻》混韻透母位小韻首字，《墨海金壺》本漏收，宋本是。

22 上一定 囤 嚴氏本、《等韻五種》本同，《墨海金壺》本空位。囤，《廣韻》徒損切，《集韻》、真福寺本、毛氏《增韻》杜本切，定混上合一臻；《韻鏡》《七音略》《四聲等子》《切韻指南》《起數訣》定混位均列「囤」字。「囤」爲《廣韻》混韻定母位小韻首字，《墨海金壺》本漏收，宋本是。

23 上一泥 焫 嚴氏本、《等韻五種》本同，《墨海金壺》本空位。焫，《廣韻》乃本切，《集韻》、真福寺本、毛氏《增韻》弩本切，泥混上合一臻；《韻鏡》《七音略》《四聲等子》《切韻指南》《起數訣》列字均爲「焫」。「焫」爲《廣韻》混韻泥母位小韻首字，《墨海金壺》本漏收，宋本是。

24 上一滂 栩 《廣韻》《集韻》普本切，滂混上合一臻；《韻鏡》外轉第十八合，列字爲「𤞞」；《七音略》《四聲等子》《切韻指南》《起數訣》均爲「栩」。《韻鏡》列字爲形訛，《指掌圖》是。

25 上三見　攟　《集韻》、真福寺本、毛氏《增韻》舉藴切，見隱上合三臻；《韻鏡》外轉第二十合，列字爲『攟』；《七音略》外轉第二十輕中輕，列字爲『攟』；《四聲等子》臻攝外三輕重俱等韻合口呼，列字爲『攟』；《切韻指南》臻攝外三合口呼通門，列字爲『㔻』。《廣韻》隱準吻均無見母字，《指掌圖》從《集韻》，亦無誤。

26 上三群　菌　嚴氏本、《墨海金壺》本同，《等韻五種》本列字爲『窘』。菌，《廣韻》渠殞切，《集韻》、真福寺本、毛氏《增韻》巨隕切，群軫上合三臻；《韻鏡》《七音略》《四聲等子》《切韻指南》《起數訣》列字均爲『窘』字。該字爲『軫』韻字，《指掌圖》列目爲準，當爲列目誤，列字無誤。『窘』爲《廣韻》軫韻群母字小韻首字，下收有『菌』字。《等韻五種》本列『窘』字爲佳，宋本亦無誤。

27 上三澄　○　《廣韻》準韻無澄母字；《集韻》準韻澄母位有『盹，柱允切』；《韻鏡》空位；《七音略》外轉第十八輕中輕，列字爲『盹』；《四聲等子》《切韻指南》列字均爲『盹』。三圖皆從《集韻》，《指掌圖》從《廣韻》，空位亦無誤。

28 上三明　愍　《廣韻》眉殞切，《集韻》、真福寺本、毛氏《增韻》美殞切，明軫上開三臻；《韻鏡》外轉第十七開，列於開口圖；《七音略》外轉第十七重中重，列於開口圖；《四聲等子》臻攝外三輕重俱等韻開口呼、《切韻指南》臻攝外三開口呼，均爲開口圖。該字爲軫韻字，《指掌圖》列目爲準，當爲列目誤，列字無誤。

29 上三牀 ○ 嚴氏本、《墨海金壺》本同，《等韻五種》本列字爲「盾」。盾，《廣韻》食尹切，《集韻》豎尹切，船準上合三臻；《韻鏡》外轉第十八合，列於船母位，禪母空位；《七音略》外轉第十八輕中輕，列於船母位，禪母空位；《四聲等子》船母位列字爲「盾」，禪母位列字爲「楯」；《切韻指南》船母位列字爲「盾」，禪母位空位。「盾」爲《廣韻》準韻船母位小韻首字，《等韻五種》本列「盾」字是，宋本誤，當補。

30 上三禪 盾 嚴氏本、《墨海金壺》本同，《等韻五種》本空位。如上，《廣韻》準韻無禪母字，《四聲等子》於禪母處列「楯」，《廣韻》食尹切，上準船母，亦誤。《等韻五種》本空位是，宋本誤，當刪。

31 上三影 蘊 嚴氏本、《墨海金壺》本同，《等韻五種》本列字爲「惲」。蘊，《廣韻》於粉切，《集韻》、真福寺本、毛氏《增韻》委隕切，影吻上合三等臻；《韻鏡》《四聲等子》《切韻指南》《起數訣》影吻位列字均爲「惲」；《七音略》空位。「惲」爲《廣韻》吻韻影母位小韻首字，下收有「蘊」字。《等韻五種》本列「惲」字爲佳，宋本亦無誤。

32 上三喻 殞 《廣韻》于敏切，《集韻》、真福寺本、毛氏《增韻》羽敏切，云軫上合三臻；《韻鏡》外轉第十七開，列字爲「隕」，列於開口圖；《七音略》外轉第十八輕中輕，列字爲「隕」，列於合口圖；《四聲等子》臻攝外三輕重俱等韻合口呼，列字爲「枟」；《切韻指南》臻攝外三合口呼通門，列字爲「殞」。「殞」爲《廣韻》軫韻云母位小韻首字，下收有「隕」字。列字以

「殞」字爲佳，《指掌圖》是。

33　上三日　蝡　《廣韻》而允切，《集韻》乳尹切，真福寺本、毛氏《增韻》而尹切，日準上合三臻；《韻鏡》外轉第十八合，列字爲「毴」；《七音略》空位；《四聲等子》《切韻指南》《起數訣》列字均爲「蝡」。「毴」「蝡」均爲《廣韻》準韻日母小韻首字，此爲《廣韻》重出，清陳澧《切韻考》認爲「毴」係後人增加小韻，當刪。《七音略》空位誤，《指掌圖》是。

34　上四溪　螼　《廣韻》《集韻》丘尹切，溪準上合三等臻；《韻鏡》《七音略》空位；《四聲等子》《切韻指南》列字爲均爲「螼」。「螼」爲《廣韻》準韻溪母位小韻首字，《韻鏡》《七音略》空位誤，《指掌圖》是。

35　上四並　牝　《廣韻》毗忍切，並軫上開重紐四等臻；《韻鏡》外轉第十七開，列字爲「牝」列於開口圖；《七音略》外轉第十七重中重，列字爲「牝」，列於開口圖；《四聲等子》臻攝外三輕重俱等韻開口呼、《切韻指南》臻攝外三開口呼通門，均爲開口圖，列字爲「牝」。《指掌圖》脣音列於合口位，無誤。

36　上四明　泯　《廣韻》武盡切，明軫上合重紐四等臻；《集韻》、真福寺本、毛氏《增韻》弭盡切，明準上合重紐四等；《韻鏡》外轉第十七開，列於開口圖；《七音略》外轉第十七重中重，列字爲「泯」，列於開口圖；《四聲等子》臻攝外三輕重俱等韻開口呼、《切韻指南》臻攝外三開口呼通門，列字均爲「泯」，均列於開口圖。《指掌圖》脣音列於合口位，無誤。

37 上四清 ◯《廣韻》準韻清母無字；《集韻》準韻清母有『蹲，趣允切』；《韻鏡》空位；《七音略》外轉第十八輕中輕，列字爲『蹲』；《四聲等子》《切韻指南》列字均爲『蹲』。此三圖從《集韻》，《指掌圖》從《廣韻》，空位亦無誤。

38 上四心 筍 嚴氏本、《墨海金壺》本同，《等韻五種》本空位。筍，《廣韻》思尹切，《集韻》須倫切，心準上合三等臻；《韻鏡》《七音略》《四聲等子》《切韻指南》列字均爲『筍』；《起數訣》心準位列字爲『笋』。『筍』爲《廣韻》準韻心母位小韻首字，『笋』爲其俗體字。《等韻五種》本空位誤，當補『筍』字，宋本是。

39 上四斜 ◯《廣韻》準韻邪母無字；《集韻》準韻邪母有『楯，辭允切』；《韻鏡》外轉第十八合，列字爲『楯』；《七音略》空位；《四聲等子》臻攝外三輕重俱等韻合口呼，列字爲『殉』，《廣韻》辭閏切，去稕邪母；《切韻指南》臻攝外三合口呼通門，列字爲『楯』。《韻鏡》《切韻指南》從《集韻》，《指掌圖》從《廣韻》，亦無誤。

40 上四日 ◯《廣韻》準韻日母無字；《集韻》日母有『蝡，乳尹切』，當列於三等位。《韻鏡》外轉第十八合，列字爲『蝡』；《七音略》空位；《四聲等子》臻攝外三輕重俱等韻合口呼、《切韻指南》臻攝外三合口呼通門，均於三等位列『蝡』。《四聲等子》《切韻指南》從《集韻》，《韻鏡》從《集韻》但誤列於四等；《指掌圖》從《廣韻》空位，是。

41 去一透 ◯《廣韻》慁韻無透母字；《集韻》透母位有字『黗，暾頓切』；《韻鏡》外轉第十八合，列字爲『⿰里享』，爲『䵪』字之誤；《七音略》空位；《四聲等子》《切韻指南》列字均爲『䵪』。各圖皆從《集韻》，《指掌圖》從《廣韻》，空位亦無誤。

42 去一精　捘　嚴氏本、《墨海金壺》本同，《等韻五種》本列字爲『焌』。捘，《廣韻》、《集韻》、毛氏《增韻》子寸切，精慁去合一臻；《韻鏡》《七音略》《四聲等子》《切韻指南》《起數訣》列字均爲『焌』。『焌』爲《廣韻》慁韻精母位小韻首字，下收有『捘』字。《等韻五種》本列『焌』字爲佳，宋本亦無誤。

43 去一曉　惛　嚴氏本、《墨海金壺》本同，《等韻五種》本列字爲『惛』。捪，《廣韻》呼悶切，《集韻》虎本切，毛氏《增韻》呼困切，曉慁去合一臻；《韻鏡》外轉第十八合，列字爲『惛』；《七音略》外轉第十八輕中輕，列字爲『惛』；《四聲等子》臻攝外三輕重俱等韻合口呼，列字爲『䵣』，《集韻》虎本切，音惛；《切韻指南》臻攝外三合口呼通門，列字爲『惛』；《起數訣》曉慁位列字爲『㷗』。『惛』爲《廣韻》慁韻曉母位小韻首字，『惛』爲其異體字。《等韻五種》本列『惛』爲佳，宋本亦無誤。

44 去三溪　○　《廣韻》稕問兩韻均無溪母字；《集韻》稕韻溪母位有『菣，去刃切』，在《廣韻》中收在震韻；《韻鏡》《七音略》均空位；《四聲等子》臻攝外三輕重俱等韻合口呼，列字爲『䞨』，《集韻》丘運切，溪母問韻；《切韻指南》臻攝外三合口呼通門，列字爲『壼』，《集韻》困閏切。此二圖列字從《集韻》。《指掌圖》從《廣韻》，空位亦無誤。

45 去三知 ◯ 《廣韻》稕問兩韻均無知母字；《集韻》稕韻知母位有『鎮，陟刃切』，在《廣韻》中收在震韻；《韻鏡》《七音略》《四聲等子》均空位；《切韻指南》臻攝外三合口呼通門，列字爲『鈍』，《廣韻》徒渾切，平魂定母，《集韻》屯閏切，去稕知母。《切韻指南》從《集韻》，《指掌圖》從《廣韻》，空位亦無誤。

46 去三敷 忿 《廣韻》敷粉切，《集韻》芳問切，敷問去合三臻；《韻鏡》空位；《七音略》《四聲等子》《切韻指南》《起數訣》敷問位列字爲『湓』。『湓』爲《廣韻》敷母位小韻首字，下收有『忿』。列字以『湓』爲佳，《指掌圖》亦無誤。

47 去三牀 ◯ 嚴氏本、《墨海金壺》本同，《等韻五種》本列字爲『順』。順，《廣韻》食閏切，《集韻》、毛氏《增韻》殊閏切，船稕去合三臻；《韻鏡》外轉第十八合，牀位無列字，順字在禪位；《七音略》外轉第十八輕中輕，牀位無列字，順字在禪位；《四聲等子》《切韻指南》均列於船母。《等韻五種》本牀母位列『順』字是，宋本空位誤，當補。

48 去三禪 順 嚴氏本、《墨海金壺》本同，《等韻五種》本空位。『順』爲船母字，宋本等將其列於禪母位，船禪相混。宋本誤，當校刪。

49 去三來 ◯ 《廣韻》稕問兩韻均無來母字；《集韻》稕韻來母位有『淪，倫浚切』；《韻鏡》《七音略》空位；《四聲等子》臻攝外三輕重俱等韻合口呼，列字爲『淪』；《切韻指南》臻攝外三合口呼通門，列字爲『淪』。此二圖從《集韻》。《指掌圖》從《廣韻》，空位亦無誤。

50 去四見 ○ 《廣韻》稕韻無見母字，但震韻見母位有『昀，九峻切』，是合口字卻列入了開口。《韻鏡》外轉第十八合，列字爲『昀』；《七音略》外轉第十八輕中輕，列字爲『昀』；《四聲等子》《切韻指南》列字均爲『昀』。《指掌圖》此位當補『昀』。

51 去四滂 闅 嚴氏本、《墨海金壺》本同，《等韻五種》本列字爲『汖』。闅，《廣韻》撫刃切，《集韻》匹刃切，滂震去合重紐四等臻；《韻鏡》外轉第十七開，列字爲『汖』；《七音略》外轉第十七重中重，列字爲『砅』；《四聲等子》臻攝外三輕重俱等韻開口呼，列字爲『嬪』；《切韻指南》《起數訣》滂震位列字爲『汖』。『汖』爲《廣韻》震韻滂母位小韻首字，下收有『闅』字。《等韻五種》本列『汖』字爲佳，宋本亦無誤。

52 去四並 ○ 《廣韻》《集韻》稕震韻無並母字；《韻鏡》空位；《七音略》外轉第十七重中重，列字爲『遉』，該字不可考；《四聲等子》臻攝外三輕重俱等韻開口呼，列字爲『臏』，《廣韻》毗忍切，上軫並母；《切韻指南》空位。《指掌圖》空位是。

53 去四明 ○ 《廣韻》震韻無並母字；《集韻》稕韻有『愍，心覲切』；《韻鏡》空位；《七音略》外轉第十七重中重，列字爲『愍』；《四聲等子》《切韻指南》空位。《指掌圖》從《廣韻》，空位是。

54 去四精 儁 《廣韻》子峻切，《集韻》、毛氏《增韻》祖俊切，精稕去合三臻；《韻鏡》外轉第十八合，列字爲『雋』；《七音略》外轉第十八輕中輕，列字爲『俊』；《四聲等子》臻攝外三輕重俱等韻合口呼，列字爲『俊』；《切韻指南》臻攝外三合口呼通門，列字爲『儁』。『儁』爲《廣韻》稕韻精母位小韻首字，下收有『俊』字。列字以『儁』爲佳，《指掌圖》亦無誤。

55　去四心　峻　《廣韻》私閏切，《集韻》、毛氏《增韻》須閏切，心稕去合三臻；《韻鏡》《七音略》《四聲等子》列字爲『峻』；《切韻指南》臻攝外三合口呼通門，列字爲『峻』；《起數訣》心四稕開音清第三十五圖。《廣韻》稕韻心母位小韻首字爲『陖』，下收有『峻』字，注上同。《切韻指南》列字爲『陖』字之誤。列字以『陖』爲佳，《指掌圖》亦無誤。

56　去四斜　殉　《廣韻》辭閏切，《集韻》、毛氏《增韻》徐閏切，邪稕去合三臻；《韻鏡》外轉第十八合，列字爲『殉』；《七音略》外轉第十八輕中輕，列字爲『徇』；《四聲等子》臻攝外三輕重俱等韻合口呼，列字爲『郇』；《切韻指南》臻攝外三合口呼通門，列字爲『殉』。『殉』爲《廣韻》稕韻邪母位小韻首字，下收有『徇』字，列字以『殉』爲佳，《指掌圖》是。

57　入一疑　兀　《廣韻》、《集韻》、真福寺本、毛氏《增韻》五忽切，疑没入合一臻；《韻鏡》外轉第十八合，列字爲『兀』；《七音略》空位；《四聲等子》列字爲『兀』；《切韻指南》疑没位列字爲『䯙』，《集韻》魚開切，音皚，不合於此位；《篇海》敳紇切，《切韻指南》可能據此音補。『兀』爲《廣韻》没韻疑母位小韻首字，《七音略》漏收，《指掌圖》是。

58　入一透　宊　《廣韻》《集韻》他骨切，透没入合一臻；《韻鏡》外轉第十八合，列字爲『宎』，當爲宊字誤；《七音略》空位；《四聲等子》臻攝外三輕重俱等韻合口呼，列字爲『旻』，當爲『殳』之誤；《切韻指南》臻攝外三合口呼通門，列字爲『宊』。『宊』爲《廣韻》没韻透母位小韻首字，《指掌圖》是。

59 入一幫　○　嚴氏本、《墨海金壺》本、《等韻五種》本列字爲『不』。《廣韻》没韻無幫母字。『不』，《洪武正韻》中有『逋没切』，爲幫母没韻。《韻鏡》《七音略》《四聲等子》均空位；《切韻指南》臻攝外三合口呼通門，列字爲『不』。嚴氏本、《墨海金壺》本、《等韻五種》本列『不』字亦可，宋本依《廣韻》，空位是。

60 入一匣　麧　《廣韻》下没切，《集韻》、真福寺本、毛氏《增韻》下扢切，匣没入開一臻；《韻鏡》《切韻指南》《起數訣》匣没位列字均爲『搰』；《七音略》空位；《四聲等子》臻攝外三輕重俱等韻合口呼，列字爲『鶻』。『搰』爲《廣韻》没韻合口匣母位小韻首字，《指掌圖》列開口字誤，當改爲『搰』。

61 入一來　帗　嚴氏本同，《墨海金壺》本、《等韻五種》本列字爲『𣐡』。帗，《廣韻》《集韻》勒没切，毛氏《增韻》盧没切，來没入合一臻；《韻鏡》《七音略》列字爲『帗』；《四聲等子》《切韻指南》列字爲『𣐡』。『𣐡』當爲『帗』字形訛。《墨海金壺》本、《等韻五種》本誤，宋本是。

62 入二牀　齜　《廣韻》崱瑟切，《集韻》、真福寺本、毛氏《增韻》食櫛切，崇櫛入開三臻；《韻鏡》外轉第十七開，爲開口圖；《七音略》外轉第十七重中重，爲開口圖；《四聲等子》臻攝外三輕重俱等韻開口呼、《切韻指南》臻攝外三開口呼通門。各圖均列於開口圖。『齜』在《廣韻》中有『士叱切』一音，爲崇母質韻，亦不合於此位。《指掌圖》誤，當删。

63 入三滂 ○ 《廣韻》《集韻》稕震韻無滂母字；《韻鏡》空位；《七音略》外轉第十七重中重，列字爲『濵』，該字不可考；《四聲等子》臻攝外三輕重俱等韻開口呼，列字爲『臏』，《廣韻》毗忍切，上軫並母；《切韻指南》空位。《指掌圖》空位是。

64 入三知 㤕 《廣韻》、《集韻》、真福寺本、毛氏《增韻》竹律切，知術入合三臻；《韻鏡》外轉第十八合，列字爲『㤕』；《七音略》外轉第十八輕中輕，列字爲『⿰巾出』，當爲『㤕』字之誤；《四聲等子》《切韻指南》《起數訣》列字為『咄』。《七音略》誤，《指掌圖》是。

65 入三澄 术 《廣韻》、《集韻》、真福寺本、毛氏《增韻》直律切，澄術入合三臻；《韻鏡》外轉第十八合，列字爲『术』；《七音略》外轉第十八輕中輕，列字爲『述』；《四聲等子》《切韻指南》列字爲『术』。『术』爲《廣韻》術韻澄母位小韻首字，『述』爲船母術韻字，《七音略》誤。列字以『术』爲佳，《指掌圖》是。

66 入三照 ○ 《廣韻》術物無章母字；《集韻》術韻章母位有『⿰虫出，之出切』；《韻鏡》外轉第十八合，列字爲『欪』，《廣韻》丑律切，入術徹母；《七音略》空位；《四聲等子》臻攝外三輕重俱等韻合口呼，列字爲『⿰虫出』；《切韻指南》空位。《指掌圖》從《廣韻》，空位是。

67 入三牀 ○ 嚴氏本、《墨海金壺》本同，《等韻五種》本列字爲『術』。《廣韻》術韻船母位有『術，食聿切』；《韻鏡》外轉第十八合，列字爲『術』；《七音略》外轉第十八輕中輕，列字爲『術』；《四聲等子》《切韻指南》船母位列『術』字。『術』爲《廣韻》術韻船母位小韻首字，《等韻五種》本列『術』字是，宋本誤，當補。

68 入三禪　術　嚴氏本、《墨海金壺》本同，《等韻五種》本空位。術，《廣韻》、《集韻》、真福寺本、毛氏《增韻》食聿切，船術入合三臻；《韻鏡》《七音略》《四聲等子》《切韻指南》均列於船母位，禪母空位。《等韻五種》本空位是，宋本誤，當删。

69 入三曉　颰　《廣韻》、《集韻》、真福寺本、毛氏《增韻》許勿切，曉物入合三臻；《韻鏡》外轉第二十合，列字爲『颰』；《七音略》外轉第二十輕中輕，列字爲『颰』；《四聲等子》臻攝外三輕重俱等韻合口呼，列字爲『颰』；《切韻指南》臻攝外三合口呼通門，列字爲『颭』。『颰』爲《廣韻》物韻曉母位小韻首字，《指掌圖》是。

70 入三日　○　《廣韻》《集韻》術物兩韻均無日母字；《韻鏡》空位；《七音略》外轉第十八輕中輕，列字爲『膶』，《康熙字典》：『《集韻》呼決切，音血，瘡貌。《篇海》音橘。』均不合於此位。《四聲等子》《切韻指南》均空位。《七音略》誤，《指掌圖》空位是。

71 入四群　○　《廣韻》術韻無群母字；《集韻》群母位有『屈，其述切』；《韻鏡》外轉第十八合，列字爲『趫』，《廣韻》居聿切、《集韻》訣律切，均爲見母字；《七音略》《四聲等子》空位；《切韻指南》臻攝外三開口呼通門，列字爲『繘』：《廣韻》餘律切，入術以母，居聿切，入術見母。《指掌圖》從《廣韻》，空位是。

72 入四明　蜜　《廣韻》彌畢切，《集韻》、真福寺本、毛氏《增韻》覓畢切，明質入開重紐四等臻；《韻鏡》外轉第十七開，列字爲『蜜』；《七音略》《起數訣》明質位列字爲『密』；《四聲等子》臻攝外三輕重俱等韻開口呼，列字爲『密』；《切韻指南》臻攝外三開口呼通門，列字爲『蜜』。各圖均列於開口。『蜜』爲《廣韻》質韻明母位小韻首字，爲重紐四等。『密』爲重紐三等小韻首字，當列於三等位。《指掌圖》是。

73 入四端 ○ 《廣韻》《集韻》術韻無端母字；《韻鏡》空位；《七音略》外轉第十八輕中輕，列字爲『崛』；《廣韻》衢物切，入物群母，魚勿切，入物疑母。均不合於此位。《四聲等子》、《切韻指南》均空位。《指掌圖》空位是。

74 入四透 ○ 《廣韻》《集韻》術韻無透母字；《韻鏡》空位；《七音略》外轉第十八輕中輕，列字爲『茁』；《廣韻》側劣切，入薛莊母，又鄒滑切，入黠莊母。均不合於此位。《四聲等子》《切韻指南》均空位。《指掌圖》空位是。

75 入四心 卹 《廣韻》辛聿切，《集韻》、真福寺本、毛氏《增韻》雪律切，心術入合三臻；《韻鏡》外轉第十八合，列字爲『恤』；《七音略》外轉第十八輕中輕，列字爲『恤』；《四聲等子》《切韻指南》列字爲『卹』。『卹』爲《廣韻》術韻心母位小韻首字，下收有『恤』字。列字以『卹』爲佳，《指掌圖》是。

76 入四曉 珬 《廣韻》許聿切，《集韻》、毛氏《增韻》休必切，曉術入合三臻；《韻鏡》《七音略》列字爲『獝』；《四聲等子》臻攝外三輕重俱等韻合口呼，列字爲『獝』；《切韻指南》臻攝外三合口呼通門，列字爲『橘』。『獝』《廣韻》況必切，爲重紐三等字，『𤜶』爲重紐四等字。此位當列『𤜶』，《指掌圖》是。

77 入四喻　聿　《廣韻》餘律切，《集韻》、真福寺本、毛氏《增韻》允律切，以術入合三臻；《韻鏡》外轉第十八合，列字爲『聿』；《七音略》外轉第十八輕中輕，列字爲『驈』；《四聲等子》《切韻指南》列字爲『聿』。『聿』爲《廣韻》術韻以母位小韻首字，下收有『驈』字。列字以『聿』爲佳，《指掌圖》是。

【釋】

一、與《廣韻》之對比

平聲

《指掌圖》列目爲一等䰟、三等䰟諄文、四等文諄真。

一等：《指掌圖》列目爲一等䰟，共19字。《廣韻》魂韻共有19個小韻，全部收録。其中非小韻首字2個：影母位『温』、曉母位『昬』，首字分別爲『昷』、『昏』。

三等：《指掌圖》列目爲䰟諄文，共23字。實際對應《廣韻》的真、諄、文，真韻字6個，諄3

個，文9個。《廣韻》諄合三共10個小韻，全部收録。《廣韻》真合三共3個小韻，脣音3個全部收録。《廣韻》文合三共9個小韻，《指掌圖》取7個。

四等：《指掌圖》列目爲文諄真，共12字。其中諄7個，真4個，文1個。《廣韻》諄合四等共7個小韻，全部收録。《廣韻》真無合口，脣音4個，全部收録。《廣韻》文無合四，有一、三等字列入四等，且爲非小韻首字：影母位「氲」，首字爲「煴」。

上聲

《指掌圖》列目爲一等混，三等隱準吻，四準。

一等：《指掌圖》列目爲混，共17字。《廣韻》混合一共17個小韻，全部收録。其中非小韻首字一個：見母位「衮」，首字爲「鯀」。

三等：《指掌圖》列目爲隱準吻，共18字。「吻」對應《廣韻》的「吻」。與《廣韻》對比列目與內容不合，無隱韻字，準7個，吻7個，軫3個。見母位列「攟」，《廣韻》中未收此字，準韻見母三等有「麇」，本爲三等字，未取反而列於四等，三、四等混。

《廣韻》準合三共8個小韻，《指掌圖》取7個。其中「盾，食尹切」本是船母字，列於禪位。未取小韻列入四等，如上。

《廣韻》軫合三共2個小韻，脣音1個，全部收録，非小韻首字一個：群母位「菌」，首字爲『窘』。

《廣韻》吻合三共有8個小韻，《指掌圖》收録7個。非小韻首字一個：影母位『蘊』，首字爲『惲』。

四等：《指掌圖》列目爲準，共5字。標目爲準，對應《廣韻》則爲準軫。《廣韻》準、軫各有2個小韻，全部收録。軫合四的兩個小韻『泯』『牝』爲重紐四等字。另有一、三等字列入。

去聲

《指掌圖》列目爲一等慍慁、三等稕惞問、四等稕。

一等：《指掌圖》列目爲慍慁，對應《廣韻》中的慁韻字，共18字。《廣韻》慁合共18個小韻，全部收録。其中非小韻首字2個：精母位『捘』、來母字『論』，首字分别爲『焌』『淪』。

三等：《指掌圖》列目爲稕惞問，共13字。對應《廣韻》稕問韻字，其中稕4字，問9字。《廣韻》稕合三共4個小韻，《指掌圖》全部收録。《廣韻》『順，食閏切』，本爲船母字，卻列於禪位，船禪相混。

《廣韻》問合三共9個小韻，《指掌圖》全部收録。非小韻首字1個：敷母位『忿』，首字爲『湓』。

四等：《指掌圖》列目爲稕，共5字。對應《廣韻》震、稕，其中震2字，稕3字。《廣韻》稕合四共3個小韻，《指掌圖》全部收録。非小韻首字1個：心母位「峻」，首字爲「陖」。見母位當有「昀，九峻切」，卻列入開口。《廣韻》震合口無字，脣音2個，全部收録。非小韻首字1個：滂母位「闅」，首字爲「朱」。

入聲

《指掌圖》列目爲一等没、二等質、三等質迄物術、四等質術。

一等：《指掌圖》列目爲没，共18字。《廣韻》没合一共19個小韻，《指掌圖》收録18個。未取小韻爲重出小韻「麧，下没切」與「搰，户骨切」同爲匣母字，《韻鏡》《七音略》皆以「麧」列於開口，「搰」入合口，本圖亦當列入開口。

二等：《指掌圖》列質韻字，共3字，此三字在《廣韻》分屬術、質兩韻。「黜」爲術韻，「黜、率」屬質韻。「黜」與開口重出，當爲後增加字。

三等：《指掌圖》列目爲質迄物術，共20字，對應《廣韻》的質、物、術三韻。其中質3個、物10個、術7個。《廣韻》質三合共3個小韻，《指掌圖》全部收録。《廣韻》物三合共11個小韻，《指掌圖》全部收録。《廣韻》術合三共8個小韻，《指掌圖》收録5個。

四等：《指掌圖》列目爲質術，共11字，其中術7字、質4字。《廣韻》術合四共7個小韻，《指掌圖》全部收録。《廣韻》質四共4個小韻，全部收録，均爲脣音重紐四等字。

二、與《集韻》之對比

上一《指掌圖》曉母位列「緫」，《集韻》曉母處列「惛虎本切」，未收此字，此處合於《廣韻》。

上三見母位列「攟」，《廣韻》中未收此字，《集韻》收録，此據《集韻》。

上三「盾」，《廣韻》中是船母字，在《集韻》爲禪母位，合於《集韻》。

去三《集韻》「順，殊閏切」，《廣韻》爲船母字，《集韻》列於禪位，合《集韻》。

三、與《韻鏡》之對比

本圖對應《韻鏡》外轉第二十合、外轉第十八合、外轉第十七開。

平聲四等　《指掌圖》影母位列「氳」，《韻鏡》列於三等。

上聲三等　《指掌圖》禪母位列「盾」，《韻鏡》列於船位，船禪相混。喻母位列「殞」，《韻鏡》中，隱準喻三位都空位，吻有喻三母字，這樣此圖該等對應《韻鏡》準吻軫三韻。明母位列「湣」，在《韻鏡》中爲軫三開口脣音。日母位《指掌圖》列「蝡」，《韻鏡》列於四等。

上聲四等　《指掌圖》標目爲準，《韻鏡》爲軫三等開口脣音。

去聲一等　《指掌圖》標目爲慍慁，《韻鏡》中爲慁。

去聲四等　《指掌圖》標目爲稕，《韻鏡》中爲稕震。

入聲二等　《指掌圖》標目爲質，在《韻鏡》中爲没櫛韻字，無質韻字。崇母位『齜』《韻鏡》列於開口圖。

入聲三等　《指掌圖》標目爲質物迄術，《韻鏡》中爲質物術，無迄。

《指掌圖》與《韻鏡》空位對比，《指掌圖》有字而《韻鏡》無字的3個，《指掌圖》無字而《韻鏡》有字的7個：

平三：（滂）砏／〇；去三：（敷）忿／〇；上四：（溪）緊／〇；平一：（書）〇／婠；平四：（群）〇／懃；上四：（邪）〇／楯；（日）〇／蝡；去一：（透）〇／䵯；三入：（章）〇／㤧；四入：（群）〇／趫。

《指掌圖》與《韻鏡》列字差異的19個：

平一：（曉）昬／昏；（滂）濆／歕；平三：（曉）薰／熏；（知）屯／迍；平四：（影）氲／煴；上一：（見）衮／鯀；（滂）栩／琳；上三：（群）菌／窘；（云）殞／隕；（影）藴／惲；去一：（曉）惛／惽；（精）捘／焌；去四：（精）儁／雋；（滂）闃／枈；入一：（透）宊／宊；（匣）麧／搰；入三：（曉）颮／颮；入四：（心）卹／恤；（曉）㺜／獝。

另，本圖對應《七音略》外轉第十七重中重、外轉第十八輕中輕、外轉第二十輕中輕。

本圖以《韻鏡》外轉第十八合爲主，合併外轉第二十合。並將外轉第十七開中脣音字列入，符合《指掌圖》脣音基本列於合口的原則。

十二	見	溪	羣	疑	端	透	定	泥	知
平	歌	珂	○	莪	多	他	駝	那	
	嘉	⿰齒可	○	牙					奓
	迦	呿	伽	○					○
	○	○	○	○	○	○	○	○	
上	哿	可	○	我	嚲	袉	柁	娜	
	假	跒	○	雅					觰
	○	○	○	○					○
	○	○	○	○	○	○	○	○	
去	箇	坷	○	餓	跢	拖	大	柰	
	駕	髂	○	迓					吒
	○	○	○	○					○
	○	○	○	○	○	○	○	○	
入	葛	渴	○	嶭	怛	闥	達	捺	
	戛	⿰禾曷	○	齾					哳
	揭	朅	傑	孽					哲
	結	挈	○	齧	⿴囗至	鐵	姪	涅	

微	奉	敷	非	明	並	滂	幫	娘	澄	徹
				○	○	○	○			
				○	○	○	○	拏	茶	侘
○	○	○	○	○	○	○	○	○	○	○
				○	○	○	○			
				○	○	○	○			
				○	○	○	○	緊	○	奼
○	○	○	○	○	○	○	○	○	○	○
				○	○	○	○			
				○	○	○	○			
				○	○	○	○	䏧	蛇	詫
○	○	○	○	○	○	○	○	○	○	○
				○	○	○	○			
				○	○	○	○			
				○	○	○	○	痆	○	○
○	○	○	○	○	○	○	○	○	轍	屮
				○	○	○	○			

	精	清	從	心	斜	照	穿	牀	審
平	嗟	蹉	醝	娑	○				
						樝	义	槎	沙
						遮	車	○	奢
	嗟	脞	査	些	邪				
上	左	瑳	[illegible]	縒	○				
						鮓	○	槎	灑
						者	奲	○	捨
	姐	且	○	寫	灺				
去	佐	磋	○	些	○				
						詐	○	乍	嗄
						柘	赾	○	舍
	借	笡	褯	卸	謝				
入	拶	攃	巀	薩	○				
						札	刹	○	殺
						晢	掣	○	設
	節	切	截	屑	○				

禪	影	曉	匣	喻	來	日	韻
	阿	訶	何	○	羅		歌
○	鴉	煆	遐	○	○		麻
闍	○	○	○	○	○	若	麻
	○	○	○	耶	○		麻
	閜	吙	荷	○	[illegible]		哿
○	啞	[illegible]	下	○	藞		馬
社	○	○	○	○	○	惹	馬
	○	○	○	野	○		馬
	侉	呵	賀	○	邏		箇過
○	亞	嚇	暇	○	○		禡
射	○	○	○	○	○	○	禡
	○	○	○	夜	○		禡
	遏	喝	曷	○	剌		曷
[illegible]	軋	瞎	黠	○	○		鎋黠
舌	謁	歇	○	○	○	熱	薛月
	噎	[illegible]	纈	枻	列		屑薛

第十一圖

校：

1 平一透　他　嚴氏本、《墨海金壺》本同，《等韻五種》本列字爲『佗』。他，《廣韻》託何切，《集韻》、真福寺本、毛氏《增韻》湯何切，透歌平開一果，寫爲『佗』；《韻鏡》内轉第二十七合，列字爲『他』；《七音略》内轉二十七重中重，列字爲『他』；《四聲等子》果攝内四重多輕少韻開口呼，列字爲『他』；《切韻指南》果攝内四假攝外六狹門，列字爲『佗』；《起數訣》透歌位列字爲『佗』。『佗』爲《廣韻》歌韻透母位小韻首字，下收有『他』字，注『俗，今通用』。《等韻五種》本列『佗』字爲佳，宋本亦無誤。

2 平一定　駝　《廣韻》徒河切，《集韻》、真福寺本、毛氏《增韻》唐何切，定歌平開一果；《韻鏡》内轉第二十七合列字爲『駝』；《七音略》内轉二十七重中重，列字爲『駞』；《四聲等子》果攝内四重多輕少韻開口呼，列字爲『陀』；《切韻指南》果攝内四假攝外六狹門，列字爲『駝』。『駝』爲《廣韻》歌韻定母小韻首字，下收有『駞』，注『俗』。列字以『駝』爲佳，《指掌圖》是。

3 平一精　嗟　嚴氏本、《墨海金壺》本同，《等韻五種》本列字爲『⿰豸左』。嗟，《廣韻》子邪切，精麻平開三假；《集韻》遭哥切，精歌平開一果；《韻鏡》内轉第二十九開，列於精麻韻四等位；《七音略》外轉二十九重中重，列於精麻韻四等位；《四聲等子》果攝内四重多輕少韻開口呼，列字爲『⿱髟⿱㸚左』；《切韻指南》果攝内四假攝外六狹門，列字爲『⿰豸左』，《玉篇》作可切，音左，不合於此位。『嗟』列於此位，與《集韻》相合。當以《廣韻》爲依據，不當列於此位。

4 平一曉　訶　《廣韻》、《集韻》、真福寺本、毛氏《增韻》虎何切，曉歌平開一果；《韻鏡》内轉第二十七合，列字爲『訶』；《七音略》、《四聲等子》曉歌位列字爲『呵』；《切韻指南》果攝内四假攝外六狹門列字爲『訶』。『訶』爲《廣韻》歌韻曉母位小韻首字，下收『呵』字，注上同。列字以『訶』爲佳，《指掌圖》是。

5 平二澄　茶　嚴氏本、《墨海金壺》本同，《等韻五種》本列字爲『荼』。茶，《廣韻》宅加切，《集韻》直加切，真福寺本、毛氏《增韻》除加切，澄麻平開二假；《韻鏡》内轉第二十九開，列字爲『茶』；《七音略》外轉二十九重中重，列字爲『茶』；《四聲等子》列字爲『茶』；《切韻指南》列字爲『侘』。《廣韻》麻韻澄母位小韻首字爲『荼』，下收有『茶』『荼』二字。《等韻五種》本列『荼』字爲佳，宋本亦無誤。

6 平二穿　义　嚴氏本、《等韻五種》本同，《墨海金壺》本列字爲『叉』。該字當爲『叉』字。叉，

《廣韻》初牙切，《集韻》、真福寺本、毛氏《增韻》初加切，初麻平開二假；《韻鏡》內轉第二十九開，列字爲「叉」；《七音略》外轉二十九重中重，列字爲「叉」；《四聲等子》果攝內四重多輕少韻開口呼，列字爲「叉」；《切韻指南》果攝內四假攝外六狹門，列字爲「叉」。「叉」爲《廣韻》麻韻初母位小韻首字，作「义」各本乃形誤，《墨海金壺》本列「叉」爲佳。

7 平二牀　槎　嚴氏本、《墨海金壺》本同，《等韻五種》本列字爲「楂」。槎，《廣韻》鉏加切，《集韻》、真福寺本、毛氏《增韻》鋤加切，崇麻平開二假；《韻鏡》《七音略》《切韻指南》崇麻位列字爲「楂」；《四聲等子》空位；《起數訣》崇麻位列字爲「茬」。「楂」爲《廣韻》崇母位小韻首字，下收有「槎」字。《等韻五種》本列「楂」字爲佳，宋本亦無誤。

8 平二審　沙　嚴氏本、《墨海金壺》本同，《等韻五種》本列字爲「鯊」。沙，《廣韻》所加切，《集韻》、真福寺本、毛氏《增韻》師加切，生麻平開二假；《韻鏡》《切韻指南》生麻位列字爲「鯊」；《七音略》生麻位列字爲「砂」；《四聲等子》果攝內四重多輕少韻開口呼，列字爲「沙」。「鯊」爲《廣韻》麻韻生母位小韻首字，下收有「沙」字。《等韻五種》本列「鯊」字爲佳，宋本亦無誤。

9 平二影　鵶　《廣韻》、《集韻》、真福寺本、毛氏《增韻》於加切，影麻平開二假；《韻鏡》內轉第二十九開，列字爲「鴉」；《七音略》外轉二十九重中重，列字爲「鴉」；《四聲等子》《切韻指南》《起數訣》列字均爲「鵶」。「鵶」爲《廣韻》麻韻影母位小韻首字，下收有「鴉」字，二字爲異體字。列字以『鴉』爲佳，《指掌圖》是。

10 平二曉 煆 《廣韻》許加切，《集韻》、真福寺本、毛氏《增韻》虛加切，曉麻平開二假；《韻鏡》內轉第二十九開，列字爲『煆』；《七音略》外轉二十九重中重，列字爲『呀』；《四聲等子》《切韻指南》列字均爲『煆』；《起數訣》曉麻位列字爲『蝦』。『煆』爲《廣韻》麻韻曉母位小韻首字，下收有『呀』字。列字以『煆』字爲佳，《指掌圖》是。

11 平三見 迦 《廣韻》《集韻》居伽切，見戈平開三果；《韻鏡》《七音略》空位；《四聲等子》《切韻指南》《起數訣》列字均爲『迦』。《指掌圖》平聲三等標目爲麻，『迦』爲戈韻口字，但《指掌圖》爲合韻韻圖，『迦』列於此位亦無誤。

12 平三溪 呿 嚴氏本同，《墨海金壺》本列字爲『去』，《等韻五種》本列字爲『佉』。呿，《廣韻》、真福寺本、毛氏《增韻》丘伽切，《集韻》去伽切，溪戈平開一果；《韻鏡》內轉第二十八合，溪母位列『䯝』，並在圖面上記『䯝，去靴反』；《七音略》內轉二十八輕中輕，列字爲『䯫』；《四聲等子》《切韻指南》《起數訣》溪戈位列字爲『佉』。《七音略》列字爲『䯝』字之誤。《廣韻》戈韻溪母位收有兩個小韻首字，『䯝，去靴反』爲合口，『佉，丘伽切』爲開口。《韻鏡》《七音略》均未收開口音，合口音均列於合口圖。『佉』下收有『呿』字。《墨海金壺》本收『去』：《廣韻》丘倨切，去御溪母，又羌舉切，上語溪母，均不當列於此位，《墨海金壺》本誤。《等韻五種》本列『佉』字爲佳，宋本亦無誤。

13 平三群 伽 《廣韻》、《集韻》、真福寺本、毛氏《增韻》求伽切，群麻平開三假；《韻鏡》内轉第二十八合，群母位列『瘸』；《七音略》空位；《四聲等子》《切韻指南》群戈位列字爲『伽』。《廣韻》戈韻群母位收有兩個小韻首字：『瘸，巨靴反』爲合口，『佉，求伽切』爲開口。《韻鏡》未收開口音，《七音略》開合口均未收。本圖爲開口圖，列『伽』無誤。

14 平三牀 〇 《廣韻》《集韻》麻三等船母位均有字『蛇，食遮切』；《韻鏡》内轉第二十九開，列字爲『蛇』；《七音略》外轉二十九重中重，列字均爲『虵』，該字爲『蛇』字之誤；《四聲等子》空位；《切韻指南》果攝内四假攝外六狹門，列字爲『蛇』。依韻書和諸韻圖，此處當補『蛇』字，《指掌圖》誤。

15 平三來 〇 《廣韻》麻三等來母位無字；《集韻》麻三等開口有『儸，利遮切』；《韻鏡》内轉第二十九開，列字爲『儸』；《七音略》外轉二十九重中重，列字均爲『儸』；《四聲等子》《切韻指南》列字均爲『儸』。諸家韻圖皆從《集韻》，《指掌圖》從《廣韻》，空位亦無誤。

16 平四知 〇 嚴氏本、《墨海金壺》本同，《等韻五種》本列字爲『爹』。爹，《廣韻》陟邪切，平麻知母。《韻鏡》内轉第二十九開，在四等位列字爲『爹』；《七音略》外轉二十九重中重，四等位空位；《四聲等子》《切韻指南》四等位列字均爲『爹』。『爹』字當爲端母類隔，諸家韻圖皆列『爹』字，《指掌圖》從《廣韻》，亦當補『爹』字。

17 平四牀 〇 嚴氏本、《墨海金壺》本同，《等韻五種》本列字爲『蛇』。蛇，《廣韻》食遮切，平麻船母，當列於三等位。《韻鏡》《七音略》《切韻指南》均將『蛇』列於三等位；《四聲等子》未收『蛇』字。《等韻五種》本列『蛇』字誤，當删，宋本是。

18 平四清 脞 《集韻》醋伽切，清戈平開一果；《韻鏡》内轉第二十九開，清母位空位；《七音略》外轉第二十九重中重，列字爲『䃗』；《四聲等子》《切韻指南》清戈位列字爲『䃗』；《起數訣》清戈位列字爲『𩜁』。『脞』在《韻鏡》内轉第二十八合，果一等，在《七音略》内轉第二十八重中重，果一等。《康熙字典》：『䃗，《玉篇》《集韻》七邪切，且平聲。石也。』《七音略》《四聲等子》《切韻指南》從《集韻》。《廣韻》麻韻清母無字，《指掌圖》誤，當删。

19 平四從 査 《廣韻》《集韻》才邪切，從麻平開三假；《韻鏡》内轉第二十九開，列字爲『査』；《七音略》内轉第二十九重中重，列字爲『査』，當爲『査』字之誤；《四聲等子》從母位空位，『査』字列於心母位；《切韻指南》果攝内四假攝外六狹門，列字爲『査』。『査』爲《廣韻》麻韻從母位小韻首字，《指掌圖》是。

20 平四斜 邪 嚴氏本、《墨海金壺》本同，《等韻五種》本列字爲『衺』。邪，《廣韻》似嗟切，《集韻》、真福寺本、毛氏《增韻》徐嗟切，邪麻平開三假；《韻鏡》《七音略》《四聲等子》《切韻指南》列字均爲『邪』。『衺』爲《廣韻》麻韻邪母位小韻首字，下收有『邪』字。《等韻五種》本列『衺』字爲佳，宋本亦無誤。

21 平四曉 ○ 《廣韻》麻韻曉母四等位無字；《集韻》有『苛，黑嗟切』；《韻鏡》《七音略》《四聲等子》均空位；《切韻指南》果攝内四假攝外六狹門，列字爲『苛』，從《集韻》。《指掌圖》從《廣韻》，空位亦無誤。

22 上一溪　可　《廣韻》枯我切，《集韻》、真福寺本、毛氏《增韻》口我切，溪哿上開一果；《韻鏡》内轉第二十七合，列字爲『可』；《七音略》内轉二十七重中重，列字爲『何』；《四聲等子》《切韻指南》《起數訣》列字均爲『可』。『可』爲《廣韻》哿韻溪母位小韻首字，『何』爲匣母字，《七音略》誤，《指掌圖》是。

23 上一端　嚲　《廣韻》丁可切，《集韻》、真福寺本、毛氏《增韻》端哿上開一果；《韻鏡》内轉第二十七合，列字爲『癉』；《七音略》内轉二十七重中重，列字爲『癉』；《四聲等子》端哿位列字爲『[illegible]』；《切韻指南》果攝内四假攝外六狹門，列字爲『嚲』。『嚲』爲《廣韻》哿韻端母位小韻首字，下收有『癉』字，列字以『嚲』爲佳，《指掌圖》是。

24 上一透　袉　《廣韻》吐可切，《集韻》他可切，透哿上開一果；《韻鏡》空位；《七音略》透哿位列字爲『柁』；《四聲等子》透哿位列字爲『袉』，當爲『袉』字之誤；《切韻指南》果攝内四假攝外六狹門，列字爲『袉』。『袉』爲《廣韻》哿韻透母位小韻首字，下收有『柁』字。列字以『袉』爲佳，《指掌圖》是。

25 上一定　柁　嚴氏本、《墨海金壺》本同，《等韻五種》本列字爲『爹』。柁，《廣韻》徒可切，《集韻》、真福寺本、毛氏《增韻》待可切，定哿上開一果；《韻鏡》《七音略》《四聲等子》《切韻指南》定哿位列字均爲『爹』。『爹』爲《廣韻》哿韻定母位小韻首字，下收有『柁』字。《等韻五種》本列『爹』字爲佳，宋本亦無誤。

26 上一泥　娜　嚴氏本、《墨海金壺》本同，《等韻五種》本列字爲『橠』。娜，《廣韻》奴可切，《集韻》、真福寺本、毛氏《增韻》乃可切，泥哿上開一果；《韻鏡》《七音略》《切韻指南》泥哿列字爲『橠』；《四聲等子》《起數訣》泥哿位列字爲『娜』。『橠』爲《廣韻》哿韻泥母位小韻首字，下收有『娜』字。《等韻五種》本列『橠』字爲佳，宋本亦無誤。

27 上一精　左　《廣韻》臧可切，《集韻》子我切，真福寺本、毛氏《增韻》臧我切，精哿上開一果；《韻鏡》内轉第二十七合，列字爲『龙』；《七音略》《四聲等子》《切韻指南》《起數訣》列字均爲『左』。《韻鏡》列『龙』字，爲『左』異體。『左』爲《廣韻》哿韻精母位小韻首字，《指掌圖》是。

28 上一從　蠤　《廣韻》昨何切，從歌平開一果；《集韻》才可切，從哿上開一果；《韻鏡》空位；《七音略》内轉二十七重中重，列字爲『髽』；《四聲等子》果攝内四重多輕少韻開口呼，列字爲『坐』；《切韻指南》果攝内四假攝外六狹門，列字爲『蠤』。『蠤』在《廣韻》中爲平聲字，《廣韻》哿韻上聲無從母字。《指掌圖》列字從《集韻》，亦無誤。

29 上一來　攞　嚴氏本同，《墨海金壺》本、《等韻五種》本列字爲『欏』。攞，《廣韻》來可切，《集韻》、真福寺本、毛氏《增韻》郎可切，來哿上開一果；《韻鏡》來哿位列字爲『砢』；《七音略》

《切韻指南》來哿位列字爲『櫑』;《四聲等子》果攝内四重多輕少韻開口呼,列字爲『攂』;《起數訣》來哿位列字爲『𥗼』。《廣韻》哿韻來母位小韻首字爲『櫑』,下收有『砢』字,『攂』當爲『櫑』刊刻形異。《等韻五種》本列『櫑』字爲佳,宋本當校改爲『櫑』字。

30 上二見　假　嚴氏本、《墨海金壺》本同,《等韻五種》本列字爲『檟』。假,《廣韻》古疋切,《集韻》、真福寺本、毛氏《增韻》舉下切,見馬上開二假;《韻鏡》《四聲等子》《切韻指南》《起數訣》見馬位列字爲『賈』;《七音略》見馬位列字爲『檟』。『檟』爲《廣韻》馬韻二等見母位小韻首字,下收有『假』字。《等韻五種》本列『檟』字爲佳,宋本亦無誤。

31 上二澄　◯　《廣韻》馬二等無澄母字;《集韻》有『𨀤,宅下切』;《韻鏡》内轉第二十九開,澄母位空位;《七音略》外轉二十九重中重,列字爲『𨀤』;《四聲等子》果攝内四重多輕少韻開口呼,列字爲『唋』,《集韻》通都切,平模透母;《切韻指南》果攝内四假攝外六狹門,列字爲『𨀤』。《七音略》《四聲等子》列字當爲『𨀤』字之誤。三圖均從《集韻》。《指掌圖》從《廣韻》,亦無誤。

32 上二娘　絮　《廣韻》奴下切,爲泥母;《集韻》女下切,娘馬上開二假;《韻鏡》《七音略》《四聲等子》《切韻指南》列『絮』;《起數訣》列字爲『拏』。『絮』,《廣韻》反切上字爲泥母,《廣韻》無注。列於娘母,泥娘不分。《指掌圖》列於娘母,當從《集韻》。

33 上二穿　◯　《廣韻》馬二等無初字;《集韻》有『笅,初雅切』;《韻鏡》内轉第二十九開,初母位空位；《七音略》外轉二十九重中重，列字爲「笅」；《四聲等子》《切韻指南》列字爲「笅」，三圖均從《集韻》。《指掌圖》從《廣韻》，亦無誤。

34 上二來 藞 《唐韻》以灼切，《集韻》弋灼切，音藥。風吹水貌。又《唐韻》盧下切，義與藞同。《廣韻》來母馬二列字爲「藞」，廬下切，《集韻》呂下切，來馬上開二假；《韻鏡》内轉第二十九開，列字爲「藞」；《七音略》外轉二十九重中重，列字爲「藞」；《四聲等子》《切韻指南》《起數訣》列字均爲「藞」。諸家韻圖均列此字，當從《廣韻》當校改爲「藞」。

35 上三明 ○ 《廣韻》《集韻》馬韻明母有「乜，彌也切」；《韻鏡》《七音略》空位；《四聲等子》《切韻指南》列於明母四等位。《指掌圖》依《廣韻》，當補「乜」字。

36 上三穿 䋞 《廣韻》昌者切，《集韻》、真福寺本、毛氏《增韻》齒者切，昌馬上開三假；《韻鏡》内轉第二十九開，列字爲「䋞」；《七音略》昌三馬外轉二十九重中重，列字爲「䋞」；《四聲等子》果攝内四重多輕少韻開口呼，列字爲「撦」；《切韻指南》果攝内四假攝外六狹門，列字爲「䋞」；《起數訣》昌馬位列字爲「撦」。「䋞」爲《廣韻》馬韻昌母位小韻首字，下收有「撦」字。列字以「䋞」爲佳，《指掌圖》是。

37 上三來 ○ 《廣韻》馬韻來母三等無字；《集韻》來母位有「䟫，力者切」；《韻鏡》《七音略》空位；《四聲等子》《切韻指南》列字爲「䟫」。此二圖從《集韻》。《指掌圖》依《廣韻》，空位亦無誤。

38 上三日　惹　嚴氏本同，《墨海金壺》本空位，《等韻五種》本列字爲『若』。惹，《廣韻》人者切，《集韻》、真福寺本、毛氏《增韻》爾者切，日馬上開三假；《韻鏡》《七音略》《切韻指南》日馬位列字爲『若』；《四聲等子》日馬位列字爲『喏』。『若』爲《廣韻》馬韻日母位小韻首字，下收有『惹』『喏』二字。《等韻五種》本列『若』字爲佳，宋本亦無誤。

39 上四端　○　《廣韻》馬韻三等無端母字。《集韻》有『哆，丁寫切』。《韻鏡》、《七音略》空位；《四聲等子》、《切韻指南》馬韻端母位列字爲『哆』，此二圖依《集韻》。《指掌圖》依《廣韻》，空位亦無誤。

40 上四精　姐　嚴氏本、《等韻五種》本同，《墨海金壺》本列字爲『爼』。姐，《廣韻》茲野切，《集韻》子野切，精馬上開三假；《韻鏡》《七音略》列字爲『姐』；《四聲等子》《切韻指南》《起數訣》精馬韻均列字爲『姐』。『爼』，《廣韻》側呂切，上語莊母。不當列於此位，當爲『姐』字誤。『姐』爲《廣韻》馬韻精母位小韻首字，宋本是。

41 上四從　○　《廣韻》馬韻三等無從母字；《集韻》有『姐，慈野切』，下收有『抯』字；《韻鏡》内轉第二十九開，列字爲『抯』；《七音略》外轉二十九重中重，列字爲『抯』；《四聲等子》從母位空位，在心母位上列『姐』字，當是抄寫串位；《切韻指南》從母位列字爲『姐』。各韻母均從《集韻》，《指掌圖》從《廣韻》，空位是。

42 去一透　柂　嚴氏本、《墨海金壺》本、《等韻五種》本列字爲『拖』。柂，《集韻》待可切，上哿定母；《韻鏡》内轉第二十七合，列字爲「拖」；《七音略》内轉二十七重中重，列字爲「椸」；《四聲等子》透箇位列字爲「拖」；《切韻指南》透箇位列字爲「拖」；《起數訣》透箇位列字爲「拕」。「拖」，《廣韻》吐邏切，《集韻》他佐切，透過去開一果；「椸」爲「拖」字之誤。「拖」爲《廣韻》過韻透母位小韻首字，《集韻》收有「拕」「柂」二字。嚴氏本、《墨海金壺》本、《等韻五種》本列「拖」字是，宋本當校改爲「拖」。

43 去一定　大　嚴氏本、《墨海金壺》本同，《等韻五種》本列字爲「馱」。大，《廣韻》、《集韻》、毛氏《增韻》唐佐切，定箇去開一果；《韻鏡》《七音略》《四聲等子》《切韻指南》《起數訣》定箇位列字爲「馱」。「馱」爲《廣韻》箇韻定母位小韻首字，下收有「大」字。《等韻五種》本列「馱」字爲佳，宋本亦無誤。

44 去一影　侉　《廣韻》安賀切，影過去開一果；《集韻》收在開口箇韻；《韻鏡》空位；《七音略》内轉二十七重中重，列字爲「侉」；《四聲等子》果攝内四重多輕少韻開口呼，列字爲「侉」；《切韻指南》果攝内四假攝外六狹門，列字爲「椏」，《廣韻》於加切，平麻影母，當爲「稏」字之誤。「侉」爲《廣韻》過韻影母位小韻首字，《指掌圖》是。

45 去二穿　◯　《廣韻》禡韻初母位無字；《集韻》初母位有「瘥，楚嫁切」。《韻鏡》空位；《七音略》外轉二十九重中重，列字爲「扠」字，爲「杈」字之誤，《集韻》收於瘥小韻下；《四聲等子》《切韻指南》初禡位列字爲「瘥」。三圖皆從《集韻》。《指掌圖》從《廣韻》，空位是。

46 去三牀　○　嚴氏本、《墨海金壺》本同，《等韻五種》本列字爲『射』。射，《廣韻》、《集韻》、毛氏《增韻》神夜切，船禡去開二假；《韻鏡》内轉第二十九開，于船母位列『射』字；《七音略》外轉二十九重中重，于船母位列『射』字；《四聲等子》船禡位空位；《切韻指南》船禡位列字爲『射』。『射』爲《廣韻》禡韻船母位小韻首字，《等韻五種》本列『射』字是，宋本當校補。

47 去三禪　射　嚴氏本、《墨海金壺》本同，《等韻五種》本列字爲『坬』。『射』爲《廣韻》禡韻船母位小韻首字，當列於船母位。『坬』，《廣韻》徒古切、《集韻》動五切，音杜；又《廣韻》口含切，《集韻》枯含切，音龕。又《集韻》徒故切，音度。各音切均不合於此位。宋本是。

48 去三日　○　嚴氏本、《墨海金壺》本同，《等韻五種》本列字爲『偌』。《廣韻》禡韻日母位無字；《集韻》日母位有『偌，人夜切』；《韻鏡》内轉第二十九開，列字爲『偌』；《七音略》空位；《四聲等子》《切韻指南》禡韻日母位列字均爲『偌』。《指掌圖》宋本依《廣韻》，空位亦無誤。

49 去四溪　○　《廣韻》《集韻》禡韻溪母位無字；《韻鏡》内轉第二十九開，列字爲『㰤』；《七音略》空位；《四聲等子》《切韻指南》禡韻溪母位列字均爲『㰤』。㰤，《廣韻》枯架切，在『髂』小韻下，爲麻韻二等字，當列於二等位。《指掌圖》空位是。

50 去四精　借　嚴氏本、《墨海金壺》本同，《等韻五種》本列字爲『唶』。借，《廣韻》、《集韻》、毛氏《增韻》子夜切，精禡去開二假；《韻鏡》《七音略》精禡位列字爲『唶』；《四聲等子》《切韻指南》精禡位列字爲『借』。『唶』爲《廣韻》禡韻精母位小韻首字，下收有『借』字。《等韻五種》本列『唶』字爲佳，宋本亦無誤。

51 去四心　卸　嚴氏本、《墨海金壺》本同，《等韻五種》本列字爲『蝑』。卸，《廣韻》、毛氏《增韻》司夜切，《集韻》四夜切，心禡去開二假；《韻鏡》《七音略》《切韻指南》心禡位列字爲『蝑』；《四聲等子》心禡位列字爲『褯』，《廣韻》慈夜切，爲從母字。『蝑』爲《廣韻》禡韻心母位小韻首字，下收『卸』字。《等韻五種》本列『蝑』字爲佳，宋本亦無誤。

本圖入聲與第七圖入聲較接近，除版本差異外，祇列不同處。

52 入一精　拶　嚴氏本、《墨海金壺》本同，《等韻五種》本列字爲『⿱髟贊』。《廣韻》曷韻無精母字，『拶』在《廣韻》中爲末韻字，姊末切，精末入合一山；《集韻》子末切，精末入合一山；『⿱髟贊』在《集韻》雖于曷韻爲小韻首字，但反切爲『子末切』，實爲末韻字，在《廣韻》中爲『姊末切』，亦爲末韻字。該字在《集韻》曷韻中當爲重出。『⿱髟贊』下收有『拶』字。故各本收字均不可取，當依《廣韻》及《韻鏡》空位。此處當刪。

53 入一心　薩　嚴氏本、《墨海金壺》本同，《等韻五種》本列字爲『𧄍』。『𧄍』爲《廣韻》曷韻心母位小韻首字，下收有『薩』字。《等韻五種》本列『𧄍』字爲佳，宋本亦無誤。

54　入一來　剌　第七圖此位列字爲『辣』。『剌』爲《廣韻》曷韻來母位小韻首字，下收有『辣』字。本圖列小韻首字，爲佳。

55　入二穿　剎　嚴氏本、《墨海金壺》本同，《等韻五種》本列字爲『䶪』。剎，《廣韻》、《集韻》、真福寺本、毛氏《增韻》初轄切，初鎋入開二山；《韻鏡》外轉第二十一開，列字爲『剎』；《七音略》外轉二十一重中輕，列字爲『剎』；《四聲等子》《切韻指南》《起數訣》列字均爲『剎』。『剎』爲《廣韻》轄韻初母位小韻首字，『䶪』爲『䶪』字異體，《康熙字典》：『《廣韻》初八切，《集韻》《韻會》初戛切。』並音察。　爲《廣韻》黠韻初母位小韻首字，《指掌圖》標目爲黠轄，列『䶪』字亦正確。各本列字均無誤。

56　入二牀　〇　嚴氏本、《墨海金壺》本、《等韻五種》本列字爲『鐗』。『鐗』爲《廣韻》鎋韻崇母位小韻首字，《指掌圖》崇母位字『鐗』卻列於俟母，誤，崇母位當補『鐗』。

57　入二禪　鐗　嚴氏本、《墨海金壺》本、《等韻五種》本空位。『鐗』爲《廣韻》鎋韻崇母位小韻首字，當列於崇母，列於俟母則因崇俟不分，但依韻圖規制，此處當刪。《等韻五種》本空位是，宋本誤，當校刪。

58　入二影　軋　嚴氏本、《墨海金壺》本同，《等韻五種》本列字爲『鶻』。軋，《廣韻》烏黠切，《集韻》、真福寺本、毛氏《增韻》乙黠切，影黠入開二山；《韻鏡》外轉第二十三開，列字爲『軋』；《七音略》外轉二十三重中重，列字爲『軋』；《四聲等子》影黠位列字爲『鶻』；《切韻指南》影黠位列字爲「軋」。「軋」爲《廣韻》黠韻影母位小韻首字，「鶻」爲《廣韻》轄韻影母位小韻首字，《指掌圖》標目爲轄黠，列此二字均可，各版本均無誤。

59 入三見　揭　嚴氏本、《墨海金壺》本同，《等韻五種》本列字爲「孑」。「孑」爲《廣韻》薛韻溪母位小韻首字，下收有「揭」字。《等韻五種》本列「孑」字爲佳，宋本亦無誤。

60 入三群　傑　嚴氏本、《墨海金壺》本同，《等韻五種》本列字爲「揭」。傑，《廣韻》渠列切，《集韻》、真福寺本、毛氏《增韻》巨列切，群薛入開重紐三等山；《韻鏡》外轉第二十三開，列字爲「傑」；《七音略》外轉二十三重中重，列字爲「傑」；《四聲等子》列字爲「竭」；《切韻指南》山攝外四開口呼廣門，列字爲「傑」；《起數訣》列字爲「桀」。「傑」爲《廣韻》薛韻群母位小韻首字，「揭」，《康熙字典》：「《集韻》《韻會》巨列切，音傑。」列字以「傑」爲佳，宋本是，《等韻五種》本亦無誤。

61 入三疑　孽　嚴氏本、《墨海金壺》本同，《等韻五種》本列字爲「钀」。孽，《廣韻》、《集韻》、真福寺本、毛氏《增韻》魚列切，疑薛入開重紐三等山；《韻鏡》《七音略》疑母位列字爲「孽」；《四聲等子》列字爲「钀」；《切韻指南》山攝外四開口呼廣門，列字爲「孽」；《起數訣》列字爲「蘖」。「孽」爲《廣韻》薛韻疑母位小韻首字，「钀」爲《廣韻》月韻疑母位小韻首字。《指掌圖》標目爲薛月，二字均可列於此位。諸本皆是。

62 入三徹　屮　嚴氏本、《等韻五種》本同，《墨海金壺》本空位。「屮」爲《廣韻》薛韻徹母位小韻首字，列字以『中』爲佳。《墨海金壺》本空位誤，當補，宋本是。

63 入三照　晢　嚴氏本、《墨海金壺》本列字爲『哲』，《等韻五種》本列字爲『⿰算刂』。哲，《廣韻》陟列切，入薛知母，當爲『晢』字誤。⿰算刂，《唐韻》初刮切，《集韻》芻刮切，並音纂，爲初母字。『哲』『⿰算刂』均不當列於此位。『晢』爲《廣韻》薛韻章母位小韻首字，列字以『晢』爲佳，《指掌圖》是。

64 入三審　設　嚴氏本、《墨海金壺》本同，《等韻五種》本列字爲『榝』。設，《廣韻》識列切，《集韻》、真福寺本、毛氏《增韻》式列切，書薛入開三山；《韻鏡》外轉第二十三開，列字爲『設』；《七音略》外轉二十三重中重，列字爲『設』；《四聲等子》空位；《切韻指南》列字爲『設』。『設』爲《廣韻》薛韻書母位小韻首字，『榝，山列切』爲生母字，當列於二等。《等韻五種》本列『榝』字誤，宋本是。

65 入三禪　舌　嚴氏本、《墨海金壺》本空位，《等韻五種》本列字爲『折』。『折』爲《廣韻》薛韻禪母位小韻首字，『舌』爲船母位小韻首字。《等韻五種》本列『折』字是，宋本誤。

66 入三來　○　第七圖該位列『列』字。列，《廣韻》良薛切，《集韻》、真福寺本、毛氏《增韻》力蘖切，來薛入開三山。爲《廣韻》薛韻來母位小韻首字，當列於三等位。本圖空位誤，當校補。

67 入四溪　挈　第七圖該位列『猰』字。『猰』爲《廣韻》屑韻溪母位小韻首字，下收有『挈』字。列字上第七圖較本圖更佳，《指掌圖》亦無誤。

68 入四端　⿴囗至　嚴氏本、《墨海金壺》本同，《等韻五種》本列字爲『窒』。『窒』爲《廣韻》屑韻端母位小韻首字，下收有「囯」字。《等韻五種》本列「窒」字爲佳，宋本亦無誤。

69 入四定　姪　第七圖列字爲「垤」。姪，《廣韻》徒結切，入屑，定。《韻鏡》外轉第二十三開，列字爲「姪」；《七音略》外轉二十三重中重，列字爲「姪」；《四聲等子》《切韻指南》列字均爲「姪」。《廣韻》屑韻定母位小韻首字爲「姪」，下收有「垤」字。本圖收小韻首字，爲佳。

70 入四心　屑　嚴氏本、《墨海金壺》本同，《等韻五種》本列字爲「嶭」。屑，《廣韻》、《集韻》、真福寺本、毛氏《增韻》先結切，心屑入開三山；《韻鏡》外轉第二十三開，列字爲「屑」；《七音略》外轉二十三重中重，列字爲「屑」；《四聲等子》空位；《切韻指南》列字爲「屑」。「屑」爲《廣韻》屑韻心母位小韻首字，《等韻五種》本列字當爲「薛」字。《指掌圖》列目爲屑薛，列此二字均可，各本均無誤。

71 入四牀　○　《等韻五種》本同，《墨海金壺》本、嚴氏本列字爲「舌」。舌，各韻書均爲船母字，各韻圖均列於船母三等位。「舌」不當列於入四牀母，宋本是。

72 入四影　噎　嚴氏本、《墨海金壺》本同，《等韻五種》本列字爲「焆」。噎，《廣韻》烏結切，《集韻》、真福寺本、毛氏《增韻》一結切，影屑入開四山；《韻鏡》《七音略》列字均爲「噎」；《四聲等子》《切韻指南》空位。「焆」《廣韻》古玄切，平先見母，不當列於此位，《等韻五種》本誤。「噎」爲《廣韻》屑韻影母位小韻首字，宋本是。

73 入四匣　纈　嚴氏本、《墨海金壺》本同，《等韻五種》本列字空位。「纈」爲《廣韻》屑韻匣母位小韻首字，《等韻五種》本空位誤，當補，宋本是。

74 入四喻　枻　嚴氏本、《墨海金壺》本同，《等韻五種》本列字爲『抴』。第七圖列字爲『拽』。『枻』當爲『抴』書寫誤。『抴』爲《廣韻》薛韻以母位小韻首字，《等韻五種》本列『抴』字爲佳，宋本當校改爲『抴』。

75 入四來　列　第七圖入四來母列『类』字。『列』爲來母三等字，當列於三等，《指掌圖》錯列於四等。『类』爲《廣韻》屑韻來母位小韻首字，第七圖列字正確，本圖當校改爲『类』。

【釋】

一、與《廣韻》之對比

平聲

《指掌圖》列目爲一等歌，二、三、四等麻。

一等：《指掌圖》列目爲歌，共 15 字。《廣韻》歌韻共 14 個小韻，《指掌圖》全部收録，其中非小韻首字 1 個：透母位『他』，首字爲『佗』。《廣韻》歌韻精母無字，《指掌圖》在精母位收録了麻韻的『嗟』字，該字爲三等字，列於此位，不合。

二等：《指掌圖》列目爲麻，共14字。《廣韻》麻韻共18個小韻，《指掌圖》取14個，有非小韻首字3個：澄母位『茶』、崇母位『槎』、生母位『沙』，首字分别爲『奈』『楂』『鯊』。未取的4個小韻均爲脣音字，本圖爲開口圖，不取脣音字。

三等：《指掌圖》列目爲麻，共8字。對應《廣韻》中的戈、麻韻字，戈韻字3個。《廣韻》麻三開共6個小韻，《指掌圖》收録5個。《廣韻》麻韻三等船母位有字『蛇，食遮切』，《指掌圖》未取空位。見母位列字『迦』，該字在《廣韻》中兩讀：一爲麻二等『嘉』小韻下；另一讀爲戈韻字，爲小韻首字。溪母位『呿』戈韻，非小韻首字，首字爲『佉』。群母位『伽』，此三字均爲戈韻字。

四等：《指掌圖》列目爲麻，共6字。對應《廣韻》中的戈、麻韻字。《廣韻》麻四開共有6個小韻，《指掌圖》收録5個，非小韻首字2個：邪母位『邪』、喻四位『耶』，首字分别爲『衺』『邪』。《廣韻》端母有字『爹，陟邪切』，《指掌圖》未取，空位。《指掌圖》清母位取『脞，醋伽切』，爲戈韻一等字。

上聲

《指掌圖》列目爲一等哿，二、三、四等馬。

一等：《指掌圖》列目爲哿，共15字。《廣韻》哿韻共14個小韻，《指掌圖》全部收録。其中非小韻首字2個：定母位「柁」、泥母位「娜」，首字分别爲「爹」「檨」。《指掌圖》從母位列「羴」，《廣韻》中無此字。

二等：《指掌圖》列目爲馬，共13字。《廣韻》馬開二共有16個小韻，《指掌圖》取13個，其中非小韻首字1個：見母位「檟」，首字爲「檟」。另有來母位《指掌圖》列字「藞」，當爲《廣韻》中「藞」，爲形異。娘母位「絮」，在《廣韻》中爲「奴下切」，當爲泥母，列於娘母，泥娘不分。

三等：《指掌圖》列目爲馬，共5字。《廣韻》馬開三共6個小韻，《指掌圖》收録5個。未取小韻爲脣音字。

四等：《指掌圖》列目爲馬，共5字。《廣韻》馬開四共5個小韻，《指掌圖》全部收録。

去聲

《指掌圖》列目爲一等過箇，二、三、四等禡。

一等：《指掌圖》列目爲過箇，共14字，其中過2個，箇12個。《廣韻》箇開一共12個小韻，《指掌圖》全部收録。《指掌圖》透母位列字爲「柂」，當爲《廣韻》中之「拖」。非小韻首字1個：定母位「大」，首字爲「馱」。《廣韻》過開一共2個小韻，全部收録。

二等：《指掌圖》列目爲禡，共13字。《廣韻》禡開二共17個小韻，《指掌圖》收録13個。未列四字爲脣音字。

三等：《指掌圖》列目爲禡，共4字。《廣韻》禡開三共4個小韻，《指掌圖》全部收録。《指掌圖》禪母位列「射」，《廣韻》中「射，神夜切」爲船母字，船禪相混。

四等：《指掌圖》列目爲禡，共6字。《廣韻》禡開四共6個小韻，《指掌圖》全部收録。其中非小韻首字2個：精母位「借」、心母位「卸」，首字分別爲「唶」「蝑」。

入聲

《指掌圖》第十一圖入聲與第七圖入聲較接近。

一等：來母位「剌」爲小韻首字。

三等：章母位十一圖列「哲，旨熱切」，七圖列「哲，陟列切」爲知母，當爲七圖抄寫時錯誤，如非此誤，當爲知章混。十一圖來母位空，「列」爲三等字，反列於四等，三、四等混。

四等：匣母位列「纈」、喻四位「枻」，爲小韻首字。

等第	聲母	第十一圖	第七圖	合計
一等	來	剌	辣	1
三等	來	○	列	2
	知	哲	哲	

續表

等第	聲母	第十一圖	第七圖	合計
四等	溪	挈	猰	
	定	姪	垤	
	匣	纈	頁	5
	喻四	枻	拽	
	來	列	[illegible]	

二、與《韻鏡》之對比

本圖對應《韻鏡》内轉第二十八合、内轉第二十九開、内轉第二十七合。

平聲一等　《指掌圖》精母位列「嗟」，爲麻韻字，韻目標目爲歌，《韻鏡》精母空位。

平聲三等　《指掌圖》標目爲麻，對應《韻鏡》中的麻戈。《指掌圖》中收録戈韻字3個，此三字與《韻鏡》取字完全不同。

平聲四等　《指掌圖》清母位列「脞」，該字在《韻鏡》内爲第二十八合中果一等。

上聲一等　與《韻鏡》頗不合，舌音列字完全不同。

《指掌圖》與《韻鏡》空位對比，《指掌圖》有字而《韻鏡》無字12個，《指掌圖》無字而《韻鏡》有字6個：

平一：（精）嗟/○；平三：（見）迦/○；（溪）呿/○；（群）伽/○；平四：（精）脞/○；上一：（從）䶒/○；上一：（透）袉/○；去一：（影）侉/○；入一：（精）拶/○；入二：（崇）鐗/○；入三：（影）謁/○；入四：（以）枻/○；平三：（船）○/蛇；（來）○/儸；上四：（從）○/担；去四：（溪）○/歌；入二：（莊）○/鐗；入三：（船）○/舌。

《指掌圖》與《韻鏡》列字差異的24個：

平二：（生）沙/鯊；（崇）槎/楂；平三：（溪）呿/髭；（群）伽/瘸；上一：（精）左/尢；（端）彈/癉；（定）柁/爹；（來）攞/砢；（泥）娜/㰙；上二：（見）假/賈；上三：（昌）䜭/撦；（日）惹/若；去一：（透）柂/拖；（定）大/馱；去四：（心）卸/蝑；（精）借/唶；入二：（溪）鶷/褐；（疑）齾/聐；入三：（徹）屮/徹；（章）晢/析；入四：（泥）涅/涅；（從）截/截；（溪）挈/揳；（端）囯/窒。

另，本圖對應《七音略》内轉二十七重中重、外轉二十九重中重。

本圖列目列字基本從《廣韻》，一等歌韻對應《廣韻》歌，但對應《集韻》的歌戈兩韻。在韻圖構成上，一等字來自内轉第二十七合，二、三、四等來自内轉第二十九開。另有少量内轉第二十八合内戈韻字，列入到三等。本圖平聲三等列目爲麻，實際上含有戈韻字。

十二

	見	溪	羣	疑	端	透	定	泥	知
平	戈	科	○	訛	除	詑	[illegible]		
	瓜	誇	○	伙					
	○	⿰骨它	瘸	○					
	○	○	○	○	○	○	○	○	
上	果	顆	○	拖	捶	妥	墮	她	
	寡	髁	○	瓦					○
	○	○	○	○					○
	○	○	○	○	○	○	○	○	
去	過	課	○	卧	剁	唾	惰	愞	
	○	跨	○	瓦					○
	○	○	○	○					○
	○	○	○	○					
入	括	闊	○	枂	掇	侻	奪	○	
	劀	⿰骨力	○	⿰魚出					窡
	厥	闕	⿰角厥	月					輟
	玦	闋	○	○	○	○	○	○	

徹	澄	娘	幫	滂	並	明	非	敷	奉	微
			波	坡	婆	摩				
○	○	○	巴	葩	爬	麻				
○	○	○	○	○	○	○	○	○	○	○
			○	○	○	哶				
			跛	叵	爸	麽				
⿱⿰禾罒木	○	○	把	○	跁	馬				
○	○	○	○	○	○	○	○	○	○	○
			○	○	○	乜				
			播	破	縛	磨				
○	○	○	霸	帊	杷	禡				
○	○	○	○	○	○	○	○	○	○	○
			○	○	○	○				
			撥	鏺	跋	末				
⿰充頁	○	豽	八	汃	拔	傛				
⿰充皮	○	吶	⿰笏刂	瞥	別	○	○	○	○	○
			⿰弓㒼	撆	蹩	蔑				

	精	清	從	心	斜	照	穿	牀	審
平	侳	遳	矬	莎	○				
						髽	○	○	○
						○	○	○	○
	○	○	○	○	○				
上	硰	脞	坐	鎖	○				
						○	○	○	○
						○	䂳	○	葰
	○	○	○	○	○				
去	挫	剉	座	[illegible]	○				
						○	○	○	誜
						○	○	○	○
	○	○	○	○	○				
入	繓	撮	柮	○	○				
						茁	簒	○	刷
						拙	歠	○	說
	蕝	膬	絕	雪	[illegible]				

韻	日	來	喻	匣	曉	影	禪
戈		騾	○	和	○	渦	
麻		○	○	華	花	窊	○
戈	○	臠	○	○	鞾	肥	○
麻			○	○	○	○	
果		裸	○	禍	火	婐	
馬		○	○	踝	○	○	○
馬	○	○	○	○	○	○	○
馬		○	○	○	○	○	
過		臝	○	和	貨	涴	
禡		○	○	摦	化	攨	○
	○	○	○	○	○	○	○
		○	○	○	○	○	
末		捋	○	活	豁	斡	
黠鎋		○	○	滑	傄	婠	○
薛月	爇	劣	越	○	颰	噦	啜
薛屑		○	悅	穴	血	○	

第十二圖

校：

1 平一疑　訛　《廣韻》五禾切，《集韻》、真福寺本、毛氏《增韻》吾禾切，疑戈平合一果；《韻鏡》內轉第二十八合，列字爲『訛』；《七音略》內轉二十八輕中輕，列字爲『吪』；《四聲等子》果攝內四重多輕少韻合口呼麻外六，列字爲『訛』；《切韻指南》果攝內四假攝外六合口呼，列字爲『訛』；《起數訣》閉音清第五十四圖，列字爲『訛』。『訛』爲《廣韻》戈韻疑母位小韻首字，下注有『譌吪』，『吪』爲『訛』僞字。列字以『訛』爲佳，《指掌圖》是。

2 平一透　詑　《廣韻》土禾切，《集韻》土和切，透戈平合一果；《韻鏡》內轉第二十八合，列字爲『詑』；《七音略》《四聲等子》透戈位列字爲『訑』；《切韻指南》《起數訣》列字爲『詑』。『詑』爲《廣韻》戈韻透母位小韻首字，下收有『訑』，爲『詑』之俗字。列字以『詑』爲佳，《指掌圖》是。

3 平一定　牠　《廣韻》徒和切，《集韻》徒禾切，定戈平合一果；《韻鏡》內轉第二十八合，列字爲「陀」；《七音略》内轉二十八輕中輕，列字爲「牠」；《四聲等子》果攝内四重多輕少韻合口呼麻外六，列字爲「碢」；《切韻指南》果攝内四假攝外六合口呼，列字爲「牠」；《起數訣》列字爲「牠」。「牠」爲《廣韻》戈韻定母位小韻首字，下收有「碢」字。《廣韻》《集韻》均未收「陀」字形。列字以「牠」爲佳，《指掌圖》是。

4 平一泥 □ 宋本列字模糊不清，嚴氏本、《墨海金壺》本列字爲「挼」，《等韻五種》本列字爲「倭」。捼，《廣韻》奴和切，《集韻》奴禾切，泥戈平合一果；《韻鏡》内轉第二十八合，列字爲「捼」；《七音略》《起數訣》泥戈位列字爲「挼」；《四聲等子》《切韻指南》列字均爲「捼」。「捼」爲《廣韻》戈韻泥母位小韻首字，俗作「挼」。《等韻五種》本列「捼」字爲佳。因宋本缺失，泥母位不清，可據《廣韻》及《等韻五種》本補入「捼」字。

5 平一滂 坡 嚴氏本、《墨海金壺》本同，《等韻五種》本列字爲「頗」。坡，《廣韻》《集韻》滂禾切，真福寺本普禾切，毛氏《增韻》普禾切，滂戈平合一果；《韻鏡》《七音略》《切韻指南》滂戈位列字爲「頗」；《四聲等子》《起數訣》列字爲「坡」。「頗」爲《廣韻》戈韻滂母位小韻首字，下收有「坡」字。《等韻五種》本列「頗」字爲佳，宋本亦無誤。

6 平一清 遳 此字當爲「遳」字誤。「遳」，《廣韻》七戈切，《集韻》村戈切，清戈平合一果；《韻鏡》内轉第二十八合，列字爲「遳」；《七音略》内轉二十八輕中輕，列字爲「遳」；《四聲等子》《切韻指南》列字均爲「遳」。「遳」爲《廣韻》戈韻清母位小韻首字，《廣韻》《集韻》均無此字形，當爲『莝』字之形訛。《指掌圖》誤，當校改爲『莝』。

7 平一心　莎　《廣韻》《集韻》蘇禾切，心戈平合一果；《韻鏡》内轉第二十八合，列字爲『莎』；《七音略》《起數訣》心戈位列字爲『蓑』；《四聲等子》《切韻指南》心戈位列字均爲『莎』。『莎』爲《廣韻》戈韻心母位小韻首字，下收有『蓑』字。列字以『莎』爲佳，《指掌圖》是。

8 平一影　渦　嚴氏本、《墨海金壺》本同，《等韻五種》本列字爲『倭』。渦，《廣韻》《集韻》、真福寺本、毛氏《增韻》烏禾切，影戈平合一果；《韻鏡》《七音略》《四聲等子》《切韻指南》《起數訣》影戈位列字均爲『倭』。『倭』爲《廣韻》戈韻影母位小韻首字，下收有『渦』字。《等韻五種》本列『倭』字爲佳，宋本亦無誤。

9 平一曉　○　《廣韻》《集韻》均無曉母字；《韻鏡》空位；《七音略》内轉二十八輕中輕，列字爲『吙』；《四聲等子》《切韻指南》均空位。吙，《集韻》呼肥切，曉戈平合三果，當列於三等字，《七音略》誤。《指掌圖》是。

10 平一喻　○　《廣韻》戈韻無喻母字；《集韻》喻母位有『䔲，于戈切』；《韻鏡》《七音略》空位；《四聲等子》喻母戈韻列字爲『䔲』；《切韻指南》喻母戈韻列字爲『訏』，當爲『䔲』字之誤，二圖均從《集韻》。喻母衹拼合三等字，不當有一等字，《集韻》音切有誤。《指掌圖》空位是。

11 平一來　騾　嚴氏本、《墨海金壺》本同，《等韻五種》本列字爲『羸』。騾，《廣韻》落戈切，《集韻》盧臥切，真福寺本、毛氏《增韻》盧戈切，來戈平合一果；《韻鏡》來戈位列字爲「贏」；《七音略》來戈位列字爲「贏」；《四聲等子》來戈位列字爲「螺」；《切韻指南》列字爲「贏」；《起數訣》來戈位列字爲「贏」。「贏」爲《廣韻》戈韻來母位小韻首字，下收有「騾」「贏」「贏」「螺」。《等韻五種》本列「贏」字爲佳，宋本亦無誤。

12 平二知 □ 宋本列字模糊不清，其他版本列字爲「檛」。檛，《廣韻》、真福寺本、毛氏《增韻》陟瓜切，《集韻》張瓜切，知麻平合二假；《韻鏡》外轉第三十合，列字爲「檛」；《七音略》外轉第三十輕中輕，列字爲「檛」；《四聲等子》《切韻指南》知麻位列字爲「撾」。「檛」爲《廣韻》麻韻知母位小韻首字，「撾」當爲「檛」之刊刻誤字。此處當補「檛」字。

13 平二照 ⿰镸坐 嚴氏本同，《墨海金壺》本、《等韻五種》本列字爲「髽」。《廣韻》、《集韻》、真福寺本、毛氏《增韻》莊華切，莊麻平合二假；《韻鏡》外轉第三十合，列字爲「髽」；《七音略》外轉三十輕中輕，列字爲「⿰貝坐」；《四聲等子》莊麻位列字爲「髽」；《切韻指南》莊麻位列字爲「挫」。「髽」爲《廣韻》麻韻莊母位小韻首字，「⿰镸坐」當爲「髽」字誤。《等韻五種》本列「髽」字是，宋本誤，當校爲「髽」。

14 平二曉 花 《廣韻》、《集韻》、真福寺本、毛氏《增韻》呼瓜切，曉麻平合二假；《韻鏡》外轉第三十合，列字爲「花」；《七音略》《切韻指南》曉麻位列字爲「華」；《四聲等子》果攝内四重多輕少韻合口呼麻外六，列字爲「花」；《起數訣》開音濁第五十九圖，列字爲「花」。「華」

爲《廣韻》麻韻曉母位小韻首字，下收有『花』字，注『俗，今通用』，『花』爲『華』之俗體，但更爲通用。《指掌圖》用通用俗體爲佳。

15 平三溪　⿰骨它　《廣韻》去靴切，《集韻》丘靴切，溪戈平合三果；《韻鏡》内轉第二十八合，列字爲『⿰骨比』；《七音略》内轉二十八輕中輕，列字爲『⿰骨也』；《四聲等子》《切韻指南》列字爲『⿰骨它』。『⿰骨比』爲《廣韻》戈韻溪母位小韻首字，下收有『⿰骨它』字，注『上同』，爲異體字。《指掌圖》亦無誤。

16 平三群　瘸　《廣韻》巨靴切，《集韻》衢靴切，群戈平合三果；《韻鏡》内轉第二十八合，列字爲『瘸』；《七音略》空位；《四聲等子》《切韻指南》《起數訣》列字均爲『瘸』。『瘸』爲《廣韻》戈韻群母位小韻首字，《七音略》漏收。《指掌圖》是。

17 平三影　肥　《廣韻》《集韻》於靴切，影戈平合三果；《韻鏡》内轉第二十八合，列字爲『肥』；《七音略》空位；《四聲等子》《切韻指南》《起數訣》列字均爲『肥』。『肥』爲《廣韻》戈韻影母位小韻首字，《七音略》漏收，《指掌圖》是。

18 平三曉　靴　《廣韻》、《集韻》、真福寺本、毛氏《增韻》許肥切，曉戈平合三果；《韻鏡》内轉第二十八合，列字爲『靴』；《七音略》空位；《四聲等子》列字爲『靴』；《切韻指南》《起數訣》曉戈位列字爲『鞾』。『鞾』爲《廣韻》戈韻曉母位小韻首字，下收有『靴』字，注『上同』，二字爲異體字關係。列字以『鞾』爲佳，《指掌圖》亦無誤。

19 平三來　𦢊　《廣韻》縷肥切，《集韻》驢肥切，來戈平合三果；《韻鏡》《四聲等子》空位；《七音略》內轉二十八輕中輕，列字爲「𦢊」；《切韻指南》《起數訣》列字爲「𦢊」。「𦢊」爲《廣韻》戈韻來母位小韻首字，《韻鏡》《四聲等子》漏收。《指掌圖》是。

20 平四明　哶　《集韻》彌嗟切，明麻開三平假；《韻鏡》《七音略》空位；《四聲等子》果攝內四重多輕少韻開口呼、《切韻指南》果攝內四假攝外六開口呼，均在開口圖列「哶」，此二圖依《集韻》。《指掌圖》脣音字列於合口，此亦依《集韻》。

21 上一疑　扼　嚴氏本、《墨海金壺》本同，《等韻五種》本列字爲「㛌」。扼，《廣韻》五果切，在「㛌，奴果切」下，「㛌」爲泥母字，「㛌」，奴果切又五果切，有疑母音，但其下未收「扼」字；《集韻》五果切，疑果去一合果；《韻鏡》內轉第二十八合，列字爲「㛌」；《七音略》內轉二十八輕中輕，列字爲「扼」；《四聲等子》果攝內四重多輕少韻開口呼麻外六、《切韻指南》果攝內四假攝外六開口呼，列字爲「扼」。二圖均從《集韻》。《等韻五種》本列「扼」字爲佳，宋本亦無誤。

22 上一端　捶　嚴氏本、《墨海金壺》本、《等韻五種》本列字爲「埵」。捶，《廣韻》之累切，上紙章母。「捶」在《集韻》中有「都果切」一音。《韻鏡》內轉第二十八合，列字爲「朵」；《七音略》《起數訣》端果位列字爲「朵」；《四聲等子》列字爲「埵」；《切韻指南》端果位列字爲「朵」。「埵」爲《廣韻》果韻端母位小韻首字，《廣韻》丁果切，《集韻》、真福寺本、毛氏《增韻》

都果切，端果上合一果。《等韻五種》本列「埵」爲佳，宋本當校改爲「埵」。

23 上一定　隓　《廣韻》、《集韻》、真福寺本、毛氏《增韻》徒果切，定果上合一果；《韻鏡》內轉第二十八合，列字爲「隓」；《七音略》內轉二十八輕中輕，列字爲「惰」；《四聲等子》《切韻指南》《起數訣》定果位列字均爲「隓」。「隓」爲《廣韻》果韻定母位小韻首字，下收有「惰」字。列字以「隓」字爲佳，《指掌圖》是。

24 上一心　鎖　《廣韻》蘇果切，《集韻》損果切，真福寺本、毛氏《增韻》穌果切，心果上合一果；《韻鏡》內轉第二十八合，列字爲「鎖」；《七音略》《四聲等子》心果位列字爲「鏁」；《切韻指南》果攝內四假攝外六合口呼，列字爲「鎖」。「鎖」爲《廣韻》果韻心母位小韻首字，「鏁」「鎖」爲其異體字。《指掌圖》亦無誤。

25 上一影　婐　《廣韻》、真福寺本、毛氏《增韻》烏果切，《集韻》鄔果切，影果上合一果；《韻鏡》內轉第二十八合，列字爲「婐」；《七音略》內轉二十八輕中輕，列字爲「腂」；《四聲等子》《切韻指南》《起數訣》影果位列字均爲「婐」。「腂」，《集韻》户瓦切，上馬匣母，不合於此位。「婐」爲《廣韻》果韻影母位小韻首字，《七音略》誤，《指掌圖》是。

26 上一來　裸　《廣韻》郎果切，《集韻》、真福寺本、毛氏《增韻》魯果切，來果上合一果；《韻鏡》《七音略》來果位列字爲「躶」；《四聲等子》《切韻指南》來果位列字爲「裸」。「裸」爲《廣韻》果韻來母位小韻首字，下收有「躶」字，二字爲異體字關係。列字以「裸」爲佳，《指掌圖》是。

27 上二知 ○ 嚴氏本、《墨海金壺》本同，《等韻五種》本列字爲「綒」。《廣韻》《集韻》馬韻知母位無字；《韻鏡》外轉第三十合，列字爲「觰」；《七音略》空位；《四聲等子》《切韻指南》列字爲「夭」。「綒」，《廣韻》竹下切，《康熙字典》：「《廣韻》《集韻》竹下切，音踷。」爲知母馬韻。「夭」，《玉篇》竹瓦切。《等韻五種》本列「綒」字爲佳，宋本亦無誤。

28 上二徹 ⿱殺米 《廣韻》《集韻》丑寡切，徹馬上合二假；《韻鏡》外轉第三十合，列字爲「⿱殺米」；《七音略》外轉三十輕中輕，列字爲「⿰禾辱」；《四聲等子》《切韻指南》列字均爲「⿱殺米」；《起數訣》徹馬位列字爲「稞」。「⿰禾辱」，《集韻》奴沃切，音傉。不合於此位。「⿱殺米」爲《廣韻》馬韻徹母位小韻首字，《七音略》誤，《指掌圖》是。

29 上二滂 ○ 《廣韻》馬韻滂母無字；《集韻》脣音滂母有「土，片賈切」；《韻鏡》《七音略》《四聲等子》《切韻指南》均空位。《指掌圖》從《廣韻》，空位是。

30 上二照 ○ 《廣韻》馬韻莊母位有「蛆」，此字爲「⿰飠坐瓦切」，反切上字當爲類隔；《韻鏡》外轉第三十合，列字爲「蛆」；《七音略》外轉三十輕中輕，列字爲「蛆」；《四聲等子》空位；《切韻指南》列字爲「蛆」。「蛆」爲《廣韻》莊母位小韻首字，《指掌圖》漏收，當校補。

31 上二穿 ○ 《廣韻》《集韻》馬韻初母位均有「䂳」字。䂳，《廣韻》叉瓦切，《集韻》楚瓦切，初馬上合三假；《韻鏡》外轉第三十合，列字爲「䂳」；《七音略》外轉第三十輕中輕，列字爲

『硰』；《四聲等子》《切韻指南》《起數訣》馬韻初母二等位列字均爲『硰』。《指掌圖》將『硰』字列於三等位，誤，此處當校補『硰』字。

32 上二審 ◯ 《廣韻》《集韻》馬韻生母位均有『葰』字。葰，《廣韻》沙瓦切，《集韻》數瓦切，生馬上合三假；《韻鏡》外轉第三十合，在二等位列『葰』字；《七音略》外轉第三十輕中輕，在二等位列『葰』字；《四聲等子》《切韻指南》《起數訣》均在二等位列『葰』字。《指掌圖》將『葰』字列於三等，不合韻圖規制，誤，此處當校補『葰』字。

33 上二影 ◯ 《廣韻》馬韻影母二等無字；《集韻》影母位有『搲，烏瓜切』；《韻鏡》外轉第三十合，列字爲『搲』；《七音略》外轉三十輕中輕，列字爲『搲』；《四聲等子》《切韻指南》列字均爲『搲』。諸家韻圖依《集韻》，《指掌圖》依《廣韻》空位亦無誤。

34 上三照 ◯ 嚴氏本、《墨海金壺》本同，《等韻五種》本列字爲『蛆』。『蛆』爲《廣韻》莊母位小韻首字，當列於二等位。《等韻五種》本列『蛆』誤，宋本是。

35 上四明 乜 《廣韻》彌也切，《集韻》母也切，明馬上開三假；《韻鏡》《七音略》《四聲等子》《切韻指南》均空位。『乜』爲《廣韻》馬韻三等明母位小韻首字，當列於三等位，《指掌圖》三等位空位，將『乜』字列於四等。《指掌圖》誤，當移至三等，此位當校刪。

36 去一端 剁 嚴氏本、《墨海金壺》本同，《等韻五種》本列字爲『桗』。剁，《廣韻》《集韻》都唾切，端過去合一果；《韻鏡》内轉第二十八合，列字爲『桗』；《七音略》内轉二十八輕中輕，列字爲『刴』；《四聲等子》果攝内四重多輕少韻合口呼麻外六，列字爲『刴』；《切韻指南》《起數訣》端過位列字爲『桗』。『桗』爲《廣韻》過韻端母位小韻首字，下收有『刴』字。《等韻五種》本列『桗』字爲佳，宋本亦無誤。

37 去一定 惰 《廣韻》、《集韻》、毛氏《增韻》徒卧切，定過去合一果；《韻鏡》内轉第二十八合，列字爲『惰』；《七音略》内轉二十八輕中輕，列字爲『墮』；《四聲等子》定過位列字爲『隋』，《廣韻》徒果切，上果定母，不當列於去聲位；《切韻指南》《起數訣》列字爲『惰』。『惰』爲《廣韻》過韻定母位小韻首字，列字以『惰』爲佳，《指掌圖》是。

38 去一泥 愞 《廣韻》乃卧切，《集韻》、毛氏《增韻》奴卧切，泥過去合一果；《韻鏡》内轉第二十八合，列字爲『愞』；《七音略》内轉二十八輕中輕，列字爲『懦』，《集韻》奴卧切，去過泥母；《四聲等子》泥過列字爲『糯』；《切韻指南》《起數訣》泥過位列字爲『愞』。『愞』爲《廣韻》過韻泥母位小韻首字，《指掌圖》是。

39 去一從 座 《廣韻》、《集韻》、毛氏《增韻》徂卧切，從過去合一果；《七音略》從過位列字爲『坐』；《韻鏡》《四聲等子》《切韻指南》《起數訣》列字均爲『座』。『座』爲《廣韻》過韻從母位小韻首字，下收有『坐』字，列字以『座』爲佳，《指掌圖》是。

40 去一心 膹 《廣韻》先卧切，《集韻》蘇卧切，心過去合一果；《韻鏡》《四聲等子》《切韻指南》列字爲『膹』；《七音略》内轉二十八輕中輕，列字爲『𦢊』。《集韻》瑣、𦢊同字，瑣爲上聲字，不當列於此位；《起數訣》心過位列字爲『砦』。『膹』爲《廣韻》過韻心母位小韻首字，列字以『膹』爲佳，《指掌圖》是。

41 去一來　臝　《廣韻》魯過切，《集韻》盧卧切，來過去合一果；《韻鏡》內轉第二十八合，列字爲『𤮐』；《七音略》內轉二十八輕中輕，列字爲『臝』；《四聲等子》來過位列字爲『摞』；《切韻指南》《起數訣》來過位列字爲『臝』。『臝』爲《廣韻》過韻來母位小韻首字，下收有『𤮐』『摞』，列字以『臝』爲佳，《指掌圖》是。

42 去二見　○　嚴氏本、《墨海金壺》本同，《等韻五種》本列字爲『坬』。《廣韻》《集韻》見母位有『坬，古罵切』，見禡去二合假。《指掌圖》未取，空位。《韻鏡》外轉第三十合，列字爲『坬』；《七音略》外轉三十輕中輕，列字爲『坬』；《四聲等子》見禡位列字爲『抓』，當爲『坬』字之誤；《切韻指南》見禡位列字爲『坬』。《指掌圖》空位誤，當校補。

43 去二滂　帊　《廣韻》、《集韻》、毛氏《增韻》普駕切，滂禡去開二假；《韻鏡》《七音略》《四聲等子》滂禡位列字爲『怕』；《切韻指南》滂禡位列字爲『𢂋』，當爲『帊』字之誤。『帊』爲《廣韻》禡韻幫母位小韻首字，下收有『怕』字，列字以『帊』爲佳，《指掌圖》是。

44 去二影　攨　《廣韻》烏吴切、《集韻》烏化切，影禡去合二假；《韻鏡》外轉第三十合，列字爲『攨』；《七音略》外轉三十輕中輕，列字爲『窊』；《四聲等子》果攝內四重多輕少韻合口呼麻外六，列字爲『攨』；《切韻指南》果攝內四假攝外六合口呼，列字爲『窊』。『攨』爲《廣韻》

禡韻影母位小韻首字，下收有『窊』字，列字以『攨』爲佳，《指掌圖》是。

45 去二並　杷　嚴氏本、《墨海金壺》本同，《等韻五種》本列字爲『𣅊』。杷，《廣韻》白駕切，《集韻》步駕切，並禡去開二假；《韻鏡》内轉第二十九開，列字爲『杷』；《七音略》外轉二十九重中重，列字爲『把』；《四聲等子》果攝内四重多輕少韻開口呼麻外六，列字爲『杷』；《切韻指南》果攝内四假攝外六狹門，列字爲『𣅊』。『𣅊』爲《廣韻》禡韻並母位小韻首字，下收有『杷』『耙』二字，《七音略》『把』字，當爲『杷』字誤。《等韻五種》本列『𣅊』字爲佳，宋本亦無誤。

46 去二匣　摦　《廣韻》、《集韻》、毛氏《增韻》胡化切，匣禡去合二假；《韻鏡》外轉第三十合，列字爲『吴』；《七音略》外轉第三十輕中輕，列字爲『摦』；《四聲等子》匣禡位列字爲『話』，《廣韻》下快切，去夬匣母，不當列於此位；《切韻指南》匣禡位列字爲『摦』；《起數訣》匣禡位列字爲『華』。『摦』爲《廣韻》禡韻匣母位小韻首字，下收有『𣅊』『華』二字，列字以『摦』爲佳，《指掌圖》是。

本圖入聲與第八圖入聲較接近，除版本差異外，衹列不同處。

47 入一從　柮　第八圖列字爲『拙』。柮，《廣韻》藏活切，《集韻》攢活切，從末入合一山；《韻鏡》《七音略》《四聲等子》《切韻指南》《起數訣》從末位列字均爲「柮」。第八圖列「拙」字爲「柮」誤。本圖是。

48 入二見　劀　嚴氏本、《墨海金壺》本同，《等韻五種》本列字爲「刮」。劀，《廣韻》《集韻》古滑切，見黠入合二山；《韻鏡》外轉第二十四合，列字爲「劀」；《七音略》外轉二十四輕中重列字爲「劀」；《四聲等子》《切韻指南》見黠位列字爲「刮」。「劀」爲《廣韻》黠韻見母位小韻首字，「刮」爲《廣韻》鎋韻見母位小韻首字，《指掌圖》爲合韻韻圖，列此二字均可，諸本皆無誤。

49 入二幫　八　嚴氏本、《墨海金壺》本同，《等韻五種》本列字爲「捌」。八，《廣韻》博拔切，《集韻》、真福寺本、毛氏《增韻》布拔切，幫黠入開二山；《韻鏡》外轉第二十四合，列字爲「八」；《七音略》外轉二十四輕中重，列字爲「八」；《四聲等子》《切韻指南》幫黠位列字爲「捌」。「八」爲《廣韻》黠韻幫母位小韻首字，下收有「捌」字。《指掌圖》宋本列「八」字爲佳，《等韻五種》本亦無誤。

50 入二明　⿰亻密　第八圖列字爲「⿰亻⿱宀缶」。⿰亻密，《廣韻》《集韻》莫八切，明黠入開二山；《韻鏡》外轉第二十四合，列字爲「⿰亻密」；《七音略》外轉二十四輕中重，列字爲「⿰亻密」；《四聲等子》山攝外四輕重俱等韻開口呼，列字爲「⿰亻⿱宀缶」；《切韻指南》空位。「⿰亻密」爲《廣韻》黠韻明母位小韻首字，《廣韻》《集韻》均未收「⿰亻⿱宀缶」字形。本圖取《廣韻》小韻首字爲佳，第八圖誤。

51 入三群　䞕　第八圖列字爲「掘」。䞕，《廣韻》、《集韻》、真福寺本、毛氏《增韻》其月切，群月入合三山；《韻鏡》外轉第二十四合，列字爲「䞕」；《七音略》外轉二十二輕中輕，列字爲「䞕」；《四聲等子》山攝外四輕重俱等韻合口呼，列字爲「橜」；《切韻指南》山攝外四合口呼廣門，列字爲「𩨨」。「䞕」，《篇海》其月切，在《韻鏡》中當爲「䞕」之形近訛字。「䞕」爲《廣韻》月韻群母位小韻首字，下收有「掘」「橜」二字，列字以「䞕」爲佳，本圖是。

52 入三滂　瞥　第八圖空位。瞥，《廣韻》芳滅切，《集韻》、真福寺本、毛氏《增韻》必列切，滂薛入開重紐四山；《韻鏡》外轉第二十三開，「瞥」列於滂母四等位；《七音略》外轉二十三重中重，滂母三等位空位，四等位列「嫳」字；《四聲等子》山攝外四輕重俱等韻合口呼，列於滂四等位；《切韻指南》山攝外四開口呼廣門，在四等滂母位列「瞥」字。「瞥」爲《廣韻》薛韻滂母位重紐四等字，當列於四等，《指掌圖》列於三等誤，當校删。

53 入三明　〇　《等韻五種》本同，嚴氏本、《墨海金壺》本列字爲「滅」。滅，《廣韻》亡列切，明薛入合三山。《韻鏡》外轉第二十一開，在四等位列「滅」字；《七音略》外轉二十一重中輕，在四等位列「滅」字。均列於開口圖四等位。《四聲等子》《切韻指南》未列重脣字。「滅」亡列切，當列於四等重紐位。《等韻五種》本誤，宋本是。

54 入三非　〇　第八圖列字爲「髮」。髮，《廣韻》《集韻》方伐切，非月入合三山；《韻鏡》外轉第二十二合，列字爲「髮」；《七音略》外轉二十二輕中輕，列字爲「髮」；《四聲等子》山攝外四輕重俱等韻合口呼，列字爲「髮」；《切韻指南》山攝外四合口呼廣門，列字爲「髮」。本圖爲合口圖，輕脣音字當列於合口圖。《指掌圖》本圖誤，當校補「髮」字，第八圖是。

55 入三敷 ○ 第八圖列字爲「帗」。帗，《廣韻》《集韻》拂伐切，敷月入合三等山；《韻鏡》外轉第二十二合，列字爲「帗」；《七音略》外轉二十二輕中輕，列字爲「帗」；《四聲等子》山攝外四輕重俱等韻合口呼，列字爲「帗」；《切韻指南》山攝外四合口呼廣門，列字爲「帗」。本圖爲合口圖，輕脣音字當列於合口圖。《指掌圖》本圖誤，當校補「帗」字，第八圖是。

56 入三奉 ○ 第八圖列字爲「伐」。伐，《廣韻》《集韻》房越切，奉月入合三山；《韻鏡》外轉第二十二合，列字爲「伐」；《七音略》外轉二十二輕中輕，列字爲「伐」；《四聲等子》山攝外四輕重俱等韻合口呼，列字爲「伐」；《切韻指南》山攝外四合口呼廣門第十一圖，列字爲「伐」。本圖爲合口圖，輕脣音字當列於合口圖。《指掌圖》本圖誤，當校補「伐」字，第八圖是。

57 入三微 ○ 第八圖列字爲「韈」。韈，《廣韻》《集韻》望發切，微月入合三山；《韻鏡》外轉第二十二合，列字爲「韈」；《七音略》外轉二十二輕中輕，列字爲「韈」；《四聲等子》山攝外四輕重俱等韻合口呼，列字爲「韈」；《切韻指南》山攝外四合口呼廣門，列字爲「韈」。本圖爲合口圖，輕脣音字當列於合口圖。《指掌圖》本圖誤，當校補「韈」，第八圖是。

58 入四溪 闋 嚴氏本、《墨海金壺》本同，《等韻五種》本列字爲「缺」。闋，《廣韻》、《集韻》、真福寺本、毛氏《增韻》苦穴切，溪屑入合四等山；《韻鏡》外轉第二十四合、《七音略》外轉二十四輕中重，列字爲『闋』；《四聲等子》空位、《切韻指南》空位；《起數訣》溪屑位列字爲『缺』。『闋』爲《廣韻》屑四溪母位小韻首字，下收有『缺』字。列字以『闋』爲佳。《指掌圖》是。

59 入四幫　彆　嚴氏本、《墨海金壺》本同，《等韻五種》本列字爲『鷩』。彆，《廣韻》方結切，《集韻》必結切，幫屑入合四山；《韻鏡》外轉第二十三開，列字爲『鷩』；《七音略》外轉二十三重中重，列字爲『彆』；《四聲等子》山攝外四輕重俱等韻開口呼，列字爲『撆』；《切韻指南》空位。『鷩』爲《廣韻》薛韻幫母位小韻首字，『彆』爲《廣韻》屑韻幫母位小韻首字，《指掌圖》爲合韻韻圖，二字均可列於此位。《指掌圖》諸本皆是。

60 入四影　〇　《等韻五種》本同，嚴氏本、《墨海金壺》本列字爲『抉』。《廣韻》薛韻影母『妜，於悦切』，屑韻影母『抉，於決切』均可列於四等位；《韻鏡》外轉第二十四合，列字爲『抉』；《七音略》外轉二十四輕中重，列字爲『抉』；《四聲等子》山攝外四輕重俱等韻合口呼，列字爲『抉』；《切韻指南》山攝外四合口呼廣門，列字爲『抉』。《指掌圖》從《廣韻》，當校補『抉』或『妜』，八圖列『抉』字，以『抉』爲佳。

61 入四匣　宂　《等韻五種》本同，嚴氏本、《墨海金壺》本列字爲『穴』。穴，《廣韻》、《集韻》、真福寺本、毛氏《增韻》胡決切，匣屑入合四山；《韻鏡》外轉第二十四合，列字爲『穴』；《七音略》外轉二十四輕中重，列字爲『宂』；《四聲等子》山攝外四輕重俱等韻合口呼，列字爲『穴』；《切韻指南》山攝外四合口呼廣門，列字爲『穴』。『穴』爲《廣韻》屑韻匣母位小韻首字，『宂』爲『宂』之異體字，《廣韻》而隴切，上腫日母。『宂』爲『穴』之刊刻誤字。嚴氏本、《墨海金壺》本列『穴』字爲佳，宋本、《等韻五種》本誤，當校改爲『穴』。

【釋】

一、與《廣韻》之對比

平聲

《指掌圖》列目爲一等戈、二等麻、三等戈、四等麻。

一等：《指掌圖》列目爲戈，共18字。《廣韻》戈合一共18個小韻，《指掌圖》全部收録。其中非小韻首字3個：滂母位『坡』、影母位『渦』、來母位『騾』，首字分別爲『頗』『倭』『蠃』。另清母位『遳』，當爲《廣韻》中的『𨕵』，形異。因宋本有缺失，泥母位不清，據嚴氏本等補入『捼，奴和切』。

二等：《指掌圖》列目爲麻，共12字。《廣韻》麻合二共8個小韻，另有脣音4個，《指掌圖》

收録12個，共中非小韻首字1個：曉母位「花」，首字爲「華」。因宋本有缺失，知母位不清，據嚴氏本補入「檛，陟瓜切」。

三等：《指掌圖》列目爲戈，共5字。《廣韻》戈合三共5個小韻，《指掌圖》全部收録，其中非小韻首字2個：溪母位「𩨷」、曉母位「鞾」，首字分别爲「䯞」「韡」。

四等：《指掌圖》列目爲麻，共1字。《廣韻》麻合四無字，此字來源尚待考證。

上聲

《指掌圖》列目一等果，二、三、四等馬。

一等：《指掌圖》列目爲果，共19字。《廣韻》果合一共19個小韻，全部收録。《指掌圖》端母列「捶」，此字在《廣韻》中爲「之累切」，爲旨韻字，當爲「埵，丁果切」之誤。《指掌圖》疑母位列「扼」，《廣韻》中在「姬」小韻下，「姬，奴果切又五果切」，有疑母音，恰合於此位。

二等：《指掌圖》列目爲馬，共8字。《廣韻》馬合二共有8個小韻，脣音3個，計11個小韻，《指掌圖》收録8個。《廣韻》莊組共有3個假二等字，均未列入，有2個列於三等位，《廣韻》莊母位有「組」字，《指掌圖》空位。

三等：《指掌圖》列目爲馬，共2字。《指掌圖》將莊組2個假二等字，移到三等位元，按韻圖規制當列於二等。

四等：《指掌圖》列目爲馬，共1字。《廣韻》馬合四本無字，本圖將明母三等列入四等，三、四等混。

去聲

《指掌圖》列目爲一等過、二等禡。

一等：《指掌圖》列目爲過，共19字。《廣韻》過合一共19個小韻，《指掌圖》全部收録。其中非小韻首字1個：端母位『剁』，首字爲『桗』。

二等：《指掌圖》列目爲禡，共10字。《廣韻》禡合四共7個小韻，脣音4個，計11個小韻，《指掌圖》收録10個。非小韻首字1個：並母位『杷』，首字爲『皅』。《廣韻》見母有『坬，古罵切』，《指掌圖》空位。

入聲

《指掌圖》第十二圖入聲與第八圖入聲較相象。

一等：清母位第十二圖『柮』，當列此位，第八圖誤。

二等：明母位『傛』，爲小韻首字。

三等：溪母位『鱖』，爲小韻首字。明母位列『瞥，芳滅切』，爲重紐四等字，按韻圖規制當列於四等，但四等位已有脣韻字占位，因此列於三等，亦可歸入三、四等混。第十二圖未收輕脣音。

四等：第十二圖影母位空位。

等第	聲母	第十二圖	第八圖	合計
一等	清	柮	拙	1
二等	明	儚	儚	1
三等	溪	鱖	掘	6
	滂	瞥	○	
	非	○	髮	
	敷	○	怖	
	奉	○	伐	
	微	○	韈	
四等	影	○	抉	1

二、與《集韻》之對比

上一《指掌圖》定母位「隓」，該字在《集韻》中列「妥，他果切」下，爲透母字。定母小韻爲「惰，杜果切」，「惰」小韻下未見此字。在《廣韻》中爲小韻首字，與《廣韻》合。

上一《指掌圖》疑母位列「扼」，《集韻》有疑母音，與《集韻》合。

三、與《韻鏡》之對比

本圖對應《韻鏡》内轉第二十八合、外轉第三十合及内轉第二十九開的脣音。

上聲三等　《指掌圖》三等列兩字，《韻鏡》無三等字，該兩字均列於二等位。

上聲四等　《指掌圖》四等列一字，《韻鏡》無四等字。

入聲三等　《指掌圖》滂母位列「瞥」，該字在《韻鏡》中列於四等。

《指掌圖》與《韻鏡》空位對比，《指掌圖》有字而《韻鏡》無字的5個，《指掌圖》無字而《韻鏡》有字5個：

平三：（來）廳/○；平四：（明）咩/○；上四：（明）乜/○；入二：（影）婠/○；入三：

(禪)啜/○；上二：(莊)○/唑；(初)○/矬；(崇)○/葰；去二：(見)○/坬；入四：(來)○/劣。

《指掌圖》與《韻鏡》列字差異的20個：

平一：(來)騾/蠃；(滂)坡/頗；(定)牠/陀；(影)渦/倭；平二：(莊)髽/髽；平三：(溪)骫/骩；上一：(疑)姬/扼；(來)裸/躶；(心)鎖/鎖；去一：(心)鎖/鎖；(來)蠃/蠃；(端)剁/桗；去二(並)杷/杷；(匣)摦/吴；(滂)帊/怕；入一：(滂)鏺/潑；入三：(幫)笷/鼈；(群)鱖/鱖；入四：(幫)彃/鷩；(滂)擎/瞥。

本圖依《廣韻》小韻列字，《集韻》有而《廣韻》無，基本也不列入本圖。韻圖一、三等收《韻鏡》內轉第二十八合列字，二等收《韻鏡》外轉第三十合列字，本圖四等列字均不可取。另收有內轉第二十九開的脣音字，合于脣音基本列於合口的原則。

十三	見	溪	羣	疑	端	透	定	泥	知
平	剛	康	○	昂	當	湯	唐	囊	
	○	○	○	○					○
	薑	羌	彊	卬					張
	○	○	○	○	○	○	○	○	
上	䴚	慷	○	䭹	黨	儻	蕩	曩	
	○	○	○	○					○
	繦	𥓰	誩	仰					長
	○	○	○	○	○	○	○	○	
去	鋼	抗	○	枊	讜	儻	宕	儾	
	○	○	○	○					○
	彊	唴	弶	仰					帳
	○	○	○	○	○	○	○	○	
入	各	恪	○	咢	○	託	鐸	諾	
	○	○	○	○					○
	脚	却	噱	虐					勺
	○	○	○	○	○	○	○	○	

徹	澄	娘	幫	滂	並	明	非	敷	奉	微
			○	○	○	○				
○	○	○	○	○	○	○				
募	長	娘	○	○	○	○	○	○	○	○
			○	○	○	○				
			○	○	○	○				
○	○	○	○	○	○	○				
昶	丈	○	○	○	○	○	○	○	○	○
			○	○	○	○				
			○	○	○	○				
○	○	○	○	○	○	○				
悵	仗	釀	○	○	○	○	○	○	○	○
			○	○	○	○				
			○	○	○	○				
○	○	○	○	○	○	○				
㲋	著	逽	○	○	○	○	○	○	○	○
			○	○	○	○				

	精	清	從	心	斜	照	穿	牀	審
平	臧	倉	藏	桑	○				
						莊	瘡	牀	霜
						章	昌	○	商
	將	槍	牆	襄	祥				
上	駔	蒼	奘	顙	○				
						○	磢	○	爽
						掌	敞	○	掌
	奬	搶	蔣	想	像				
去	葬	[illegible]	藏	喪	○				
						壯	剏	狀	灀
						障	唱	○	餉
	醬	蹡	匠	相	○				
入	作	錯	昨	索	○				
						斮	擉	浞	朔
						灼	綽	○	爍
	雀	鵲	嚼	削	○				

韻	日	來	喻	匣	曉	影	禪
唐		郎	○	杭	炕	鴦	
陽		○	○	○	○	○	○
陽	穰	○	○	○	香	央	常
陽		良	陽	○	○	○	
蕩		朗	○	沆	汻	坱	
養		○	○	○	○	○	○
養	壤	○	○	○	響	鞅	上
養		兩	養	○	○	○	
宕		浪	○	吭	○	盎	
漾		○	○	○	○	○	○
漾	讓	○	○	○	向	怏	尚
漾		諒	漾	○	○	○	
鐸		落	○	涸	臛	惡	
覺		○	○	○	○	○	○
藥	若	○	○	○	謔	約	妁
藥		略	藥	○	○	○	

第十三圖

校：

1 平一見　剛　嚴氏本、《墨海金壺》本同，《等韻五種》本列字爲「岡」。剛，《廣韻》古郎切，《集韻》、真福寺本、毛氏《增韻》居郎切，見唐平開一宕；《韻鏡》内轉第三十一開，列字爲「剛」；《七音略》内轉三十四重中重，列字爲「岡」；《四聲等子》宕攝内五陽唐重多輕少韻江全重開口呼，列字爲「剛」；《切韻指南》《起數訣》見唐位列字爲「岡」。「岡」爲《廣韻》唐韻見母位小韻首字，下收有「剛」字。《等韻五種》本列「岡」字爲佳，宋本亦無誤。

2 平一溪　康　《廣韻》苦岡切，《集韻》、真福寺本、毛氏《增韻》丘岡切，溪唐平開一宕；《韻鏡》《七音略》溪唐位列字爲「穅」；《四聲等子》《切韻指南》溪唐位列字爲「康」。「康」爲《廣韻》唐韻溪母位小韻首字，列字以「康」爲佳，《指掌圖》是。

3 平一疑　昂　嚴氏本、《墨海金壺》本同，《等韻五種》本列字爲「卬」。昂，《廣韻》五剛切，《集韻》、真福寺本、毛氏《增韻》五剛切，疑唐平開一宕；《韻鏡》《四聲等子》《切韻指南》《起數訣》疑唐位列字爲「卬」。「卬」爲《廣韻》唐韻疑母位小韻首字，下收有「昂」字。《等韻五種》本列「卬」字爲佳，宋本亦無誤。

4　平一定　唐　《廣韻》、《集韻》、真福寺本、毛氏《增韻》徒郎切，定唐平開一宕；《韻鏡》定唐位列字爲「堂」；《七音略》定唐位列字爲「棠」；《四聲等子》《切韻指南》定唐位列字爲「唐」。「唐」爲《廣韻》唐韻定母位小韻首字，下收有「堂」「棠」二字。列字以「唐」爲佳，《指掌圖》是。

5　平一曉　炕　《廣韻》呼郎切，《集韻》虚郎切，曉唐平開一宕；《韻鏡》内轉第三十一開，列字爲「忼」；《七音略》内轉三十四重中重，列字爲「蚢」，《廣韻》胡郎切，平唐匣母，不當列於此位；《四聲等子》《切韻指南》列字均爲「炕」。「炕」爲《廣韻》唐韻曉母位小韻首字，下收有「忼」字。列字以「炕」爲佳，《指掌圖》是。

6　平一匣　杭　嚴氏本、《墨海金壺》本同，《等韻五種》本列字爲「航」。杭，《廣韻》胡郎切，《集韻》、真福寺本、毛氏《增韻》寒剛切，匣唐平開一宕；《韻鏡》《七音略》《四聲等子》《切韻指南》匣唐位列字均爲「航」；「航」爲《廣韻》唐韻匣母位小韻首字，下收有「杭」字。《等韻五種》本列「航」字爲佳，宋本亦無誤。

7　平二穿　瘡　《廣韻》、《集韻》、真福寺本、毛氏《增韻》初良切，初陽平開三宕；《韻鏡》内轉第三十一開，列字爲「瘡」；《七音略》内轉三十四重中重，列字爲「創」；《四聲等子》宕攝内五陽唐重多輕少韻江全重開口呼，列字爲『瘡』；《切韻指南》宕攝内五開口呼偏門，列字爲『創』。『創』爲《廣韻》陽韻初母位小韻首字，下收有『瘡』字，注『上同』。列字以『創』爲佳，《指掌圖》亦無誤。

8 平三溪　羌　古同『羌』字。羌，《廣韻》去羊切，《集韻》、真福寺本、毛氏《增韻》墟羊切，溪陽平開三宕；《韻鏡》内轉第三十一開，列字爲『羗』；《七音略》《四聲等子》《切韻指南》溪陽位列字爲『羌』。《廣韻》所收字形爲『羌』，《指掌圖》列『羗』當從《韻鏡》。列字亦無誤，校改爲『羌』字更佳。

9 平三群　彊　嚴氏本、《墨海金壺》本同，《等韻五種》本列字爲『強』。彊，《廣韻》巨良切，《集韻》、真福寺本、毛氏《增韻》渠良切，群陽平開三宕；《韻鏡》《四聲等子》群陽位列字爲『强』；《七音略》内轉三十四重中重，列字爲『彊』；《切韻指南》群陽位列字爲『强』。『强』爲《廣韻》陽韻群母位小韻首字，下收有『彊』字。《等韻五種》本列『强』字爲佳，宋本亦無誤。

10 平三疑　卬　《廣韻》五剛切，疑唐平開一宕；《集韻》魚殃切，疑陽平開三宕；《韻鏡》《七音略》《四聲等子》宕攝内五陽唐重多輕少韻江全重開口呼，列字爲『卬』；《切韻指南》宕攝内五開口呼偏門，列字爲『卬』。『卬』在《廣韻》中列於唐韻，注音中有又音『魚兩切』，《集韻》列於陽韻。疑母三等位列『卬』字，當從《集韻》。《指掌圖》亦無誤。

11 平三徹　募　此字當爲「䓮」刊刻誤。「䓮」，《廣韻》褚羊切，《集韻》、真福寺本、毛氏《增韻》抽良切，徹陽平開三宕；《韻鏡》《七音略》徹陽位列字爲「倀」；《四聲等子》徹陽位列字爲「萇」；《切韻指南》宕攝内五開口呼侷門，列字爲「䓮」。「䓮」爲《廣韻》陽韻徹母位小韻首字，下收有「倀」字。列字以「䓮」爲佳，《指掌圖》列字形訛，當校改爲「䓮」。

12 平三娘　娘　《廣韻》女良切，《集韻》、毛氏《增韻》尼良切，娘陽平開三宕；《韻鏡》《七音略》《切韻指南》《起數訣》娘陽位列字爲「孃」。「孃」爲《廣韻》陽韻娘母位小韻首字，下收有「娘」字。列字以「孃」爲佳，《指掌圖》亦無誤。

13 平三審　商　《廣韻》式羊切，《集韻》、真福寺本、毛氏《增韻》屍羊切，書陽平開三宕；《韻鏡》内轉第三十一開，列字爲「商」，《集韻》施隻切，入昔書母；《七音略》内轉三十四重中重，列字爲「商」；《四聲等子》、《切韻指南》列字均爲「商」。「商」爲《廣韻》陽韻書母位小韻首字，《韻鏡》列字爲「商」之刊刻誤字，《指掌圖》是。

14 平三喻　〇　《廣韻》《集韻》陽韻均無云母字；《韻鏡》内轉第三十一開，列字爲「羊」，《廣韻》與章切，平陽以母，當列於喻四位，不合於此位。《韻鏡》誤。《七音略》《四聲等子》《切韻指南》喻三位均空位。《指掌圖》空位是。

15 平三來　〇　《廣韻》《集韻》陽韻來母三等位均有「良，呂張切」，來陽平開三宕；《韻鏡》《七音略》《四聲等子》《切韻指南》均列於三等位。《指掌圖》誤，當校補「良」字。

16 平四精　將　《廣韻》即良切，《集韻》、真福寺本、毛氏《增韻》資良切，精陽平開三宕；《韻鏡》内轉第三十一開，列字爲「將」；《七音略》内轉三十四重中重，列字爲「蔣」；《四聲等子》《切韻指南》列字爲「將」。「將」爲《廣韻》陽韻精母位小韻首字，下收有「蔣」字。列字以「將」爲佳，《指掌圖》是。

17 平四清　槍　嚴氏本、《墨海金壺》本同，《等韻五種》本列字爲「鏘」。槍，《廣韻》七羊切，《集韻》、真福寺本、毛氏《增韻》千羊切，清陽平開三宕；《韻鏡》《七音略》《起數訣》清陽位列字爲「鏘」；《四聲等子》《切韻指南》列字爲「槍」。「鏘」爲《廣韻》陽韻清母位小韻首字，下收有「槍」字。《等韻五種》本列「鏘」字爲佳，宋本亦無誤。

18 平四心　襄　《廣韻》息良切，《集韻》、真福寺本、毛氏《增韻》思將切，心陽平開三宕；《韻鏡》内轉第三十一開，列字爲「相」；《七音略》内轉三十四重中重，列字爲「襄」；《四聲等子》《切韻指南》心陽位列字爲「襄」。「襄」爲《廣韻》陽韻心母位小韻首字，下收有「相」字。列字以「襄」爲佳，《指掌圖》是。

19 平四斜　祥　嚴氏本、《墨海金壺》本同，《等韻五種》本列字爲「詳」。祥，《廣韻》似羊切，《集韻》、真福寺本、毛氏《增韻》徐羊切，邪陽平開三宕；《韻鏡》《七音略》《四聲等子》《切韻指南》《起數訣》邪陽位列字爲「詳」。「詳」爲《廣韻》陽韻邪母位小韻首字，下收有「祥」字。《等韻五種》本列「詳」字爲佳，宋本亦無誤。

20 平四來 良 《廣韻》《集韻》呂張切，真福寺本、毛氏《增韻》龍張切，來陽平開三宕。諸韻圖均列於三等位，《指掌圖》誤，當校删。

21 上一疑 駠 《廣韻》五朗切，《集韻》語朗切，真福寺本、毛氏《增韻》語吭切，疑蕩上開一宕；《韻鏡》内轉第三十一開，列字爲「駠」；《七音略》内轉三十四重中重，列字爲「駠」；《四聲等子》《切韻指南》列字均爲「駠」。《韻鏡》列「駠」爲刊刻之誤，《指掌圖》是。

22 上一透 儻 嚴氏本、《墨海金壺》本同，《等韻五種》本列字爲「曭」。儻，《廣韻》他朗切，《集韻》坦朗切，真福寺本、毛氏《增韻》他朗切，透蕩上開一宕；《韻鏡》内轉第三十一開，列字爲「儻」；《七音略》《切韻指南》透蕩位列字爲「曭」；《四聲等子》透蕩位列字爲「矘」。「曭」爲《廣韻》透母位小韻首字，下收有「儻」「曭」「矘」三字。《等韻五種》本列「曭」字爲佳，宋本亦無誤。

23 上一從 奘 《廣韻》徂朗切，《集韻》在朗切，真福寺本、毛氏《增韻》在黨切，從蕩上開一宕；《韻鏡》空位；《七音略》内轉三十四重中重，列字爲「奘」；《四聲等子》《切韻指南》《起數訣》從蕩位列字均爲「奘」。「奘」爲《廣韻》蕩韻從母位小韻首字，《韻鏡》空位誤，《指掌圖》是。

24 上一影 坱 《廣韻》烏朗切，《集韻》倚朗切，真福寺本、毛氏《增韻》倚黨切，影蕩上開一宕；《韻鏡》内轉第三十一開，列字爲「泱」；《七音略》内轉三十四重中重，列字爲「坱」；

《四聲等子》影蕩位列字爲『炕』,《廣韻》苦朗切,上蕩溪母;《切韻指南》《起數訣》影蕩位列字爲『坱』。《四聲等子》列『炕』字誤。『坱』爲《廣韻》蕩韻影母位小韻首字,下收有『泱』字。列字以『坱』爲佳,《指掌圖》是。

25 上三溪　磃　《廣韻》養韻溪母位無字;《韻鏡》空位;《七音略》内轉三十四重中重,列字爲『𥓘』;《四聲等子》《切韻指南》溪養位列字均爲『𥓘』。『𥓘』,《集韻》丘仰切,羌上聲。《指掌圖》依《集韻》,列字當爲『𥓘』刊刻之誤,當校改爲『𥓘』。

26 上三群　誩　嚴氏本、《墨海金壺》本同,《等韻五種》本列字爲『勥』。誩,《廣韻》其兩切,《集韻》、真福寺本、毛氏《增韻》巨兩切,群養上開三宕;《韻鏡》《四聲等子》《切韻指南》群養位列字爲『勥』;《七音略》群養位列字爲『強』;《起數訣》群養位列字爲『彊』。『勥』爲《廣韻》蕩韻群母位小韻首字,下收有『誩』字,另有『彊』字,注中有『或作强』。《等韻五種》本列『勥』字爲佳,宋本亦無誤。

27 上三娘　○　《廣韻》《集韻》養韻均無娘母字;《韻鏡》《四聲等子》《切韻指南》空位;《七音略》内轉三十四重中重,列字爲『孃』,《康熙字典》:『《集韻》汝兩切,音壤。』爲日母字,不當列於娘母位。《指掌圖》依《廣韻》,空位是。

28 上三審　掌　嚴氏本、《墨海金壺》本、《等韻五種》本列字爲『賞』。掌,《廣韻》諸兩切,《集韻》、真福寺本、毛氏《增韻》止兩切,章養上開三宕;《韻鏡》内轉第三十一開,書母位列字爲『賞』；《七音略》内轉三十四重中重，書母位列字爲『賞』；《四聲等子》《切韻指南》《起數訣》書母位列字均爲『賞』。賞，《廣韻》書兩切，《集韻》、真福寺本、毛氏《增韻》始兩切，書養上開三宕。『賞』爲《廣韻》養韻書母位小韻首字，《等韻五種》本列『賞』字爲佳，宋本當爲刊刻之誤，當校改爲『賞』。

29 上三曉　饗《廣韻》、《集韻》、真福寺本、毛氏《增韻》許兩切，曉養上開三宕；《韻鏡》《七音略》《切韻指南》曉養位列字爲『響』；《四聲等子》曉養位列字爲『嚮』。『響』爲《廣韻》養韻曉母位小韻首字，下收有『饗』字。列字以『響』爲佳，《指掌圖》亦無誤。

30 上三來 ○ 《廣韻》《集韻》養韻來母位列字爲『兩』。兩，《廣韻》良奬切，《集韻》、真福寺本、毛氏《增韻》里養切，來養上開三宕；《韻鏡》内轉第三十一開，在三等位上列字爲『兩』；《七音略》内轉三十四重中重，在三等位上列字爲『兩』；《四聲等子》《切韻指南》均在三等位列『兩』字。《指掌圖》將『兩』字列於四等誤，此處當校補『兩』字。

31 上三日　壤《廣韻》如兩切，《集韻》汝兩切，日養上開三宕；《韻鏡》内轉第三十一開，列字爲『攘』；《七音略》内轉三十四重中重，列字爲『壤』；《四聲等子》宕攝内五陽唐重多輕少韻江全重開口呼，列字爲『攘』；《切韻指南》日養位列字爲『攘』。『壤』爲《廣韻》養韻日母小韻首字，下列有『攘』字。列字以『壤』爲佳，《指掌圖》是。

32 上四精　奨《廣韻》即兩切，《集韻》、真福寺本、毛氏《增韻》子兩切，精養上開三宕；《韻鏡》內轉第三十一開，列字爲『獎』；《七音略》精位列字爲『蔣』；《四聲等子》《起數訣》精養位列字爲『獎』；《切韻指南》精養位列字爲『奬』。『奬』爲《廣韻》養韻精母位小韻首字，下收有『獎』『蔣』二字。列字以『奬』爲佳，《指掌圖》亦無誤。

33 上四從　蔣　《集韻》在兩切，從養上開三宕；《韻鏡》《七音略》空位；《四聲等子》《切韻指南》《起數訣》從養位列字爲『蔣』，從《集韻》。蔣，《廣韻》子羊切，精母字，不當列於此位。《指掌圖》從《集韻》列『蔣』字亦無誤。

34 上四斜　像　《廣韻》徐兩切，《集韻》、真福寺本、毛氏《增韻》似兩切，邪養上開三宕；《韻鏡》內轉第三十一開，列字爲『像』；《七音略》《四聲等子》《起數訣》邪養位列字爲『象』；《切韻指南》列字爲『像』。『像』爲《廣韻》養韻邪母位小韻首字，下收有『象』字。列字以『像』爲佳，《指掌圖》是。

35 上四來　兩　《廣韻》良獎切，《集韻》、真福寺本、毛氏《增韻》里養切，來養上開三宕。諸韻圖皆列於三等位，《指掌圖》誤，當校删。

36 去一端　讜　嚴氏本同，《墨海金壺》本、《等韻五種》本列字爲『譡』。讜，《廣韻》多朗切，上蕩端母；《集韻》、毛氏《增韻》丁浪切，端宕去開一宕；《韻鏡》《七音略》端宕位列字爲『譡』；《四聲等子》宕攝內五陽唐重多輕少韻江全重開口呼，列字爲『讜』；《切韻指南》宕攝內五開口呼侷門，列字爲『譡』；《起數訣》端宕位列字爲『當』。『譡』爲《廣韻》宕韻端母位小韻首字，《墨海金壺》本、《等韻五種》本列「譡」字爲佳，宋本依《集韻》雖亦可，但因「讜」在《廣韻》中爲上聲字，當校改爲「譡」字。

37 去一清 𥢶 《集韻》七浪切，清宕去開一宕；《韻鏡》內轉第三十一開，列字爲「𥢶」；《七音略》清宕位列字爲「槍」，《廣韻》七羊切，平陽清母，不當列於此位；《四聲等子》清宕位列字爲「𥢶」；《切韻指南》清宕位列字爲「𥢶」；《起數訣》清宕位列字爲「䢢」。《廣韻》宕韻清母位無字，《集韻》小韻首字爲「𥢶」，下收有「䢢」字，《指掌圖》依《廣韻》，亦無誤。

38 去一影 盎 嚴氏本、《等韻五種》本同，《墨海金壺》本空位。盎，《廣韻》烏浪切，《集韻》、毛氏《增韻》於浪切，影宕去開一宕；《韻鏡》《七音略》《四聲等子》《切韻指南》《起數訣》影宕位均列「盎」字。《指掌圖》《墨海金壺》本空位誤，宋本是。

39 去一匣 吭 嚴氏本、《等韻五種》本同，《墨海金壺》本空位。吭，《廣韻》、《集韻》、毛氏《增韻》下浪切，匣宕去開一宕；《韻鏡》《七音略》《切韻指南》匣宕位列字爲「吭」；《四聲等子》匣宕位列字爲「行」。「吭」爲《廣韻》宕韻匣母位小韻首字，下收有「行」字。《墨海金壺》本空位誤，宋本是。

40 去一來 浪 嚴氏本、《等韻五種》本同，《墨海金壺》本空位。浪，《廣韻》來宕切，《集韻》、毛氏《增韻》郎宕切，來宕去開一宕；《韻鏡》《七音略》《四聲等子》《切韻指南》《起數訣》來宕位均列「浪」字。《墨海金壺》本空位誤，宋本是。

41 去二穿 刱 《廣韻》初亮切，《集韻》楚亮切，毛氏《增韻》楚創切，初漾去開三宕；《韻鏡》《七音略》《切韻指南》初漾列字爲『刱』；《四聲等子》《起數訣》初漾位列字爲『創』。『刱』爲《廣韻》漾韻初母位小韻首字，下收有『創』字。列字以『刱』爲佳，《指掌圖》是。

42 去二審 灀 《字彙》色壯切，生漾去開三宕；《韻鏡》空位；《七音略》内轉三十四重中重，列字爲『灀』；《四聲等子》生漾位列字爲『孀』；《切韻指南》《起數訣》生漾位列字爲『霜』。『灀』在《集韻》『霜』字下，注『或作灀』，『霜』小韻下收有『孀』字。《韻鏡》依《廣韻》空位，其他韻圖依《集韻》列『霜』『灀』『孀』字。《指掌圖》從《集韻》，亦無誤。

43 去三見 彊 《廣韻》《集韻》居亮切，見漾去開三宕；《韻鏡》内轉第三十一開，列字爲『彊』；《七音略》内轉三十四重中重，列字爲『疆』，《廣韻》居良切，平陽見母；《集韻》巨兩切，上養群母，均不當列於此位；《四聲等子》見漾位列字爲『殭』，《廣韻》居良切，平陽見母，也不當列於去聲位；《切韻指南》見漾位列字爲『彊』；《起數訣》見漾位列字爲『畺』。《七音略》《四聲等子》均誤。『彊』爲《廣韻》漾韻見母位小韻首字，《集韻》『彊』小韻下收有『畺』字。列字以『彊』爲佳，《指掌圖》是。

44 去三溪 嗴 《廣韻》《集韻》丘亮切，溪漾去開三宕；《韻鏡》内轉第三十一開，列字爲『嗴』；《七音略》内轉三十四重中重，列字爲『唴』；《四聲等子》《切韻指南》溪漾位列字爲『唴』。『唴』爲《廣韻》漾韻溪母位小韻首字，亦有版本作『嗴』字。列字以『唴』爲佳，宋本亦無誤。

45 去三群 弶 《廣韻》、《集韻》、毛氏《增韻》其亮切，群漾去開三宕；《韻鏡》群漾位列字爲「強」；《七音略》内轉三十四重中重，列字爲「弶」；《四聲等子》群漾位列字爲「强」；《切韻指南》《起數訣》群漾位列字爲「弶」。「强」，《廣韻》巨良切，平陽群母；《集韻》巨兩切，上養群母。均不當列於此位。《韻鏡》《四聲等子》誤。「弶」爲《廣韻》漾韻群母位小韻首字，列字以「弶」爲佳，《指掌圖》是。

46 去三疑 仰 嚴氏本、《墨海金壺》本同，《等韻五種》本列字爲「軻」。仰，《廣韻》、《集韻》、毛氏《增韻》魚向切，疑漾去開三宕；《韻鏡》《七音略》《切韻指南》《起數訣》疑漾位列字爲「軻」；《四聲等子》疑漾位列字爲「輾」。「軻」爲《廣韻》漾韻疑母位小韻首字，下收有「仰」字。《等韻五種》本列「軻」字爲佳，宋本亦無誤。

47 去三知 悵 《廣韻》、《集韻》、毛氏《增韻》丑亮切，徹漾去開三宕；《韻鏡》《四聲等子》《切韻指南》《起數訣》知漾位列字均爲「帳」。《七音略》知漾位列字爲「悵」。《廣韻》《集韻》漾韻知母位均爲「帳，知亮切」，徹母位有「悵，丑亮切」。《七音略》《指掌圖》在徹母位列「悵」字，知母位列「悵」字誤，當校改爲「帳」。

48 去三徹 悵 《廣韻》、《集韻》、毛氏《增韻》丑亮切，徹漾去開三宕；《韻鏡》《四聲等子》徹漾位列字爲「暢」；《七音略》徹漾位列字爲「帳」；《切韻指南》《起數訣》徹漾位列字爲「悵」。

《七音略》列「帳」字誤，當校改爲「悵」字。「悵」爲《廣韻》漾韻徹母位小韻首字，下收有「暢」字。列字以「悵」爲佳，《指掌圖》是。

49 去三來 ◯ 《廣韻》《集韻》漾韻來母有「亮」小韻。亮，《廣韻》《集韻》力讓切，毛氏《增韻》力仗切，來漾去開三宕；《韻鏡》《切韻指南》來陽位列字爲「亮」；《七音略》《四聲等子》《起數訣》來漾位列字爲「諒」。「亮」爲《廣韻》漾韻來母位小韻首字，下收有「諒」字。《指掌圖》列「諒」字於四等來母位，誤，此位當校補「亮」字。

50 去四來 諒 嚴氏本、《墨海金壺》本同，《等韻五種》本列字爲「亮」。諒，《廣韻》力讓切，《集韻》力讓切，毛氏《增韻》力仗切，來漾去開三宕；《韻鏡》《七音略》《切韻指南》在來母三等位，列字爲「亮」；《四聲等子》《起數訣》在來母三等位，列字爲「諒」。《指掌圖》在四等位列來母字，誤，當校刪。

本圖入聲與第一圖入聲較接近，除版本差異外，衹列不同處。

51 入一疑 咢 《廣韻》五各切，《集韻》、真福寺本、毛氏《增韻》逆各切，疑鐸入開一宕；《韻鏡》疑鐸位列字爲「愕」；《七音略》空位；《四聲等子》《切韻指南》疑鐸位列字爲「咢」。「咢」爲《廣韻》鐸韻疑母位小韻首字，下收有「愕」。列字以「咢」爲佳，《指掌圖》亦無誤。

52 入一端〇《廣韻》鐸韻端母無字；《集韻》有「沰，當各切」；沰，《集韻》當各切，入鐸端母。《韻鏡》空位；《七音略》内轉三十四重中重，列字爲「沰」；《四聲等子》《切韻指南》端鐸位列字均爲「沰」。此三圖從《集韻》。《指掌圖》從《廣韻》空位，與《韻鏡》同，亦無誤。

53 入一幫〇第一圖列「博」字。第一圖爲獨韻韻圖，本圖爲開口圖。《指掌圖》脣音基本列於合口圖，故本圖空位。

54 入一滂〇第一圖列「粨」字。第一圖爲獨韻韻圖，本圖爲開口圖。《指掌圖》脣音基本列於合口圖，故本圖空位。

55 入一並〇第一圖列「泊」字。第一圖爲獨韻韻圖，本圖爲開口圖。《指掌圖》脣音基本列於合口圖，故本圖空位。

56 入一明〇第一圖列「莫」字。第一圖爲獨韻韻圖，本圖爲開口圖。《指掌圖》脣音基本列於合口圖，故本圖空位。

57 入一曉　膗　第一圖列字爲「膗」。膗，《廣韻》仕懷切，平皆崇母，不當列於此位，該字爲「臛」字之誤。臛，《廣韻》呵各切，《集韻》、真福寺本、毛氏《增韻》黑各切，曉鐸入開一宕；《韻鏡》曉鐸位列字爲「臛」，《廣韻》火酷切，入沃曉母，不當列於鐸韻；《七音略》曉鐸位列字爲「膗」；《四聲等子》曉鐸位列字爲「郝」；《切韻指南》曉鐸位列字爲「臛」。「膗」爲《廣韻》鐸韻曉母位小韻首字，下收有「臛」「郝」二字。《韻鏡》列「臛」字當爲「曤」字之誤。《指掌圖》列「臛」字爲形誤，當校改爲「臛」。

58 入二照　斮　第一圖列字爲「捉」。斮，《廣韻》、《集韻》、真福寺本、毛氏《增韻》側角切，莊覺入開二江；《韻鏡》《七音略》《四聲等子》《切韻指南》莊覺位列字均爲「斮」；《起數訣》莊覺位列字爲「捉」。「捉」爲《廣韻》覺韻莊母位小韻首字，下收有「斮」字。「斮」又爲《廣韻》藥韻章母位小韻首字。本圖列目爲覺，列覺韻「捉」字更佳。

59 入二穿　擉　嚴氏本、《墨海金壺》本同，《等韻五種》本列字爲「娖」。第一圖列字爲「娖」。擉，《廣韻》、《集韻》、真福寺本、毛氏《增韻》測角切，初覺入開二江；《韻鏡》外轉第三開合、《七音略》外轉第三重中重，初覺位列字爲「娖」；《四聲等子》《切韻指南》空位。「娖」爲《廣韻》覺韻初母位小韻首字，下收有「擉」字。《等韻五種》本列「娖」字爲佳，宋本亦無誤。

60 入二牀　浞　《廣韻》士角切，《集韻》、真福寺本、毛氏《增韻》仕角切，崇覺入開二江；《韻鏡》外轉第三開合，列字爲「浞」；《七音略》外轉第三重中重，列字爲「浞」；《四聲等子》《切韻指南》崇覺位列字爲「斮」，《集韻》士略切，崇母藥韻。「浞」爲《廣韻》覺韻牀母位小韻首字，且《指掌圖》列目爲覺。列字以「浞」爲佳，《指掌圖》是。

61 入二審　朔　《廣韻》所角切，《集韻》、真福寺本、毛氏《增韻》色角切，生覺入開二江；《韻鏡》《七音略》生覺位列字爲「朔」；《四聲等子》《切韻指南》空位。「朔」爲《廣韻》覺韻生母位小韻首字，《指掌圖》是。

62 入三溪 却 《廣韻》去約切，《集韻》、真福寺本、毛氏《增韻》乞約切，溪藥入開三宕；《韻鏡》内轉第三十一開，列字爲『郤』；《七音略》内轉三十四重中重，列字爲『却』；《四聲等子》《切韻指南》溪藥位列字爲『卻』；《起數訣》溪藥位列字爲『郤』。《韻鏡》《起數訣》列『郤』字，《廣韻》綺戟切，入陌溪母，不當列於此位，當爲『卻』字之誤。『卻』爲《廣韻》藥韻溪母位小韻首字，『却』爲其俗字。列字以『卻』爲佳，《指掌圖》列俗體，亦無誤。

63 入三群 噱 《廣韻》其虐切，《集韻》、真福寺本、毛氏《增韻》极虐切，群藥入開三宕；《韻鏡》内轉第三十一開，列字爲『嚎』，當爲『噱』之形誤；《七音略》《四聲等子》《切韻指南》《起數訣》群藥位列字均爲『噱』。『噱』爲《廣韻》群母位小韻首字，《指掌圖》是。

64 入三知 勺 《廣韻》之若切，章藥入開三宕；《集韻》、真福寺本、毛氏《增韻》陟略切，知藥入開三宕；《韻鏡》知藥位列字爲『芶』，爲『芍』字誤；《七音略》《四聲等子》《切韻指南》知藥位列字爲『芍』。第一圖列字爲『芍』。『芍』爲《廣韻》藥韻知母位小韻首字，『勺』在《廣韻》中爲章母字，列字以『芍』爲佳，本圖當校改爲『芍』，如第一圖。

65 入三徹 㲋 《廣韻》丑略切，《集韻》、真福寺本、毛氏《增韻》勑略切，徹藥入開三宕；《韻鏡》《七音略》《四聲等子》《起數訣》徹藥位列字爲『辵』；《切韻指南》宕攝内五開口呼侷門，徹藥位列字爲『㲋』。『㲋』爲《廣韻》藥韻徹母位小韻首字，下收有『辵』字。列字以『㲋』爲佳，《指掌圖》是。

66 入三審　爍　《廣韻》書藥切，《集韻》、真福寺本、毛氏《增韻》式灼切，書藥入開三宕；《韻鏡》《七音略》書藥位列字爲『鑠』；《四聲等子》《切韻指南》書藥位列字爲『爍』；《起數訣》書藥位列字爲『纅』。『爍』爲《廣韻》藥韻書母位小韻首字，下收有『鑠』『纅』二字。列字以『爍』爲佳，《指掌圖》是。

67 入三禪　妁　《廣韻》市若切，禪藥入開三宕；《集韻》、真福寺本、毛氏《增韻》實若切，船藥入開三宕；《韻鏡》内轉第三十一開，在禪母位列『杓』；《七音略》内轉三十四重中重，在禪母位列『妁』；《四聲等子》宕攝内五陽唐重多輕少韻江全重開口呼，禪藥位列字爲『杓』；《切韻指南》宕攝内五開口呼侷門，禪藥位列字爲『妁』；《起數訣》禪藥位列字爲『杓』。『妁』爲《廣韻》藥韻禪母位小韻首字，下收有『杓』字。列字以『妁』爲佳。《指掌圖》從《廣韻》是。

68 入三來　○　本圖空位，第一圖列字爲『略』。《廣韻》《集韻》藥韻來母有『略』字。略，《廣韻》離灼切，《集韻》、真福寺本、毛氏《增韻》力灼切，來藥入開三宕；《韻鏡》内轉第三十一開，三等位列字爲『略』；《七音略》内轉三十四重中重，三等位列字爲『略』；《四聲等子》《切韻指南》《起數訣》來藥三等位均列『略』字。『略』爲《廣韻》藥韻來母位小韻首字，《指掌圖》空位誤，當校補『略』字。

69 入三日　若　《廣韻》而灼切，《集韻》、真福寺本、毛氏《增韻》日灼切，日藥入開三宕；《韻鏡》《七音略》《起數訣》曰藥位列字爲『弱』；《四聲等子》《切韻指南》曰藥位列字爲『若』。『若』爲《廣韻》藥韻日母位小韻首字，下收有『弱』字。列字以『若』爲佳，《指掌圖》是。

70 入四精　雀　嚴氏本、《墨海金壺》本同，《等韻五種》本列字爲『爵』。雀，《廣韻》即略切，《集韻》、真福寺本、毛氏《增韻》即約切，精藥入開三宕；《韻鏡》《七音略》《切韻指南》精藥位列字爲『爵』；《四聲等子》精藥位列字爲『雀』。『爵』爲《廣韻》藥韻精母位小韻首字，下收有『雀』字。列字以『爵』爲佳，《指掌圖》亦無誤。

71 入四從　嚼　嚴氏本、《墨海金壺》本同，《等韻五種》本列字爲『嚼』。嚼，《廣韻》在爵切，《集韻》、真福寺本、毛氏《增韻》疾雀切，從藥入開三宕；《韻鏡》《七音略》《四聲等子》從藥位列字爲『嚼』；《切韻指南》從藥位列字爲『嚼』。『嚼』爲《廣韻》藥韻從母位小韻首字，下收有『嚼』字。《等韻五種》本列『嚼』字爲佳，宋本亦無誤。

72 入四來　略　嚴氏本、《等韻五種》本同，《墨海金壺》本列字爲『畧』。第一圖空位。略，《廣韻》離灼切，《集韻》、真福寺本、毛氏《增韻》力灼切，來藥入開三宕；諸韻圖均列於三等位，《指掌圖》諸本皆誤，當校删。第一圖是。

【釋】

一、與《廣韻》之對比

平聲

《指掌圖》列目爲一等唐，二、三、四等陽。

一等：《指掌圖》列目爲唐，共15字。《廣韻》唐開一共19個小韻，《指掌圖》收録15個，其中非小韻首字3個：見母位「剛」、疑母位「昂」、匣母位「杭」，首字分别爲「岡」「卬」「航」。4個未取小韻均爲合口。

二等：《指掌圖》列目爲陽，共4字。《廣韻》陽開二共4個小韻，《指掌圖》全部收録，其中非小韻首字1個：初母位「瘡」，首字爲「創」。

三等：《指掌圖》列目爲陽，共15字。《廣韻》陽開三共19個小韻，《指掌圖》取14個，其中非小韻首字2個：群母位「彊」、娘母位「娘」，首字分别爲「强」「孃」。另有疑母位「卬」。《廣韻》陽開三中無疑母小韻，此字本在「唐」小韻下，注音中有又音「卬，魚兩切」，故「卬」列此位無誤。《指掌圖》溪母位列「羗」，當爲《廣韻》「羌」，爲書寫誤。來母字「良，吕張切」，本爲三等字，入四等，三、四等混。

四等：《指掌圖》列目爲陽，共7字。《廣韻》陽開四共6個小韻，《指掌圖》全部收録，其中非小韻首字1個：清母位「槍」，首字爲「鏘」。

上聲

《指掌圖》列目爲一等蕩，二、三、四等養。

一等：《指掌圖》列目爲蕩，共15字。《廣韻》蕩開一共18個小韻，《指掌圖》取15個，其中非小韻首字1個：透母位「儻」，首字爲「曭」。3個未取小韻爲脣音字。

二等：《指掌圖》列目爲養，共2字。《廣韻》養開二共2個小韻，全部收録。

三等：《指掌圖》列目爲養，共14字。《廣韻》養開三共17個小韻，《指掌圖》收録13個，脣音字未收。非小韻首字2個：曉母位「饗」、群母位「誩」，首字分別爲「響」「勥」。《指掌圖》中章母、書母位均列「掌」字，書母位當爲《廣韻》中的「賞，書兩切」。來母位「兩，良獎切」，本爲三等字，入四等，三、四等混。

四等：《指掌圖》列目爲養，共7字。《廣韻》養開四共6個小韻，《指掌圖》收録5個，其中非小韻首字1個：精母位「獎」，首字爲「奬」。《指掌圖》從母位列「蔣」，該字在《廣韻》精母小韻下，又音爲「子羊切」，亦爲精母，列於從母，與《廣韻》不合。校注時修正。

去聲

《指掌圖》列目爲一等宕，二、三、四等漾。

一等：《指掌圖》列目爲宕，共14字。《廣韻》宕開一共16個小韻，《指掌圖》取12個。《廣韻》端母位「譡，丁浪切」，《指掌圖》該位列「讜」，當爲此字。《指掌圖》清母位「稖」，《廣韻》未收。

二等：《指掌圖》列目爲漾，共4字。《廣韻》漾開三共3個小韻，《指掌圖》全部收録。《指掌圖》生母位「灀」，《廣韻》未收。

三等：《指掌圖》列目爲漾，共15字。《廣韻》漾開三共20個小韻，《指掌圖》取14個，其中非小韻首字1個：疑母位「仰」，首字爲「軜」。另知母位《指掌圖》列「悵」，「悵」爲徹母字，已列於徹母，《廣韻》知母位爲「帳」，當爲此字誤。來母位「諒」本爲三等字，入四等，三、四等混。

四等：《指掌圖》列目爲漾，共6字。《廣韻》漾開四共5個小韻，《指掌圖》全部收録。另有1個三等字「諒」，爲非小韻首字，首字爲「亮」。

入聲

《指掌圖》列目爲一等鐸、二等覺、三等藥、四等藥。第十三圖入聲與第一圖入聲較爲相近。

等第	聲母	第十三圖	第一圖	合計
一等	曉	朧	斮	1
二等	莊(衹收莊系字)	斮	捉	2
	初(全部收録)	擉	娖	
三等	知	勺	芍	2
	來	○	略	
四等	來	略	○	1

一等：《指掌圖》列目爲鐸，共 18 字。《廣韻》鐸韻共有 26 個小韻，開口 18 個，合口 8 個。《指掌圖》收録了 18 個開口小韻，曉母位『朧』，應爲『膗』字誤。

二等：《指掌圖》列目爲覺。《廣韻》覺韻共有 19 個小韻，本圖衹收録了 4 個莊系字，其中非小韻首字 2 個：莊母位『斮』、初母位『擉』，首字分别爲『捉』『娖』。在《廣韻》中，覺韻全韻爲合口，《指掌圖》以之配第一圖獨韻，又以之配第十三圖開口圖，似乎作者亦無法判斷其開合，第十三圖列莊系二等，可能是根據最大列字原則湊足四等，也可能是作者方音中覺韻的開合尚未分化。

三等：《指掌圖》列目爲藥，共 15 字。《廣韻》藥韻三等共有 18 個開口小韻，《指掌圖》取 15 個。來母位『略，離灼切』本爲三等字，列入四等，三、四等混。另有非小韻首字 1 個：知母位「勺」，首字爲「芍」。

四等：《指掌圖》列目爲藥，共6字。《廣韻》藥韻四等共有5個開口小韻，《指掌圖》全部收録，其中非小韻首字1個。《指掌圖》從母位列「嚼」，《廣韻》小韻首字爲「皭」。另來母位有三等字列入。

二、與《集韻》之對比

上三溪母位「𥓏」，《廣韻》未收，此處合《集韻》。

三、與《韻鏡》之對比

本圖對應《韻鏡》内轉第三十一開合與外轉第三開合(入聲覺)。

平聲四等 《指掌圖》來母位列「良」，《韻鏡》中爲三等。

上聲一等 《指掌圖》疑母位列「卬」，該字在《韻鏡》中列於一等唐疑母位。

上聲四等 《指掌圖》來母位列「兩」，《韻鏡》中爲三等。

去聲四等 《指掌圖》來母位列「諒」，《韻鏡》中爲三等。

《指掌圖》與《韻鏡》空位對比，《指掌圖》有字《韻鏡》而無字6個，《指掌圖》無字而《韻鏡》有字4個：

平三：（疑）卬/〇；上一：（從）奘/〇；上三：（溪）磫/〇；上四：（從）蔣/〇；去一：（端）讜/〇；去二：（生）灀/〇；平三：（喻三）〇/羊；（來）〇/良；上三：（來）〇/兩；去三：（來）〇/亮。

《指掌圖》與《韻鏡》列字差異34個：

平一：（來）郎/航；（溪）康/穅；（定）唐/堂；（匣）杭/忼；（疑）昂/卬；平三：（書）商/商；（徹）募/倀；（娘）娘/孃；（群）彊/强；平四：（清）槍/鏘；（心）襄/相；（邪）祥/詳；上一：（疑）駉/駠；（影）坱/泱；上三：（群）誩/勥；（日）壤/攘；去一：（端）讜/讜；去二：（初）𢪃/𢪃；去三：（徹）悵/暢；（疑）仰/軻；（群）弶/强；（知）悵/帳；去四：（來）諒/亮；入一：（疑）咢/愕；（曉）臛/矐；入二：（初）擉/娖；（莊）斮/捉；入三：（群）噱/噱；（禪）妁/杓；（徹）皀/辵；（章）灼/芍；（日）若/弱；（書）爍/鑠；（溪）卻/郤。

另，本圖對應《七音略》内轉三十四重中重。

本圖主要收録宕攝開口字，平、上、去均爲宕攝舒聲字，入聲收録了宕入字，並有部分江入字，在二等位。江入並未完全收入，衹收入少數。在韻圖上，基於《韻鏡》内轉第三十一開，因其二等位空位。覺韻本爲合口，《韻鏡》内轉第三十開中有『斮』，在此位上當爲『側略切』，爲宕入字。但《指掌圖》於此等標目爲覺，則《廣韻》亦有「側角切」，爲覺韻字。另，初、崇、生三母字均爲覺韻字。來源於《韻鏡》外轉第三開合。《指掌圖》覺多配，已配第一圖獨韻，此處配開口。

十四	見	溪	羣	疑	端	透	定	泥	知
平	光	觥	○	○	○	○	○	○	
	江	腔	○	㟅					椿
	㤮	匡	狂	○					○
	○	○	○	○	○	○	○	○	
上	廣	懭	○	○	○	○	○	○	
	講	○	○	○					○
	獷	恇	俇	○					○
	○	○	○	○	○	○	○	○	
去	桄	曠	○	○	○	○	○	○	
	絳	○	○	○					戇
	誑	眶	狂	○					○
	○	○	○	○	○	○	○	○	
入	郭	廓	○	瓁	○	○	○	○	
	覺	殼	○	嶽					斲
	玃	躩	戄	○					○
	○	○	○	○	○	○	○	○	

切韻指掌圖 四十 右

微	奉	敷	非	明	並	滂	幫	娘	澄	徹
				忙	傍	滂	幫			
				厖	龐	胮	邦	醲	幢	惷
亡	房	芳	方	○	○	○	○	○	○	○
				○	○	○	○			
				莽	○	髈	榜			
				佬	棒	○	綁	○	○	○
罔	○	髣	昉	○	○	○	○	○	○	○
				○	○	○	○			
				漭	傍	𦙶	謗			
				○	○	胖	○	○	幢	惷
妄	防	訪	放	○	○	○	○	○	○	○
				○	○	○	○			
				莫	泊	䪖	博			
○	縛	䨚	轉	邈	雹	璞	剝	搦	濁	逴
				○	○	○	○	○	○	○
				○	○	○	○			

	精	清	從	心	斜	照	穿	牀	審
平	○	○	○	○	○				
						○	窻	淙	雙
						○	○	○	○
	○	○	○	○	○				
上	○	○	○	○	○				
						○	○	○	○
						○	○	○	○
	○	○	○	○	○				
去	○	○	○	○	○				
						○	○	○	○
						○	○	○	○
	○	○	○	○	○				
入	○	○	○	○	○				
						捉	娖	浞	朔
						○	○	○	○
		○	○	○	○				

韻	日	來	喻	匣	曉	影	禪
唐		○	○	黃	荒	汪	
江		瀧	○	降	肛	胦	○
陽	○	○	王	○	○	○	○
		○	○	○	○	○	
蕩		○	○	晃	慌	⿰氵枉	
講		○	○	頃	傋	悁	○
養		○	往	○	○	枉	○
		○	○	○	○	○	
宕		○	○	攩	荒	汪	
絳		○	○	巷	○	○	○
漾	○	○	旺	○	況	○	○
		○	○	○	○	○	
鐸		⿰石弄	○	穫	霍	臒	
覺		犖	○	學	吒	握	○
藥	○	○	籰	○	矆	嬳	○
		○	○	○	○	○	

第十四圖

校：

1 平一並 傍 《廣韻》步光切，《集韻》、真福寺本、毛氏《增韻》蒲光切，並唐平開一宕；《韻鏡》内轉第三十一開，列字爲『傍』；《七音略》《起數訣》並唐位列字爲『旁』；《四聲等子》宕攝内五陽唐重多輕少韻江全重開口呼，列字爲『傍』；《切韻指南》空位。『傍』爲《廣韻》唐韻並母位小韻首字，下收有『旁』字，《指掌圖》脣音列於合口，故列於此圖。列字以『傍』爲佳，《指掌圖》是。

2 平一明 忙 嚴氏本、《墨海金壺》本同，《等韻五種》本列字爲『茫』。忙，《廣韻》莫郎切，《集韻》、真福寺本、毛氏《增韻》謨郎切，明唐平開一宕；《韻鏡》《七音略》《切韻指南》明唐位列字爲『茫』；《四聲等子》《起數訣》明唐位列字爲『忙』。『茫』爲《廣韻》唐韻明母位小韻首字，下收有『忙』字。《等韻五種》本列『茫』字爲佳，宋本亦無誤。

3 平一曉 荒 《廣韻》、《集韻》、真福寺本、毛氏《增韻》呼光切，曉唐平合一宕；《韻鏡》内轉第三十二合，列字爲『荒』；《七音略》内轉三十五輕中輕，列字爲『流』；《四聲等子》宕攝内五陽唐重多輕少韻江全重合口呼，列字爲『荒』；《切韻指南》宕攝内五合口呼偏門，列字爲『荒』；《起數訣》曉唐位列字爲『荒』。『荒』爲《廣韻》唐韻合口曉母位小韻首字，下收有『流』字。列字以『荒』爲佳，《指掌圖》是。

4 平二娘　膿　嚴氏本、《墨海金壺》本、《等韻五種》本列字爲『⿰耳農』。膿，《廣韻》奴冬切，冬韻泥母，不當列於此位。《廣韻》江韻娘母有字『⿰耳農』；⿰耳農，《廣韻》女江切，《集韻》、真福寺本、毛氏《增韻》濃江切，娘江平開二江；《韻鏡》外轉第三開合，列字爲『⿰耳農』；《七音略》娘二江外轉第三重中重，列字爲『⿰耳農』；《四聲等子》娘江位列字爲『⿰耳農』；《切韻指南》江攝外一見幫曉喻屬開知照來日屬合，列字爲『⿰耳農』。『⿰耳農』爲《廣韻》江韻娘母位小韻首字，下收有『膿』。《等韻五種》本等三本列『⿰耳農』字是，宋本列『膿』字誤，當校改爲『⿰耳農』。

5 平二滂　胮　《廣韻》匹江切，《集韻》披江切，滂江平開二江；《韻鏡》外轉第三開合，列字爲『胮』；《七音略》外轉第三重中重，列字爲『胮』；《四聲等子》宕攝内五陽唐重多輕少韻江全重開口呼、《切韻指南》江攝外一見幫曉喻屬開知照來日屬合、《起數訣》發音清第五圖，列字均爲『胮』。《七音略》列『胮』字，當依五代俗書將『夆』寫作『夆』，爲『胮』字誤。『胮』爲《廣韻》江韻滂母位小韻首字，列字以『胮』爲佳，《指掌圖》是。

6 平二明　厐　《廣韻》、《集韻》、真福寺本、毛氏《增韻》莫江切，明江平開二江；《韻鏡》外轉第三開合，列字爲「厖」；《七音略》明江位列字爲「尨」；《四聲等子》《切韻指南》《起數訣》明江位列字爲「厖」。「厖」爲《廣韻》江韻明母位小韻首字，下收有「尨」字，列字以「厖」爲佳，《指掌圖》宋本列字缺筆，當爲刊刻之誤，當校改爲「厖」。

7 平二穿　窻　嚴氏本、《墨海金壺》本同，《等韻五種》本列字爲「囪」。窻，《廣韻》楚江切，《集韻》、真福寺本、毛氏《增韻》初江切，初江平開二江；《韻鏡》《七音略》初江位列字爲「牕」；《四聲等子》初江位列字爲「窻」；《切韻指南》初江位列字爲「囪」。「囪」爲《廣韻》江韻初母位小韻首字，下收有「窻」字。《等韻五種》本列「囪」爲佳，宋本亦無誤。

8 平二曉　肛　《廣韻》許江切，《集韻》、毛氏《增韻》虛江切，曉江平開二江；《韻鏡》曉江位列字爲「舡」；《七音略》《四聲等子》《切韻指南》《起數訣》曉江位列字爲「肛」。「肛」爲《廣韻》江韻曉母位小韻首字，下收有「舡」字。列字以「肛」爲佳，《指掌圖》是。

9 平二匣　降　嚴氏本、《墨海金壺》本同，《等韻五種》本列字爲「栙」。降，《廣韻》下江切，《集韻》、真福寺本、毛氏《增韻》胡江切，匣江平開二江；《韻鏡》《七音略》《四聲等子》《起數訣》匣江位列字爲「降」；《切韻指南》江攝外一見幫曉喻屬開知照來日屬合，列字爲「栙」。「栙」爲《廣韻》江韻匣母位小韻首字，下收有「降」字。《等韻五種》本列「栙」字爲佳，宋本亦無誤。

10 平三見　恇　《廣韻》陽韻合口無見母字。恇《集韻》俱王切，見陽平合三宕；《韻鏡》空位；

《七音略》見陽合口位列字爲「恇」，《廣韻》去王切，平陽溪母，不當列於此位；《四聲等子》宕攝内五内外混等，列字爲「徍」，《廣韻》求往切，上養群母，不當列於此位；《切韻指南》宕攝内五合口呼偈門，列字爲「㤮」。《指掌圖》在見母位列「㤮」，從《集韻》，亦無誤。

11 平三曉 ○ 《廣韻》《集韻》陽韻合口曉母位無字；《韻鏡》《四聲等子》《切韻指南》空位；《七音略》内轉三十五輕中輕，列字爲「𡛣」；《康熙字典》：「《川篇》音兄。嬉也。」兄，《廣韻》許榮切，平庚曉母，不當列於此位。《七音略》誤。《指掌圖》從韻書，空位是。

12 上一匣 晃 《廣韻》胡廣切，匣蕩上合一宕；《集韻》匣母位列「晄，户廣切」，該小韻下未見「晃」字形。《韻鏡》内轉第三十二合，列字爲「晃」；《七音略》内轉三十五輕中輕，列字爲「幌」；《四聲等子》《切韻指南》《起數訣》匣蕩位列字爲「晃」。「晃」爲《廣韻》蕩韻匣母位小韻首字，下收有「幌」字。列字以「晃」爲佳，《指掌圖》是。

13 上二幫 綁 《廣韻》巴講切，《集韻》、真福寺本、毛氏《增韻》補講切，幫講上開二江；《韻鏡》外轉第三開合，列字爲「綁」；《七音略》《起數訣》幫講位列字爲「紨」；《四聲等子》宕攝内五陽唐重多輕少韻江全重開口呼，列字爲「㲉」；《切韻指南》江攝外一見幫曉喻屬開知照來日屬合，列字爲「綁」。「綁」爲《廣韻》講韻幫母位小韻首字，「紨」爲其異體字。列字以「綁」爲佳，《指掌圖》是。

14 上二滂 ○ 《廣韻》講韻滂母無字；《集韻》有字「𢸗，普講切」；《韻鏡》空位；《七音略》外轉第三重中重，列字爲『耩』，《廣韻》古項切，講韻見母，不當列於滂母位；《四聲等子》宕攝內五陽唐重多輕少韻江全重開口呼，列字爲『㩧』；《切韻指南》江攝外一見幫曉喻屬開知照來日屬合，列字爲『㩧』。此二圖從《集韻》。《指掌圖》依《廣韻》，空位亦無誤。

15 上二並　棒　《廣韻》步項切，《集韻》、真福寺本、毛氏《增韻》步項切，並講上開二江；《韻鏡》、《七音略》、《切韻指南》並講位列字爲『𣐋』；《四聲等子》並講位列字『棒』。『𣐋』爲《廣韻》講韻並母位小韻首字，下收有『棒』字，注『上同』。列字以『𣐋』爲佳，《指掌圖》亦無誤。

16 上二明　⿰亻龙　此字當爲『⿰亻尨』字誤。『⿰亻尨』，《廣韻》武項切，《集韻》、毛氏《增韻》母項切，明講上開二江；《韻鏡》外轉第三開合，列字爲『⿰亻尨』；《七音略》外轉第三重中重，列字爲『⿰忄尨』；《四聲等子》《切韻指南》《起數訣》明講位均列『⿰亻尨』字。『⿰亻尨』爲《廣韻》講韻明母位小韻首字，《指掌圖》列字缺筆，當爲刊刻故，當校改爲『⿰亻尨』。

17 上三見　獷　《廣韻》《集韻》居往切，見養上合三宕；《韻鏡》空位；《七音略》內轉三十五輕中輕，列字爲『界』，《康熙字典》：『《廣韻》《集韻》苦礦切，坑上聲。義同。一曰好貌。』《韻鏡》此字列於二等；《四聲等子》《切韻指南》見養位列字爲『獷』。『獷』爲《廣韻》養韻見母位小韻首字。列字以『獷』爲佳，《指掌圖》是。

18 上三溪　恇　《集韻》去王切，溪養上合三宕；《韻鏡》空位；《七音略》溪養位列字爲『恇』；《四聲等子》《切韻指南》溪養位列字爲『恇』；《起數訣》溪養位列字爲『恇』，《廣韻》巨王切，平陽群母，當爲「恇」字誤。《廣韻》養韻溪母無字，諸圖皆從《集韻》。《指掌圖》從《集韻》，亦無誤。

19 上三群 徍 《廣韻》《集韻》求往切，真福寺本、毛氏《增韻》具往切，群養上合三宕；《韻鏡》内轉第三十二合，在二等位列「徍」；《七音略》内轉三十五輕中輕，在三等位列「徍」；《四聲等子》《切韻指南》均在群母三等位列「徍」。《韻鏡》將群母「徍」字列於二等誤，《指掌圖》是。

20 上三微 罔 《廣韻》《集韻》文兩切，真福寺本、毛氏《增韻》文紡切，微養上合三宕；《韻鏡》内轉第三十一開，列字爲「罔」；《七音略》内轉三十四重中重，列字爲「罔」；《四聲等子》宕攝内五陽唐重多輕少韻江全重開口呼，列字爲「罔」；《切韻指南》微養位列字爲「网」；《起數訣》開音濁第六十三圖，列字爲「罔」。「网」爲《廣韻》養韻微母位小韻首字，注「《五經文字》作罔，俗作网」。「网」雖爲小韻首字，但「罔」爲正體。列字以「罔」爲佳，《指掌圖》是。

21 上三曉 ○ 嚴氏本、《墨海金壺》本同，《等韻五種》本列字爲「怳」。《廣韻》《集韻》曉母位有字「怳，許昉切」。《韻鏡》内轉第三十二合，《七音略》内轉三十五輕中輕，列字爲「怳」；《四聲等子》《切韻指南》曉養位均列「怳」字。《等韻五種》本列「怳」字是，宋本空位誤，當校補「怳」字。

22 上四並 ○ 嚴氏本、《墨海金壺》本同，《等韻五種》本列字爲「驃」。《廣韻》《集韻》養韻並母位有字「驃，毗養切」；《韻鏡》空位；《七音略》内轉三十四重中重，列字爲「驃」；《四聲等子》《切韻指南》並養位均在四等列「驃」字。《等韻五種》本列「驃」字是，宋本空位誤，當校補「驃」字。

23 去一幫　謗　《墨海金壺》本同，嚴氏本列字爲「謗」，《等韻五種》本列字爲「螃」。謗，《廣韻》、《集韻》、毛氏《增韻》補曠切，幫宕去開一宕；《韻鏡》内轉第三十一開，列字爲「螃」；《七音略》内轉三十四重中重，列字爲「螃」；《四聲等子》宕攝内五陽唐重多輕少韻江全重開口呼，列字爲「謗」；《切韻指南》宕攝内五合口呼偈門，列字爲「膀」。「螃」爲《廣韻》宕韻幫母位小韻首字，下收有「謗」字。《等韻五種》本列「螃」爲佳，宋本亦無誤。嚴氏本列「謗」，《説文》「謗」本字，亦無誤。

24 去一滂　𦢊　《集韻》、毛氏《增韻》滂謗切，滂宕去開一宕；《韻鏡》空位；《七音略》内轉三十四重中重，列字爲「瞰」，爲「瞰」字之誤；《四聲等子》空位；《切韻指南》宕摄内五合口呼偈門，列字爲「瞰」。《廣韻》宕韻滂母無字，《七音略》《切韻指南》從《集韻》。《指掌圖》亦從《集韻》，無誤。

25 去一匣　攩　《廣韻》乎曠切，《集韻》胡曠切，匣宕去合一宕；《韻鏡》内轉第三十二合，列字爲「潢」；《七音略》内轉三十五輕中輕，列字爲「攩」；《四聲等子》《切韻指南》匣宕位列字均爲「攩」；《起數訣》空位。「攩」爲《廣韻》宕韻匣母位小韻首字，下收有「潢」字。列字以「擹」爲佳，《指掌圖》是。

26 去二澄 橦 嚴氏本同，《墨海金壺》本、《等韻五種》本列字爲「幢」。 橦，《廣韻》宅江切，《集韻》、毛氏《增韻》丈降切，澄絳去開二江；《韻鏡》《七音略》《四聲等子》《切韻指南》《起數訣》澄絳位列字爲「幢」。「橦」，《廣韻》徒紅切，平東定母；宅江切，平江澄母。 均不當列於此位。「幢」爲《廣韻》絳韻澄母位小韻首字，《等韻五種》本列「幢」是，宋本當校改爲「幢」。

27 去二娘 ◯ 《廣韻》絳韻娘母無字；《韻鏡》空位；《七音略》外轉第三重中重，列字爲「鬞」；《四聲等子》宕攝内五内外混等，列字爲「鬞」；《切韻指南》空位。 鬞，《廣韻》女江切，平江娘母；《集韻》尼降切，去絳娘母。《七音略》《四聲等子》依《集韻》，《指掌圖》依《廣韻》空位，亦無誤。

28 去二明 ◯ 《廣韻》《集韻》絳韻明母均無字；《韻鏡》外轉第三開合，列字爲「胧」；《七音略》空位；《四聲等子》《切韻指南》明絳位列字均爲「恾」。 胧，《康熙字典》：「《廣韻》莫湩切，《集韻》母湩切，並音鸏。《廣韻》豐大。 又《集韻》母項切，音傂，豐肉，或作朦。又母揔切，音蒙，《博雅》腫也。 又莫江切，音龙，身大也。」所記各音切，均無去聲音。 恾，《康熙字典》記：「《集韻》莫江切，音庬。 惛也。 又《集韻》《類篇》龙巷切。 戇愚也。」其中《集韻》《類篇》龙巷切，爲去聲音。《指掌圖》依《廣韻》，空位是。

29 去二穿 ◯ 嚴氏本、《墨海金壺》本同，《等韻五種》本列字爲「稯」。《廣韻》《集韻》絳韻初母位有『㲚，楚絳切』；《韻鏡》外轉第三開合，列字爲『㲚』；《七音略》外轉第三重中重，列字爲『㲚』；《四聲等子》《切韻指南》初絳位列字爲『㲚』。《等韻五種》本列『㲚』字是，宋本當校補『㲚』字。

30　去二牀　○　嚴氏本、《墨海金壺》本同，《等韻五種》本列字爲『漴』。《廣韻》《集韻》絳韻崇母位有『漴，士絳切』；《韻鏡》外轉第三開合，列字爲『漴』；《七音略》外轉第三重中重，列字爲『漴』；《四聲等子》《切韻指南》崇絳位列字爲『漴』。《等韻五種》本列『漴』字是，宋本當校補『漴』字。

31　去二審　○　嚴氏本、《墨海金壺》本同，《等韻五種》本列字爲『淙』。《廣韻》《集韻》絳韻生母位有『淙，色絳切』；《韻鏡》外轉第三開合，列字爲『淙』；《七音略》外轉第三重中重，列字爲『淙』；《四聲等子》《切韻指南》生絳位列字爲『淙』。《等韻五種》本列『淙』字是，宋本當校補『淙』字。

32　去二曉　○　《廣韻》絳韻曉母無字；《集韻》有『巷，赫巷切』『贛，呼降切』；《韻鏡》空位；《七音略》外轉第三重中重，列字爲『贛』；《四聲等子》空位；《切韻指南》江攝外一，列字爲『巷』。《七音略》列『贛』：《廣韻》陟降切，去絳知母；呼貢切，去送曉母。均不當列於此位。《切韻指南》列『巷』字，依《集韻》；《指掌圖》依《廣韻》空位，亦無誤。

33　去三見　誑　嚴氏本、《墨海金壺》本、《等韻五種》本列字爲『誑』。宋本列字當爲『誑』字刊刻之誤。誑，《廣韻》居況切，《集韻》、毛氏《增韻》古況切，見漾去合三宕；《韻鏡》第三十二合，在群母位列「誑」；《七音略》内轉三十五輕中輕，在見母位列「誑」；《四聲等子》《切韻指南》《起數訣》見漾位均列「誑」。「誑」爲《廣韻》漾韻見母位小韻首字，各韻書均無群母音，《韻鏡》誤，《指掌圖》是。

34 去三溪 眶 嚴氏本、《墨海金壺》本、《等韻五種》本列字爲「⿰月匡」。眶，《廣韻》去王切，平陽溪母，不當列於此位。《韻鏡》空位；《七音略》溪位列字爲「眶」，「眶」缺筆，當爲避諱故；《四聲等子》《切韻指南》《起數訣》溪漾位列字爲「⿰月匡」。《廣韻》漾韻溪母位無字，《集韻》有溪母字「⿰月匡」，區旺切，溪漾去合三宕。《等韻五種》本依《集韻》列「⿰月匡」字是，宋本當校改爲「⿰月匡」。

35 去三群 狂 《廣韻》渠放切，《集韻》、毛氏《增韻》俱放切，群漾去合三宕；《韻鏡》空位；《七音略》《四聲等子》《切韻指南》《起數訣》群漾位均列「狂」字。「狂」爲《廣韻》漾韻群母位小韻首字，《韻鏡》空位誤，《指掌圖》是。

36 去三喻 旺 嚴氏本、《墨海金壺》本同，《等韻五種》本列字爲「迋」。旺，《廣韻》、《集韻》、毛氏《增韻》于放切，云漾去合三宕；《韻鏡》内轉第三十二合，列字爲「旺」；《七音略》《四聲等子》《切韻指南》云漾位列字爲「迋」；《起數訣》開音濁第六十三圖，列字爲「旺」。「迋」爲《廣韻》云母位小韻首字，下收有「旺」字。《等韻五種》本列「迋」字爲佳，宋本亦無誤。

37 入一幫 博 《等韻五種》本同，嚴氏本、《墨海金壺》本列字爲「搏」。博，《廣韻》補各切，《集韻》、真福寺本、毛氏《增韻》伯各切，幫鐸入開一宕；《韻鏡》内轉第三十一開，列字爲『博』；《七音略》内轉三十四重中重，列字爲『愽』；《四聲等子》宕攝内五陽唐重多輕少韻江全重開口呼，列字爲『博』；《切韻指南》宕摄内五開口呼偈門，列字爲『愽』。『愽』同『博』字，爲『博』之俗體。『博』爲《廣韻》鐸韻幫母位小韻首字，下收有『搏』字。各版本列字均無誤，宋本列『博』爲佳。

38 入一精 ○ 《廣韻》《集韻》鐸韻精母位有『喿，祖郭切』；《韻鏡》《七音略》空位；《四聲等子》宕攝内五内外混等、《切韻指南》宕攝内五合口呼偈門，均列『喿』字。《指掌圖》空位誤，當校補『喿』字。

39 入一匣 穫 《廣韻》、真福寺本、毛氏《增韻》胡郭切，《集韻》黄郭切，匣鐸入合一宕；《韻鏡》内轉第三十二合，列字爲『穫』；《七音略》内轉三十五輕中輕，列字爲『穫』；《四聲等子》匣鐸位列字爲『鑊』，《廣韻》居縛切，入藥見母；《切韻指南》《起數訣》匣鐸位列字爲『穫』。『穫』爲《廣韻》匣鐸位小韻首字，下收有『檴』字。列字以『穫』爲佳，《指掌圖》是。

40 入一來 硦 《廣韻》《集韻》盧穫切，來鐸入合一宕；《韻鏡》空位；《七音略》内轉三十五輕中輕，列字爲『硦』；《四聲等子》《切韻指南》《起數訣》來鐸位列字爲『硦』。『硦』爲《廣韻》來鐸位小韻首字，《韻鏡》空位誤，《指掌圖》是。

41 入聲二等 《指掌圖》標目爲覺，實際上爲覺藥。

42 入二溪 㱿 《集韻》、真福寺本、毛氏《增韻》苦角切，溪覺入開二江；《韻鏡》外轉第三開合，列字爲「㱿」，《康熙字典》：「《字彙》殼字之譌。」《七音略》外轉第三重中重，列字爲「殻」，《廣韻》古禄切，入屋見母；《四聲等子》宕攝内五陽唐重多輕少韻江全重開口呼，列字爲「殸」，當爲「㱿」字之誤；《切韻指南》江攝外一見幫曉喻屬開知照來日屬合，列字爲「殻」，《康熙字典》：「《廣韻》《集韻》古禄切，音穀。」當爲「㱿」字之誤；《起數訣》溪覺位列字爲「慤」。《廣韻》鐸韻溪母位小韻首字「㱿」，下收有「殻」「慤」二字。列字以「㱿」爲佳，《指掌圖》依《集韻》亦無誤，但校改爲「㱿」爲佳。

43 入二疑 嶽 《廣韻》五角切，《集韻》、真福寺本、毛氏《增韻》逆角切，疑覺入開二江；《韻鏡》《四聲等子》疑覺位列字爲「岳」；《七音略》《切韻指南》《起數訣》疑覺位列字爲「嶽」。「嶽」爲《廣韻》覺韻疑母位小韻首字，下收有「岳」字，注「上同」，爲「嶽」之異體字。列字以「嶽」爲佳，《指掌圖》是。

44 入二非 䪴 嚴氏本、《墨海金壺》本同，《等韻五種》本空位。䪴，《集韻》方縛切，非藥入合三宕；《韻鏡》内轉第三十一開，在三等位列「䪴」字；《七音略》内轉三十四重中重，在三等位列「䪴」字；《四聲等子》《切韻指南》《起數訣》均在三等位列「䪴」字。《指掌圖》入聲二等標目爲覺，且「䪴」《廣韻》無藥韻非母音，《集韻》爲藥韻非母字，不當列於此位。《等韻五種》本空位是，宋本誤，當校删。

45 入二敷 霷 《廣韻》孚縛切，《集韻》拂縛切，敷藥入合三宕；《韻鏡》內轉第三十一開，在三等位列「霷」字；《七音略》內轉三十四重中重，在三等位列「霷」字；《四聲等子》《切韻指南》《起數訣》均在三等位列「霷」字。「霷」爲《廣韻》藥韻敷母位小韻首字，當列於三等。《指掌圖》誤，當校删。

46 入二奉 縛 《廣韻》符钁切，《集韻》伏約切，奉藥入合三宕；《韻鏡》內轉第三十一開，在三等位列「縛」字；《七音略》外轉第三重中重，在三等位列「縛」字；《四聲等子》《切韻指南》《起數訣》均在三等位列「縛」字。「縛」爲《廣韻》藥韻奉母位小韻首字，當列於三等。《指掌圖》誤，當校删。

47 入二影 握 《廣韻》於角切，《集韻》、真福寺本、毛氏《增韻》乙角切，影覺入開二江；《韻鏡》《七音略》《切韻指南》《起數訣》影覺位列字爲「渥」；《四聲等子》匣覺位列字爲「握」。「渥」爲《廣韻》覺韻影母位小韻首字，下收有「握」字。列字以「渥」爲佳，《指掌圖》亦無誤。

48 入二曉 吒 《廣韻》許角切，《集韻》、真福寺本、毛氏《增韻》黑角切，曉覺入開二江；《韻鏡》空位；《七音略》外轉第三重中重，列字爲「吒」；《四聲等子》《切韻指南》《起數訣》匣覺位均列「吒」字。「吒」爲《廣韻》覺韻曉母位小韻首字，《韻鏡》空位誤，《指掌圖》是。

49 入三群 戄 嚴氏本、《等韻五種》本同，《墨海金壺》本空位。戄，《廣韻》具籰切，《集韻》局縛切，群藥入合三宕；《韻鏡》內轉第三十二合，列字爲「戄」；《七音略》內轉三十五輕中輕，列字爲「戄」；《四聲等子》《切韻指南》《起數訣》群藥位均列「戄」字。「戄」爲《廣韻》藥韻群母位小韻首字，《墨海金壺》本空位誤，宋本是。

50 入三曉 ⿰目矍 《廣韻》許縛切，《集韻》怳縛切，曉藥入合三宕；《韻鏡》曉藥位列字爲「矆」；《七音略》內轉三十五輕中輕，列字爲「⿰目矍」；《四聲等子》《切韻指南》《起數訣》曉藥位列字爲「⿰目矍」。「⿰目矍」爲《廣韻》藥韻曉母位小韻首字，下收有「矆」字，注「上同」，爲「⿰目矍」之異體字。列字以「⿰目矍」爲佳，《指掌圖》是。

【釋】

一、與《廣韻》之對比

平聲

《指掌圖》列目爲一等唐、二等江、三等陽。江韻在《指掌圖》中全部列於合口。

一等：《指掌圖》列目爲唐，共9字。《廣韻》唐合一共5個小韻，脣音4個，《指掌圖》全部收録，其中非小韻首字1個：明母位「忙」，首字爲「茫」。

二等：《指掌圖》列目爲江，共18字。《廣韻》江韻字共18個小韻，《指掌圖》全部收録。其中非小韻首字2個：莊母位「窻」、匣母位「降」，首字分别爲「囪」「栙」。

三等：《指掌圖》列目爲陽，共8字。《廣韻》陽合三共3字，脣音4個，全部收録。《指掌圖》見母位「恇」，《廣韻》未收此字。

上聲

《指掌圖》列目爲一等蕩、二等講、三等養。

一等：《指掌圖》列目爲蕩，共8字。《廣韻》蕩合一共5個小韻，脣音3個，《指掌圖》全部收録。

二等：《指掌圖》列目爲講，共7字。《廣韻》講合二共7個小韻，《指掌圖》全部收録。非小韻首字1個：並母位「棒」，首字爲「㭋」。另有娘母位「膿」，當爲江韻之「膿，女江切」。

三等：《指掌圖》列目爲養，共8字。《廣韻》養合三共5個小韻，脣音3個，計8個小韻，《指掌圖》收録7個。非小韻首字1個：微母位「罔」，首字爲「網」。《廣韻》曉母位有字「怳，許昉切」，《指掌圖》空位。另溪母位列「恇」，《廣韻》無。

去聲

《指掌圖》列目爲一等宕、二等絳、三等漾。

一等：《指掌圖》列目爲宕，共9字。《廣韻》宕合一共5個小韻，脣音3個，《指掌圖》全部收録。《指掌圖》滂母位「胮」，《廣韻》無。

二等：《指掌圖》列目爲絳，共6字。《廣韻》絳韻共有9個小韻，《指掌圖》取6個，非小韻首字1個：澄母位「幢」，《廣韻》無。《廣韻》莊、初、崇位均有字，《指掌圖》空位。

三等：《指掌圖》列目爲漾，共9字。《廣韻》漾合四共4個小韻，脣音4個，《指掌圖》全部收録。非小韻首字1個：喻三位「旺」，首字爲「迋」。《指掌圖》溪母位列字「眶」，《廣韻》無。

入聲

《指掌圖》列目爲一等鐸、二等覺、三等藥。

一等：《指掌圖》列目爲鐸，共11字。《廣韻》鐸合一共7個小韻，脣音4個，計11個小韻，《指掌圖》全部收録。

二等：《指掌圖》列目爲覺，共22字。比第一圖入聲二等多出3個輕脣音字。3個輕脣音字有2個爲藥韻三等字，另有非母「轉」，《廣韻》無。

三等：《指掌圖》列目爲藥，共6字。《廣韻》藥合三共6個小韻，《指掌圖》全部收録。

二、與《集韻》之對比

去一《指掌圖》滂母位「𦙶」，《廣韻》無，與《集韻》同。

三、與《韻鏡》之對比

本圖對應《韻鏡》内轉第三十二合及外轉第三開合。

上聲三等　《指掌圖》群母位列「徍」，《韻鏡》中列於二等。

入聲二等　《指掌圖》標目爲覺，實際上爲覺藥。

《指掌圖》與《韻鏡》空位對比，《指掌圖》有字而《韻鏡》無字12個，《指掌圖》無字而《韻鏡》有字5個：

平三：（見）恚/〇；上三：（溪）恇/〇；去三：（溪）眶/〇；（群）狂/〇；入一：（來）硑/〇；上三：（見）獷/〇；（群）徍/〇；去三：（滂）誑/〇；入二：（非）轉/〇；（敷）䨚/〇；（奉）縛/〇；（曉）吒/〇；上三：（曉）〇/怳；去二：（明）〇/朧；（初）〇/稄；（崇）〇/漴；

(生)〇/淙。

《指掌圖》與《韻鏡》列字差異的13個：

平一：(明)忙/茫；平二：(曉)肛/舡；(初)窻/牕；(娘)膿/醲；上二：(並)棒/玤；去一：(匣)攩/潢；(幫)謗/螃；去二：(澄)橦/幢；入一：(匣)穫/檴；入二：(溪)㱿/散；(影)握/渥；(疑)嶽/獄；入三：(曉)曤/矆。

另，本圖對應《韻鏡》内轉三十四重中重。入聲二等《指掌圖》標目爲覺，實際上爲覺藥。

本圖列字仍以《廣韻》小韻首字爲主，收入《廣韻》宕江攝字。其中二等覺韻照組字，與第十三圖重出。以此説明江攝的合口性質已有松動，但依此前韻圖，江攝仍入合口。本圖列字綜合《韻鏡》外轉第三開合及内轉第三十二合，並將《韻鏡》内轉第三十一開中脣音字補入本圖，符合《指掌圖》脣音入合口的基本原則。本圖二等列江攝字，説明此時宕江已合流。

十五	見	溪	羣	疑	端	透	定	泥	知
平	觥	○	○	○	○	○	○	○	
	肱	鞃	○	○					○
	○	○	○	○					○
	扃	傾	瓊	○	○	○	○	○	
上	礦	臩	○	○	○	○	○	○	
	○	○	○	○					○
	○	○	○	○					○
	囧	褧	○	○	○	○	○	○	
去	○	○	○	○	○	○	○	○	
	○	○	○	○					○
	○	○	○	○					○
	○	○	○	○	○	○	○	○	
入	虢	○	[illegible]	○	○	○	○	○	
	國	○	○	○					○
	○	○	○	○					○
	郥	闃	○	○	○	○	○	○	

徹	澄	娘	幫	滂	並	明	非	敷	奉	微
			○	○	○	○				
○	○	○	○	○	○	○				
○	○	○	○	○	○	○	○	○	○	○
			○	○	○	○				
			○	○	○	○				
○	○	○	○	○	○	○				
○	○	○	○	○	○	○	○	○	○	○
			○	○	○	○				
			○	○	○	○				
○	○	○	○	○	○	○				
○	○	○	○	○	○	○	○	○	○	○
			○	○	○	○				
			○	○	○	○				
趈	○	○	○	○	○	○				
○	○	○	○	○	○	○	○	○	○	○
			○	○	○	○				

	精	清	從	心	斜	照	穿	牀	審
平	○	○	○	○	○				
						○	○	○	○
						○	○	○	○
	○	○	○	騂	○				
上	○	○	○	○	○				
						○	○	○	○
						○	○	○	○
	○	○	○	○	○				
去	○	○	○	○	○				
						○	○	○	○
						○	○	○	○
	○	○	○	○	○				
入	○	○	○	○	○				
						○	○	䞣	撼
						○	○	○	○
	○	○	○	○	○				

第十五圖

韻	日	來	喻	匣	曉	影	禪
耕庚		○	○	横	轟	泓	
登		○	○	弘	薨	○	○
耕	仍	○	榮	○	兄	○	○
青清		○	營	熒	眴	縈	
梗		○	○	○	○	○	
梗		○	○	○	澋	○	○
梗	○	○	永	○	⿱艹兄	○	○
静 梗迥		○	潁	迥	詗	濙	
諍映		○	○	横	轟	宖	
		○	○	○	○	○	○
映勁	○	○	詠	○	敻	○	○
徑		○	醟	○	○	瑩	
麥陌		○	○	獲	剨	擭	
麥德		○	○	或	⿰或刂	○	○
職	○	○	域	○	洫	○	○
昔錫		○	役	○	○	○	

第十五圖

平聲一等,《指掌圖》標目爲耕庚,耕庚在《廣韻》中無一等字,本圖一等位所列均爲二等字。二等位標目爲登,登在《廣韻》中爲一等字,本圖列於二等誤,應將一、二等換位。本圖標位處仍依韻圖位置,對增加字也按韻圖位置標識。

校:

1 平一見 觵 嚴氏本、《墨海金壺》本同,《等韻五種》本列字爲「觵」。《廣韻》古横切,《集韻》、真福寺本、毛氏《增韻》姑横切,見庚平合二梗;《韻鏡》外轉第三十四合、《七音略》内轉三十七輕中輕,均列於二等位;《四聲等子》曾攝内八重多輕少韻合口呼梗攝外二,列於二等;《切韻指南》梗攝外七合口呼廣門,列字爲「觵」;《起數訣》見庚位列字爲「觵」。「觵」爲《廣韻》庚韻見母位小韻首字,下收有「觥」字,注「上同」。《等韻五種》本列「觵」字爲佳,宋本亦無誤,但此字當列於二等。

2 平一溪 ○ 《廣韻》庚耕韻溪母位無字；《集韻》庚韻溪母位有字「⿱大名，口觥切」；《韻鏡》空位；《七音略》内轉三十七輕中輕，列字爲「⿱大名」；《四聲等子》曾攝内八重多輕少韻合口呼梗攝外二，列字爲「⿱大名」；《切韻指南》梗攝外七合口呼廣門，列字爲「銑」；銑，《康熙字典》：「《玉篇》口觥切，音⿱大名。《五音集韻》器名。」其他韻圖從《集韻》，《指掌圖》《韻鏡》從《廣韻》，空位亦無誤。此位爲庚韻，當列於二等。

3 平一幫 ○ 《廣韻》《集韻》庚韻幫母位有字「閍，甫盲切」，幫庚平開二梗；耕韻幫母位有字「繃，北萌切」，幫耕平開二梗。因《指掌圖》脣音多列於合口圖，故在此討論。《韻鏡》外轉第三十三開，列字爲「閍」；外轉第三十五開，列字爲「絣」；《七音略》外轉三十九輕中輕，列字爲「繃」；《四聲等子》曾攝内八重多輕少韻合口呼梗攝外二，列字爲「閍」；《切韻指南》梗攝外七開口呼廣門，列字爲「閍」。此列收庚耕韻字，當校補「閍」或「繃」字。當列於二等。

4 平一滂 ○ 《廣韻》《集韻》庚韻滂母位有字「磅，撫庚切」，滂庚平開二梗；耕韻滂母位有字「怦，普耕切」，滂耕平開二梗。《韻鏡》外轉第三十三開，列字爲「磅」；外轉第三十五開，列字爲「怦」。《七音略》外轉三十八重中重，列字爲「怦」；《四聲等子》曾攝内八重多輕少韻合口呼梗攝外二，列字爲「磅」；《切韻指南》梗攝外七開口呼廣門，列字爲「怦」。此列收庚耕韻字，當校補「磅」或「怦」字。當列於二等。

5 平一並　○　《廣韻》《集韻》庚韻並母位有字「彭，薄庚切」，並庚平開二梗；耕韻並母位有字「輣，薄萌切」，並耕平開二梗。《韻鏡》外轉第三十三開，列字爲「彭」；外轉第三十五開，列字爲「棚」。《七音略》外轉三十八重中重，列字爲「棚」；《四聲等子》曾攝内八重多輕少韻合口呼梗攝外二，列字爲「彭」；《切韻指南》梗攝外七開口呼廣門，列字爲「彭」。此列收庚耕韻字，當校補「彭」或「棚」字。當列於二等。

6 平一明　○　《廣韻》《集韻》庚韻明母位有字「盲，武庚切」，明庚平開二梗；耕韻明母位有字「甍，莫耕切」，明耕平開二梗。《韻鏡》外轉第三十三開，列字爲「盲」；外轉第三十五開，列字爲「甍」。《七音略》外轉三十八重中重，列字爲「甍」；《四聲等子》曾攝内八重多輕少韻合口呼梗攝外二，列字爲「盲」；《切韻指南》梗攝外七開口呼廣門，列字爲「甍」。此列收庚耕韻字，當校補「盲」或「甍」字。當列於二等。

7 平一影　泓　《廣韻》、《集韻》、真福寺本、毛氏《增韻》烏宏切，影耕平合二梗；《韻鏡》外轉第三十六合、《七音略》外轉三十九輕中輕，列字爲「泓」；《四聲等子》《切韻指南》《起數訣》影耕位均收「泓」字。此字在各韻圖均在二等位，當列於二等。

8 平一曉　轟　《廣韻》呼宏切，《集韻》、真福寺本、毛氏《增韻》呼宏切，曉耕平合二梗；《韻鏡》外轉第三十六合，列字爲「轟」；《七音略》《起數訣》曉耕位列字爲「訇」；《四聲等子》《切韻指南》曉耕位列字爲「諻」。「轟」爲《廣韻》耕韻曉母位小韻首字，下收有「訇」字；

『惶』爲《廣韻》庚韻曉母位小韻首字。二字均可列此位。《指掌圖》列『轟』字是，此字在各韻圖均在二等位，當列於二等。

9 平一匣 横 《廣韻》户盲切，《集韻》、真福寺本、毛氏《增韻》胡盲切，匣庚平合二梗；《韻鏡》外轉第三十四合、《七音略》内轉三十七輕中輕，列字爲『横』；《四聲等子》曾攝内八重多輕少韻合口呼梗攝外二，列字爲『横』；《切韻指南》匣庚位列字爲『宏』。『横』爲《廣韻》庚韻匣母位小韻首字，『宏』爲《廣韻》耕韻匣母位小韻首字，二字均可列於此位。《指掌圖》列『横』字是，此字在各韻圖均在二等位，當列於二等。

10 平二見 肱 《廣韻》古弘切，《集韻》、真福寺本、毛氏《增韻》姑弘切，見登平合一曾；《韻鏡》内轉第四十三合、《七音略》内轉四十三輕中輕、《四聲等子》、《切韻指南》見登位均列『肱』字。『肱』爲《廣韻》登韻見母位小韻首字，列字以『肱』爲佳。此字在諸韻圖均列於一等，當列於一等。

11 平二溪 鞃 《廣韻》胡肱切，匣登平合一曾；《集韻》、真福寺本、毛氏《增韻》苦弘切，溪登平合一曾；《韻鏡》《四聲等子》《起數訣》空位；《七音略》内轉四十三輕中輕，列字爲『鞃』；《切韻指南》曾攝内六合口呼偏門，列字爲『鞃』。《廣韻》登韻無溪母字，《指掌圖》從《集韻》。此字在諸韻圖均列於一等，當列於一等。

12 平二影 ◯ 《廣韻》登韻影母無字，《集韻》登韻影母有『泓，乙肱切』，影登平合一曾；《韻鏡》《四聲等子》《切韻指南》列字均爲『泓』；《七音略》空位。《指掌圖》從《廣韻》，空位亦無誤。此字在諸韻圖均列於一等，當列於一等。

13 平二曉 薨 《廣韻》呼肱切，《集韻》、真福寺本、毛氏《增韻》呼弘切，曉登平合一曾；《韻鏡》《七音略》《四聲等子》《切韻指南》《起數訣》列字均爲『薨』。此字在諸韻圖均列於一等，當列於一等。

14 平二匣 弘 《廣韻》、《集韻》、毛氏《增韻》胡肱切，匣登平合一曾；《韻鏡》《七音略》《四聲等子》《切韻指南》《起數訣》列字均爲『弘』。此字在諸韻圖均列於一等，當列於一等。

15 平二喻 ○ 《廣韻》耕韻云母無字；《集韻》耕韻云母有『弦，于萠切』；《韻鏡》《七音略》空位；《四聲等子》《切韻指南》均在二等位列『弦』字，二圖皆從《集韻》。按韻圖規制，喻母祇有三等字，列於三、四等。《集韻》該音切有誤，且本列均列登韻字，實爲一等韻列。《指掌圖》從《廣韻》，空位是。

16 平三影 ○ 《廣韻》庚韻三等影母無字；《集韻》有『謍，乙榮切』；《韻鏡》空位；《七音略》内轉三十七輕中輕，列字爲『謍』；《四聲等子》《切韻指南》列字均爲『謍』。《指掌圖》依《廣韻》，空位亦無誤。

17 平三喻 榮 《廣韻》永兵切，《集韻》、真福寺本、毛氏《增韻》于平切，云庚平合三梗；《韻鏡》外轉第三十四合，列於四清位；《七音略》内轉三十七輕中輕，列於三庚位；《四聲等子》《切韻指南》《起數訣》均列於三等位。「榮」爲喻三母字，按韻圖規制，當列於三等，《指掌圖》是。

18 平三日　仍　《廣韻》如乘切，《集韻》、真福寺本、毛氏《增韻》如蒸切，日蒸平開三曾；《韻鏡》内轉第四十二開、《七音略》内轉四十二重中重、《四聲等子》曾攝内八重多輕少韻啓口呼梗攝外二，均將「仍」字列於開口圖。且「仍」字在第十六圖中重出，此處當校删。

19 平四精　◯　《廣韻》清青韻均無精母字；《集韻》青韻精母位有字「屐，子坰切」，精青平合四曾；《韻鏡》《七音略》空位；《四聲等子》《切韻指南》精青合口位均列「屐」字。《指掌圖》依《廣韻》，空位亦無誤。

20 平四心　騂　《廣韻》息營切，《集韻》、真福寺本、毛氏《增韻》思營切，心清平開三梗；《韻鏡》外轉三十四合，列字爲「觪」，思營切；《七音略》空位；《四聲等子》《切韻指南》心清位列字爲「騂」。「騂」爲《廣韻》心母位小韻首字，下收有「觪」字。列字以「騂」爲佳，但該字爲開口，不當列於合口位，當校删。

21 上聲一等，《指掌圖》標目爲梗，梗在《廣韻》中無一等字，本圖一等位所列均爲二等字。本圖列於一等位誤，當整體移至二等。本圖標位處仍按韻圖位置，對增加字也按韻圖位置標識。

22 上一見　礦　《廣韻》、《集韻》、真福寺本、毛氏《增韻》古猛切，見梗上合二梗；《韻鏡》外轉第三十四合、《七音略》内轉三十七輕中輕、《四聲等子》、《切韻指南》、《起數訣》見梗位均列『礦』字，均列於二等。此字爲梗韻字，當列於二等。

23 上一溪　界　《廣韻》《集韻》苦礦切，溪梗上合二梗；《韻鏡》外轉第三十四合、《七音略》内轉三十七輕中輕、《四聲等子》《切韻指南》《起數訣》溪梗位均列『界』字，均列於二等。此字爲梗韻字，當列於二等。

24 上一匣　○　嚴氏本、《墨海金壺》本同，《等韻五種》本列字爲『卝』。卝，《廣韻》呼𥇍切，匣梗上合二梗。《韻鏡》外轉第三十四合，列字爲『廾』，《廣韻》居悚切，上腫見母；不當列於此位，此字爲『卝』之誤。《七音略》内轉三十七輕中輕，列字爲『廾』，同《韻鏡》；《四聲等子》《切韻指南》匣梗位均列『卝』字，均列於二等。此字爲梗韻字，當列於二等。《指掌圖》空位誤，當校補『卝』字。

25 上二曉　澋　《廣韻》呼𥇍切，《集韻》呼猛切，曉梗上合二梗；《韻鏡》《七音略》空位；《四聲等子》《切韻指南》曉梗合口位列字爲『澋』。『澋』爲《廣韻》梗韻曉母位小韻首字，《指掌圖》是。

26 上三見　○　《廣韻》《集韻》梗韻三等見母位有『憬，俱永切』，見梗平合三梗；《韻鏡》外轉第三十四合，列字爲『璟』；《七音略》内轉三十七輕中輕，列字爲『璟』；《四聲等子》空位；《切韻指南》見梗合口位列字爲『憬』。『憬』爲《廣韻》梗韻三等見母位小韻首字，下收有

「璟」字。《指掌圖》空位誤，當校補「憬」字。

27 上三溪 ○ 《廣韻》梗韻三等溪母位無字；《集韻》溪母位有「憬，孔永切」；《韻鏡》外轉第三十四合，列字爲「憬」；《七音略》空位；《四聲等子》《切韻指南》見梗三等合口位列字爲「憬」，諸韻圖從《集韻》。《指掌圖》從《廣韻》，空位亦無誤。

28 上四見 囧 嚴氏本、《墨海金壺》本同，《等韻五種》本列字爲「憬」。《廣韻》、《集韻》、真福寺本、毛氏《增韻》俱永切，見梗上合三梗；《韻鏡》《七音略》《四聲等子》《起數訣》空位；《切韻指南》見梗位列字爲「熲」。「憬」爲三等字，應列於三等，此處列「囧」字誤。《指掌圖》列目爲靜梗迥，見母迥韻合口有「熲，古迥切」，未取。《指掌圖》誤，當校改爲「熲」。

去聲一等，《指掌圖》標目爲諍映，諍映在《廣韻》中無一等字，本圖一等位所列均爲二等字。本圖列於一等位誤，當整體移至二等。本圖標位處仍按韻圖位置，對增加字也按韻圖位置標識。

29 去一匣 橫 嚴氏本、《墨海金壺》本同，《等韻五種》本列字爲「蝗」。《廣韻》、《集韻》、真福寺本、毛氏《增韻》户孟切，匣映去合二梗；《韻鏡》《七音略》《切韻指南》《起數訣》匣映位列字爲「蝗」；《四聲等子》匣映位列字爲「橫」。「蝗」爲《廣韻》映韻匣母位小韻首字，下收有

『橫』字。《等韻五種》本列『蝗』字爲佳，宋本亦無誤。此字爲二等字，當列於二等。

30 去三曉　敻　《廣韻》休正切，《集韻》、真福寺本、毛氏《增韻》虚正切，曉勁去合四梗；《韻鏡》外轉第三十四合，列於四等位；《七音略》内轉三十七輕中輕，列於四等位；《四聲等子》曉勁三等位列字爲『寎』，四等位空位；《切韻指南》梗攝外七合口呼廣門，三等位列字爲『寎』，四等位列『敻』；《起數訣》開音清第六十六圖，列於四等位。『寎』，《廣韻》陂病切，去映幫母，不當列於曉母位。『敻』爲《廣韻》映韻曉母位小韻首字，當列於四等位，《指掌圖》列於三等誤，當校删。

31 去四影　瑩　嚴氏本、《墨海金壺》本同，《等韻五種》本列字爲『鎣』。《廣韻》烏定切，《集韻》縈定切，影徑去合四梗；《韻鏡》《七音略》《四聲等子》《切韻指南》影徑位列字爲『鎣』。『鎣』爲《廣韻》徑韻影母位小韻首字，下收有『瑩』。《等韻五種》本列『鎣』字爲佳，宋本亦無誤。

32 去四喻　醟　《廣韻》《集韻》爲命切，云映去合三梗；《韻鏡》《七音略》《四聲等子》《切韻指南》《起數訣》空位；喻三位列字爲『醟』。『醟』爲喻三母字，按韻圖規制當列於三等，《指掌圖》列於喻四位，爲喻三、喻四混。《指掌圖》誤，當校删。

入聲一等，《指掌圖》標目爲麥陌，麥陌在《廣韻》中無一等字，本圖一等位所列均爲二等字。本圖列於一等位誤，當整體移至二等。本圖標位處仍按韻圖位置，對增加字也按韻圖位置標識。

33 入一見　虢　《廣韻》古伯切,《集韻》、真福寺本、毛氏《增韻》郭擭切,見陌入合二梗;《韻鏡》外轉第三十四合、《七音略》内轉三十七輕中輕,列字爲『馘』;《四聲等子》《切韻指南》見陌位列字爲『蟈』。《指掌圖》列目爲麥陌,『虢』爲《廣韻》陌韻見母小韻首字,『蟈』爲《廣韻》麥韻見母位小韻首字,兩字均可列於此位。《指掌圖》是。此字爲二等字,當列於二等。

34 入一群　⿺走蒦　《廣韻》《集韻》求獲切,群麥入合二梗;《韻鏡》第三十六合,列字爲『⿺走萑』;《七音略》外轉三十九輕中輕,列字爲『⿺走萑』;《四聲等子》空位;《切韻指南》群麥位列字爲『⿺走萑』;《起數訣》空位。《廣韻》陌韻無群母字,『⿺走蒦』爲《廣韻》麥韻群母位小韻首字,《韻鏡》《七音略》《切韻指南》均爲『⿺走蒦』字之形誤。列字以『⿺走蒦』爲佳,《指掌圖》是。此字爲二等字,當列於二等。

35 入一影　擭　《廣韻》一虢切,《集韻》、真福寺本、毛氏《增韻》屋虢切,影陌入合二梗;《韻鏡》外轉第三十四合,列字爲『擭』;《七音略》内轉三十七,列字爲『韄』;《四聲等子》《切韻指南》《起數訣》影陌位列字爲『擭』。『擭』爲《廣韻》陌韻影母位小韻首字,下收有『韄』,列字以『擭』爲佳,《指掌圖》是。此字爲二等字,當列於二等。

36 入一曉　剨　《廣韻》呼麥切,《集韻》、真福寺本、毛氏《增韻》霍虢切,曉麥入合二梗;《韻鏡》外轉三十四合，曉陌位列字爲『砉』；外轉三十六合，曉麥位列字爲『劃』。《七音略》內轉三十七輕中輕，曉陌位列字爲『砉』；內轉三十九輕中輕，列字爲『劃』；《四聲等子》曉麥位列字爲『剨』；《切韻指南》曉陌位列字爲『謋』。『謋』爲《廣韻》陌韻曉母位小韻首字，下收有『砉』字；『剨』爲《廣韻》麥韻曉母位小韻首字，下收有『劃』字。列字以『謋』『剨』爲佳，《指掌圖》是。此字爲二等字，當列於二等。

37 入一匣　獲　嚴氏本、《墨海金壺》本同，《等韻五種》本列字爲『嚄』。獲，《廣韻》胡麥切，《集韻》、真福寺本、毛氏《增韻》胡陌切，匣麥入合二梗；《韻鏡》外轉第三十六合、《七音略》外轉三十九輕中輕、《四聲等子》、《起數訣》匣麥位列字均爲『獲』；《切韻指南》匣麥位列字爲『嚄』。『獲』爲《廣韻》麥韻匣母位小韻首字，『嚄』爲《廣韻》陌韻匣母位小韻首字，二字均可列於此位，各版本均無誤。此字爲二等字，當列於二等。

38 入二見　國　《廣韻》古或切，《集韻》、真福寺本、毛氏《增韻》骨或切，見德入合一曾；《韻鏡》內轉第四十三合、《七音略》內轉四十三輕中輕，均列於一等位；《四聲等子》曾攝內八重多輕少韻合口呼梗攝外二，『國』列於一等位，在二等位上列『蟈』；《切韻指南》曾攝內六合口呼侷門，二等位列字爲『蟈』；《起數訣》空位。『蟈』爲《廣韻》麥韻二等見母位小韻首字，列字以『蟈』爲佳。『國』爲德韻一等字，不當列於此位，當移至一等。《指掌圖》誤，當校改爲『蟈』。

39 入二溪 ◯ 《廣韻》麥韻合口溪母位無字；《集韻》麥韻合口有『劐，口獲切』；《韻鏡》外轉第三十六合，列字爲『礖』，『礖』，《集韻》『口獲切』；《四聲等子》入聲二等溪母位列『劐』。此二圖依《集韻》。《七音略》外轉三十九輕中輕，列字爲『蟈』，《唐韻》古獲切，當爲見母位；《切韻指南》入聲二等陌韻溪母位，列字爲『𧍪』，《康熙字典》：『《唐韻》其虐切。《集韻》極虐切，音噱。《說文》渠𧍪蜋，一曰天社蟲。又《類篇》乞約切，音郤，蟲名，天甲也。』均不當列於此位。《指掌圖》依《廣韻》，空位是。

40 入二徹 䞗 嚴氏本、《墨海金壺》本同，《等韻五種》本空位。䞗，《廣韻》《集韻》丘謹切，溪隱上開三臻；《韻鏡》《七音略》《四聲等子》《切韻指南》《起數訣》空位。《廣韻》《集韻》麥韻德韻徹母位均無字。『䞗』字不當列於此位，《指掌圖》誤，當校刪。

41 入二照 ◯ 嚴氏本、《墨海金壺》本同，《等韻五種》本列字爲『𢹿』。𢹿，簎擱切，莊麥入合二梗。《韻鏡》外轉第三十六合，列字爲『㯤』，當爲『𢹿』字之誤；《七音略》外轉三十九輕中輕，列字爲『𢹿』；《四聲等子》列字爲『㯤』；《切韻指南》列字爲『𢹿』。『𢹿』爲《廣韻》麥韻小韻首字，《等韻五種》本列『𢹿』字爲佳，宋本當校補。

41 入二曉 剨 嚴氏本、《墨海金壺》本同，《等韻五種》本列字爲『帟』。剨，《廣韻》呼麥切，《集韻》忽麥切，曉麥入合二梗；《韻鏡》《七音略》曉麥位列字爲『劃』；《四聲等子》《切韻指南》曉麥位列字爲『帟』；《起數訣》空位。『劃』爲《廣韻》麥韻曉母位小韻首字，下收有『剨』字。

「啇」爲《廣韻》德韻曉母位小韻首字，《指掌圖》此等標目爲麥德，按標目「㓹」「啇」二字均可列於此位，但「啇」爲德韻一等字，不當列於此位，當移至一等。宋本列「㓹」字爲佳。

43 入二匣　或　《廣韻》胡國切，《集韻》、真福寺本、毛氏《增韻》獲北切，匣德入合一曾；《韻鏡》内轉第四十三合、《七音略》内轉四十三輕中輕，均列於德韻一等匣母位；《四聲等子》曾攝内八重多輕少韻合口呼梗攝外二、《切韻指南》曾攝内六合口呼偈門，均列於德韻一等匣母位。「或」爲德韻一等字，不當列於此位，當移至一等。《廣韻》麥韻匣母有「獲，胡麥切」，當列於此位。

44 入二來　〇　《廣韻》《集韻》此位均無字；《韻鏡》外轉第三十六合，列字爲「礰」；《七音略》《四聲等子》《切韻指南》均空位。「礰」，《集韻》狼狄切，入錫來母。不當列於麥韻位，《韻鏡》誤。《指掌圖》空位是。

45 入三照　〇　嚴氏本、《墨海金壺》本同，《等韻五種》本列字爲「菒」。《廣韻》《集韻》此位均無字。「菒」，《廣韻》之役切，章母昔韻，不當列於此位。《等韻五種》本誤，宋本空位是。

46 入四見　郥　此字當爲「鄓」字之形訛。鄓，《廣韻》古闃切，《集韻》、真福寺本、毛氏《增韻》扃狊切，見錫入合四梗；《韻鏡》外轉第三十六合，列字爲「鄓」；《七音略》外轉三十九，列字爲「臬」；《四聲等子》《切韻指南》《起數訣》見錫位均列「鄓」字。「鄓」爲《廣韻》錫韻小韻首字，下收有「狊」字。《七音略》列「臬」，《廣韻》五結切，入屑疑母，不當列於此位，誤，當爲

「昊」字之誤。《指掌圖》列字形訛，當校改爲「鄍」。

47 入四溪 闃 《廣韻》苦鶪切，《集韻》、真福寺本、毛氏《增韻》口昊切，溪錫入合四梗；《韻鏡》外轉第三十六合、《七音略》外轉三十九輕中輕，字形均爲「闃」；《四聲等子》溪錫位列字爲「闃」；《切韻指南》《起數訣》溪錫位列字字形均爲「闃」。《廣韻》錫韻溪母小韻首字爲「闃」，《指掌圖》列字形訛，當校改爲「闃」。

48 入四透 ◯ 《廣韻》錫韻透母位有「歡，丑歷切」；《韻鏡》外轉第三十六合，列字爲「歡」；《七音略》《四聲等子》《切韻指南》空位。「歡」爲《廣韻》錫韻透母位小韻首字，《指掌圖》空位誤，當校補「歡」字。

49 入四精 ◯ 《廣韻》《集韻》昔錫兩韻均無精母字；《韻鏡》外轉第三十四合，列字爲「䁤」，《廣韻》之役切，章母昔韻，不當列於精母位；《七音略》空位；《四聲等子》《切韻指南》均空位。《韻鏡》誤，《指掌圖》空位是。

50 入四清 ◯ 嚴氏本、《墨海金壺》本同，《等韻五種》本列字爲「䁤」。《廣韻》昔韻有「䁤，七役切」；《韻鏡》外轉第三十四合，列字爲「䁤」，當爲「䁤」字之形誤；《七音略》《四聲等子》空位；《切韻指南》列字爲「䁤」。《等韻五種》本、《切韻指南》均爲形誤，諸本皆誤，當校改爲「䁤」。

51 入四曉 ◯ 《廣韻》《集韻》錫韻曉母位列字爲「瞁，許役切」；《韻鏡》外轉第三十六合，列字爲「殈」；《七音略》外轉三十九輕中輕，列字爲「殈」；《四聲等子》曉母四等位列「役」，此字當列於喻四位，不當列於此位；《切韻指南》列字爲『瞁』。『殺』爲《廣韻》錫韻曉母位小韻首字，下收有『殈』字。《指掌圖》空位誤，當校補『殺』字。

52 入四喻 ○ 《廣韻》《集韻》錫韻喻母位列字爲『役，營隻切』，以母入昔。《韻鏡》《七音略》空位；《四聲等子》喻四位空位，將『役』列於曉母，誤；《切韻指南》喻四位列『役』字。《指掌圖》空位誤，當校補『役』字。

【釋】

一、與《廣韻》之對比

平聲

《指掌圖》列目爲一等耕庚、二等登、三等耕、四等青清。

一等：《指掌圖》列目爲耕庚，共4字，耕2字，庚2字。此4字全部爲二等字入一等。《廣韻》庚合二共3個小韻，《指掌圖》取2個，非小韻首字1個：見母位『觥』，首字爲『觵』。

《廣韻》耕合二共4個小韻，《指掌圖》收録2個，《廣韻》耕韻幫母有字『繃，北萌切』，《指掌圖》空位。

二等：《指掌圖》標目爲登，共4字，爲一等入二等位。《廣韻》登合一共3個小韻，《指掌圖》全部收録。《指掌圖》溪母位列『鞃，胡肱切』，當列匣母位，《廣韻》中無溪母音。

三等：《指掌圖》列目爲耕，共3字。對應《廣韻》的耕、蒸兩韻，《廣韻》耕合三共2個小韻，全部收録。另日母位列『仍，如乘切』，爲蒸韻三等開口字，且第十六圖中重出，此處當删。

四等：《指掌圖》列目爲青清，共8字。其中青2個，清6個。《廣韻》青合四共2個小韻，全部收録。《廣韻》清共5個小韻，全部收録。心母位『騂，息營切』，爲開口字，卻列於合口。

上聲

《指掌圖》列目爲一、二、三等梗，四等靜梗迥。

一等：《指掌圖》列目爲梗，共2字。《廣韻》梗合一本無字，此等列字均爲二等字入一等位。

二等：《指掌圖》列目爲梗，共1字，且爲非小韻首字：曉母位『澋』，首字爲『北』。《廣韻》梗合二共3個小韻，《指掌圖》全部收録，2個入一等，1個入二等。

三等：《指掌圖》列目爲梗，共2字。《廣韻》梗合三共3個小韻，《指掌圖》在三等位收録2個，另一個小韻『囧，俱永切』列入四等，三、四等混。

四等：《指掌圖》列目爲靜梗迥，共6字。其中靜、梗各1字，迥4字。《廣韻》靜合四共2

個小韻,《指掌圖》取1個。《廣韻》梗合口無四等韻,此處將三等合口列入,且爲非小韻首字:見母位「囧」,首字爲「憬」。見母位迥合四有字「熲,古迥切」未取。《廣韻》迥合四共有5個小韻,《指掌圖》取4個。

去聲

《指掌圖》列目爲一等諍映、二等無字、三等映勁、四等徑。

一等:《指掌圖》列目爲諍映,共3字,映2個、諍1個。《廣韻》映合一共有2個小韻,《指掌圖》全部收録,其中非小韻首字1個:匣母位「横」,首字爲「蝗」。

三等:《指掌圖》列目爲映勁,共2字,映勁各1字。曉母位「敻,休正切」,四等字列入三等,三、四等混。

四等:《指掌圖》列目爲徑,共2字。《廣韻》徑合四祇有1個小韻,《指掌圖》收録,且爲非小韻首字:影母位「瑩」,首字爲「鎣」。喻四位列「醟,休正切」三等勁韻字,又「爲命切」三等映韻字,《指掌圖》列於喻四位,當取「爲命切」,爲喻三母字。喻三、喻四混。

入聲

《指掌圖》列目爲一等麥陌、二等麥德、三等職、四等昔錫。

一等：《指掌圖》列目爲麥陌，共5字，麥3字、陌2字。此5字均爲二等入一等。《廣韻》麥合二共7個小韻，《指掌圖》收録3個，莊崇生三個位置有字，《指掌圖》空位。《廣韻》陌合二一共有5個小韻，《指掌圖》取2個。喻母和溪母位有字，《指掌圖》空位。

二等：《指掌圖》列目爲麥德，共6字。其中麥2個，德2個。《廣韻》麥合二共7個小韻，入一等1個、二等2個，章母位有字，《指掌圖》未取空位。《廣韻》德合一共3個小韻，《指掌圖》取2個，一等入二等。未取小韻爲曉母「帟」，下無「⿰或刂」字。「⿰或刂」在《廣韻》中列於「割，呼麥切」下，該韻已列於一等，不當重出，且與列目不合，可見德麥一、二等無别。另徹母位列「赾」，該字在《廣韻》中爲「丘謹切」，溪母隱韻字，列此位不當，原因待考。

三等：《指掌圖》列目爲職，共2字。《廣韻》合三共2個小韻，全部收録。

四等：《指掌圖》列目爲昔錫，共3字，昔1個，錫2個。《廣韻》錫合四共4個小韻，《指掌圖》收2個。徹母、曉母位有字，《指掌圖》未取空位。《廣韻》昔合四共2個小韻，《指掌圖》取1個，曉母位有字，《指掌圖》空位。

二、與《集韻》之對比

平二《指掌圖》溪母位列「䡏，胡肱切」，《廣韻》無匣母音，與《集韻》合。

入二徹母位列『趚』，《廣韻》中陌韻有『趚，丑格切』，《集韻》陌韻『趚，恥格切』陌韻二等字，當爲此字之誤。

三、與《韻鏡》之對比

本圖對應《韻鏡》内轉第四十二開、内轉第四十三合、外轉第三十六合、外轉第三十四合。

平聲一等 《指掌圖》標目爲耕庚，《韻鏡》耕庚無一等字，由二等字列入。

平聲二等 《指掌圖》標目爲登，在《韻鏡》中爲一等。

平聲三等 《指掌圖》標目爲耕，在《韻鏡》中分屬庚、清、蒸。 喻母位列『榮』，該字在《韻鏡》中列於四清。 日母位列『仍』，該字在《韻鏡》中爲開口字。

平聲四等 《指掌圖》喻母位列『營』，該字在《韻鏡》中爲清三等。

上聲一等、去聲一等、入聲一等均爲《韻鏡》中二等入一等。

去聲三等 《指掌圖》曉母位列『敻』，該字在《韻鏡》中爲四等字。

《指掌圖》與《韻鏡》空位對比，《指掌圖》有字而《韻鏡》無字6個，《指掌圖》無字而《韻鏡》有字10個：

平二：(匣)鞃/〇；上二：(曉)澋/〇；上四：(見)囧/〇；去四：(喻四)營/〇；入二：

（溪）赾/○；入一：（曉）剨/○；平一：（匣）○/廾；平二：（影）○/泓；上三：（見）○/璟；入二：（莊）○/橀；（來）○/礰；入四：（透）○/歡；（曉）○/殈；（莊）○/菒；（初）○/菒；（曉）○/瞁。

《指掌圖》與《韻鏡》列字差異的6個：

平四：（心）騂/觪；上四：（匣）迥/逈；去一：（匣）横/蝗；去四：（影）瑩/鎣；入一：（群）趪/趯；入二：（曉）剨/劃。

另，本圖主要對應《七音略》内轉三十七輕中輕、内轉四十三輕中輕、外轉三十九輕中輕。

本圖體現了曾梗攝合一，列字來源於《廣韻》曾攝一等登及梗攝字。韻圖以《韻鏡》外轉第三十四合與外轉第三十六合爲主體，首先體現了二等韻的合併。但在合口圖，少量羼入開口字。並將《韻鏡》内轉第四十三合列入本圖。韻圖組成部分以三個合口圖爲基礎。本圖較爲混亂，一等位與二等位錯置，列字亦有開口羼入。《指掌圖》一般先開口圖再合口圖，此圖與第十六圖，先合後開，此爲編纂之失誤。

十六	見	溪	羣	疑	端	透	定	泥	知
平	揯	○	○	○	登	鼟	騰	能	
	庚	阬	○	娙					趟
	京	卿	擎	迎					貞
	經	輕	頸	○	丁	汀	庭	寧	
上	○	肯	○	○	等	○	○	能	
	耿	○	○	○					盯
	警	○	檠	○					
	頸	謦	痙	脛	頂	珽	梃	𩕄	
去	亘	○	○	○	鐙	澄	鄧	○	
	更	○	○	硬					憕
	敬	慶	競	凝					○
	勁	罄	○	○	矴	聽	定	寗	
入	裓	刻	○	○	德	忒	特	螚	
	格	客	○	額					磔
	殛	隙	極	逆					陟
	激	喫	○	○	的	惕	狄	溺	

微	奉	敷	非	明	並	滂	幫	娘	澄	徹
				甍	朋	漰	崩			
				盲	彭	烹	閍	獰	棖	瞠
○	○	○	○	𥈭	平	砯	兵	○	澄	檉
				名	瓶	竮	并			
				猛	○	倗	○			
				黽	倂	𦤎	浜	檸	瑒	○
○	○	○	○	皿	○	○	丙	○	徎	逞
				茗	並	頩	餅			
				懜	倗	○	堋			
				孟	倂	○	迸	○	瞠	牚
○	○	○	○	命	病	○	柄	○	鄭	覴
				暝	庰	聘	併			
				墨	蔔	覆	北			
				陌	白	拍	伯	搦	宅	拆
○	○	○	○	䁼	愎	愊	逼	匿	直	敕
				覓	擗	霹	壁			

	精	清	從	心	斜	照	穿	牀	審
平	增	○	層	僧	○				
						爭	琤	崢	生
						征	稱	磳	聲
	精	清	情	星	餳				
上	○	○	○	○	○				
						○	○	○	省
						整	○	○	○
	井	請	靜	省	○				
去	增	蹭	贈	[illegible]	○				
						諍	瀙	○	生
						正	稱	○	勝
	甑	靘	淨	醒	○				
入	則	墄	賊	塞	○				
						側	測	崱	色
						職	尺	○	識
	即	戚	寂	息	席				

第十六圖

韻	日	來	喻	匣	曉	影	禪
登		楞	○	恒	○	○	
庚 耕		○	○	行	亨	甖	○
庚清 蒸	仍	陵	蠅	○	興	英	成
清 青		靈	盈	形	馨	嬰	
等		○	○	○	○	○	
耿 梗		○	○	幸	○	䁝	○
梗 靜	○	冷	○	○	○	影	○
靜 迥		領	郢	婞	○	○	
嶝		倰	○	○	○	○	
映 諍		○	○	行	𧩼	甇	○
勁映 證	認	餕	○	○	興	應	乘
勁徑 證		零	孕	脛	○	○	
德		勒	○	劾	黑	餩	
陌麥 職		○	○	覈	赫	啞	賾
職陌 昔	○	力	○	○	赩	憶	食
昔職 錫		○	弋	檄	赥	益	

第十六圖

校：

1 平一見 揯 《廣韻》古恒切，《集韻》居曾切，真福寺本居登切，見登平開一曾；《韻鏡》内轉第四十二開，列字爲『縆』；《七音略》内轉四十二重中重，列字爲『恒』；《四聲等子》曾攝内八重多輕少韻啓口呼梗攝外八，見登位列字爲『絚』；《切韻指南》曾攝内六開口呼促門，見登位列字爲『恒』。『揯』爲《廣韻》登韻見母位小韻首字，下收有『緪』『絚』二字，列字以『揯』爲佳，《指掌圖》是。

2 平一溪 ◯ 《廣韻》登韻見母位無字，《集韻》有『奟，肯登切』，溪登平開一曾；《韻鏡》《七音略》空位；《四聲等子》《切韻指南》列字爲『奟』，此二圖從《集韻》。《指掌圖》從《廣韻》，空位亦無誤。

3 平一清 ◯ 《廣韻》登韻清母位無字，《集韻》有『彰，七曾切』，清登平開一曾；《韻鏡》空位；《七音略》内轉四十二重中重，列字爲『彰』；《四聲等子》《切韻指南》列字爲『彰』。此三圖從《集韻》。《指掌圖》從《廣韻》，空位亦無誤。

4 平一曉 ◯ 《廣韻》《集韻》登韻曉母位均無字；《韻鏡》空位；《七音略》内轉四十二重中重，列字爲『恒』；《四聲等子》《切韻指南》空位。《指掌圖》從《廣韻》，空位亦無誤。『恒』，《廣韻》胡登切，平登匣母，不當列於曉母位，《七音略》誤。《指掌圖》空位是。

5 平一匣 恒 《廣韻》《集韻》胡登切，匣登平開一曾；《韻鏡》内轉第四十二開，列字爲『恒』；《七音略》内轉四十二重中重，列字爲『峘』；《四聲等子》《切韻指南》《起數訣》匣登位列字均爲『恒』。『恒』爲《廣韻》登韻匣母小韻首字，下收有『峘』字。列字以『恒』爲佳，《指掌圖》是。

6 平一影 ◯ 《廣韻》登韻影母位無字，《集韻》有『鞥，一憎切』，影登平開一曾；《韻鏡》《七音略》空位；《四聲等子》《切韻指南》列字爲『鞥』。此二圖從《集韻》。《指掌圖》從《廣韻》，空位亦無誤。

7 平二溪 阬 《廣韻》客庚切，《集韻》、《真福寺》、毛氏《增韻》丘庚切，溪庚平開二梗；《韻鏡》外轉第三十三開，列字爲『坑』；《七音略》外轉第三十六開重中輕，列字爲『坑』；《四聲等子》曾攝内六、《切韻指南》梗攝外七開口呼廣門，列字爲『鏗』。『鏗』爲《廣韻》耕韻溪母位小韻首字，『阬』爲《廣韻》庚韻溪母位小韻首字，下收有『坑』字。《指掌圖》爲合韻韻圖，標目爲庚耕，列『阬』字是。

8 平二娘　獰　嚴氏本、《墨海金壺》本同，《等韻五種》本列字爲『鬡』。獰，《廣韻》乃庚切，娘庚平開二梗；《集韻》尼耕切，娘耕平開二梗；《韻鏡》外轉第三十三開，列字爲『儜』，當爲耕韻『儜』字誤入此位；《七音略》外轉三十六重中輕，列字爲『鬡』，女耕切，耕韻娘母；《四聲等子》《切韻指南》娘庚位列字爲『儜』。『儜』爲《廣韻》耕韻溪母位小韻首字，『鬤』爲《廣韻》庚韻溪母位小韻首字，下收有『獰』字。《等韻五種》本列『鬡』字，當爲『鬡』字之形訛。列字以此首字爲佳，宋本亦無誤。

9 平二幫　閍　《廣韻》甫盲切，《集韻》、真福寺本、毛氏《增韻》晡橫切，幫庚平開二梗；《韻鏡》外轉第三十三開，列字爲『閍』；《七音略》外轉三十六重中輕，列字爲『髣』；《四聲等子》幫庚位列字爲『繃』，北萌切，幫母耕韻；《切韻指南》梗攝外七開口呼廣門，列字爲『閍』；《起數訣》幫庚位列字爲『祊』。『閍』爲《廣韻》庚韻幫母位小韻首字。列字以『閍』爲佳，《指掌圖》是。

10 平二滂　烹　嚴氏本、《墨海金壺》本同，《等韻五種》本列字爲『磅』。烹，《集韻》、真福寺本、毛氏《增韻》披庚切，滂庚平開二梗；《韻鏡》滂庚位列字爲『磅』；《七音略》外轉三十六重中輕，列字爲『榜』；《四聲等子》《切韻指南》滂庚位列字爲『怦』。《廣韻》中『磅』爲《廣韻》庚韻滂母位小韻首字，下收有『亨』字，無『烹』字形。《指掌圖》從《集韻》，無誤。

11 平二牀　峥　嚴氏本、《墨海金壺》本同，《等韻五種》本列字爲『傖』。峥，《廣韻》士耕切，

《集韻》、毛氏《增韻》鋤耕切，崇耕平開二梗；《韻鏡》外轉第三十五開、《七音略》外轉三十八重中重，于一等位列字爲『崢』；《四聲等子》曾攝內八重多輕少韻啓口呼梗攝外八，列字爲『崢』；《切韻指南》梗攝外七開口呼廣門，列字爲『傖』。『崢』爲《廣韻》耕韻崇母位小韻首字，『傖』爲《廣韻》庚韻崇母位小韻首字，兩字均可列此位。《指掌圖》是。

12 平二影 甖 《廣韻》烏莖切，《集韻》於莖切，真福寺本、毛氏《增韻》於耕切，影耕平開二梗；《韻鏡》外轉第三十五開，列字爲『罌』；《七音略》外轉三十八重中重，列字爲『甖』；《四聲等子》《切韻指南》影耕位列字爲『甖』；《起數訣》影耕位列字爲『罌』。『甖』爲《廣韻》耕韻影母位小韻首字，下收有『罌』字。列字以『甖』爲佳，《指掌圖》是。

13 平二曉 亨 嚴氏本、《墨海金壺》本同，《等韻五種》本列字爲『脝』。亨，《廣韻》許庚切，《集韻》、真福寺本、毛氏《增韻》虛庚切，曉庚平開二梗；《韻鏡》外轉第三十三開、《七音略》外轉三十六重中輕、《四聲等子》曾攝內八重多輕少韻啓口呼梗攝外八、《起數訣》發音濁第六十五圖，均列字爲『亨』；《切韻指南》曉庚位列字爲『脝』。『脝』爲庚韻曉母位小韻首字，下收有『亨』字。《等韻五種》本列『脝』字爲佳，宋本亦無誤。

14 平二來 ○ 《廣韻》耕庚二韻均無來母字，《集韻》耕韻來母位有『磷，力耕切』，來耕平開二梗；《韻鏡》空位；《七音略》外轉三十八重中重，列字爲『磷』；《四聲等子》《切韻指南》列字爲『磷』。此三圖從《集韻》。《指掌圖》依《廣韻》，空位亦無誤。

15 平三見　京　嚴氏本同,《墨海金壺》本、《等韻五種》本列字爲『驚』。京,《廣韻》舉卿切,《集韻》、真福寺本、毛氏《增韻》居卿切,見庚平開三梗;《韻鏡》外轉第三十三開、《七音略》外轉三十六重中輕、《起數訣》發音濁第六十五圖,列字爲『京』;《四聲等子》見庚位列字爲『兢』;《切韻指南》見庚位列字爲『驚』。『驚』爲《廣韻》庚韻見母位小韻首字,下收有『京』字。《等韻五種》本列『驚』字爲佳,宋本亦無誤。

16 平三疑　迎　《廣韻》語京切,《集韻》、真福寺本、毛氏《增韻》魚京切,疑庚平開三梗;《韻鏡》外轉第三十三開,在四等位列『迎』字,《韻鏡》誤;《七音略》外轉三十六重中輕,三等位列字爲『迎』;《切韻指南》《起數訣》疑庚三等位列字『迎』。『迎』爲《廣韻》庚韻疑母位小韻首字,《指掌圖》是。

17 平三知　貞　《廣韻》陟盈切,《集韻》知盈切,知清平開三梗;《韻鏡》空位;《七音略》外轉三十八,知清位列字爲『楨』;《切韻指南》知清位列字爲『貞』;《起數訣》空位。『貞』爲《廣韻》清韻知母位小韻首字,下收有『楨』字。列字以『貞』爲佳,《指掌圖》是。

18 平三徹　檉　《廣韻》丑貞切,《集韻》癡盈切,真福寺本、毛氏《增韻》丑成切,徹清平開三梗;《韻鏡》空位;《七音略》外轉三十八重中重,列字爲『檉』;《切韻指南》梗攝外七開口呼廣門、《起數訣》徹清發位列字爲『檉』。『檉』爲《廣韻》清韻知母位小韻首字,列字以『檉』爲佳,《指掌圖》是。

19 平三明　朙　嚴氏本、《等韻五種》本同，《墨海金壺》本列字爲『明』。朙，《廣韻》武兵切，《集韻》、真福寺本、毛氏《增韻》眉兵切，明庚平開三梗；《韻鏡》外轉第三十三開、《七音略》外轉三十六重中輕，列字字形爲『明』；《切韻指南》《起數訣》明庚位列字爲『明』。『朙』『明』異體字，《廣韻》庚韻明母小韻首字字形爲『明』，諸本皆無誤。

20 平三牀　磳　《廣韻》仕兢切，《集韻》士冰切，崇蒸平開三曾；《韻鏡》空位；《七音略》内轉四十二重中重，列於二等崇母位；《切韻指南》曾攝内六開口呼侷門，列於二等崇母位；《起數訣》收音濁第七十二圖，列於二等崇母位。《韻鏡》《七音略》《四聲等子》《切韻指南》照三等蒸位列字爲『繩』，爲船母字。『磳』爲崇母字，按韻圖規制，當列於二等。《指掌圖》誤，當校改爲『繩』。

21 平三影　英　嚴氏本、《墨海金壺》本同，《等韻五種》本列字爲『霙』。英，《廣韻》、《集韻》、真福寺本、毛氏《增韻》於驚切，影庚平開三梗；《韻鏡》外轉第三十三開，列字爲『英』；《七音略》空位；《四聲等子》《起數訣》影庚位列字爲『英』；《切韻指南》影庚位列字爲『霙』。『霙』爲《廣韻》庚韻影母位小韻首字，下收有『英』字。《等韻五種》本列『霙』字爲佳，宋本亦無誤。

22 平三喻　蠅　《廣韻》、《集韻》、真福寺本、毛氏《增韻》余陵切，以蒸平開三曾；《韻鏡》内轉第四十二開，列於喻三位；《七音略》内轉四十二重中重，誤列於匣母三等位；《四聲等子》

《切韻指南》《起數訣》以蒸位列字爲『熊』，《集韻》矣殊切，云蒸平開三曾。『蠅』爲以母字，按韻圖規制，當列於四等位，此處當校删。

23 平三來　陵　《廣韻》力膺切，《集韻》、真福寺本、毛氏《增韻》閭承切，來蒸平開三曾；《韻鏡》内轉第四十二開，列字爲『陵』；《七音略》外轉四十二重中重，列字爲『夌』；《四聲等子》《切韻指南》《起數訣》來蒸位列字爲『陵』。『陵』爲《廣韻》蒸韻來母位小韻首字，下收有『夌』字。列字以『陵』爲佳，《指掌圖》是。

24 平四群　頸　《廣韻》巨成切，《集韻》、真福寺本、毛氏《增韻》渠成切，群清平開三梗；《韻鏡》外轉第三十三開，列字爲『頸』；《七音略》《四聲等子》空位；《切韻指南》梗攝外七開口呼廣門、《起數訣》發音清第六十四圖，列字爲『頸』。『頸』爲《廣韻》清韻群母位小韻首字，《七音略》《四聲等子》空位誤，《指掌圖》是。

25 平四疑　○　嚴氏本、《墨海金壺》本同，《等韻五種》本列字爲『凝』。《廣韻》均無疑母字；《集韻》青韻疑母位有『娙，五刑切』；《韻鏡》外轉第三十三開，在疑母位列『迎』，爲誤列，青韻四等疑母空位；《七音略》空位；《四聲等子》《切韻指南》疑母四等位均列『娙』字。二圖從《集韻》。《等韻五種》本列『凝』，《廣韻》魚陵切，平蒸疑母三等字，當列於三等位。《等韻五種》本誤，當校删，宋本空位是。

26 平四透　汀　《廣韻》他丁切，《集韻》、真福寺本、毛氏《增韻》湯丁切，透青平開四梗；《韻鏡》外轉第三十五開，列字爲「汀」；《七音略》《起數訣》透青位列字爲「聽」；《四聲等子》《切韻指南》透青位列字爲「汀」。「汀」爲《廣韻》青韻透母位小韻首字，下收有「聽」字。列字以「汀」爲佳，《指掌圖》是。

27 平四泥 寧 嚴氏本、《墨海金壺》本同，《等韻五種》本列字爲「寍」。寧，《廣韻》奴丁切，《集韻》囊丁切，真福寺本、毛氏《增韻》奴經切，泥青平開四梗；《韻鏡》外轉第三十五開，列字爲「寍」；《七音略》《四聲等子》《切韻指南》《起數訣》泥青位列字均爲「寧」。「寧」爲《廣韻》青韻泥母位小韻首字，《韻鏡》列字當爲「寧」之俗體，《指掌圖》是。

28 平四匣 形 嚴氏本、《墨海金壺》本同，《等韻五種》本列字爲「刑」。形，《廣韻》户經切，《集韻》乎經切，真福寺本、毛氏《增韻》奚經切，匣青平開四梗；《韻鏡》外轉第三十五開，列字爲「刑」；《七音略》外轉三十八重中重，列字爲「形」；《四聲等子》《起數訣》匣青位列字爲「形」；《切韻指南》匣青位列字爲「刑」。「𠛬」爲《廣韻》青韻匣母位小韻首字，下收有「刑」「形」二字，各版本列字均無誤。

29 上一並 〇 嚴氏本、《墨海金壺》本同，《等韻五種》本列字爲「䧛」。《廣韻》等韻並母無字；《集韻》等韻並母有「䧛，步等切」；《韻鏡》内轉第四十二開，列字爲「䧛」；《七音略》空位；《四聲等子》並等韻列字爲「䧛」；《切韻指南》曾攝内六開口呼偏門，列字爲「䧛」。《指掌圖》《等韻五種》本依《集韻》列「䧛」，宋本依《廣韻》，空位亦無誤。

30　上一明　猛　《廣韻》、《集韻》、真福寺本、毛氏《增韻》莫杏切，明梗上開二梗；《韻鏡》外轉第三十三開，在二等位列字爲『猛』；《七音略》外轉三十六重中輕，在二等位列字爲『猛』；《切韻指南》梗攝外七開口呼廣門，在二等位列字爲『瞢』，一等位列字爲『瞢』，二等位列字爲『䁅』；《四聲等子》曾攝内八重多輕少韻，一等位列字爲『瞢』，二等位列字爲『䁅』；《切韻指南》梗攝外七開口呼廣門，在二等位列『猛』。『猛』爲二等梗韻明母字，不當列於一等位。《廣韻》等韻明母無字，《集韻》等韻明母有字『瞢，忙肯切』。此位當校改爲『瞢』。

31　上一精　〇　嚴氏本、《墨海金壺》本同，《等韻五種》本列字爲『噌』。《廣韻》等韻精母無字；《集韻》等韻精母有『噌，子等切』；《韻鏡》内轉第四十二開，列字爲『噌』；《七音略》空位；《四聲等子》《切韻指南》精等位，均列字爲『噌』。《等韻五種》本依《集韻》列『噌』，宋本依《廣韻》，空位亦無誤。

32　上二溪　〇　《廣韻》耿梗二韻均無溪母字；《集韻》梗韻溪母有『伉，苦杏切』，溪梗上開二梗；《韻鏡》空位；《七音略》外轉三十六重中輕，列字爲『沆』，《廣韻》胡朗切，上蕩匣母，當爲『伉』字誤；《四聲等子》《切韻指南》溪梗位列字均爲『伉』，此二圖依《集韻》。《指掌圖》依《廣韻》，空位亦無誤。

33　上二知　盯　《廣韻》《集韻》梗韻知母位有『盯，張梗切』，知梗上開二梗；《韻鏡》外轉三十三開，列字爲『盯』；《七音略》外轉三十六重中輕，列字爲『打』；《四聲等子》《切韻指南》知梗位列字均爲『盯』。《七音略》列『打』爲端母梗韻。此處當爲類隔故，《指掌圖》亦無誤。

34 上二徹 ○ 《廣韻》《集韻》耿梗二韻均無徹母字；《韻鏡》空位；《七音略》外轉三十六重中輕，列字爲『⿰貝丁』，此位當爲『盯』字之誤，誤列入徹母；《四聲等子》《切韻指南》均空位。《指掌圖》空位是。

35 上二娘 檸 嚴氏本、《墨海金壺》本同，《等韻五種》本列字爲『榼』。檸，《廣韻》《集韻》拏梗切，娘梗上開二梗；《韻鏡》外轉第三十三開，列字爲『擰』；《七音略》《四聲等子》《切韻指南》《起數訣》列字均爲『檸』。 諸韻書均無『榼』字形，《等韻五種》本形訛，宋本是。

36 上二明 黽 嚴氏本、《墨海金壺》本同，《等韻五種》本列字爲『䁅』。黽，《廣韻》武幸切，《集韻》、真福寺本、毛氏《增韻》母耿切，明耿上開二梗；《韻鏡》外轉第三十五開，列字爲『䁅』；《七音略》外轉三十八重中重，列字爲『黽』；《四聲等子》明耿位列字爲『䁅』；《切韻指南》明耿位列字爲『猛』。『䁅』爲《廣韻》耿韻明母位小韻首字，下收有『黽『字。《等韻五種》本列『䁅』字爲佳，宋本亦無誤。

37 上二照 ○ 《廣韻》梗耿二韻莊母位均無字，《集韻》梗韻莊母位有字『⿰月争，側杏切』，莊梗上開二梗。《韻鏡》《七音略》空位；《四聲等子》《切韻指南》耿韻莊母位列字爲『睁』，當爲『⿰月争』刊刻之形訛。《指掌圖》依《廣韻》，空位是。

38 上二穿 ○ 《廣韻》梗耿二韻初母位均無字；《集韻》梗韻初母位有字『⿰氵靚，差梗切』，初梗上開二梗；《韻鏡》《七音略》空位；《四聲等子》《切韻指南》耿韻莊母位列字爲『⿰氵靚』。此二圖依《集韻》，《指掌圖》依《廣韻》，空位是。

39 上二影　䁝　《廣韻》《集韻》烏猛切，影梗上開三梗；《韻鏡》外轉第三十三開，列字爲『䁝』；《七音略》空位；《四聲等子》《切韻指南》《起數訣》影梗位列字爲『⿰牜䁝』。『䁝』爲《廣韻》梗韻影母位小韻首字，下未收有『⿰牜䁝』字，《集韻》收有『⿰牜䁝』字。列字以『䁝』爲佳，《指掌圖》是。

40 上二曉　○　《廣韻》梗耿二韻均無曉母字；《集韻》梗韻曉母有『⿰言幸，虎梗切』；《韻鏡》《七音略》空位；《四聲等子》《切韻指南》梗韻曉母位列字爲『⿰言幸』。此二圖依《集韻》，《指掌圖》依《廣韻》，空位是。

41 上二來　○　《廣韻》《集韻》梗韻來母位均有『冷，魯打切』，來梗上開二梗。《韻鏡》外轉第三十三開、《七音略》外轉三十六重中輕，列字均爲『冷』；《四聲等子》《切韻指南》列字爲『冷』。『冷』爲《廣韻》梗韻來母位小韻首字，《指掌圖》空位誤，當校補『冷』字。

42 上三見　警　《廣韻》、真福寺本、毛氏《增韻》居影切，《集韻》舉影切，見梗上開三梗；《韻鏡》空位；《七音略》外轉三十六重中輕，列字爲『警』；《四聲等子》曾攝內八重多輕少韻啓口呼梗攝外八，列字爲『景』；《切韻指南》梗攝外七開口呼廣門，列字爲『警』；《起數訣》見梗位列字爲『景』。『警』爲梗韻見母小韻首字，下收有『景』字。列字以『警』爲佳，《指掌圖》是。

43 上三群　檠　嚴氏本、《墨海金壺》本同，《等韻五種》本列字爲「殑」。檠，《廣韻》《集韻》渠敬切，群映去開三梗，不當列於上聲位；《韻鏡》外轉第三十五開，列字爲「痙」；《七音略》《切韻指南》空位；《四聲等子》曾攝內八重多輕少韻啓口呼梗攝外八，列字爲「殑」；《起數訣》溪映位列字爲「頚」。「痙」，《廣韻》梗韻見母三等字，但按韻圖規制當列於四等。「殑」，《廣韻》其拯切，上拯群母，亦不當列於此位。諸本皆誤，當校删。

44 上三疑　○　《廣韻》《集韻》梗靜疑母三等位均無字；《韻鏡》《七音略》《切韻指南》空位；《四聲等子》曾攝內八重多輕少韻啓口呼，列字爲「殑」。「殑」，廣韻》其拯切，上拯群母，不當列於此位。《指掌圖》空位是。

45 上三知　○　《廣韻》梗靜知母三等位無字，《集韻》靜韻知三位有「㞚，知領切」；《韻鏡》《七音略》空位；《四聲等子》《切韻指南》列字爲「㞚」。此二圖從《集韻》，《指掌圖》從《廣韻》，空位亦無誤。

46 上三澄　徎　《廣韻》《集韻》丈井切，澄靜上開三梗；《韻鏡》空位；《七音略》外轉三十八重中重，列字爲「裎」，《康熙字典》：「《字彙》音呈。人姓。《正字通》譌字。」該字《廣韻》《集韻》音均不當列於此位，應爲「徎」字之誤；《四聲等子》《切韻指南》《起數訣》澄靜位列字爲「徎」。「徎」爲《廣韻》靜韻澄母位小韻首字，《指掌圖》是。

47 上三並　○　嚴氏本、《墨海金壺》本同，《等韻五種》本列字爲「憑」。《廣韻》梗靜三等均無字。《韻鏡》《七音略》《切韻指南》空位；《四聲等子》曾攝内八重多輕少韻啓口呼梗攝外八，列字爲『憑』。『憑』，《廣韻》扶冰切，《集韻》皮冰切，平蒸並韻，不當列於此位。《等韻五種》本列『憑』字誤，宋本空位是。

48 上三來　冷　《廣韻》《集韻》魯朾切，真福寺本、毛氏《增韻》魯杏切，來梗上開二梗；《韻鏡》《七音略》《四聲等子》《切韻指南》均在二等位列『冷』字，《指掌圖》錯將其列於三等，誤，當校删。

49 上四溪　謦　《廣韻》去挺切，《集韻》、真福寺本、毛氏《增韻》棄挺切，溪迥上開四梗；《韻鏡》空位；《七音略》外轉三十八重中重，列於群母位，誤；《四聲等子》《切韻指南》《起數訣》溪迥位列字爲『謦』。『謦』爲《廣韻》迥韻溪母位小韻首字，《指掌圖》是。

50 上四群　痙　《廣韻》巨郢切，《集韻》巨井切，群靜上開三梗；《韻鏡》外轉第三十五開，列於三等位；《七音略》外轉三十六重中輕，列於疑母，誤；《四聲等子》空位；《切韻指南》梗攝外七開口呼廣門，列字爲『痙』。『痙』爲《廣韻》靜韻群母小韻首字，雖爲三等，但按韻圖規制當列於四等，《韻鏡》列於三等誤。《指掌圖》列四等是。

51 上四透　珽　《廣韻》、《集韻》、毛氏《增韻》他鼎切，透迥上開四梗；《韻鏡》外轉第三十五開，列字爲『侹』；《七音略》外轉第三十八重中重，列字爲『挺』，《廣韻》徒鼎切，上迴定母，不當列於透母位；《四聲等子》透迥位列字爲『廷』，《廣韻》特丁切，平青定母；徒徑切，去徑定母。均不當列於透母位。《切韻指南》《起數訣》透迥位列字爲『珽』。『珽』爲《廣韻》迥韻透母位小韻首字，下收有『侹』字。列字以『珽』爲佳，《指掌圖》是。

52 上四定　梃　嚴氏本同，《墨海金壺》本、《等韻五種》本列字爲『挺』。梃，《廣韻》徒鼎切，《集韻》、真福寺本、毛氏《增韻》待鼎切，定迥上開四梗；《韻鏡》《四聲等子》《切韻指南》定迥位列字爲『挺』；《七音略》《起數訣》空位。『挺』爲《廣韻》迥韻定母小韻首字，下收有『梃』字。《等韻五種》本列『挺』字爲佳，宋本亦無誤。

53 上四泥　顊　《廣韻》、《集韻》、真福寺本、毛氏《增韻》乃挺切，泥迥上開四梗；《韻鏡》外轉第三十五開，列字爲『顩』；《七音略》《四聲等子》《切韻指南》《起數訣》列字均爲『顊』。《韻鏡》字形爲刊刻形訛，《指掌圖》是。

54 上四並　並　《廣韻》蒲迥切，《集韻》、真福寺本、毛氏《增韻》部迥切，並迥上開四梗；《韻鏡》《七音略》並迥列字爲『並』；《四聲等子》《切韻指南》《起數訣》並迥位列字爲『竝』。『並』爲《廣韻》迥韻並母位小韻首字，下收有『竝』，注『上同』，二字爲異體字關係。列字以『並』爲佳，《指掌圖》是。

55 上四影　○　嚴氏本、《墨海金壺》本同，《等韻五種》本列字爲『癭』。《廣韻》迥韻影母有字『巊，烟涬切』，影迥上開四梗；靜韻影母有『癭，於郢切』，影靜上開三梗。《韻鏡》外轉第三十三開，影靜位列字爲『癭』，外轉三十五開，影迥位列字爲『巊』；《七音略》外轉三十六重中輕，列字爲『瘿』；《四聲等子》列字爲『瘿』；《切韻指南》列字爲『巊』。『廮』爲《廣韻》静韻影母小韻首字，下收有『瘿』。《等韻五種》本列『瘿』字是，宋本當校補『廮』。

56 上四曉　◯　《廣韻》迥静二韻均無曉母字；《集韻》迥韻曉母位有『鼆，呼頂切』；《韻鏡》《七音略》空位；《四聲等子》《切韻指南》曉迥位列字爲『鼆』。此二圖依《集韻》，《指掌圖》依《廣韻》，空位亦無誤。

57 上四喻　郢　《廣韻》以整切，《集韻》、真福寺本、毛氏《增韻》以井切，以静上開三梗；《韻鏡》、《七音略》空位；《四聲等子》《切韻指南》《起數訣》以静位列字爲『郢』。『郢』爲《廣韻》静韻以母位小韻首字，《韻鏡》《七音略》空位誤，《指掌圖》是。

58 上四來　領　《廣韻》良郢切，《集韻》、真福寺本、毛氏《增韻》里郢切，來静上開三梗；《韻鏡》外轉第三十五開，來迥位列字爲『苓』；《七音略》外轉三十六重中輕，來静位列字爲『領』；《四聲等子》來静位列字爲『冷』；《切韻指南》《起數訣》來静位列字爲『領』。『領』爲《廣韻》静韻來母小韻首字，按韻圖規制當列於三等位，不當列於四等位。《指掌圖》爲合韻韻圖，迥韻來母位有『苓，力鼎切』。《指掌圖》誤，當校改爲『苓』。

59 去一溪　◯　《廣韻》嶝韻溪母無字，《集韻》有『堩，口鄧切』；《韻鏡》《七音略》空位；《四聲等子》曾攝内八重多輕少韻、《切韻指南》曾攝内六開口呼侷門，列字均爲『堩』。此二圖依《集韻》。《指掌圖》依《廣韻》，空位亦無誤。

60 去一端 鐙 嚴氏本、《墨海金壺》本同,《等韻五種》本列字爲『嶝』。鐙,《廣韻》都鄧切,《集韻》、毛氏《增韻》丁鄧切,端嶝去開一曾;《韻鏡》《七音略》《四聲等子》《切韻指南》《起數訣》端嶝位列字均爲『嶝』。『嶝』爲《廣韻》嶝韻端母位小韻首字,下收有『鐙』字。《等韻五種》本列『嶝』爲佳,宋本亦無誤。

61 去一泥 ◯ 《廣韻》嶝韻泥母位無字;《集韻》嶝韻泥母位有『鼐,寧鄧切』。《韻鏡》、《七音略》空位;《四聲等子》曾攝内八重多輕少韻、《切韻指南》曾攝内六開口呼偈門,列字均爲『鼐』;此二圖依《集韻》。《指掌圖》依《廣韻》,空位亦無誤。

62 去一幫 堋 嚴氏本、《墨海金壺》本同,《等韻五種》本列字爲『崩』。堋,《廣韻》方隥切,《集韻》、毛氏《增韻》逋鄧切,幫嶝去開一曾;《韻鏡》内轉第四十二開,列字爲『崩』;《七音略》内轉四十二重中重,列字爲『崩』;《四聲等子》《切韻指南》幫嶝位列字均爲『崩』。『崩』爲《廣韻》嶝韻幫母位小韻首字,下收有『堋』字,注『上同』。《等韻五種》本列『崩』爲佳,宋本亦無誤。

63 去一明 懵 此字爲『懜』字之形訛。懜,《廣韻》武亘切,《集韻》、毛氏《增韻》母亘切,明嶝去開一曾;《韻鏡》内轉第四十二開,列字爲『懵』;《七音略》《四聲等子》《切韻指南》明嶝位列字爲『懵』;《起數訣》明嶝位列字爲『懵』。『懵』爲《廣韻》嶝韻明母位小韻首字,下收有『懜』字。列字以『懵』爲佳,《指掌圖》亦無誤。

64 去一來　倰　嚴氏本、《等韻五種》本同，《墨海金壺》本列字爲『倰』。倰，《廣韻》魯鄧切，《集韻》、毛氏《增韻》郎鄧切，來嶝去開一曾；《韻鏡》内轉第四十二開，列於上聲位；《七音略》内轉四十二重中重，列於去聲位；《四聲等子》《切韻指南》嶝韻來母去聲一等位，列字均爲『倰』；《起數訣》來嶝位列字爲『輘』。『踜』爲《廣韻》嶝韻來母位小韻首字，下收有『殑』字，余迺永本校注：當爲『倰』。《墨海金壺》本列『倰』，當爲『倰』字之形訛。宋本列『倰』字是。

65 去二疑　硬　《廣韻》五諍切，《集韻》、毛氏《增韻》魚孟切，疑諍去開二梗；《韻鏡》外轉第三十五開，列字爲『硬』；《七音略》空位；《四聲等子》曾攝内八重多輕少韻啓口呼，列字爲『硬』；《切韻指南》梗攝外七開口呼廣門，疑諍位列字爲『鞕』，《廣韻》五諍切，去諍疑母。『鞕』爲《廣韻》諍韻疑母位小韻首字，下收有『硬』字，列字以『鞕』爲佳，《指掌圖》亦無誤。

66 去二知　橖　嚴氏本列字爲『橖』，《墨海金壺》本列字爲『橖』，《等韻五種》本列字爲『倀』。《廣韻》映韻知母位有字『倀，豬孟切』，下收有『橖』，余迺永本注『各本從巾』，爲『橖』字之誤。《韻鏡》外轉第三十三開，列字爲『倀』；《七音略》外轉三十六重中輕，列字爲『倀』；《四聲等子》《切韻指南》知諍位列字均爲『倀』。《等韻五種》本列『倀』字爲佳，宋本列字字形錯誤，當校改爲『倀』字。

67 去二澄　瞠　嚴氏本、《墨海金壺》本同，《等韻五種》本列字爲『鋥』。瞠，《廣韻》《集韻》除更切，澄映去開二梗；《韻鏡》外轉第三十三開，列字爲『鋥』；《七音略》外轉三十六重中輕，列字爲『鎊』；《廣韻》普郎切，平唐滂母，此字當爲『鋥』字之訛；《四聲等子》《切韻指南》《起數訣》澄映位列字爲『鋥』。『鋥』爲《廣韻》敬韻澄母位小韻首字，下收有『瞪』字。《等韻五種》本列『鋥』字爲佳，宋本亦無誤。

68 去二滂 ○ 《廣韻》諍映兩韻均無滂母字；《集韻》映韻滂母位『亨，普孟切』，諍韻滂母位『軯，叵迸切』；《韻鏡》外轉第三十三開，滂敬位列字『烹』；《七音略》外轉三十八重中重，滂諍位列字爲『軯』；《四聲等子》滂母去聲二等位列字爲『軯』；《切韻指南》滂母去聲二等位列字爲『亨』。此二圖從《集韻》。《指掌圖》從《廣韻》，空位亦無誤。

69 去二明 孟 《廣韻》、《集韻》、毛氏《增韻》莫更切，明映去開二梗；《韻鏡》外轉第三十三開，列字爲『孟』；《七音略》外轉三十六開，明二等位列字爲『命』，三等位列『孟』。『命』爲三等字，不當列於二等位；《四聲等子》空位；《切韻指南》《起數訣》明母二等位，列字爲『孟』。『孟』爲《廣韻》映韻明母位小韻首字，《指掌圖》是。

70 去二穿 瀙 《廣韻》楚敬切，《集韻》楚慶切，初映去開三梗；《韻鏡》空位；《七音略》外轉三十六重中輕，列字爲『瀙』；《四聲等子》《切韻指南》《起數訣》初映位列字均爲『瀙』。『瀙』爲《廣韻》映韻初母位小韻首字，《韻鏡》空位誤，《指掌圖》是。

71 去二審 生 《廣韻》所敬切，《集韻》所慶切，生映去開三梗；《韻鏡》空位；《七音略》外轉三十六重中輕，因圖不清，列字似爲『土』，當爲『生』字之誤；《四聲等子》《切韻指南》生映位列字爲『生』；《起數訣》生映位列字爲『性』。『生』爲《廣韻》映韻生母位小韻首字。《韻鏡》《七音略》誤，《指掌圖》是。

72 去二影　嫈　嚴氏本、《墨海金壺》本同，《等韻五種》本列字爲『䙬』。嫈，《廣韻》鷖迸切，《集韻》於迸切，影諍去開二梗；《韻鏡》外轉第三十五開，列字爲『瀴』；《七音略》外轉三十八重中重，列字爲『嫈』；《四聲等子》影諍位列字爲『䙬』；《切韻指南》影諍位列字爲『瀴』；《起數訣》影諍位列字爲『櫻』。『䙬』爲《廣韻》諍韻影母位小韻首字，下收有『嫈』字。《等韻五種》本列『䙬』字爲佳，宋本亦無誤。

73 去二曉　䛭　《廣韻》許更切，《集韻》亨孟切，毛氏《增韻》許淨切，曉映上開二梗；《韻鏡》空位；《七音略》外轉三十六重中輕，列字爲『䛭』；《四聲等子》《切韻指南》曉諍位列字爲『䛭』。『䛭』爲《廣韻》映韻曉母位小韻首字，《指掌圖》是。

74 去三疑　凝　《廣韻》牛錂切，《集韻》、毛氏《增韻》牛孕切，疑證去開三曾；《韻鏡》內轉第四十二開，列字爲『凝』；《七音略》空位；《四聲等子》《切韻指南》《起數訣》疑證位，列字均爲『凝』。『凝』爲《廣韻》證韻疑母位小韻首字，《指掌圖》是。

75 去三滂　〇　《廣韻》《集韻》證映均無滂母字；《集韻》勁韻滂母位有『聘，匹正切』；《韻鏡》《七音略》空位；《四聲等子》曾攝內八重多輕少韻啓口呼，列字爲『砯』，爲滂母平聲；

《切韻指南》梗攝外七開口呼廣門，列字均爲「病」，《廣韻》陂病切，去映幫母。《指掌圖》從《廣韻》，空位是。

76 去三明 命 《廣韻》眉病切，《集韻》、毛氏《增韻》皮命切，明映去開三梗；《韻鏡》外轉第三十三開，列字爲「命」；《七音略》外轉三十六重中輕，列字爲「孟」；《四聲等子》空位；《切韻指南》《起數訣》明映位列字爲「命」。「命」爲《廣韻》勁韻明母位小韻首字，下收有「孟」字。列字以「命」爲佳，《指掌圖》是。

77 去三照 正 嚴氏本、《墨海金壺》本同，《等韻五種》本列字爲「政」。正，《廣韻》、《集韻》、毛氏《增韻》之盛切，章勁去開三梗；《韻鏡》《七音略》《切韻指南》章勁位列字爲「政」；《四聲等子》章母位列字爲「證」；《起數訣》章勁位列字爲「正」。「政」爲《廣韻》勁韻章母位小韻首字，下收有「正」字。《等韻五種》本列「政」字爲佳，宋本亦無誤。

78 去三牀 ○ 嚴氏本、《墨海金壺》本同，《等韻五種》本列字爲「乘」。《廣韻》《集韻》證韻牀母位有「乘，實證切」，船證去開三梗；《韻鏡》《七音略》《四聲等子》《切韻指南》均在船母位列「乘」字。宋本將「乘」字列於禪母位，誤；《等韻五種》本將「乘」列於船母位。宋本誤，當校補「乘」字。

79 去三禪 乘 嚴氏本、《墨海金壺》本同，《等韻五種》本列字爲「丞」。乘，《廣韻》實證切，《集韻》、毛氏《增韻》石證切，船證去開三曾；《韻鏡》《七音略》《四聲等子》《切韻指南》列字均爲「乘」，均列於船母。丞，《廣韻》常證切，禪證去開三曾，列於禪母位是。「丞」爲《廣韻》證韻禪母位小韻首字，《等韻五種》本列「丞」字爲佳，宋本將船母位列於禪母位誤，當校改爲「丞」。

80 去三喻　○　《廣韻》《集韻》證勁映三韻喻三位均無字；《韻鏡》内轉第四十二開，喻三位列字爲「孕」。「孕」爲以母證韻字，按韻圖規制當列於四等。《七音略》《四聲等子》《切韻指南》喻三位均空位。《指掌圖》空位是。

81 去四群　○　嚴氏本、《墨海金壺》本同，《等韻五種》本列字爲「殑」。《廣韻》證勁徑韻群母四等位均無字；《韻鏡》證韻群母四等位空位，三等位列「殑」字；《七音略》證韻群母四等位空位，三等位列「競」字；《四聲等子》《切韻指南》群母四等位均空位，三等位列「競」字。殑，《廣韻》其餕切，群證去開三曾，爲證韻群母位小韻首字。「競」爲《廣韻》映韻小韻首字，應列於三等位。《等韻五種》本列「殑」字誤，宋本空位是。

82 去四疑　○　嚴氏本、《墨海金壺》本同，《等韻五種》本列字爲「迎」。《廣韻》證勁徑韻疑母四位均無字；《韻鏡》證韻疑母四等位空位，三等位列「凝」字；《七音略》空位；《四聲等子》疑母四等位空位，三等位列「凝」字；《切韻指南》疑母四等位空位，三等位列「迎」字。「迎」爲《廣韻》勁韻疑母三等字，「凝」爲《廣韻》證韻群母三等字，二字均當列於三等位。《等韻五種》本列「迎」字誤，當校删，宋本空位是。

83 去四幫 併 嚴氏本、《墨海金壺》本同，《等韻五種》本列字爲『摒』。併，《廣韻》畀政切，《集韻》、毛氏《增韻》卑正切，幫勁去開三梗；《韻鏡》外轉第三十三開，幫勁位列字爲『栟』，《廣韻》府盈切，平清幫母，不當列於去聲位；《七音略》《切韻指南》幫勁位列字爲『摒』；《四聲等子》幫母位列徑位字爲『跰』。『摒』爲《廣韻》勁韻幫母位小韻首字，下收有『併』字。《等韻五種》本列『摒』字爲佳，宋本亦無誤。

84 去四並 庰 嚴氏本、《墨海金壺》本同，《等韻五種》本列字爲『偋』。庰，《廣韻》防正切，《集韻》毗正切，並勁去開三梗；《韻鏡》《七音略》並勁位列字爲『偋』。『偋』爲《廣韻》勁韻並母位小韻首字，下收有『庰』字。《等韻五種》本列『偋』字爲佳，宋本亦無誤。

85 去四明 暝 嚴氏本、《墨海金壺》本同，《等韻五種》本列字爲『𪐝』。暝，《廣韻》、《集韻》、毛氏《增韻》莫定切，明徑去開三梗；《韻鏡》外轉第三十五開，列字爲『𪐝』；《七音略》《四聲等子》明徑位列字爲『𪐝』；《切韻指南》明徑位列字爲『詺』。『𪐝』爲《廣韻》徑韻明母位小韻首字，下收有『暝』字。《等韻五種》本列『𪐝』字爲佳，宋本亦無誤。

86 去四端 矴 《廣韻》、《集韻》、毛氏《增韻》丁定切，端徑去開四梗；《韻鏡》外轉第三十五開，列字爲『矴』；《七音略》外轉三十八重中重，列字爲『叮』，爲平聲，不當列於去聲位；《四聲等子》《切韻指南》端徑位列字爲『釘』；《起數訣》端徑位列字爲『釘』。『矴』爲《廣韻》徑韻端母位小韻首字，下收有『釘』字。列字以『矴』爲佳，《指掌圖》是。

87 去四心　醒　嚴氏本、《墨海金壺》本同，《等韻五種》本列字爲『性』。醒，《廣韻》蘇佞切，《集韻》、毛氏《增韻》新佞切，心徑去開四梗；《韻鏡》外轉第三十五開，心徑列字爲『醒』；《七音略》外轉三十六重中輕，心勁位列字爲『性』，外轉三十八重中重，心徑位列字爲『腥』；《四聲等子》心徑位列字爲『姓』；《切韻指南》心徑位列字爲『性』；《起數訣》心徑位列字爲『腥』。『腥』爲《廣韻》徑韻心母位小韻首字，下收有『醒』字；『性』爲《廣韻》勁韻心母位小韻首字。《等韻五種》本列『性』字爲佳，宋本列『醒』字亦無誤。

88 去四從　浄　《廣韻》、《集韻》、毛氏《增韻》疾正切，從勁去開三梗；《韻鏡》外轉第三十三開，列字爲『浄』；《七音略》從勁位列字爲『淨』；《四聲等子》、《切韻指南》、《起數訣》列字均爲『浄』。『浄』『淨』爲異體字，『浄』爲《廣韻》勁韻從母位小韻首字，列字以『浄』爲佳，《指掌圖》是。

89 去四影　○　嚴氏本、《墨海金壺》本同，《等韻五種》本列字爲『映』。《廣韻》證勁徑均無列於四等位影母字；《韻鏡》外轉三十三開，在三等位列『映』；《七音略》外轉三十六重中輕，影母四等位列『纓』，三等位列『映』；《四聲等子》影徑位列字爲『瑩』；《切韻指南》影勁位列字爲『纓』，『映』列於三等。『映』，《廣韻》於敬切，影映去三梗，按韻圖規制當列於三等。《等韻五種》本在四等位列『映』字誤，當校删，宋本空位是。

90 去四曉　○　嚴氏本、《墨海金壺》本同，《等韻五種》本列字爲『欸』。《廣韻》證勁徑韻曉母均無列於四等位小韻；《集韻》勁韻曉母位有『敻，許令切』；《韻鏡》《七音略》空位；《四聲等子》《切韻指南》影母位列字爲『欻』，此二圖從《集韻》。《等韻五種》本列『欻』字依《集韻》，宋本空位亦無誤。

91 入一滂　覆《廣韻》《集韻》匹北切，滂德入開一曾；《韻鏡》空位；《七音略》内轉四十二重中重，列字爲『覆』；《四聲等子》曾攝内八重多輕少韻啓口呼、《切韻指南》曾攝内六開口呼侷門，列字均爲『覆』；《起數訣》滂德位列字爲『復』。『覆』爲《廣韻》德韻滂母位小韻首字，《韻鏡》空位誤，《指掌圖》是。

92 入一並　蔔《廣韻》蒲北切，《集韻》、真福寺本、毛氏《增韻》鼻墨切，並德入開一曾；《韻鏡》内轉第四十二開，列字爲『菔』；《七音略》《切韻指南》並德位列字爲『菔』；《四聲等子》列字爲『萠』，當爲『菔』字之形訛。『菔』爲《廣韻》德韻並母位小韻首字，下收有『蔔』字，注上同。列字以『菔』爲佳，《指掌圖》亦無誤。

93 入二徹　拆　嚴氏本、《墨海金壺》本同，《等韻五種》本列字爲『坼』。拆，《集韻》丑格切，真福寺本、毛氏《增韻》恥格切，徹陌入開二梗；《韻鏡》外轉第三十三開，列字爲『拆』；《七音略》《起數訣》徹陌位列字爲『拆』；《四聲等子》曾攝内八重多輕少韻啓口呼梗攝外八，列字爲『塝』；《切韻指南》徹陌位列字爲『瘬』。《廣韻》陌韻徹母位小韻首字爲『坼』，《廣韻》未收『拆』字，《集韻》收有。拆，《廣韻》丑格切，入陌徹母。《等韻五種》本依《廣韻》，宋本列字依《集韻》，均無誤。

94 入二娘　搦　嚴氏本、《墨海金壺》本同，《等韻五種》本列字爲『蹃』。搦，《廣韻》、《集韻》、真福寺本、毛氏《增韻》女白切，娘陌入開二梗；《韻鏡》《七音略》《起數訣》娘陌位列字爲『蹃』；《四聲等子》《切韻指南》娘陌位列字爲『疒』。『蹃』爲《廣韻》陌韻娘母位小韻首字，下收有『搦』字。《等韻五種》本列『蹃』字爲佳，宋本亦無誤。

95 入二滂　拍　《廣韻》《集韻》普伯切，真福寺本、毛氏《增韻》匹陌切，滂陌入開二梗；《韻鏡》外轉第三十三開，列字爲『拍』；《七音略》滂陌位列字爲『柏』，《廣韻》博陌切，入陌幫母，當爲『拍』字刊刻之誤；《四聲等子》《切韻指南》滂陌位列字爲『⿰扌雹』，《集韻》匹麥切，滂母麥韻。『拍』爲《廣韻》陌韻滂母位小韻首字，《指掌圖》是。

96 入二照　側　嚴氏本、《墨海金壺》本同，《等韻五種》本列字爲『稄』。側，《廣韻》阻力切，《集韻》、真福寺本、毛氏《增韻》札色切，莊職入開三曾；《韻鏡》《七音略》莊職位列字爲『稄』；《四聲等子》《切韻指南》《起數訣》莊職位列字爲『側』。『稄』爲《廣韻》莊職位小韻首字，下收有『側』字。《等韻五種》本列『稄』字爲佳，宋本亦無誤。

97 入二牀　崱　嚴氏本、《墨海金壺》本同，《等韻五種》本列字爲『賾』。崱，《廣韻》士力切，《集韻》、真福寺本、毛氏《增韻》實側切，崇職入開三曾；《韻鏡》内轉第四十二開、《七音略》内轉四十二重中重，列字均爲『崱』；《四聲等子》《切韻指南》《起數訣》崇職位均列『崱』字。

『崱』爲《廣韻》職韻崇母位小韻首字。『賾』,《廣韻》士革切,崇麥入開二梗;『賾』爲《廣韻》麥韻崇母位小韻首字。《指掌圖》爲合韻韻圖,標目爲陌麥職,此二字均可列於此位,諸本皆無誤。

98 入二禪　賾　嚴氏本同,《墨海金壺》本、《等韻五種》本空位。賾,《廣韻》、《集韻》、真福寺本、毛氏《增韻》士革切,崇麥入開二梗;《韻鏡》外轉第三十五開、《七音略》外轉三十八重中重,列於崇母位;《四聲等子》《起數訣》均列於崇母位。崇母字列於俟母位,誤。《等韻五種》本空位是,宋本當校删。

99 入二來　◯　《廣韻》《集韻》麥韻來母有『礐,力摘切』,陌韻來母有『礐,離宅切』。《韻鏡》外轉第三十三開,來陌位列『礐』;《七音略》外轉三十六重中輕,來母位空位,在日母位列『礐』,當爲錯列;《四聲等子》《切韻指南》來母位列字均爲『礐』。『礐』爲《廣韻》麥韻來母位小韻首字,《指掌圖》空位誤,當校補『礐』字。

100 入二日　◯　《廣韻》《集韻》職陌麥日母位均無字;《七音略》外轉三十六重中輕,在日母位列『礐』,爲來母錯列;其余各圖均空位。《指掌圖》空位是。

101 入三滂　愊　嚴氏本、《墨海金壺》本列字爲『愊』,《等韻五種》本列字爲『堛』。此字當爲『愊』『堛』二字刊刻之誤。堛,《廣韻》芳逼切,《集韻》、真福寺本、毛氏《增韻》拍逼切,滂職入開三曾;《韻鏡》内轉第四十二開,列字爲『愊』;《七音略》内轉四十二重中重,列字爲

「堛」；《四聲等子》《切韻指南》滂職位列字均爲「堛」。「堛」爲《廣韻》職韻滂母位小韻首字，下收有「愊」字。《等韻五種》本列「堛」字爲佳，宋本形訛，當校改爲「愊」。

102　入三牀　○　嚴氏本同，《墨海金壺》本、《等韻五種》本列字爲「食」。《廣韻》《集韻》職韻船母位有「食，乘力切」，船職入開三曾。食，《廣韻》乘力切，《集韻》、真福寺本、毛氏《增韻》實職切，船職入開三曾；《韻鏡》内轉第四十二開、《七音略》内轉四十二重中重，均列於船母位；《四聲等子》《切韻指南》船職位列字均爲「食」。「食」爲《廣韻》職韻船母位小韻首字，《指掌圖》將其列入禪母誤，此處當校補「食」字。

103　入三禪　食　嚴氏本、《墨海金壺》本同，《等韻五種》本列字爲「寔」。「食」爲《廣韻》職韻船母位小韻首字，不當列於禪母。《廣韻》職韻禪母位有「寔，常職切」，昔韻禪母位有「石，常隻切」，均可列於此位；《韻鏡》内轉第四十二開，禪母位列「寔」字；外轉第三十五開，禪母位列「石」字；《七音略》外轉四十二重中重禪母位列「寔」字，外轉三十八重中重禪母位列「石」字；《四聲等子》禪母位列「寔」字；《切韻指南》禪母位列「石」字。《等韻五種》本列「寔」字是，宋本誤，當校改爲「寔」。

104　入三日　○　《集韻》職韻日母位有字「日，而力切」；《韻鏡》空位；《七音略》外轉四十二重中重，列字爲「日」；《四聲等子》《切韻指南》日職位均列「日」字。此三圖皆從《集韻》。《指掌圖》依《廣韻》，空位亦無誤。

105 入四溪　喫　嚴氏本同，《墨海金壺》本、《等韻五種》本列字爲『燩』。喫，《廣韻》苦擊切，《集韻》、毛氏《增韻》詰歷切，溪錫入開四梗；《韻鏡》外轉第三十五開，溪錫位列字爲『燩』；《七音略》外轉三十八重中重，列字爲『喫』；《四聲等子》溪錫位列字爲『喫』；《切韻指南》溪錫位列字爲『毄』。『燩』爲《廣韻》錫韻溪母位小韻首字，下收有『喫』『毄』二字。《等韻五種》本列『燩』字爲佳，宋本亦無誤。

106 入四群　○　嚴氏本、《墨海金壺》本同，《等韻五種》本列字爲『劇』。《廣韻》《集韻》錫昔職均無可列於群母四等位的小韻；《韻鏡》空位；《七音略》外轉三十六重中輕，列字爲『劇』；《四聲等子》《切韻指南》均空位。劇，《廣韻》奇逆切，入陌群母。《指掌圖》標目爲職昔錫，此字不當列於此位。《等韻五種》本列『劇』字誤，宋本空位是。

107 入四疑　○　嚴氏本、《墨海金壺》本同，《等韻五種》本列字爲『鷁』。《廣韻》《集韻》錫韻群母有字『鷁，五歷切』；《韻鏡》外轉三十五開，列字爲『鷁』；《七音略》空位；《四聲等子》《切韻指南》列字均爲『鷁』。《等韻五種》本列『鷁』字是，宋本當校補『鷁』。

108 入四透　惕　嚴氏本、《墨海金壺》本同，《等韻五種》本列字爲『逖』。惕，《廣韻》、《集韻》、真福寺本、毛氏《增韻》他歷切，透錫入開四梗；《韻鏡》《七音略》透錫位列字爲『逖』；《四聲等子》《切韻指南》透錫位列字爲『剔』。『逖』爲《廣韻》錫韻透母位小韻首字，下收有『剔』『惕』二字。《等韻五種》本列『逖』字爲佳，宋本亦無誤。

109 入四定　狄　嚴氏本、《墨海金壺》本同，《等韻五種》本列字爲『荻』。狄，《廣韻》徒歷切，《集韻》、真福寺本、毛氏《增韻》亭歷切，定錫入開四梗；《韻鏡》外轉第三十五開，列字爲『狄』；《七音略》外轉三十八重中重，列字爲『擲』，爲澄母三等字；《四聲等子》定錫位列字爲『糴』；《切韻指南》定錫位列字爲『悌』，《廣韻》特計切，去霽定母，不當列於此位。『荻』爲《廣韻》錫韻定母位小韻首字，下收有『狄』『糴』二字。《等韻五種》本列『荻』字爲佳，宋本亦無誤。

110 入四泥　溺　嚴氏本、《墨海金壺》本同，《等韻五種》本列字爲『惄』。溺，《廣韻》奴歷切，《集韻》、真福寺本、毛氏《增韻》乃歷切，泥錫入開四梗；《韻鏡》《七音略》《四聲等子》《起數訣》泥錫位列字均爲『惄』；《切韻指南》泥錫位列字爲『鑈』。『惄』爲《廣韻》錫韻泥母位小韻首字，下收有『溺』字。《等韻五種》本列『惄』字爲佳，宋本亦無誤。

111 入四滂　霹　《廣韻》普击切，《集韻》、真福寺本、毛氏《增韻》匹歷切，滂錫入開四梗；《韻鏡》《七音略》滂錫位列字爲『劈』；《四聲等子》滂錫位列字爲『霹』；《切韻指南》滂錫位列字爲『僻』。『霹』爲《廣韻》錫韻滂母位小韻首字，下收有『劈』字。列字以『霹』爲佳，《指掌圖》是。

112 入四來　〇　嚴氏本、《墨海金壺》本同，《等韻五種》本列字爲『靂』。《廣韻》《集韻》錫韻來母位有『靂，郎擊切』；《韻鏡》來錫位列字爲『靂』；《七音略》來錫位列字爲『歷』；《四聲等子》來錫位列字爲「歷」；《切韻指南》來錫位列字爲「鬁」，「鬁」，《康熙字典》：「《唐韻》郎擊切，《集韻》狼狄切，音歷。」可列於此位。「靂」爲《廣韻》錫韻來母位小韻首字，下收有「歷」字。《等韻五種》本列「靂」字，爲「靂」之異體字，宋本空位誤，此位當校補「靂」。

【釋】

一、與《廣韻》之對比

平聲

《指掌圖》列目爲一等登、二等耕庚、三等蒸庚清、四等青清。

一等：《指掌圖》列目爲登，共 14 字。《廣韻》登開口一共14 個小韻，《指掌圖》全部收録。

二等：《指掌圖》列目爲耕庚，共 18 字，庚 12 個、耕 5 個。《指掌圖》滂母「烹」，《廣韻》無此字形，庚耕韻滂母均有字，但未收此字。《廣韻》庚開二共 15 個小韻，《指掌圖》取 12 個。《廣韻》耕開二共 15 個小韻，《指掌圖》取 5 個。其中非小韻首字 2 個：娘母位「獰」、曉母位「亨」，首字分別「鬡」「脝」。

三等：《指掌圖》列目爲蒸庚清，共 21 字，蒸 7 字，清 5 字，庚 9 字。《廣韻》庚開三共 8 個小韻，《指掌圖》全部收録，其中非小韻首字 3 個：見母位「京」、明母侠「眀」、影母位「英」，首字分別爲『驚』『明』『霙』。另有一庚韻二等字混入三等，澄母位『澄』，首字爲『棖。』《廣韻》清開三共7個小韻，《指掌圖》收録5個，澄母位亦有字。《廣韻》蒸開三共19個小韻，《指掌圖》收録5個。另有崇母位『磳』、以母位『蠅』，按韻圖規制當列二、四等位，二等位已有耕韻之『崢』，於是列入三等，可見牀母二、三等區別漸失。喻四列入三等位，喻三、喻四混同。

四等：《指掌圖》列目爲青清，共21字，青11字、清10字。《廣韻》青開四共13個小韻，《指掌圖》取11個，其中非小韻首字1個：匣母位『形』，首字爲『刑』。《廣韻》清開四共11個小韻，《指掌圖》取10個。未取小韻爲心母字『騂』，該字本爲開口字，卻列入合口。

上聲

《指掌圖》列目爲一等等、二等梗耿、三等靜梗、四等迥靜。

一等：《指掌圖》列目爲等，共5字。實際對應《廣韻》的等與梗。《廣韻》等開一共4個小韻，《指掌圖》全部收録。《指掌圖》在明母位列『猛』，該字爲梗韻二等字，一、二等混。

二等：《指掌圖》列目爲梗耿，共11字，梗6字、耿5字。《廣韻》梗開二共10個小韻，《指掌圖》收録6個。未取小韻中有明母字列入一等。《廣韻》耿開二共5個小韻，《指掌圖》全部收録。其中非小韻首字1個：明母位『黽』，首字爲『䁅』。

三等：《指掌圖》列目爲靜梗，共9字，靜3個、梗5個。溪母位『檾』，該字在《廣韻》中爲

「渠敬切」，群母去聲映韻，混於此位，不合。

《廣韻》靜開三共4個小韻，《指掌圖》取3個。

《廣韻》梗開三共5個小韻，《指掌圖》全部收録。

四等：《指掌圖》列目爲迥靜，共19字，靜9個，迥10個。《廣韻》靜開四共11個小韻，《指掌圖》取9個，其中來母位爲三等入四等。《廣韻》影母位有字，《指掌圖》空位。《廣韻》迥合四共16個小韻，《指掌圖》取10個，其中非小韻首字1個：並母位「並」，首字爲「竝」。影母位亦有字，「嫈，煙津切」，《指掌圖》空位。

去聲

《指掌圖》列目爲一等嶝、二等諍映、三等證勁映、四等證勁徑。

一等：《指掌圖》列目爲嶝，共12字。《廣韻》嶝開一共有12個小韻，《指掌圖》全部收録。非小韻首字3個：端母位「鐙」、幫母位「堋」、明母位「懜」，首字分別爲「嶝」「崩」「懵」。另有來母「倰」，《廣韻》寫作「碐」，余迺永本校注謂當爲「倰」。

二等：《指掌圖》列目爲諍映，共14字，映8個，諍5個。《指掌圖》知母位「瞪」，知母映韻「倀，豬孟切」下有字「瞪」，當爲此字之誤。

《廣韻》映開二共12個小韻，《指掌圖》取8個。非小韻首字1個：澄母位「瞜」，首字爲『鋥』。

《廣韻》諍開二共 5 個小韻，《指掌圖》全部收録。非小韻首字 2 個：疑母位『硬』、影母位『誙』，首字分别爲『鞕』『瀴』。

三等：《指掌圖》列目爲證勁映，共 17 字。其中證 9 個、映 6 個、勁 2 個。《廣韻》證開三共 14 個小韻，《指掌圖》取 9 個。『乘，實證切』爲船母字列於禪位，禪母位本有字『丞，常證切』卻未取，船禪相混。《廣韻》映開三共 8 個小韻，《指掌圖》取 6 個。《廣韻》勁開三共 6 個小韻，《指掌圖》取 2 個，非小韻首字 1 個：章母位『正』，首字爲『政』。

四等：《指掌圖》列目爲證勁徑，共 17 字，證 2 個、勁 5 個、徑 10 個。《廣韻》徑開四共 11 個小韻，《指掌圖》取 10 個，其中非小韻首字 2 個：心母位『醒』、明母位『瞑』，首字分别爲『腥』『䏎』。《廣韻》勁開四共 11 個小韻，《指掌圖》收録 5 個，其中非小韻首字 2 個：幫母位『併』、並母位『庰』，首字分别爲『摒』『偋』。《廣韻》證韻開四共 2 個小韻，《指掌圖》全部收録。

入聲

《指掌圖》列目爲一等德、二等職陌麥、三等昔職陌、四等錫昔職。

一等：《指掌圖》列目爲德，共 18 字。《廣韻》德一等共 18 個小韻，全部收録。非小韻首字 1 個：並母位『蔔』，首字爲『菔』。

二等：《指掌圖》列目爲職陌麥，共19字，陌13個、職4個、麥2個。《廣韻》陌開二共18個小韻，《指掌圖》收録13個。《指掌圖》徹母位『拆』，《廣韻》無此字。非小韻首字1個：娘母位『搦』，首字爲『蹃』。

《廣韻》職開二共4個小韻，《指掌圖》全部收録。

《廣韻》麥開二共16個小韻，《指掌圖》收録2個。《指掌圖》俟母位列『賾，士革切』，爲崇母字，崇列俟位。

三等：《指掌圖》列目爲昔職陌，共19字，陌2個、職16個、昔1個。《廣韻》職開三共20個小韻，《指掌圖》取16個。《指掌圖》禪母位列『食』本爲船母字，列於禪位，船禪不分，船母位空位。

《廣韻》陌開三共7個小韻，《指掌圖》祇取2個。

《廣韻》昔開三共8個小韻，《指掌圖》收録1個。

四等：《指掌圖》列目爲昔職錫，共19字，錫12個、昔4個、職3個。《廣韻》錫開四共18個小韻，《指掌圖》收録12個。疑母位有字『鷁』，《指掌圖》空位。

《廣韻》昔開四共10個小韻，《指掌圖》取4個。

《廣韻》職開四共5個小韻，《指掌圖》取3個。

二、與《集韻》之對比

去一透母位『瀓』在《廣韻》中爲小韻首字，《集韻》中無此字形。

平二滂母位『烹』，《廣韻》無，與《集韻》合。

入二《指掌圖》徹母位『拆』，《廣韻》無此字，《集韻》收録。

三、與《韻鏡》之對比

本圖對應《韻鏡》内轉第四十二開、外轉第三十三開、外轉第三十五開。

平聲三等 《指掌圖》疑母位列『迎』，《韻鏡》列入四清。《指掌圖》船母位列『磳』，此字在《韻鏡》中爲崇母二等字。

上聲一等 《指掌圖》標目爲等，在《韻鏡》中爲等梗。

上聲三等 《指掌圖》來母位列『冷』，該字在《韻鏡》中列於二梗。

上聲四等 《指掌圖》群母位列『痙』，該字在《韻鏡》中列於三等。

去聲一等 《指掌圖》來母位列『倰』，該字在《韻鏡》中爲一等上聲。

去聲三等《指掌圖》禪母位列『乘』，該字在《韻鏡》中爲船母。

入聲二等《指掌圖》俟母位列『賾』，該字在《韻鏡》中爲崇母。

入聲三等《指掌圖》禪母位列『食』，該字在《韻鏡》中爲船母。

《指掌圖》與《韻鏡》空位對比，《指掌圖》有字而《韻鏡》無字的17個，《指掌圖》無字而《韻鏡》有字的10個：

平三：（知）貞/○；（徹）檉/○；（滂）砅/○；（疑）迎/○；上三：（見）警/○；（溪）檠/○；（澄）徎/○；（章）整/○；上四：（溪）謦/○；（以）郢/○；去一：（來）倰/○；去二：（知）憕/○；（初）瀙/○；（生）生/○；（影）褮/○；（曉）誶/○；入一：（滂）覆/○；平四：（疑）○/迎；上一：（精）○/硼；（精）○/噌；（來）○/倰；上二：（來）○/冷；上四：（曉）○/癭/嚶；去三：（以）○/孕；入二：（來）○/砳；入四：（疑）○/鷁；（來）○/靂。

《指掌圖》與《韻鏡》列字差異的31個：

平一：（見）揯/緪；平二：（娘）獰/儜；（滂）烹/磅；（溪）阬/坑；（影）罌/罌；平三：（明）朙/明；

（崇）磳/繩；平四：（泥）寧/寍；（匣）形/刑；上二：（娘）檸/擰；（明）黽/瑝；上四：（泥）顭/頜；（透）珽/侹；（定）梃/挺；去一：（幫）堋/崩；（明）懜/懵；（端）鐙/嶝；去二：（澄）瞪/鋥；去三：（章）正/政；去四：（幫）併/栟；（並）庰/偋；（明）瞑/暝；入一：（影）餩/餧；

（並）蔔/菔；入二：（娘）搦/諾；（莊）側/稄；入四：（泥）溺/惄；（滂）霹/劈；（溪）喫/燩；（透）惕/逖；入三：（滂）堛/愊。

本圖中出現的特殊現象：

等調聲母圖韻	指掌圖	韻鏡	差異原因
去三船	○	乘	船入禪位
入三禪	食	○	

另，本圖對應《七音略》内轉四十二重中重、外轉三十八重中重、外轉三十六重中輕。本圖收録《廣韻》曾梗攝開口字，韻圖以《韻鏡》外轉第三十五開爲主，輔以外轉第三十三開列字，並將《韻鏡》内轉第四十二開登韻一等字列入。列圖較爲工整，充分體現了重韻合流的現象。

知	泥	定	透	端	疑	羣	溪	見	七
	能	臺	胎	⿰黑臺	皚	○	開	該	平
⿰齒來					崖	○	揩	皆	
○					○	○	○	○	
	○	○	○	○	○	○	○	○	
	乃	殆	⿰口臺	等	顗	○	愷	改	上
○					駭	箉	楷	解	
○					○	○	○	○	
	○	○	○	○	○	○	○	○	
	柰	大	泰	帶	艾	○	礚	蓋	去
⿰彳啻					睚	○	⿱毄女	懈	
○					○	○	○	○	
	○	○	○	○	○	○	○	○	
	捺	達	闥	怛	嶭	○	渴	葛	入
哳					齾	○	⿰金曷	戞	
○					○	○	○	○	
	○	○	○	○	○	○	○	○	

第十七圖

微	奉	敷	非	明	並	滂	幫	娘	澄	徹
				○	○	○	○			
				埋	排	娃	○	檡	○	搋
○	○	○	○	○	○	○	○	○	○	○
				○	○	○	○			
				○	○	○	○			
				買	憊	佸	擺	○	廌	○
○	○	○	○	○	○	○	○	○	○	○
				○	○	○	○			
				○	○	○	○			
				賣	敗	派	拜	褹	○	蠆
○	○	○	○	○	○	○	○	○	○	○
				○	○	○	○			
				○	○	○	○			
				[亻密]	拔	汃	八	[疒乇]	○	○
○	○	○	○	○	○	○	○	○	○	○
				○	○	○	○			

	精	清	從	心	斜	照	穿	牀	審
平	烖	猜	才	鰓	○				
						齋	差	犲	崽
						○	⿰牛壽	○	○
	○	○	○	○	○				
上	宰	采	在	賽	○				
						○	茝	○	灑
						垷	○	○	○
	○	○	○	○	○				
去	載	菜	在	賽	○				
						債	瘥	寨	曬
						○	○	○	○
	○	○	○	○	○				
入	拶	攃	巀	薩	○				
						札	剎	○	殺
						○	○	○	○
	○	○	○	○	○				

韻	日	來	喻	匣	曉	影	禪
咍		來	○	孩	咍	哀	
皆佳		唻	○	諧	俙	挨	○
佳咍	腴	○	○	○	○	○	移
		○	○	○	○	○	
海		唻	佁	亥	海	欸	
駭蟹海		○	○	駭	○	矮	○
薺	○	○	○	○	○	○	○
		○	○	○	○	○	
泰代		賴	○	害	餀	藹	
夬卦怪		○	○	邂	謑	隘	○
祭	○	○	○	○	○	○	○
		○	○	○	○	○	
曷		剌	○	曷	喝	遏	
瞎黠		列	○	黠	瞎	軋	鐁
	○	○	○	○	○	○	○
		○	○	○	○	○	

第十七圖

校：

1 平一滂 ◯ 《廣韻》《集韻》咍韻滂母位有字『姳』，『缶』爲『缶』字異體，此字亦可寫爲『姳』。《廣韻》《集韻》普才切，滂咍平開一蟹；《韻鏡》外轉第十三開，在滂一等位列『姳』字；《七音略》内轉第十三重中重，在滂一等位列『姳』字；《四聲等子》蟹攝外二輕重俱等開口呼、《切韻指南》蟹攝外二開口呼廣門，在滂一等位列『姳』字。《指掌圖》將『姳』字列於二等誤，此處當校補『姳』字。

2 平一並 ◯ 《廣韻》咍韻並母有『焙，扶來切』、《集韻》有『焙，蒲來切』，並咍平開一蟹；《韻鏡》外轉第十三開，列字爲『焙』；《七音略》内轉第十三重中重，列字爲『焙』；《四聲等子》蟹攝外二輕重俱等開口呼，列字爲『焙』；《切韻指南》蟹攝外二開口呼廣門，列字爲『焙』，『焙』，《康熙字典》：『又《廣韻》扶來切，音焙。姓也。』但《廣韻》中未見此字。『焙』爲《廣韻》咍韻並母位小韻首字，《指掌圖》空位誤，當校補『焙』。

3平一精　栽　《廣韻》祖才切，《集韻》、真福寺本、毛氏《增韻》將來切，精咍平開一蟹；《韻鏡》《七音略》《起數訣》精咍位列字爲『哉』；《四聲等子》《切韻指南》精咍位列字爲『栽』。『栽』爲《廣韻》咍韻精母位小韻首字，下收有『哉』字。列字以『栽』字爲佳，《指掌圖》是。

4平一從　才　嚴氏本、《墨海金壺》本同，《等韻五種》本列字爲『裁』。才，《廣韻》昨栽切，《集韻》牆來切，從咍平開一蟹；《韻鏡》《七音略》《四聲等子》《切韻指南》從咍位列字爲『裁』。『裁』爲《廣韻》咍韻從母位小韻首字，下收有『才』字。《等韻五種》本列『裁』字爲佳，宋本亦無誤。

5平一匣　孩　《廣韻》户來切，《集韻》、真福寺本、毛氏《增韻》何開切，匣咍平開一蟹；《韻鏡》匣咍位列字爲『𣧸』；《七音略》《四聲等子》《切韻指南》《起數訣》匣咍位列字均爲『孩』。『孩』爲《廣韻》匣母咍韻小韻首字，無『𣧸』字形，《韻鏡》列字，當爲刊刻誤。列字以『孩』爲佳，《指掌圖》是。

6平一喻　◯　《廣韻》咍韻無喻母字；《集韻》喻母位有『頤，曳來切』，上字爲以母字；《韻鏡》《七音略》空位；《四聲等子》《切韻指南》喻咍位均列『頤』字，此二圖從《集韻》。《指掌圖》從《廣韻》，空位亦無誤。

7平一日　◯　《廣韻》咍韻無日母字；《集韻》日母位有『荋，汝來切』；《韻鏡》空位；《七音略》日母位列字爲『耑』，該字當爲《集韻》『荋』字之誤；《四聲等子》《切韻指南》均空位。日母秖拼合三等字，《指掌圖》從《廣韻》，空位是。

8 平二疑　崖　《廣韻》《集韻》五佳切，疑佳平開二蟹；《韻鏡》外轉第十五開，列字爲『崖』；《七音略》外轉第十五重中輕，列字爲『崔』，當爲『崖』字之訛；《四聲等子》《切韻指南》《起數訣》疑佳位均列『崖』字。『崖』爲《廣韻》佳韻疑母位小韻首字，《指掌圖》是。

9 平二徹　搋　《廣韻》佳韻徹母位有『扠，丑佳切』，皆韻徹母位有『搋，丑皆切』；《韻鏡》外轉第十三開，徹皆位列字爲『搋』；外轉第十五開，徹佳位列字爲『扠』。《七音略》内轉第十三重中重，徹皆位列字爲『搋』；外轉第十五重中輕，徹佳位列字爲『杈』。《四聲等子》徹佳位列字爲『扠』；《切韻指南》徹皆位列字爲『搋』。《指掌圖》平聲二等標目爲佳皆，此位列『搋』或『扠』均可，《指掌圖》是。

10 平二澄　○　《廣韻》皆佳兩韻澄母均無字；《集韻》皆韻澄母有『㾝，直皆切』。《韻鏡》、《七音略》、《四聲等子》空位；《切韻指南》澄皆位列字爲『㾝』。《指掌圖》平聲二等標目爲佳皆，此位若依《廣韻》空位無誤，若依《集韻》當校補『㾝』字。

11 平二幫　○　《廣韻》《集韻》皆佳兩韻澄母均無字；《韻鏡》空位；《七音略》内轉第十三重中重，列字爲『碩』；《四聲等子》幫母二等位列字爲『碩』；《切韻指南》幫母二等位列字爲『碩』，『碩』，《康熙字典》：『《廣韻》敷悲切。《集韻》攀悲切。竝音丕。《玉篇》大面。又《集韻》蘖皆切，音蹕，義同。』『蹕』，《康熙字典》：『《集韻》補弭切，音俾。《玉篇》股外也，詳骨部髀字注。又《集韻》蘖佳切，音⿰忄卑。「蹟⿰足卑，行繚戾也。」《康熙字典》所記『⿰至頁』有皆韻幫母音，『⿰足卑』有佳韻幫母音。均可列於此位。《指掌圖》依《廣韻》，空位是。

12 平二滂 姓 此字爲『婄』字異體。婄，《廣韻》普才切，《集韻》、真福寺本、毛氏《增韻》鋪來切，滂咍平開一蟹；《韻鏡》《七音略》《四聲等子》《切韻指南》《起數訣》均列於一等位。此位誤，當删。

13 平二娘 樨 《廣韻》「心妻切」，心母齊韻，當爲『搱』誤。搱，《廣韻》諾皆切，《集韻》尼皆切，泥皆平開二蟹；《韻鏡》外轉第十三開、《七音略》內轉第十三重中重，列字均爲『搱』；《四聲等子》泥皆位列字爲『貎』；《切韻指南》蟹攝外二開口呼廣門，列字爲『樨』。『搱』爲《廣韻》皆韻娘母位小韻首字，《指掌圖》誤，當校改爲『搱』。

14 平二牀 犲 嚴氏本同，《墨海金壺》本、《等韻五種》本列字爲『柴』。犲，古同『豺』，《廣韻》士皆切，《集韻》、真福寺本、毛氏《增韻》牀皆切，崇皆平開二蟹；《韻鏡》《七音略》《切韻指南》《起數訣》崇皆位列字均爲『豺』；《四聲等子》崇皆位列字爲『柴』。『豺』爲《廣韻》皆韻崇母位小韻首字，『柴』爲《廣韻》佳韻崇母位小韻首字。《指掌圖》各本列字均無誤，宋本作『豺』更佳。

15 平二影 挨 嚴氏本、《等韻五種》本同，《墨海金壺》本列字爲『⿰扌侯』。挨，《廣韻》於駭切，於改切，均爲上聲字。《集韻》有英皆切，影母皆韻。此字當爲『⿰扌侯』字之誤。『⿰扌侯』，《廣韻》英皆切，《集韻》倚駭切，影皆平開二蟹；《韻鏡》《七音略》《起數訣》影皆位列字爲『⿰扌侯』；《四聲等子》《切韻指南》該位列字爲『娃』。『⿰扌侯』爲《廣韻》皆韻影母小韻首字，『娃』爲《廣韻》佳韻影母小韻首字。《墨海金壺》本列『⿰扌侯』字爲佳，宋本依《廣韻》列『挨』字誤，當校改爲『⿰扌侯』。

16　平二曉　俙　嚴氏本同，《墨海金壺》本、《等韻五種》本列字爲『俙』。俙，《廣韻》香衣切，平微曉母；虛豈切，上尾曉母。此字當爲『俙』字之誤。俙，《廣韻》喜皆切，《集韻》休皆切，曉皆平開二蟹；《韻鏡》外轉第十三開，列字爲『俙』；《七音略》空位；《四聲等子》列字爲『⿱殹口』，爲曉母佳韻；《切韻指南》列字爲『俙』。『俙』爲《廣韻》皆韻曉母位小韻首字，《等韻五種》本、《墨海金壺》本列『俙』字是，宋本誤，當校改爲『俙』。

17　平三穿　⿰牛壽　《廣韻》《集韻》昌來切，昌咍平開三蟹；《韻鏡》外轉第十三開、《七音略》内轉第十三重中重，列字爲『⿰牛壽』；《四聲等子》《切韻指南》《起數訣》該位均列『⿰牛壽』字。『⿰牛壽』在諸韻圖中均列於三等位，此字爲咍韻字寄位。咍本爲一等，昌母拼合三等，憑切寄韻，符合門法。

18　平三禪　栘　嚴氏本、《墨海金壺》本同，《等韻五種》本空位。栘，《廣韻》《集韻》成臡切，禪齊平開三蟹；《韻鏡》空位；《七音略》在四等邪母位列『移』字，爲『栘』字誤，並誤列於邪母位；《四聲等子》在三等位列字爲『栘』；《切韻指南》于合口圖三等位列『栘』字。『栘』爲《廣韻》祭韻平聲，韻圖中列於四等位。《指掌圖》四等位整體空位，將『栘』字列於三等位，且該等列目爲咍佳，按韻圖規制不當列於此，當校删。

19 平三日 腝 嚴氏本、《墨海金壺》本同，《等韻五種》本空位。腝，《廣韻》苦悶切又而兖切又那到切，均不適於此位；《集韻》汝來切，日咍平合三山；《韻鏡》《七音略》空位；《四聲等子》蟹攝外二輕重俱等開口呼，列字爲『腝』；《切韻指南》列字爲『荋』，爲《集韻》日母位小韻首字，下收有『腝』。《等韻五種》本依《廣韻》空位是，宋本依《集韻》亦無誤。

20 上一疑 顗 嚴氏本、《墨海金壺》本同，《等韻五種》本列字爲『騃』。顗，《廣韻》魚豈切，疑尾上開三止；《集韻》五亥切，疑海上開一蟹；《韻鏡》《七音略》空位；《四聲等子》《切韻指南》位列字爲『騃』。宋本列『顗』字，依《集韻》。『騃』，《廣韻》五駭切，疑駭上開二蟹，爲《廣韻》駭韻疑母位小韻首字，但應列於二等位。《等韻五種》本列『騃』字誤，宋本依《集韻》，是。

21 上一定 殆 嚴氏本、《墨海金壺》本同，《等韻五種》本列字爲『駘』。殆，《廣韻》徒亥切，《集韻》、真福寺本、毛氏《增韻》蕩亥切，定海上開一蟹；《韻鏡》《七音略》《切韻指南》定海位列字爲『駘』；《四聲等子》列字爲『殆』；《起數訣》定海位列字爲『待』。『駘』爲《廣韻》海韻定母位小韻首字，下收有『殆』字。《等韻五種》本列『駘』字爲佳，宋本亦無誤。

22 上一心 賽 嚴氏本、《墨海金壺》本同，《等韻五種》本空位。賽，《廣韻》、《集韻》、真福寺本、毛氏《增韻》先代切，心代去開一蟹；《韻鏡》空位；《七音略》内轉第十三重中重，心母位列『諰』字；《四聲等子》《切韻指南》《起數訣》列字爲『諰』。諰，《廣韻》胥里切，心止上三止；《集韻》息改切，心海上開一蟹，可列於此位。《指掌圖》列目爲海，『賽』爲去聲代韻，不當列於此位。《等韻五種》本空位是，宋本當校删。

23 上一來　唻　嚴氏本、《墨海金壺》本同，《等韻五種》本列字爲『鉳』。唻，《廣韻》來改切，《集韻》洛代切，來海上開一蟹；《韻鏡》《七音略》《四聲等子》《切韻指南》《起數訣》列字爲『鉳』。『鉳』爲《廣韻》海韻來母位小韻首字，下收有『唻』字。《等韻五種》本列『鉳』爲佳，宋本亦無誤。

24 上一日　○　《廣韻》《集韻》海韻日母有『疓，如亥切』；《韻鏡》《七音略》列字爲『疓』；《四聲等子》空位；《切韻指南》在日母三等位列『疓』字。日母不拼合一等字，『疓』字當爲『奴亥切』誤，在《韻鏡》《七音略》中列於一等位當爲後人誤增。《指掌圖》沿襲亦誤。《指掌圖》空位是。

25 上二疑　騃　嚴氏本、《墨海金壺》本同，《等韻五種》本空位。騃，《廣韻》五駭切，《集韻》、真福寺本、毛氏《增韻》語駭切，疑駭上開二蟹；《韻鏡》外轉第十三開，列字爲『騃』；《七音略》外轉第十五重中輕，『騃』列於合口圖；《四聲等子》疑駭位列字爲『覞』；《切韻指南》列字爲『騃』。『騃』爲《廣韻》駭韻疑母位小韻首字，《等韻五種》本空位誤，宋本是。

26 上二端　○　《廣韻》海韻無二等字，駭蠏二韻無端母字；《集韻》蠏韻端母有『獡，都買切』，此字當爲舌音類隔。《韻鏡》《七音略》空位；《四聲等子》《切韻指南》列字爲『鈬』，《康熙字典》：『《玉篇》知駭切，音鈬，金也。』亦爲知母字。《指掌圖》依《廣韻》空位是。

27 上二娘 ◯ 《廣韻》《集韻》蟹韻娘母位有『嬭，奴蟹切』；《韻鏡》外轉第十五開，列字爲『嬭』；《七音略》外轉第十五重中輕，列字爲『妳』；《四聲等子》列字爲『妳』；《切韻指南》列字爲『嬭』。『嬭』爲《廣韻》蟹韻娘母位小韻首字，下收有『妳』字，注『上同』，『妳』爲『嬭』異體字。《指掌圖》空位誤，當校補『嬭』。

28 上二滂 俖 《廣韻》普乃切，《集韻》布亥切，滂海上開一蟹；《韻鏡》外轉第十三開，在一等位列『俖』字；《七音略》空位；《四聲等子》《切韻指南》滂母二等位列字爲『帔』。『俖』爲海韻一等位，不當列於二等。《廣韻》《集韻》駭蟹兩韻均無字。『帔』，《康熙字典》：『《唐韻》卑履切。《集韻》補履切。竝音比。又《集韻》部鄙切，音否，義同。』此三音均非滂母音。《指掌圖》列目爲海駭蟹，但海爲一等字，不當列於二等位。依《廣韻》，此字當校删。

29 上二並 犕 《墨海金壺》本同，嚴氏本列字爲『犕』，《等韻五種》本列字爲『罷』。備，《廣韻》薄蟹切，《集韻》部買切，並蟹上開二蟹；《韻鏡》《七音略》《四聲等子》《切韻指南》並蟹位列字爲『罷』；《起數訣》並蟹位列字爲『矲』。『罷』爲《廣韻》蟹韻並母位小韻首字，下收有『備』『矲』兩字。《等韻五種》本列『罷』字爲佳，宋本亦無誤；嚴氏本列『犕』字，爲『備』之異體，亦無誤。

30 上二知 ◯ 《集韻》駭韻知母位有「鉯，知駭切」；《韻鏡》《七音略》空位；《四聲等子》知母二等位列字爲「鉯」，《康熙字典》：「《玉篇》知駭切，音鉯，金也。」；《切韻指南》知母二等位列「鉯」。此二圖從《集韻》。《指掌圖》依《廣韻》，空位是。

31 上二照 ◯ 《集韻》蟹韻莊母位有「抧，仄蟹切」；《韻鏡》《七音略》空位；《四聲等子》《切韻指南》莊母位均列「抧」字，此二圖從《集韻》。《指掌圖》從《廣韻》，空位亦無誤。

32 上二穿 茝 《廣韻》昌紿切，《集韻》、真福寺本、毛氏《增韻》昌亥切，昌海上開三蟹；《韻鏡》外轉第十三開，在三等位列「茝」字；《七音略》内轉第十三重中重，在二等位列「茝」字；《四聲等子》《切韻指南》昌母二等位列字爲「豺」，三等位列「茝」字。「茝，昌紿切」爲祭韻上聲寄入海韻，當列於三等位。《指掌圖》列於二等誤，此位當校删。

33 上二來 ◯ 《集韻》駭韻來母有「攋，洛駭切」；《韻鏡》外轉第十三開，列字爲「獺」，爲「攋」字之誤；《七音略》内轉第十三重中重，列字爲「襰」，亦爲「攋」字之誤；《四聲等子》列字爲「懶」，爲「攋」字之誤；《切韻指南》列字爲「攋」。諸書皆從《集韻》增補，增補時或有轉訛。《指掌圖》從《廣韻》，空位是。

34 上三照 堄 嚴氏本、《墨海金壺》本、《等韻五種》本列字爲「抧」。堄，《廣韻》、《集韻》、真福寺本、毛氏《增韻》研啓切，疑薺上開四蟹；《韻鏡》《四聲等子》《切韻指南》空位；《七音略》内轉第十三重中重，列字爲「堄」；《起數訣》發音清第二十五圖，列字爲「堄」。「堄」在《韻鏡》中列於疑母四等位。『抧』，《集韻》仄蟹切，爲莊母字，當列於二等。諸本皆誤，此位當校刪。

35 去一溪　礚　《集韻》、毛氏《增韻》丘蓋切，溪泰去開一蟹；《韻鏡》外轉第十五開，列字爲『磕』；《七音略》外轉第十五重中輕，列字爲『礚』；《四聲等子》溪母位列字爲『慨』，《廣韻》苦蓋切，去代溪母；《切韻指南》《起數訣》位列字爲『磕』。《廣韻》泰韻溪母位小韻首字爲『磕』，無『礚』字形，『礚』爲『磕』字異體，《集韻》收此字形。列字以『磕』爲佳，《指掌圖》亦無誤。

36 去一群　○　《集韻》代韻群母位有『隑，巨代切』；《韻鏡》外轉第十三開，列字爲『隑』；《七音略》《四聲等子》空位；《切韻指南》列字爲『隑』。《韻鏡》《切韻指南》依《集韻》列字，《指掌圖》依《廣韻》，空位亦無誤。

37 去一透　泰　《廣韻》、《集韻》、毛氏《增韻》他蓋切，透泰去開一蟹；《韻鏡》《七音略》透泰位列字爲『太』；《四聲等子》《切韻指南》《起數訣》透泰位列字均爲『泰』。『泰』爲《廣韻》泰韻透母位小韻首字，下收有『太』字。列字以『泰』爲佳，《指掌圖》是。

38 去一定　大　《廣韻》、《集韻》、毛氏《增韻》徒蓋切，定泰去開一蟹；《韻鏡》外轉第十五開，列字爲『大』；《七音略》定泰位列字爲『太』，《七音略》誤；《四聲等子》定母位列字爲『代』；《切韻指南》《起數訣》定母位列字爲『大』。『大』爲《廣韻》泰韻定母位小韻首字。列字以『大』爲佳，《指掌圖》是。

39 去一從　在　嚴氏本、《墨海金壺》本同，《等韻五種》本列字爲『載』。在，《廣韻》、《集韻》、毛氏《增韻》昨代切，從代去開一蟹；《韻鏡》外轉第十三開，列字爲『在』；《七音略》內轉第十三重中重，列字爲『在』；《四聲等子》《切韻指南》從母位列字爲『載』；《起數訣》發音清第二十五圖，列字爲『在』。『載』爲《廣韻》代韻從母位小韻首字，下收有『在』字，列字以『載』爲佳，《指掌圖》亦無誤。

40 去二溪　𡢕　嚴氏本、《墨海金壺》本同，《等韻五種》本列字爲『烗』。𡢕，《廣韻》苦賣切，《集韻》口蟹切，溪卦去開二蟹；《韻鏡》外轉第十五開、《七音略》外轉第十五重中輕，列字爲『𡢕』；《四聲等子》《切韻指南》溪母位列字爲『烗』。『𡢕』爲《廣韻》卦韻溪母位小韻首字，『烗』爲《廣韻》怪韻溪母位小韻首字。《指掌圖》列目爲怪夬卦，此二字均可列於此位，諸本皆無誤。

41 去二群　○　《集韻》怪韻群母位有『䩭，渠介切』；《韻鏡》《七音略》空位；《四聲等子》《切韻指南》群母位列字爲『䩭』，此二圖從《集韻》。《指掌圖》從《廣韻》，空位亦無誤。

42 去二端　○　《集韻》卦韻端母有『媞，得懈切』；《韻鏡》空位；《七音略》外轉第十五重中輕，列字爲『媞』；《四聲等子》《切韻指南》端母位列字均爲『媞』，此二圖依《集韻》。《指掌圖》依《廣韻》，空位是。

43　去二知　⿰彳啻　嚴氏本同，《墨海金壺》本列字爲『⿰犭啻』，《等韻五種》本列字爲『膪』。⿰彳啻，《廣韻》竹賣切，《集韻》陟卦切，知卦去開二蟹；《韻鏡》外轉第十六合，列字爲『膪』；《七音略》外轉第十六輕中輕，列字爲『⿰月啇』，爲『⿰彳啻』字異體；《四聲等子》《切韻指南》知卦位列字爲『媞』。『媞』，《集韻》得懈切，端卦去開二蟹，《集韻》卦韻有知母字『膪，竹賣切』，此二等位列知母字爲佳。『膪』爲《廣韻》卦韻知母位小韻首字，下收有『⿰彳啻』字。《墨海金壺》本列『⿰犭啻』字，當爲『⿰彳啻』字之形訛，《等韻五種》本列『膪』字爲佳，宋本亦無誤。

44　去二徹　蠆　《廣韻》丑犗切，《集韻》、毛氏《增韻》丑邁切，徹夬去開二蟹；《韻鏡》外轉第十三開，列字爲『⿱萬心』；《七音略》內轉第十三重中重，列字爲『蠆』；《四聲等子》《切韻指南》徹母位列字均爲『蠆』；《起數訣》發音濁第三十圖，列字爲『蠆』。『蠆』爲《廣韻》夬韻徹母位小韻首字，《韻鏡》列字當爲『蠆』字之形誤。列字以『蠆』字爲佳，《指掌圖》是。

45　去二澄　○　《廣韻》《集韻》夬韻澄母位有『⿰足祭，除邁切』；《韻鏡》外轉第十三開、《七音略》內轉第十三重中重，列字均爲『⿰足祭』；《四聲等子》澄母位列字爲『⿰足祭』；《切韻指南》空位。『⿰足祭』爲《廣韻》夬韻澄母位小韻首字，《指掌圖》空位誤，當校補『⿰足祭』字。

46　去二幫　拜　《廣韻》博怪切，《集韻》、毛氏《增韻》布怪切，幫怪去開二蟹；《韻鏡》外轉第十三開，列字爲『拜』；《七音略》外轉第十四輕中重，列字爲『拜』；《四聲等子》蟹攝外二輕重俱等韻合口呼，列字爲『拜』，在開口圖中列字爲『庍』；《切韻指南》開口圖列字爲『⿰山辟』，蟹攝外二合口呼廣門列字爲『庰』，此字爲『庍』字之誤。『嶭』爲《廣韻》卦韻幫母開口小韻首字，『庍』爲《廣韻》卦韻幫母合口小韻首字。『𢪃』爲《廣韻》怪韻幫母位小韻首字，下收有『拜』字。『𢪃』『嶭』『庍』均可列於此位，《指掌圖》列『拜』字無誤。

47 去二滂　派　《廣韻》匹卦切，《集韻》、毛氏《增韻》普卦切，滂卦去合二蟹；《韻鏡》外轉第十六合，列字爲『派』；《七音略》外轉第十六輕中輕，列字爲『𠂢』；《四聲等子》蟹攝外二輕重俱等開口呼，列字爲『派』；《切韻指南》開口圖空位，合口圖列字爲『湃』。『派』字爲合口字，入開口圖。『派』爲《廣韻》卦韻滂母合口位小韻首字，下收有『𠂢』字。《廣韻》怪夬卦三韻均無開口滂母位小韻，將合口『派』字列於此位，表現《指掌圖》脣音開合不清。

48 去二穿　瘥　《廣韻》、《集韻》、毛氏《增韻》楚懈切，初卦去開二蟹；《韻鏡》外轉第十三開，列字爲『瘥』；《七音略》內轉第十三重中重，列字爲『瘥』；《四聲等子》《切韻指南》《起數訣》初卦位列字爲『差』。『差』爲《廣韻》卦韻初母位小韻首字，下收有『瘥』字。列字以『瘥』爲佳，《指掌圖》亦無誤。

49 去二牀　寨　《廣韻》犲夬切，《集韻》楚懈切，毛氏《增韻》士邁切，崇夬去開二蟹；《韻鏡》外轉第十三開，列字爲『寨』；《七音略》外轉第十三重中重，列字爲『寨』；《四聲等子》列字爲『寨』；《切韻指南》崇母位列字爲『𢔁』。『寨』爲《廣韻》夬韻崇母位小韻首字，《指掌圖》是。

50 去二匣　邂　嚴氏本、《墨海金壺》本同，《等韻五種》本列字爲『械』。邂，《廣韻》胡懈切，《集韻》、毛氏《增韻》下懈切，匣卦去開二蟹；《韻鏡》外轉第十五開、《七音略》外轉第十五重中輕，列字均爲「邂」；《四聲等子》列字爲「械」；《切韻指南》《起數訣》匣卦位列字均爲「邂」。「械」爲《廣韻》怪韻匣母位小韻首字，「邂」爲《廣韻》卦韻匣母位小韻首字，二字均可列於此位。諸本皆無誤。

本圖入聲與第七圖、第十一圖較爲相似，除版本差異外，衹列不同處。

51 入一精　拶　嚴氏本、《墨海金壺》本同，《等韻五種》本列字爲「拶」。（見第十一圖）各本收字均不可取，此處當校刪。

52 入一心　薩　嚴氏本、《墨海金壺》本同，《等韻五種》本列字爲「蕯」。「蕯」爲《廣韻》曷韻心母位小韻首字，下收有「薩」字。《等韻五種》本列「蕯」字爲佳，宋本亦無誤。

53 入一曉　喝　嚴氏本、《墨海金壺》本同，《等韻五種》本列字爲「顯」。喝，《廣韻》呼合切，《集韻》、真福寺本、毛氏《增韻》許葛切，曉曷入開一咸；《韻鏡》外轉第二十三開，列字爲「顯」；《七音略》外轉二十三重中重，列字爲「顯」；《四聲等子》山攝外四輕重俱等韻開口呼，列字爲「喝」；《切韻指南》列字爲「顯」。「顯」爲《廣韻》曷韻曉母位小韻首字，下收有「喝」字。《等韻五種》本列「顯」字爲佳，宋本亦無誤。

54 入二幫　八　《廣韻》博拔切，《集韻》、真福寺本、毛氏《增韻》布拔切，幫黠入開二山；《韻鏡》外轉第二十三開、《七音略》外轉二十四輕中重，列字爲『八』；《四聲等子》蟹攝外二輕重俱等合口呼，列字爲『八』；《切韻指南》幫黠位列字爲『捌』；《起數訣》空位。《指掌圖》一般脣音入合口，本圖脣音入開口。第七圖、第十一圖均未列幫母字。『八』爲《廣韻》黠韻幫母位小韻首字，《指掌圖》是。

55 入二滂　汃　《廣韻》《集韻》普八切，滂黠入開二山；《韻鏡》《起數訣》空位；《七音略》外轉二十四輕中重，列字爲『汃』；《四聲等子》蟹攝外二輕重俱等合口呼、《切韻指南》蟹攝外二開口呼廣門，均列『汃』字。『汃』爲《廣韻》黠韻滂母位小韻首字，《指掌圖》是。

56 入二並　拔　《廣韻》、《集韻》、真福寺本、毛氏《增韻》蒲八切，並黠入開二山；《韻鏡》《七音略》《四聲等子》《切韻指南》並黠位均列『拔』字；《起數訣》空位。『拔』爲《廣韻》黠韻並母位小韻首字，《指掌圖》是。

57 入二明　⿰亻密　《廣韻》《集韻》莫八切，明黠入開二山；《韻鏡》《七音略》《四聲等子》《切韻指南》明黠位均列『⿰亻密』字；《起數訣》空位。『⿰亻密』爲《廣韻》黠韻明母位小韻首字，《指掌圖》是。

58 入二牀　○　嚴氏本、《墨海金壺》本、《等韻五種》本列字爲『鐁』。『鐁』爲《廣韻》鎋韻崇母位小韻首字，《指掌圖》崇母位字『鐁』卻列於俟母，誤，崇母位當校補『鐁』。

59 入二禪　鑈　嚴氏本、《墨海金壺》本、《等韻五種》本空位。『鑈』爲《廣韻》鍩韻崇母位小韻首字，當列於崇母，列於俟母爲崇俟不分，但依韻圖規制，此處當校删。《等韻五種》本空位是，宋本當校删。

60 入二來　列　嚴氏本、《墨海金壺》本同，《等韻五種》本空位。第七圖『列』字列於三等位。列，《廣韻》良薛切，《集韻》、真福寺本、毛氏《增韻》力蘖切，來薛入開三山；諸韻圖皆列於三等，本圖錯列於二等。《等韻五種》本空位是，宋本當校删。

【釋】

一、與《廣韻》之對比

本圖韻目非常混亂，脣音的取捨没有統一的規則。

平聲

《指掌圖》列目爲一等咍、二等佳皆、三等咍佳。

一等：《指掌圖》列目爲咍，共 15 字。《廣韻》咍韻共 17 個小韻，《指掌圖》收録 15 個。其中非小韻首字1個：從母位『才』，首字爲『裁』。滂母位『娝，普才切』本爲一等字，卻列入了二等，一、二等混。並母位有字『㾦，扶來切』。本圖爲開口圖卻收脣音字。

二等：《指掌圖》列目爲佳皆，共17字，皆12個、佳1個、咍1個。《廣韻》皆韻開二共16個小韻，《指掌圖》取15個。娘母字列『樨』，該字在《廣韻》中爲『心妻切』，心母齊韻，當爲『搱，諾皆切』誤。《指掌圖》崇母『犲』、影母『挨』。《廣韻》無此字形，《廣韻》崇母位『豺』、影母位『挨』。《指掌圖》曉母位『俙』，當爲《廣韻》『俙，喜皆切』訛誤。《廣韻》佳開二共12個小韻，《指掌圖》收録1個。

三等：《指掌圖》列目爲咍佳，共3字，其中咍1個、佳1個。《指掌圖》日母列『腝』，《廣韻》『腝，苦悶切又而袞切又那到切』，均不合於此位。

上聲

《指掌圖》列目爲一等海、二等海駭蟹、三等薺。

一等：《指掌圖》列目爲海，共16字。《廣韻》海韻共18個小韻，《指掌圖》收録14個。未取的4個小韻有3個是脣音字，另1個是日母字，《指掌圖》日母空位。另《指掌圖》疑母位『顗』、心母位『賽』，《廣韻》海韻中未見。

二等：《指掌圖》列目爲海駭蟹，共13字，海2個、駭3個、蟹8個。《廣韻》蟹開二共11個小韻,《指掌圖》取8個,非小韻首字1個: 明位『備』,首字爲『罷』。二等内收録脣音。《廣韻》泥母有字『嬭,奴蟹切』,《指掌圖》空位。《廣韻》海韻本無二等字,《指掌圖》中列入2個海韻字,1個爲一等字,1個爲三等字。『茝,昌紿切』爲祭韻上聲寄入海韻,《廣韻》駭開二共4個小韻,《指掌圖》取3個。

三等:《指掌圖》列目爲薺,共1字。《指掌圖》在照母位列『垷』,在《廣韻》中『垷,研啓切』疑母薺韻,又音『五計切』疑母霽韻。此位與《廣韻》不合。

去聲

《指掌圖》列目爲一等代泰、二等怪夬卦、三等祭。

一等:《指掌圖》列目爲代泰,共15字,代4個,泰11個。《指掌圖》溪母位『礚』,《廣韻》中無此字形,當爲泰韻溪母『磕,苦蓋切』誤。《廣韻》代韻開一共16個小韻,《指掌圖》取4個,不取脣音,明母有字,《指掌圖》未收。非小韻首字1個: 從母位『在』,首字爲『載』。《廣韻》泰韻開一共16個小韻,《指掌圖》取11個。其中形異1個:『礚』—『磕』。

二等:《指掌圖》列目爲怪夬卦,共17字,收脣音,卦12個、夬3個、怪2個。《廣韻》卦開二共13個小韻,《指掌圖》取11個,另有卦韻合口字『派』列入開口,脣音開合不清。非小韻首字2個: 知母位『⿰彳啻』、初母位『瘥』,首字分别爲『膪』『差』。《廣韻》怪開二共9個小韻,《指掌圖》收録1個。非小韻首字1個：幫母位「拜」，首字爲「擺」。《廣韻》夬開二共9個小韻，《指掌圖》收録2個。

三等：《指掌圖》列目爲祭，但無列字，當有缺失。

入聲

《指掌圖》列目爲一等曷、二等黠瞎。與第十一圖較接近。一等完全相同，二等不同處：

1 多出四個重脣音。

2 來母位「列」在二等位，本爲三等字，第十一圖列於四等。

二、與《集韻》之對比

上一《指掌圖》疑母位「顗」，在《廣韻》無此字，《集韻》中正合此位，與《集韻》同。

去一溪母位「磕」，《廣韻》中無此字形，《集韻》收録。

上一心母位「賽」，《廣韻》《集韻》中均爲代韻字，不當列於此位。

三、與《韻鏡》之對比

本圖主要對應《韻鏡》的外轉第十三開和外轉第十五開。

平聲三等　《指掌圖》昌母位列『犨』，該字在《韻鏡》中列於三皆，咍韻字寄位，與《韻鏡》合。《指掌圖》禪母位列『栘』，該字在《韻鏡》中列於外轉第二十四合三獮。

上聲一等　《指掌圖》疑母位列『顗』，《韻鏡》列於内轉第九開三尾。

上聲二等　《指掌圖》滂母位列『佰』，初母位列『茝』，生母位『灑』，在《韻鏡》中分別爲一海、三駭、三駭。

《指掌圖》與《韻鏡》空位對比，《指掌圖》有字而《韻鏡》無字的10個，《指掌圖》無字而《韻鏡》有字的5個：

平三：（禪）栘/○；（日）腝/○；上一：（疑）顗/○；（心）賽/○；上三：（疑）垷/○；去二：（知）徸/○；（徹）蠆/○；入二：（滂）汃/○；（崇）鐗/○；入一：（精）拶/○；上一：（日）○/疓；上二：（娘）○/嬭；去一：（群）○/隑；去二：（來）○/獺；入二：（莊）○/鐗。

《指掌圖》與《韻鏡》列字差異15個：

平一：（從）才/裁；（匣）孩/咳；（精）栽/哉；平二：（崇）犲/豺；（曉）俙/稀；（影）

挨/徯；（泥）搱/搱；上一：（來）唻/銇；（定）殆/駘；上二：（並）備/罷；去一：（溪）礚/磕；（透）泰/太；去二：（崇）寨/嘬；入二：（溪）鞨/褐；（疑）齾/聐。

另，本圖主要對應内轉第十三重中重、外轉第十四輕中重、外轉第十五重中輕。

本圖收録《廣韻》蟹攝開口字，《指掌圖》以脣音入合口爲基本原則，但本圖中脣音亦收録。韻圖以《韻鏡》外轉第十三開爲主，輔以外轉第十五開，充分體現了佳皆合韻。三等位列目爲咍佳，不當。本圖爲陰聲韻，配有山攝入聲，一等來源於曷，《韻鏡》外轉第二十三開；二等來源於黠鎋，《韻鏡》外轉第二十三開和外轉第二十一開。本圖入聲未取三、四等字。

六	見	溪	羣	疑	端	透	定	泥	知
平	○	○	○	○	○	○	○	○	
	○	○	○	○					○
	基	欺	其	疑					知
	雞	溪	祇	倪	低	梯	蹄	泥	
上	○	○	○	○	○	○	○	○	
	○	○	○	○					○
	紀	綺	技	蟻					𢷾
	几	企	○	蜺	邸	體	弟	禰	
去	○	○	○	○	○	○	○	○	
	○	○	○	○					○
	記	亟	忌	𩴾					置
	計	棄	○	詣	帝	替	地	泥	
入	○	○	○	○	○	○	○	○	
	○	○	○	○					○
	訖	乞	趌	疙					窒
	吉	詰	姞	耴	○	○	○	○	

第十八圖

微	奉	敷	非	明	並	滂	幫	娘	澄	徹
				○	○	○	○			
				○	○	○	○	○	○	○
○	○	○	○	○	○	○	○	尼	持	癡
				○	○	○	○			
				○	○	○	○			
				○	○	○	○	○	○	○
○	○	○	○	○	○	○	○	狔	豸	褫
				○	○	○	○			
				○	○	○	○			
				○	○	○	○	○	○	○
○	○	○	○	○	○	○	○	膩	值	眙
				○	○	○	○			
				○	○	○	○			
				○	○	○	○	○	○	○
○	○	○	○	○	○	○	○	暱	秩	抶
				○	○	○	○			

	精	清	從	心	斜	照	穿	牀	審
平	茲	雌	慈	思	詞				
						菑	差	茬	師
						之	眵	○	詩
	齎	妻	齊	西	○				
上	紫	此	○	死	兕				
						滓	剢	士	躧
						紙	齒	○	弛
	濟	泚	薺	枲	○				
去	恣	載	自	笥	寺				
						胾	廁	事	駛
						志	熾	○	試
	濟	砌	嚌	細	○				
入	則	墄	賊	塞	○				
						櫛	剢	齣	瑟
						質	叱	○	失
	喞	七	疾	悉	○				

禪	影	曉	匣	喻	來	日	韻
	○	○	○	○	○		之 支
漦	○	○	○	○	○		支之 脂
時	醫	僖	○	移	釐	兒	支之 脂
	鷖	醯	兮	頤	黎		支齊 之脂
	○	○	○	○	○		紙 旨
俟	○	○	○	○	○		紙
是	倚	⿰鼻希	○	矣	里	耳	止 紙
	㕧	○	徯	迤	邐		薺 紙
	○	○	○	○	○		至 志
○	○	○	○	○	○		志
示	意	憙	○	○	利	二	志 至
	縊	欸	系	異	吏		霽 祭
	餩	黑	劾	○	勒		德
○	○	○	○	○	○		櫛
實	乙	迄	○	○	栗	日	質
	一	欯	○	逸	○		質

第十八圖

校：

1 平一精　茲　《廣韻》子之切，《集韻》、真福寺本、毛氏《增韻》津之切，精之平開三止；《韻鏡》内轉第八開，列於四等位；《七音略》内轉第八重中重（内重），列於四等位；《四聲等子》止攝内二重多輕少韻開口呼，在四等位列字爲『資』，精母脂韻；《切韻指南》止攝内二開口呼通門，列字爲『貲』，精母支韻，列於四等位；《起數訣》開音清第十五圖，列於一等位。『茲』爲《廣韻》之韻精母位小韻首字，按韻圖規制當列於四等，列於一等位，爲語音變化所致。

2 平一清　雌　《廣韻》、真福寺本、毛氏《增韻》此移切，《集韻》七支切，清支平開三止；《韻鏡》内轉第四開合、《七音略》内轉第四重中輕（内重），列字爲『雌』，列於四等位；《四聲等子》止攝内二重多輕少韻開口呼，列於四等位；《切韻指南》止攝内二開口呼通門，列於四等位；《起數訣》收音清第七圖，列於一等位。『雌』爲《廣韻》支韻清母位小韻首字，按韻圖規制當列於四等，列於一等位爲語音變化所致。

3 平一從　慈《廣韻》疾之切，《集韻》、真福寺本、毛氏《增韻》牆之切，從之平開三止；《韻鏡》内轉第八開、《七音略》内轉第八重中重(重内)，列於四等位；《四聲等子》止攝内二重多輕少韻開口呼，列字爲『疵』，從母支韻，列於四等位；《切韻指南》止攝内二開口呼通門，列於四等位；《起數訣》開音清第十五圖，列於一等位。『慈』爲《廣韻》之韻從母位小韻首字，按韻圖規制當列於四等，列於一等位爲語音變化所致。

4 平一心　思《廣韻》息茲切，《集韻》、真福寺本、毛氏《增韻》新茲切，心之平開三止；《韻鏡》内轉第八開、《七音略》内轉第八重中重(内重)，列於四等位；《四聲等子》止攝内二重多輕少韻開口呼，列字爲『斯』，心母支韻，列於四等位；《切韻指南》止攝内二開口呼通門，列於四等位；《起數訣》開音清第十五圖，列於一等位。『思』爲《廣韻》之韻心母位小韻首字，按韻圖規制當列於四等，列於一等位爲語音變化所致。

5 平一斜　詞《廣韻》似茲切，《集韻》、真福寺本、毛氏《增韻》詳茲切，邪之平開三止；《韻鏡》内轉第八開、《七音略》内轉第八重中重(内重)，列於四等位；《四聲等子》止攝内二重多輕少韻開口呼，列於四等位；《切韻指南》止攝内二開口呼通門，列於四等位；《起數訣》開音清第十五圖，列於一等位。『詞』爲《廣韻》之韻邪母位小韻首字，按韻圖規制當列於四等，列於一等位爲語音變化所致。

6 平二照　菑　《廣韻》側持切，《集韻》、真福寺本、毛氏《增韻》莊持切，莊之平開三止；《韻鏡》内轉第八開，列字爲『菑』；《七音略》内轉第八重中重（内重），列字爲『甾』；《四聲等子》《切韻指南》《起數訣》莊之位列字均爲『菑』。『菑』爲《廣韻》之韻莊母位小韻首字，下收有『甾』字，列字以『菑』爲佳，《指掌圖》是。

7 平二穿　差　《廣韻》楚宜切，《集韻》、真福寺本、毛氏《增韻》叉宜切，初支平開三止；《韻鏡》内轉第四開合、《七音略》内轉第四重中輕（内重），列字爲『差』；《四聲等子》初支位列字爲『輜』，初母之韻；《切韻指南》《起數訣》初支位列字均爲『差』。『差』爲《廣韻》支韻初母位小韻首字，《指掌圖》是。

8 平二牀　茬　《廣韻》士之切，《集韻》仕之切，崇之平開三止；《韻鏡》内轉第八開，列字爲『茬』；《七音略》《四聲等子》《切韻指南》崇之位列字爲『茌』；《起數訣》崇之位列字爲『漦』。『茬』爲《廣韻》之韻崇母位小韻首字，《集韻》收有『茌』字形，爲『茬』之俗體。列字以『茬』爲佳，《指掌圖》是。

9 平二禪　漦　《廣韻》、《集韻》、真福寺本、毛氏《增韻》俟甾切，俟之平開三止；《韻鏡》《切韻指南》《起數訣》空位；《七音略》内轉第八重中重（内重），列字爲『漦』；《四聲等子》止攝内二重少輕多韻開口呼，列字爲『漦』。『漦』爲《廣韻》俟母位小韻首字，《指掌圖》是。

10 平三見　基　嚴氏本、《墨海金壺》本同，《等韻五種》本列字爲『姬』。基，《廣韻》、《集韻》、真福寺本、毛氏《增韻》居之切，見之平開三止；《韻鏡》《七音略》《起數訣》見之位列字爲「姬」；《四聲等子》止攝内二重少輕多韻開口呼，見母位列字爲「畸」，見母支韻；《切韻指南》見母位列字爲「飢」，見母脂韻。「姬」爲《廣韻》之韻小韻首字，下收有「基」字，《等韻五種》本列「姬」字爲佳，宋本亦無誤。

11 平三澄　持　嚴氏本、《墨海金壺》本同，《等韻五種》本列字爲「馳」。持，《廣韻》直之切，《集韻》、真福寺本、毛氏《增韻》澄之切，澄之平開三止；《韻鏡》《七音略》《起數訣》澄之位列字爲「治」；《四聲等子》《切韻指南》澄母位列字爲「馳」，澄母支韻。「治」爲《廣韻》之韻澄母位小韻首字，下收有「持」字。「馳」爲《廣韻》支韻澄母位小韻首字，《指掌圖》爲合韻韻圖，標目爲脂支之。《等韻五種》本列「馳」字爲佳，宋本亦無誤。

12 平三牀　○　《廣韻》《集韻》支脂之三韻船母位均無字；《韻鏡》内轉第四開合，船母支韻列字爲「疵」；《七音略》《四聲等子》《切韻指南》空位；「疵」，《廣韻》疾移切，從母平支。《韻鏡》在船母位列從母字誤，《指掌圖》空位是。

13 平三喻　移　《廣韻》弋支切，《集韻》、真福寺本、毛氏《增韻》余支切，以支平開三止；《韻鏡》内轉第四開合、《七音略》内轉第四重中輕（内重）、《起數訣》收音清第七圖，均在四等位列「移」字；《四聲等子》《切韻指南》亦於四等位列「移」字。「移」爲以母三等字，按韻圖規制喻四字應列於四等位，《指掌圖》列於三等位誤。三等位列「頤」，《廣韻》與之切，以母平之，列於此位是。四等位列之韻字，將『移』列於三等。《指掌圖》誤，當校删。

14 平四溪　溪　《廣韻》苦奚切，《集韻》、真福寺本、毛氏《增韻》牽奚切，溪齊平開四蟹；《韻鏡》外轉第十三開，列字爲『谿』；《七音略》内轉第十三重中重，列字爲『谿』；《四聲等子》蟹攝二外輕重俱等開口呼，列字爲『溪』；《切韻指南》蟹攝外二開口呼廣門，列字爲『谿』。『谿』爲《廣韻》齊韻溪母位小韻首字，下收有『溪』字，列字以『谿』爲佳，《指掌圖》亦無誤。

15 平四端　低　《廣韻》都奚切，《集韻》、真福寺本、毛氏《增韻》都黎切，端齊平開四蟹；《韻鏡》、《七音略》、《四聲等子》端齊位列字爲『氐』；《切韻指南》蟹攝外二開口呼廣門列字爲『低』；《起數訣》空位。『低』爲《廣韻》齊韻端母位小韻首字，下收有『氐』字，列字以『低』爲佳，《指掌圖》是。

16 平四定　蹏　嚴氏本、《墨海金壺》本同，《等韻五種》本列字爲『啼』。蹏，《廣韻》杜奚切，《集韻》、真福寺本、毛氏《增韻》田黎切，定齊平開四蟹；《韻鏡》、《七音略》定齊位列字爲『題』；《四聲等子》定齊位列字爲『提』；《切韻指南》定齊位列字爲『嗁』；《起數訣》空位。『嗁』爲《廣韻》齊韻定母位小韻首字，下收有『蹏』『提』『題』字，『嗁』與『啼』爲異體字關係。《等韻五種》本列『啼』字爲佳，宋本亦無誤。

17 平四匣　兮　嚴氏本、《墨海金壺》本同，《等韻五種》本列字爲『奚』。兮，《廣韻》胡雞切，《集韻》、真福寺本、毛氏《增韻》弦雞切，匣齊平開四蟹；《韻鏡》、《七音略》匣齊位列字爲『兮』；

《四聲等子》《切韻指南》《起數訣》匣齊位列字爲『奚』。『奚』爲《廣韻》齊韻匣母位小韻首字，下收有『兮』字。《等韻五種》本列『奚』字爲佳，宋本亦無誤。

18 平四喻　頤　嚴氏本、《墨海金壺》本同，《等韻五種》本列字爲『飴』。頤，《廣韻》與之切，《集韻》、真福寺本、毛氏《增韻》盈之切，以之平開三止；《韻鏡》《七音略》《起數訣》以之位列字爲『飴』；《四聲等子》《切韻指南》以母位列字爲『移』，以母支韻。『飴』爲《廣韻》之韻以母位小韻首字，下收有『頤』字。《等韻五種》本列『飴』字爲佳，宋本亦無誤。

19 平四斜　○　《廣韻》《集韻》之韻邪母位有字『詞，似兹切』，雖爲三等字，按韻圖規制當列於四等；《韻鏡》内轉第八開、《七音略》内轉第八重中重（内重）列字爲『詞』；《四聲等子》空位；《切韻指南》邪之位列字爲『詞』。『詞』爲《廣韻》之韻邪母位小韻首字，《指掌圖》空位誤，當校補『詞』。

20 上一精　紫　《廣韻》、真福寺本、毛氏《增韻》將此切，《集韻》蔣氏切，精紙上開三止；《韻鏡》内轉第四開合、《七音略》内轉第四重中輕（内重），均列於四等位；《四聲等子》止攝内二重少輕多韻開口呼，列於四等位；《切韻指南》精紙韻四等位，列字爲『姊』；《起數訣》收音清第七圖，列於一等位。『紫』爲《廣韻》紙韻精母位小韻首字，按韻圖規制當列於四等，列於一等位爲語音變化所致。

21 上一清　此　《廣韻》、真福寺本、毛氏《增韻》雌氏切，《集韻》淺氏切，清紙上開三止；《韻鏡》内轉第四開合、《七音略》内轉第四重中輕（内重），均列於四等位；《四聲等子》《切韻指南》均列於清母紙韻四等位；《起數訣》收音清第七圖，列於一等位。『此』爲《廣韻》紙韻清母位小韻首字，按韻圖規制當列於四等，列於一等位爲語音變化所致。

22　上一心　死　《廣韻》息姊切，《集韻》、真福寺本、毛氏《增韻》想姊切，心旨上開三止；《韻鏡》内轉第六開、《七音略》内轉第六重中重，均列於四等；《四聲等子》心母位列字爲『徙』，心母紙韻；《切韻指南》心母位列字爲『枲』，心母止韻，均列於四等；《起數訣》收音清第十一圖，列於一等。『死』爲《廣韻》旨韻心母位小韻首字，按韻圖規制當列於四等，列於一等位爲語音變化所致。

23　上一斜　兕　《廣韻》徐姊切，《集韻》、真福寺本、毛氏《增韻》序姊切，邪旨上開三止；《韻鏡》内轉第六開、《七音略》内轉第六重中重，均列於四等位；《四聲等子》邪母四等位，列字爲『兕』；《切韻指南》邪母四等位，列字爲『似』；《起數訣》收音清第十一圖，『兕』列於一等位。『兕』爲《廣韻》旨韻邪母位小韻首字，按韻圖規制當列於四等，列於一等位爲語音變化所致。

24　上三疑　蟻　《廣韻》魚倚切，《集韻》、真福寺本、毛氏《增韻》語綺切，疑紙上開重紐三止；《韻鏡》内轉第四開合，列字爲『螘』；《七音略》内轉第四重中輕，列字爲『螘』；《四聲等子》疑紙位列字爲『蟻』；《切韻指南》疑紙位列字爲『擬』；《起數訣》疑紙位列字爲『螘』。『螘』

爲《廣韻》紙韻疑母位小韻首字，下收有『蟻』字，注『上同』。列字以『螘』爲佳，《指掌圖》亦無誤。

25 上三娘　狔　嚴氏本、《墨海金壺》本同，《等韻五種》本列字爲『你』。狔，《廣韻》女氏切，《集韻》、真福寺本、毛氏《增韻》乃倚切，娘紙上開三止；《韻鏡》娘紙位列字爲『抳』；《七音略》《四聲等子》《切韻指南》娘紙位列字均爲『狔』；《起數訣》娘紙位列字爲『抳』。『狔』爲《廣韻》紙韻娘母位小韻首字，下收有『抳』字，此字誤，當爲『柅』字，女夷切，娘母旨韻。『你』爲《廣韻》止韻泥母位小韻首字，當列於泥母。《等韻五種》本列『你』字誤，宋本是。

26 上三牀　◯　《廣韻》《集韻》紙韻船母有『舓，神帋切』；《韻鏡》内轉第四開合，列字爲『舐』；《七音略》内轉第四重中輕，列字爲『䑛』；《四聲等子》《切韻指南》船紙位列字爲『舓』。『舓』爲《廣韻》紙韻船母位小韻首字，下收有『舐』『䑛』二字。《指掌圖》空位誤，當校補『舓』字。

27 上三禪　是　《廣韻》承紙切，《集韻》、真福寺本、毛氏《增韻》上紙切，禪紙上開三止；《韻鏡》内轉第四開合，列字爲『氏』；《七音略》内轉第四重中輕(内重)，列字爲『是』；《四聲等子》禪母位列字爲『是』；《切韻指南》禪母位列字爲『視』，禪母旨韻；《起數訣》收音濁第八圖，列字爲『是』。『是』爲《廣韻》紙韻禪母位小韻首字，下收有『氏』字。列字以『是』爲佳，《指掌圖》是。

28 上三曉　⿰鼻希　《廣韻》與倚切，《集韻》許倚切，曉紙上開三止；《韻鏡》空位；《七音略》《起數訣》曉紙位列字爲『⿰希鼻』；《四聲等子》《切韻指南》曉母位列字爲『喜』，曉母止韻。『⿰希鼻』爲《廣韻》紙韻曉母位小韻首字，《指掌圖》列『⿰鼻希』爲其異體字，可校改爲『⿰希鼻』。

29 上三喻　矣　《廣韻》于紀切，《集韻》羽已切，真福寺本、毛氏《增韻》於紀切，云止上開三止；《韻鏡》內轉第八開，列字爲『以』，爲喻四母字，不當列於三等位，《韻鏡》誤；《七音略》內轉第八重中重（內重），列字爲『矣』；《四聲等子》空位；《切韻指南》喻三位列字爲『矣』；《起數訣》開音濁第十六圖，列字爲『矣』。『矣』爲《廣韻》止韻喻三位小韻首字，《指掌圖》是。

30 上四疑　蜺　嚴氏本、《墨海金壺》本同，《等韻五種》本列字爲『堄』。蜺，《廣韻》五稽切，見母齊韻；《集韻》、毛氏《增韻》五禮切，疑薺平開四蟹；《韻鏡》外轉第十三開，列字爲『堄』；《七音略》空位；《四聲等子》《切韻指南》疑母位列字爲『堄』；《起數訣》發音清第二十五圖，列字爲『蜺』。《廣韻》疑母位有字『堄，研啓切』上薺疑母，該字列於第十七圖上聲三等照母位，誤。《指掌圖》疑母位列『蜺』，該字在《廣韻》中爲『五稽切又五結切』均不合於此位，當爲『堄』字誤。《等韻五種》本列『堄』字是，宋本當校改爲『蜺』。

31 上四心　枲　《廣韻》胥里切，《集韻》想止切，真福寺本、毛氏《增韻》想裏切，心止上開三止；《韻鏡》內轉第八開，列字爲『枲』；《七音略》內轉第八重中重（內重），列字爲『枲』，此字爲『枲』字誤；《四聲等子》、《切韻指南》心母位列字爲『徙』，心母紙韻；《起數訣》空位。『枲』爲《廣韻》止韻心母位小韻首字，《指掌圖》是。

32 上四斜 ○ 《廣韻》《集韻》旨韻邪母位有『兕，徐姊切』；止韻邪母位有『似，詳里切』。《韻鏡》内轉第六開，邪旨位列『兕』，内轉第八開，邪止位列『似』。《七音略》同《韻鏡》；《四聲等子》邪母位列字爲『兕』；《切韻指南》邪母位列字爲『似』。《指掌圖》空位誤，當校補『兕』或『似』字。

33 上四曉 ○ 嚴氏本、《墨海金壺》本同，《等韻五種》本列字爲『喜』。喜，《廣韻》虚里切，曉止開三上止。《韻鏡》内轉第八開，列於三等位；《七音略》内轉第八重中重，四等空位，三等位列『憙』；《四聲等子》、《切韻指南》均在三等曉母位列『喜』。『喜』爲《廣韻》止韻曉母位小韻首字，應列於三等位，《指掌圖》三等位已列紙韻三等字『𪖐』。《等韻五種》本列『喜』字誤，當删；宋本空位是。

34 上四喻 迤 嚴氏本、《墨海金壺》本同，《等韻五種》本列字爲『酏』。迤，《廣韻》移爾切，《集韻》、真福寺本、毛氏《增韻》演爾切，以紙上開三止；《韻鏡》内轉第四開合，列字爲『酏』；《七音略》内轉第四重中輕，列字爲『酏』；《四聲等子》以母位列字爲『酏』；《切韻指南》以紙位列字爲『以』。『酏』爲《廣韻》紙韻喻四位小韻首字，下收有『迤』字，爲『迆』之異體字。《等韻五種》本列『酏』字爲佳，宋本亦無誤。

35 上四來　邐　《廣韻》、真福寺本力紙切，《集韻》輦尒切，來紙上開三止；《韻鏡》内轉第四開合、《七音略》内轉第四重中輕（内重），均於來母三位列『邐』字；《四聲等子》亦於三等位列『邐』字。『邐』爲《廣韻》紙韻來母三等位小韻首字，《指掌圖》來母三等位已列止韻『里』字。《指掌圖》誤，當校删。

36 去一精　恣　《廣韻》、毛氏《增韻》資四切，《集韻》津私切，精至去開三止；《韻鏡》内轉第六開、《七音略》内轉第六重中重，均於四等位列『恣』字；《四聲等子》精母四等位列字爲『積』，精母實韻；《切韻指南》精四等位列字爲『恣』；《起數訣》收音清第十一圖，列於精母一等位。『恣』爲《廣韻》至韻精母位小韻首字，按韻圖規制當列於四等，列於一等位爲語音變化所致。

37 去一清　莿　《廣韻》《集韻》七吏切，清志去開三止；《韻鏡》内轉第八開、《七音略》内轉第八重中重（内重），均於四等位列『莿』；《四聲等子》清母四等位列字爲『刺』，清母寘韻；《切韻指南》清母四等位列字爲『次』，清母至韻；《起數訣》開音清第十五圖，列於清母一等位。『莿』爲《廣韻》志韻清母位小韻首字，按韻圖規制當列於四等，列於一等位爲語音變化所致。

38 去一從　自　《廣韻》、《集韻》、毛氏《增韻》疾二切，從至去開三止；《韻鏡》内轉第六開、《七音略》内轉第六重中重，均於四等位列『自』；《四聲等子》從母四等位列字爲『漬』，從母寘韻；《切韻指南》從母四等位列字爲「自」；《起數訣》收音清第十一圖，列於一等位。「自」爲《廣韻》至韻從母位小韻首字，按韻圖規制當列於四等，列於一等位爲語音變化所致。

39 去一心　笥　《廣韻》、《集韻》、毛氏《增韻》相吏切，心志去開三止；《韻鏡》内轉第八開、《七音略》内轉第八重中重（内重），均於四等位列「笥」；《四聲等子》心母四等位列字爲「賜」，心母寘韻；《切韻指南》心母四等位列字爲「四」，心母至韻；《起數訣》開音清第十五圖，列於一等位。「笥」爲《廣韻》志韻心母位小韻首字，按韻圖規制當列於四等，列於一等位爲語音變化所致。

40 去一斜　寺　《廣韻》、《集韻》、毛氏《增韻》祥吏切，邪志去開三止；《韻鏡》内轉第八開、《七音略》内轉第八重中重（内重）、《四聲等子》、《切韻指南》均於四等位「寺」；《起數訣》開音清第十五圖，列於一等位。「寺」爲《廣韻》志韻邪母位小韻首字，按韻圖規制當列於四等，列於一等位爲語音變化所致。

41 去二審　駛　《廣韻》、《集韻》、毛氏《增韻》踈吏切，生志去開三止；《韻鏡》内轉第八開，列字爲「駛」，爲「駛」字異體；《七音略》内轉第八重中重，列字爲「駛」，爲「駛」字之誤；《四聲等子》生母位列字爲「使」；《切韻指南》生母位列字爲「駛」；《起數訣》開音濁第十六圖，列字爲「駛」。「駛」爲《廣韻》志韻生母位小韻首字，下收有「使」字，列字以「駛」爲佳，《指掌圖》是。

42 去二禪 ◯ 嚴氏本、《墨海金壺》本同，《等韻五種》本列字爲『侍』。《廣韻》《集韻》寘至志韻均無俟母字；《韻鏡》《七音略》空位；《四聲等子》《切韻指南》空位。『侍』，《廣韻》時吏切，去志禪母，當列於三等位。《等韻五種》本列『侍』字誤，宋本空位是。

43 去三牀 ◯ 《廣韻》《集韻》至韻船母位有『示，神至切』，《韻鏡》《七音略》《切韻指南》均列於船母位，《指掌圖》船母空位，卻將『示』字列於禪母，誤，當校補『示』。

44 去三禪 示 《廣韻》、《集韻》、毛氏《增韻》神至切，船至去開三止；《韻鏡》内轉第六開，在船母位列『示』字；《七音略》内轉第六重中重，列於船母位；《四聲等子》船母位空位，禪母位列字爲『豉』，禪母寘韻；《切韻指南》船母位列『示』，禪母位列『嗜』，禪母至韻。《廣韻》《集韻》寘至志韻均有禪母字，卻未列船母，雖可表現船禪無别，但按韻圖規制，此處當删，校補『豉』『嗜』『侍』字均可。

45 去三影 意 《廣韻》、《集韻》、毛氏《增韻》於記切，影志去開三止；《韻鏡》内轉第八開，列字爲『意』；《七音略》内轉第八重中重，列字爲『噫』，《集韻》於記切，可列於此位；《四聲等子》影母位列字爲『意』；《切韻指南》影母位列字爲『懿』，影母至韻；《起數訣》開音濁第十六圖，列字爲『意』。『意』爲《廣韻》志韻影母位小韻首字，《指掌圖》是。

46 去三來 利 嚴氏本、《墨海金壺》本同，《等韻五種》本列字爲『吏』。利，《廣韻》、《集韻》、毛氏《增韻》力置切，來至去開三止；《韻鏡》内轉第六開、《七音略》内轉第六重中重，列字爲

『利』；《四聲等子》來母位列字爲『詈』，來母寘韻；《切韻指南》來母位列字爲『吏』，來母志韻；《起數訣》收音濁第十二圖，列字爲『利』。《等韻五種》本列『吏』，爲《廣韻》志韻來母位小韻首字，宋本諸本列『利』，爲《廣韻》至韻來母位小韻首字，諸本均無誤。

47 去三喻 ○ 嚴氏本、《墨海金壺》本同，《等韻五種》本列字爲『易』。《廣韻》《集韻》寘至志韻喻三位均無字。易，《廣韻》以豉切，以寘去開三止，爲喻四母字，按韻圖規制當列於四等位。《韻鏡》《七音略》《四聲等子》喻三位空位，喻四位列『易』字；《切韻指南》喻三空位，喻四位列『異』，以母志韻。《等韻五種》本列『易』字誤，當校刪，宋本空位是。

48 去四群 ○ 嚴氏本、《墨海金壺》本同，《等韻五種》本列字爲『芰』。《廣韻》《集韻》寘至志韻均無可列於群母位的重紐四等字。 芰，《廣韻》奇寄切，群寘去開三止。《韻鏡》《七音略》《切韻指南》群母四等均空位，三等位列『芰』字；《四聲等子》群母四等空位，三等位列『騎』，群母寘韻。《等韻五種》本列『芰』字誤，當校刪，宋本空位是。

49 去四透 暜 《廣韻》、《集韻》、毛氏《增韻》他計切，透霽去開四蟹；《韻鏡》外轉第十三開、《七音略》内轉第十三重中重，列字爲『替』；《四聲等子》蟹攝外二外輕重俱等開口呼，列字爲『替』；《切韻指南》蟹攝外二開口呼廣門、《起數訣》發音清第二十五圖，列字爲『暜』。『替』爲《廣韻》霽韻透母位小韻首字，下收有『暜』字。 列字以『替』爲佳，《指掌圖》亦無誤。

50 去四精 濟 嚴氏本、《墨海金壺》本同，《等韻五種》本列字爲『霽』。 濟，《廣韻》、《集韻》、毛氏《增韻》子計切，精霽去開四蟹；《韻鏡》《七音略》《四聲等子》《切韻指南》《起數訣》精母四等位列字爲『霽』。『霽』爲《廣韻》霽韻精母位小韻首字，下收有『濟』字。《等韻五種》本列『霽』字爲佳，宋本亦無誤。

51 去四從　嚌　嚴氏本、《墨海金壺》本同，《等韻五種》本列字爲『齊』。嚌，《廣韻》在詣切，《集韻》、毛氏《增韻》才詣切，從霽去開四蟹；《韻鏡》外轉第十三開、《七音略》內轉第十三重中重，列字爲『嚌』；《四聲等子》《切韻指南》《起數訣》列字均爲『嚌』。『嚌』爲《廣韻》霽韻從母位小韻首字，下收有『齊』字。諸本列字均無誤，宋本爲佳。

52 去四影　縊　《廣韻》於計切，《集韻》、毛氏《增韻》壹計切，影霽去開四蟹；《韻鏡》《四聲等子》《切韻指南》《起數訣》影母四等位列字均爲『翳』；《七音略》影霽位列字爲『瞖』，此字當爲『醫』字之誤，『醫』，《廣韻》影母之韻，《集韻》影母霽韻。『繄』爲《廣韻》霽韻影母位小韻首字，下收有『縊』字。列字以『繄』爲佳，《指掌圖》亦無誤。

53 去四曉　欪　《廣韻》呼計切，曉霽去開四蟹；《集韻》、毛氏《增韻》呼世切，曉祭去開四蟹；《韻鏡》空位；《七音略》曉霽位列字爲『眘』，《集韻》顯計切，曉母霽韻；《四聲等子》《切韻指南》《起數訣》曉母位列字均爲『欪』。『欪』爲《廣韻》霽韻曉母位小韻首字，《指掌圖》是。

54 去四匣　系　嚴氏本、《墨海金壺》本同，《等韻五種》本列字爲『蒵』。系，《廣韻》、《集韻》、毛氏《增韻》胡計切，匣霽去開四蟹；《韻鏡》《七音略》《切韻指南》《起數訣》匣霽位列字爲

『奚』;《四聲等子》匣母位列字爲『系』。『奚』爲《廣韻》霽韻匣母位小韻首字,下收有『系』字。《等韻五種》本列『奚』字爲佳,宋本亦無誤。

55 去四來 吏 嚴氏本、《墨海金壺》本同,《等韻五種》本列字爲『利』。吏,《廣韻》力置切,《集韻》、毛氏《增韻》良志切,來志去開三止;《韻鏡》内轉第八開、《七音略》内轉第八重中重(内重)、《切韻指南》、《起數訣》『吏』字均列於來母三等位;《四聲等子》來母霽韻列字爲『麗』,至祭韻來母位無四等字。『吏』爲三等字,不當列於四等。『利』,《廣韻》力至切,來至去開三止,亦不當列於四等。《指掌圖》諸本皆誤,當校删。

本圖入聲與第四圖、第九圖較爲相似,除版本差異外,祇列不同處。且一等德韻與第九圖、第十六圖相似。

56 入一見 ○ 本圖空位,第四圖、第九圖、第十六圖列字爲『裓』。

57 入一溪 ○ 本圖空位,第四圖、第九圖、第十六圖列字爲『刻』。

58 入一端 ○ 本圖空位,第四圖、第九圖、第十六圖列字爲『德』。

59 入一透 ○ 本圖空位,第四圖、第九圖、第十六圖列字爲『忒』。

60 入一定 ○ 本圖空位,第四圖、第九圖、第十六圖列字爲『特』。

61 入一泥 ○ 本圖空位，第四圖、第九圖、第十六圖列字爲『𪓰』。

62 入一幫 ○ 本圖空位，第四圖、第十六圖列字爲『北』，第九圖空位。

63 入一滂 ○ 本圖空位，第四圖、第十六圖列字爲『覆』，第九圖空位。

64 入一並 ○ 本圖空位，第四圖、第十六圖列字爲『蔔』，第九圖空位。

65 入一明 ○ 本圖空位，第四圖、第十六圖列字爲『墨』，第九圖空位。

66 入三禪 實 嚴氏本、《墨海金壺》本同，《等韻五種》本列字爲『崒』。實，《廣韻》神質切，《集韻》、真福寺本、毛氏《增韻》食質切，船質入開三臻；《韻鏡》外轉第十七開，列於齒音濁三等位，爲船母；《七音略》外轉第十七重中重，列於船母；《四聲等子》臻攝外三輕重俱等韻，列於禪母；《切韻指南》蟹攝外二開口呼，列於船母；『實』在《廣韻》中爲船母字，列於禪母位，表現《指掌圖》船禪不分，從韻圖列字看，當移到船母位。『崒』，《篇海類編·地理類·山部》：『崒，與崋同。』《廣韻》户化切，《集韻》胡化切，不當列於此位。宋本等雖可表現船禪相混，但依韻圖規制，當删。各本列字均誤。

67 入四端 ○ 嚴氏本、《墨海金壺》本同，《等韻五種》本列字爲『蛭』。《韻鏡》外轉第十七開，列字『蛭』；《七音略》外轉第十七重中重，列字『蛭』；《四聲等子》臻攝外三輕重俱等韻開口呼，列字爲『蛭』；《切韻指南》蟹攝外二開口呼廣門，列字爲『窒』，陟栗切，知質入三，又爲《廣韻》小韻首字，列於《指掌圖》三等位。『蛭』在《廣韻》中一音列於質小韻下，之日切，爲章母三等字；一音則於韻末增蛭小韻，丁悉切。唐五代韻書質韻無端紐，《廣韻》所補當删。《等韻五種》本列『蛭』字當校删，宋本空位是。

【釋】

一、與《廣韻》之對比

平聲

《指掌圖》列目一等支之、二等脂之支、三等脂之支、四等之齊脂支。

一等：《指掌圖》列目爲支之，共5字，全部是精組字。該5字爲支之韻三等字，《指掌圖》將其提到一等位置上。《廣韻》之精三共4個小韻，全部收録。《廣韻》支精三共4個小韻，衹取清母位。

二等：《指掌圖》列目爲脂之支，共5字，之3個、支1個、脂1個。《廣韻》脂開二共1個小韻，《指掌圖》全部收録。支開二共4個小韻，收録1個。之開二共4個小韻，收録3個。

三等：《指掌圖》列目爲脂之支，共17字，之12個、支4個、脂1個。

《廣韻》之開三共14個小韻，《指掌圖》收録12個，其中非小韻首字2個：見母位「基」、澄母位「持」，首字分别爲「姬」「治」。

《廣韻》支開三共19個小韻，《指掌圖》收録4個。《指掌圖》喻三位列「移，弋支切」，按韻圖規制當列於四等，三、四等混。

《廣韻》脂開三共15個小韻，《指掌圖》收録1個。

四等：《指掌圖》列目爲之齊脂支，共17字，對應《廣韻》中的齊支之，齊15個、支1個、之1個。

《廣韻》齊開四共21個小韻，《指掌圖》收録15個。非小韻首字3個：溪母位「溪」、定母位「蹄」、匣母位「兮」，首字分别爲「谿」「嗁」「奚」。

《廣韻》支開四共11個小韻，收録1個。且爲非小韻首字：喻母位「頤」，首字爲「飴」。

《廣韻》之開四共6個小韻，收録1個。

上聲

《指掌圖》一等旨紙、二等紙、三等紙止、四等紙薺旨。

一等：《指掌圖》列目爲旨紙，共4字，旨2個、紙2個。三等字提到一等位。

二等：《指掌圖》列目爲紙，共5字。標目爲紙、實際爲紙止二韻，紙1個、止4個。《廣韻》

紙開二共2個小韻，《指掌圖》收録1個。《廣韻》止開二共5個小韻，《指掌圖》收録4個。

三等：《指掌圖》列目爲紙止，共17字，紙12個、止5個。

《廣韻》紙開三共21個小韻，《指掌圖》取12個。《廣韻》船母位有字，《指掌圖》空位。非小韻首字2個：疑母位「蟻」、曉母位「𪖐」，首字分别爲「螘」「𧞣」。《廣韻》止開三共16個韻，《指掌圖》收録5個。

四等：《指掌圖》列目爲紙薺旨，共15字，列目與内容不合，薺10個、紙3個、旨1個、止1個。《廣韻》薺開四共17個小韻，《指掌圖》取10個，《廣韻》疑母位有字「堄，研啓切」，該字列於第十七圖上聲三等照母位。《指掌圖》疑母位列「蜺」，該字在《廣韻》中爲「五稽切又五結切」，均不合於此位，當爲「堄」字之誤。

《廣韻》紙開四共10個小韻，《指掌圖》收録3個。《廣韻》來母位「邐」本爲三等字，因三等位已有列字，該字列於四等。非小韻首字1個：喻四位「迤」，首字爲「酏」。《廣韻》旨開四共5個小韻，《指掌圖》列於四等位紙韻字卻衹取一、三等字。另《指掌圖》心母位列一止韻字。《廣韻》止開四共4個小韻，收録1個。

去聲

《指掌圖》列目爲一等志至、二等志、三等至志、四等祭霽至。

一等：《指掌圖》列目爲志至，共5字，志3個、至2個。均爲精組三等字列入一等。

二等：《指掌圖》列目爲志，共4字。《廣韻》志開二共4個小韻，《指掌圖》全部收録。

三等：《指掌圖》列目爲志至，共16字，志12個、至4個。《廣韻》志開三共15個小韻，《指掌圖》取12個。《廣韻》至開三共21個小韻，《指掌圖》取4個。《指掌圖》禪母位列「示」，該字在《廣韻》中「神至切」，爲船母字，《廣韻》禪母位有字「嗜，常列切」未收，船母位卻空位，船禪不分。

四等：《指掌圖》列目爲祭霽至，共16字，對應《廣韻》的志至霽，霽12個、志2個、祭2個。《廣韻》霽開四共19個小韻，《指掌圖》收録12個，非小韻首字4個：透母位「朁」、精母位「濟」、影母位「縊」、匣母位「系」，首字分別爲「替」「霽」「繄」「蒵」。《指掌圖》來母列「吏，力置切」，爲三等字，卻列於四等。《廣韻》薺四等有字「麗，郎計切」反不取，三、四等混。《廣韻》至開四共11個小韻，《指掌圖》收録2個。《廣韻》志開四共5個小韻，《指掌圖》取1個。

入聲

入聲基本同第四圖，不同之處在於，一等德較第一圖少十字。其中有4個脣音字。

二、與《韻鏡》之對比

本圖主要對應内轉第八開、内轉第六開、内轉第四開合、外轉第十三開。

平聲三等《指掌圖》喻母位列『移』，該字在《韻鏡》中爲四等。

上聲四等《指掌圖》見母位列『幾』，來母位列『邐』，在《韻鏡》中均爲三等。

去聲三等《指掌圖》禪母位列『示』，該字在《韻鏡》中爲船母位。

去聲四等《指掌圖》來母位列『吏』，該字在《韻鏡》中爲三等。

《指掌圖》與《韻鏡》空位對比，《指掌圖》有字而《韻鏡》無字的4個，《指掌圖》無字而《韻鏡》有字的1個：

平二：（俟）漦/〇；去四：（來）吏/〇；上三：（曉）𪖐/〇；入二：（初）㓼/〇；平三：（船）〇/舐。

《指掌圖》與《韻鏡》列字差異19個：

平三：（見）基/姬；（澄）持/治；平四：（端）低/氐；（定）蹄/題；（溪）溪/谿；（以）頤/飴；上三：（娘）狔/柅；（禪）是/氏；（雲）矣/以；（疑）蟻/螘；上四：（疑）蜺/掜；去四：（精）濟/霽；（溪）棄/棄；（匣）系/蒵；（影）縊/翳；入一：（影）餩/餩；入三：（日）日/月；入

四：（精）唧/堲；（群）姞/佶。

另，本圖主要對應内轉第八重中重（内重）、内轉第六重中重、内轉第十三重中重、内轉第四重中輕（内重）。

本圖列《廣韻》止攝開口三等字，充分體現了支脂之合一。本圖併入齊韻字，表現了止蟹攝合流。本圖精組三等字升至一等位，表現了支思韻的形成，即舌尖元音的形成，具有重要的語音價值。本圖合併《韻鏡》内轉第四開合、内轉第六開、内轉第八開。以内轉第八開爲主體，輔以其他三圖。四等位收《韻鏡》外轉第十三開内齊韻字，以齊韻爲主，僅列入少量止攝字。

十九	見	溪	羣	疑	端	透	定	泥	知
平	傀	恢	○	嵬	磓	[車隹]	頹	[巾夒]	
	○	○	○	○					○
	歸	巋	逵	巍					追
	圭	睽	葵	○	○	○	○	○	
上	○	顋	○	隗	[立享]	腿	鐓	餧	
	○	○	○	○					○
	詭	跪	跪	蔿					○
	癸	跬	揆	○	○	○	○	○	
去	儈	[禾會]	○	外	對	蛻	兊	内	
	○	○	○	○					○
	貴	喟	匱	僞					綴
	季	○	悸	○	○	○	○	○	
入	骨	○	○	兀	咄	宊	突	訥	
	○	○	○	○					○
	亥	屈	倔	崛					[忄出]
	橘	○	○	○	○	○	○	○	

第十九圖

微	奉	敷	非	明	並	滂	幫	娘	澄	徹
				枚	裴	肧	杯			
				○	○	○	○	○	○	○
微	肥	霏	非	糜	皮	鈹	碑	○	鎚	○
				迷	鼙	磇	豍			
				浼	琲	啡	○			
				○	○	○	○	○	○	○
尾	陫	斐	匪	靡	被	破	彼	○	○	○
				渳	婢	諀	比			
				昧	倍	沛	貝			
				○	○	○	○	○	○	○
未	吠	肺	廢	魅	髲	帔	賁	諉	墜	出
				寐	鼻	譬	臂			
				没	勃	誖	不			
				○	○	○	○	○	○	○
物	佛	拂	弗	密	弼	○	筆	○	朮	黜
				蜜	邲	匹	必			

	精	清	從	心	斜	照	穿	牀	審
平	䘒	崔	摧	催	○				
						○	吹	○	衰
						錐	推	○	○
	嶲	○	○	綏	隨				
上	摧	皠	罪	崔	○				
						○	揣	○	○
						捶	○	○	水
	觜	趡	惢	髓	○				
去	最	襊	蕞	碎	○				
						惴	吹	䁻	帥
						贅	毳	○	稅
	醉	翠	萃	邃	遂				
入	卒	猝	捽	窣	○				
						𡸁	○	㕜	率
						○	出	○	○
	卒	焌	崒	卹	○				

韻	禪	影	曉	匣	喻	來	日
灰		隈	灰	回	○	雷	
支	○	○	○	○	○	○	
微脂 支	誰	威	揮	○	幃	羸	蕤
齊支 脂		烓	睳	攜	惟	○	
賄		猥	賄	瘣	倄	磊	
	○	○	○	○	○	○	
旨紙 尾	菙	委	毀	○	洧	累	蘂
紙		○	⿰目离	○	唯	○	
隊 泰		懀	晦	會	○	酹	
寘 至	睡	○	○	○	○	○	
未寘 至		餧	諱	○	胃	累	枘
至寘 霽		○	侐	慧	遺	○	
没		頞	忽	麧	○	敕	
質	○	○	○	○	○	○	
迄術 質物	術	○	⿵風忽	○	⿵風胃	○	○
術 質		鬱	⿰耳戌	○	聿	律	

第十九圖

校：

1 平一疑　嵬　嚴氏本、《墨海金壺》本同，《等韻五種》本列字爲「鮠」。嵬，《廣韻》五灰切，《集韻》、真福寺本、毛氏《增韻》吾回切，疑灰平合一蟹；《韻鏡》外轉第十四合、《七音略》外轉第十四輕中重，疑灰位列字爲「鮠」；《四聲等子》蟹攝外二輕重俱等韻合口呼、《切韻指南》蟹攝外二合口呼廣門，疑灰位列字爲「鮠」；《起數訣》疑灰位列字爲「桅」。「鮠」爲《廣韻》灰韻疑母位小韻首字，下收有「嵬」「桅」二字。《等韻五種》本列「鮠」字爲佳，宋本亦無誤。

2 平一定　穨　《廣韻》杜回切，《集韻》、真福寺本、毛氏《增韻》徒回切，定灰平合一蟹；《韻鏡》外轉第十四合，列字爲「穨」；《七音略》外轉第十四輕中重，列字爲「積」；《四聲等子》蟹攝外二輕重俱等韻合口呼，列字爲「穨」；《切韻指南》蟹攝外二合口呼廣門，列字爲「積」；《起數訣》開音清第二十七圖，列字爲「穨」。「積」爲《廣韻》灰韻定母位小韻首字，下收有「穨」字，注「上同」。列字以「積」爲佳，《指掌圖》亦無誤。

3 平一泥　𢘾　嚴氏本、《墨海金壺》本、《等韻五種》本列字爲「𢘾」。𢘾，《廣韻》乃回切，《集韻》、真福寺本、毛氏《增韻》奴回切，泥灰平合一蟹；《韻鏡》《四聲等子》《切韻指南》《起數訣》泥灰位列字爲「捼」；《七音略》泥灰位列字爲「𢘾」。「𢘾」爲《廣韻》灰韻泥母位小韻首字，下收有「捼」字。「𢘾」，《康熙字典》：「《篇海類編》奴案切，難去聲；巾撋也，又塗著也。按字本作𢘾，亦書作𢘾，當即一字傳寫之譌。」《等韻五種》本列「𢘾」字，爲「𢘾」傳訛字形，雖無誤，但列字以「𢘾」爲佳，宋本是。

4 平一幫　杯　嚴氏本、《墨海金壺》本同，《等韻五種》本列字爲「桮」。杯，《廣韻》布回切，《集韻》晡回切，真福寺本、毛氏《增韻》晡枚切，幫灰平合一蟹；《韻鏡》外轉第十四合、《七音略》外轉第十四輕中重，列字爲「杯」；《四聲等子》《切韻指南》《起數訣》幫灰位列字爲「桮」。「桮」爲《廣韻》灰韻幫母位小韻首字，下收有「杯」字，注「上同」。《等韻五種》本列「桮」字爲佳，宋本亦無誤。

5 平一精　䞓　嚴氏本、《墨海金壺》本同，《等韻五種》本列字爲「嗺」。䞓，《廣韻》臧回切，《集韻》祖回切，精灰平合一蟹；《韻鏡》《七音略》《四聲等子》《切韻指南》《起數訣》精灰位列字爲「嗺」。「嗺」爲《廣韻》灰韻精母位小韻首字，下收有「䞓」字。《指掌圖》《等韻五種》本列「嗺」字爲佳，宋本亦無誤。

6 平一心　膗　《廣韻》素回切，《集韻》、真福寺本、毛氏《增韻》蘇回切，心灰平合一蟹；《韻鏡》外轉第十四合，列字爲『膗』；《七音略》空位；《四聲等子》心灰位列字爲『傕』，《廣韻》倉回切，平灰清母，不當列於心母位；《切韻指南》《起數訣》心灰位列字爲『膗』。『膗』爲《廣韻》灰韻心母位小韻首字，《四聲等子》誤，《指掌圖》是。

7 平二穿　吹　《廣韻》昌垂切，《集韻》、真福寺本、毛氏《增韻》姝爲切，昌支平合三止，爲照三母字，當列於三等位；《韻鏡》内轉第五合，于昌母三等位列『吹』字；《七音略》内轉第五輕中輕，于昌母三等位列『吹』字；《四聲等子》止攝内二重少輕多韻合口呼，穿母二等位列『衰』，《廣韻》楚危切，初支平聲；《切韻指南》止攝内二合口呼通門，穿母二等位列『衰』。『衰』爲《廣韻》支韻初母位小韻首字，當列於二等初母位。《韻鏡》《七音略》空位誤，《指掌圖》列照三母字誤，當校改爲『衰』。

8 平二審　裏　嚴氏本、《墨海金壺》本、《等韻五種》本列字爲『衰』。宋本列字當爲『衰』字之誤。衰，《廣韻》所追切，《集韻》、真福寺本、毛氏《增韻》雙隹切，生脂平合二止；《韻鏡》内轉第七合、《七音略》内轉第七輕中重，脂韻生母位列字爲『衰』；《四聲等子》蟹攝外二輕重俱等韻合口呼、《切韻指南》蟹攝外二合口呼廣門，列字爲『衰』；《起數訣》空位。『衰』爲《廣韻》脂韻生母位小韻首字，《等韻五種》本列『衰』字爲佳，宋本字迹不清，當校改爲『衰』。

9 平三溪　蘬　《廣韻》丘韋切，《集韻》、真福寺本、毛氏《增韻》區韋切，溪微平合三止；《韻鏡》内轉第十合，列字爲『巋』，《廣韻》丘追切，溪母平聲脂韻，此字不當列於微韻，當爲『蘬』

字之誤；《七音略》内轉第十輕中輕(内輕)，列字爲『蘬』；《四聲等子》止攝内二重少輕多韻合口呼，列字爲『蘬』；《切韻指南》溪微位列字爲『虧』；《起數訣》閉音濁第十八圖，列字爲『蘬』。『蘬』爲《廣韻》微韻溪母位小韻首字，《指掌圖》是。

10 平三澄　鎚　《廣韻》直追切，《集韻》、真福寺本傳追切，澄脂平合三止；《韻鏡》内轉第七合，列字爲『鎚』；《七音略》内轉第七輕中重，列字爲『槌』；《四聲等子》、《切韻指南》澄脂蟹攝外二合口呼廣門，列字均爲『鎚』；《起數訣》空位。『鎚』爲《廣韻》脂韻澄母位小韻首字，下收有『槌』字，列字以『鎚』字爲佳，《指掌圖》是。

11 平三幫　碑　嚴氏本、《墨海金壺》本同，《等韻五種》本列字爲『陂』。碑，《廣韻》彼爲切，《集韻》、真福寺本、毛氏《增韻》班糜切，幫支平合三止；《韻鏡》《七音略》《四聲等子》《切韻指南》《起數訣》非支位列字爲『陂』。『陂』爲《廣韻》支韻幫母位重紐三等小韻首字，下收有『碑』字。《等韻五種》本列『陂』字爲佳，宋本亦無誤。

12 平三明　麋　《廣韻》武悲切，《集韻》、真福寺本、毛氏《增韻》旻悲切，明脂平開三止；《韻鏡》《七音略》明脂位列字爲『眉』；《四聲等子》止攝内二重少輕多韻開口呼，列字爲『縻』，明母支韻；《切韻指南》止攝内二開口呼通門，列字爲『縻』，明母支韻；《起數訣》收音清第七圖，列字爲『麋』，明母支韻。『縻』爲《廣韻》支韻明母位小韻首字，『眉』爲《廣韻》脂韻明母位小韻首字，下收有『麋』字，均可列於此位。列字以『眉』爲佳，《指掌圖》亦無誤。

13 平三非 非 嚴氏本、《墨海金壺》本同，《等韻五種》本列字爲『斐』。非，《廣韻》甫微切，《集韻》、真福寺本匪微切，非微平合三止；《韻鏡》内轉第十合、《七音略》内轉第十輕中輕（内輕）、《四聲等子》止攝内二重少輕多韻合口呼、《切韻指南》蟹攝外二合口呼廣門、《起數訣》閉音濁第十八圖，列字均爲『非』。『斐』爲《廣韻》微韻非母位小韻首字，下收有『非』字。《等韻五種》本列「斐」字爲佳，宋本亦無誤。

14 平三敷 霏 《廣韻》芳非切，《集韻》、真福寺本、毛氏《增韻》芳微切，敷微平合三止；《韻鏡》内轉第十合，列字爲『菲』；《七音略》内轉第十輕中輕（内輕）、《四聲等子》止攝内二重少輕多韻合口、《切韻指南》蟹攝外二合口呼廣門、《起數訣》閉音濁第十八圖，均列『霏』字。『霏』爲《廣韻》微韻敷母位小韻首字，下收有『菲』字，列字以『霏』爲佳，《指掌圖》是。

15 平三照 錐 《廣韻》職追切，《集韻》、真福寺本、毛氏《增韻》朱惟切，章脂平合三止；《韻鏡》内轉第七合，列字爲『錐』；《七音略》《起數訣》章脂位列字爲『隹』；《四聲等子》止攝内二重少輕多韻合口呼、《切韻指南》蟹攝外二合口呼廣門，列字爲『錐』。『錐』爲《廣韻》脂韻章母位小韻首字，下收有『隹』字。列字以『錐』爲佳，《指掌圖》是。

16 平三審 ○ 嚴氏本、《墨海金壺》本同，《等韻五種》本列字爲『䪎』。《廣韻》《集韻》支脂微韻均無書母字；《韻鏡》《四聲等子》《切韻指南》空位；《七音略》内轉第五輕中輕，支韻書母位列字爲『䪎』，『䪎』，《康熙字典》：『《唐韻》《集韻》竝山垂切，音韉。《説文》綏也。《廣

韻》鞍鞘，一曰垂貌。《廣雅》韉謂之鞘。又《集韻》雙佳切，音綏，馬垂鞘。又《集韻》《韻會》
竝蘇回切，音脽。《集韻》羍邊帶，或作鞖。」此字按各家注音，可列於審二位、心母位，均不適
於此位。《等韻五種》本列『韉』字誤，宋本空位是。

17 平三曉 揮 《廣韻》許歸切，《集韻》、真福寺本、毛氏《增韻》吁韋切，曉微平合三止；《韻
鏡》《七音略》曉微位列字爲『暉』；《四聲等子》止攝内二重少輕多韻合口呼，列字爲『揮』；
《切韻指南》曉微位列字爲『麾』；《起數訣》閉音濁第十八圖，列字爲『揮』。『揮』爲《廣韻》
微韻曉母位小韻首字，下收有『暉』字。列字以『揮』爲佳，《指掌圖》是。

18 平三喻 幃 《廣韻》雨非切，《集韻》、真福寺本、毛氏《增韻》于非切，云微平合三止；《韻
鏡》内轉第十合、《七音略》内轉第十輕中輕，列字爲『韋』；《四聲等子》止攝内二重少輕多
韻合口呼、《起數訣》閉音濁第十八圖，列字爲『幃』；《切韻指南》云母位列字爲『帷』，云母
脂韻。『幃』爲《廣韻》微韻云母位小韻首字，下收有『韋』字。列字以『幃』爲佳，《指掌
圖》是。

19 平四溪 睽 《玉篇》去圭切，溪母齊韻。此字當爲『睽』字刊刻之誤。睽，《廣韻》苦圭切，
《集韻》、真福寺本、毛氏《增韻》傾畦切，溪齊平合四蟹；《韻鏡》外轉第十四合，列字爲
『睽』；《七音略》外轉第十四輕中重、《四聲等子》蟹攝外二輕重俱等韻合口呼，列字爲
『睽』；《切韻指南》溪齊位列字爲『暌』。『睽』爲《廣韻》齊韻溪母位小韻首字，《指掌圖》當

校改爲『睽』。

20 平四疑 ○ 嚴氏本、《墨海金壺》本同，《等韻五種》本列字爲『危』。《廣韻》齊韻疑母無字，《集韻》齊韻疑母位有『覞，五圭切』。《廣韻》支韻疑母有『危，魚爲切』。《韻鏡》《七音略》《四聲等子》空位；《切韻指南》蟹攝外二合口呼廣門，列字爲『覞』。『《指掌圖》列目爲齊支脂，『危』爲《廣韻》支韻疑母位小韻首字，可列於此位。《等韻五種》本列『危』字是，宋本當校補『危』。

21 平四幫 豍 《廣韻》边兮切，《集韻》、真福寺本、毛氏《增韻》邊迷切，帮齊平開四蟹；《韻鏡》外轉第十三開、《七音略》內轉第十三重中重，列字爲『箆』；《四聲等子》《切韻指南》幫母位列字爲『豍』；《起數訣》空位。『豍』爲《廣韻》齊韻幫母位小韻首字，下收有『箆』字。列字以『豍』爲佳，《指掌圖》是。

22 平四滂 磇 此字當爲『磇』字刊刻之誤。磇，《廣韻》匹迷切，《集韻》、真福寺本、毛氏《增韻》篇迷切，滂齊平合四蟹；《韻鏡》外轉第十三開，列字爲『批』；《七音略》外轉第十四輕中重，列字爲『磇』；《四聲等子》《切韻指南》滂齊位列字爲『砒』，《集韻》篇迷切，平齊滂母；《起數訣》空位。『磇』爲《廣韻》齊韻滂母位小韻首字，下收有『批』字。《指掌圖》字形刊刻誤，當校改爲『磇』。

23 平四精 檇 嚴氏本、《墨海金壺》本同，《等韻五種》本列字爲『嶉』。檇，《廣韻》醉綏切，《集韻》、真福寺本、毛氏《增韻》遵綏切，精脂平合三止；《韻鏡》内轉第七合，列字爲『嶉』；《七音略》《四聲等子》《起數訣》精脂位列字均爲『嶉』；《切韻指南》精脂位列字爲『崔』。『嶉』爲《廣韻》脂韻精母位小韻首字，下收有『檇』字。《等韻五種》本列『嶉』字爲佳，宋本亦無誤。

24 平四從 ◯ 《廣韻》支脂齊韻從母位均無字，《集韻》支韻從母位有『㭰，才規切』，脂韻從母位有『嫢，聚惟切』；《韻鏡》空位；《七音略》内轉第七輕中重，列字爲『嫢』，從《集韻》；《四聲等子》空位；《切韻指南》止攝内二合口呼通門，列字爲『㭰』，從《集韻》。《指掌圖》從《廣韻》，空位亦無誤。

25 平四心 綏 《廣韻》息遺切，《集韻》、真福寺本、毛氏《增韻》宣隹切，心脂平合三止；《韻鏡》内轉第七合，列字爲『綏』；《七音略》内轉第七輕中重，列字爲『綏』；《四聲等子》《切韻指南》《起數訣》閉音清第十三圖，列字均爲『綏』。『綏』，《廣韻》《集韻》儒隹反，爲日母字，《七音略》誤。『綏』爲《廣韻》脂韻心母位小韻首字，《指掌圖》是。

26 平四影 烓 《廣韻》烏攜切，《集韻》、真福寺本、毛氏《增韻》淵畦切，影齊平合四蟹；《韻鏡》外轉第十四合，列字爲『烓』；《七音略》外轉第十四輕中重，列字爲『㷇』；《四聲等子》空位；《切韻指南》蟹攝外二合口呼廣門，列字爲『烓』；《起數訣》開音清第二十七圖，列字爲『烓』。『烓』爲《廣韻》齊韻影母位小韻首字，下收有『㷇』字，列字以『烓』爲佳，《指掌圖》是。

27 平四曉　睳　《廣韻》呼攜切，《集韻》翾畦切，曉齊平合四蟹；《韻鏡》曉齊位列字爲『眭』；《七音略》外轉第十四輕中重，列字爲『睳』；《四聲等子》曉齊位列字爲『倠』，影母脂韻；《切韻指南》《起數訣》曉齊位列字爲『睳』。『睳』爲《廣韻》齊韻曉母位小韻首字，《指掌圖》是。

28 上一見　○　《廣韻》賄韻見母無字；《集韻》賄韻見母位有『頯，沽罪切』；《韻鏡》空位；《七音略》外轉第十四輕中重，列字爲『顝』。《四聲等子》蟹攝外二輕重俱等韻合口呼、《切韻指南》蟹攝外二合口呼廣門，列字爲『頯』。此二圖從《集韻》。《七音略》列『顝』，《廣韻》口猥切，上賄溪母，不當列於見母位。《指掌圖》從《廣韻》，空位是。

29 上一疑　隗　嚴氏本、《墨海金壺》本同，《等韻五種》本列字爲『頠』。隗，《廣韻》、真福寺本、毛氏《增韻》五罪切，《集韻》五賄切，疑賄上合一蟹；《韻鏡》《七音略》《四聲等子》《切韻指南》《起數訣》疑賄位列字爲『頠』。『頠』爲《廣韻》灰韻疑母位小韻首字，下收有『隗』字。《等韻五種》本列『頠』字爲佳，宋本亦無誤。

30 上一端　竨　嚴氏本、《墨海金壺》本同，《等韻五種》本列字爲『磈』。竨，《廣韻》都罪切，《集韻》都猥切，端賄上合一蟹；《韻鏡》、《七音略》、《切韻指南》、《起數訣》端賄位列字爲『磈』；《四聲等子》蟹攝外二輕重俱等韻合口呼，列字爲『竨』。『磈』爲《廣韻》賄韻端母位小韻首字，下收有『竨』字。《等韻五種》本列『磈』字爲佳，宋本亦無誤。

31 上一透　腿　嚴氏本、《墨海金壺》本同，《等韻五種》本列字爲『骰』。腿，《廣韻》《集韻》吐猥切，透賄上合一蟹；《韻鏡》《七音略》《起數訣》透賄位列字爲『骰』；《四聲等子》蟹攝外二輕重俱等韻合口呼，列字爲『腿』；《切韻指南》透賄位列字爲『骽』。『骰』爲《廣韻》賄韻透母位小韻首字，下收有『腿』字，『腿』爲『骰』字俗體。《等韻五種》本列『骰』字爲佳，宋本亦無誤。

32 上一定　鐓　嚴氏本、《墨海金壺》本同，《等韻五種》本列字爲『錞』。鐓，《廣韻》徒猥切，《集韻》、真福寺本、毛氏《增韻》杜罪切，定賄上合一蟹；《韻鏡》《七音略》定賄位列字爲『鐓』；《四聲等子》《切韻指南》《起數訣》定賄位列字爲『錞』。『錞』爲《廣韻》賄韻定母位小韻首字，或作『鐓』。《等韻五種》本列『錞』字爲佳，宋本亦無誤。

33 上一泥　餧　《廣韻》奴罪切，《集韻》、真福寺本、毛氏《增韻》弩罪切，泥賄上合一蟹；《韻鏡》《七音略》《四聲等子》泥賄位列字爲『餒』；《切韻指南》《起數訣》泥賄位列字爲『餧』。『餧』爲《廣韻》賄韻泥母位小韻首字，下收有『餒』。列字以『餧』爲佳，《指掌圖》是。

34 上一滂　啡　《廣韻》匹愷切，滂海上開一蟹；《集韻》普罪切，滂賄上合一蟹；《韻鏡》外轉第十三開，列於海韻滂母位；《七音略》内轉第十三重中重，列於海韻滂母位；《四聲等子》《切韻指南》『啡』列於海韻滂母位，賄韻滂母位列字爲『琣』，《集韻》普罪切，上賄滂母。《廣韻》賄韻滂母位無字，此處列『啡』字當據《集韻》，亦無誤。

35 上一清　皠　《廣韻》七罪切，《集韻》、真福寺本、毛氏《增韻》取猥切，清賄上合一蟹；《韻鏡》外轉第十四合，列字爲『皠』；《七音略》外轉第十四輕中重，列字爲『皠』，此字爲『皠』字之誤；《四聲等子》《切韻指南》清賄位列字均爲『皠』；《起數訣》清賄位列字爲『漼』。『皠』爲《廣韻》賄韻清母位小韻首字，下收有『漼』字。列字以『皠』爲佳，《指掌圖》是。

36 上一從　罪　《廣韻》徂賄切，《集韻》、毛氏《增韻》徂賄切，從賄上合一蟹；《韻鏡》《七音略》《四聲等子》《起數訣》從賄位列字爲『罪』；《切韻指南》從賄位列字爲『辠』。『辠』爲《廣韻》賄韻從母位小韻首字，下收有『罪』字，注『上同』，二字爲異體字關係列字以『辠』爲佳，《指掌圖》亦無誤。

37 上一心　崔　《集韻》息罪切，心賄上合一蟹；《韻鏡》《七音略》《起數訣》空位；《四聲等子》《切韻指南》賄韻心母位列字爲『崔』；『崔』，《廣韻》倉回切，平灰清母；昨回切，平灰從母；均不適於此位。《集韻》息罪切，上賄心母。《指掌圖》《四聲等子》《切韻指南》賄韻心母位取『崔』字，從《集韻》，亦無誤。

38 上一喻　倄　《廣韻》于罪切，云賄上合一蟹；《集韻》於罪切，影賄上合一蟹；《韻鏡》、《七音略》列字爲『倄』；《四聲等子》喻賄位空字；《切韻指南》、《起數訣》喻賄位列字爲『阭』，《集韻》俞罪切，賄韻以母。『倄』爲《廣韻》賄韻云母位小韻首字，《指掌圖》是。

39 上一來　磊　嚴氏本、《墨海金壺》本同，《等韻五種》本列字爲『磥』。磊，《廣韻》《集韻》落猥切，來賄上合一蟹；《韻鏡》來賄位列字爲「礧」；《七音略》《四聲等子》《切韻指南》來賄位列字爲「磥」；《起數訣》開音清第二十七圖，列字爲「磊」。「磥」爲《廣韻》賄韻來母位小韻首字，下收有「磊」「礧」。《等韻五種》本列「磥」字爲佳，宋本亦無誤。

40 上二穿　揣　《廣韻》初委切，《集韻》、真福寺本、毛氏《增韻》楚委切，初紙上合三止；《韻鏡》內轉第五合、《七音略》內轉第五輕中輕，「揣」列於三等位；《四聲等子》止攝內二重少輕多韻合口呼、《切韻指南》止攝內二合口呼通門，「揣」列於二等位；《起數訣》閉音濁第十圖，列於三等位。揣，本爲三等字，但爲照二母字，按韻圖規制當列於二等位。《韻鏡》《七音略》《起數訣》誤，《指掌圖》是。

41 上三群　跪　《廣韻》、真福寺本、毛氏《增韻》渠委切，《集韻》巨委切，群紙上合重紐三止；《韻鏡》內轉第五合、《七音略》內轉第五輕中輕，三等位列字爲「跪」；《四聲等子》群紙三等位列字爲「䣀」，《廣韻》過委切，見母紙韻；《切韻指南》《起數訣》群紙三位列字爲「跪」。「跪」爲《廣韻》群母位小韻首字，爲重紐三等字，當列於三等位，《指掌圖》是。

42 上三疑　蔿　《等韻五種》本同，嚴氏本、《墨海金壺》本列字爲「䁻」。蔿，《廣韻》韋委切，《集韻》、真福寺本、毛氏《增韻》羽委切，云紙上合重紐三止；《韻鏡》內轉第五合、《七音略》內轉第五輕中輕，在喻三位列「蔿」，疑母位列字爲「硊」；《四聲等子》列目爲尾，疑母三等位列字爲「儡」，喻三位列「葦」，均爲尾韻字；《切韻指南》列目爲旨，疑母三等位列字爲「硊」，在喻三位列『蔿』，均爲紙韻字。『蔿』爲喻三母字，當列於喻母三等痓，《廣韻》疑母紙韻有『硊，魚毁切』，《集韻》『硊，羽委切』未取，卻將喻三字列於疑母。『䴔』，《康熙字典》：『《集韻》五委切，危上聲。䴔䴔，目好貌。』『䴔』，疑母紙韻，《等韻五種》本列『䴔』字是，但『硊』字更佳。宋本列『蔿』字誤，當校改爲『硊』。

43 上三徹　○　《廣韻》紙旨尾韻均無徹母字；《集韻》旨韻徹母有『摧，丑水切』；《韻鏡》《七音略》空位；《四聲等子》止攝内二重少輕多韻合口呼，徹母位列字爲『摧』；《切韻指南》止攝内二合口呼通門，徹母位列字爲『摧』。此二圖從《集韻》。《指掌圖》從《廣韻》，空位是。

44 上三澄　○　《廣韻》紙旨尾韻均無澄母字；《集韻》紙韻澄母有『䮽，直婢切』；《韻鏡》《七音略》《切韻指南》空位；《四聲等子》止攝内二重少輕多韻合口呼，澄母位列字爲『䮽』，此圖從《集韻》。《指掌圖》從《廣韻》，空位是。

45 上三奉　陫　嚴氏本、《墨海金壺》本同，《等韻五種》本列字爲『膹』。陫，《廣韻》浮鬼切，《集韻》、真福寺本父尾切，奉尾上合三止；《韻鏡》《七音略》《四聲等子》《切韻指南》《起數訣》奉母位列字均爲『膹』。『膹』爲《廣韻》尾韻奉母位小韻首字，下收有『陫』字。《等韻五種》本列『膹』字爲佳，宋本亦無誤。

46 上三來　累　嚴氏本、《墨海金壺》本同，《等韻五種》本列字爲『絫』。累，《廣韻》力委切，《集韻》力僞切，來紙上合三止；《韻鏡》内轉第五合、《七音略》内轉第五輕中輕、《四聲等子》止攝内二重少輕多韻合口呼，列字爲「纍」；《切韻指南》來線母位列字爲「壘」，來母旨韻；《起數訣》來紙位列字爲「絫」。「絫」爲《廣韻》紙韻來母位小韻首字，下收有「累」字。《等韻五種》本列「絫」字爲佳，宋本亦無誤。

47 上四疑 ○ 嚴氏本、《墨海金壺》本同，《等韻五種》本列字爲「硊」。《廣韻》《集韻》紙韻疑母祇有「硊」字，當列於三等位；《集韻》旨韻疑母位有「嶬，藝蓶切」，爲重紐四等字。《韻鏡》《七音略》空位；《四聲等子》《切韻指南》在疑母四等位列「嶬」字，此二圖從《集韻》。《指掌圖》《等韻五種》本列「硊」字誤，當列於三等位，當校删。宋本空位是。

48 上四幫 比 嚴氏本、《墨海金壺》本同，《等韻五種》本列字爲「匕」。比，《廣韻》、真福寺本、毛氏《增韻》卑履切，《集韻》補履切，幫旨上開重紐四等止；《韻鏡》内轉第六開，四等位列字爲「匕」；《七音略》内轉第四重中輕（内重），于紙韻四等幫母列「比」字，旨韻幫母四等字「匕」列於内轉第六重中重；《四聲等子》幫母四等位列字爲「俾」；《切韻指南》幫母四等位列字爲「匕」；《起數訣》收音清第十一圖，幫母四等位列字爲「比」。「匕」爲《廣韻》旨韻幫母位小韻首字，下收有「比」字。《等韻五種》本列「匕」字爲佳，宋本亦無誤。

49 上四明 弭 《廣韻》綿婢切，《廣韻》、真福寺本、毛氏《增韻》母婢切，明紙上開重紐四等止；《韻鏡》内轉第四開合，明紙四等位列字爲「弭」；《七音略》内轉第四重中輕（内重），明紙四等位列字爲「弭」；《四聲等子》止攝内二開口呼，明紙四等位列字爲「弭」；《切韻指南》明紙四等位列字爲『渳』；《起數訣》空位。『渳』爲《廣韻》紙韻明母位小韻首字，下收有『弭』字。列字以『渳』爲佳，《指掌圖》是。

50 上四斜 ○ 嚴氏本、《墨海金壺》本同，《等韻五種》本列字爲『⿰犭隨』。《廣韻》《集韻》紙韻邪母位有字『⿰犭隨，隨婢切』。《韻鏡》内轉第五合，列字爲『⿰氵隋』，爲『⿰犭隨』字之誤；《七音略》内轉第五輕中輕，列字爲『⿰犭隨』；《四聲等子》《切韻指南》邪母紙韻四等位列字爲『⿰犭隨』。『⿰犭隨』爲《廣韻》紙韻邪母小韻首字，當列。《等韻五種》本列『⿰犭隨』字是，宋本當校補。

51 上四曉 ⿰耳啇 該字當爲『⿰目啇』字形，《廣韻》《集韻》火癸切，曉旨上合三止；《韻鏡》内轉第七合，『⿰目啇』列於三等位；《七音略》空位；《四聲等子》止攝内二重少輕多韻合口呼、《切韻指南》止攝内二合口呼通門，曉母四等位列字爲『⿰目啇』，爲『⿰目啇』字之誤。『⿰目啇』爲《廣韻》旨韻曉母位小韻首字，《指掌圖》爲刊刻習慣所致，實爲『⿰目啇』字形，當列於三等位，三等位已列『毀』字，《指掌圖》誤，當校删。

52 上四喻 唯 嚴氏本、《等韻五種》本同，《墨海金壺》本空位。唯，《廣韻》以水切，《廣韻》、真福寺本、毛氏《增韻》愈水切，以旨上合三止；《韻鏡》内轉第七合、《七音略》内轉第七輕中重（内輕）、《四聲等子》止攝内二重少輕多韻合口呼，均列於四等喻母位；《切韻指南》止攝内二合口呼通門、《起數訣》閉音清第十三圖，喻四位列字爲『⿱艹役』，紙韻以母。『唯』爲《廣韻》旨韻以母位小韻首字，《墨海金壺》本空位誤，宋本是。

53 去一溪　𥡝　《廣韻》、《集韻》、毛氏《增韻》苦會切，溪泰去合一蟹；《韻鏡》空位；《七音略》外轉第十六輕中輕，列字爲『𥡝』；《四聲等子》蟹攝外二輕重俱等韻合口呼、《切韻指南》蟹攝外二合口呼，溪母位列字爲『塊』，溪母隊韻；《起數訣》開音清第三十一圖，列字爲『𥡝』。『𥡝』爲《廣韻》泰韻溪母位小韻首字，『塊』爲《廣韻》隊韻溪母位小韻首字，《韻鏡》空位誤，《指掌圖》是。

54 去一羣　○　《廣韻》泰隊韻均無群母字；《集韻》隊韻群母有『𩓐，巨内切』；《韻鏡》外轉第十四合，群母隊韻列字『𩓐』，《廣韻》求位切，去至群母，《集韻》求位切、胡對切均不合於此位；《七音略》空位；《四聲等子》空位；《切韻指南》列字爲『𩓐』，從《集韻》。《指掌圖》從《廣韻》，空位是。

55 去一疑　外　《廣韻》、《集韻》、毛氏《增韻》五會切，疑泰去合一蟹；《韻鏡》外轉第十六合，列字爲『外』；《七音略》空位；《四聲等子》《切韻指南》列字爲『磑』，疑母隊韻；《起數訣》開音清第三十一圖，列字爲『外』。『外』爲《廣韻》泰韻疑母位小韻首字，《七音略》空位誤，《指掌圖》是。

56 去一透　蜕　嚴氏本、《墨海金壺》本同，《等韻五種》本列字爲『娧』。蜕，《廣韻》他外切，《集韻》、毛氏《增韻》吐外切，透泰去合一蟹；《韻鏡》《七音略》透泰位列字爲『娧』；《四聲等子》《切韻指南》透泰位列字爲『退』；《起數訣》開音清第二十七圖，列字爲『退』；《廣韻》他内切，去隊透母。『娧』爲《廣韻》泰韻透母位小韻首字，下收有『蜕』字。《等韻五種》本列『娧』字爲佳，宋本亦無誤。

57 去一滂　沛　嚴氏本、《墨海金壺》本同，《等韻五種》本列字爲『霈』。沛，《廣韻》、《集韻》、毛氏《增韻》普蓋切，滂泰去開一蟹；《韻鏡》外轉第十五開、《七音略》外轉第十五重中輕、《切韻指南》滂泰位列字爲『霈』；《四聲等子》外二輕重俱等韻開口呼，列字爲『沛』。『霈』爲《廣韻》泰韻滂母位小韻首字，下收有『沛』字。《等韻五種》本列『霈』字爲佳，宋本亦無誤。

58 去一並　倍　嚴氏本、《墨海金壺》本同，《等韻五種》本列字爲『佩』。倍，《廣韻》、《集韻》、毛氏《增韻》薄亥切，並海上開一蟹；《韻鏡》外轉第十五開，泰韻並母位列字爲『旆』；《七音略》外轉第十五重中輕，泰韻並母位列字爲『旆』；《四聲等子》《切韻指南》並母一等去聲位列字爲『旆』。《廣韻》泰隊兩韻均有並母字，泰韻並母有『旆，蒲蓋切』，隊韻並母有『佩，蒲昧切』。『倍』爲海韻字，不當列於此位。《等韻五種》本列『佩』字爲佳，宋本誤，當校改爲『佩』或『旆』字。

59 去一明　昧　嚴氏本、《墨海金壺》本同，《等韻五種》本列字爲『妹』。昧，《廣韻》、《集韻》、毛氏《增韻》莫佩切，明隊去合一蟹；《韻鏡》外轉第十四合，列字爲『妹』；《七音略》外轉第十四輕中重，列字爲『妹』；《四聲等子》蟹攝外二輕重俱等韻合口呼，列字爲『昧』；《切韻指南》蟹攝外二合口呼廣門，列字爲『妹』，『妹』爲《廣韻》隊韻明母位小韻首字，下收有『昧』

字。《等韻五種》本列『妹』字佳,宋本亦無誤。

60 去一曉　晦　嚴氏本、《墨海金壺》本同,《等韻五種》本列字爲『誨』。晦,《廣韻》荒内切,《集韻》、毛氏《增韻》呼内切,曉隊去合一蟹;《韻鏡》《七音略》《四聲等子》《切韻指南》曉母位列字爲『誨』。『誨』爲《廣韻》隊韻曉母位小韻首字,下收有『晦』字。《等韻五種》本列『誨』字佳,宋本亦無誤。

61 去一喻　○　《廣韻》泰隊兩韻喻母位均無字;《集韻》泰韻云母位有字『衞,于外切』。《韻鏡》外轉第十六合,喻泰位列字爲『衞』;《七音略》《四聲等子》空位;《切韻指南》蟹攝外二合口呼廣門,列字爲『衞』。《指掌圖》從《廣韻》,空位是。

62 去一來　酹　嚴氏本、《墨海金壺》本同,《等韻五種》本列字爲『纇』。酹,《廣韻》郎外切,《集韻》、毛氏《增韻》魯外切,來泰去合一蟹;《韻鏡》外轉第十六合、《七音略》外轉第十六輕中輕,列字爲『酹』;《四聲等子》蟹攝外二輕重俱等韻合口呼,來母位列字爲『礧』,來母隊韻;《切韻指南》蟹攝外二合口呼廣門,列字爲『纇』,來母隊韻。『酹』爲《廣韻》泰韻來母位小韻首字,『纇』爲《廣韻》隊韻來母位小韻首字,諸本均是。

63 去三照　惴　《廣韻》之睡切,《集韻》、毛氏《增韻》之瑞切,章寘去合三止;《韻鏡》内轉第五合、《七音略》内轉第五輕中輕、《四聲等子》止攝内二重少輕多韻合口呼、《切韻指南》止攝内二合口呼通門,均列於三等章母位;『惴』爲照三母字,按韻圖規制當列於三等。《廣韻》

至寘二韻均無莊母字，《指掌圖》誤，當校删。

64 去二穿　吹　《廣韻》尺僞切，《集韻》、毛氏《增韻》姝爲切，昌寘去合三止；《韻鏡》内轉第五合、《七音略》内轉第五輕中輕、《四聲等子》止攝内二重少輕多韻合口呼、《切韻指南》止攝内二合口呼通門，均列於三等初母位；『吹』爲照三母字，按韻圖規制當列於三等，《廣韻》至韻有『⿰类皮，楚類切』，當列於二等位。《指掌圖》誤，當校改爲『⿰类皮』字。

65 去二牀　⿰日最　嚴氏本、《墨海金壺》本同，《等韻五種》本空位。該字當爲『⿰目最』字之誤，⿰目最，《廣韻》《集韻》先外切，心泰去合一蟹，當列於心母位。《韻鏡》《七音略》《四聲等子》《切韻指南》至寘兩韻牀母二等位均無字。《等韻五種》本空位是，宋本誤，當校删。

66 去二審　帥　《廣韻》、《集韻》、毛氏《增韻》所類切，生至去合三止；《韻鏡》《起數訣》空位；《七音略》内轉第七輕中重（内輕），生母二等位列字爲『帥』；《四聲等子》《切韻指南》生至二等位，列字爲『帥』。『帥』爲《廣韻》至韻生母位小韻首字，《韻鏡》空位誤，《指掌圖》是。

67 去二禪　睡　《廣韻》是僞切，《集韻》、毛氏《增韻》樹僞切，禪寘去合三等止；《韻鏡》内轉第五合、《七音略》内轉第五輕中輕，均列於三等位；《四聲等子》《切韻指南》亦列於三等位。『睡』爲照三母字，按韻圖規制當列於三等。《廣韻》至寘二韻均無俟母字，《指掌圖》誤，當校删。

68 去三徹　出　嚴氏本、《墨海金壺》本同，《等韻五種》本空位。出，《廣韻》、毛氏《增韻》尺類切、《集韻》敕類切，昌至去合三止；《韻鏡》内轉第七合、《七音略》内轉第七輕中重（内輕），徹母位空位，在昌母位列『出』字；『出』爲昌母字，不當列於二等位，雖可表現知章相混，但按韻圖規制，當校删。

69 去三娘　諉　《廣韻》、《集韻》、毛氏《增韻》女恚切，娘寘去合三止；《韻鏡》内轉第五合，列字爲『諉』；《七音略》空位；《四聲等子》止攝内二重少輕多韻合口呼、《切韻指南》止攝内二合口呼通門、《起數訣》閉音濁第十四圖，列字均爲『諉』。『諉』爲《廣韻》寘韻娘母位小韻首字，《七音略》空位誤，《指掌圖》是。

70 去三明　魅　嚴氏本、《墨海金壺》本同，《等韻五種》本列字爲『郿』。魅，《廣韻》、《集韻》、毛氏《增韻》明祕切，明至去開三止；《韻鏡》内轉第六開，列字爲『郿』；《七音略》内轉第四重中輕（内重），『魅』列寘韻，内轉第六重中重，明母至韻列字爲『郿』；《四聲等子》止攝内二重少輕多韻開口呼，列字爲『媚』；《切韻指南》止攝内二開口呼通門，列字爲『縻』，《廣韻》靡爲切，平支明母；《集韻》縻寄切，去寘明母。『郿』爲《廣韻》至韻小韻首字，下收有『媚』『魅』二字。《等韻五種》本列『郿』字爲佳，宋本亦無誤。

71 去三敷　肺　《廣韻》《集韻》芳廢切，敷廢去合三蟹；《指掌圖》標目爲未寘至，三韻均無輕脣音字，故將廢韻字列入；《韻鏡》空位；《七音略》外轉第十六輕中輕，列字爲『肺』；《四聲等子》蟹攝外二輕重俱等韻合口呼、《切韻指南》蟹攝外二合口呼廣門、《起數訣》閉音濁

第二十八圖，列字爲『胏』。『胏』爲《廣韻》廢韻敷母位小韻首字，《韻鏡》空位誤，《指掌圖》標目中未列廢韻，按韻圖規制此字當校删。

72 去三穿　毳　嚴氏本、《墨海金壺》本同，《等韻五種》本列字爲『毳』。毳，《廣韻》《集韻》楚稅切，初祭去合三等蟹；另，『毳』，《集韻》、毛氏《增韻》有『充芮切』，爲昌母字。《韻鏡》外轉第十四合、《七音略》外轉第十四輕中重，列字爲『毳』；《四聲等子》蟹攝外二輕重俱等韻合口呼，列字爲『毳』；《切韻指南》蟹攝外二合口呼廣門，列字爲『毳』；《起數訣》空位。『毳』《廣韻》楚稅切，爲照二母字，當列於初母二等位，另有『山芮切』，當列於山母二等位，均不當列於昌母位。此處列字當從《集韻》。《指掌圖》標目未列『祭』韻，按韻圖規制此字當校删。

73 去三禪　○　嚴氏本、《墨海金壺》本同，《等韻五種》本列字爲『逝』。《廣韻》寘韻禪母位有字『睡』，是僞切。『逝』，《廣韻》時制切，去祭禪母。《指掌圖》標目未列『祭』韻，且寘韻有字，《等韻五種》本列『逝』字，不當。《韻鏡》内轉第五合、《七音略》内轉第五輕中輕，禪母位列字爲『睡』；『睡』爲《廣韻》寘韻禪母位小韻首字，宋本空位誤，當校補『睡』字。

74 去三日　枘　《廣韻》而鋭切，《集韻》、毛氏《增韻》儒稅切，日祭去合三蟹，《廣韻》寘韻日母有『枘，而瑞切』。《廣韻》祭韻日母位小韻首字爲『芮，而鋭切』。《韻鏡》内轉第五合、《七音略》内轉第五輕中輕，寘韻日母位列字爲『枘』；《韻鏡》外轉第十四合、《七音略》外轉第十四輕中重，列字爲「芮」。《指掌圖》列「枘」字，可能爲「枘」字誤，亦有可能是有意列祭韻字，則無誤。《指掌圖》標目無「祭」韻，按韻圖規制校改爲「枘」爲佳。

75 去四溪 ◯ 嚴氏本、《墨海金壺》本同，《等韻五種》本列字爲「觖」。《廣韻》寘韻溪母有「觖，窺瑞切」；《韻鏡》内轉第五合，列字爲「觖」；《七音略》内轉第五輕中輕，列字爲「䙆」，《廣韻》規恚切，去寘見母，居悸切，去至見母。《等韻五種》本列「觖」字是，宋本空位誤，當校補「觖」字。

76 去四幫 臂 《廣韻》、《集韻》、毛氏《增韻》卑義切，幫寘去開重紐四止；《韻鏡》空位；《七音略》内轉第四重中輕（内重），四等位列字爲「臂」；《四聲等子》止攝内二重少輕多韻開口呼，列字爲「臂」，列於四等位；《切韻指南》止攝内二開口呼通門，列字爲「庳」，列於四等位。「臂」爲《廣韻》寘韻幫母重紐四等字，當列於四等位，《韻鏡》空位誤，《指掌圖》是。

77 去四滂 譬 《廣韻》匹賜切，《集韻》、毛氏《增韻》匹智切，滂寘去開重紐四等止；《韻鏡》空位；《七音略》内轉第四重中輕（内重），四等位列字爲「譬」；《四聲等子》止攝内二重少輕多韻開口呼、《切韻指南》止攝内二開口呼通門、《起數訣》收音清第七圖，四等位列字爲「譬」。「譬」爲《廣韻》寘韻滂母重紐四等字，當列於四等位，《韻鏡》空位誤，《指掌圖》是。

78 去四影 ◯ 嚴氏本、《墨海金壺》本同，《等韻五種》本同。《廣韻》寘韻影母有「恚，於避切」；《韻鏡》内轉第五合、《七音略》内轉第五輕中輕，列字爲「恚」；《四聲等子》止攝内二重少輕多韻開口呼、《切韻指南》止攝内二開口呼通門，列字爲『恚』。《等韻五種》本列『恚』字是，宋本空位誤，當校補『恚』字。

本圖入聲與第十圖較爲相似，除版本差異外，衹列不同處。

79 入一溪 ○ 嚴氏本、《墨海金壺》本同，《等韻五種》本列字爲『窟』。《廣韻》《集韻》没韻溪母位有『窟，苦骨切』；《韻鏡》外轉第十八合、《七音略》外轉第十八輕中輕，没韻溪母位列字爲『窟』；《四聲等子》臻攝外三輕重俱等韻合口呼、《切韻指南》臻攝外三合口呼通門，没韻溪母位列字爲『窟』。『窟』爲《廣韻》没韻溪母位小韻首字，第十圖列有『窟』字。本圖空位誤，當校補『窟』字。

80 入一幫 不 第十圖空位，《廣韻》《集韻》没韻無幫母字，『不』爲物韻字。『不』，《洪武正韻》中有『逋没切』，爲幫母没韻。《韻鏡》《七音略》《四聲等子》均空位；《切韻指南》臻攝外三合口呼通門，列字爲『不』。本圖列『不』字亦無誤，若依《廣韻》當校删。

81 入一影 頞 第十圖列字爲『頞』。《廣韻》没韻影母位列字爲『頞』，本圖與第十圖所列字，均爲此字之形訛；頞，烏没切，影没合一臻。《韻鏡》《七音略》影母没韻列字均爲『頞』；《四聲等子》影没位列字爲『嗢』，影母没韻；《切韻指南》列字爲『頞』。『頞』爲《廣韻》没韻影母位小韻首字，本圖及第十圖列字均訛，當校改爲『頙』。

82 入二䘸　叀　嚴氏本、《墨海金壺》本同，《等韻五種》本空位。第十圖列字爲『䶵』，《廣韻》崱瑟切，《集韻》、真福寺本、毛氏《增韻》食櫛切，崇櫛入開三臻；各圖均列於開口圖，當校删。

83 入三禪　術　嚴氏本、《墨海金壺》本同，《等韻五種》本空位，與第十圖同。術，《廣韻》、《集韻》、真福寺本、毛氏《增韻》食聿切，船術入合三臻；《韻鏡》《七音略》《四聲等子》《切韻指南》均列于船母位，禪母空位。《等韻五種》本空位是，宋本誤，當校删。

84 入三影　◯　第十圖列『鬱』字，本圖在影母四等位列『鬱』。『鬱』，《廣韻》、《集韻》、真福寺本、毛氏《增韻》紆物切，影物入合三臻；《韻鏡》外轉第二十合、《七音略》外轉第二十輕中輕，列於影母物韻三等位；《四聲等子》臻攝外三輕重俱等韻合口呼，列於影母三等位；《切韻指南》臻攝外三合口呼通門，在三等位列字爲『蔚』，四等空位；《起數訣》第三十九圖，列於三等位。『鬱』爲《廣韻》物韻影母三等位小韻首字，下收有『蔚』字。當列於三等位，此處當校補『鬱』。

85 入三來　◯　第十圖列『律』字，本圖在來母四等位列『律』。律，《廣韻》吕卹切，《集韻》、真福寺本、毛氏《增韻》劣戌切，來術入合三臻；《韻鏡》外轉第十八合、《七音略》外轉第十八輕中輕，均列於三等位；《四聲等子》《切韻指南》均列於三等位。『律』爲《廣韻》術韻來母三等位小韻首字，當列於三等。《指掌圖》空位誤，當校補『律』。

86 入四曉　欝　第十圖空位。此字當列於三等位，當校删。

87 入四來　律　第十圖空位。此字當列於三等位，當校删。

【釋】

一、與《廣韻》之對比

平聲

《指掌圖》列目爲一等灰、二等支、三等支微脂、四等脂齊支。

一等：《指掌圖》列目爲灰，共19字。《廣韻》灰合一共19個小韻，《指掌圖》全部收録，非小韻首字4個：疑母位「嵬」、定母位「穨」、幫母位「杯」、精母位「峻」，首字分别爲「鮠」「積」「桮」「嗺」。

二等：《指掌圖》列目爲支，共2字。《廣韻》支合二共有2個小韻，《指掌圖》收録1個，生母位有「韉，山垂切」未取，列「衰」，《廣韻》未收此字。《指掌圖》初母位列「吹」，《廣韻》中「吹，昌垂切」爲三等昌母字，列於二等位，二、三等混。

三等：《指掌圖》列目爲支微脂，共22字，支4個、脂8個、微10個。《廣韻》支合三共13

個小韻，脣音4個，計17個小韻，《指掌圖》收録3個。非小韻首字1個：幫母位『碑』，首字爲『陂』。

《廣韻》脂合三共11個小韻，脣音4個，計15個小韻。《指掌圖》收録8個。非小韻首字1個：非母位『非』，首字爲『斐』。

《廣韻》微合三共10個小韻，《指掌圖》全部收録。

四等：《指掌圖》列目爲脂齊支，共14字，脂4個、齊9個、支1個。

《廣韻》齊合四共5個小韻，脣音4個，計9個小韻，《指掌圖》全部收録。

《廣韻》脂合四共5個小韻，脣音4個，計9個小韻，《指掌圖》收録4個。非小韻首字1個：精母位『檇』，首字爲『嗺』。

《廣韻》支合四共7個小韻，脣音4個，計11個小韻，《指掌圖》收録1個。

上聲

《指掌圖》列目爲一等賄、二等無字、三等尾旨紙、四等紙。

一等：《指掌圖》列目爲賄，共18字。其中混入一海韻字。《廣韻》賄韻共16個小韻，《指掌圖》全部收録。其中非小韻首字6個：疑母位『隗』、透母位『腿』、定母位『鐓』、端母位『錞』、從母位『罪』、來母位『磊』，首字分别爲『頠』『骽』『錞』『腺』『辠』『磥』。《指掌圖》滂母位列『啡』，該字爲海韻字，《廣韻》無滂母字。《指掌圖》心母位「崔」，《廣韻》心母位無字。

二等：未列標目，衹列1字。「揣，初委切」，此等韻目當爲紙。

三等：《指掌圖》列目爲尾旨紙，共20字，紙14個、旨2個、尾4個。

《廣韻》紙合三共11個小韻，脣音4個，計15個小韻，《指掌圖》收録14個。《廣韻》疑母位有「硊，魚毁切」，未取，在疑母位上列「蔿」，爲喻母字。《廣韻》尾合三共8個小韻，《指掌圖》收録4個。

《廣韻》旨合三共8個小韻，脣音4個，計12個小韻，《指掌圖》取2個。

四等：《指掌圖》列目爲紙，共13字，實際上對應《廣韻》中的紙、旨，紙7個、旨6個。

《廣韻》紙合四共6個小韻，脣音4個，共計10個，《指掌圖》取7個。《廣韻》邪母位有字，《指掌圖》空位。

《廣韻》旨合四共6個小韻，脣音2個，計8個小韻，《指掌圖》取6個。非小韻首字1個：幫母位「比」，首字爲「匕」。《指掌圖》曉母位列「瞲」，本爲三等字，卻列入四等，三、四等混。旨紙四等均無曉母字。

去聲

《指掌圖》列目爲一等泰隊、二等至寘、三等至未寘、四等霽至寘。

一等：《指掌圖》列目爲泰隊，共19字，標目爲泰隊，實際還摻入一海韻去聲字，泰13個、隊5個、海1個。

《廣韻》泰合一共14個小韻，脣音4個，《指掌圖》取11個，非小韻首字1個：透母位『蜕』，首字爲『娧』。

《廣韻》隊合一共18個小韻，《指掌圖》取5個，非小韻首字2個：明母位『昧』、曉母位『晦』，首字分别爲『妹』『誨』。泰隊兩韻並母均有字，卻取海韻字。

二等：《指掌圖》列目爲至寘，共5字，寘3個、至1個。該等非常混亂，本應列照二組字，但所列寘韻字，均爲三等字。至韻字，衹取1個，爲照二。另有崇母位《指掌圖》列『䞾』，該字在《廣韻》中『先外切』，心母泰韻字，不合於此位。泰韻清母有『䞾，七外切』，可能爲此字誤，但亦與列目不合。

《廣韻》寘韻無二等字，至韻有2個二等小韻，《指掌圖》取1個。

三等：《指掌圖》列目爲至未寘，共24字，實際對應《廣韻》的未寘至祭廢，未4個、寘7個、至5個、祭5個、廢3個。本韻聲母極爲混亂，《指掌圖》徹母位列『出，尺類切』，本爲昌母三等字，不合於此位，知章相混。而昌母位列『毳，山芮切又楚税切』當列於生母或初母位，均爲二等位，列於此位頗爲不當。

《廣韻》未合三共10個小韻，《指掌圖》取4個。

《廣韻》寘合三共13個小韻，《指掌圖》取7個。

《廣韻》至合三共10個小韻，《指掌圖》取5個，非小韻首字1個：明母位「魅」，首字爲「郿」。

《廣韻》祭合三共9個小韻，《指掌圖》取5個，非小韻首字1個：日母位「枘」，首字爲「芮」。

《廣韻》廢合三共8個小韻，《指掌圖》取3個。

四等：《指掌圖》列目爲霽至寘，共14字，霽1個、至11個、寘2個。

《廣韻》至合四共9個小韻，脣音4個，計13個小韻，《指掌圖》取11個。

《廣韻》霽合四共6個小韻，脣音4個，計10個小韻，《指掌圖》取1個。

《廣韻》寘合四共6個小韻，脣音4個，計10個小韻，《指掌圖》取2個。

入聲

《指掌圖》列目一等沒、二等質，三等質迄物術，四等質術。基本上同第十圖。

等第	聲母	第十九圖	第十圖	合計
一等	溪	○	窟	2
	幫	不	○	

續表

等第	聲母	第十九圖	第十圖	合計
二等	崇	[illegible]	黜	1
三等	來	○	律	2
	影	○	鬱	
四等	來	律	○	2
	影	鬱	○	

二、與《集韻》之對比

上一《指掌圖》喻母位列「侑」，該字在《集韻》中爲影母「於罪切」，喻母位有字「阢，俞罪切」，未取。「侑」在《廣韻》中爲影母字，與《廣韻》合。

上一《指掌圖》滂母位列「啡」，該字在《廣韻》中爲海韻字，與《集韻》合。

三、與《韻鏡》之對比

本圖主要對應《韻鏡》外轉第十四合、内轉第五合、内轉第七合、内轉第十合。

平聲二等　《指掌圖》初母位列「吹」，該字在《韻鏡》中爲三等。

上聲二等　《指掌圖》初母位列「揣」，該字在《韻鏡》中爲三等。

去聲一等　《指掌圖》並母位列「倍」，該字在《韻鏡》中爲上聲一海。

去聲二等　《指掌圖》莊母位列「惴」、初母位列「吹」，在《韻鏡》中爲三等，分別爲章母和昌母。

去聲三等　《指掌圖》徹母位列「出」，該字在《韻鏡》中爲昌母。

入聲一等　《指掌圖》幫母位列「不」，該字在《韻鏡》中爲物韻字。

《指掌圖》與《韻鏡》空位對比，《指掌圖》有字《韻鏡》無字的9個，《指掌圖》無字《韻鏡》有字的3個：

上一：（心）崔/〇；去一：（並）倍/〇；去二：（崇）嘬/〇；（生）帥/〇；去三：（敷）肺/〇；去四：（幫）臂/〇；（滂）譬/〇；入一：（幫）不/〇；去一：（溪）檜/〇；平三：（喻三）〇/⿱衛心；三入：（章）〇/歂；四入：（群）〇/⿺走夐。

《指掌圖》與《韻鏡》列字差異的33個：

平一：（泥）懮/捼；（疑）嵬/鮠；（精）峻/嗺；平三：（非）碑/陂；（敷）霏/菲；（曉）揮/暉；（溪）蘬/巋；（明）麋/眉；平四：（幫）踔/箆；（溪）睽/睽；（滂）磇/批；（曉）睳/眭；（精）檇/錐；上一：（來）磊/礧；（泥）餧/餒；（透）腿/骽；（疑）隗/頠；（端）竨/腇；上三：（奉）陫/膹；（群）跪/硊；上四：（幫）比/匕；（明）渳/弭；去一：（曉）晦/誨；（明）昧/妹；（滂）沛/霈；（透）蜕/娧；去三：（明）魅/郿；（日）枘/芮；入一：（透）宊/宊；（匣）麧/搰；入二：（崇）𡕢/齜；入三：（曉）飋/颮；入四：（心）卹/恤。

本圖中出現的特殊現象：

等調聲母圖韻	指掌圖	韻鏡	差異原因
平二昌	吹	○	三等列入二等
平三昌	○	吹	
上二昌	揣	○	
上三昌	○	揣	

另，本圖主要對應《七音略》内轉第七輕中重（内輕）、内轉第十輕中輕（内輕）、外轉第十四輕中重、外轉第十八輕中輕。

本圖是與第十七圖相配之合口圖，收《廣韻》蟹攝之合口字灰韻齊韻字，並收入止攝微韻字，以此三韻爲主體，輔以少量其他止攝韻字。韻圖主要以《韻鏡》外轉第十四合爲主體，取一、四等。三等字主要來源於《韻鏡》内轉第十合，僅有少量二等字。

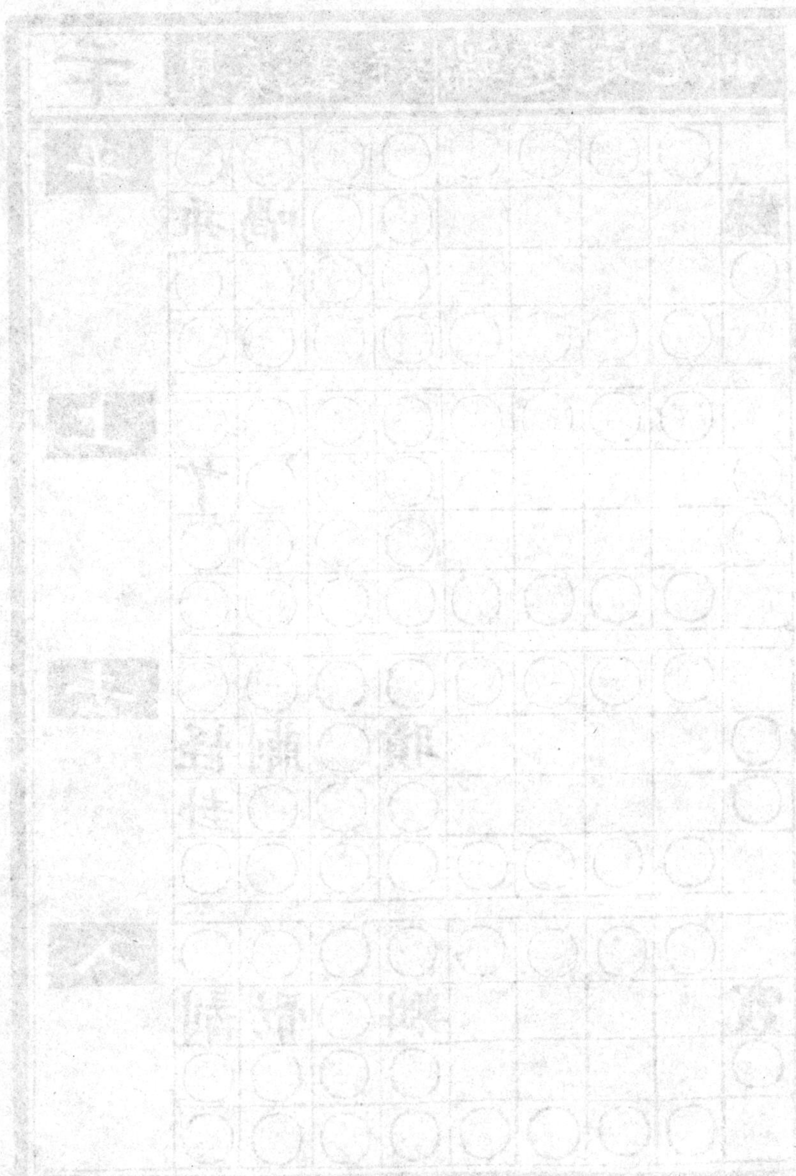

干	見	溪	羣	疑	端	透	定	泥	知
平	○	○	○	○	○	○	○	○	
	乖	喎	○	○					[齒來]
	○	○	○	○					○
	○	○	○	○	○	○	○	○	
上	○	○	○	○	○	○	○	○	
	𦫳	○	○	○					○
	○	○	○	○					○
	○	○	○	○	○	○	○	○	
去	○	○	○	○	○	○	○	○	
	怪	蒯	○	聵					○
	卦	○	○	○					○
	○	○	○	○	○	○	○	○	
入	○	○	○	○	○	○	○	○	
	劀	[骨力]	○	[臬出]					窡
	○	○	○	○					○
	○	○	○	○	○	○	○	○	

微	奉	敷	非	明	並	滂	幫	娘	澄	徹
				○	○	○	○			
				埋	○	排	[illegible]	○	遺	搋
○	○	○	○	○	○	○	○	○	○	○
				○	○	○	○			
				○	○	○	○			
				買	[illegible]	俖	擺	○	[illegible]	○
○	○	○	○	○	○	○	○	○	○	○
				○	○	○	○			
				○	○	○	○			
				賣	敗	湃	拜	○	○	○
○	○	○	○	○	○	○	○	○	○	○
				○	○	○	○			
				○	○	○	○			
				[illegible]	拔	汃	八	豽	○	頒
○	○	○	○	○	○	○	○	○	○	○
				○	○	○	○			

韻指掌圖 五十七

	精	清	從	心	斜	照	穿	牀	審
平									
								睢	蓑
上									
去									
							嘬		鎩
入									
						茁	簒		刷

韻	日	來	喻	匣	曉	影	禪
佳皆咍			腂	懷	虺		
蟹海				夥	扮		
夬卦				壊	𧳜	黵	
轄				滑	傄	婠	

第二十圖

校：

1 宋本平聲一等無標目字，亦無列字；《等韻五種》本列目爲佳，佳爲二等韻，《等韻五種》本誤，當校删。

2 平一見 ○ 嚴氏本、《墨海金壺》本同，《等韻五種》本列字爲『媧』。『媧』，《廣韻》古蛙切，見佳平合二蟹。《韻鏡》外轉第十六合、《七音略》外轉第十六輕中輕，在佳韻見母二等位列『媧』字；『媧』爲《廣韻》佳韻見母位小韻首字，當列於二等位。《等韻五種》本列『媧』字誤，宋本空位是。

3 平一影 ○ 嚴氏本、《墨海金壺》本同，《等韻五種》本列字爲『蛙』。『蛙』，《廣韻》烏媧切，影佳平合二蟹。《韻鏡》外轉第十六合、《七音略》外轉第十六輕中輕，在佳韻影母二等位列『蛙』字；『蛙』爲《廣韻》佳韻影母位小韻首字，當列於二等位。《等韻五種》本列『蛙』字誤，宋本空位是。

4 平一匣 ◯ 嚴氏本、《墨海金壺》本同，《等韻五種》本列字爲『鼃』。『鼃』，《廣韻》户媧切，匣佳平合二蟹。《韻鏡》外轉第十六合、《七音略》外轉第十六輕中輕，在佳韻匣母二等位列『鼃』字；『鼃』爲《廣韻》佳韻匣母位小韻首字，當列於二等位。《等韻五種》本列『鼃』字誤，宋本空位是。

5 平二溪 咼 嚴氏本、《墨海金壺》本同，《等韻五種》本列字爲『匯』。『咼』，《廣韻》《集韻》苦緺切，溪佳平合二蟹；《韻鏡》外轉第十六合、《七音略》外轉第十六輕中輕，列字爲『咼』；《四聲等子》蟹攝外二輕重俱等韻合口呼，列字爲『⿰乖力』，溪母皆韻；《切韻指南》蟹攝外二合口呼廣門，列字爲『匯』；『匯』，《廣韻》苦淮切，溪皆平合二蟹。《指掌圖》本等列目爲佳皆咍，『匯』爲《廣韻》皆韻溪母位小韻首字，《廣韻》佳韻溪母小韻首字爲『咼』，下收有『咼』字。《指掌圖》爲合韻韻圖，《等韻五種》本列『匯』字爲佳，宋本亦無誤。

6 平二疑 ◯ 《廣韻》佳皆韻均無疑母字；《集韻》佳韻有『⿰言厄，五咼切』；《韻鏡》《七音略》空位；《四聲等子》《切韻指南》疑母二等位，列字均爲『詭』，《廣韻》過委切，上紙見母。該二圖均爲『⿰言厄』字之形訛，從《集韻》。《指掌圖》從《廣韻》，空位是。

7 平二知 ⿰齒來 《廣韻》卓皆切，《集韻》椿皆切，知皆平開二蟹；《韻鏡》外轉第十三開、《七音略》第十三重中重，皆列於開口圖，合口圖無字；《四聲等子》蟹攝外二輕重俱等開口呼，列字爲『⿰齒來』；《切韻指南》蟹攝外二開口呼廣門，開口圖列字爲『榸』，合口圖無字。『⿰齒來』爲開口字，且已列入十七圖，《指掌圖》誤，當校删。

8 平二徹 搋 《廣韻》丑皆切，《集韻》忡皆切，徹佳平開二蟹；《韻鏡》外轉第十三開、《七音略》第十三重中重，皆列於開口圖，合口圖無字；《四聲等子》蟹攝外二輕重俱等開口呼，列字爲「扠」，合口圖無字；《切韻指南》蟹攝外二開口呼廣門，開口圖列字爲「搋」，合口圖無字。「搋」爲開口字，且已列入第十七圖，《指掌圖》誤，當校删。

9 平二澄 膗 《廣韻》杜懷切，《集韻》幢乖切，定皆平合二蟹；《韻鏡》外轉第十四合、《七音略》外轉第十四輕中重，列字爲「膗」；《四聲等子》蟹攝外二輕重俱等合口呼、《切韻指南》蟹攝外二合口呼廣門，列字爲「膗」。「膗」爲《廣韻》皆韻澄母位小字。《指掌圖》列字形訛，當校改爲「膗」。

10 平二幫 𡟭 《墨海金壺》本同，嚴氏本、《等韻五種》本空位。𡟭，《廣韻》普才切，《集韻》鋪來切，滂咍平合開一蟹；《韻鏡》外轉第十三開、《七音略》内轉第十三重中重，列於滂母一等位；《四聲等子》蟹攝外二輕重俱等開口呼、《切韻指南》蟹攝外二開口呼廣門，均列於開口圖滂母一等位。《廣韻》佳皆二韻均無幫母字；「𡟭」爲《廣韻》咍韻滂母位小韻首字，當列於一等位。宋本幫母二等位列「𡟭」字，誤，嚴氏本「𡟭」列於滂母二等，嚴氏本、《等韻五種》本空位是。

11 平二滂 排 《墨海金壺》本同，嚴氏本列字爲「𡟭」，《等韻五種》本空位。排，《廣韻》步皆切，《集韻》、真福寺本、毛氏《增韻》蒲皆切，並皆平開二蟹；《韻鏡》外轉第十三開、《七音略》內轉第十三重中重，並母位列字爲「排」；《四聲等子》蟹攝外二輕重俱等合口呼、《切韻指南》蟹攝外二開口呼廣門，滂母位列字爲「䴠」，《廣韻》滂佩切，去隊滂母，《集韻》匹埋切，滂母皆韻。此二圖從《集韻》。《廣韻》佳皆二韻均無滂母字；「排」爲《廣韻》皆韻並母位小韻首字，宋本列於滂母位誤；嚴氏本列「娝」，爲一等字，亦誤；《等韻五種》本空位是。

12 平二並 ○ 《等韻五種》本同，嚴氏本列字爲「排」，《墨海金壺》本列字爲「埋」。《廣韻》佳韻並母有「牌，薄佳切」，皆韻並母有「排，步皆切」，二字均可列於此位。《韻鏡》外轉第十三開、《七音略》內轉第十三重中重，並母位列「排」字；《韻鏡》外轉第十五開、《七音略》外轉第十五重中輕，並母位列「牌」字。《四聲等子》蟹攝外二輕重俱等合口呼、《切韻指南》蟹攝外二開口呼廣門，並母位列字爲「排」。「埋」，《廣韻》莫皆切，皆韻明母，不當列於此位，《墨海金壺》本列「埋」字誤；嚴氏本列「排」字是，宋本、《等韻五種》本空位誤，當校補「排」或「牌」字。

13 平二明 埋 嚴氏本同，《墨海金壺》本、《等韻五種》本空位。埋，《廣韻》莫皆切，《集韻》、真福寺本、毛氏《增韻》謨皆切，明皆平開二蟹。《廣韻》佳韻明母有「䁹，莫佳切」，皆韻明母有「埋，莫皆切」，二字均可列於此位。《韻鏡》外轉第十三開、《七音略》內轉第十三重中重，明母位列「埋」字；《韻鏡》外轉第十五開、《七音略》外轉第十五重中輕，明母位列「䁹」字。《四聲等子》蟹攝外二輕重俱等合口呼，明母位列『埋』字；《切韻指南》蟹攝外二開口呼廣門，明母位列字爲『䁱』。宋本、嚴氏本列『埋』字是，《墨海金壺》本、《等韻五種》本當校補『埋』或『䁱』字。

14 平二照 ○ 《廣韻》佳皆二韻均無莊母字；《集韻》佳韻莊母有『撯，莊蛙切』；《韻鏡》《七音略》《切韻指南》空位；《四聲等子》蟹攝外二輕重俱等合口呼，列字爲『撯』，從《集韻》。《指掌圖》從《廣韻》，空位是。

15 平二牀 㰨 嚴氏本、《墨海金壺》本、《等韻五種》本列字爲『膗』。宋本列字，當爲『膗』字之誤。膗，《廣韻》仕懷切，《集韻》崇懷切，崇皆平合二蟹；《韻鏡》外轉第十四合、《七音略》外轉第十四輕中重，列字爲『膗』；《四聲等子》蟹攝外二輕重俱等合口呼、《切韻指南》蟹攝外二合口呼廣門，列字爲『膗』。『膗』爲《廣韻》皆韻崇母位小韻首字，宋本誤，當校改爲『膗』。

16 平二審 蓑 嚴氏本、《墨海金壺》本同，《等韻五種》本列字爲『崽』。蓑，《廣韻》素回切，心灰平合一蟹；《集韻》所乖切，生皆平合二蟹；《韻鏡》《七音略》空位；《四聲等子》蟹攝外二輕重俱等合口呼、《切韻指南》蟹攝外二合口呼廣門，列字爲『蓑』。此二圖從《集韻》。宋本列『蓑』字，從《集韻》，是。『衰』，《廣韻》所追切，平脂生母；《廣韻》楚危切，平支初母；《集韻》蘇禾切，平戈心母。均不合於此位，但『衰』與『蓑』爲異體字關係，可視爲『蓑』，亦無誤。《等韻五種》本列『崽』，『崽』，《廣韻》山皆切，平皆生母；《廣韻》山佳切，平佳生母。均可列於此位。諸本皆是。

17 平二影 ○ 嚴氏本、《墨海金壺》本同，《等韻五種》本列字爲「崴」。《廣韻》《集韻》佳韻影母位有「蛙，烏媧切」，皆韻影母有「崴，烏乖切」；《韻鏡》皆韻影母無字，佳韻影母列字爲「蛙」；《七音略》皆韻影母列字爲「崴」，佳韻影母列字爲「蛙」；《四聲等子》蟹攝外二輕重俱等合口呼，影母位列字爲「崴」；《切韻指南》蟹攝外二合口呼廣門，影母位列字爲「蛙」。《等韻五種》本列「崴」字是，宋本當校補「蛙」或「崴」字。

18 平二喻 膠 嚴氏本、《墨海金壺》本、《等韻五種》本空位。膠，《廣韻》力懷切，《集韻》盧懷切，來皆平合二蟹；《韻鏡》外轉第十四合、《七音略》外轉第十四輕中重、《四聲等子》蟹攝外二輕重俱等合口呼、《切韻指南》蟹攝外二合口呼廣門，均列於來母位。《指掌圖》誤入喻母位，當移至來母，此位當校刪。

19 平二來 ○ 嚴氏本、《墨海金壺》本、《等韻五種》本列字爲「膠」。膠，《廣韻》力懷切，《集韻》盧懷切，來皆平合二蟹。嚴氏本等列「膠」字是；宋本誤將「膠」字列入喻母，誤，當校補「膠」字。

20 上二溪 ○ 嚴氏本、《墨海金壺》本同，《等韻五種》本列字爲「芐」。《廣韻》蟹韻溪母位有「芐，苦蟹切」，《集韻》蟹韻溪母有「胯，枯買切」；《韻鏡》空位；《七音略》外轉第十六輕中輕，列字爲「芐」；《四聲等子》空位；《切韻指南》溪母二等位列字爲「胯」，從《集韻》。《等韻五種》本列『芓』，該字爲『芌』字之異體，《康熙字典》：『《字彙補》同芌。』當爲後人補入。《等韻五種》本列『芓』字無誤，宋本空位誤，當校補『芌』字。

21 上二幫　擺　嚴氏本、《墨海金壺》本列字爲『擺』，《等韻五種》本空位。擺，宋本在第十七開口圖中列重脣音字，在第二十合口圖中重出；《等韻五種》本第十七圖列重脣音字，第二十圖空位。《指掌圖》脣音字多列於合口多，列於第二十圖更佳。宋本是，《等韻五種》本當校補『擺』字。

22 上二滂　俖　嚴氏本、《墨海金壺》本同，《等韻五種》本空位。俖，《廣韻》普乃切，《集韻》布亥切，滂海上開一蟹；《韻鏡》外轉第十三開，在一等位列『俖』字；《七音略》空位；《四聲等子》《切韻指南》滂母二等位列字爲『帊』。『俖』爲海韻一等位，不當列於二等。《廣韻》《集韻》駭蟹兩韻均無字。『帊』，《康熙字典》：『《唐韻》卑履切，《集韻》補履切，竝音比。又《集韻》部鄙切，音否，義同。』此三音均非滂母音。《等韻五種》本空位，主要原因爲脣音整體未列，但《指掌圖》列目爲海蟹，宋本列『俖』字，爲一等字，不當列於二等位。《廣韻》蟹韻滂母位無字，宋本當校删。

23 上二並　憊　嚴氏本、《墨海金壺》本同，《等韻五種》本空位。憊，《廣韻》薄蟹切，《集韻》部買切，並蟹上開二蟹。《等韻五種》本第十七圖列字爲『罷』，爲《廣韻》小韻首字；第二十圖空位，爲重脣整體未收故。但本圖爲合口圖，《指掌圖》脣音多列於合口。《等韻五種》本空位誤，當校補「㑋」字，宋本等是。

24 上二明 買 嚴氏本、《墨海金壺》本同，《等韻五種》本空位。買，《廣韻》莫蟹切，《集韻》、真福寺本、毛氏《增韻》母蟹切，明蟹上開二蟹。《等韻五種》本第十七圖列字爲「罷」，爲《廣韻》小韻首字；第二十圖空位，爲重脣整體未收故。本圖爲合口圖，當列脣音。《等韻五種》本當校補「罷」字。宋本是。

25 上二澄 𢫬 《廣韻》丈夥切，《集韻》柱買切，澄蟹上合二蟹；《韻鏡》空位；《七音略》外轉第十五重中輕，列字爲「廌」，《説文解字》宅買切，澄母蟹韻，可列於此位；《四聲等子》蟹攝外二輕重俱等合口呼、《切韻指南》蟹攝外二合口呼廣門，列字爲「𢫬」。「𢫬」爲《廣韻》蟹韻澄母位小韻首字，《韻鏡》空位誤，《指掌圖》是。

26 上二穿 ◯ 《廣韻》蟹韻初母無字；《集韻》蟹韻初母有「撮，初買切」；《韻鏡》《七音略》空位；《四聲等子》《切韻指南》初母位均列「撮」字，此二圖從《集韻》；《指掌圖》從《廣韻》，空位是。

27 上二審 ◯ 嚴氏本、《墨海金壺》本同，《等韻五種》本列字爲「灑」。《廣韻》《集韻》蟹韻生母合口位均無字；《韻鏡》空位；《七音略》外轉第十五重中輕，列字爲「灑」；《四聲等子》《切韻指南》均空位。「灑」，《廣韻》所蟹切，生蟹上開二蟹，爲開口字，已列於第十七圖。《等韻五種》本誤，當校删，宋本空位是。

28　上二影　○　嚴氏本、《墨海金壺》本同，《等韻五種》本列字爲『崴』。《廣韻》蟹韻影母合口位無字；《集韻》蟹韻影母位有『崴，高買切』；《韻鏡》外轉第十六合，列字爲『㢋』；『㢋』，影蟹上開二蟹，小韻首字爲『矮』，已列於第十七圖。《七音略》合口位空位；《四聲等子》《切韻指南》影母位列字爲『崴』，此二圖從《集韻》。《等韻五種》本列『崴』字，從《集韻》；宋本從《廣韻》空位亦無誤。

29　去二見　○　嚴氏本、《墨海金壺》本同，《等韻五種》本列字爲『卦』。『卦』，《廣韻》古賣切，見卦去合二蟹。宋本去聲一等列目無『笱』字，二等列目爲夬怪。『卦』爲二等字，《韻鏡》《七音略》《切韻指南》均列於二等位，《四聲等子》見母位列字爲『怪』。『卦』爲二等字，當列於二等位。《等韻五種》本列『卦』字誤，當校删，宋本空位是。

30　去二曉　○　嚴氏本、《墨海金壺》本同，《等韻五種》本列字爲『諣』。『諣』，《廣韻》呼卦切，曉卦去合二蟹。《韻鏡》《七音略》空位；《四聲等子》《切韻指南》列字爲『黊』，《集韻》火夬切，曉母夬韻。『諣』爲二等字，當列於二等位。《等韻五種》本列『諣』字誤，當校删，宋本空位是。

31　去二匣　○　嚴氏本、《墨海金壺》本同，《等韻五種》本列字爲『畫』。『畫』，《廣韻》胡卦切，匣卦去合二蟹。《韻鏡》空位；《七音略》外轉第十六輕中輕，列字爲『畫』；《四聲等子》列字爲『話』，匣母夬韻；《切韻指南》列字爲『壞』，匣母怪韻。『畫』爲二等字，當列於二等位。

《等韻五種》本列『畫』字誤，當校删，宋本空位是。

32 去二見 怪 《廣韻》、《集韻》、真福寺本、毛氏《增韻》古壞切，見怪去合二蟹；《韻鏡》外轉第十四合、《七音略》外轉第十四輕中重，列字爲『恠』；《四聲等子》見母位列字爲『怪』；《切韻指南》見母位列字爲『卦』。『怪』爲《廣韻》怪韻見母位小韻首字，『恠』『怪』互爲異體，《指掌圖》是。

33 去二疑 聵 《廣韻》、《集韻》、真福寺本、毛氏《增韻》五怪切，疑怪去合二蟹；《韻鏡》外轉第十四合，列字爲『聵』；《七音略》空位；《四聲等子》疑母位列字爲『聵』，疑母卦韻；《切韻指南》疑母位列字爲『聩』。『聵』爲《廣韻》怪韻疑母位小韻首字，『聩』『聵』互爲異體，《指掌圖》是。

34 去二知 ◯ 嚴氏本、《墨海金壺》本同，《等韻五種》本列字爲『膪』。《廣韻》怪夬二韻知母位無字；《集韻》怪韻知母有『顡，迍怪切』；《韻鏡》空位；《七音略》外轉第十四輕中重，列字爲『顡』；《四聲等子》《切韻指南》知母位列字爲『膪』，《廣韻》竹賣切，去卦知母。《等韻五種》本列目爲卦怪夬，列『膪』字無誤；宋本列目爲怪夬，但亦收有『卦』韻字，故列目當增加『卦』，宋本當校補『膪』字。

35 去二澄 ◯ 嚴氏本、《墨海金壺》本同，《等韻五種》本列字爲『𧽣』。《廣韻》怪夬二韻澄母位無字；《集韻》怪韻澄母有『䟾，墀怪切』；《韻鏡》《七音略》《四聲等子》空位；《切韻指南》澄母位列字爲「䵢」，《康熙字典》：「《集韻》尼戒切。䵢䵢，臭也。又除邁切，音㑷，義同。」除邁切，澄母夬韻，可列於此位。諸本皆無誤，宋本從《廣韻》，空位亦無誤。

36 去二幫　拜　嚴氏本、《墨海金壺》本同，《等韻五種》本空位。拜，《廣韻》博怪切，《集韻》布怪切，真福寺本、毛氏《增韻》怖怪切，幫怪去開二蟹；《韻鏡》外轉第十四合、《七音略》外轉第十四輕中重、《四聲等子》蟹攝外二輕重俱等合口呼，列字爲「拜」；《切韻指南》蟹攝外二合口呼廣門，列字爲「庍」，幫母卦韻。「𢱭」爲《廣韻》怪韻幫母位小韻首字，與「拜」互爲異體。《指掌圖》脣音列於合口，第十七圖亦同未收幫母字。《等韻五種》本空位誤，宋本是。

37 去二並　敗　嚴氏本、《墨海金壺》本同，《等韻五種》本空位。敗，《廣韻》薄邁切，《集韻》、真福寺本、毛氏《增韻》北邁切，並夬去開二蟹；《韻鏡》外轉第十四合、《七音略》外轉第十六輕中輕，列字爲「敗」；《四聲等子》《切韻指南》列字爲「備」，《集韻》步拜切，並母怪韻。《指掌圖》脣音列於合口，第十七圖亦未收並母字。《等韻五種》本空位誤，宋本是。

38 去二明　賣　嚴氏本、《墨海金壺》本同，《等韻五種》本空位。賣，《廣韻》、《集韻》、真福寺本、毛氏《增韻》莫懈切，明卦去開二蟹；《韻鏡》外轉第十六合、《七音略》外轉第十五重中輕，列字爲「賣」；《四聲等子》《切韻指南》列字爲「𥄎」，明母怪韻。宋本標目爲夬怪，無卦韻按韻圖規制當删。夬韻明母有「邁」，怪韻明母有「𥄎」，此二字均可列於此位。《等韻五種》本第十七圖亦未列明母字，當校補。

39 去二牀 ◯ 《廣韻》怪夬二韻均無崇母字；《集韻》怪韻澄母有『排，仕壞切』，夬韻澄母有『寨，犲夬切』；《韻鏡》《七音略》空位；《四聲等子》列字爲『睉』，《集韻》仕夬切，崇母夬韻；《切韻指南》列字爲『排』。此二圖從《集韻》。《指掌圖》從《廣韻》，空位亦無誤。

40 去二審 鎩 《廣韻》所拜切，《集韻》、真福寺本、毛氏《增韻》所介切，生怪去開二效；《韻鏡》空位；《七音略》内轉第十三重中重，列於開口圖；《四聲等子》蟹攝外二輕重俱等開口呼，列字爲『曬』，生母卦韻，合口圖列字爲『濊』；《廣韻》呼會切，去泰曉母；烏外切，去泰影母，二切均不適於此位。《切韻指南》蟹攝外二合口呼廣門，列字爲『啐』，爲祭韻生母，可寄於此位。《廣韻》怪夬二韻均無合口生母字，《指掌圖》列開口字『鎩』誤，當校删。

41 去二影 ◯ 《廣韻》怪韻無影母字，夬韻有『䵳，烏快切』；《韻鏡》外轉第十四合、《七音略》外轉第十四輕中重，均在入聲二等位列『䵳』字；《四聲等子》《切韻指南》列字均爲『䵳』。『䵳』爲《廣韻》夬韻影母位小韻首字，《指掌圖》空位誤，當校補『䵳』。

42 去三見 ◯ 《等韻五種》本同，嚴氏本、《墨海金壺》本列字爲『卦』。卦，《廣韻》、《集韻》、真福寺本、毛氏《增韻》古賣切，見卦去合二蟹；《韻鏡》外轉第十六合、《七音略》外轉第十六輕中輕，列字爲『卦』。宋本空位誤，當校補『卦』。

本圖入聲與第十二圖入聲二等韻較爲相似，除版本差異外，衹列不同處。

43 本圖入二列目爲『轄』，當爲『黠』『轄』。

44 入二疑　䯼　第十二圖列字爲『䯼』，本圖列字爲『䯼』字刊刻之誤。嚴氏本、《墨海金壺》本、《等韻五種》本列字均爲『䯼』。《廣韻》《集韻》五滑切，疑黠入合二山；《韻鏡》外轉第二十四合，列字爲『䯼』；《七音略》外轉二十四輕中重，列字爲『聉』，《廣韻》五滑切，入黠疑母；《四聲等子》《切韻指南》列字爲『刖』，《廣韻》五刮切，入鎋疑母。『䯼』爲《廣韻》黠韻疑母位小韻首字，宋本字形誤，當校改爲『䯼』。

45 入二幫　八　嚴氏本、《墨海金壺》本同，《等韻五種》本空位。宋本第十二圖同，《等韻五種》本第十二圖列字爲『捌』。八，《廣韻》博拔切，《集韻》、真福寺本、毛氏《增韻》布拔切，幫黠入開二山；《韻鏡》外轉第二十四合，列字爲『八』；《七音略》外轉二十四輕中重，列字爲『八』；《四聲等子》《切韻指南》幫黠位列字爲『捌』。『八』爲《廣韻》黠韻幫母位小韻首字，下收有『捌』字。《等韻五種》本第二十圖空位，當爲重脣整體不列故當校補『八』字。

46 入二滂　汃　嚴氏本、《墨海金壺》本同，《等韻五種》本空位。宋本第十二圖同，《等韻五種》本第二十圖空位，當爲重脣整體不列故。

47 入二並　拔　嚴氏本、《墨海金壺》本列字爲『拔』，《等韻五種》本空位。宋本第十二圖同，《等韻五種》本第二十圖空位，當爲重脣整體不列故。宋本列字省筆，當校改爲『拔』。

48 入二明　傛　嚴氏本、《墨海金壺》本同，《等韻五種》本空位。傛，《廣韻》《集韻》莫八切，明黠入開二山；《韻鏡》外轉第二十四合，列字爲「傛」；《七音略》外轉二十四輕中重，列字爲「傛」；《四聲等子》山攝外四輕重俱等韻開口呼，列字爲「傛」；《切韻指南》空位。「傛」爲《廣韻》黠韻明母位小韻首字，《廣韻》《集韻》均未收「傛」字形。宋本第十二圖同，《等韻五種》本第二十圖空位，當爲重脣整體不列故。宋本是，《等韻五種》本當校補「傛」字。

49 入二影 婠 《廣韻》《集韻》烏八切，影黠入合二山；《韻鏡》空位；《七音略》外轉二十四輕中重，列字爲「婠」。「婠」爲《廣韻》黠韻影母位小韻首字，《韻鏡》空位誤，《指掌圖》是。

【釋】

一、與《廣韻》之對比

平聲

《指掌圖》列目爲二等佳皆咍。

二等：《指掌圖》列目爲佳皆咍，共13字，皆10個、佳1個、咍1個。《指掌圖》初母位列「蓑」，該字在《廣韻》「素回切又蘇禾切」，均不合於此位。《指掌圖》喻母位列「膘」，此字「力懷切」來母位元，列位元錯誤。《指掌圖》滂母位「排」當列於並母下。

《廣韻》皆合二共8個小韻，脣音2個，計10個，《指掌圖》收録8個。《廣韻》影母位有字，未取空位。知母位『𪘏』、徹母位『搋』，此二字本爲開口字，並與十七圖重出，不當列於本圖。

《廣韻》佳合二共5個小韻，《指掌圖》取1個，且爲非小韻首字，溪母位『喎』，首字爲『咼』。幫母位列『𡜊』，該字爲咍韻滂母一等字，列於二等幫母位。

上聲

《指掌圖》列目爲二等海蟹，共8字，海1個、蟹7個。

《廣韻》海合二無字，一等脣音3個，《指掌圖》取1個。『俖』一等入二等位。

《廣韻》蟹合二共4個小韻，脣音4個，計8個小韻，《指掌圖》取7個。非小韻首字1個：並母位『[illegible]』，首字爲『罷』。所收脣音字開合併收。

去聲

《指掌圖》列目爲二等夬怪、三等卦。

二等：《指掌圖》列目爲夬怪，共12字，怪8個、夬3個，卦1個。脣音4個，第十七圖已經收録，開合兼收。

《廣韻》怪合二共11個小韻，《指掌圖》取7個，另有一開口怪韻字摻入『鎩，所拜切』。非小韻首字1個：幫母位「拜」，首字爲「擈」。

《廣韻》夬合二共9個小韻，《指掌圖》取3個。

三等：《指掌圖》列目爲卦，共1字。《廣韻》卦合三共6個小韻，《指掌圖》衹取1個。

入聲

《指掌圖》二等列目爲轄，與第十二圖二等鎋黠相同，衹列目不同。

二、與《韻鏡》之對比

本圖主要對應《韻鏡》外轉第十四合與外轉第十六合。入聲對應外轉第二十四合。

平聲二等《指掌圖》知徹兩位列字已在開口圖中出現過。幫母列「婠」，在《韻鏡》中列於一等位。喻母位列「膘」，爲來母字，《指掌圖》錯列。

上聲二等《指掌圖》滂母位列「㗘」，在《韻鏡》中爲外轉十三開一海。

《指掌圖》與《韻鏡》空位對比，《指掌圖》有字而《韻鏡》無字的4個，《指掌圖》無字而《韻鏡》有字的2個：平二：（心）蓑/〇；上二：（澄）拏/〇；去二：（生）鎩/〇；入二：（影）婠/〇；平一：（影）〇/蛙；上二：（影）〇/㢊。

《指掌圖》與《韻鏡》列字差異的3個：

平二：（崇）巑/脽；平二：（澄）饋/䞈；上二：（並）備/罷。

另，本圖主要對應《七音略》外轉第十六輕中輕、外轉第十四輕中重。

本圖對應第十八圖之合口圖，本圖制作較爲粗疏。主要收録《廣韻》蟹攝合口二等字，並在二等字中羼入一等字。韻圖以《韻鏡》外轉第十四合爲主，輔以外轉第十六合。在上聲字上，蟹韻字取字較多，蓋因駭韻字數量較少。本圖入聲來源於山入轄韻，對應《韻鏡》外轉第二十四合。

音韻之學尚矣數求古昔若袁元之之韻銓顔真卿之韻海夏侯詠陽休之之韻畧陸慈李舟之切韻以至周研李登呂静沈約陸法言顔之推等數十家桐繼衰頹

國朝陳彭年丘雍復刊益之景祐中詔丁公度李公淑典領譔集而宋公祁賈公昌朝王公洙咸以一時英彥爲之屬近世吳棫韻補程迥韻式又能發明古

人用韻之變音韻之書亦備矣然以要
御詳以一統万譜分部別旁通曲暢未
有若切韻指掌圖之精密者圖蓋
先正温國司馬文正公所述也以三十六字
母總三百八十四聲列爲二十圖辨闔闢
以分輕重審清濁以訂虛實極五音六
律之變分四聲八轉之異遞用則名音
和徒紅切同傍求則名類隔補微切非同歸一母則
爲雙聲和會切會同出一韻則爲疊韻商量切商

同韻而分兩切者謂之憑切乘人切神丞真切辰同音而分兩韻者謂之憑韻巨宜切其巨沂切祈無字則點窠以足之謂之寄聲韻闕則引鄰韻寄之謂之寄韻按圖以索二百六韻之字雖有音無字者猶且聲隨口出而况有音有字者乎經典載籍具有音訓學者咸遵用之然五方之人語音不類故謂切歸韻殊常什二三畧以為病豈得此編瞭然在目頓無讀書難字

過士累亦一快也公嘗被
命脩纂類篇古文奇字蒐獵該畫
而留心音韻尤有若斯圖者道德名
望一世儒宗顧拳小學惓惓焉豈一物
不知君子所恥耶前輩云自從孟子
知言後雄有揚雄識字多公固雅好
雄者潛慮之作寔擬太元雄號識奇
字而不能爲字著書者公以是成雄
之志歟雖然草太元識奇字雄所有

者公優爲之序書

三朝製作憲万世公所有者汝恐雄未

能窺其溪耳走於是書有以識公致

廣大盡精微之學目刻諸梓與衆

共之嘉泰癸亥六月旣望番易

董南一書

右　先文正公切韻指掌圖近

印本於婺之麗澤書院深有補

學者謹重刊于越之讀書堂

子孫紹定庚寅三月朔四世從孫

敬書于卷末

宣統十七年春書友魏經腴作緣歸我價

洋、、、、、書估駭人聽聞書痴加人一等

程棨恩刊

董南一序　四世從孫跋

一、董南一序

音韻之學尚矣！敷求古昔，若武元之之《韻銓》，顔真卿之《韻海》，夏侯詠、陽休之之《韻略》，陸慈、李舟之《切韻》，以至周研、李登、吕靜、沈約、陸法言、顔之推等數十家，相繼裒類。國朝陳彭年、丘雍復刊益之。景祐中，詔丁公度、李公淑典領譔集，而宋公祁、賈公昌朝、王公洙咸以一時英彦爲之屬。近世吴棫《韻補》、程迥《韻式》又能發明古人用韻之變。音韻之書亦備矣。然以要御詳，以一統萬，譜分臚別，旁通曲暢，未有若《切韻指掌圖》之精密者。圖蓋先正温國司馬文正公所述也。以三十六字母總三百八十四聲，列爲二十圖，辨闓闔以分輕重，審清濁以訂虛實，極五音六律之變，分四聲八轉之異，遞用則名音和徒紅切同；傍求則名類隔補微切非；同歸一母則爲雙聲和會切會，同出一韻則爲疊韻商量切商；同韻而分兩切者，謂之憑切乘人切神，丞真切辰，同音而分兩韻者謂之憑韻巨宜切其，巨沂切祈；無字則點窠以足之，謂之寄聲；韻闕則引鄰以寓之，謂之寄韻。按圖以索二百六韻之字，雖有音無字者，猶且聲隨口出，而況有音有字者乎?經典載籍,具有音訓,學者咸遵用之,然五方之人,語音不類,故調切歸韻,舛常什二三。曩以爲病,暨得此編,瞭然在目,頓無『讀書難字過』之累,亦一快也。

公嘗被命脩纂《類篇》,古文奇字,蒐獵該盡,而留心音韻,尤有若斯圖者。道德名望,一世儒宗,顧於小學惓惓焉,豈『一物不知,君子所恥』耶?前輩云:自從孟子知言後,唯有扬雄識字多,公固雅好雄者潛虚之作,寔擬《太元》。雄號識奇字,而不能爲字著書,或者公以是成雄之志歟?雖然,草《太元》、識奇字,雄所有者,公優爲之。事業著三朝,製作憲萬世,公所有者,政恐雄未能窺其涘耳,走於是書有以識公致廣大、盡精微之學,因刻諸梓,與衆共之。嘉泰癸亥六月塈望,番易董南一書。

據趙蔭棠先生考證:『番易即鄱陽。考《乾隆鄱陽縣志》載云:「董南一,淳熙二年乙未科詹騤榜進士。」董南一實有其人,其作序之年(一二〇三)後於會進之年(一一七五)約有二十八年的光景,年序當無誤。』在序文中有『圖蓋先正温國司馬文正公所述也。以三十六字母總三百八十四聲,列爲二十圖……按圖以索二百六韻之字,雖有音無字者猶且聲隨口出,而况有音有字者乎?』這一段僅有二三個字不同於《四聲等子》的序文,大矢透先生認爲這是董南一鈔襲而來①;

① 〔日〕大矢透《〈切韻指掌圖〉非司馬温公作考》,《國學院雜誌》第二十五卷,第四號,一九一九年。

董同龢認爲『一位進士公看到一本題爲司馬温公作的書，以爲好，把它刻出來，但是自己再想作一篇序，也至於在中間盲目地去抄别人文章嗎？那麽似乎又是在冒董氏之名刻書了。』①

二、四世從孫跋

右　先文正公切韻指掌圖近
印本於婺之麗澤書院深有補
學者謹重刊于越之讀書堂
子孫紹定庚寅三月朔四世從孫
敬書于卷末

據趙蔭棠先生考證：『紹定庚寅即西歷一二三〇年，與靖康之難（一一二六）相距約有一百一十餘年的光景，跋者自稱爲温公四世從孫，在年序上是没有錯誤的。且司馬攸既爲會稽

①　董同龢《〈切韻指掌圖〉中幾個問題》，《歷史語言所集刊》第十七本，第一九五—二一二頁。

山陰之始祖，則此書在越刊行時，被温公四世曾孫題跋，在理在勢，俱是可能的。』①麗澤書院，原名麗澤堂，亦名麗澤書堂，爲南宋吕祖謙（一一三七—一一八一，金華人）講學會友之所，設於宋乾道初（一一六五—一一六六）。『其地在光孝觀側，四方學者皆受業於此』（宋·樓鑰《東萊吕太史祠堂記》）。全祖望於《鮚埼亭集外編》（卷四五）中將麗澤書院與嶽麓、白鹿洞、象山書院並稱爲南宋四大書院。宋代雕板印刷術已十分發達，書院大大利用了這項技術。書院又是文人與學者聚集的地方，他們能對自己所刊刻的圖書反復校勘，因此出版的圖書質量很高。另外，書院刻書業的發達與理學的發展密切相關。從宋代開始，各代書院大部分都是研究和講解理學的場所，加之科舉制度的成熟和發展，儒家經典也就成爲讀書人的主要教材。四書、五經是通用教材，宋明理學大師們的著作、講義、語録、注疏等都成爲學人們必備的重要文獻，需求量越來越大。各代統治者爲了加强政治約束力而鼓勵書院的設置，有時分撥學田以充資本，書院通過各種經營活動，也獲得了一定的刻書經費。麗澤書院除講學外，藏書刻書活動活躍。因此《切韻指掌圖》完全有可能由麗澤書院重刻。越之讀書堂，據趙蔭棠先生考證確實存在。紹興從南宋初年以來人文薈萃，和臨安成爲當時全國兩大印刷和出版中心。這本書在越刊行，符合客觀情況。

---

① 趙蔭棠《等韻源流》，商務印書館，一九五七年，第九六—九七頁。

《切韻指掌圖》版本情況簡介

一、各家對版本情况的分析

《切韻指掌圖》的版本情况，各家論述較多，具體分析如下：

1. 一九六二年影印嚴式誨刻本中陳操『重印後記』

（1）宋嘉泰三年（一二〇三），鄱陽董南一刊本，一卷。未見流傳。

（2）宋紹定三年（一二三〇），四世從孫刊本，一卷，歷經吴寬、季振宜、徐乾學諸家收藏；嘉慶朝入内府，清亡後由内府流出，爲傳增湘所得，今歸北京圖書館。

（3）影寫紹定本，瞿氏鐵琴銅劍樓舊藏，《四部叢刊續編》即據此本影印。清末同文書局石印本也是據影宋紹定本，但爲另一種寫本，缺指掌圖的末頁。

（4）影寫元刻本，一卷。卷首有司馬光像及贊。後有檢例與宋刻本同，但又增加了數條（見瞿氏書目）。這部元刻的原書，不知何人所藏。瞿氏鐵琴銅劍樓藏有影宋本，現在也不知下落。

（5）明洪武二十三年（一三九〇）刻本，分二卷，後附邵光祖補撰檢圖之例。修《永樂大典》的時候即據此本鈔入。現原書也不知下落。

（6）清四庫館輯《大典》本，分二卷，後附檢例一卷。修《四庫全書》的時候，見不到《切韻指掌圖》的原書，因從《永樂大典》中輯出，誤把原書所載的檢例和邵光祖所補的混爲一卷。韻表中韻字下又增加音釋，爲舊刻本所無。這些音釋，疑是修《永樂大典》的時候從他書羼入者。

（7）張海鵬重刻《四庫全書》本（即《墨海金壺》本），經黄廷鑑、張金吾校勘，改正了音釋上的一部分錯誤。

（8）一九三〇年渭南嚴式誨刻本（即《音韻學叢書》本）。指掌圖部分以同文書局影印宋本爲主，以張海鵬刻本校勘，擇善而從，删去羼入的音釋，後附校勘記。檢例部分，完全依照張海鵬刻本。

陳操總結説：《指掌圖》除了曾經有一度被羼入的音釋以外，新舊各本都没有什麽改變。檢例則元朝、明朝刻書的時候，每刻一次便增加一次。紹定本雖然是一個最古的本子，但有缺字。

2．一九八六年影印《宋本切韻指掌圖》出版説明

《切韻指掌圖》的版本很多，大致分宋本、元本、明本、四庫本四個系統。

3．趙蔭堂對《切韻指掌圖》版本的介紹

現今《指掌圖》之流傳於世者，有《永樂大典》本，有影宋本。《大典》本被收於《四庫》，四川新刊與之爲同種。惟《四庫》所收者，韻表中韻字俱贅反切，新刊本削之，此其小異之處。並指出有宋本存世。

4．李新魁對《切韻指掌圖》版本的介紹

直到今天，它流傳的版本仍然很多，有宋紹定三年本、《永樂大典》本（後收入《四庫全書》，四川嚴氏再加以刊印，即《音韻學叢書》本）、上海同文書局石印宋本（光緒九年刻本）、豐城熊氏舊補史堂本（宣統二年刻）、張海鵬氏《墨海金壺》本（收入《叢書集成》）、《十萬卷樓叢書》本、元邵光祖檢例本（不知何人所刻）等。各本列字俱有一些出入，某些本子尚有缺頁（如同文書局石印本），較好的本子是嚴式誨所刊的《音韻學叢書》本。

5．姚榮松對《指掌圖》版本的介紹

《切韻指掌圖》傳本甚衆，惜宋本僅得一見，諸抄本亦不可多得，翻雕本則多經校勘，已非原貌。《增訂四庫簡明標注》（世界書局）所考衆本云：

《切韻指掌圖》二卷，附檢例一卷，則元邵光祖所補也，從《永樂大典》中録出。

昭文張氏有舊抄本，較《大典》本完善。

《墨海金壺》本。

姚再洲有影宋抄校本。

毛抄影宋本一卷。

五硯樓袁氏校本一卷,與《敏求記》合,無檢例。

愛日精廬舊抄,首曰《切韻指掌圖要括》,邵氏檢例,大半襲要括原文,或即温公之檢例與?有自序,有嘉定董南一序。

十萬卷樓本。

同文局本。

二、對現存版本的重新劃分

按照宋本、四庫本、明本、清刻本、民中刻本、日本刻本六個系統歸納現存《切韻指掌圖》(包括國内現存版本與日本京都大學所登記之版本)版本:

1. 宋本及影宋本:

(1)《切韻指掌圖》一卷,題宋司馬光撰。宋紹定三年越州讀書堂刻本(國家圖書館)。

《切韻指掌圖》一卷,題宋司馬光撰。一九八五年北京中華書局影印《古逸叢書三編》本,據宋紹定三年越州讀書堂刻本影印。

(2)《切韻指掌圖》一卷,題宋司馬光撰。清影宋抄本(南京)。

（3）《切韻指掌圖》一卷，題宋司馬光撰。民國二十二年上海商務印書館影印《四部叢刊續編》本，據影宋抄本影印。

（4）《切韻指掌圖》一卷，題宋司馬光撰。《韻學叢書四十二種》本。

《切韻指掌圖》二卷，題宋司馬光撰。檢圖之例一卷，元邵光祖撰。校記一卷，嚴式海撰。民國十九年渭南嚴氏成都刻。一九五七年，四川人民出版社匯印《音韻學叢書》本。

2．四庫本：

（1）《切韻指掌圖》二卷，題宋司馬光撰。檢圖之例一卷，元邵光祖撰，清乾隆寫《文淵閣四庫全書》本。

《切韻指掌圖》二卷，題宋司馬光撰。檢圖之例一卷，（元）邵光祖撰，一九八二年臺灣商務印書館影印清乾隆寫《文淵閣四庫全書》本。

（2）《切韻指掌圖》二卷，題宋司馬光撰。檢圖之例一卷，元邵光祖撰，清乾隆寫《文溯閣四庫全書》本。

（3）《切韻指掌圖》二卷，題宋司馬光撰。檢圖之例一卷，元邵光祖撰，清乾隆寫《文津閣四庫全書》本。

（4）《切韻指掌圖》二卷，題宋司馬光撰。檢圖之例一卷，元邵光祖撰，清乾隆寫《文瀾閣四庫全書》本。

(5)《切韻指掌圖》二卷，題宋司馬光撰。檢圖之例一卷，元邵光祖撰檢例，《四庫全書珍本別輯》。國會(東京)。

3. 明本：

(1)《切韻指掌圖》檢例一卷，元邵光祖撰，明毛氏汲古閣抄本(上海)。

4. 清刻本：

(1)《切韻指掌圖》二卷，題宋司馬光撰。檢圖之例一卷，元邵光祖撰，清光緒八年歸安陸氏刻《十萬卷樓叢書》本。

(2)《切韻指掌圖》二卷，題宋司馬光撰。檢圖之例一卷，元邵光祖撰，清嘉慶海虞張氏刻《墨海金壺》本。

(3)《切韻指掌圖》二卷，題宋司馬光撰。檢圖之例一卷，元邵光祖撰，清宣統二年豐城熊氏舊補史堂刻本(北京、北師大、遼寧、江西、湖北、湖南)。

(4)《切韻指掌圖》一卷，題宋司馬光撰。清抄本(北京)。

(5)《司馬温公切韻指掌圖》一卷，題宋司馬光撰。清抄本(北京)。

(6)《切韻指掌圖》一卷，題宋司馬光撰。檢例一卷，(元)邵光祖撰，清抄本(大連，旅大圖書館)。

(7)《切韻指掌圖》一卷，題宋司馬光撰。檢圖之例一卷，元邵光祖撰，清刻本(北京、湖北)。

(8)《切韻指掌圖》二卷,題宋司馬光撰。檢圖之例一卷,元邵光祖撰,清抄本,清陳虬校並跋　清丁丙跋(南京)。

(9)《切韻指掌圖》二卷,題宋司馬光撰。檢圖之例一卷,元邵光祖撰,清抄本(北京)。

(10)《司馬温公切韻》一卷,題宋司馬光撰。清康熙刻《嘯餘譜》本。

(11)《司馬温公切韻》一卷,題宋司馬光撰。清末石印本(北大、北師大)。

(12)《切韻指掌圖》二卷,附檢例一卷,題宋司馬光撰,明邵光祖撰檢例。清末據道光九年昭文侄星燦補刊校正本抄,東大総(日本)。

5. 民國刻本

《切韻指掌圖》二卷,題宋司馬光撰。檢圖之例一卷,元邵光祖撰,民國八年自强書局石印本(復旦、湖北)。

《司馬温公切韻》一卷,題宋司馬光撰,民國間石印本(復旦、遼寧)。

6. 日本刊本

《參考切韻指掌圖》不分卷,題宋司馬光撰,享保十七年,大阪村上清三郎等刊本,新潟大。

《司馬温公切韻指掌圖》一卷,題宋司馬光撰,享保十七年刊,京都天王寺屋市郎兵衛印,國會(東京)。

《司馬温公切韻指掌圖》二卷，題宋司馬光撰，元禄元年，阪口勘兵衛刊。元禄元年，久保田權右衛門刊。國會（東京）。

7．其他相關研究：

（1）《切韻指掌圖校勘記》一卷，清王振聲撰，稿本（復旦）。

（2）《切韻指掌圖校勘記》一卷，清王振聲撰，王文村遺存本。

三、本校注所選用版本

1．宋本

在現存的版本中，宋本最古，其他版本都有所竄改與增補，故本文以宋本《切韻指掌圖》爲校注對象。

2．《墨海金壺》本

《墨海金壺》本是據《四庫》所收《永樂大典》本，由張海鵬重刻，黄廷鑑、張金吾校勘。《墨海金壺》本内羼入了反切。

3．嚴氏本

嚴氏本以《墨海金壺》本爲底本，去除反切，指掌圖部分以同文書局影印宋本爲主，以張海鵬刻本校勘，擇善而從，較爲精良。

4.《等韻五種》本

《等韻五種》中所收録的版本，據日本京都大學記載爲十萬卷樓本，且經與姚榮松先生所列十萬卷樓本之列字比較，十分接近，爲十萬卷樓本當無疑問。姚先生認爲十萬卷樓本在宋本、《大典》本之後，以《墨海金壺》本或《大典》本爲底本，參稽其他韻圖，訂正《大典》本之失，而又頗有增字改易之處，其列字與宋本、《墨海金壺》本頗有參差。因所據版本出於《等韻五種》，其爲十萬卷樓本僅爲推測，故不稱十萬卷樓本。

參考文獻

一、《切韻指掌圖》所據版本

[1]舊題〔宋〕司馬光《宋本切韻指掌圖》，中華書局，一九八六年。
[2]舊題〔宋〕司馬光《切韻指掌圖》，中華書局，一九六二年。
[3]舊題〔宋〕司馬光《切韻指掌圖》，《叢書集成》本，中華書局，一九八五年。
[4]舊題〔宋〕司馬光《切韻指掌圖》，《文淵閣四庫全書本》。
[5]《等韻五種》，藝文印書館，一九九八年。

二、韻書

[1]余迺永《新校互注宋本廣韻》，上海辭書出版社，二〇〇〇年。
[2]〔宋〕陳彭年《鉅宋廣韻》，上海古籍出版社，一九八三年。

〔3〕〔宋〕丁度《集韻》，北京市中國書店，一九八三年。
〔4〕〔宋〕丁度《集韻》，上海古籍出版社，一九八五年。
〔5〕〔宋〕真福寺本《禮部韻略》，復印材料。
〔6〕〔宋〕毛晃、毛居正《增修互注禮部韻略》，八木書店，日本。
〔7〕〔清〕張玉書《康熙字典》，漢語大詞典出版社。

三、韻圖

〔1〕〔宋〕鄭樵《通志·七音略》，元至治本。
〔2〕〔宋〕佚名《四聲全形等子》，《等韻五種》本。
〔3〕〔元〕劉鑑《經史正音切韻指南》，《等韻五種》本。
〔4〕〔宋〕祝泌《皇極經世解起數訣》，《等韻五種》本。
〔5〕《宋本廣韻·永禄本韻鏡》附永禄本《韻鏡》，江蘇教育出版社，二〇〇二年。

四、校注整理著作

[1]李新魁《韻鏡校正》，中華書局，一九八二年。
[2]方孝嶽《廣韻韻圖》，中華書局，一九八八年。
[3]陳廣忠《韻鏡通釋》，上海辭書出版社，二〇〇三年。
[4]楊軍《七音略校注》，上海辭書出版社，二〇〇三年。
[5]楊軍《韻鏡校箋》，浙江大學出版社，二〇〇七年。
[6]〔日〕佐佐木猛《集韻切韻譜》，中國書店，二〇〇〇年。

五、相關專著及學位論文

[1]趙蔭棠《等韻源流》，商務印書館，一九五七年。
[2]李新魁《漢語等韻學》，中華書局，一九八三年。
[3]孔仲温：《韻鏡研究》，臺灣學生書局，一九八七年。
[4]潘文國《韻圖考》，華東師範大學出版社，一九九七年。

[5]竺家寧《〈四聲等子〉音系蠡測》，臺灣師範大學國文研究所碩士論文，一九七二年。
[6]姚榮松《〈切韻指掌圖〉研究》，臺灣師範大學國文研究所碩士論文，一九七三年。

六、期刊文獻

[1]董同龢《〈切韻指掌圖〉中幾個問題》，《歷史語言所集刊》第十七本，第一九五—二一二頁。
[2]馮蒸《論〈切韻指掌圖〉三四等對立中的重紐與準重紐》，《語言》第二卷，二〇〇〇年，第一〇三—一七三頁。
[3]馮蒸《論〈四聲等子〉和〈切韻指掌圖〉的韻母系統及其構擬》，《漢語音韻學論文集》，首都師範大學出版社，一九九七年，第二三〇—二五三頁。
[4]李新魁《〈起數訣〉研究》，《音韻學研究》第三輯，中華書局，一九九四年，第一—四一頁。
[5]李新魁《韻鏡研究》，《語言研究》，一九八一年第一期，第一二五—一六六頁。
[6]魯國堯《〈盧宗邁切韻法〉述評（續）》，《中國語文》一九九三年第一期，第三三—四二頁。
[7]魯國堯《〈盧宗邁切韻法〉述評》，《中國語文》一九九二年第六期，第四〇一—四〇九頁。
[8]羅常培《〈通志・七音略〉研究》，《羅常培語言學論文集》，商務印書館，二〇〇四年，第一三九—一五五頁。

[9] 吕斌《淺談等韻圖産生的背景以及〈切韻指南〉的特點與優點》，《許昌師範學院學報》，一九九九年第三期。
[10] 馬重奇《〈起數訣〉與〈廣韻〉〈集韻〉比較研究——〈皇極經世解起數訣〉研究之一》，《語言研究（增刊）》一九九四年，第九〇—一一五頁。
[11] 馬重奇《〈起數訣〉與〈韻鏡〉〈七音略〉比較研究——〈皇極經世解起數訣〉研究之二》，《語言研究（增刊）》，一九九六年，第二八〇—三〇〇頁。
[12] 唐作藩《〈四聲等子〉研究》，《語言文字學論文集——慶祝王力先生學術活動五十年》，知識出版社，一九八九年，第二九一—三一二頁。
[13] 謝雲飛《〈切韻指掌圖〉與〈四聲等子〉之成書年代考》，《學粹》第九卷第一期，一九六八年，第八五—一〇一頁。
[14] 許紹早《〈切韻指掌圖〉試析》，《音韻學研究》第三輯，中華書局，一九九四年，第八九—一〇一頁。
[15] 楊軍《〈韻鏡校證〉續正》，《古漢語研究》二〇〇一年第二期。
[16] 周世箴《論〈切韻指掌圖〉中的入聲》，《語言研究》一九八六年第二期。
[17] 竺家寧《宋元韻圖入聲分配及其音系研究》，《中正大學學報》第四卷第一期，一九九三年。
[18] 〔韓〕裴宰奭《宋代入聲字韻尾變遷研究》，《古漢語研究》二〇〇二年第四期，第二九—三

五頁。

[19]〔日〕大矢透《切韻指掌は司馬温公に僞托しさもので有るや雲ふ考》,《國學院雜誌》第二五卷第五號,明治二十七年,第二〇—三二頁。

[20]〔日〕平田昌司《『皇極經世聲音唱和圖』與『切韻指掌圖』——試論語言神秘思想對宋代等韻學的影響》,《東方學報》,京都第五十六册,第一七九—二〇六頁。

[21]〔日〕平田昌司《審音と象數》,《均社論從》,一九九七年十一月。

[22]〔日〕水谷誠《關於韻圖技法對〈禮部韻略〉的影響》,第十三届中國音韻學會學術年會及第八届國際漢語音韻學研討會論文,二〇〇四年。

[23]〔日〕水谷誠:《關於真福寺本〈禮部韻略〉》,《古漢語研究》二〇〇〇年第四期,第五—一〇頁。

《宋元切韻學文獻叢刊》總目（八種）